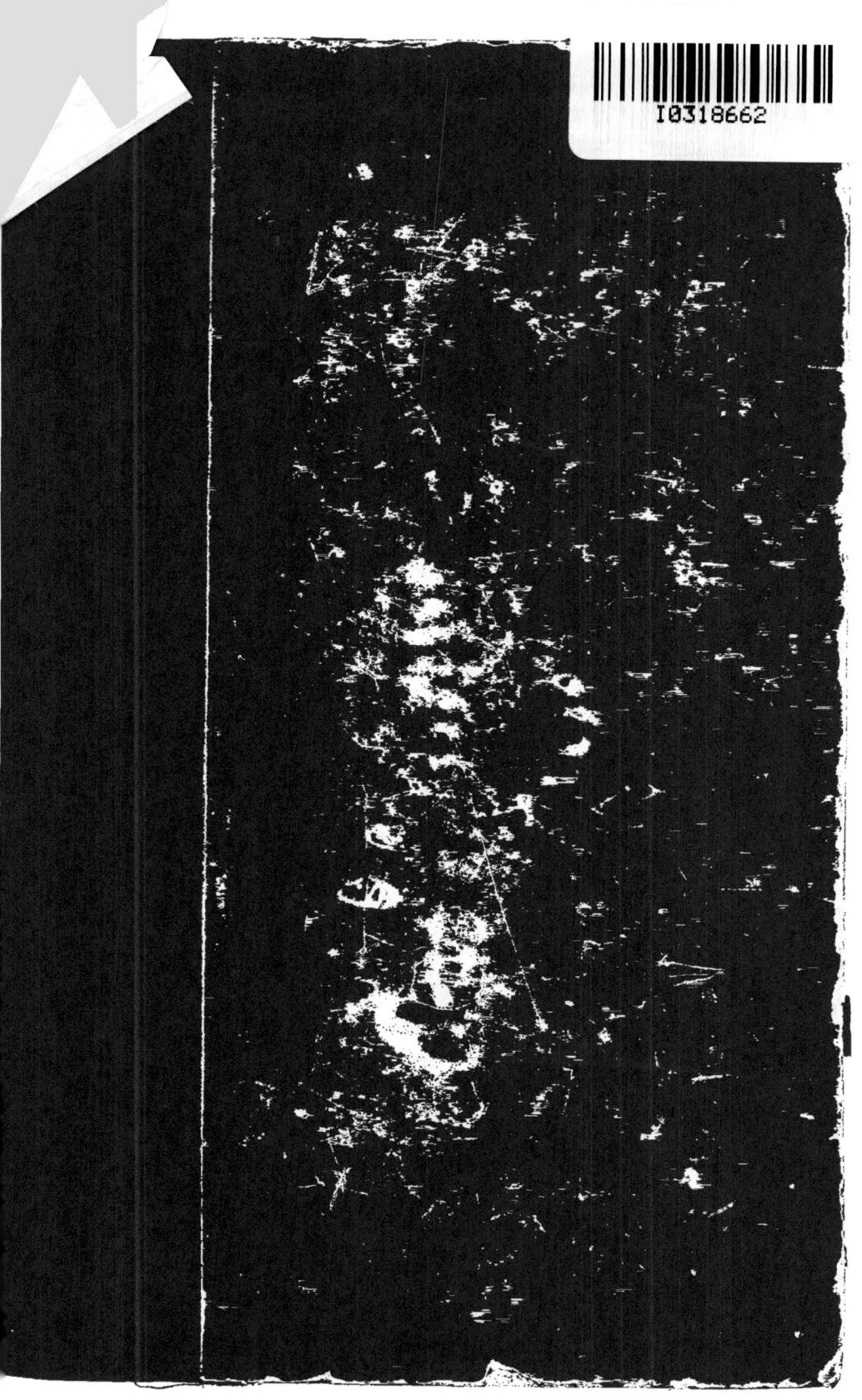

HISTOIRE DE L'ARMÉE

ET

DE TOUS LES RÉGIMENTS

PARIS. — IMPRIMERIE DE CH. CHAUMONT, 6, RUE SAINT-SPIRE.

Maréchal de France.
1855.

HISTOIRE
DE L'ARMÉE

ET

DE TOUS LES RÉGIMENTS

DEPUIS LES PREMIERS TEMPS DE LA MONARCHIE FRANÇAISE JUSQU'A NOS JOURS

PAR M. ADRIEN PASCAL

l'un des auteurs de l'*Histoire des régiments*, publiée sous la direction
de feu Mgr le duc d'Orléans,

Avec des Tableaux synoptiques représentant l'organisation des armées aux diverses
époques et le résumé des campagnes de chaque corps,

PAR M. BRAHAUT

Colonel d'état-major, chef de la section historique au Ministère de la guerre,

ET DES TABLEAUX CHRONOLOGIQUES DES COMBATS, SIÉGES ET BATAILLES.

PAR M. LE CAPITAINE SICARD

Auteur de l'*Histoire des Institutions militaires des Français*.

Illustrée par MM. Philippoteaux, E. Charpentier, H. Bellangé, de Moraine, Morel-Fatio, Sorieul, etc.

TOME CINQUIÈME

PARIS
DUTERTRE, LIBRAIRE-ÉDITEUR
236, RUE SAINT-JACQUES, 236

1864

CHAPITRE PREMIER.

1849-1851.

SOMMAIRE. — Etat de l'Algérie en 1849. — Les oasis de la Kabylie. — Fermentation insurrectionnelle. — Expédition contre Zaatcha. — Première attaque. — Siége. — Agitation des tribus. — Premier assaut. — Demande de secours. — Suite du siége. — Attaque et défaite des nomades. — Deuxième assaut. — Succès. — Désespoir héroïque des assiégés. — Première expédition contre la petite Kabylie. — Mort du général de Barral. — Défaite des tribus. — Expédition du général Saint-Arnaud parmi les tribus de l'Est et du Sud. — Deuxième expédition contre la petite Kabylie. — Combats et succès. — Marche audacieuse dans les montagnes. — Soumission des tribus.

La prise de Rome ne devait pas laisser à notre armée de longs loisirs. L'année qui avait vu la métropole du monde antique succomber sous nos armes, —mil huit cent quarante-neuf,—n'était pas écoulée que la France était obligée de tirer, contre les Arabes, son épée qui allait bientôt refléter la gloire des grandes batailles sur les plages de la Crimée. Ce sont les événements de ces guerres que, selon la promesse que nous en avons faite en terminant le tome quatrième de cette histoire, nous allons retracer dans ce volume.

La conquête de l'Algérie était complète; des routes stratégiques, tracées par nos soldats, émules en cela des légions romaines, rattachaient plus étroitement chaque jour les places importantes des provinces à leurs capitales et ces capitales entre elles; la soumission d'Abd-el-Kader avait, aux yeux des populations elles-mêmes, donné une sorte de consécration à la pacification du pays. Les quelques tressaillements que le fanatisme musulman avait encore imprimés à la nationalité arabe n'avaient fait que démontrer son impuissance.

Un calme jusqu'alors inconnu avait succédé à une répression aussi prompte que facile.

Si pourtant ce fanatisme indomptable et cette nationalité vivace avaient suspendu momentanément la lutte, ils étaient loin d'y avoir renoncé pour l'avenir. Les montagnes de la Kabylie, les oasis du désert et le Sahara lui-même étaient devenus les refuges de tout ce qu'animaient la haine de l'étranger et l'impatience de sa domination : simple musulman, cheik ou tribu. Le bras d'Allah s'était appesanti sur leur pays, ils attendaient qu'il se levât pour en appeler de nouveau, selon leur expression, à la voix de la poudre.

La Révolution de Février était venue enflammer ces espérances. Elle avait paru aux plus fanatiques un événement providentiel qui devait en opérer la réalisation immédiate : vingt marabouts s'étaient levés à la fois et avaient parcouru les localités voisines, prêchant partout la guerre sainte. Leurs voix n'avaient eu nulle part plus de retentissement que dans les Bibans ; elles y avaient trouvé partout des cœurs dévoués et des imaginations sympathiques ; les tribus voisines du Tell, plus exposées par leur situation aux coups d'une répression dont elles avaient éprouvé maintes fois l'efficacité terrible, résistèrent cependant à ces provocations ardentes, mais celles qui habitaient ou parcouraient des parages plus reculés dans le Sahara, et les peuplades que défendait, dans leurs oasis, la profonde ceinture des sables, s'abandonnèrent à cet entraînement religieux et guerrier avec toute la fougue de l'enthousiasme. Celle de Zaatcha se signala entre toutes. La gloire d'avoir vu la colonne du commandant Carbuccia, lors d'une pointe faite par cet officier dans le désert, s'arrêter devant ses remparts, lui avait inspiré la confiance la plus aveugle dans sa force et dans l'inexpugnabilité de son refuge. Cette considération, habilement exploitée par Bou-Zian, ancien cheik d'Abd-el-Kader, qui exerçait une influence absolue à Zaatcha, fit de cette oasis le foyer de la révolte et la base des opérations insurrectionnelles. C'était là qu'accouraient tous ceux qui voulaient s'associer à cette prise d'armes ; c'était de là que partaient les émissaires chargés d'opérer le soulèvement des populations musulmanes ; c'était autour de sa belle forêt de palmiers que devait s'effectuer la concentration de toutes les forces de l'islamisme occidental.

Le gouvernement, informé de cette agitation et des développements qu'elle prenait jusque dans la Kabylie et le Maroc, reconnut sa gravité et donna incontinent des instructions pour prévenir ses progrès, en l'étouffant, dans son foyer, sous une répression rapide. Le général Herbillon, chargé de diriger les opérations, réunit à Bathna un corps d'environ cinq mille hommes de toutes armes. Il devait marcher directement avec ces forces sur le centre de la révolte. Deux autres colonnes avaient ordre d'appuyer ce mouvement. Un escadron, détaché de Constantine par le général de Salles, se porta sur Bathna pour en renforcer la garnison, chargée de surveiller l'Aurès, d'où partaient des bruits inquiétants. Le colonel de Barral quittait, au même moment, Sétif avec une force de quinze cents hommes, et occupait Bou-Çada, d'où il dominait la ligne du Tell. Ces dispositions répondaient à toutes les éventualités que devait prévenir la prudence : elles couvraient la gauche du corps expéditionnaire, où l'insurrection pourrait susciter des dangers, et assuraient ses communications et ses approvisionnements.

Le corps principal se mit en marche dans les premiers jours d'octobre. Il arriva, le 7, devant Zaatcha, après une marche pénible, dont les dernières étapes s'étaient accomplies à travers des sables nus et calcinés, sous les ardeurs d'un soleil torride. Le caractère désolé de ces plaines, dont quelques broussailles de myrtes et de lentisques parsemées de rares bouquets d'arbres rachitiques rompaient seules la monotonie, rendit plus frappant le spectacle qui s'offrit, *comme par enchantement* (1), aux regards de nos soldats. C'était une riante forêt, émergeant tout à coup d'un sable dont l'aridité semblait donner un plus frais éclat à sa verdure. Une multitude de figuiers, d'abricotiers et d'autres arbres à fruit, qu'y avait élevés une culture soigneuse, en formait en quelque sorte la masse inférieure, au-dessus de laquelle de hauts et magnifiques palmiers, dont plusieurs voyageurs ne portent pas le nombre à moins de soixante-dix mille, déployaient dans le ciel ardent leurs grands parasols de verdure. Quelques mosquées dominaient cette vaste futaie de leurs minarets et de leurs coupoles. Le général Herbillon fit faire halte à la colonne expéditionnaire, et se porta en avant avec un groupe de cavaliers pour reconnaître plus exactement l'aspect, le relief et le mouvement des lieux.

Si une oasis est, ainsi qu'on l'a poétiquement désignée, une île de la mer de sable que forme le désert, Zaatcha en est ou du moins concourt avec les oasis ses voisines à en constituer un archipel. Le massif principal dont Zaatcha fait partie offre trois de ces îles à lui seul ; ce sont, avec Zaatcha, Lichana et Farfar, et tel est leur rapprochement qu'elles sont à peine distinctes. L'oasis de Bou-Chagroun s'élève à trois kilomètres environ à l'est ; celle de Tolga montre à l'horizon, dans l'ouest, ses touffes de palmiers. Le général rejoignit la colonne, convaincu des difficultés que ces lieux présenteraient à son attaque par l'impossibilité où il se trouverait d'en effectuer l'investissement. Il avait donné des ordres pour qu'un coup de main fût immédiatement tenté sur un pâté d'habitations en pisé qui se pressait autour d'une mosquée et formait la pointe septentrionale de l'oasis. Quelques cavaliers et plusieurs petits partis de fantassins armés, que l'annonce de l'arrivée de nos troupes avait attirés dans la plaine, s'y étaient repliés à leur approche. Ce village, nommé Zaouïa, était donc, selon toute apparence, l'avant-poste de l'insurrection.

L'artillerie y jeta quelques obus, pendant que de forts détachements se portaient à droite et à gauche pour inquiéter l'ennemi et empêcher les secours que Zaatcha pouvait recevoir des oasis voisines. La légion étrangère, à laquelle avaient été adjoints un détachement du génie, le cinquième bataillon de chasseurs et le troisième bataillon d'Afrique, fut immédiatement lancée sur cette position. Cette colonne, conduite par le commandant Carbuccia, l'aborda avec tant de rapidité et de vigueur, que les Arabes, culbutés de

(1) Ce sont les expressions mêmes du général Herbillon.

tous les points où ils s'étaient préparé les moyens de la plus énergique résistance, durent se rejeter précipitamment dans la place, à travers les fourrés d'arbres où nos soldats, emportés par l'ardeur du succès, les poursuivirent la baïonnette dans les reins ; poursuite audacieuse qui ne s'arrêta que sous les remparts de Zaatcha et sous le feu de leurs créneaux. Ce feu éclata avec une vivacité si meurtrière, que le cinquième bataillon compta en quelques instants, à lui seul, dix-sept tués et treize blessés ; nos soldats furent obligés de chercher un abri derrière les murs des jardins, d'où ils se replièrent sur la position qu'ils avaient si énergiquement conquise, en opposant une vive fusillade à celle de l'ennemi, débordant à son tour parmi les palmiers et dans les jardins.

Cependant le génie s'était mis à l'œuvre. Zaouïa à peine emportée, le colonel Petit s'était emparé des jardins situés en avant de ce village et avait fait établir dans l'un d'eux une vaste place d'armes ; maisonnettes, haies, palmiers avaient été nivelés en un instant, et l'artillerie, sous les ordres du lieutenant-colonel Parizet, avait reçu l'ordre d'y établir de suite une batterie.

C'était sur ce point que nos soldats, vivement pressés par les Arabes, opéraient leur retraite. Le général Herbillon commanda les dispositions nécessaires pour arrêter ce retour offensif ; la ligne au delà de laquelle on devait le contenir fut fixée et les mesures prescrites pour qu'elle ne pût être franchie. Le combat prit alors le caractère d'un acharnement aveugle. Les Arabes venaient se faire tuer sur les murs mêmes où nos tirailleurs, fortement retranchés, avaient reçu l'ordre de les arrêter ; reconnaissant bientôt l'impuissance et les dangers de cette lutte meurtrière, ils y renoncèrent pour s'abriter eux-mêmes derrière des clôtures et derrière les arbres, d'où un demi-cercle de feux concentra alors ses balles sur notre position ; à cette fusillade se joignit alors un feu plongeant partant des tours de la place et du haut de ses remparts. Nos officiers et nos soldats, forcés de se découvrir pour tâcher d'apercevoir cet ennemi devenu tout à coup invisible, reconnurent bien vite à quels adroits tireurs ils avaient affaire. Vingt-cinq hommes tués et soixante-quatorze blessés, parmi lesquels étaient treize officiers mis hors de combat, furent les preuves sanglantes de cette habileté.

Cette journée frappa le général Herbillon d'une profonde inquiétude ; il voyait les difficultés grandir et se multiplier autour de son entreprise, en même temps qu'il reconnaissait plus vivement à chaque instant l'insuffisance des forces placées sous ses ordres. Il sentit la nécessité de réunir sur un seul point tous ses moyens d'action, jusqu'à ce que l'arrivée de secours, dont il forma immédiatement la demande, lui permît d'étendre ses bases d'opérations et de donner plus de développement à ses attaques.

Il rappela donc les détachements qu'il avait jetés à l'est et à l'ouest de l'oasis, pour en surveiller et en couper toutes les communications extérieures. Ces corps d'observation avaient été d'une utilité manifeste dans les positions qu'ils avaient occupées. Plusieurs troupes apparues à l'horizon ou sorties de Bou-Cha-groun et de Tolga s'étaient vues forcées de renoncer à leur projet de pénétrer dans Zaatcha, dont elles voulaient grossir la garnison ; mais il était évident que cette surveillance, efficace pendant le jour, serait, la nuit venue, d'une inutilité complète : tout secours, glissant dans l'ombre, pourrait toujours atteindre la lisière de la forêt de palmiers et de là gagner la place. Cette considération vint se joindre à la nécessité d'occuper plus fortement les ouvrages d'attaque, pour confirmer le général dans sa décision de renoncer à ces dispositions d'investissement partiel. Une partie des forces qui y avaient été appliquées et celles restées à la garde du camp furent employées à relever la garnison de Zaouïa et à renouveler les lignes de tirailleurs.

Les assiégés s'apercevant de la rapidité avec laquelle avançaient nos dispositions d'attaque, donnèrent une vivacité extrême au feu qu'ils ouvrirent pour en inquiéter et arrêter les travaux; on put cependant reconnaître, quelque nourrie que fût cette fusillade, que sa vivacité n'était nullement en rapport avec le grand nombre de combattants qui y prenaient part; on s'apercevait aisément qu'ils ménageaient leurs munitions avec la plus parcimonieuse prudence. Ainsi, qu'un travailleur vînt à présenter quelque partie de son corps à découvert, cinq ou six coups de fusil partaient à la fois, et s'il n'était atteint, la terre volant ou les arbres entamés près de lui par les balles attestaient la vigilance et l'habileté de l'ennemi ; à chaque coup de feu qui partait de nos lignes, plusieurs balles venaient aussitôt frapper le point d'où s'élevait la fumée et trop fréquemment aussi frapper le tireur. Ce ne fut donc qu'au prix d'un sang précieux que cette journée, moins meurtrière cependant que la précédente, vit nos travaux se poursuivre sans interruption.

La batterie, armée de bonne heure, put ouvrir son feu contre la place. Les boulets plongeant à travers le rideau de palmiers qui s'élevait entre ses remparts et nos pièces, ne tardèrent pas à causer des dommages sérieux et évidents aux fortifications; il était cependant difficile de se rendre compte d'une manière bien certaine du caractère et de la gravité de ces ravages. On ne pouvait obtenir de renseignements précis à cet égard, qu'en faisant une pointe à l'improviste jusqu'au pied des remparts. M. Bourbaki, chef de bataillon des tirailleurs indigènes, fut chargé d'opérer, avec un détachement de son corps, cette reconnaissance périlleuse; il eut ordre d'étudier en même temps, avec soin, le terrain qui séparait notre attaque de la place. Il s'acquitta de cette mission avec autant d'intelligence que d'audace ; le détachement, sorti impétueusement de nos lignes, s'élança avec rapidité vers Zaatcha, franchissant sans hésitation tous les obstacles et balayant à la baïonnette tous les tirailleurs répandus dans les jardins; il arriva ainsi sous les remparts, où un feu terrible arrêta son impétuosité. Le combat était impossible contre un ennemi dont la fumée de la poudre révélait seule la présence; d'ailleurs il n'était pas venu pour combattre; il se replia sur notre sape, où il rentra après avoir essuyé des pertes cruelles, mais le but de son expédition était complétement atteint.

Zaatcha offrait l'aspect d'une de nos petites places de guerre au moyen âge. Elle n'en différait que par la nature des matériaux employés dans la construction de ses remparts; une sorte de brique, cuite seulement au soleil, y avait remplacé la pierre. L'enceinte était formée de tours quadrangulaires reliées entre elles par des maisons crénelées dont les toits en terrasse, protégés par des parapets, offraient une voie de circulation aussi sûre que facile. Cette enceinte était couverte par un fossé rempli d'eau, dont elle était séparée par un chemin de ronde abrité extérieurement par un mur. Les dégâts qu'y avaient causés nos boulets n'avaient porté que dans la partie supérieure des remparts, et n'étaient pas de nature par conséquent à inspirer d'inquiétudes sérieuses à l'ennemi. Quant au terrain à parcourir, coupé de murs et de nombreux ruisseaux d'irrigation, embarrassé, sous ses hauts palmiers, d'arbustes buissonneux et de plantes rampantes, il avait opposé à la marche du détachement des difficultés réelles.

Le point grave de ce rapport, c'était l'inefficacité du tir. Il était nécessaire d'établir une autre batterie dans une position plus élevée pour atteindre la partie inférieure des murailles : il fallait donc se mettre à l'œuvre. Laissons le chef de l'expédition retracer lui-même le tableau des fatigues et des périls auxquels nos soldats furent exposés durant cette laborieuse phase du siège.

« Dès ce moment, on s'établit dans de nouveaux jardins; le génie et l'artillerie préparent une nouvelle batterie; on organise le travail constant et la garde fatigante que nos soldats ont supportée avec une patience si remarquable pendant tant de jours.

« On ne pouvait s'approcher de la place qu'en s'emparant successivement des jardins; c'était pour chaque jardin une affaire qui nous coûtait toujours des blessés; il fallait, en outre, en créneler immédiatement les murs, en réparer les brèches, abriter les factionnaires des feux de flanc et de revers. S'il y avait une batterie à y établir, on était aussi obligé de la défiler des feux qui nous entouraient de trois côtés.

« Chaque créneau de l'enceinte de nos jardins devait être occupé et gardé avec une scrupuleuse attention.

« Nous étions en butte à d'habiles tireurs, ménageant leurs feux, ne négligeant jamais une bonne occasion. Tout homme qui se découvre, qui sort des communications défilées est touché.

« Dès le 9, M. le colonel du génie Petit, en se faisant donner des indications sur la place par M. le sous-lieutenant Séroka, attaché aux affaires arabes, s'oublie un instant à découvert : il a l'épaule fracassée et M. Séroka le cou traversé. M. le capitaine d'artillerie Besse rectifie le tir d'une pièce : il reçoit une balle au front, qui nous l'enlève et tant d'autres pendant toute la durée du siège. Les tranchées de nos pièces sont là pour témoigner de l'adresse des assiégés et du danger de nos artilleurs. C'est au moment où l'on démasque la pièce pour tirer qu'arrivent les coups les mieux ajustés. Il en sort encore instantanément par le trou que vient de faire le boulet, comme pour protester du mépris de la mort.

« Nous gagnons de jardin en jardin, tant de vive force qu'à la sape, les deux extrémités de la face de Zatacha qui regarde la Zaouïa; nos ouvrages les plus avancés sont souvent attaqués de jour, de nuit; tantôt c'est une irruption sur nos travailleurs les plus avancés, et quelquefois assez vive pour que nous soyons obligés de nous retirer d'un jardin nouvellement occupé; tantôt ce sont de grands feux allumés pour éclairer la tranchée et assurer en même temps l'effet d'une vive fusillade qui borde nos lignes; tantôt ce sont des fanatiques qui viennent tomber aux pieds de nos retranchements, arrêtés par le sang-froid de nos vieilles troupes d'Afrique; et d'autres, plus audacieux encore, qui se font tuer pour enlever les cadavres que nous tenons au bout de nos baïonnettes. Ailleurs, c'est un homme qui vient jusqu'à enlever le gabion que pose un sapeur du génie. Notre tête de sape, et surtout les gabions arcis, sont l'objet d'un combat constant de jour et de nuit. Rien de beau comme ces sapeurs du génie, posant leurs sacs à terre, alignant leur sape, parant leur ouvrage à portée d'un ennemi qui les décime. »

L'arrivée du colonel de Barral vint rendre la confiance à ces vaillantes troupes qui ne luttaient plus qu'avec la sombre énergie du désespoir. Il était accompagné de quinze cents soldats et d'un goum nombreux de cavaliers africains. Ce secours permit d'alléger le poids du service écrasant sous les fatigues duquel succombaient nos troupes. Les travaux furent poussés avec une ardeur nouvelle. Deux batteries de brèche, élevées à force de travail et d'audace et au prix de sacrifices sanglants, purent bientôt ouvrir leur feu contre la place.

Le feu ne répondit pas complètement à l'effet qu'on avait espéré. Le boulet trouait ces remparts d'argile sans y provoquer d'éboulements, les obus n'y causaient guère eux-mêmes de plus grands ravages. D'un autre côté, la garnison, dont les blessés étaient évacués chaque nuit sur les oasis voisines, se recrutait des guerriers les plus ardents et les plus braves des tribus du Tell; ils accouraient chaque jour plus nombreux de tous les points de l'Atlas et du désert entre Tebessa et Boghar. Réunis à Tolga ou à Bou-cha-groun, ils attendaient que l'obscurité leur permît d'aller s'associer à une défense dont la prolongation était déjà pour eux un triomphe. Nos lignes, sans cesse rougies du sang de nos soldats, étaient ainsi sans cesse attaquées avec une furie nouvelle.

La confiance dont l'arrivée des forces du colonel de Barral avait animé nos troupes s'affaiblit et s'évanouit bientôt. Le général Herbillon, plus à même d'apprécier la réalité de la situation, n'en éprouvait qu'une inquiétude plus profonde. De toutes parts lui arrivaient les bruits les plus sinistres. Des voix hostiles semaient dans tout le pays les rumeurs les plus propres à exalter le sentiment national et l'enthousiasme religieux. La résistance de Zaatcha était représentée comme une succession de triomphes pour ses défenseurs et de revers pour nos armes. Toutes les tribus s'émouvaient à ces récits : la consternation et la crainte frappaient nos alliés; l'agitation gagnait les peuplades paisibles; l'hostilité éclatait dans les peuplades agitées. Plusieurs d'entre elles avaient déjà pris les armes. Hamed-bel-Hadj, ancien kalifa d'Abd-el-Kader, marchait sur Sidi-Okba avec des forces nombreuses, levées simultanément à sa voix. Ben-Chenouf, notre allié, était forcé de se replier avec sa tribu sur Biskara, que Si Abd-el-Afed, marabout révéré, récemment battu par le commandant de Saint-Germain, menaçait à la tête de nouveaux contingents; les nomades quittaient le Tell, au mépris des ordres qui leur avaient été donnés, et passaient dans le Sahara. La révolte étendait sa fermentation jusque dans la subdivision de Bathna. Il n'était pas jusqu'à Bou-Çada dont, malgré la présence de la garnison laissée par le commandant de Barral, la population ne prît les armes. Notre corps expéditionnaire, décimé par un siége meurtrier, embarrassé de nombreux blessés et prêt à manquer de munitions, pouvait donc, d'un jour à l'autre, se trouver séparé de nos possessions par des populations soulevées sur une zone de pays de trente lieues de profondeur.

Le général Herbillon comprit qu'il n'y avait qu'un coup retentissant porté à l'insurrection qui pût comprimer cette agitation violente et faire rentrer tout ce pays dans le devoir. Il donna des ordres en conséquence. L'attaque prit une vigueur qu'elle n'avait pas encore déployée; le feu des batteries éclata avec une énergie nouvelle. Le 19, les remparts présentaient deux brèches larges et profondes; la muraille, en s'écroulant, avait comblé de ses décombres le fossé devant celle de gauche. Il pouvait être franchi devant celle de droite au moyen de ponts volants préparés d'avance par le génie. L'assaut fut arrêté pour le lendemain.

Dès avant le lever du soleil, toutes les troupes françaises sont sous les armes; le commandant Bourbaki quitte le camp avec son bataillon et trois compagnies de chasseurs à pied, et va prendre une position d'où, au moyen de postes prêts à se porter un secours mutuel, il commande les abords de Zaatcha et peut couper tout corps qui tenterait de se jeter dans cette place.

Pendant ce temps, deux colonnes d'attaque se forment dans les tranchées; celle de gauche, placée sous le commandement de M. le colonel Carbuccia, est formée d'un détachement de vingt-cinq sapeurs du génie et d'une compagnie de voltigeurs de la légion étrangère; une compagnie du cinquième des chasseurs à pied doit l'appuyer aussitôt qu'elle aura pénétré dans la place. Celle de droite, commandée par M. Dumontet, colonel du 43e régiment de ligne, est formée d'un bataillon de son régiment et d'une section de sapeurs du génie.

Le signal de l'attaque est donné à six heures vingt minutes par le feu des batteries; les deux colonnes s'ébranlent à la fois.

Celle de gauche, son commandant en tête, aborde la brèche sous la fusillade la plus violente, et y pénètre résolûment à travers une grêle de balles. Arrivée au milieu de ces décombres, elle se trouve dans une impasse infranchissable. Le rempart d'enceinte a bien été détruit; mais au-delà elle rencontre devant elle d'autres murs debout et percés de meurtrières par lesquelles l'ennemi ouvre sur elle un feu terrible. Un seul point de cet enfoncement semble pouvoir offrir un accès sur la ville : c'est une tour criblée par les boulets et dont un pan crevassé surplombe sur la brèche. Vingt voltigeurs s'élancent à la fois vers cette ouverture pour la franchir; mais ils sont à peine au pied de cette tour en ruines, que le sol s'ébranle et que le pan de muraille, renversé par l'explosion d'une fougasse, s'écroule avec fracas sur eux. Dix hommes sont ensevelis sous ses débris, et de nouveaux murs crenelés, que masquait ce mur détruit, font éclater une nouvelle fusillade sur la colonne. Le génie s'efforce de pratiquer une voie dans ces décombres, les voltigeurs, entraînés par leur capitaine, M. Padro, s'acharnent à gravir ces déclivités et ces remparts; tous les efforts sont vains; ces troupes intrépides sont forcées de se retirer dans la tranchée, où la compagnie de la légion étrangère, forte auparavant de cent hommes, rapporte à elle seule quarante blessés et treize cadavres. Le capitaine Padro était au nombre des premiers.

La colonne de droite ne déploya pas moins d'audace. Au signal de l'artillerie, le masque de la tête de sape avait été enlevé. Une longue et lourde charrette, destinée à servir de pont pour franchir le fossé, avait été poussée en avant; mais ce pesant véhicule venait de verser dans une excavation d'où il fut impossible de l'arracher. Un autre tablier de pont établi sur des tonneaux, préparé à l'avance par le génie, ne fut pas plus utile, ceux qui le portaient ayant été tués au débouché de la tranchée. Ce contre-temps ne causa cependant aucune hésitation dans la colonne : grenadiers, sapeurs, sautèrent dans le fossé, qu'ils traversèrent, l'eau jusqu'aux épaules, gravirent l'escarpe et s'élancèrent dans la brèche. Là, ils sont arrêtés par les mêmes obstacles contre lesquels étaient venus se briser les efforts de la colonne de gauche. Ces vaillantes troupes, sur lesquelles tonne le feu d'un ennemi qu'elles ne peuvent ni voir ni frapper, s'acharnent avec une obstination héroïque à triompher de ces difficultés invincibles; les sapeurs du génie s'épuisent en efforts inutiles pour percer ces murs que l'artillerie n'a pas atteints dans leurs bases. Toutes les compagnies du bataillon s'élancent successivement pendant deux heures sur ces ruines sans qu'aucune parvienne à les franchir. L'insuccès ne fait qu'enflammer leur ardeur; en vain chaque assaut couvre ces débris de leurs morts et de leurs blessés, en vain leur commandant, le chef de bataillon Guyot, est-il frappé en tête de l'une d'elles; en vain les capitaines Berthe, Heros, Prévot et Tillet sont-ils frappés en donnant l'exemple de l'audace et du dévouement; en vain le lieutenant Miot et le sous-lieutenant Bessen tombent-ils, désignés par leur bouillant courage aux coups de l'ennemi; chaque compagnie ne s'en précipite qu'avec une ardeur nouvelle sur cette escarpe, dont les pentes inondées de sang deviennent à la fin impraticables. Le général Herbillon, reconnaissant l'inutilité de plus longs efforts, ordonne de sonner la retraite, et la fait protéger par le 1er bataillon des zouaves. L'intrépide 43e, ne se retirant qu'à regret, opéra ce mouvement avec un ordre que ne put troubler ni précipiter la fusillade de l'ennemi; il rentra dans les lignes d'attaque, où il avait déposé déjà quatre-vingt-dix-sept de ses hommes mis hors de combat. La plupart de ces blessés étaient frappés mortellement.

HISTOIRE DE L'ARMÉE

Cet échec rendait la situation de notre corps expéditionnaire des plus critiques. Quels que fussent les événements qui éclatassent autour de lui, il n'avait cependant qu'un parti à prendre, parti gros de dangers sans doute, mais imposé à la fois par la dignité du pays et par la prudence : se maintenir dans ses positions, en attendant le secours dont il devait presser l'envoi ; compléter et améliorer ses lignes obsidionales. Ce fut aussi la décision qu'adopta le général Herbillon. Laissons-le exposer lui-même ses résolutions et rapporter les opérations de cette nouvelle période d'un siége qui restera une des pages brillantes de notre histoire d'Afrique :

« Je rétablis les troupes dans leurs lignes, je conserve mes positions, je demande des munitions à Constantine, et je me décide à mettre toute la patience que mon éloignement des ressources pourra exiger. Rien ne doit me faire quitter Zaatcha avant sa prise.

« Du 29 au 30 les travaux de la tranchée furent améliorés, les sapes s'avancèrent, le terre-plein des batteries fut considérablement élevé, afin de mieux voir le pied du mur. Nos artilleurs firent en troncs de palmier des ouvrages vraiment remarquables. Le feu et les attaques de nuit continuèrent. On commença devant la brèche de gauche un passage de fossé blindé pour tâcher d'attacher le mineur. Cette galerie blindée fut incendiée par deux fois. Chaque désordre à la tête de sape demandait souvent vingt-quatre heures et quelquefois quarante-huit heures pour être réparé ; on était à quelques mètres de la place.

« Le temps s'écoulait, et nos communications devenaient tous les jours moins sûres. Je fus obligé d'envoyer M. le colonel de Mirbech, avec la plus grande partie de ma cavalerie, entre Biskara et Loutaïa, pour assurer l'arrivée des munitions et des convois que j'attendais.

« Le 30, mes patrouilles de cavalerie furent si sérieusement attaquées par une nuée de cavaliers, que je fus obligé de faire monter à cheval pour les appuyer : c'étaient des nomades qui arrivaient du Tell et qui tournaient leurs armes contre nous ; deux vigoureuses charges, exécutées par les détachements des 3ᵉ chasseurs et 3ᵉ spahis, sous les ordres de M. Lemyre de Villers, les maintinrent : il était tard, je fis rentrer.

« Le lendemain, je fis une reconnaissance entre Farfar et Tolga, avec les 200 chevaux que j'avais au camp, deux compagnies du 5ᵉ chasseurs à pied, deux obusiers ; je me fis appuyer plus tard par deux compagnies du 8ᵉ de ligne, deux compagnies de la légion étrangère et deux autres obusiers. Je fus attaqué par tous les nomades et les gens des oasis ; j'eus autour de moi, répandus dans la plaine, plus de 5,000 hommes et 7 à 800 cavaliers qui cherchaient à m'entourer. Je pris position sur le monticule où se trouve le marabout de Si-Deroueck.

« Le feu de l'infanterie et de la cavalerie, les brillantes charges que fournirent les chasseurs et les spahis, tuèrent environ 150 des leurs et en blessèrent un nombre considérable. Malheureusement la majeure partie de la cavalerie était sur ma communication, j'ai dû rentrer au camp. Les tranchées furent vivement attaquées pendant ce combat.

« Le 1er novembre, les Arabes firent mine de se jeter sur mon camp; j'ordonnai de ne pas bouger, et ils n'osèrent pas dépasser des crêtes hors de portée.

« Jusqu'au 12, nous continuâmes nos travaux : les défenseurs, renforcés, furent plus audacieux contre notre tête de sape ; ce fut, surtout la nuit, des chicanes continuelles. Les masques de sape étaient enlevés ; des murs s'écroulaient : toujours en tête, nos braves sapeurs réparaient avec une admirable patience, quoique en butte aux coups les plus rapprochés.

« Quelques attaques parties de la pointe d'Aïn-Fouar inquiétaient le camp à la communication de la tranchée au camp; je fis établir un ouvrage de côté. Un petit combat s'engage avec mes tirailleurs chargés de protéger la construction ; l'un d'eux est enlevé, et sa tête est placée au bout d'une pique sur la brèche.

« Le 12, le fourrage, auquel j'avais envoyé, sous la protection du bataillon des tirailleurs indigènes et d'une pièce de montagne, est vivement inquiété à son retour par environ 1,200 fantassins et quelques centaines de cavaliers sortis de Bou-Chagroun; nos chasseurs et nos spahis déposent leurs sacs de fourrage, et, enlevés par M. le colonel de Mirbech, ils chargent vivement les fantassins ennemis, qu'un mouvement simulé de retraite avait décidés à sortir de l'oasis; les tirailleurs indigènes appuient la cavalerie, tandis que deux escadrons se mêlent aux cavaliers arabes. Le sol est bientôt couvert de cadavres ennemis, et cette leçon décide les nomades à se tenir plus éloignés. Le lendemain ils ne paraissent même plus à l'heure du fourrage. Zaatcha fit une vive sortie pendant cette attaque, mais elle n'eut pas de résultats. »

Cependant les secours instamment réclamés par le général Herbillon arrivaient de divers côtés à la fois. Le colonel Canrobert, sorti d'Aumale le 27 octobre avec une colonne de 1,800 baïonnettes, arriva le premier, après avoir passé à Bou-Çada, où sa présence rétablit momentanément la tranquillité. Deux bataillons, le 8e de chasseurs à pied et le 3e du 54e de ligne, arrivèrent peu après. Ces forces, prises par des bateaux à vapeur à Oran et à Bougie, et déposées à Philippeville, étaient accourues par Constantine et Bathna, en franchissant ces contrées difficiles par doubles étapes; enfin une autre colonne formée de deux bataillons, d'un escadron du 1er de chasseurs et d'un autre escadron du 1er de spahis, était sortie de Médéah sous les ordres du colonel Daumas, et s'était portée au centre de la turbulente tribu des Oulad-Nail, d'où elle avait détaché sur Zaatcha un des bataillons qui la composaient. Ce bataillon était arrivé au camp et avait porté le corps obsidional à un effectif de sept mille hommes. On avait reçu également des approvisionnements et munitions, ainsi que deux pièces de douze qui devaient exercer une action plus destructive sur les fortifications arabes que les pièces de campagne, dont on s'était servi jusqu'alors. La confiance revint de nouveau avec ces secours, et chacun se remit au travail et au combat avec un redoublement d'énergie.

L'arrivée de M. le commandant du génie Lebrettevillois, chargé de remplacer M. le colonel Petit, que nous avons vu atteint par les balles ennemies, imprima également une plus vive impulsion aux travaux de la sape, qui reçurent de bien plus vastes développements.

Cependant les engagements que l'on avait eus avec les forces extérieures, bien que toujours terminés en définitive à notre avantage, avaient néanmoins eu, par notre retraite opérée parfois devant des masses supérieures en nombre, un tel caractère, que les Arabes, peu habitués depuis longtemps à ces luttes balancées, y avaient puisé toute l'arrogance du triomphe. Cette arrogance et la certitude du succès dont elle avait enflammé les esprits, s'étaient étendues dans toutes les tribus de ces contrées sauvages. Les contingents arrivaient plus nombreux. Les tribus nomades du Sud, jusque-là peu engagées dans cette guerre, commençaient à y prendre une part plus active. Quelques-unes même approchaient entières pour pouvoir au jour du combat jeter tous leurs hommes actifs dans la lutte.

Le général Herbillon fut informé que plusieurs de ces peuplades s'étaient réunies près de l'oasis d'Ourlel, à peu de distance des rives de l'Oued-Djeddi, grande rivière du désert qui, après avoir tracé, dans ces dunes arides, une ligne de verdure créée et alimentée par ses eaux saumâtres, va s'étendre et s'infiltrer dans les sables. Cette oasis était située à environ vingt kilomètres du camp, dans le sud ; elle menaçait de devenir un nouveau centre de rassemblements. Il résolut de frapper cette coalition menaçante avant que la réunion de ses forces fût opérée. Ayant donc formé un corps de toutes ses forces disponibles, après toutefois avoir laissé au camp et dans nos travaux des forces suffisantes pour les défendre, il se met en mouvement le 16 novembre à minuit. Ce corps était composé de deux mille hommes d'infanterie divisés en deux colonnes sous les ordres des colonels de Barral et Canrobert, et de toute la cavalerie : cavalerie régulière et goums alliés. L'espoir de surprendre l'ennemi animait ces troupes d'une telle ardeur, que les ténèbres ni les sables ne purent ralentir leur marche. L'Orient jaunâtre ne jetait encore que les lueurs flottantes de l'aube sur le désert lorsque nos éclaireurs arrivèrent sur les bords du fleuve. L'oasis détachait au loin, en vigueur, sur le ciel, la silhouette de ses reliefs : remparts, habitations et bouquets d'arbres. Quelques milliers de tentes étaient dressées entre Ourlel et l'Oued-Djeddi : c'était le camp des tribus.

Nos éclaireurs se replièrent vivement sur nos troupes pour leur signaler le voisinage et la position de l'ennemi. Après une halte de quelques instants, notre cavalerie, suivie de nos colonnes rectifiées, se porta sur le point du fleuve où elle devait le franchir. Cavaliers et fantassins l'avaient atteint avant le lever du soleil.

Le général Herbillon donne le signal de l'attaque. La cavalerie, commandée par le colonel de Mirbech, s'élance aussitôt dans la rivière et fond sur le camp, sabre les cavaliers qui, rapidement réunis, veulent lui opposer de la résistance, et, traversant cette ville de tentes, coupe la retraite de l'oasis à l'ennemi. Nos deux colonnes d'infanterie, accourues au pas de charge, leurs commandants en tête, abordent au même instant ces douars à la baïonnette. Leurs défenseurs tentent vainement de les protéger, partout ils sont culbutés. Les plus acharnés se font massacrer, les autres prennent la fuite, laissant en notre pouvoir leur camp et tout ce qu'il contient. Quinze cents chameaux et des milliers de moutons tombent en nos mains. Nos goums surtout recueillent un immense butin en tapis, burnous, bijoux, ustensiles et armes. La population d'Ourlel, réunie sur ses remparts et sur ses terrasses, voit avec consternation ces tribus, si confiantes et si fières la veille, fuyant dans toutes les directions. Elles avaient abandonné sur le terrain cent cinquante cadavres. Nous n'avions eu que quatre morts et quinze blessés.

Nos troupes, après avoir laissé passer l'ardeur du jour et pris quelque repos sur le théâtre même de cet exploit, livrèrent aux flammes tout ce qu'elles ne purent emporter de ces villages de toile devenus leur conquête, et reprirent la direction de Zaatcha, emmenant avec elles leurs nombreux troupeaux. Elles avaient à peine repassé l'Oued-Djeddi, que deux des principales tribus nomades envoyaient leurs cheiks demander l'aman. Le corps expéditionnaire rentra dans le camp le soir même.

Nos lignes avaient essuyé durant la journée une des plus furieuses attaques qui eussent encore été dirigées contre elles. L'éloignement du général et d'une partie aussi considérable de ses forces avait semblé à la garnison de Zaatcha l'occasion unique d'une victoire décisive. Elle s'était portée avec une telle vigueur sur tous les points de nos attaques, qu'elle était parvenue à s'emparer de l'un des jardins crénelés dont nous avions fait nos avant-postes; succès stérile, succès éphémère, qui avait été bientôt effacé par un retour offensif de nos soldats.

La victoire du 16 ne tarda pas à porter ses fruits. Chaque jour vit de nouvelles tribus nomades accepter les conditions de paix que le général Herbillon leur avait fait transmettre par les premiers cheiks soumis, et lui envoyer des otages, comme sanction et garantie de leurs engagements. Il est vrai que ce n'était pas de cette région du désert que Zaatcha tirait ses principales forces et que s'élevaient les dangers les plus inquiétants pour notre expédition : les dangers étaient dans l'est et dans le nord, c'était là qu'étaient les populations les plus nombreuses et les tribus les plus redoutables, et là, l'agitation, loin de se calmer, devenait chaque jour plus universelle et plus profonde. Nos communications, que l'on avait rétablies, étaient de nouveau journellement attaquées sur toute la ligne de notre camp à Bathna. Les escortes nombreuses que l'on donnait aux convois étaient impuissantes à les faire respecter.

Ces agressions donnèrent lieu à plusieurs faits d'armes glorieux. M. le capitaine Bataille, de la légion étrangère, avait été chargé de protéger avec quelques compagnies un de ces convois. Il avait franchi les gorges de l'Atlas sur les limites de la tribu d'Ouled-Sultan et de celles de l'Aurès, sans avoir rencontré aucun indice alarmant, lorsque la colonne se vit subitement assaillie par un ennemi bien supérieur en nombre, dans un passage difficile entre Ksour et El Kantara. Le convoi se trouvant alors divisé en deux parties, présentait à la défense une complication nouvelle. Cet officier dirigea le courage de ses soldats avec tant de sang-froid et d'habileté que l'ennemi, vigoureusement repoussé dans toutes ses tentatives, fut obligé de se retirer sans avoir pu enlever un seul fourgon. Le capitaine Bataille, accompagné cette fois du capitaine Souville, de la même légion, escortant l'un et l'autre un convoi de blessés, soutinrent le surlendemain, dans le même endroit, un combat non moins glorieux. Attaqués vivement par un millier d'Arabes, ils se frayèrent un sanglant passage à travers cette foule furieuse.

Nous devons citer un acte de dévouement auquel donna lieu un de ces engagements. Un détachement de cavalerie, formé de quelques chasseurs et de quelques spahis sous les ordres de M. le sous-lieutenant Caniot, faisait partie de cette escorte. Dans une des charges que le détachement eut à exécuter sur l'ennemi, cet officier, grièvement blessé, eut son cheval tué sous lui; les Arabes, poussant des cris féroces, l'entourèrent, ainsi que quelques cavaliers restés pour le défendre; le spahis Embrack-Ben-Aïka mit aussitôt pied à terre au milieu de cette mêlée, releva son officier, le plaça sur son propre cheval et, secondé de ses compagnons, parvint à rejoindre la colonne, rapportant jusqu'à la selle et aux armes de M. Caniot, qu'il n'avait pas voulu abandonner à l'ennemi.

Le général Herbillon se vit forcé de renoncer à ces communications qui absorbaient des forces considérables et que le soulèvement de presque toutes les populations du Tell rendit d'ailleurs impossibles. L'assassinat de Si-el-Bey, caïd des Ouled-Sultan, fut le signal d'un redoublement de violence dans toute cette région; au bruit de la mort de ce chef, dont l'autorité avait empêché jusqu'alors la prise d'armes que prêchaient partout des voix fanatiques, tout le pays, sur les derrières de notre expédition, prit décidément une attitude hostile. Pour comble de malheur, et comme si notre petite armée ne devait échapper à aucune espèce d'épreuves, le choléra, apporté par le détachement du colonel Canrobert, étendit ses ravages sur toutes nos troupes.

Le général, voyant tant de périls s'amonceler de nouveau sur sa situation n'en sentit que plus vivement la nécessité d'appliquer au siége toutes les forces dont il pouvait disposer. Pendant qu'on élevait le terre-plein d'une nouvelle batterie pour l'installation des pièces de douze, il donna de nouveaux développements à l'investissement, qui ne pouvait plus s'opérer que par le prolongement des tranchées. Voici, du reste, les termes dans lesquels il relate lui-même ces derniers travaux et les combats qu'ils provoquèrent :

« Les travaux de sape de la tranchée doublent. Le développement est tel, que les sacs à terre sont épuisés; il faut les remplacer par des morceaux de palmiers débités. C'est une augmentation de peine que nos soldats acceptent, comme toujours, avec une admirable résignation. Je suis obligé de mettre 1,700 hommes dans la tranchée pour la garde et les travaux.

« Dès le 19, les pièces de douze sont mises en batterie. Leur feu est dirigé vers les maisons rapprochées d'une porte de la place, jusqu'à laquelle nous n'avions pas encore pu parvenir. En peu de temps, nous avons une brèche qui, perfectionnée plus tard, fut d'un accès facile à sa base. La sape s'étend à gauche pour établir encore une nouvelle batterie. Un peu plus tard on place deux pièces de montagne à l'extrême droite de l'attaque pour battre la porte elle-même. On commence à combler le fossé en face de la troisième brèche. On l'a déjà comblé devant la brèche du 43e. Une fougasse fait tomber une tour restée près de la brèche de gauche. D'autres fougasses, placées sur les brèches elles-mêmes par les soins de M. le capitaine Schnaëgel, en rendent l'accès facile.

« L'artillerie a successivement détruit presque toutes les tours qui plongeaient dans nos ouvrages.

« Zaatcha reçoit des renforts.

« Le 24, les assiégés profitent du moment où on relève la tranchée pour attaquer avec fureur notre extrême droite ; ils franchissent nos parapets et s'emparent d'un bout de rue retranchée que nous occupons ; ils enlèvent un de nos chasseurs à pied, et lui coupent la tête et les poignets ; ils pénètrent jusqu'à la batterie d'obusiers ; l'un d'eux se fait tuer sur une de nos pièces ; ils sont enfin arrêtés ; ils se rejettent alors sur tout le côté droit de notre attaque et cherchent à pénétrer dans nos lignes ; ils n'y peuvent parvenir. Je fais sortir le bataillon de tirailleurs indigènes et quelques compagnies du 8e de chasseurs pour tourner ce mouvement.

« Les Arabes rentrent après un engagement très-vif. »

Le siége touchait enfin à son dénoûment : l'assaut allait être tenté une seconde fois. Sans nul doute, dans des conditions ordinaires, on eût dû retarder encore de quelques jours cette grave entreprise qui, si elle ne couronnait pas d'un rayonnement glorieux cette longue et périlleuse campagne, pouvait la changer en désastre ; mais on était dans des circonstances exceptionnelles ; les approvisionnements s'épuisaient, depuis que les vivres n'arrivaient plus même à Biskara ; l'état du pays inspirait des inquiétudes sérieuses ; enfin la saison s'avançait, et l'armée, jusqu'alors favorisée par le temps, pouvait être surprise par les grandes pluies automnales. Ces considérations parurent décisives au général Herbillon, qui sentait toute la responsabilité qui pesait sur lui.

Les deux brèches par lesquelles avait été tenté le premier assaut avaient d'ailleurs reçu l'élargissement et les améliorations qu'avaient pu leur apporter les efforts combinés de l'artillerie et du génie. Une brèche nouvelle avait été pratiquée dans le rempart, et sa large ouverture offrait l'aspect le plus favorable : le fossé était comblé devant toutes trois, et, ce qui donnait encore au général de plus puissants motifs de confiance et de plus fortes garanties de succès, c'était la valeur des troupes et l'audace et l'habileté des chefs qu'il devait lancer sur ces fortifications en ruines. L'assaut fut fixé pour le 26.

Dès le 25, toutes les dispositions furent prises pour en assurer le succès. Des dépôts de sacs de poudre, de pétards, d'outils, d'échelles, de cordes, de sacs de terre et de gabions furent établis dans les tranchées, sur les points les plus rapprochés des brèches. Les trois colonnes d'attaque furent formées de troupes d'élite et placées sous les ordres d'officiers dont l'éclatante renommée d'intrépidité devait affermir leur confiance et stimuler leur valeur.

Celle du centre, commandée par le colonel de Barral, était composée de deux bataillons : un du 38e de ligne et le 8e des chasseurs à pied, commandants Manuel et Bras-de-Fer, d'une section d'artillerie de montagne aux ordres du lieutenant Magallin, et de trente-cinq sapeurs du génie, conduits par MM. Paster et Rivière, lieutenants.

Celle de droite, confiée à la valeur et au sang-froid du colonel Canrobert, comptait dans ses rangs cent hommes choisis dans le 16e de ligne, deux cent cinquante hommes du 5e bataillon de chasseurs à pied, dont leur chef avait conservé le commandement; deux bataillons de zouaves, commandants MM. de Lorencez et de Lavarande, une section d'artillerie de montagne aux ordres du lieutenant Perrin, et un détachement de sapeurs que dirigeaient le capitaine Schnaëgel et le sergent-major Ribes.

La colonne de gauche enfin, placée sous les ordres du lieutenant-colonel du 8e de ligne, M. de Lourmel, se composait de deux bataillons de son régiment, commandant Carrieu ; d'un bataillon du 43e, commandant Plombin; d'une section d'artillerie sous la direction du lieutenant Leroy, et de trente-quatre sapeurs sous celle des officiers du génie Laberge, capitaine, et Samson, lieutenant. Les tranchées devaient rester sous la garde du 43e de ligne, commandé par son colonel, M. Dumontet ; l'intendance eut ordre d'y préparer des ambulances volantes à proximité des trois brèches.

Un bataillon de la légion étrangère, un bataillon du 51e, conduit par le commandant Janin, et deux cents chasseurs à pied du cinquième bataillon, formèrent un corps mobile sous les ordres du commandant Bourbaki, chargé d'investir avec ces forces toute la partie de l'oasis que n'enveloppaient pas nos ouvrages et d'en couper les communications.

La nuit du 25 au 26 fut, pour toute notre armée, une nuit de fiévreuse impatience ; le jour se leva enfin sur notre camp et colora de ses premiers feux cette place de Zaatcha dont ses derniers rayons ne devaient éclairer que les ruines. Nos batteries ouvrirent alors et nourrirent le feu le plus vif sur les trois brèches. Le corps d'investissement commença aussitôt son mouvement; à huit heures, il occupait ses positions.

Sur l'ordre du général, les trois batteries se taisent à la fois. Les colonnes d'attaque, réunies depuis longtemps déjà dans les tranchées, se préparent et attendent. Le signal est donné : c'est le pas de charge ; les tambours le battent, les clairons le sonnent, les musiques l'accompagnent d'explosions d'harmonies guerrières.

Les trois colonnes, à ces bruits entraînants, s'élancent avec enthousiasme de nos lignes, et, leurs chefs en tête, se précipitent sur les brèches qu'elles doivent franchir. Celle de droite a la gloire de pénétrer la première dans cette place si vaillamment attaquée et si héroïquement défendue. Canrobert la précède, entouré de quatre officiers et d'un gros de quinze volontaires. L'ennemi, qui garnit les terrasses d'une nuée de tirailleurs, fait tourbillonner sur eux une grêle de balles. Deux officiers et deux soldats, *encore sont-ils blessés ou touchés*, restent seuls debout de cette intrépide phalange; mais la colonne entière, enlevée par ce noble élan, les entoure et les devance bientôt. Nul obstacle ne peut arrêter l'ardeur impétueuse des zouaves; ils couvrent tous ces décombres, gravissent les pentes, escaladent les escarpements, franchissent les murs, débordent de tous côtés. Leur drapeau, arboré sur une des plus hautes terrasses de la ville conquise, livre bientôt sa soie tricolore à la brise ardente du désert.

La colonne de Barral a plongé avec la même audace dans la brèche du centre, mais elle vient se heurter contre des obstacles que toute sa vigueur ne peut ni surmonter ni briser. Enveloppée d'un nuage de fumée, elle s'attaque à toutes les parois de cette impasse dévorante. Elle trouve enfin une issue; elle s'y élance et la franchit. Une rue s'offre à elle, elle y roule, la parcourt et pénètre sur une place où elle opère sa jonction avec la colonne du commandant de Lourmel, dont ni les difficultés des lieux ni le feu meurtrier des Arabes n'ont pu arrêter l'irrésistible élan.

A huit heures et demie, la ville est à nous; mais si la ville est conquise, la lutte n'est pas terminée; nous sommes bien maîtres des grandes lignes de la place, nos tirailleurs couronnent les terrasses, nous occupons les *rahbets*, nous dominons les rues; mais nous n'avons pas encore enlevé une seule maison, et toutes les maisons, où il ne reste aucune autre ouverture que des meurtrières, sont autant de forteresses où s'est réfugié un ennemi résolu à mourir. Pas un seul des défenseurs de Zaatcha n'a fui, n'a tenté de fuir; tous ont fait d'avance le sacrifice de leur vie; mais s'ils veulent mourir, ils veulent mourir vengés, et le feu qui part de tous les créneaux de ces habitations dit assez si cette vengeance sera sanglante.

Chaque maison ne peut être emportée que par un siége. Nos soldats commencent sur vingt points à la fois cette attaque acharnée. Mais comment pénétrer dans ces demeures dont les portes ont été murées et dont les fenêtres n'ont conservé que l'ouverture nécessaire pour l'efficacité de la fusillade qui part de l'intérieur? C'est généralement par les terrasses qu'on force ces réduits, et ce n'est qu'après un combat sanglant, que l'ennemi, dont on a essuyé la fusillade à bout portant, abandonne le premier étage pour se réfugier au rez-de-chaussée, pièce vaste et obscure, où tous ceux qui se hasardent à pénétrer tombent criblés de balles. Le même sort frappe ceux qui essaient d'ouvrir à la pioche un trou dans les murs. Ce n'est qu'au moyen de la mine qu'on peut les forcer dans ces retraites; des coups de fusil partent encore du milieu des décombres.

Bou-Zian ne succomba que l'un des derniers. Le commandant de Laverne était sur sa trace avec le 2ᵉ bataillon des zouaves. Lorsque ce scheik ne s'était plus vu de chance de résister, il avait gagné une maison solidement bâtie où tout avait été préparé pour une défense désespérée. C'était là que les guerriers arabes les plus exaltés avaient cherché un refuge. Aussi personne ne paraissait-il à portée du feu de cette casbah sans être atteint par les balles qui partaient de ses créneaux. Les zouaves durent renoncer à l'attaque qu'ils avaient tentée contre elle. On essaya de la réduire par le canon, mais les servants, percés de coups de feu, étaient continuellement renversés sur leurs pièces. Les boulets, d'ailleurs, n'avaient d'autre effet que de forer leur trou dans ses murs. Il fallut avoir recours à la mine. Les deux premiers sacs de poudre font explosion sans entamer cette habitation solide. Ce n'est que le troisième qui fait tomber un pan de muraille. Nos soldats s'élancent enfin dans cette maison, où ils sont accueillis par un redoublement de feux. Un horrible combat au pistolet, au yatagan et à la baïonnette succède à la fusillade, et ce combat ne cesse que lorsque tous les défenseurs ont succombé. Les corps de Bou-Zian et du marabout Si-Moussa furent trouvés parmi les cadavres.

La prise de ces maisons coûta plus de quatre heures de combat; des coups de fusil partant de dessous ces ruines blessèrent encore de nos soldats plusieurs heures après la réduction complète de la ville. Un aveugle et quelques femmes furent les seuls habitants de Zaatcha qui survécurent à cette lutte acharnée. Huit cents cadavres arabes jonchaient les rues et les remparts; on ignore le nombre de ceux qui étaient ensevelis sous les décombres. Tous ces cadavres étaient ceux d'hommes jeunes ou dans la vigueur de l'âge, étrangers pour la plupart à cette oasis, qui n'avait gardé elle-même de sa population que la partie valide. Ils étaient accourus dans ses murs, en jurant d'en chasser l'étranger ou de s'ensevelir sous leurs ruines; tous avaient tenu leur serment.

Quelle page éclatante que ce siége d'un point perdu dans les sables, quelques mois auparavant presque inconnu, aujourd'hui consacré par un des plus glorieux souvenirs dont puisse s'enorgueillir l'histoire de nos guerres d'Afrique! Si la valeur de ses défenseurs fut héroïque, quel mot peut exprimer celle des soldats qui les ont vaincus? C'est à la voix qui les commandait qu'il appartient de louer dignement ces troupes dévouées : « Nos zouaves, écrivait au ministre de la guerre le général en chef, nos vieilles troupes d'Afrique, 43e, 5e, 8e bataillons de chasseurs, 38e, 51e, 16e, tirailleurs indigènes, 1er et 3e chasseurs d'Afrique, 1er et 3e spahis, ont soutenu leur belle réputation; les nouvelles, le 8e de ligne entre autres, ont rivalisé avec leurs émules. Il est impossible de déployer plus de bravoure.

« Je ne saurais vous dire en termes assez saisissants, monsieur le gouverneur, tout ce que valent de pareils soldats conduits par des officiers aussi intrépides. Il a fallu cinq jours de tranchée ouverte, autant de nuits de veille que de nuits de repos, autant de combats à la tranchée que de jours de travail; quatre affaires sérieuses contre l'ennemi extérieur, deux affaires pour sauver nos convois; il a enfin fallu deux assauts meurtriers et le siége de chacune des maisons, de chacun des étages de ces maisons.

« Rien n'a coûté à la vigueur de nos troupes; rien ne les a arrêtées, ni la veille, ni la fatigue, ni le fléau du choléra. 1,000 hommes, sur un effectif qui a varié de 4 à 7,000, ont été frappés par le fer ou le feu de l'ennemi. 2 officiers, près de 300 soldats sont morts des suites de leurs blessures; 160 officiers

Chasseur d'Afrique.

1854.

1

et plus de 600 soldats porteront d'honorables cicatrices. L'armée d'Afrique vient d'écrire de son sang une nouvelle page à l'histoire militaire, à la gloire de nos armes.

« Je ne puis vous donner la liste de ceux qui se sont distingués dans une aussi longue série de combats : il faudrait vous adresser, pour ainsi dire, le contrôle nominatif de mes troupes.

« Chaque arme, chaque service, a eu sa part de peine et mérité d'en recueillir le fruit. A l'infanterie, la garde, les veilles, le travail, l'escorte, etc.; à la cavalerie, la charge brillante ; au génie, la sape à quelques pas de l'ennemi ; à l'artillerie, le travail des batteries, l'habileté du tir ; au train, le soin de coucher les blessés sur ses cacolets, au milieu du feu ; au service de santé, les soins assidus à nos blessés, à nos cholériques, encombrant à la fin nos ambulances, nos hôpitaux improvisés. »

L'un des chefs de bataillon des zouaves, M. de Lorencez, était au nombre des blessés. M. de Lorencez est le petit-fils du maréchal Oudinot, duc de Reggio. C'était le troisième membre de cette illustre famille dont le sang coulait sous les balles arabes. Le colonel Oudinot avait été tué dans un précédent combat, en chargeant à la tête de son régiment avec la plus entraînante valeur, et le général Oudinot avait eu, lui-même, la cuisse traversée d'une balle, en s'élançant pour venger la mort de son frère.

Ce glorieux et terrible dénoûment d'une lutte qui tenait en suspens les populations du midi de l'Algérie, les plus prudentes et par suite les plus paisibles, retentit comme un coup de foudre dans toutes les régions du Tell et de l'Atlas. Les tribus qui n'avaient révélé que par une émotion indiscrète leurs aspirations hostiles, se hâtèrent de calmer l'agitation de leurs douars et de rentrer dans le calme de leurs occupations habituelles ; celles qui s'étaient compromises par un soulèvement déclaré, envoyèrent avec empressement des députations aux chefs militaires de leurs districts pour rejeter sur quelques perturbateurs en fuite ces jours d'égarement et pour renouveler leurs protestations pacifiques. Les autres s'éloignèrent pour se dérober à nos atteintes ou attendirent dans la terreur. La saison était trop avancée pour qu'on pût frapper ces peuplades d'une répression complète ; nos troupes expéditionnaires ne rentrèrent pourtant pas dans leurs garnisons sans avoir fait sentir à plusieurs d'entre elles les dangers de leur conduite et le poids de nos armes. La campagne de 1850 devait achever la pacification de cette zone sauvage du Sahara algérien.

Les premiers mois de cette année apportèrent de nouvelles preuves de l'impression profonde causée dans toute cette contrée par la chute de Zaatcha. Ben-Mahea, que nous avions établi kalifa d'Ouargla, bourgade berbère qui se prétend la ville la plus ancienne du désert, dont elle est, d'après M. le général Daumas, un des entrepôts commerciaux les plus riches (1), informa le gou-

---

(1) On lit dans un des meilleurs ouvrages qui aient été publiés sur l'Algérie, *l'Afrique Française*, par P. Christian, 1 vol. in-8°, Paris, A. Barbier, éditeur : « Ouargla est « un des grands entrepôts du désert. Les armes, les épices, les parfums, les draps,

verneur général de nos possessions africaines de sa résolution d'organiser les tribus voisines sur les bases nouvelles que notre investiture avait données à son pouvoir; plusieurs autres cheiks influents, et parmi eux Si-Hamza, frère de Sidi-Chikr-Ben-Tayeb, au nom duquel même il offrait de traiter, faisaient des ouvertures de soumission et demandaient l'aman. Quelques régions de la province de Constantine avaient seules conservé leurs dispositions hostiles et leur attitude menaçante. Ce fut contre elles que la France dut songer à porter ses coups; ce furent elles aussi qui devinrent l'objet des opérations de la nouvelle campagne que le mois de mai vit s'ouvrir. Le gouverneur, informé des intrigues de ces tribus, avait résolu de déjouer leurs combinaisons d'alliance et de secours mutuels en les attaquant toutes à la fois. Vers la fin d'avril, les forces disponibles de nos garnisons se préparèrent à prendre une part active à ces mouvements. Tandis que deux corps d'opération s'organisaient à Bathna et à Sétif, Alger, Constantine, Bougie et Bône formaient des colonnes auxiliaires pour opérer des diversions ou concourir à ces deux grandes attaques.

Le corps de Bathna, fort de quatre mille hommes de toutes armes, s'ébranla le premier; le général Saint-Arnaud, commandant supérieur de la province de Constantine, qui le dirigeait en personne, avait détaché dès la fin d'avril, sur Aïn-Guinchela, deux bataillons du 20ᵉ de ligne aux ordres du lieutenant-colonel d'Espinasse. Ils avaient mission de construire sur ce point un poste destiné à devenir le dépôt des vivres et des munitions durant toutes les opérations. Le corps principal quitta Bathna, le 3 mai, et marcha sur Aïn-Guinchela, situé à cent vingt kilomètres dans l'est. Il y fut rallié par les forces de la subdivision de Bône, qui avaient quitté cette place, le 25 avril, sous le commandement du colonel Eynard; dès le 10 il prit l'offensive en se portant rapidement au milieu des douars de la nombreuse et puissante tribu des Nem-Emcha. Cette tribu, qui ne compte pas moins de 10,000 tentes, demanda aussitôt à traiter. Ne pouvant payer immédiatement ses contributions arriérées, elle offrit des ôtages pour garantir l'exécution de l'engagement qu'elle prit de les acquitter dans des délais déterminés. Le général appréciait trop justement l'influence que la soumission spontanée de cette tribu, dont les forces avaient toujours dominé le sud-est de la régence, devait exercer sur le caractère de la campagne, pour ne pas accepter ces offres: l'aman lui fut accordé à ces conditions.

Ce premier succès obtenu, le général résolut de poursuivre cette pointe dans l'est jusqu'à Tebessa, siège extrême de notre domination dans ces parages; cette ville, la *Thevesta* de l'époque romaine, dont elle offre encore dans ses édifices de magnifiques empreintes, n'avait pas cessé de reconnaître notre autorité, bien qu'elle n'en eût reçu qu'une organisation très-imparfaite. La pré-

« les vêtements de laine, la quincaillerie, les bijoux de femmes, les mulets, les ânes
« la poudre à feu arrivaient sur les marchés de Tunis, de Tougourt et du pays des Beni-
« Mzab; mais nous pourrons hériter de ces rapports commerciaux, que nous saurons
« agrandir. »

sence de notre armée donna à sa fidélité, devant les nombreuses tribus nomades qui l'entourent, la consécration de notre force, en même temps qu'elle lui laissa une administration plus régulière et plus complète.

Nos troupes, à leur retour à Aïn-Guinchela, où elles étaient revenues prendre des vivres pour franchir l'Atlas et entrer dans l'Aurès, apprirent qu'une notable portion des Nem-Emcha avait refusé d'accepter les conditions de l'aman que, sur les propositions de l'autre partie, le général Saint-Arnaud leur avait accordées. La partie réfractaire était composée des Alaounas et des Brachas. Le général forma aussitôt une colonne légère aux ordres des commandants Eynard et Mirbeck, qui reçurent mission de la réduire. Ces douars, surpris le 21 mai, au point du jour, furent si vigoureusement attaqués, qu'ils se soumirent aussitôt. Ce succès entraîna l'acquittement immédiat des impositions dues par toute la tribu. Ne pouvant les payer en argent, elle nous livra dix mille moutons et quatre cents chameaux. L'armée put alors poursuivre sa marche au delà du grand Atlas.

Nos autres corps d'opération n'étaient pas restés inactifs. Le général de Barral était sorti de Sétif, le 12 mai, à la tête de cinq mille cinq cents hommes, pendant que le lieutenant Beauprête se jetait, avec un goum de deux cents chevaux, dans la haute vallée de l'Oued-Sahel pour empêcher les Zouaouas de se porter au secours des Beni-Immel, et à la fois pour y protéger quelques douars kabyles nos alliés. Le général de Salles et le commandant Wengis entraient eux-mêmes en campagne pour seconder le mouvement principal : le premier partait d'Alger pour tenir les Flittas en échec; le second quittait Bongie pour rallier la colonne de Sétif avec deux bataillons.

Le corps du général de Barral débuta sous les plus funestes auspices. Assailli, dès les premiers jours, par des pluies torrentielles, il dut, après une marche pénible dans un terrain défoncé et détrempé par les eaux, chercher une position qui lui permît d'attendre le retour de la sérénité pour se remettre en campagne. Il n'atteignit une croupe où il pût asseoir son camp qu'après des difficultés inouïes. Nos troupes passèrent trois jours dans cette position, continuellement battues par le vent et l'eau sur un sol de boue. Le soleil reparut enfin, et avec lui l'ardeur et la confiance. Toutes les misères de ces jours d'épreuve furent effacées par l'espoir de se trouver bientôt en présence de l'ennemi. On était en effet dans le voisinage des Beni-Immel où l'on savait que se préparait une vive résistance.

Ce fut le 21 que l'on se remit en marche sur des terrains encore humides, mais que le soleil d'Afrique eut bientôt desséchés sous ses chauds rayons. On se portait sur Djemmâa-el-Beylik, près Trouna. C'était justement sur ce point que les espions arabes assuraient que l'ennemi avait réuni ses contingents. Les pentes, couvertes de l'aride végétation des tamarins, des aloès et des palmiers nains, devenaient de plus en plus mouvementées et difficiles, lorsque nos éclaireurs se reployèrent en annonçant la présence de l'ennemi. Les compagnies se resserrèrent, et la colonne, spontanément régularisée, atteignit le bord d'un ravin. L'ennemi se trouvait sur le côté opposé; il occupait une ligne de crêtes qui se prêtaient une protection réciproque. La principale difficulté que présentait cette position habilement choisie, était le peu de largeur du ravin qui la couvrait et que la colonne devait traverser sous un feu plongeant.

Le général n'éprouve aucune hésitation ; il masse les bataillons qu'il destine à enlever ces hauteurs, et, après avoir lancé en tirailleurs une compagnie de zouaves et un détachement de chasseurs armés de grosses carabines de précision, il se place lui-même à la tête des troupes et donne le signal de l'attaque; la fusillade s'engage bientôt sur toute la ligne; quelques minutes après, le général de Barral est frappé d'une balle en pleine poitrine. Il arrête aussitôt son cheval et, resté en selle, il fait appeler le colonel de Lourmel, auquel il remet le commandement; ce n'est qu'alors qu'il se livre aux chirurgiens accourus auprès de lui.

La colonne donnait en ce moment dans le ravin, dont l'étranglement la force de s'allonger sur deux ou trois hommes de front et parfois sur une seule file. Un mouvement inquiétant, que le nouveau chef remarque dans les gens d'Immoula, tribu suspecte, qui, placée sur le flanc gauche et sur les derrières de notre mouvement, vient en accroître le danger, lui inspire une détermination qu'il fait exécuter aussitôt. La colonne d'attaque s'arrête et se replie à son ordre ; et, pendant qu'un nouveau rideau de tirailleurs riposte à la fusillade ennemie, il prend des dispositions qui assurent l'inviolabilité de son convoi, et divise les troupes d'attaque en deux colonnes. Les têtes en sont formées d'un régiment de zouaves et du 31e de ligne ; un bataillon du 38e et le 3e bataillon d'Afrique sont chargés de les appuyer ; la cavalerie et l'artillerie sont disposées de manière à suivre le mouvement et à se porter partout où elles pourront seconder plus efficacement l'attaque.

L'ennemi, ne comprenant pas le motif et l'objet de ces retards, croit à de l'hésitation, et, puisant de l'audace dans cette méprise, quitte ses positions pour ouvrir son feu de plus près. Il ne tarde pas à reconnaître son erreur. Au signal donné par l'artillerie, l'infanterie jette ses sacs pour imprimer plus de rapidité à sa marche; fantassins et cavaliers s'élancent aussitôt dans le ravin, puis sur les pentes qu'ils gravissent, comme emportés par un tourbillon. L'ennemi, attaqué à la baïonnette, est culbuté de toutes les crêtes qu'il hérissait de ses fusils; nos troupes, animées par le désir de venger la mort de leur général, se précipitent à sa poursuite ; aucun obstacle ne peut arrêter leur ardeur. Elles avaient couronné les hauteurs vers quatre heures, elles n'abandonnent cette poursuite qu'à six. Les colonnes de fumée qui s'élèvent dans le ciel ardent et pur, annoncent que les Kabyles n'ont pu même se rallier pour défendre leurs villages. Deux cents de leurs cadavres jonchent les broussailles. Ce succès ne nous avait coûté que treize blessés.

Nos soldats, rappelés par la retraite que sonnent les clairons et les tambours, se rallient sur le plateau d'Aïn-Foucla, où le soleil couchant voit cette petite armée victorieuse dresser ses tentes. Ce fut là que le commandant Wengis la rejoignit le lendemain avec les forces détachées de la garnison de Bougie.

Le général de Barral, dont la blessure laissait peu d'espoir de guérison, fut transporté à Bougie, où il expira le 25. Un ordre du jour du gouverneur général de l'Algérie, M. le général de division Charon, en porta la nouvelle à la connaissance de l'armée. La grande qualité de M. de Barral, celle qui prédominait dans son caractère, c'était une valeur chevaleresque que ne faisaient qu'enflammer la gravité et l'imminence du danger; le danger exerçait sur lui une attraction à laquelle il ne pouvait résister, il aimait à le braver; quelque grand qu'il fût, son courage l'était toujours davantage : aussi c'était sur le champ de bataille et sur le champ de bataille de l'Algérie qu'il avait conquis tous ses grades. Sorti de l'école militaire de Saint-Cyr en 1827, il était entré sous-lieutenant dans le 23ᵉ de ligne, où il avait obtenu l'épaulette de lieutenant, le 16 octobre 1831. Il partagea, comme capitaine provisoire, les longues privations, les périls et les fatigues qu'eut à essuyer pendant une année de blocus la garnison de Tlemcen, commandée par le capitaine Eugène Cavaignac. Successivement capitaine des zouaves, chef de bataillon au 15ᵉ léger, lieutenant-colonel du 44ᵉ de ligne, puis colonel du 38ᵉ, il prit une part brillante à toutes les expéditions qui étendirent et affermirent notre conquête. Dans ce dernier grade, il fit preuve, comme commandant la subdivision de Sétif, d'une très-haute capacité administrative; le grade de général avait été la récompense de l'intrépidité que nous l'avons vu déployer dans le siége de Zaatcha. L'armée donna à sa mort les plus vifs et les plus légitimes regrets.

La victoire du 21 anéantit la coalition kabyle, dont elle avait dispersé les contingents : presque toutes les tribus qui y avaient pris part vinrent successivement apporter leurs excuses et payer leurs impôts; ce furent les Tifra d'abord, puis les Senadjas-Melaha et les Beni-Kruteb; les Beni-obu-Bekeur enfin; une partie des Beni-Immel et des Turglas, dont les villages avaient été réduits en cendres, vinrent même offrir de se soumettre. Un rassemblement qui s'était formé plus à l'est, sur le territoire des Beni-Meraïl, restait seul en armes. Le colonel de Lourmel, dont l'objet principal était d'établir une ligne de communication entre Sétif et Bougie, s'inquiéta peu de ce rassemblement et laissa au temps, secondé par l'influence des faits qui venaient de s'accomplir, le soin de le dissoudre. Il s'occupa, en attendant, à créer une route militaire entre les deux localités qu'il voulait réunir. Nos soldats manièrent la pioche avec tant d'adresse et de vigueur, que cette route fut achevée en dix-huit jours. Ce travail avait une importance politique qui n'était pas inférieure à son utilité commerciale : c'était une voie stratégique qui ouvrait à nos corps expéditionnaires ce pays que des obstacles naturels leur avaient fermé jusqu'alors; c'était le premier lien qui attachât la Kabylie à notre conquête.

Ces travaux exécutés, le colonel de Lourmel, ne voyant pas de députations venir lui apporter de propositions de la part des tribus de l'est, sentit que l'on n'obtiendrait leur soumission que par la force des armes et se disposa à en tenter immédiatement l'effet. La colonne reçut l'ordre de se préparer à reprendre le cours de ses opérations guerrières. Elle marcha directement sur le territoire des Beni-Meraïl où s'étaient réunis et avaient pris position les contingents des tribus rebelles. La colonne y entra le 24; le 25, elle se trouva en présence de l'ennemi; comme toujours il s'était retranché sur des hauteurs du plus difficile accès; ni la raideur des pentes ni les escarpements ne purent arrêter l'élan de nos troupes; les Kabyles, vigoureusement chassés de leurs positions, n'échappèrent aux baïonnettes de nos fantassins que pour tomber sous les sabres de notre cavalerie, dont un détachement était parvenu à tourner les rocs où ils s'étaient postés. Découragés par ce revers, tous ces douars s'empressèrent de demander la paix pour dérober leurs villages aux flammes et leurs troupeaux à nos razzias. Le commandant de Lourmel resta quelques jours encore dans cette contrée, pour bien s'assurer de la réalité de la pacification; voyant que tous les guerriers avaient rejoint leurs tribus et que les tribus avaient repris leurs habitudes paisibles, il se reploya sur Sétif, où ses troupes rentrèrent le 8 juillet.

La colonne du général Saint-Arnaud était revenue elle-même à Constantine dès le 23 juin; ce corps avait sillonné en divers sens le midi de la province sans rencontrer d'ennemis sérieux; il avait franchi les défilés de l'Atlas pour déboucher dans l'Aurès, où il avait pénétré jusqu'à la bourgade fortifiée de Kheiray; toutes les tribus s'étaient empressées de lui apporter leurs sollicitations d'aman et leurs protestations de fidélité. Le vaste pâté de rochers sauvages qui forment le Djebel-Chechcr, sommets stériles et gorges ténébreuses, refuge ordinaire des révoltés, ne lui avait point présenté, dans sa population pauvre et fanatique, de dispositions plus hostiles. Il avait visité encore les rajis de Sidi-Nadji, Djelaiel, Khanga et Oueldja, avant de venir se ravitailler à Medina, que les Arabes regardent comme le point central de cette chaîne de montagnes. S'enfonçant ensuite dans la riche et fraîche vallée de l'Oued-el-Abiad, toute couverte de beaux villages aux blanches maisons et aux sveltes minarets, il avait atteint des monts escarpés où il avait dû se frayer un chemin à la pioche, et était redescendu, dans le sud, jusqu'à Biskara. Cette longue course avait eu pour but de montrer nos drapeaux à ces populations, aujourd'hui si paisibles, mais dont, l'année précédente, le soulèvement avait été universel; il avait enfin terminé, en regagnant Constantine, cette excursion militaire, où il n'avait eu à opérer, depuis la razzia des Alaounas, qu'une seule exécution sanglante. Voici dans quelles circonstances:

Le corps expéditionnaire se trouvait dans les environs d'Ouldja, lorsque deux soldats, qui s'étaient écartés de la colonne, se trouvèrent en présence d'un parti d'Arabes armés, qui fondit sur eux le yatagan en main: l'un d'eux fut tué; l'autre, quoique blessé, parvint à échapper aux meurtriers, qui alors rentrèrent dans le village. Le général Saint-Arnaud, instruit de cette lâche agression, fit sommer les cheiks d'Ouldja de lui livrer les auteurs de ce meurtre. Il n'obtint qu'un refus, et, sur la menace de notre vengeance, les habitants se disposèrent à se défendre. Le général donna alors à quelques bataillons l'ordre d'enlever et de détruire ce douar arrogant. L'attaque ne fut ni longue ni incertaine. L'indignation, dont l'odieux assassinat de leur camarade enflammait nos troupes, donna tant d'impétuosité à leur choc, que les Arabes ne purent le soutenir; le village, promptement enlevé, fut aussitôt livré aux flammes.

Les colonnes secondaires regagnèrent paisiblement leurs garnisons.

Tels furent les opérations et les résultats de cette campagne de 1850, qui semblait alors ouvrir une nouvelle phase de calme et de sécurité pour nos possessions africaines. Dès le commencement de la saison des pluies, il fallut reconnaître que cette espérance était une illusion; la route de Sétif à Bougie, le monument le plus précieux de cette campagne, était chaque jour ensanglantée, d'abord par des meurtres isolés, et bientôt après par de véritables combats. Des hordes de Kabyles poussaient l'audace jusqu'à se ruer sur les nombreuses escortes qui accompagnaient nos convois. Ce qui rendait ces attaques plus dangereuses, c'était le concours que leur prêtaient toutes les tribus de la petite Kabylie; les plus voisines de la route affectaient seules de n'y prendre aucune part; si beaucoup de leurs guerriers s'y associaient, c'était individuellement et confondus dans les bandes des tribus les plus éloignées. Ces faits furent pour le gouverneur une révélation que l'assujettissement des douars qui bordaient la route était insuffisant pour assurer une circulation paisible, et qu'il n'y aurait de sécurité sur cette voie de communication que par la soumission complète de la petite Kabylie au moins. Chaque jour voyait se produire des faits si nombreux et si graves que, malgré les répugnances de l'opinion publique pour cette expédition périlleuse, le gouvernement crut devoir prescrire les préparatifs nécessaires à son exécution.

Pour se rendre un compte exact du caractère, de la portée et des opérations de la campagne dont nous allons exposer les événements, il importe de jeter un coup d'œil sur la contrée et sur les populations au milieu desquelles ils vont s'accomplir. On comprend sous le nom de Kabylie la région montagneuse qui occupe le troisième degré de longitude orientale, et s'étend entre la trente-sixième et la trente-septième parallèle de latitude nord, affectant une forme quadrilatérale irrégulière. La base immense de cette espèce de carré, ou plutôt de ce trapèze, règne du Gourayah, dont la crête domine Bougie, jusqu'au cap Bengut qui surplombe de ses falaises les vagues de la Méditerranée à l'ouest de Dellys. Son sommet va s'appuyer sur la chaîne du Djerjera, *monts de fer* des Romains, dont les cimes neigeuses ferment l'horizon dans le sud. Ce massif, hérissé de pics et de crêtes escarpés, coupé de ravins profonds et sillonné de cours d'eau qu'un orage peut transformer à l'instant en torrents infranchissables, est habité par des tribus nombreuses formées des antiques populations du pays, qui, fuyant un joug étranger, s'y sont maintenues, jusqu'à nos jours, indépendantes de tous les conquérants : Romains Vandales, Arabes et Turcs.

Aucune des dominations qui se sont succédé sur ces plages n'est parvenue à obtenir d'elles le plus léger tribut, comme témoignage de soumission ou prix d'alliance. Les seuls liens qu'elles ont jamais consenti à former avec les maîtres de la côte et des pays environnants, ont été des relations commerciales. Ces populations sont aussi industrieuses que guerrières; elles travaillent le fer avec adresse; elles fournissaient de sabres, de fusils, de poudre de chasse ou de guerre, d'instruments aratoires les contrées voisines et les entrepôts de l'intérieur; elles possèdent une trempe de l'acier dont nous n'avons pas le secret; les figuiers et les oliviers, qui forment de frais massifs de verdure autour de leurs villages, sont également l'objet d'une industrie active, dont les produits trouvent un écoulement facile dans Alger et dans les autres villes du littoral.

Cette contrée jouit d'une organisation politique qui, en paix, assure sa tranquillité, et, en guerre, fait sa force. Ses tribus, divisées en districts ou *kharouba*, subdivisés eux-mêmes en *dechera* ou villages, forment une sorte de confédération républicaine. Un conseil, formé de cheiks élus par les districts, est dépositaire du pouvoir et régit tous les intérêts collectifs de cette démocratie patriarcale. Tels étaient le pays et les populations au sein desquels le maréchal Bugeaud avait déjà porté une fois la guerre. Sanglante et stérile campagne! Instruits par cette première tentative, nous allions soumettre la lisière de ces montagnes qui, sous le nom de petite Kabylie, était, quoique encore hérissée de difficultés, beaucoup plus accessible à nos armes.

Le général Saint-Arnaud avait fixé la ville de Milah comme point de réunion du corps expéditionnaire; les troupes rassemblées à la revue qu'il passa le 8 mai, sous les murs de cette place, dans une plaine baignée par le Oued-Rummel, offraient un effectif de plus de 9,000 hommes, compris les cavaliers indigènes envoyés par Bou-Akhas-Bey-Achour, Bou-Ghzennan et Mohamed-ben-Azzedin, puissants cheiks, nos alliés. Elles entrèrent en campagne le 9, par un temps magnifique, et assirent le même jour leur camp sur les bords de l'Oued-Endia.

Les contrées qu'elles eurent à franchir furent d'abord une succession de vallées, couvertes quelques-unes de belles cultures et de coteaux opposant trop souvent à leur marche l'obstacle de broussailles épaisses, hautes et parfois très-piquantes. La division atteignit le Fedj-Beïnen sans avoir brûlé une amorce; elle couronna cette hauteur des feux de son bivouac. La dernière partie de la marche avait rencontré, dans les mouvements très-énergiquement accidentés du pays, des obstacles beaucoup plus sérieux que ceux qui s'étaient présentés dans la matinée; on sentait que l'on avait entamé la région des montagnes et que l'on ne tarderait pas à se trouver en présence de l'ennemi. Cette prévision se vérifia plus tôt qu'on ne l'avait supposé. Le général fut informé, le soir même, que la ligne de faîtes qui formait l'autre côté de la vallée était fortement occupée, particulièrement sur les trois seuls points où des cols, resserrés entre des rochers taillés à pic comme des remparts, permettaient de la franchir.

La configuration des lieux rendait aussi périlleuse que difficile la première opération que notre division allait avoir à tenter contre l'ennemi; une pente longue, raide et toute hérissée de caroubiers, de lentisques et de broussailles épineuses, opposant à la marche leurs épais halliers, conduisait au lit de l'Oued-ja, dominé par Kasen, gros et fort village dont les blanches murailles et les terrasses étaient garnies de défenseurs. Il fallait d'abord enlever cette position, pour pouvoir franchir par d'affreux sentiers les ravins qui conduisaient aux trois cols ; l'attaque de ces derniers passages, où trois mille Kabyles s'étaient retranchés derrière des murs formés de quartiers de rocher, devait enfin former la dernière péripétie de cette longue lutte.

Le général Saint-Arnaud, après avoir prescrit les mesures pour que le nombreux convoi, transportant les approvisionnements et les munitions de l'armée, pût suivre le mouvement en sûreté, fit former le corps d'opération en trois colonnes : celle de gauche, composée de deux bataillons du 20e de ligne, d'un bataillon des tirailleurs indigènes et de soixante-dix cavaliers, chasseurs et spahis, aux ordres du commandant Fornier, était dirigée par le général Luzy. La colonne de droite, commandée par le général Bosquet, était forte également de trois bataillons empruntés aux zouaves, au 8e de ligne et à l'infanterie légère d'Afrique. Elle était accompagnée par un détachement de soixante-dix chevaux conduits par le colonel Bouscarin. La colonne du centre, placée sous les ordres du lieutenant-colonel d'Espinasse, était formée du 2e bataillon de chasseurs à pied, d'un bataillon du 9e de ligne et d'un bataillon de la légion étrangère. Chaque division était de plus appuyée de trois obusiers.

La division s'ébranla au point du jour ; elle s'écoula en trois lignes le long des pentes buissonneuses du Fedj-Beïnem et gagna les bords de l'Oued-ja, qu'elle franchit, à sept heures, sur trois points à la fois. Une vive fusillade éclata aussitôt sur la gauche ; c'était la tête de la colonne du général Luzy qui heurtait la *dechera* de Kasen placée sur la route. Ce village, attaqué par nos tirailleurs indigènes, fut enlevé à la baïonnette, malgré l'intrépide résistance des Kabyles, dont plusieurs tiraient encore des maisons livrées aux flammes.

A ce bruit, une noble rivalité s'empara des trois colonnes ; chacune, plongeant dans la gorge étroite du ravin conduisant au col objet de son attaque, la parcourt d'un pas rapide, sous le feu de l'ennemi, et aborde ses retranchements avec autant d'audace que de vigueur : un combat acharné s'engage sur ces trois points.

Pendant que le général Luzy, intrépidement secondé par le colonel Marulat, dirigeait en personne une charge à la baïonnette sur le front de la position qu'il devait enlever, le commandant Bataille, à la tête des tirailleurs indigènes, exécutait avec résolution un mouvement tournant qui jetait le désordre dans les masses ennemies et arrivait sur le plateau, au moment où le 20e et les spahis, enlevés par le commandant Fornier, l'atteignaient eux-mêmes. Le combat prit sur ce point un vrai caractère de fureur. Le capitaine Faucon, du 20e, et le capitaine Jollivet, des tirailleurs, furent tous deux blessés ; le commandant Valicon, du 20e de ligne, tomba, frappé à mort, au premier rang de son bataillon.

L'ennemi n'avait pas été attaqué avec moins d'énergie par la colonne de droite; les nombreux cadavres qu'il laissa derrière ses retranchements prouvèrent à tous les regards la vigueur de l'attaque, par l'acharnement de la défense. Le général Bosquet, atteint d'une balle à l'épaule, n'en resta pas moins à la tête de ses zouaves, bientôt maîtres de toutes les crêtes dont ils avaient débusqué les Kabyles.

La colonne du commandant d'Espinasse s'était emparée tout aussi rapidement du col central, d'où son chef s'était élancé ardemment, avec son bataillon, à la poursuite de l'ennemi.

Toutes les forces de l'expédition avaient eu leur part dans ce glorieux début de la campagne. Le colonel du 8e de ligne, M. Jamin, chargé de protéger le convoi, avec un bataillon de son régiment et deux autres bataillons, l'un du 16e léger et l'autre du 10e de ligne, avait eu lui-même à repousser une vive attaque, dans laquelle le commandant Robuste, du 8e de ligne, et le capitaine Berthier, des zouaves, avaient été l'un et l'autre blessés. Le corps du général Bosquet conserva jusqu'au soir les positions dont il s'était emparé, et d'où il pouvait, au besoin, se porter instantanément au secours du convoi défilant avec une extrême lenteur dans les sentiers à peine frayés de ces gorges presque inaccessibles. Il ne put venir occuper qu'à huit heures du soir les terrains qui lui avaient été réservés sur le plateau où notre division avait dressé ses tentes. Cette journée nous avait coûté onze hommes morts et quatre-vingt-un blessés.

Le lendemain fut pour l'armée un jour de repos; la cavalerie, appuyée par quatre bataillons sans sacs, fut cependant détachée, sous les ordres de MM. les généraux Luzy et Bosquet, pour incendier les villages des Beni-Mimounn et des Ouled-Aska. Les Kabyles se portèrent avec fureur contre les forces chargées de ces exécutions. Leurs attaques ne servirent qu'à semer les rocs et les bruyères de leurs cadavres. Nous eûmes dans ces engagements trente-sept hommes mis hors de combat; trois officiers étaient au nombre des blessés. Le soir, quand notre détachement rentra au bivouac, les colonnes de fumée s'élevant dans le ciel, où ne circulait qu'une brise insensible, révélaient le nombre et la situation des villages livrés aux flammes.

Le corps expéditionnaire se remit en marche le 13, aux premières clartés du jour. Sa marche, principalement à cause du convoi, rencontra des difficultés extrêmes. Le sentier qu'il fallait suivre se tordait, étroit et rocailleux, à travers des fourrés dont les chênes-liéges, les palmiers nains, les myrtes et les lentisques formaient, pour les tirailleurs kabyles, des asiles impénétrables. Toutes les hauteurs escarpées qui le dominaient étaient occupées par l'ennemi, il fallait l'en débusquer et les occuper jusqu'à ce que le convoi les eût dépassées. Dans les engagements successifs auxquels cette marche donnait lieu, nos troupes avaient toujours contre elles le désavantage de la position; aussi ces attaques leur coûtaient-elles des pertes nombreuses. Elles s'acquittaient pourtant avec autant d'ardeur que de succès de cette tâche périlleuse et pénible. Toutes ces actions partielles étaient autant d'échecs pour l'ennemi, qui essuyait dans ses retraites des pertes bien supérieures, lorsqu'un triste épisode vint frapper notre division et jeter le deuil dans tous les esprits.

Deux compagnies de grenadiers du bataillon d'élite fourni par le 10ᵉ de ligne avaient chassé un nombreux parti de Kabyles d'une position escarpée qui dominait le flanc gauche du sentier par où les mulets du convoi devaient passer un à un; elles s'y étaient provisoirement établies. De cette hauteur, elles dominaient tout le développement qu'offrait cet immense défilé, sans cesse l'objet, sur quelque point, d'alarmes ou d'attaques de l'ennemi. Un vif engagement entre l'arrière-garde et des forces kabyles bien plus nombreuses appela, durant quelques minutes, leur attention, celle même des sentinelles, à qui l'intérêt du spectacle fit oublier leur devoir. Cette négligence n'échappa point à des Kabyles embusqués sans doute dans le voisinage. Trois ou quatre cents des plus intrépides se jettent dans un taillis qui touche à la position, glissent à travers les rochers, rampent sous ce voile de broussailles, approchent ainsi sans bruit du point gardé avec si peu de vigilance par nos troupes, puis, s'élançant à la fois du milieu de ces halliers, ils fondent sur elles le yatagan à la main; un combat corps à corps s'engage alors entre les assaillants armés et nos soldats qui, surpris sans défense, sont quelque temps avant de pouvoir opposer à cet ennemi d'autres armes que la vigueur de leurs muscles et l'énergie de leur désespoir; le sang français rougit seul ces bruyères qui se couvrent de cadavres, lorsqu'un bataillon du 9ᵉ, attiré par les cris des combattants et le bruit de la lutte, vient arracher au massacre les débris de ces deux compagnies : ce n'est qu'au prix de quatre morts et de neuf blessés qu'il recouvre la position en culbutant les Kabyles dans le fourré, où ils se dérobent à ses coups. Les grenadiers avaient eu cent huit hommes mis hors de combat; quarante-trois hommes, dont cinq officiers, couvraient le sol de leurs cadavres. Parmi les morts du bataillon du 9ᵉ de ligne, se trouvait M. de Lagournerie, officier du plus grand mérite et de la plus brillante valeur. Cette journée, la plus sanglante de toute la campagne, ne coûta pas à l'armée moins de deux cents combattants.

Notre division, profondément attristée par ce douloureux incident, arriva sur une croupe de bruyères où elle établit son camp; un espoir s'unissait à sa tristesse et en adoucissait l'impression sinistre : c'était celui de faire payer chèrement à l'ennemi ce succès qu'il n'avait dû qu'à une surprise. La marche du lendemain ne lui permit pas de le réaliser; les versants et les ravins de ces montagnes étaient couverts d'épaisses et magnifiques forêts d'ormes, de chênes et de bouleaux; les hautes broussailles croissant au milieu des arbres offraient aux Kabyles des moyens trop faciles et trop sûrs d'inquiéter notre marche, pour qu'ils affrontassent nos balles et nos obus en attaques en masses et à découvert.

Le 14, les lieux furent moins favorables à cette guerre d'embuscade; aussi l'ennemi fut-il dans la nécessité d'avoir recours à un autre mode de combat. Un nombreux rassemblement, formé près d'une gorge étroite, dans un pli de terrain boisé qui l'avait dérobé aux regards de nos éclaireurs, tenta une irruption violente sur notre ligne; mais, accueilli par une fusillade meurtrière ouverte sur lui par les tirailleurs du commandant Bataille, et vivement chargé par les zouaves du commandant Laure, il se dispersa en semant de ses morts les ravins où l'emporta sa fuite (1).

Le camp fut assis, le soir, dans une position aussi remarquable par sa commodité et ses avantages réels que par la beauté de son site : c'était un plateau qui, au nord, voyait se dérouler un pittoresque panorama de collines, s'abaissant progressivement en gigantesques degrés et allant baigner sa dernière assise dans les lames de la Méditerranée; à l'est, il dominait une fraîche vallée, au milieu de laquelle coulait l'Oued-el-Kebir entre deux rives couvertes de bouquets de saules, de caroubiers et de trembles. L'armée y prit un jour de repos, une partie de l'armée du moins; car le général Saint-Arnaud, sachant que les villages de plusieurs tribus qui avaient inquiété notre marche se trouvaient à une faible distance sur les bords de la rivière, chargea le colonel Meruat de se porter sur ces douars en suivant avec sa colonne la vallée d'une déclivité douce qui formait la lisière de l'âpre chaîne de montagnes que nous venons de franchir. Cet officier s'acquitta de cette mission avec célérité et vigueur; tous ces beaux et grands villages furent attaqués et détruits malgré l'audace que leurs habitants et les Kabyles auxiliaires mirent à les défendre. Quand le colonel Meruat reprit la route de notre bivouac, ces *dechera* ne formaient plus que des monceaux de cendres encore fumants.

La division rencontra des chemins de plus en plus praticables et des terrains bien plus découverts encore que le jour précédent; toute attaque cessa alors; les Kabyles n'osèrent se hasarder sur des terrains où ils eussent été certains de ne pas échapper aux sabres de nos cavaliers. Notre division vint donc établir ses bivouacs sous Djidjelly, sans avoir eu à soutenir de nouveaux combats; elle n'y arriva pas moins épuisée par les dernières marches qu'elle ne l'eût été par des engagements continuels; des fatigues avaient succédé aux dangers; des pluies battantes aux balles de l'ennemi.

Djidjelly, quoique formé d'un misérable assemblage de masures arabes et

---

(1) Etat nominatif des officiers français tués ou blessés dans les journées des 11, 12, 13, 14 et 15 mai 1851.

« Tués. — MM. Valicon, chef de bataillon au 20ᵉ de ligne; de Lagournerie, capitaine au 9ᵉ de ligne: Dufaur, capitaine; Judan et Neffliez, lieutenants; de Figarelli et Dechez, sous-lieutenants au 10ᵉ de ligne; Brahim-Mustapha, sous-lieutenant aux tirailleurs indigènes.

« Blessés.—MM. le général Bosquet (légèrement); Etienne et Teillac, lieutenants au 2ᵉ bataillon de chasseurs à pied (légèrement); Robuste, chef de bataillon, et Hunolt, sous-lieutenant au 8ᵉ de ligne; Faucon, capitaine au 20ᵉ de ligne (grièvement, bras fracturé); Grout de Saint-Paër, capitaine au 20ᵉ; Thiery, Aubert, Lazuttes, Fontaine, lieutenants au 20ᵉ; Berthier, capitaine aux zouaves; Anouilh, lieutenant au 16ᵉ léger; Robillard, lieutenant au 3ᵉ bataillon d'Afrique; Collineau, capitaine; Bicheroux et Brout, sous-lieutenants à la légion étrangère; Jollivet, capitaine; Coulon-Lagranval et Panier des Touches, lieutenants; Valentin, sous-lieutenant aux tirailleurs indigènes de Constantine; Pelletier, capitaine au 3ᵉ spahis. »

Chasseurs à cheval.
Porte-Etendard.
1854.

de quelques bâtiments de dépôt construits par l'administration française, n'est autre que cette *Igigili* dont parle Ptolémée; mais cette triste bourgade n'a pas même pour se consoler de sa décadence quelques nobles ruines des édifices dont l'avait ornée la domination romaine. Nos troupes ne venaient heureusement lui demander que des approvisionnements et quelques jours de repos : les approvisionnements avaient été déposés en abondance dans ses magasins par des steamers expédiés d'Alger; quant aux jours de repos, nos bivouacs avaient trouvé, en dedans de la ligne de blockhaus qui forment sa ceinture guerrière, de spacieux terrains et une assiette commode. Le gouverneur général par intérim, M. le général Duvivier, était arrivé dans cette place depuis le 14; le bateau à vapeur *le Titan* y attendait notre corps expéditionnaire pour prendre les malades et les blessés, qu'il transporta dans l'hôpital de Philippaville; il en reçut à son bord deux cent cinquante-trois, dont neuf officiers.

L'éloignement de nos troupes avait rendu l'audace et la résolution aux contingents kabyles accourus au secours des tribus attaquées; ils s'étaient abandonnés si aveuglément aux illusions de l'espérance, qu'ils s'étaient avancés en masses nombreuses jusqu'à quelques lieues de Djidjelly, se flattant de tirer vengeance des défaites de leurs compatriotes, si nous tentions de les attaquer dans la forte position où ils étaient venus se retrancher. Le général en chef jugea utile de leur donner une leçon aussi rapide que sévère. Notre division reçut l'ordre de se préparer à entrer en campagne le 19 au point du jour; à onze heures elle avait atteint le plateau de Dar-El-Guidjali au milieu du riche territoire des Beni-Amram; un fort parti ennemi occupait sur la gauche une ligne de hauteurs, éloignée d'environ deux kilomètres, au centre de laquelle se trouvait, près d'un camp fortifié à la hâte, le passage qu'il fallait franchir. Le général donne l'ordre au corps expéditionnaire d'établir son camp sur ce plateau, et commandant à six bataillons de déposer leurs sacs, il en forme trois colonnes: une reste sous ses ordres; les deux autres sont confiées à la direction des généraux Luzy et Bosquet; une partie de la cavalerie doit appuyer le mouvement.

A midi, les trois colonnes se mettent en marche et descendent le versant de Dar-El-Guidjali d'un pas rapide; arrivées au pied des positions ennemies, les trois colonnes s'élancent sur les rampes, les gravissent avec une ardeur devant laquelle toutes les difficultés disparaissent, et abordent l'ennemi avec une telle impétuosité qu'il ne peut soutenir le choc; renversé de toutes ses positions, il se rallie; il tente d'effectuer sa retraite en ordre en la couvrant d'une vive fusillade, et, lorsque nos soldats la pressent trop vivement, en opérant sur eux des retours offensifs; mais le colonel Bouscarin, qui est parvenu à tourner ses positions avec la cavalerie, apparaît devant lui et le charge énergiquement en tête, tandis que nos soldats, stimulés par ce concours imprévu, fondent sur ces masses confuses avec un redoublement d'ardeur. Les Kabyles, ainsi pris entre la pointe de nos baïonnettes et le tranchant de nos sabres, se jettent avec épouvante dans toutes les directions où ils espèrent échapper à la mort. Cent vingt cadavres restèrent sur le champ de bataille ; ce succès ne nous coûta que deux hommes et trente-un blessés. Ces positions avaient été défendues par plus de deux mille fusils, appartenant aux tribus des Beni-Amray, des Beni-Achmet et des Beteni-Khtel.

Cette défaite ne découragea point cet ennemi acharné ; loin de se disperser, il se rallia, le soir même, sur une nouvelle ligne de défense occupée par les nombreux guerriers de la tribu des Beni-Foughral et de leurs alliés, dont les positions conquises ne formaient, pour ainsi dire, que les avant-postes. Le général en chef, résolu à ne pas laisser s'effacer l'impression profonde sous laquelle ce premier échec a dû placer l'ennemi, va, dès le point du jour, avec un détachement de chasseurs, reconnaître la disposition des lieux où se trouvent concentrées les forces kabyles.

La ligne, dont elles occupent tous les points saillants, est formée d'une chaîne de crêtes, presque toutes couronnées par de hautes futaies. Elle présente un développement d'environ deux mille mètres, et offre tous les avantages d'une excellente position stratégique. Un énorme ravin couvre la gauche, une plaine assez vaste s'étend sur la droite, mais la raideur des pentes qu'elle présente peut sembler une protection suffisante. Le général pressent cependant que là se trouve la partie vulnérable de cette forte position, et porte presque exclusivement de ce côté son exploration ; il reconnaît bientôt, en effet, que la configuration des lieux sur l'arrière de cette ligne constitue un grave danger pour l'ennemi ; les hauteurs où ses forces sont portées s'abaissent en arrière vers un petit vallon qui s'ouvre sur la plaine et dont le col va rejoindre et commande le ravin de gauche. La cavalerie jetée dans la plaine peut pénétrer dans ce vallon et gagner aisément le col. L'ennemi se trouve donc menacé, en cas de revers, d'avoir sa retraite brusquement coupée.

Le général Saint-Arnaud regagne le camp, son plan d'attaque est arrêté. L'ordre est donné à huit bataillons, sans sacs, de prendre les armes ; quatre obusiers et toute la cavalerie doivent concourir à l'attaque. Ces forces quittent le camp à onze heures ; à midi elles se trouvent en présence de l'ennemi. Le général Bosquet, chargé d'exécuter le mouvement de front avec deux bataillons d'élite, jette les zouaves en tirailleurs dans un terrain boisé d'où ils occupent l'attention de l'ennemi par une fusillade sans autre importance réelle. Pendant ce temps, la cavalerie se masse dans un pli de terrain et le bataillon de tirailleurs indigènes s'approche de la gauche dont il doit gravir les pentes abruptes. Le général Saint-Arnaud, resté avec un bataillon de réserve, donne l'ordre d'attaquer ; c'est un coup d'obusier qui transmet ce commandement aux troupes impatientes.

A ce signal toutes ces forces s'ébranlent à la fois. Le général Bosquet, l'épée à la main, prend la tête du 8e de ligne, et s'élance vers la crête, que les zouaves assaillent à droite avec une irrésistible ardeur ; les tirailleurs indigènes s'attachant aux rocs, se prenant aux broussailles, gravissent les escarpements de gauche avec une ardeur et une rapidité effrayantes ; la cavalerie, que le 2ᵉ bataillons de chasseurs à pied suit au pas gymnastique, se précipite vers l'entrée du vallon, y plonge et, sabrant tout ce qui veut s'opposer à son passage, gagne le col, où les chasseurs à pied arrivent aussitôt qu'elle.

Les Kabyles, enveloppés par ce mouvement rapide, se trouvent inopinément attaqués de trois côtés à la fois par des forces qui, se resserrant sur eux, ne leur laissent d'autre retraite que le ravin profond où elles veulent évidemment les jeter. Le combat prend alors le caractère de la plus furieuse violence. Dans l'alternative de se faire tuer ou de tenter la périlleuse voie de salut que leur offre cette espèce de précipice, les Kabyles ne peuvent d'abord se résoudre à fuir, ils luttent avec l'acharnement du désespoir, disputant chaque pied de terrain qu'ils n'abandonnent que rougi de leur sang et couvert de leurs morts; ce n'est qu'au moment d'être culbutés dans le ravin, qu'ils se décident à s'y dérober à la ceinture de fer que nos baïonnettes et nos sabres ferment sur eux. Ils glissent, se précipitent au fond de cette gorge étroite où leurs masses, s'agitant en désordre et roulant dans la confusion de la terreur, sont obligées de défiler sous le feu de nos bataillons. Le sol reste couvert de trois cent quatre-vingts de leurs cadavres.

Cette sanglante victoire jeta la consternation dans toutes ces montagnes: pendant que nos troupes rentraient au camp, joyeuses et portant, comme trophées de ce brillant succès, les armes, les ceintures et les burnous pris à l'ennemi, la nouvelle du dénoûment désastreux de ce combat parcourait les douars voisins, dont tous les hommes valides avaient pris part à ces deux jours de luttes; partout éclataient la douleur et le désespoir; des lamentations et des cris de deuil s'élevèrent toute la nuit de ces *decheras* désolées : le découragement gagna les cœurs les plus résolus. Trois grandes fractions des Beni-Amran : les Achaïb, les Ouled-Bouiza et les Ouled-bou-Acherr vinrent, dès le lendemain, faire leur soumission. Les Beni-Ahmed envoyèrent leurs cheiks solliciter l'aman. On put, dès ce moment, prévoir que l'expédition porterait les fruits qu'on en avait espérés. La coalition des tribus de la petite Kabylie n'était pas seulement vaincue, elle était dissoute. Si quelques-unes de ses fractions s'agitaient encore, ce n'étaient plus que les tronçons du serpent qu'a divisé le fer. On eut bientôt une nouvelle preuve de ce changement heureux. Les tribus voisines de Bougie, que le fameux shériff Bou-Hagla avait soulevées, redoutant le châtiment que leur imprudence devait attirer sur elles, se révoltèrent contre ce fanatique, et après l'avoir forcé à fuir précipitamment de leur territoire, envoyèrent en donner avis au commandant français de leur subdivision.

Le général Saint-Arnaud, reconnaissant que la partie grave et périlleuse de l'expédition était accomplie, pensa devoir diviser ses forces pour hâter la soumission des tribus qui restaient encore en armes sur divers points du pays. Il se dirigea d'abord vers Tebaïren, douar important du Ferdjlouah, où il rejoignit un convoi qui lui avait été expédié de Milah. Il y arriva le 25. Le lendemain, il détacha de la division deux bataillons du 8ᵉ de ligne et une section d'artillerie de montagne. Il les plaça sous le commandement du général Bosquet, qui eut ordre de se porter avec ces forces dans la subdivision de Setif, où le général Camou opérait avec un corps de troupes trop faible pour pouvoir attaquer un nombreux rassemblement de tribus insurgées.

Ces bataillons se réunirent le 30 mai à la colonne du général Camou, campée sur les hauteurs de Ma-ou-Aklan. Ce chef laissa prendre un jour de repos aux troupes. Son mouvement ne commença que le 1er juin. Il franchit le lit rocheux de l'Oued-Bou-Sellam et se porta sur le pays des Reboula, où de nombreux contingents s'étaient réunis. Bou-Hagla était venu se mettre à leur tête. On se trouva bientôt en présence de l'ennemi qui, exalté par les paroles enthousiastes du shériff, se disposa à défendre résolûment ses positions. Elles avaient été imprudemment choisies; protégées à gauche par des rochers semés de bouquets d'arbres et de cactus, elles étaient accessibles par les autres côtés que couvrait seulement un épais tapis de broussailles, troué de place en place par des pointes de granit. Mais ce qui constituait surtout le vice de ce point de défense, c'était la possibilité d'être tourné, danger que, dans leur ignorance des règles de la stratégie européenne, ne prévoyaient presque jamais ces peuplades. Le général Camou, ayant reconnu la position, craignit que l'ennemi ne profitât d'un retard pour effectuer sa retraite, et commanda de l'attaquer immédiatement.

Le convoi, abrité par un mamelon couronné par deux obusiers, fut placé sous la garde de trois compagnies; les troupes reçurent l'ordre de mettre bas leurs sacs et de ne prendre que des cartouches et un biscuit. Elles se formèrent immédiatement en colonne d'attaque sous les ordres du général Bosquet, et marchèrent aussitôt contre les Kabyles. L'attaque, ainsi brusquée, fut conduite avec tant d'impétuosité, que l'ennemi surpris, avant d'avoir pu faire ses dispositions de défense, lâcha pied, espérant se rallier sur les hauteurs voisines; il s'y retirait sans trop de confusion, lorsqu'il vint se jeter sur les baïonnettes du général Camou, qui avait vivement tourné la position avec trois bataillons de réserve restés sous son commandement direct. Assaillis en tête par ces forces nouvelles au moment où les bataillons victorieux du général Bosquet les chargent la baïonnette dans les reins, ces Kabyles cherchent à se dérober à cette double attaque par une fuite pleine de difficultés ou de périls à travers les rochers ou à travers nos troupes. Le succès de la journée fut complet. Les pertes de l'ennemi s'élevèrent à trois cents morts; les tentes, la musique et les bagages du fameux shériff se trouvaient dans le butin qui tomba au pouvoir de nos soldats.

Bou-Hagla se vit dans la nécessité de chercher derechef un refuge dans une autre contrée; à peine se fut-il éloigné, que les tribus envoyèrent au camp des députations demander la paix. Ce nouveau succès fut, par son importance politique, un des événements les plus considérables de la campagne. Ces tribus qui peuplent les montagnes dont le massif s'étend entre Setif et Bougie, étaient celles dont la soumission était la plus précieuse pour la prospérité de cette partie de notre conquête; en permettant l'établissement de communications sûres et régulières entre ces deux villes, elles assuraient l'approvisionnement par mer de la première, comme celui de Constantine s'opérait par le port de Philippeville. Cette soumission fut immédiate ; nos deux généraux la consolidèrent et l'étendirent par les opérations moins importantes qui complétèrent leur campagne. « Le général Camou, dit une note officielle, parcourt sans obstacle la vallée de l'Oued-Sahel. Depuis le 17 juin, il a reçu tour à tour la soumission des Toudja, des Beni-Amandan, des Fenaou et des Mellaha. »

Cependant la division du général Saint-Arnaud poursuivait le cours de ses succès au milieu des tribus du nord-est de la petite Kabylie. Dès le 26, elle pénétrait dans les montagnes des Beni-Foughral, tribu nombreuse qui garde les passages du Djebel-Bahor, point culminant de la route de Djidjelly à Setif; à midi, il prenait position sur un plateau, vis-à-vis d'une chaîne de montagnes boisées, où l'on apercevait de distance en distance leurs villages aux blanches murailles ombragées de figuiers. Les nombreux Kabyles armés que notre division vit se réunir sur les hauteurs qui faisaient face à son camp lui fit comprendre que l'ennemi était résolu à se défendre. Le général lança à deux heures sur ces rassemblements deux colonnes légères, qui eurent ordre, après les avoir dispersés, de se porter sur leurs villages et de les réduire en cendres. La résistance des Kabyles ne put empêcher ces incendies. Énergiquement culbutés sur tous les points où nos troupes purent les aborder, ils durent se résigner à voir leurs habitations dévorées par les flammes s'évanouir en tourbillons de fumée. Le soir, il ne restait plus de ces villages que des monceaux de décombres au-dessus desquels se dressaient encore quelques troncs carbonisés.

Le lendemain fut marqué par un engagement beaucoup plus sérieux. Le corps expéditionnaire s'étant porté en avant, fut arrêté par une rivière coulant au pied de hauteurs escarpées où les Beni-Foughral s'étaient réunis aux Beni-Ouarzzeddin. Le général Saint-Arnaud divisa son corps en deux colonnes. Pendant que la première, sous les ordres du général Luzy, se jetant dans le lit de la rivière, attaquait le front et la droite de cette position, le colonel du 20ᵉ de ligne, M. Marulaz, qui avait remplacé le général Bosquet dans le commandement de la seconde brigade, tournait la ligne et l'abordait par la gauche. Le succès fut disputé quelque temps par l'ennemi, et surtout par les Beni-Foughral, avec la fureur du désespoir; balayés de tous les points de la ligne, ils tenaient encore avec tant de résolution, derrière des retranchements qu'ils avaient ébauchés sur la gauche, qu'il fallut un vigoureux assaut du 16ᵉ léger et du 20ᵉ de ligne pour les leur enlever.

Ce combat sanglant fut le dernier effort de la révolte. Le général Saint-Arnaud eut bien encore quelques engagements sérieux avec plusieurs tribus ou fractions de tribus insoumises: l'affaire de Ksiba où, avec son avant-garde, il débusqua les Benidder d'un bois d'oliviers où ils s'étaient protégés par des abatis d'arbres; le combat de Tabar, où nos soldats poursuivirent les Kabyles jusque sur leurs cimes les plus élevées, et dix autres engagements ; mais ce n'étaient plus que les dernières convulsions du fanatisme impuissant. Ces populations fatalistes voyaient d'ailleurs dans la continuité de leurs défaites l'intervention d'une force providentielle, sous l'action de laquelle ils n'avaient qu'à courber le front. « Nos succès, disait un récit semi-officiel communiqué au *Moniteur* ont produit leur effet habituel chez un peuple qui voit la main de Dieu dans les châtiments qu'il reçoit. »

Toutes les tribus restèrent convaincues que leur résistance à nos armes ne pouvait attirer sur elles que des désastres. Il y avait peu de familles qui n'eussent payé leur dette sanglante au pays, et le résultat de leur dévouement était la destruction de leurs douars et le ravage de leur contrée ; l'abattement et la consternation avaient fait place dans tous les cœurs à l'enthousiasme et à la confiance des premiers jours. La division ne rencontra plus d'ennemis dans sa marche vers Djebel-Babor. Deux tribus vinrent y faire leur soumission ; toutes celles que le corps expéditionnaire rencontra sur sa route en se dirigeant vers Djidjelly vinrent lui apporter des paroles de paix et cette redevance en vivres que, sous le nom de *diffa*, chaque tribu doit offrir au sultan ou maître du pays, quand il passe sur son territoire ; les autres vinrent successivement demander l'aman et accepter la domination de la France.

Tels furent les principaux événements dont nos possessions d'Afrique furent le théâtre dans les trois années qu'embrasse ce récit ; sans doute elles virent s'opérer d'autres mouvements militaires, démonstrations destinées à confirmer la fidélité des douars alliés ou à imposer la crainte de nos armes à des voisins imprudents ou à des tribus hostiles, mais aucun de ces faits secondaires n'eut une importance qui puisse lui mériter la consécration de l'histoire.

CHAPITRE II.

1851-1854.

SOMMAIRE. — Etat politique de la France à la fin de 1851. — Événements du 2 décembre. — Décrets et proclamations. — L'empire et l'Europe. — Symptômes menaçants en Orient. — Question des lieux saints. — Commissions. — Ambassade du prince Menschikoff. — L'escadre française à Salamine. — Négociations orageuses. — L'ambassade russe quitte Constantinople avec la légation. — Escadres française et anglaise appelées à l'entrée des Dardanelles. — Passage du Pruth par les armées russes. — Négociations diplomatiques. — Bataille d'Oltenitza. — Positions et effectifs de l'armée russe et de l'armée turque. — Conférence de Vienne. — Une division de frégates turques détruite sur la rade de Sinope par une escadre russe. — La flotte gallo-britannique dans la mer Noire. — Sommation faite au gouverneur de Sébastopol. — Les ambassadeurs russes quittent Londres et Paris. — Rappel des ambassadeurs français et anglais à Saint-Pétersbourg. — Déclaration de guerre. — Bombardement d'Odéssa. — Armée d'Orient. — Gallipoli. — Armée turque de Bulgarie. — Passage du Danube par les Russes. — Siége de Silistrie. — Débarquement des armées alliées à Varna. — Retraite des Russes.

La soumission de la petite Kabylie clôt les opérations militaires de notre seconde ère républicaine. Le chef de cette expédition ne sembla quitter l'Afrique que pour apporter le concours de son épée au changement qui allait transformer les institutions du pays.

L'opinion publique se trouvait agitée dans la France entière, vers la fin de l'année 1851, par tous les prodromes qui révèlent à la conscience plutôt qu'à l'esprit l'imminence des révolutions. De vagues appréhensions semblaient circuler dans l'air, comme ces fluides qui précèdent l'orage. Les rumeurs du parlement, les murmures de la presse attestaient ces impressions, auxquelles répondaient de mystérieux bruissements d'armes: marches de troupes; revues solennelles. Un profond sentiment d'inquiétude avait saisi tous les partis, lorsque, le 2 décembre, Paris s'éveilla occupé militairement par l'armée.

Les décrets et proclamations suivantes, affichés sur tous les murs de la capitale, annonçaient les événements qui, depuis la nuit précédente, étaient en voie de s'accomplir.

LE PRÉSIDENT DE LA RÉPUBLIQUE

DÉCRÈTE :

M. de Morny est nommé ministre de l'intérieur (1).

Fait à l'Élysée national le 2 décembre 1851.

Signé : LOUIS-NAPOLÉON BONAPARTE.

LE PRÉSIDENT DE LA RÉPUBLIQUE

DÉCRÈTE :

ART. 1er. L'Assemblée nationale est dissoute.

2. Le suffrage universel est rétabli. La loi du 31 mai est abrogée.

3. Le peuple français est convoqué dans ses comices à partir du 14 décembre jusqu'au 21 décembre suivant.

4. L'état de siège est décrété dans l'étendue de la 1re division militaire.

5. Le conseil d'État est dissous.

6. Le ministre de l'intérieur est chargé de l'exécution du présent décret.

Signé : LOUIS-NAPOLÉON BONAPARTE.

Le ministre de l'intérieur,

Signé : A. DE MORNY.

FRANÇAIS !

La situation actuelle ne peut durer plus longtemps. Chaque jour qui s'écoule aggrave les dangers du pays. L'Assemblée, qui devait être le plus ferme appui de l'ordre, est devenue un foyer de complots. Le patriotisme de trois cents de ses membres n'a pu arrêter ses fatales tendances. Au lieu de faire des lois dans l'intérêt général, elle forge des armes pour la guerre civile ; elle attente au pouvoir que je tiens directement du peuple ; elle encourage toutes les mauvaises passions ; elle compromet le repos de la France. Je l'ai dissoute, et je rends le peuple entier juge entre elle et moi.

La constitution, vous le savez, avait été faite dans le but d'affaiblir d'avance le pouvoir que vous alliez me confier. Six millions de suffrages furent une éclatante protestation contre elle, et cependant je l'ai fidèlement observée. Les provocations,

---

(1) Le ministère fut complété par les nominations suivantes :

Fould (Achille), ministre d'État ; Abbatucci, ministre de la justice ; Drouin de L'huys, ministre des affaires étrangères ; le général Le Roy de Saint-Arnaud, ministre de la guerre ; Théodore Ducos, ministre de la marine et des colonies ; le comte Fialin de Persigny, ministre de l'intérieur ; de Maupas, ministre de la police générale ; Magne, ministre des travaux publics ; Fortoul, ministre de l'instruction publique et des cultes ; Bineau, ministre des finances.

les calomnies, les outrages m'ont trouvé impassible; mais aujourd'hui que le pacte fondamental n'est plus respecté de ceux-là même qui l'invoquent sans cesse, et que les hommes qui ont déjà perdu deux monarchies veulent me lier les mains, afin de renverser la République, mon devoir est de déjouer leurs perfides projets, de maintenir la République et de sauver le pays, en invoquant le jugement solennel du seul souverain que je connaisse en France : le Peuple.

Je fais donc un appel loyal à la nation tout entière et je vous dis : Si vous voulez maintenir cet état de malaise qui vous dégrade et compromet notre avenir, choisissez un autre à ma place, car je ne veux plus d'un pouvoir qui est impuissant à faire le bien, me rend responsable d'actes que je ne puis empêcher, et m'enchaîne au gouvernail quand je vois le vaisseau courir vers l'abîme.

Si, au contraire, vous avez encore confiance en moi, donnez-moi les moyens d'accomplir la grande mission que j'attends de vous.

Cette mission consiste à fermer l'ère des révolutions en satisfaisant les besoins légitimes du peuple et en le protégeant contre les passions subversives. Elle consiste surtout à créer des institutions qui survivent aux hommes et qui soient enfin des fondations sur lesquelles on puisse asseoir quelque chose de durable.

Persuadé que l'instabilité du pouvoir, que la prépondérance d'une seule assemblée sont des causes permanentes de trouble et de discorde, je soumets à vos suffrages les bases fondamentales d'une constitution que les assemblées développeront plus tard.

1° Un chef responsable nommé pour dix ans.

2° Des ministres dépendant du pouvoir exécutif seul.

3° Un conseil d'État formé des hommes les plus distingués, préparant les lois et en soutenant la discussion devant le corps législatif.

4° Un corps législatif discutant et votant les lois, nommé par le suffrage universel sans scrutin de liste qui fausse l'élection.

5° Une seconde assemblée formée de toutes les illustrations du pays, pouvoir pondérateur, gardien du pacte fondamental et des libertés publiques.

Ce système, créé par le premier consul au commencement de ce siècle, a déjà donné à la France le repos et la prospérité, il les lui garantirait encore.

Telle est ma conviction profonde. Si vous la partagez, déclarez-le par vos suffrages. Si, au contraire, vous préférez un gouvernement sans force, monarchique ou républicain, emprunté à je ne sais quel passé ou à quel avenir chimérique, répondez négativement.

Ainsi donc, pour la première fois, depuis 1804, vous voterez en connaissance de cause, en sachant bien pour qui et pourquoi.

Si je n'obtiens pas la majorité de vos suffrages, alors je provoquerai la réunion d'une nouvelle assemblée, et je lui remettrai le mandat que j'ai reçu de vous.

Mais si vous croyez que la cause dont mon nom est le symbole, c'est-à-dire la France régénérée par la Révolution de 89 et organisée par l'Empereur, est toujours la vôtre, proclamez-le en consacrant les pouvoirs que je vous demande.

Alors la France et l'Europe seront préservées de l'anarchie, les obstacles s'aplaniront, les rivalités auront disparu, car tous respecteront dans l'arrêt du peuple le décret de la Providence.

Fait au palais de l'Élysée, le 2 décembre 1851.

Signé : Louis-Napoléon Bonaparte.

SOLDATS!

Soyez fiers de votre mission. Vous sauverez la patrie, car je compte sur vous, non pour violer les lois, mais pour faire respecter la première loi du pays, la souveraineté nationale, dont je suis le légitime représentant.

Depuis longtemps vous souffrez comme moi des obstacles qui s'opposent et au bien que je voulais vous faire et aux démonstrations de vos sympathies en ma faveur. Ces obstacles sont brisés. L'Assemblée a essayé d'attenter à l'autorité que je tiens de la nation entière : elle a cessé d'exister.

Je fais un loyal appel au peuple et à l'armée, et je leur dis : Ou donnez-moi les moyens d'assurer votre prospérité, ou nommez un autre à ma place.

En 1830, comme en 1848, on vous a traités en vaincus. Après avoir flétri votre désintéressement héroïque, on a dédaigné de consulter vos sympathies et vos vœux, et cependant vous êtes l'élite de la nation. Aujourd'hui, en ce moment solennel, je veux que l'armée fasse entendre sa voix.

Votez donc librement comme citoyens, mais comme soldats n'oubliez pas que l'obéissance passive aux ordres du chef du gouvernement est le devoir rigoureux de l'armée, depuis le général jusqu'au soldat. C'est à moi, responsable de mes actions devant le peuple et la postérité, de prendre les mesures qui me semblent indispensables pour le bien public.

Quant à vous, restez inébranlables dans les règles de la discipline et de l'honneur. Aidez, par votre attitude imposante, le pays à manifester sa volonté dans le calme et la réflexion. Soyez prêts à réprimer toute tentative contre le libre exercice de la souveraineté du peuple.

Soldats, je ne vous parle pas des souvenirs que mon nom rappelle. Ils sont gravés dans vos cœurs. Nous sommes unis par des liens indissolubles. Votre histoire est la mienne. Il y a entre nous dans le passé communauté de gloire et de malheur; il y aura dans l'avenir communauté de sentiments et de résolution pour le repos et la grandeur de la France.

Fait au palais de l'Élysée, le 2 décembre 1851.

Signé : LOUIS-NAPOLÉON BONAPARTE.

LE PRÉSIDENT DE LA RÉPUBLIQUE,

Considérant que la souveraineté réside dans l'universalité des citoyens, et qu'aucune fraction du peuple ne peut s'en attribuer l'exercice ;

Vu les lois et arrêtés qui ont réglé jusqu'à ce jour le mode de l'appel au peuple, et notamment les décrets des 5 fructidor an III, 24 et 25 frimaire an VIII, l'arrêté du 20 floréal an X, le sénatus-consulte du 28 floréal an XII,

DÉCRÈTE :

ART. 1er. Le peuple français est solennellement convoqué dans ses comices, le 14 décembre présent mois, pour accepter ou rejeter le plébiscite suivant :

« Le peuple français veut le maintien de l'autorité de Louis-Napoléon Bonaparte, et « lui délègue les pouvoirs nécessaires pour faire une constitution sur les bases pro- « posées dans la proclamation du 2 décembre. »

2. Sont appelés à voter tous les Français âgés de 21 ans, jouissant de leurs droits civils et politiques.

Ils devront justifier soit de leur inscription sur les listes électorales, en vertu de la loi du 15 mars 1844, soit de l'accomplissement, depuis la formation des listes, des conditions exigées par cette loi.

3. A la réception du présent décret, les maires de chaque commune ouvriront deux registres sur papier libre, l'un d'acceptation, l'autre de non acceptation du plébiscite.

Dans les quarante-huit heures de la réception du présent décret, les juges de paix se transporteront dans les communes de leurs cantons pour surveiller et assurer l'ouverture et l'établissement de ces registres.

En cas de refus, d'abstention ou d'absence de la part des maires, les juges de paix délégueront soit un membre du conseil municipal, soit un notable du pays, pour la réception des votes.

4. Ces registres demeureront ouverts aux secrétariats de toutes les municipalités de France pendant huit jours, depuis huit heures du matin jusqu'à six heures du soir, et ce, à partir du dimanche 14 décembre jusqu'au dimanche soir suivant 21 décembre.

Les citoyens consigneront ou feront consigner, dans le cas où ils ne sauraient pas écrire, leur vote sur l'un de ces registres, avec mention de leurs noms et prénoms.

5. A l'expiration du délai fixé par l'article précédent, et dans les vingt-quatre heures au plus tard, le nombre des suffrages exprimés sera constaté ; chaque registre sera clos et transmis par le fonctionnaire dépositaire au sous-préfet, qui le fera parvenir immédiatement au préfet du département.

Le dénombrement des votes, la clôture et la transmission des registres tenus par les maires, seront surveillés par les juges de paix.

6. Une commission composée de trois conseillers généraux, délégués par le préfet, fera aussitôt le recensement de tous les votes exprimés dans le département.

Le résultat de ce travail sera transmis par la voie la plus rapide au ministre de l'intérieur.

7. Le recensement général des votes exprimés par le peuple français aura lieu à Paris, au sein d'une commission qui sera instituée par un décret ultérieur.

Le résultat sera promulgué par le pouvoir exécutif.

8. Les frais faits et avancés par les administrations centrales et communales, et les frais de déplacement des juges de paix pour l'établissement des registres, seront acquittés sur la représentation des quittances ou sur la déclaration des fonctionnaires, par les receveurs de l'enregistrement ou les percepteurs des contributions directes.

9. Le ministre de l'intérieur est chargé d'activer et de régulariser la formation, l'ouverture, la tenue, la clôture et l'envoi des registres.

Fait au palais de l'Élysée, le 2 décembre 1851.

Signé : LOUIS-NAPOLÉON BONAPARTE.

Le ministre de l'intérieur,
Signé : A. DE MORNY.

LE PRÉSIDENT DE LA RÉPUBLIQUE

DÉCRÈTE :

ART. 1er. Le projet de plébiscite, soumis à l'acceptation du peuple français, est également soumis à l'acceptation de l'armée de terre et de mer.

2. Chaque régiment, chaque corps de troupe isolé, chaque brigade de gendarmerie,

voteront dans les vingt-quatre heures de l'envoi fait au colonel ou au chef de corps, du présent décret.

Les équipages des vaisseaux en mer voteront dans le même délai.

3. A cet effet, deux registres sur papier libre, l'un d'acceptation, l'autre de non acceptation du plébiscite, seront ouverts par les soins des colonels, chefs de corps ou chefs de brigade de gendarmerie.

Les votes seront consignés de huit heures du matin à quatre heures du soir.

Ceux qui ne sauront pas écrire feront consigner leurs votes.

4. Après ce délai, le nombre de votes sera constaté, les registres seront clos, puis transmis directement aux secrétariats des ministères de la guerre et de la marine.

5. Une commission sera instituée par le ministre de la guerre pour opérer le dépouillement des registres et le recensement des votes.

Le résultat de ce recensement sera proclamé par le pouvoir exécutif.

6. Les ministres de la guerre et de la marine sont chargés, en ce qui les concerne, de l'exécution du présent décret.

Fait au palais de l'Élysée, le 2 décembre 1851.

Le peuple s'assembla avec surprise devant ces proclamations et ces décrets. Chacun les lisait en silence. L'émotion qu'ils causèrent se révéla, le premier jour, par l'affluence qui se porta sur les boulevards, les jours suivants, par l'agitation qui se manifesta dans quelques quartiers. Des troubles éclatèrent à Paris et dans plusieurs départements; partout ils furent comprimés par l'armée. La force resta au pouvoir.

Le chef de l'État avait porté, le 5 décembre, le décret suivant :

LE PRÉSIDENT DE LA RÉPUBLIQUE

Vu la loi du 25 décembre 1790, relative au traitement des militaires;

Vu la loi du 11 avril 1831, sur les pensions de l'armée de terre;

Vu l'ordonnance du 3 mai 1832, sur les services des armées en campagne;

Sur le rapport du ministre de la guerre,

Voulant que les services rendus au pays, à l'intérieur, soient récompensés comme le sont ceux des armées en dehors,

DÉCRÈTE :

ART. 1er. Lorsqu'une troupe organisée aura contribué par des combats à rétablir l'ordre sur un point quelconque du territoire, ce service sera compté comme service de campagne.

2. Chaque fois qu'il y aura lieu de faire application de ce principe, un décret spécial en déterminera les conditions.

A l'Élysée, le 5 décembre 1851.

Signé : LOUIS-NAPOLÉON BONAPARTE.

Le ministre de la guerre,

Signé : A. DE SAINT-ARNAUD.

Le 8, on affichait cette proclamation :

FRANÇAIS !

Les troubles sont apaisés. Quelle que soit la décision du peuple, la société est sauvée. La première partie de ma tâche est accomplie. L'appel à la nation pour terminer la lutte des partis, ne faisait, je le savais, courir aucun risque sérieux à la tranquillité publique.

Pourquoi le peuple se serait-il soulevé contre moi ?

Si je ne possède plus sa confiance ; si vos idées ont changé, il n'est pas besoin de faire couler un sang précieux, il suffit de déposer dans l'urne un vote contraire.

Je respecterai toujours l'arrêt du peuple.

Mais tant que la nation n'aura pas parlé, je ne reculerai devant aucun effort, devant aucun sacrifice, pour déjouer les tentatives des factieux. Cette tâche d'ailleurs m'est rendue facile.

D'un côté, on a vu combien il était insensé de lutter contre une armée, unie par les liens de la discipline, animée par le sentiment de l'honneur militaire et par le dévouement à la patrie. D'un autre côté, l'attitude calme des habitants de Paris, la réprobation dont ils flétrissaient l'émeute ont témoigné hautement pour qui se prononçait la capitale.

Dans ces quartiers populeux, où naguère l'insurrection se recrutait si vite parmi des ouvriers dociles à ses entraînements, l'anarchie n'a rencontré cette fois qu'une répugnance profonde pour ses détestables excitations. Grâce en soit rendue à l'intelligente et patriotique population de Paris ! Qu'elle se persuade de plus en plus que mon unique ambition est d'assurer le repos et la prospérité de la France.

Qu'elle continue à prêter son concours à l'autorité, et bientôt le pays pourra accomplir dans le calme l'acte solennel qui doit inaugurer une ère nouvelle pour la République.

Fait au palais de l'Elysée, le 8 décembre 1851.

Signé : LOUIS-NAPOLÉON BONAPARTE.

Ainsi était accomplie cette révolution que devait bientôt couronner la proclamation de l'empire. L'Europe suivait silencieusement, d'un regard attentif, la marche de ces événements. En vain le nouveau souverain déclara-t-il hautement que l'empire c'était la paix, toutes les vieilles royautés ne virent pas sans inquiétude reparaître au-dessus de nos drapeaux ces aigles qui en avaient porté les couleurs révolutionnaires sur la plupart de leurs palais. On pouvait donc, sans trop de défiance, prévoir quelques graves complications dans un prochain avenir. Les faits ne tardèrent pas à démontrer la justesse de ces prévisions. Ce fut dans l'Orient que se forma cet orage dont l'explosion pouvait embraser l'Europe.

Le protectorat que la France exerce depuis un temps immémorial sur les populations chrétiennes du Levant est un fait que l'histoire place au-dessus de toute contestation ; dès l'époque de Charlemagne, c'était son nom qu'invoquaient, comme une immunité, les pèlerins que la foi entraînait, à travers les vexations et les dangers, vers ces bords à jamais consacrés par le sang du Rédempteur. Les croisades, loin d'effacer dans la haine l'autorité dont nous jouissions parmi les peuples orientaux, ne firent que lui donner plus de puissance. La France était devenue exclusivement la tutrice des pieux voyageurs qui accomplissaient ce saint et périlleux voyage, et aussi celle des négociants que leurs spéculations appelaient sur les plages d'Orient. Quelle que fût leur nationalité, ils s'abritaient toujours sous le prestige de Philippe-Auguste et de Louis IX. Pour les Sarrasins et les Turcs, tous les Occidentaux étaient des Francs.

François Ier donna à ce protectorat de fait la base obligatoire d'un traité. Cette convention diplomatique reconnaissait, en effet, aux Latins la possession des lieux d'adoration qu'ils occupaient *ab antiquo*. Un autre traité, survenu entre la France et la Porte en 1740, donne une sanction nouvelle à cette concession; l'article 33 porte en effet :

« Les religieux latins qui résident présentement, comme de tous temps, en dedans et en dehors de Jérusalem et dans l'église du Saint-Sépulcre, dite *Camane*, resteront en possession des lieux de pèlerinage qu'ils ont, de la même manière que par le passé. »

Dès lors nous eûmes des droits authentiques d'intervention en faveur de tous les lieux sanctifiés par les mystères de la médiation divine. Des religieux français, ou du moins des religieux appartenant à l'église latine, en furent investis et se vouèrent avec plus de sécurité à une vie de prière et d'hospitalité dans les sanctuaires et les communautés qui avaient été ou qui furent construits sur la plupart de ces lieux. Les chrétiens grecs et arméniens furent admis à les visiter et à y prier. Ils purent même y dresser quelques autels pour y accomplir les actes de leur culte. Quels lieux devaient imposer plus impérieusement la tolérance que ces lieux où Dieu est mort pour tous les hommes? C'est cette tolérance de l'Église latine qui est devenue le point de départ d'un enchaînement d'usurpations dont le résultat serait aujourd'hui pour les catholiques, si nos protestations restaient sans effet, la spoliation de leurs droits les plus précieux (1). C'est surtout dans les premières années de ce siècle, pendant lesquelles le Directoire et l'Empire furent en guerre avec la Turquie, que s'accomplirent ces empiétements. En 1847, les chrétiens grecs desservaient douze sanctuaires sur lesquels les capitations donnaient aux chrétiens francs des droits incontestables. Les profanations que ces schismatiques commirent sur le Calvaire même, où les tombeaux de Godefroy de Bouillon et des autres rois de la Palestine furent brisés par les marteaux sacrilèges, ne permirent pas aux pères de l'Église latine de subir plus longtemps ces douloureuses usurpations. Ils firent donc parvenir leurs plaintes et leurs réclamations au gouvernement français, et, nouvelle preuve de

(1) Il est curieux de voir la seule clause diplomatique que la Russie invoque et puisse invoquer comme la base des droits dont elle fait tant de bruit; cette clause est l'article 7 du traité de Kaïnardji portant la date du 10 juillet 1774; en voici le texte :

« La Sublime Porte promet de protéger constamment la religion chrétienne et ses égli-
« ses; et aussi elle *permet* aux ministres de la cour impériale de Russie de faire dans toutes
« les occasions des représentations tant en faveur de l'Eglise nouvellement autorisée à
« Constantinople que pour ceux qui la desservent, promettant de les prendre en considé-
« ration, comme faites par une personne de confiance d'une puissance voisine et sincère-
« ment amie. »

Dans le traité fait à Andrinople le 14 septembre 1829, la Russie s'en réfère seulement, au sujet des immunités de l'Eglise grecque, aux concessions que lui a faites la Turquie par les stipulations diplomatiques antérieures.

modération, ils ne citèrent les divers édifices dont ils avaient été spoliés que pour donner plus de force à leur revendication de la grande coupole du Saint-Sépulcre, de l'église de Bethléem et de la grotte de la Nativité. Ce dernier sanctuaire venait d'être le théâtre d'une soustraction qui cachait une tentative de suppression de droits. C'étaient les Grecs qui possédaient ce lieu de la naissance du Christ où les Latins n'avaient conservé que le droit de visite attesté par l'inscription gravée sur une étoile d'argent qui était attachée au mur. Or, cette étoile avait été secrètement enlevée. Le gouvernement français avait chargé M. de Bourqueney, son ambassadeur à Constantinople, d'en réclamer le rétablissement. La révolution de février suspendit cette négociation. Elle fut reprise, en 1850, par M. le général Aupick, qui, après un délai de six mois, n'obtint qu'une réponse évasive. Son successeur, M. de Lavallette, y apporta plus d'insistance l'année suivante. Une commission mixte fut chargée, sur sa demande, d'examiner les réclamations présentées par la France, et de proposer une solution. Cette commission, dans laquelle il ne put empêcher de comprendre M. Aristarchi, logothète, c'est-à-dire conseiller du patriarche grec, avait pris au sérieux son mandat, et, éclairée par les documents produits, allait consacrer les droits des pères latins de la terre sainte, lorsque le czar, informé de ses tendances par M. Aristarchi lui-même, adressa à la Porte une lettre autographe, où il protestait d'avance contre ses décisions.

Etrange aveuglement des passions! un des griefs dont l'empereur Nicolas se plaignait au jeune sultan, c'était celui d'avoir reconnu la convention de 1740, comme s'il eût dépendu de son caprice de respecter ou de fouler aux pieds la foi des engagements, l'inviolabilité des traités. Abdul-Médjid lut avec étonnement un tel reproche; blessé dans sa conscience, non qu'il lui fût adressé, mais qu'on parût croire qu'il eût pu ne pas le mériter, il céda cependant. Il n'ignorait pas les projets ambitieux dont la Turquie était l'objet de la part des deux grandes puissances dont les frontières bornaient ses États; depuis surtout la fermeté avec laquelle il avait fait respecter le droit d'asile que le territoire hospitalier de la Turquie avait exercé envers des proscrits, l'Autriche et la Russie ne semblaient chercher qu'une occasion de faire éclater contre lui leurs ressentiments.

L'insurrection du Montenegro avait offert cette occasion désirée à la première de ces puissances; elle l'avait saisie avec empressement, à l'approbation du czar (1). Or, à peine était-il sorti de cette complication, par un sacrifice de ses droits souverains, que la Russie venait à son tour en susciter une nouvelle: ne devait-il pas voir dans cette succession de difficultés un système d'hostilité qui menaçait et attaquait la Turquie dans son existence même? Il est vrai qu'à côté des menaces se glissaient les séductions, et que le czar allait même jusqu'à mettre les armées de la Russie au service du divan contre la France (2);

---

(1) « Sa Majesté Impériale parla du Montenegro, disant qu'elle approuvait l'attitude prise par le cabinet autrichien... » (Dépêche de lord Seymour, ambassadeur britannique en Russie, à lord Clarendon, ministre des affaires étrangères.)

(2) « L'empereur poursuivit que, pour sa part, il se préoccupait peu de la ligne que la

mais l'alternative n'était qu'une double voie conduisant au même but : l'abaissement de la Turquie, son vasselage. La prévision de ces tristes conséquences ne l'empêcha pas de plier sous l'intimidation de ce redoutable voisin. La commission mixte chargée de l'examen de la question des lieux saints fut dissoute ; une assemblée de fonctionnaires ottomans et d'ulémas fut investie de l'instruction de cette affaire et chargée de sa décision.

Cependant ce conflit prenait chaque jour des proportions qui menaçaient de troubler la paix européenne. Le cabinet britannique pouvait déjà reconnaître que ces revendications religieuses n'étaient que le prétexte de bien plus graves projets. Ce désaccord sur des intérêts secondaires aux yeux des chancelleries, montrait son véritable caractère dans les ouvertures faites par le czar en personne à l'ambassadeur britannique près de sa cour.

Au milieu d'une fête donnée dans le palais de la grande-duchesse Hélène et à laquelle lord et lady Seymour avaient été invités avec l'agrément de l'empereur, celui-ci, après des protestations d'amitié étroite (*close amity*) pour le nouveau cabinet de Saint-James et le peuple anglais, avait entamé avec l'ambassadeur anglais ce sujet important, mais il s'était presque aussitôt interrompu, remettant cette grave conversation à une prochaine entrevue.

Quelques jours après, le 14 janvier, lord Seymour, sur une invitation impériale, se rendait au palais d'hiver. L'empereur le reçut avec la bienveillance la plus gracieuse dans son cabinet particulier où il l'attendait : c'était une pièce meublée avec une simplicité stoïque ; tout y annonçait des habitudes laborieuses et sévères ; quelques tableaux de grands maîtres étaient les seuls objets qui pussent faire deviner le haut rang de celui qui l'habitait. L'empereur fit asseoir l'incertain diplomate et, après quelques mots destinés à rattacher cette entrevue au précédent entretien, il entra directement en matière.

« Vous savez, lui dit-il, en donnant à sa voix et à sa physionomie l'expression d'une effusion intime, les rêves et les plans dans lesquels l'impératrice Catherine se complaisait. Ils ont été transmis jusqu'à nos jours. Mais quant à moi, quoique héritier de ses immenses possessions territoriales, je n'ai pas accepté le legs de ses visions ou de ses intentions, si vous voulez. Au contraire ; mon empire est si vaste, placé sous tous les rapports si heureusement, qu'il serait déraisonnable de ma part de désirer plus de territoire ou de pouvoir que je n'en possède. Je suis même le premier à vous dire que notre plus grave, peut-être notre seul danger, naîtrait d'une extension nouvelle donnée à un empire déjà trop grand. »

Le diplomate anglais acquiesça respectueusement, mais seulement de la physionomie, à ces paroles, qui n'étaient évidemment que des déclarations préparatoires. Le sujet réel de l'entretien était la Turquie. Le czar l'aborda par quelques mots très-nets sur les droits et les devoirs que lui imposaient les traités, relativement à la protection des chrétiens grecs habitant les États

France jugerait convenable de suivre dans les affaires d'Orient, et qu'il y avait un peu plus d'un mois qu'il avait avisé le sultan que, s'il requérait son assistance pour résister aux menaces de la France, elle était entièrement au service de la Turquie. » (Même dépêche.)

du sultan, puis, passant rapidement à la situation politique et sociale où se trouvait la Turquie, il poursuivit :

« Cette puissance, pour tout regard qui suit attentivement sa décadence, est tombée graduellement dans un état de décrépitude tel que, comme je vous l'ai dit l'autre jour, si désireux que nous soyons de prolonger l'existence du malade (et je vous prie de croire que je désire autant que vous qu'il continue à vivre), il peut subitement mourir et nous rester sur les bras. Nous ne pouvons pas ressusciter ce qui est mort. Si l'empire turc tombe, il tombera pour ne plus se relever. Je vous demande alors s'il ne vaut pas mieux être préparé à une telle éventualité, que de s'exposer au cahos, à la confusion et à la certitude d'une guerre européenne? Or, tout cela devra accompagner la catastrophe, si elle a lieu inopinément et avant qu'on ait tracé quelque plan pour l'avenir. Voilà le point sur lequel je désire appeler l'attention de votre gouvernement. »

Ces dernières réflexions avaient élucidé la question : c'était évidemment un démembrement et un partage de la Turquie que la Russie offrait à l'Angleterre. Lord Seymour le comprit; aussi, revêtant sa pensée des formes à la fois courtoises et diplomatiques que le czar avait données à la sienne, il répondit :

« Sire, Votre Majesté est si franche avec moi qu'elle aura la bonté de me permettre de parler avec la même franchise. Je ferai donc observer à Votre Majesté que, quelque déplorable que soit la situation de la Turquie, c'est un pays qui a été depuis longtemps dans des difficultés que beaucoup de personnes croyaient insurmontables, et dont il s'est dégagé.

« Quant aux arrangements à prendre, le gouvernement de la Reine, comme Votre Majesté le sait bien, est opposé, *en règle générale*, à contracter des engagements en vue d'éventualités, et serait *peut-être* peu disposé, en particulier, à en contracter dans cette question. Si je puis m'exprimer ainsi, on éprouve toujours en Angleterre beaucoup de répugnance *à escompter la succession* d'un ancien ami et allié. »

L'adroit ambassadeur avait eu soin, en réservant à son cabinet, par l'élasticité d'expressions restrictives, une liberté d'action complète, de laisser son impérial interlocuteur dans une situation qui, en ne lui donnant aucune espérance, les lui laissait toutes. Le regard de Nicolas révéla un mouvement de contrariété qu'il maîtrisa aussitôt, comprenant que lord Seymour n'avait fait que placer l'Angleterre dans une position où elle pût stipuler avec plus d'avantages les conditions d'une solution; au lieu de rompre, il songea plutôt à amener sa rivale à se dessiner, en lui faisant sentir une menace : conservant donc le ton affectueux avec lequel il avait commencé cet entretien, il reprit :

« C'est un bon principe, bon dans tous les temps, mais surtout dans les temps d'incertitude et de changements comme les temps actuels. Et cependant il est de la plus grande importance que nous nous entendions mutuellement, et que nous ne nous laissions pas surprendre par les événements.

Maintenant je désire vous parler en ami et en *gentleman*. Si nous arrivons à nous entendre sur cette affaire, l'Angleterre et moi, pour le reste peu importe! Je tiens pour indifférent ce que font et pensent les autres. Usant donc de franchise, je vous dis nettement que si l'Angleterre songe à s'établir un jour à Constantinople, je ne le permettrai pas. Je ne vous prête point ces intentions, mais il vaut mieux dans ces occasions parler clairement. De mon côté, je suis également disposé à prendre l'engagement de ne pas m'y établir, en propriétaire, il s'entend ; car en dépositaire, je ne dis pas. *Il pourrait se faire que les circonstances me missent dans le cas d'occuper Constantinople*, SI RIEN N'EST PRÉVU, *si l'on doit tout laisser au hasard.* »

Cette dernière phrase porta coup. Le diplomate anglais craignit d'avoir été trop loin dans l'attitude passive et expectative qu'il avait fait prendre à son pays; revenant donc indirectement sur sa précédente réponse, il ajouta que, quoiqu'il ne fût pas préparé à exprimer une opinion positive sur des questions aussi graves et aussi délicates, il lui paraissait possible de conclure entre le gouvernement de sa souveraine et l'empereur un arrangement de nature à prévenir certaines éventualités, plutôt qu'à y pourvoir. La conversation avait épuisé ce qu'elle avait d'important; il fallait que l'ambassadeur en eût transmis la substance à son gouvernement et eût obtenu des instructions sur les intérêts qu'elle soulevait, pour être reprise avec fruit. Elle le fut le mois suivant; lord Seymour avait reçu la réponse du *Foreign-Office*. L'empereur, ayant rencontré l'ambassadeur britannique dans un bal que donnait le grand-duc Alexandre, le prit à l'écart, et, après quelques instants d'entretien en termes flatteurs... « Eh bien! lui dit-il, vous avez donc reçu des dépêches relatives aux réflexions que je vous ai chargé de soumettre à votre cabinet? Vous me les apporterez demain?

— J'aurai cet honneur, — répondit lord Seymour; — mais Votre Majesté sait déjà que la réponse est exactement ce que je lui avais fait pressentir.

— C'est ce que je regrette d'avoir appris ; mais je crois que votre gouvernement ne comprend pas bien mon but. » Et, après quelques phrases échangées, il s'éloigna. Lord Seymour le retrouva le lendemain dans les mêmes dispositions prévenantes et cordiales qu'il avait montrées dans leur précédente entrevue. Il désira d'abord que l'ambassadeur britannique lui donnât lecture de la note verbale qu'il devait lui communiquer (1).

Cette note n'était en effet qu'un écho des observations et un reflet des sentiments précédemment exprimés par l'ambassadeur. Lord John Russel discutait l'opportunité des propositions impériales, mais les réflexions qu'il leur opposait étaient assez peu concluantes pour qu'on pût regarder les débats comme restant ouverts. Le ministre anglais ne voyait dans la situation de la Turquie aucune crise actuelle ou probable qui pût l'exposer à une catastrophe.

Le czar répondit que cet événement était, au contraire, toujours imminent, qu'il pouvait être amené, d'un moment à l'autre, soit par une guerre

(1) Une note verbale est, en diplomatie, une pièce écrite qui, après communication, doit être rendue à la chancellerie d'où elle émane.

étrangère, soit par une lutte entre le vieux parti turc et celui des *nouvelles et superficielles réformes françaises*, ou encore par une insurrection des chrétiens, toujours très-impatients de secouer le joug des musulmans; protestant ensuite de l'intérêt qu'il avait au maintien de la Turquie dans les conditions d'existence politique où elle se trouvait, il en allégua pour preuve le rappel de l'armée du général Diebitch, lorsqu'en 1829 elle marchait victorieuse sur Constantinople, et les secours qu'il s'était empressé de porter au sultan lorsque l'épée d'Ibrahim le menaçait dans sa capitale; il n'en revint qu'avec plus de force sur la nécessité de pourvoir à la chute de ce grand corps qui s'en allait en dissolution. Aux dangers que le cabinet anglais et surtout lord Seymour signalaient dans les événements qui pouvaient surgir de l'alliance proposée, il opposait l'affirmation que, dans l'éventualité du renversement de l'empire turc, il serait beaucoup moins difficile d'arriver à un arrangement territorial, qu'on ne le pensait généralement.

« Les Principautés, disait-il, sont en fait un Etat indépendant sous ma protection; cela peut continuer ainsi. La Servie peut prendre la même forme de gouvernement; il en est de même de la Bulgarie : il n'y a pas de raison, ce me semble, pour que cette province ne forme pas un Etat indépendant. Quant à l'Egypte, je comprends tout à fait l'importance que ce pays a pour l'Angleterre; je puis alors dire seulement que si, dans l'éventualité d'un partage de la succession ottomane, à la chute de cet empire, vous preniez possession de l'Egypte, je n'aurais pas d'objections à faire. Je dirais la même chose de Candie : cette île peut vous convenir, et je ne sais pas pourquoi elle ne deviendrait pas une possession anglaise. »

Cette dernière proposition avait fait tomber le voile sous lequel l'empereur avait tenu jusqu'alors ses projets dans une transparente obscurité. Que le partage fût accepté, la catastrophe allait naître; la question des lieux saints était la mèche attachée à la mine dont l'explosion allait renverser le vieil empire d'Osman. Quel eût alors été le lot de la Russie dans *ce partage de succession* où l'on abandonnait à l'Angleterre l'Egypte et Candie? Ce n'étaient certes pas les Principautés; ni la Servie et la Bulgarie, qui devenaient des *Etats indépendants...* comme elles : indépendants sous la protection moscovite... Quel était donc ce lot, si ce n'était la Roumélie et Constantinople elle-même!... Or, il était un fait, un document qui jetait une nouvelle clarté sur les vues de la Russie; cette nouvelle proposition n'était autre que celle faite à lord Wellington et au cabinet anglais par le czar lui-même, lors de son voyage à Londres en 1844; elle se trouvait formulée dans le mémorandum adressé peu après par M. le comte de Nesselrode au gouvernement de Sa Majesté Britannique.

Mêmes préliminaires : « La Russie et l'Angleterre sont mutuellement péné
« trées de la conviction qu'il est de leur intérêt commun que la Porte Otto-
« mane se maintienne dans l'état d'indépendance et de possession territoriale
« dont se compose actuellement cet empire. »

Même restriction : « Cependant on ne saurait se dissimuler combien cet
« empire renferme d'éléments de dissolution, etc. »

Même conclusion : « Dans l'incertitude qui plane sur l'avenir, une seule
« idée fondamentale semble d'une application vraiment pratique : c'est que le
« danger qui pourrait résulter d'une catastrophe en Turquie sera diminué
« de beaucoup si, le cas échéant, la Russie et l'Angleterre s'entendent sur la
« marche qu'elles auraient à suivre en commun. »

Le cabinet de Saint-James ne put donc conserver aucun doute sur le caractère et l'objet des propositions faites à son ambassadeur à Saint-Pétersbourg par le czar. Il était manifeste qu'elles ne naissaient point des circonstances actuelles, mais bien d'un plan élaboré d'avance et dont la Russie attendait que le temps amenât l'heure de la réalisation : ce plan n'était autre que la marche politique tracée par Pierre le Grand à ses successeurs et textuellement écrite dans le testament dont l'ambassadeur de Louis XIV à la cour du puissant autocrate obtint une copie dérobée aux archives russes.

« Art. IX. Approcher le plus possible de Constantinople et des Indes. Celui qui y régnera sera le vrai souverain du monde. En conséquence, susciter des guerres continuelles, tantôt au Turc, tantôt à la Perse, établir des chantiers sur la mer Noire, s'emparer peu à peu de cette mer, etc...

« Art. XII. S'attacher à réunir autour de soi tous les Grecs schismatiques qui sont répandus soit en Hongrie, soit dans le midi de la Pologne ; se faire leur centre, leur appui et établir d'avance une prédominance universelle par une sorte de royauté ou de suprématie sacerdotale : ce sont autant d'amis qu'on aura chez ses ennemis. »

Le gouvernement anglais put-il un seul instant, sans fermer les yeux à la lumière, méconnaître dans les faits qui agitaient l'Orient l'intervention de la politique traditionnelle des czars ? Cette politique n'a-t-elle pas toujours été l'unique préoccupation de leur gouvernement ? N'en a-t-elle pas dirigé tous les événements, inspiré toutes les lois ? N'est-ce pas en vue de la conquête qu'ont été organisées ces populations dont la hiérarchie militaire embrasse toutes les spécialités, toutes les classes ; cet empire qui n'est pas une société, mais un camp ; cette nation qui n'est pas un peuple, mais une armée ?

Il faut reconnaître aussi que le génie du glorieux fondateur de cette puissance colossale avait bien compris le caractère de ces races septentrionales, toujours mobiles, comme ces barbares des forêts hyperborées qui menaçaient périodiquement le monde antique de leurs débordements ; populations aventureuses, sans liens les attachant au sol natal, toujours tourmentées par ce flux qui, aujourd'hui comme jadis, les emporte toujours vers le midi ; vers l'azur et la fécondité, vers la chaleur et la lumière (1).

La conduite de l'ambassade anglaise à Constantinople ne semble pas cepen-

(1) « En écrivant confidentiellement à lord Castlereagh, dans l'année 1822, l'empereur Alexandre disait qu'il était le seul Russe qui résistât aux vues de ses sujets sur la Turquie, et il parlait de la popularité qu'il avait perdue par cet antagonisme. » (Conversation de lord Seymour et de Nicolas. — Dépêche du 22 février 1853.)

Artilleur.
Ligne.
1854.

dant avoir été toujours inspirée par les enseignements résultant de ces confidences. On pourrait jusqu'à un certain point adresser le même reproche à son cabinet. « C'est une querelle entre la France et la Russie, » avait dit John Russell du haut de la tribune parlementaire; et cette pensée avait, sans nul doute, présidé aux instructions transmises à son ambassadeur auprès de la Porte. Cependant le conflit s'envenimait chaque jour.

La solution formulée par la commission ottomane reposait sur une transaction; elle avait d'abord proposé de rendre communs à tous les rites les sanctuaires, objets de la contestation ; cette combinaison repoussée, elle avait formulé une décision où le principe de la communauté était maintenu pour la grande coupole du Saint-Sépulcre; la petite coupole était attribuée aux Grecs, ainsi que l'église de Bethléem. Il n'était pas douteux que ce sanctuaire eût été construit par les Latins, mais les Grecs leur opposaient une possession qui triompha devant les juges; toutefois, comme la grotte de la Nativité est placée sous l'autel, une clef de l'église et deux clefs de la grotte devaient être remises aux catholiques et l'étoile d'argent, portant l'inscription justificative des droits des Latins, devait être replacée sur les murs de cette grotte: ils furent investis du droit d'officier dans le sanctuaire du tombeau de la Vierge dont ils avaient été injustement exclus.

Ce jugement, inspiré par un désir de conciliation, ne satisfit aucun des deux partis. Les droits des catholiques y étaient manifestement sacrifiés ; ce furent cependant les Grecs qui firent entendre les plaintes les plus violentes. La France, renonçant provisoirement à la revendication de ses immunités, se contenta de les placer sous la protection d'une protestation.

Le conseil des ministres ottomans consacra cette décision par un firman et le vice-chancelier du divan, le beylikdji, fut envoyé dans la Terre-Sainte pour présider à son exécution. Sa mission vint échouer contre l'opposition des Grecs. Fuad-Effendi, informé de cette agitation, réunit de nouveau le conseil des ministres ; il fut arrêté que le firman, rendu sur les conclusions de la commission, serait littéralement exécuté, fût-ce par la force. Une modification de détail y fut seule apportée : le gouvernement se chargea de faire rétablir lui-même dans la grotte de Bethléem l'étoile d'argent qui en était disparue. L'irritation des schismatiques ne connut plus de bornes, ils en appelèrent hautement au czar de la décision du gouvernement turc. Ce fut sur ces entrefaites que fut annoncée l'arrivée prochaine à Constantinople d'un ambassadeur extraordinaire de la cour de Russie: l'amiral prince Menschikoff avait reçu cette mission.

La cour de Saint-Pétersbourg, si riche en diplomates habiles, ne pouvait offrir au choix de l'empereur Nicolas un envoyé dont le caractère répondît mieux à celui qu'il voulait imprimer à cette ambassade. Doué d'une intelligence vive et féconde, aucun incident ne saurait prendre cet esprit alerte au dépourvu ; quelque inopiné que soit un changement dans les résolutions, un revirement dans les prévisions et dans les faits, il trouve toujours un expédient, sinon une satisfaction ; un palliatif, sinon un remède ; toujours une réponse: argument ou sophisme. Tempérament bouillant, caractère emporté, il a puisé dans l'habitude des cours un pouvoir sur lui-même qui, en comprimant sa nature, la fait éclater en mille contrastes : c'est l'arrogance la plus brusque succédant tout à coup à l'aménité des formes les plus courtoises ; c'est le sarcasme incisif et brûlant jaillissant de la sérénité d'une conversation tout attique. Sa constitution physique offre avec sa physionomie morale une correspondance frappante: sa tête haute qu'il porte habituellement avec une raideur nerveuse, son front osseux et découvert, révèlent aussi positivement son caractère superbe et résolu, que l'éclat de son regard et l'accentuation de ses traits, la vivacité de son esprit; il suffit, au reste, de le voir pour reconnaître en lui le grand seigneur. L'âge, en répandant sa poudre sur ses cheveux moins abondants, n'a fait, en l'adoucissant, que jeter plus de distinction sur cette figure intelligente et passionnée.

Tout fut calculé pour donner une signification comminatoire à sa mission ; un nombreux personnel exclusivement militaire fut attaché à sa personne. Au lieu de se diriger directement vers Constantinople, il se rendit à Sébastopol, où il passa bruyamment en revue l'armée et la flotte : l'armée forte de trente mille soldats, menace permanente contre la Turquie, et la flotte composée de seize vaisseaux prêts à prendre à leurs bords les troupes d'invasion. Ce fut le vapeur de guerre le *Foudroyant* qui le reçut avec sa suite, et le transporta à Constantinople, où la légation russe lui avait préparé une réception triomphale. Il y arriva le 28 février. Huit ou dix mille Grecs, conduits par d'adroites excitations, l'attendaient avec tout le personnel de l'ambassade, venu le recevoir au débarcadère de Top-Hane. Il mit pied à terre aux acclamations de cette foule, saluant en lui le vengeur de l'orthodoxie outragée ; puis, accompagné du prince Galitzin, aide de camp de l'empereur, et du comte Demitri de Nesselrode, fils du grand chancelier de Russie, il s'avança vers son hôtel, traînant à sa suite ce tumultueux cortége.

Cette arrivée bruyante eut tout l'effet que s'en était proposé la Russie. La population musulmane, inquiétée par tous ces bruits de flotte et d'armée, inquiétée par les exagérations des Grecs qui représentaient le czar comme pouvant jeter sur les champs de bataille douze cent mille hommes à la fois, attendit dans une anxiété profonde ce qui allait sortir de cette éventualité menaçante; et comme si ce n'était pas assez de ces démonstrations imposantes, les nouvelles de Moldavie annoncèrent que deux corps d'armée se concentraient sur le Pruth.

Dès le lendemain, le nouvel ambassadeur envoya ses lettres de créance au ministre des affaires étrangères Fuad-Effendi. Il se rendit le 2 mars à la Porte, où il avait demandé une audience au grand vizir. Tendant à lui manifester le mécontentement de son maître, par sa tenue aussi bien que par ses paroles, il s'y rendit en vêtements civils, d'un négligé dépassant la simplicité d'un costume de ville : en chapeau rond, en paletot, sans insignes, rubans ni croix. Le vizir ne voulut voir en lui que le représentant d'une puissance alliée, et, affectant de ne pas s'apercevoir de cette violation flagrante de tous les usages, il s'efforça de mettre dans ses paroles autant d'urbanité que son illustre visiteur affectait de rudesse.

Cette première conférence ne dura que quelques instants. Le prince, se disposant à retourner à son hôtel, l'introducteur des ambassadeurs lui fit l'observation qu'il était de tradition diplomatique qu'après la visite faite au grand vizir, tout ambassadeur se rendît chez le ministre des relations extérieures.

« Je n'ai pas de visite à faire à Fuad-Effendi ! — répondit-il d'une voix élevée : — c'est à ses manques de foi que sont dues les difficultés que je viens terminer dans cette capitale. Je ne veux avoir aucun rapport avec lui. »

Ce refus était d'autant plus grave, que ces paroles eurent pour auditeurs plusieurs hauts fonctionnaires et tout un poste de soldats. Fuad-Effendi apprit ce procédé significatif dans les appartements de son ministère, où il attendait le prince, au milieu du personnel de son administration et avec tout le cérémonial d'usage. Il sentit qu'un ministre du sultan ne pouvait rester sous le coup d'une pareille injure ; ne voulant pas compliquer de difficultés nouvelles la situation déjà si critique, il donna immédiatement sa démission.

Fuad-Effendi était un des fonctionnaires les plus habiles et les plus instruits qui se trouvassent à la tête du mouvement régénérateur de l'islamisme. Fils du célèbre uléma Izzet-Mola que la Turquie compte au nombre de ses meilleurs poëtes, il était lui-même doué d'un talent poétique qui lui avait obtenu ses premiers succès. Ayant donné à son intelligence une application plus pratique, il s'était fait une rapide carrière dans la diplomatie. Il était en 1845 premier drogman de la Porte à Paris. M. le duc de Montpensier, l'ayant connu dans ce poste, avait conçu pour lui une si profonde estime qu'il lui avait fait obtenir le sautoir de commandeur de la Légion d'honneur. Employé successivement dans diverses missions, en Espagne, en Egypte et en Russie, il y avait acquis une expérience des hommes et des choses qui l'avait placé au niveau des diplomates européens les plus renommés.

La protection qu'il avait donnée aux droits des catholiques dans la question des lieux saints n'était pas le seul grief qui animât contre lui le prince Menschikoff ; il lui pardonnait bien moins encore l'opinion défavorable aux ressources de la Russie et aux forces du czar, qu'il avait rapportée de sa mission à Saint-Pétersbourg et qu'il faisait souvent prévaloir dans les conseils du divan. Sa démission fut un triomphe pour le nouvel ambassadeur. La remise de son portefeuille à Rifaat-Pacha, esprit droit, mais diplomate inexpérimenté, lui sembla le complément heureux de ce changement ministériel. Après avoir noué divers rapports pour appuyer ses négociations, il fit remettre au ministre des affaires étrangères une note explicative des plaintes de la Russie et des réparations qu'elle réclamait. Cette note s'efforçait surtout de dissimuler sous des assurances de modération et dans des déclarations de dévouement et d'intérêt, ce qu'elle avait d'attentatoire à la souveraineté du sultan et à l'indépendance de sa couronne.

Elle révéla à la Porte toute l'étendue du danger. Les ambassadeurs de France et d'Angleterre n'étaient pas à Constantinople. Le grand vizir fit appeler au divan les chargés d'affaire, faisant l'intérim ; ceux-ci, après avoir pris communication de la note russe dont la conduite du prince accusait toute la gravité, n'osèrent assumer la responsabilité d'un avis et offrirent d'envoyer des courriers à leurs gouvernements. « Avant que les réponses soient arrivées,—s'écria le séraskier,— la Turquie sera perdue ! »

Le chargé d'affaires anglais se détermina, sur l'insistance du ministère ottoman, à envoyer un bateau à vapeur à l'amiral Dundas, commandant l'escadre britannique en station à Malte, pour lui exposer les dangers de la situation et l'urgence de son arrivée dans le Bosphore.

Le divan, de son côté s'occupa de faire tête au péril ; il déjoua l'adroite combinaison de la chancellerie russe avec une sûreté de jugement et une fermeté de conduite qui lui conquirent, dans ces circonstances difficiles, l'estime et les sympathies de toute l'Europe indépendante : la note suivante, dont la modération relève encore la dignité, est un des monuments de cette habileté diplomatique :

« La Porte est constamment animée du désir de maintenir et de dévelop-
« per la paix et la bonne harmonie qui existent entre elle et la Russie, et le
« sultan n'a pas de plus grand désir que de fortifier les liens d'amitié et d'al-
« liance qui l'attachent personnellement au czar. Disposée qu'elle est à ac-
« cueillir favorablement les demandes du prince Menschikoff qui ne mettent
« pas en péril sa dignité et son indépendance, la Porte est prête à accorder,
« après négociation complète à ce sujet avec l'ambassadeur de Russie, l'érec-
« tion à Jérusalem d'une église et d'un hospice russes, se réservant le privi-
« lége de donner plus tard, s'il est nécessaire, une réponse au prince Mens-
« chikoff sur les propositions contenues dans la note annexée.

« La Porte prie, en attendant, le prince de prêter son attention aux consi-
« dérations suivantes : les priviléges accordés par le sultan à toutes les
« communautés chrétiennes, sont et demeurent en pleine vigueur, et il n'est
« jamais entré dans l'esprit du sultan de les changer en la moindre de leurs
« concessions et immunités. La Russie cependant paraît avoir conçu des dou-
« tes à cet égard.

« La Porte s'empresse de lui donner toute assurance, en lui déclarant so-
« lennellement, en face du monde entier, que les priviléges religieux des
« sujets ottomans chrétiens, et particulièrement de ceux appartenant à l'Église
« grecque, seront à jamais scrupuleusement observés et garantis de toute
« injure. Quant à conclure un traité avec la Russie à ce sujet, la Porte ne
« pourrait jamais y consentir, sans compromettre les principes fondamentaux
« de son indépendance et de sa souveraineté ; et, quels que soient les liens d'a-
« mitié qui existent entre les deux gouvernements, cette amitié ne peut jamais
« lui imposer un si grand sacrifice. Elle se trouve ainsi obligée de décliner la
« proposition qui lui a été faite par l'empereur de Russie de conclure avec
« lui une convention qui lui imposerait de tels liens.

« La Porte s'en remet à l'opinion publique du monde entier, qui ne pour-
« rait que condamner une telle violation de son indépendance et de ses droits

« comme nation ; elle en appelle à la justice et à la loyauté de l'empereur lui-
« même.
« Signé RIFAAT-PACHA. »

Cette note était franche et précise. Le ministère ottoman, sans discuter les points secondaires, sans marchander les concessions que le padischah entendait faire dans la plénitude de sa souveraineté, accordait les priviléges demandés, mais posait avec la même netteté la ligne que son honneur lui défendait de franchir. Faire de ces priviléges l'objet d'un traité avec la Russie, n'eût-ce pas été, en effet, lui constituer une sorte de suzeraineté dans les États ottomans dont elle eût pu dès lors, sur un point du moins, contrôler l'administration intérieure? La Turquie ne pouvait, d'un autre côté, obtempérer à des demandes qui eussent entraîné la révocation des priviléges concédés aux catholiques, sur l'intervention de la France, dont les droits séculaires étaient déjà menacés par la dernière solution.

Cependant, le gouvernement français, sur la dépêche de son chargé d'affaires, lui annonçant l'arrivée du prince Menschikoff à Constantinople, le caractère de sa mission et la demande de concours effectif adressée par le divan à la France et à l'Angleterre, ainsi que l'envoi fait par le colonel Rose à l'amiral Dundas d'un aviso lui transmettant les réquisitions de la Turquie et l'appel de la flotte britannique dans la mer de Marmara, n'avait pas hésité à donner l'ordre à l'amiral de La Susse de se porter dans la mer Égée avec l'escadre française, alors mouillée aux îles d'Hyères, et d'y concerter avec l'amiral Dundas leurs mouvements ultérieurs.

M. de La Susse détacha aussitôt un bateau à vapeur chargé d'aller prendre à Malte des informations sur le départ et la destination de la flotte anglaise, et se dirigea peu après, avec son escadre, vers l'archipel où ce bâtiment devait rallier son pavillon. Il y arriva presque en même temps que nos vaisseaux. La flotte anglaise était toujours à Malte ; son amiral n'avait pas cru devoir obtempérer aux réquisitions de la Porte ni à l'invitation du chargé d'affaires britannique, avant d'avoir reçu des instructions de Londres ; ces instructions étaient demandées, il les attendait. L'amiral français se vit ainsi dans la nécessité de réclamer lui-même de nouveaux ordres.

Le gouvernement anglais avait approuvé la réserve de lord Dundas. Les vives représentations du gouvernement français ne purent l'entraîner à envoyer les deux escadres dans les eaux de Ténédos, où, en restant strictement dans la lettre des traités, elles pouvaient peser sur les négociations de tout le poids que la force donne à la justice, et, le cas échéant, dominer les éventualités dont la mission du prince Menschikoff semblait être la menace. Le cabinet de Saint-James répondait que rien jusqu'alors, dans les propositions de la Russie, ne semblait de nature à rompre l'équilibre international des puissances européennes ; que le conflit engagé devant la Porte Ottomane se renfermait dans le cercle étroit d'intérêts religieux d'un ordre secondaire ; qu'il ne fallait pas s'exposer, par une mesure imprudente, à l'en faire sortir ; que la Russie pourrait, à bon droit, se sentir blessée d'une démarche collective dont le but manifeste serait d'étendre une ombre d'intimidation sur les négociations qu'elle poursuivait; qu'on passionnerait ainsi ses prétentions au lieu de les calmer; qu'il était plus prudent et plus sûr d'intervenir par la persuasion que par la menace. Conséquent avec ses paroles, le gouvernement anglais avait précipité le départ pour Constantinople de lord Strafford Redcliffe, son ambassadeur auprès de la Porte. Le gouvernement français ne put que hâter lui-même le départ de son ambassadeur, M. de Lacour, et envoyer au vice-amiral de La Susse l'ordre d'attendre, sur le mouillage de Salamine, que le développement des événements rendît utile l'emploi de ses forces.

De son côté, le ministère turc, bien résolu à se maintenir strictement dans les limites de sa dernière note qui étaient celles que lui traçait l'honneur musulman, voulut imposer à sa décision une nécessité nouvelle : il ordonna de préparer, secrètement et en toute hâte, les firmans qui devaient transmettre la décision précédemment prise aux deux puissances intéressées. Ils furent adressés aux chancelleries des deux ambassades le 5 mai. Par cette remise, la France et la Russie étaient prévenues officiellement que la question était close ; le divan pensa avoir échappé par cet expédient au réseau de difficultés dans lequel le tenait enveloppé toute cette diplomatie menaçante ; il ne tarda pas à reconnaître qu'il n'avait fait que le resserrer ; le jour même, il reçut de l'ambassade russe une nouvelle note et un projet de sened évidemment préparés d'avance. Ces deux documents changeaient complétement la face des choses; on ne réclamait plus, on ne discutait plus ; on imposait. Un délai de cinq jours était à peine accordé au sultan pour signer l'abandon de ses droits et consacrer cet abandon par la solennité d'un traité. Cet ultimatum se terminait en effet par ces mots : « L'ambassadeur se flatte que désormais la juste attente de son auguste maître ne sera pas trompée, et que, mettant de côté toute hésitation et toute défiance dont sa dignité et ses sentiments généreux auraient à souffrir, la Sublime Porte ne tardera pas à transmettre à l'ambassadeur impérial les décisions souveraines de Sa Majesté le sultan en réponse à la présente notification.

« C'est dans cette espérance que l'ambassadeur prie S. Exc. Rifaat-Pacha de vouloir bien lui faire parvenir cette réponse jusqu'à mardi prochain, 10 mai (1) : *il ne pourrait considérer un plus long délai que comme un manque de procédés envers son gouvernement, ce qui lui imposerait* LES PLUS PÉNIBLES OBLIGATIONS. »

Cette communication jeta la consternation dans le conseil. Rifaat-Pacha se hâta de la porter à la connaissance des ambassades française et britannique. Elle ne parvint pas encore à éclairer lord Redcliffe, qui s'obstina à ne voir, dans les termes impérieux de la note et dans les stipulations du sened exigé, que le simple incident d'une question secondaire et spéciale, sans action directe sur l'équilibre des intérêts européens. L'ambassade de France, à qui ses instructions recommandaient strictement de ne pas se compromettre isolément

---

(1) Nous avons ramené la date du calendrier russe à celle de la supputation grégorienne. Nous suivrons constamment cette marche, indispensable pour la clarté du récit.

dans cette grave question, dut subordonner sa décision à celle de la chancellerie anglaise. Ces notes furent cependant transmises par courrier exprès aux cabinets de Paris et de Londres pour obtenir leurs décisions.

Le ministère ottoman, ainsi livré à lui-même, ne put prendre sous sa responsabilité de conseiller au sultan l'acceptation d'un traité qu'il avait déclaré et qu'il jugeait encore destructeur de sa souveraineté. Il donna sa démission en masse, pour que son jeune souverain n'adoptât une détermination, dans une occurrence aussi critique, qu'après s'être éclairé des lumières d'un autre divan, libre de tout antécédent qui pût dominer ses conseils. Mustapha-Pacha fut grand vizir dans le ministère qu'Abdul-Médjid appela à recueillir cet héritage dangereux. Ce choix était excellent ; son principal avantage était de donner au nouveau divan l'autorité d'un caractère universellement respecté, autorité s'étendant à la grave détermination qui allait être adoptée.

Mustapha-Pacha était un des plus beaux types sortis des mœurs musulmanes ; grave dans son extérieur, circonspect dans ses paroles, s'il ne pouvait apporter dans un conseil ce prestige de l'élocution qui séduit et entraîne, il était sûr d'y exercer ce pouvoir de la raison qui, appuyé par une austère et calme fermeté, finit toujours par imposer ses décisions aux esprits droits. La fermeté s'alliait d'ailleurs en lui à une grande modération et à une extrême douceur. Nommé gouverneur de Candie par Méhémet-Ali, dont un des grands talents était celui de bien juger les hommes, il avait déployé tant de prudence dans ce poste difficile que, sans blesser en rien les susceptibilités musulmanes, il s'y était fait estimer et aimer des chrétiens dont, lors de sa révocation, il emporta les regrets universels. Mahométan sincère, et à ce titre cher au vieux parti turc, il n'était point cependant opposé au hatti-schériff de Gulhané, dont Candie lui avait vu d'avance pratiquer les principes. Rechid-Pacha, caractère ardent, mais intelligence élevée, reçut le portefeuille des relations extérieures.

Cette crise ministérielle entraîna la prolongation du temps fixé par l'ultimatum russe. Le prince Menschikoff sembla d'abord reconnaître la nécessité d'un sursis. Les délais impartis expiraient le 10 mai ; le nouveau conseil ne fut constitué que le 13. Rechid écrivit, le 15, au prince Menschikoff, pour l'informer que à raison même de la vive sollicitude du sultan pour le maintien des relations amicales entre sa cour et celle de Russie, il était nécessaire qu'un temps plus long que cinq jours fût accordé au nouveau ministère, ayant à prendre connaissance d'une affaire aussi délicate et aussi chargée d'incidents que celle soumise à ses délibérations.

La réponse de l'ambassadeur russe fut d'une raideur équivalant à une rupture. Il déclarait au ministre ottoman, dans cette dépêche datée du 18 mai, qu'il ne pouvait voir, dans la demande d'ajournement réclamé, qu'un nouveau moyen dilatoire incapable de modifier en rien sa détermination ; que l'ensemble des communications de la Sublime Porte l'avait convaincu de l'inutilité de ses propres efforts pour atteindre une solution des difficultés conforme à la dignité de son maître ; qu'il considérait donc sa mission comme terminée.

Il ajoutait que la cour impériale de Russie ne pourrait, sans déroger à son honneur et sans s'exposer à de nouvelles insultes, continuer à conserver une légation à Constantinople et maintenir sur l'ancien pied ses relations diplomatiques avec le gouvernement turc; qu'en conséquence, en vertu des pleins pouvoirs dont il était porteur, il quitterait Constantinople, emmenant avec lui tout le personnel de la légation impériale, à l'exception du directeur de la chancellerie commerciale, qui continuerait d'administrer les affaires de commerce et de navigation.....

Cette lettre, habilement contenue jusqu'alors dans des termes qui pouvaient jusqu'à un certain point laisser ses illusions à l'ambassadeur anglais, se terminait par une formelle révélation de toute la portée attachée par la diplomatie russe au traité qu'elle exigeait. Après avoir énoncé que le refus de garantie pour le culte gréco-russe imposait au czar la nécessité de chercher cette garantie dans son propre pouvoir; il déclarait que « toute tentative par le gouvernement ottoman contre le *statu quo* de l'Église orientale serait regardée par l'empereur comme l'équivalent d'une infraction à l'esprit et à la lettre des stipulations existantes, et comme un acte d'hostilité envers la Russie. »

C'était un moment solennel pour la Turquie; c'était une question de dignité qu'elle avait à résoudre; mais cette question de dignité pouvait être aussi une question d'existence. Le divan le comprit; aussi songea-t-il à imprimer à sa résolution un caractère à la fois religieux et national. Un conseil extraordinaire fut convoqué : les plus hauts dignitaires religieux et les principaux fonctionnaires de l'État y furent appelés. Le jeune sultan, dont l'air mélancolique n'avait pas encore laissé percer la volonté puissante, le présida en personne. La délibération, grave comme les circonstances, fut, dans son calme, passionnée comme elles. On vota : quarante-cinq membres étaient présents; les propositions de la Russie furent repoussées par quarante-trois voix. L'avis en fut donné, le 18, aux ambassades de France et d'Angleterre. Rechid-Pacha se rendit lui-même à l'hôtel du prince pour lui apprendre cette résolution, en lui déclarant que le divan ne négligerait aucun moyen d'en adoucir la teneur, soit par les expressions, soit par les concessions accessoires qui pouvaient donner satisfaction aux vœux du cabinet russe.

L'ambassadeur extraordinaire resta inflexible dans les résolutions exprimées par son ultimatum. L'intervention des ambassadeurs de France, d'Angleterre, de Prusse et d'Autriche, ne put même lui faire ajourner son départ. Cette inflexibilité n'avait pas cependant été telle que ce diplomate n'eût fait toutes les démarches et consenti toutes les modifications qui pouvaient conduire au résultat capital de sa mission. Ainsi, il n'avait négligé aucun ressort, aucun mode d'influence : notabilités ottomanes et ambassades étrangères avaient constamment agi, et souvent même intrigué sous ses inspirations. Lui-même avait successivement abaissé ses prétentions d'un traité à un sened, et enfin d'un sened à une simple note dont il avait remis secrètement le projet à Rechid-Pacha. Le point capital, dans sa pensée, était d'obtenir pour le czar un acte qui lui donnât le droit d'ingérence dans les affaires intérieures de la Turquie : c'eût été en effet un coup mortel porté à cet empire, cette invasion de son administration pouvant toujours amener celle de ses provinces. Il lui restait un dernier espoir : il devait, avant de partir, avoir encore une conférence avec les ministres; cette conférence était fixée au 20, et devait se tenir dans le sérail d'été, situé sur la rive méridionale du Bosphore. Il s'y rendait, lorsque, se ravisant subitement, il préfère avoir d'abord une entrevue avec le sultan; son projet est aussitôt arrêté ; il donne des ordres en conséquence; le steamer, précipitant sa marche, passe à toute vapeur sous le palais où l'attendaient les ministres, et se dirige vers la résidence impériale.

C'était une si complète violation des usages, dans cet Orient où la vie privée se voile de mystère et où la royauté s'est toujours entourée d'un cérémonial presque religieux, qu'elle porta la confusion dans le palais. On prévient le sultan avec trouble et effroi... Surpris, il réfléchit un instant, puis il répond :

« C'est bien !... Annoncez au prince que je vais le recevoir. Il est bon, ajouta-t-il avec un demi-sourire si rare sur ses lèvres, qu'il apprenne de ma bouche que mes ministres n'ont été que les organes de mes inébranlables résolutions. »

Ce fut le lendemain que M. le prince de Menschikoff s'embarqua avec sa suite, grossie du personnel de la légation russe, en laissant pour dernier acte de son ambassade cette protestation étrange :

« Buyukderé, 21 mai 1853.

« Au moment de quitter Constantinople, le soussigné, ambassadeur extraordinaire de S. M. l'empereur de toutes les Russies, a appris que la Sublime Porte manifestait l'intention de proclamer une garantie pour l'exercice des droits spirituels dont se trouve investi le clergé de l'Église d'Orient, ce qui de fait rendrait douteux le maintien des autres privilèges dont il jouit.

« Quel que puisse être le motif de cette détermination, le soussigné se trouve dans l'obligation de faire connaître à Son Exc. le ministre des affaires étrangères qu'une déclaration ou tout autre acte qui tendrait, tout en maintenant l'intégrité des droits purement spirituels de l'Église orthodoxe d'Orient, à invalider les autres droits, privilèges et immunités accordés au culte orthodoxe et à son clergé depuis les temps les plus anciens, et dont ils jouissent actuellement, serait considérée par le cabinet impérial comme un acte hostile à la Russie et à sa religion. »

« *Signé* : MENSCHIKOFF. »

Lord Strattford Redcliffe était resté jusqu'alors sous l'illusion dont l'avaient bercé les déclarations et les promesses du prince Menschikoff et des autres diplomates russes. Ce dénoûment porta enfin la lumière dans son esprit. Il ne douta plus que la question des lieux saints ne fût simplement pour la Russie le prétexte d'une rupture qui donnât l'essor à sa politique traditionnelle, politique qui pouvait conduire ses aigles vers le Bosphore. Il s'agissait bien de

Jérusalem et de Bethléem !... c'était Constantinople qui était menacée, et Constantinople, c'étaient les Indes. La question n'était plus seulement française, elle était aussi britannique. Les instructions qu'il venait de recevoir du cabinet de Saint-James confirmaient ses appréciations : le ministère anglais jugeait la conduite de la Russie avec une extrême sévérité, et le prévenait que l'ordre était envoyé à l'amiral Dundas de mettre la flotte britannique à sa disposition, sur son premier appel.

Le revirement de lord Redcliffe fut complet : autant il avait mis de froideur et de répugnance à s'interposer entre la Russie et l'empire ottoman, dans ce qui n'était pour lui qu'un frivole conflit de rivalités cléricales, autant il apporta de résolution et d'ardeur dans les mesures à prendre pour s'opposer aux projets ambitieux de ce moscovisme conquérant. Il insista auprès de M. de Latour sur la nécessité de l'appel immédiat des flottes française et britannique à l'ouvert du Bosphore. Des steamers furent aussitôt expédiés aux deux amiraux. Le message de l'ambassadeur anglais était si pressant, que l'amiral Dundas dut renoncer à compléter ses approvisionnements et appareiller en toute hâte. L'amiral de la Susse, sur l'esprit duquel avaient réagi les hésitations de la diplomatie, ne mit point la même précipitation à obéir à l'appel de l'ambassadeur français : aussi l'escadre britannique précéda-t-elle la sienne de vingt-quatre heures sur le mouillage de Besika, petite baie de la côte d'Asie, à la hauteur de Ténédos. Ce retard fit-il perdre à l'amiral français la confiance de son gouvernement, ou son remplacement fut-il seulement déterminé par des considérations ou des convenances administratives ? La cause en est restée inconnue ; mais l'amiral Hamelin fut appelé, par un décret du mois de juin même, à le remplacer dans le commandement de notre escadre orientale.

Les pavillons français et anglais flottaient en vue des Dardanelles ; mais cette démonstration énergique sembla avoir épuisé la vigueur et la résolution de la diplomatie ; on eût dit qu'elle avait peur de son courage ; habituée à ménager toutes les ombrageuses susceptibilités de la chancellerie russe, elle eut hâte de faire oublier cet acte de virilité, en provoquant l'ouverture de négociations nouvelles. Elle se flatta d'abord que le prince Menschikoff avait excédé ses pouvoirs ; elle voulut voir dans la rudesse de ses procédés et la brusquerie de la rupture, plutôt les impétuosités de son caractère arrogant que l'application de ses instructions diplomatiques. Un désaveu de sa cour était possible. Elle crut même l'avoir assuré ; d'abord, en faisant concéder spontanément par Abdul-Médjid les priviléges et garanties réclamés par la Russie en faveur de l'Eglise grecque, ce qui rendait sans objet le *sened* réclamé par l'ambassadeur du czar ; et ensuite, en faisant accepter ces garanties et ces priviléges par l'Eglise grecque elle-même. Docile à ces conseils, le sultan édicta, dans les premiers jours de juin, le firman suivant :

« Ceci est le commandement adressé au moine Germanos, le patriarche grec de Constantinople, et à ceux qui dépendent de lui.

« Le Dieu tout-puissant, souverain dispensateur des grâces, après avoir, par sa divine assistance et sa volonté éternelle, élevé ma personne impériale au rang suprême de sultan et à la glorieuse dignité de prince et de calife, a placé sous la juste autorité de mon califat, comme un dépôt particulier et sacré, un grand nombre de pays et de contrées et beaucoup de nations et de populations diverses.

« Depuis mon heureux avénement au trône, mon gouvernement impérial, se ralliant à mes intentions sincèrement bienveillantes et à mes vœux réels, et remplissant les devoirs impérieux de la royauté et de la souveraineté, aussi bien que les saintes obligations du califat, n'a pas cessé, avec l'assistance de la faveur divine et les grâces du Tout-Puissant, d'appliquer ses soins les plus actifs et ses efforts les plus persistants à assurer aux sujets de toutes les classes une protection entièrement efficace, et à leur garantir avant tout la jouissance complète des priviléges dont ils ont été investis de tous les temps pour l'exercice de leur culte et l'administration de leurs intérêts ecclésiastiques. Aussi les heureux effets et les résultats salutaires de cette ligne de conduite ne cessent-ils de se manifester au monde.

« Le plus cher de mes vœux étant de faire disparaître complètement certains abus que la négligence et la paresse ont peu à peu enracinés et d'en éviter le retour pour l'avenir, je veux et je désire vivement préserver, dans toutes les circonstances, de toute atteinte les priviléges particuliers que nos glorieux prédécesseurs ont octroyés aux ecclésiastiques de ceux de mes fidèles sujets qui professent la religion grecque, priviléges qui leur ont été conservés et sanctionnés par ma personne impériale; conserver intacts les églises et couvents grecs situés dans mes Etats, avec les biens, immeubles et institutions ecclésiastiques qui en dépendent; garantir le maintien des droits et des immunités dont jouissent ces objets sacrés et leur clergé; en un mot, maintenir les priviléges et les concessions de ce genre formulés dans les *berats* des patriarches et des métropolitains qui contiennent les anciennes conditions de leur investiture.

« C'est pourquoi est publié un ordre péremptoire et souverain, aux termes duquel doivent être répétées et proclamées de nouveau mes intentions impériales à cet égard. Qu'on se garde de porter la moindre atteinte à l'état de choses défini plus haut, et qu'on sache que ceux qui contreviendraient à mon commandement s'exposeraient à ressentir les effets de ma colère impériale.

« Cet ordre est porté à la connaissance des autorités compétentes afin de leur enlever tout moyen d'excuse pour le cas où la moindre négligence à cet égard pourrait leur être reprochée.

« Et c'est pour manifester de nouveau ma haute volonté impériale, en ce qui touche la complète et efficace exécution des ordres qui précèdent, que le présent firman est délivré par mon divan impérial.

« Toi donc, qui es le patriarche susmentionné, quand tu en auras eu connaissance, tu agiras constamment conformément aux prescriptions de ce firman; tu éviteras de l'enfreindre, et si quelque chose arrive de contraire aux résolutions catégoriques qui y sont exprimées, tu t'empresseras de le porter à la connaissance de la Sublime Porte. Sache-le, et aie foi dans cet auguste seing.

« Donné dans la dernière décade du mois de scheban 1269 (fin de mai et commencement de juin 1853). »

L'enthousiasme avec lequel les populations grecques de l'empire ottoman accueillirent cette nouvelle charte de leurs droits rendit facile le succès de la seconde partie de la combinaison projetée par les ambassadeurs français et britannique. Tous les chrétiens grecs, et particulièrement ceux revêtus de dignités sacerdotales, prévinrent la demande d'adhésion que l'on eût sollicitée d'eux ; comme ces concessions de droits et d'immunités avaient toujours été suivies d'adresses où les bénéficiaires offraient au sultan leur respectueuse reconnaissance, les chrétiens grecs, espérant d'ailleurs assurer, en l'acceptant, l'irrévocabilité du firman, se hâtèrent de faire parvenir à leur jeune souverain l'assurance de leur profonde gratitude et de leur fidélité dévouée.

Voici l'adresse dans laquelle ils déposèrent l'expression de ces sentiments :

ADRESSE DES PATRIARCHES, MÉTROPOLITAINS, ÉVÊQUES ET CHEFS DE CORPORATIONS GRECQUES AU GRAND VIZIR.

« Les patriarches grecs de Constantinople et de Jérusalem, les métropolitains et les évêques de premier ordre, les notables de la nation et les chefs de la corporation, sujets de la Sublime Porte, soumettent la présente adresse au pied du trône sublime plein de justice, et du seuil impérial et miséricordieux (qu'il soit conservé jusqu'à la fin du monde!).

« Notre humble nation, qui se glorifie de sa fidèle sujétion et soumission au gouvernement impérial (d'éternelle durée) de S. M. le sultan, notre maître bienfaisant, ayant convoqué un conseil général à notre patriarcat, à l'occasion de la lecture (en présence de vos serviteurs les métropolitains, les notables de la nation et les chefs de diverses corporations qui se trouvaient à Constantinople) du firman impérial, revêtu du hatti-schérif de S. M. notre très-auguste souverain, et émané dernièrement au nom de notre patriarche, votre serviteur, dans le but de confirmer les conditions particulières, priviléges spirituels et concessions accordés par les grands sultans et empereurs (de glorieuse mémoire), et que S. M. I., notre auguste maître et bienfaiteur, s'est plu à maintenir depuis qu'elle a commencé à faire briller sa justice du sommet du trône majestueux du sultanat, d'éviter les abus qui auront eu lieu par suite de quelque négligence ou inattention, de conserver en tous temps intacts et d'exécuter entièrement et exactement les immunités et les droits particuliers des églises, monastères et des terres, propriétés et autres endroits et sanctuaires qui en dépendent, enfin les priviléges et immunités contenus dans les *berats* relatifs aux anciennes concessions et donnés au patriarche actuel, aux métropolitains et archevêques, les soussignés, sujets fidèles, furent comblés d'une joie infinie et d'une reconnaissance éternelle. Il est hors du cercle de la possibilité de faire en actes ou en paroles les remercîments dus pour une seule des bontés, priviléges et concessions accordés à notre humble nation d'une manière propre à attirer la jalousie des autres nations et faire la gloire de la nôtre, suivant la miséricorde ordinaire de S. M. I. le très-auguste et très-puissant sultan, miséricordieux envers tous, loué pour ses actions, bienfaiteur du monde, notre bienfaiteur particulier, ornement de la couronne des sultans, et faisant l'admiration des souverains du temps et de la terre par ses bontés et par ses perfections.

« Tout le monde connaît que la sûreté et la tranquillité de tous les sujets sont parfaites, grâce à la protection pleine de justice du gouvernement impérial, auquel est confié, comme un gage divin, le bien-être et le contentement de tous les habitants des États impériaux. Ainsi, notre nation considère comme le premier de ses devoirs de religion et de loi, de rester, de tout son cœur et de toute son âme, constante à jamais dans sa sujétion et sa soumission au gouvernement impérial et de verser jusqu'à la dernière goutte de son sang pour l'auguste personne de S. M. I., et elle fait des prières ardentes à Dieu tout-puissant, nuit et jour, avec ses enfants et ses familles, la tête découverte et versant des larmes, pour qu'il préserve l'auguste personne de S. M. notre magnanime souverain sur le trône du sultanat (d'éternelle durée) en bonne santé et pour de longues années, et qu'il conserve les ministres du gouvernement impérial, qui sont l'intermédiaire de tant de bontés impériales, dans l'honneur et la gloire, sous la gracieuse bienveillance de S. M. I. Nous prions Votre Altesse de vouloir bien prendre connaissance de la présente adresse, et de soumettre au pied du trône du très-auguste sultan, ombre divine, notre parfaite reconnaissance, notre joie et nos remerciments sincères. »

La diplomatie fut encore une fois le jouet de ses illusions. Une lettre de M. le comte de Nesselrode à Rechid-Pacha vint bientôt dissiper ses espérances. La conduite du prince Menschikoff y recevait le complet assentiment de l'empereur : « C'est après un séjour infructueux de trois mois, y déclarait le chef de la chancellerie russe, après avoir épuisé de vive voix et par écrit tout ce que la vérité, la bienveillance et l'esprit de conciliation pouvaient lui dicter ; c'est enfin après avoir cherché à ménager tous les scrupules de la Porte par des modifications successives, auxquelles il avait consenti dans les termes et la forme des garanties qu'il était chargé de demander, que le prince Menschikoff a dû adopter la détermination que l'empereur apprend avec peine, *mais que S. M. n'a pu qu'approuver pleinement.*

Là ne s'arrêtait pas cette dépêche : érigeant la résistance du divan aux réclamations de la Russie en offense grave à l'empereur, elle continuait : « La dignité de S. M., les intérêts de son empire, la voix de sa conscience ne lui permettent pas d'accepter des procédés pareils en retour de tous ceux qu'elle a eus et qu'elle désire encore avoir pour la Turquie. Elle doit chercher à en obtenir la réparation, et à se prémunir contre leur renouvellement à l'avenir. Dans quelques semaines, les troupes recevront ordre de passer les frontières de l'empire, non pas pour faire la guerre, qu'il répugne à S. M. d'entreprendre contre un souverain qu'elle s'est toujours plu à regarder comme un allié sincère, mais pour avoir des garanties matérielles jusqu'au moment où, ramené à des sentiments plus équitables, le gouvernement ottoman donnera à la Russie des sûretés morales qu'elle a demandées en vain depuis deux ans, par ses représentants à Constantinople, et, en dernier lieu, par son ambassadeur. »

Quant aux libertés et priviléges accordés à la communion grecque par le dernier firman, on affectait de les regarder comme révocables, partant comme illusoires, dès qu'ils n'avaient pas reçu la sanction d'un acte synallagmatique.

Ce fut, au reste, la prétention que M. le comte de Nesselrode émit et soutint devant l'Europe diplomatique par la première circulaire adressée aux agents de la chancellerie russe dans les divers Etats où elle était représentée. Obtenir une satisfaction à ses réclamations, n'était pas tout pour le czar, d'après ce *mémorandum*, dans lequel il avouait que cette satisfaction lui avait été accordée. « Sans un acte qui validât cet arrangement, disait l'illustre diplomate, sans un acte qui offrît à la Russie la garantie que les nouveaux firmans seraient à l'avenir exécutés et religieusement observés, dans leur principe et leurs conséquences, il était évident que ces documents, après la flagrante violation de celui qui les avait précédés, ne pouvaient avoir aux yeux du gouvernement du czar plus de valeur réelle que celui-ci. Cette garantie, l'empereur y attachait d'autant plus d'importance, poursuivait-il, qu'elle constituait au fond la seule et unique réparation qu'il demandât, après l'outrage fait à sa dignité par le manque de foi de la Porte Ottomane, après surtout les circonstances qui l'avaient rendu encore plus patent. »

Une nouvelle complication était d'ailleurs imminente : cette éventualité d'une invasion des provinces du sultan, annoncée par la lettre du grand chancelier, loin d'être révoquée dans la circulaire, y recevait une confirmation textuelle. « Toujours mû par les considérations de patience et de longanimité qui l'ont guidé jusqu'à présent, portait-elle, l'empereur laisse au divan un nouveau sursis de huit jours pour se décider ; après quoi, quelque effort qu'il en coûte à ses dispositions conciliantes, il se verra bien forcé d'aviser aux moyens de se procurer, par une attitude plus prononcée, la satisfaction qu'il a vainement essayé d'obtenir jusqu'ici par des voies pacifiques. »

La diplomatie comprit toute l'importance et l'urgence de négociations qui empêchassent l'exécution d'une telle menace; mais le zèle avec lequel elle se mit à l'œuvre ne devait aboutir qu'à une déception nouvelle : une seconde circulaire du comte de Nesselrode, à la date du 2 juillet, vint lui apprendre que la paix du monde était jetée aux chances aveugles de la force. Il disait dans cette pièce qu'en posant son *ultimatum* à la Porte, le czar avait plus particulièrement informé les grandes puissances de ses intentions. Il ajoutait ensuite : « Nous avions engagé nommément la France et la Grande-Bretagne à ne pas compliquer par leur attitude les difficultés de la situation, à ne pas prendre trop tôt des mesures qui, d'un côté, auraient pour effet d'encourager l'opposition de la Porte, de l'autre, engageaient plus avant qu'ils ne l'étaient dans la question l'honneur et la dignité de l'empereur. J'ai le regret de vous annoncer que cette double tentative a été vaine. »

M. le comte de Nesselrode annonçait enfin aux fonctionnaires de la chancellerie russe à l'étranger que la réponse qu'il avait reçue du ministre des relations extérieures ottoman avait un caractère tellement évasif, qu'il avait dû la regarder comme une négation, comme un refus. « D'autre part, poursuivait-il, les deux puissances maritimes n'ont pas cru devoir déférer aux considérations que nous avions recommandées à leur sérieuse attention. *Prenant avant nous l'initiative*, elles ont jugé indispensable de devancer immédiatement par une mesure *effective* celles que nous ne leur avions annoncées que comme *éventuelles*, puisque nous en subordonnions la mise à effet aux résolutions finales de la Porte, et qu'au moment même où j'écris l'exécution n'en est pas encore commencée. Elles ont sur-le-champ envoyé leurs

Génie.
1854.

flottes dans les parages de Constantinople; elles occupent déjà les eaux et ports de la domination ottomane à portée des Dardanelles. Par cette attitude avancée, les deux puissances nous ont placés sous le poids d'une démonstration comminatoire qui, comme nous le leur avons fait pressentir, devait ajouter à la crise de nouvelles complications. »

Ainsi la diplomatie russe, au moment où elle se disposait à annoncer au monde, dont elle brisait la paix, la plus manifeste et la plus injustifiable infraction du droit international, essayait d'en rejeter la responsabilité sur l'initiative effective des deux puissances si constantes dans leurs efforts à maintenir l'équilibre européen, qu'elles l'avaient compromis par cette constance, ou plutôt par cette aveugle obstination même. Quelle que fût l'adresse avec laquelle eût été élaborée cette circulaire, toute l'habileté des formes ne pouvait parvenir à en dissimuler les réalités. Il n'était pas exact d'avancer que la France et l'Angleterre eussent pris l'initiative dans cette grave question, où il ne s'agissait de rien moins que d'une violation flagrante de la foi des traités. Ces traités défendaient l'apparition de navires de guerre étrangers dans le Bosphore. Ni la flotte française ni la flotte anglaise n'étaient entrées dans cette mer; ces deux escadres étaient simplement venues jeter l'ancre à Besika, petite baie de la côte occidentale de l'Anatolie, eaux parfaitement libres et dont aucune convention diplomatique ne leur interdisait l'accès. Si la conduite de la France et de l'Angleterre était inattaquable au point de vue du droit public, ne l'était-elle pas également au point de vue des convenances internationales? L'appel de ces forces dans une position où elles fussent aux ordres de leurs ambassadeurs, n'était-il pas pour elles un devoir d'honneur et une nécessité de prudence, quand la Russie menaçait d'exécution militaire une puissance dont le traité de Londres leur imposait le protectorat; quand la Russie, par les bruyantes revues de l'armée et de la flotte de Sébastopol, que son ambassadeur extraordinaire avait passées avec affectation, semblait montrer du doigt à la Turquie les vaisseaux qui pouvaient en vingt-quatre heures jeter une armée russe dans la Corne d'or; quand enfin les forces militaires qu'elle concentrait sur les bords du Pruth ébranlaient de leur marche le sol ottoman? La circulaire du noble chef de la diplomatie russe s'efforçait pourtant de présenter cette mesure comme une des causes qui avaient déterminé un acte d'hostilité dont, au contraire, la menace l'avait provoquée. Cet acte d'hostilité, M. le comte de Nesselrode l'annonçait en effet en ces termes : «En présence du refus de la Porte, *appuyé par la manifestation de la France et de l'Angleterre*, il nous devient plus que jamais impossible de modifier les résolutions qu'en avait fait dépendre l'empereur. En conséquence, Sa Majesté Impériale vient d'envoyer au corps de nos troupes stationné en ce moment en Bessarabie l'ordre de passer la frontière pour occuper les Principautés. »

En effet, le 3 juillet, les têtes de colonnes d'une armée russe, forte de cent cinquante mille hommes, franchissaient le Pruth sur deux points à la fois, et débouchaient dans les plaines de la Moldavie. La nouvelle en parvint, le 5, à Constantinople; elle excita un si profond sentiment d'indignation dans le divan, que le premier mouvement des hommes d'État qui le composaient fut de répondre à cet acte d'hostilité par une déclaration de guerre ; c'était la pensée et le vœu du jeune souverain lui-même. Les populations musulmanes s'associèrent à ces sentiments avec un enthousiasme universel. Impatiente des concessions que, depuis deux années surtout, elle n'avait cessé de faire, sous toutes les formes, aux exigences toujours renaissantes de la diplomatie russe, fatiguée de courber sans cesse la tête sous une main amicalement oppressive, la Turquie se redressait avec joie et colère devant cette main qui s'était enfin levée pour frapper. Il fallut l'intervention pressante de la France et de l'Angleterre pour empêcher une explosion d'hostilités immédiate. Une protestation du sultan, reposant sur l'énonciation des faits qui avaient précédé cette violation de son territoire, fut provisoirement substituée aux mesures guerrières et adressée à toutes les cours européennes; la Turquie ne s'en mit pas avec moins d'ardeur à préparer tous les moyens de soutenir une lutte qui, ajournée, n'en était pas moins certaine ; on vit alors éclater dans ce pays un élan et une activité qui prouvèrent à l'Europe surprise que l'empereur Nicolas s'était bien hâté en lui lançant un verdict de mort.

Cependant la diplomatie s'était reprise à l'espoir d'éteindre cet incendie qui menaçait l'Europe d'une nouvelle conflagration; Vienne devint le siége de conférences dont on se flatta de voir sortir une solution; l'opinion publique accueillit impatiemment, pendant plusieurs mois, toutes les rumeurs qui se dégagèrent de ces débats. Une note fut enfin arrêtée; cette note, sur laquelle s'était empreinte l'insistance des diplomates autrichiens, organes de la chancellerie russe, ne pouvait manquer de recevoir l'approbation du czar. Elle la reçut; mais il fallait lui obtenir le même accueil dans le divan de Constantinople, c'était difficile; l'invasion des provinces moldo-valaques avait excité dans la nation une irritation encore plus profonde que dans les conseils de la Porte. L'orgueil ottoman se soulevait de toute l'ardeur de son fanatisme devant cette violation des territoires conquis par ses aïeux : on ne parlait que de guerre sainte; un souffle belliqueux semblait avoir rendu à ces populations énervées l'enthousiasme des conquêtes qui les exaltait sous leurs premiers sultans.

Ce fut au milieu de cette effervescence que la note de la conférence fut soumise au divan : elle arriva, le 10 août, à Constantinople. Ce document et ceux qu'il fit naître éclairent d'un jour trop vif les ténèbres de cette époque, pour que nous n'en laissions échapper que des lueurs à travers le voile d'un résumé. Voici le texte rédigé à Vienne par les représentants des quatre grandes puissances, dans les formes d'une déclaration émanant de la libre volonté du souverain ottoman :

PROJET DE NOTE RÉDIGÉ A VIENNE PAR LES REPRÉSENTANTS
DES QUATRE PUISSANCES.

« S. M. le sultan, n'ayant rien de plus à cœur que de rétablir entre elle et S. M. l'empereur de Russie les relations de bon voisinage et de parfaite entente qui ont été malheureusement altérées par de récentes et pénibles complications, a pris soigneusement à tâche de rechercher les moyens d'effacer les traces de ce différend.

« Un *iradé* suprême, en date de..., lui ayant fait connaître la décision impériale, la Sublime Porte se félicite de pouvoir la communiquer à S. Exc. le comte de Nesselrode.

« Si, à toute époque, les souverains de Russie ont témoigné leur active sollicitude *pour le maintien des immunités et priviléges de l'Église orthodoxe grecque dans l'empire ottoman, les sultans ne se sont jamais refusés à les consacrer de nouveau par des actes solennels qui attestaient de leur ancienne et constante bienveillance* à l'égard de leurs sujets chrétiens. S. M. le sultan Abdul-Medjid, aujourd'hui régnant, animé des mêmes dispositions, et voulant donner à S. M. l'empereur de Russie un témoignage personnel de son amitié la plus sincère, n'a écouté que sa confiance infinie dans les qualités éminentes de son auguste ami et allié, et a daigné prendre en sérieuse considération les *représentations* dont S. Exc. le prince Menschikoff s'est rendu l'organe auprès de la Sublime Porte.

« Le soussigné a reçu l'ordre, en conséquence, de déclarer par la présente que S. M. le sultan restera fidèle à la lettre et à l'esprit des stipulations *des traités de Kainardji et d'Andrinople*, relativement à la protection du culte chrétien et que *Sa Majesté regarde* comme étant de son honneur de faire observer à tout jamais et de préserver de toute atteinte, soit présentement, soit dans l'avenir, la jouissance des priviléges spirituels qui ont été accordés par les augustes aïeux de Sa Majesté à l'Église orthodoxe d'Orient, et qui sont maintenus et confirmés par elle, et, en outre, de faire participer, dans un esprit de haute équité, le rite grec *aux avantages concédés aux autres rites chrétiens par conventions ou dispositions particulières*.

« Du reste, comme le firman impérial qui vient d'être donné au patriarcat et au clergé grecs, et qui contient la confirmation de leurs priviléges spirituels, doit être regardé comme une nouvelle preuve de ces nobles sentiments, et comme, en outre, la proclamation de ce firman, qui donne toute sécurité, devra faire disparaître toute crainte à l'égard du rite qui est la religion de S. M. l'empereur de Russie, je suis heureux d'être chargé de faire la présente notification.

« Quant à la garantie qu'à l'avenir il ne sera rien changé aux lieux de visitation de Jérusalem, elle résulte du firman revêtu du hatti-chérif du 15 de la lune de Rebiul-Ewel 1268, expliqué et corroboré par les firmans des..., et l'intention de S. M. le sultan est de faire exécuter, sans aucune altération, ses décisions souveraines.

« La Sublime Porte, en outre, promet officiellement qu'il ne sera apporté aucune modification à l'état de choses qui vient d'être réglé, sans entente préalable des gouvernements de France et de Russie, et sans préjudice pour les différentes communautés chrétiennes.

« Pour le cas où la cour impériale de Russie en ferait la demande, il serait assigné une localité convenable dans la ville de Jérusalem ou dans les environs, pour la construction d'une église consacrée à la célébration du service divin pour les ecclésiastiques russes, et d'un hospice pour les pèlerins indigents ou malades de la même nation.

« La Sublime Porte s'engage, dès à présent, à souscrire à cet égard un acte solennel, qui placerait ces fondations pieuses sous la surveillance spéciale du consul général de Russie en Syrie et en Palestine. »

Le rôle que la conférence imposait par cette note au souverain de l'empire ottoman n'échappa ni à Abdul-Medjid ni à ses ministres; cette interprétation indirecte des concessions accordées par les sultans aux diverses communions chrétiennes existant dans leurs Etats, était de nature à blesser toutes les susceptibilités nationales. Le prestige qu'un rayonnement de magnanimité donnait à ces actes s'éteignait sous un vague nuage de coercition qui semblait émaner de tout le paragraphe. Cette note confondait d'ailleurs, dans son texte de complaisance, tous les événements du passé; ce n'était qu'en déchirant les feuillets de l'histoire de France et en les ajoutant à celle de Russie qu'elle pouvait faire remonter à un lointain passé le protectorat que le czar réclamait sur l'Église orientale.

La situation du ministère turc était des plus délicates ; le concours dévoué que les grandes puissances européennes, la France et l'Angleterre surtout, lui donnaient dans ce conflit lui faisait une loi de reconnaissance de condescendre à leurs conseils dans toutes les résolutions ne portant point atteinte à l'honneur ou à la sûreté de l'empire. Mais il n'en était pas ainsi dans la demande, qu'on lui faisait avec instance, d'accepter cette note : plus il en pesait les termes, plus il en calculait la portée ; plus elle lui semblait attentatoire à la dignité du diadème ottoman : dans son désir de concilier ses devoirs patriotiques et les susceptibilités de ses alliés, il accepta cependant la note en y apportant toutefois des modifications dont l'explication justificative fut consignée dans un court mémoire adressé au ministre des affaires étrangères de chacune des trois grandes puissances; voici cette pièce :

« Le projet de note qui a été récemment fait à Vienne et remis à la Sublime Porte a été lu et examiné au conseil des ministres. Celui qui avait été rédigé précédemment à Constantinople et remis aux grandes puissances sous une forme propre à faire disparaître le différend qui existe entre la Sublime Porte et la Russie faisait espérer un résultat satisfaisant.

« Aussi le gouvernement de S. M. I. le sultan est-il très-peiné de voir que ce projet n'a pas été pris en considération. Quoique le projet de note rédigé auparavant par la Sublime Porte pour être remis au prince Menschikoff ait été pris pour base, en ce qui regarde le paragraphe du projet arrivé de Vienne concernant les priviléges religieux, la question n'a pas été circonscrite dans ce cercle. Certains paragraphes superflus et incompatibles avec le droit sacré du gouvernement de S. M. le sultan y ayant été introduits, la Sublime Porte se trouve encore dans la pénible obligation d'émettre ses observations à ce sujet.

« Le gouvernement impérial est habitué de longue date à recevoir des témoignages d'amitié des hautes puissances, ses augustes alliées. Il est tout particulièrement reconnaissant de tant d'efforts pleins de bienveillance qu'elles n'ont cessé de faire depuis le commencement de la question actuelle. Il est donc évident qu'il lui répugne, en considération de ses égards particuliers pour ces puissances, d'hésiter sur un point qui a obtenu leur commun accord.

« Mais le gouvernement de S. M. le sultan, qui avait été déclaré, au commencement de l'affaire, seul juge compétent des questions relatives à ses droits et à son indépendance, n'ayant pas été malheureusement consulté sur la rédaction du nouveau projet, est placé dans une position difficile.

« On pourra dire que le gouvernement de Russie, aussi, n'a pas été consulté sur la rédaction de ce projet; mais les droits que l'on cherche à défendre sont ceux de la Sublime Porte, et c'est elle qui doit signer la note qui sera donnée à cet égard. Il appartient aux grandes puissances de juger, dans leur équité reconnue, s'il est juste de traiter sur ce point les deux parties sur un pied égal; il a été par conséquent jugé convenable de ne pas s'étendre en détails sur ce point.

« Le premier des points qui font hésiter la Sublime Porte est le paragraphe suivant :
« Si, à toute époque, les empereurs de Russie ont témoigné de leur active solli
« citude pour le maintien des immunités et priviléges de l'Église grecque orthodoxe
« dans l'empire ottoman, les sultans ne se sont jamais refusés à les consacrer de
« nouveau par des actes solennels! »

« Que les empereurs de Russie témoignent leur sollicitude pour la prospérité de l'église et de la religion qu'ils professent, ceci est naturel, et il n'y a rien à dire. Mais d'après le paragraphe ci-dessus cité, on comprendrait que les priviléges de l'Église grecque dans les États de la Sublime Porte n'ont été maintenus que par la sollicitude active des empereurs de Russie.

« Il est à remarquer, cependant, que le fait de mettre dans une note à donner par la Sublime Porte le paragraphe ci-dessus mentionné, tel qu'il se trouve dans le projet, pour des priviléges religieux qui ont été, depuis le règne du sultan Mehmed le Conquérant, de glorieuse mémoire, jusqu'à ce jour, octroyés et maintenus sans la participation de qui que ce soit, impliquerait et offrirait des prétextes au gouvernement russe pour prétendre s'immiscer dans de pareilles choses.

« Personne ne saurait consentir à s'attirer les reproches et le blâme des contemporains, aussi bien que de la postérité, en admettant qu'un état de choses aussi nuisible pour le présent que pour l'avenir s'établisse.

« Pas un serviteur de l'auguste famille impériale ottomane n'oserait, ne serait capable de mettre par écrit des paroles qui tendraient à infirmer la gloire des institutions que les empereurs ottomans ont fondées par un mouvement spontané de leur générosité personnelle et de leur clémence innée.

« Le second point à relever est le paragraphe du projet de note relatif au traité de Kaïnardji. Comme personne ne saurait nier que ce traité existe, et qu'il est confirmé par celui d'Andrinople, il est de toute évidence que les dispositions précises en seront fidèlement observées.

« Si, en insérant le paragraphe susmentionné, l'on a l'intention de considérer les priviléges religieux comme le résultat naturel et l'esprit commenté du traité de Kaïnardji, la disposition réelle et précise de ce traité est limitée à la seule promesse de la Sublime Porte de protéger elle-même la religion chrétienne. Les paragraphes que la Sublime Porte pourrait, en ce qui regarde les priviléges religieux, insérer dans la note qu'elle signera, ne devraient, comme il a été à toute époque déclaré, soit par écrit, soit verbalement, exprimer que des assurances propres à faire disparaître les doutes mis en avant par le gouvernement de Russie, et qui ont formé le sujet des dissensions.

« Mais en fortifiant par de nouveaux liens l'identité religieuse déjà existante entre une grande communauté des sujets de la Sublime Porte et une puissance étrangère, donner au gouvernement de Russie des motifs de prétendre exercer un droit de surveillance et même d'immixtion dans de pareilles matières, ce serait évidemment partager en quelque sorte les droits souverains et mettre en danger l'indépendance de l'empire. Aussi est-il de toute impossibilité pour le gouvernement de S. M. le sultan d'y donner un assentiment sans y être forcé.

« Si, enfin, le but n'est que de faire renouveler les engagements du traité de Kaïnardji, la Sublime Porte pourrait le faire par une note séparée.

« Or, le gouvernement impérial attache la plus grande importance à ce que, ou le paragraphe relatif à ce traité du projet envoyé soit supprimé, ou bien que, s'il est maintenu, la promesse de protéger que contient le traité de Kaïnardji et la question des priviléges religieux soient séparées d'une manière explicite, pour qu'il soit compris, au premier coup d'œil, que ce sont deux choses différentes.

« Et le troisième point, c'est celui de faire participer le rite grec aux avantages octroyés aux autres cultes chrétiens. On ne saurait douter que le gouvernement impérial n'hésitera pas à faire participer le rite grec, non-seulement aux avantages qu'il a, de sa propre volonté, accordés aux autres communions de la religion chrétienne professées par les communautés ses sujets, mais aussi à ceux qu'il pourrait leur octroyer à l'avenir.

« Il est donc superflu d'ajouter que la Sublime Porte sera justifiée si elle ne peut pas admettre l'emploi d'expressions aussi équivoques que celles de conventions ou de dispositions particulières en faveur d'une grande communauté de tant de millions de sujets qui professent le rite grec.

« Tels étant les points qui offrent des inconvénients à la Sublime Porte, elle ne peut, malgré ses plus grands égards pour les conseils des hautes puissances ses alliées, et son désir sincère de renouer ses relations avec le gouvernement impérial de Russie, son ami et voisin, elle ne peut, dis-je, s'empêcher de confier à l'équité et à la justice des grandes puissances les considérations relatives à ses droits de souveraineté et à son indépendance.

« Si, enfin, le dernier projet de note qui a été rédigé par la Sublime Porte est accepté, ou bien si celui de Vienne reçoit les modifications désirées, le cabinet ottoman ne tardera pas à signer l'un ou l'autre de ces deux projets, et à envoyer immédiatement un ambassadeur extraordinaire, sous la condition de l'évacuation des Principautés. Le gouvernement de la Sublime Porte attend encore une garantie solide de la part des hautes puissances contre toute ingérence à l'avenir contre occupation de temps en temps des principautés de Moldavie et de Valachie. Et le but du gouvernement ottoman, en se prémunissant de précautions à ce degré, consiste en celui d'éviter tout ce qui pourrait ramener une mésintelligence entre les deux empires, une fois que la Sublime Porte aura renouvelé ses relations avec la cour de Russie.

« Une copie de la note de Vienne, contenant aussi des modifications que le gouvernement impérial a jugé convenable de faire, a été transmise à Votre Excellence.

« La Sublime Porte, dans l'intention de donner encore une preuve de ses égards tout particuliers pour les puissances signataires du traité de 1841, lors même que le projet qu'elle a rédigé précédemment lui fût naturellement préférable, est prête à accepter le projet de Vienne avec les modifications qu'elle y a faites, et espère que les puissances, qui n'ont cessé de reconnaître, dès le principe de la question, les droits du gouvernement impérial, et de donner des témoignages de leur bienveillance, appréciant ces modifications, agiront en conséquence.

« S. M. le sultan m'ayant ordonné de communiquer ce qui précède à Votre Excelcellence, ainsi qu'aux autres représentants ses collègues, je m'acquitte de ce devoir en priant Votre Excellence d'agréer en cette occasion, etc.

« *Signé* Rechid. »

Ces modifications furent l'objet des plus vives critiques de la part des ambassadeurs européens. Ces craintes, disaient-ils, étaient des chimères, mais ces chimères compromettaient la paix du monde et précipitaient l'Europe dans des convulsions sanglantes dont on ne pouvait prévoir le terme. Le divan se voyait assailli de représentations chaque jour plus vives, lorsqu'un commentaire de la note, cause de cette émotion, émanant du cabinet de Saint-Pétersbourg, vint justifier la perspicacité des ministres ottomans : ils avaient si peu évoqué de vieux fantômes, que M. le comte de Nesselrode (1) donnait positivement à la note de la conférence l'interprétation qu'ils redoutaient que la Russie ne lui attribuât un jour.

Dès lors la réponse de la cour de Saint-Pétersbourg n'était pas douteuse : on connaissait ses prétentions. Les modifications proposées par la Porte devaient être rejetées par le czar. Elles le furent : M. de Nesselrode rédigea lui-même la note justificative de ce rejet. C'est un trait qui complète la physionomie de cette première période de la conférence. Voici le texte de cette pièce importante :

EXAMEN PAR LA RUSSIE DES TROIS MODIFICATIONS QUE LA PORTE OTTOMANE A INTRODUITES DANS LA NOTE AUTRICHIENNE.

« 1° Le projet de Vienne porte :
« Si, à toutes les époques, les empereurs de Russie ont témoigné de leur active sol-
« licitude pour le maintien des immunités et privilèges de leur Église orthodoxe
« grecque dans l'empire ottoman, les sultans ne se sont jamais refusés à les consa-
« crer de nouveau par des actes solennels. » Ce passage, on le modifie comme il suit : « Si, à toute époque, les empereurs de Russie ont témoigné de leur active sol-
« licitude pour le culte et l'Église orthodoxe grecque, les sultans n'ont jamais cessé
« de veiller au maintien des immunités et privilèges de ce culte et de cette Église
« dans l'empire ottoman et de les consacrer de nouveau... »

« Les mots : *dans l'empire ottoman* et ceux : *le maintien des immunités et privi-léges*, etc., sont supprimés pour être placés plus bas et être appliqués exclusivement aux sultans. Cette suppression enlève toute signification, tout sens même au passage tronqué, car personne ne conteste aux souverains de Russie leur sollicitude active pour la croyance qu'ils professent eux-mêmes et qui est celle de leurs sujets. Ce qu'on voulait méconnaître, c'est qu'à toutes les époques la Russie a montré une sollicitude active pour ses coreligionnaires en Turquie, de même que pour le maintien de leurs franchises religieuses, et que le gouvernement est résolu à tenir compte de cette sollicitude et à conserver intacts ces privilèges.

« La tournure donnée à la phrase est d'autant plus inacceptable que, par les expressions qui suivent, on attribue aux sultans plus que de la sollicitude pour le culte orthodoxe. On affirme qu'ils n'ont jamais cessé de veiller au maintien de ces immunités et de ces privilèges, et de les confirmer par des actes solennels. Les faits

(1) Note du 7 septembre 1853.

sont diamétralement contraires à ce qu'on affirme ; ce qui, attendu ce qui a eu lieu plus d'une fois dans ces derniers temps, et notamment dans l'affaire des lieux saints, nous a forcés à y chercher un remède, en exigeant des garanties plus positives pour l'avenir.

« Si nous consentons à reconnaître que le gouvernement ottoman n'a jamais cessé de veiller au maintien des priviléges de l'Église grecque, que deviennent alors les plaintes que nous avons élevées contre lui ? Nous reconnaissons nous-mêmes par là que nous n'avons pas de griefs fondés ; que la mission du prince Menschikoff était sans motif ; qu'en un mot, la note qu'on nous adresse est elle-même superflue.

« 2° Les omissions et additions de mots, qui ont lieu ici avec une frappante affectation, ont pour but évident d'affaiblir le traité de Kaïnardji, tout en ayant l'air de le confirmer. La rédaction primitivement adoptée à Vienne portait : « Fidèle à la « lettre et à l'esprit des stipulations des traités de Kaïnardji et d'Andrinople relatives « à la protection du culte chrétien, le sultan regarde comme étant de son honneur « de préserver de toute atteinte les immunités et priviléges accordés à l'Église « orthodoxe. » La rédaction qui faisait découler de l'esprit du traité, c'est-à-dire du principe général posé dans l'article 8, le maintien des immunités, répondait à la manière de voir que nous avons exprimée et que nous avons encore ; car, dans notre opinion, la promesse de protéger un culte et ses églises comprend d'elle-même le maintien des immunités qu'ils possèdent : ce sont là deux choses inséparables.

« Cette rédaction, primitivement adoptée à Vienne, a subi ensuite, à Londres et à Paris, une modification ; et si à cette époque nous n'avons pas élevé d'objection, comme nous étions en droit de le faire, ce n'est pas que nous nous soyons fait illusion sur le sens de ce changement. Nous avions très-bien compris la différence qu'on établissait entre deux points qui pour nous sont inséparablement liés. Mais cette distinction était indiquée d'une façon si délicate, que, dans un esprit de conciliation et dans le désir d'en venir aussitôt que possible à une solution, nous pouvions encore admettre cette rédaction, que, dès ce moment, nous considérions comme invariable.

« Ces motifs de condescendance ne sont plus applicables au nouveau changement qu'on a apporté au même passage, à Constantinople. La ligne de démarcation entre les deux objets est trop rigoureusement tracée, pour que nous puissions l'admettre sans renier tout ce que nous avons dit et écrit. La mention du traité de Kaïnardji devient superflue et sa confirmation sans but, du moment où on cesse d'appliquer le principe général au maintien des immunités religieuses du culte chrétien ; c'est dans ce but qu'on a supprimé les deux mots : *la lettre et l'esprit*.

« On fait ressortir sans aucune nécessité le fait que la protection du culte chrétien est exercée par la Porte, comme si nous élevions la prétention d'exercer nous-mêmes cette protection dans les États du sultan ; et comme on omet en même temps de rappeler que, d'après la lettre du traité, cette protection est une promesse faite par le sultan, une obligation acceptée par lui, il semblerait qu'on veuille révoquer en doute le droit que nous avons de veiller au ponctuel accomplissement de cette promesse.

« 3° La modification introduite à ce passage de la note autrichienne est surtout inadmissible. Le gouvernement ottoman s'obligerait seulement à laisser participer le culte orthodoxe aux avantages qu'il accorderait aux autres communautés religieuses *sujettes de la Porte*. Mais du moment où ces communautés, catholiques ou autres, ne seraient pas formées de rayas indigènes, mais de prêtres et laïques étrangers (et c'est ce qui existe pour presque tous les couvents, hôpitaux, séminaires et évêchés du rite latin en Turquie); du moment, disons-nous, où il plairait à la Porte d'accorder à ces établissements de nouveaux avantages et priviléges, les communautés orthodoxes n'auraient pas, d'après les mots qu'on veut introduire dans la note, le droit de réclamer les mêmes faveurs pour elles-mêmes, et la Russie celui de s'employer pour elles.

« L'intention malveillante des ministres de la Porte devient encore plus évidente si nous indiquons un exemple, un cas possible. Supposons le cas vraisemblable que le patriarche latin de Jérusalem, le dernier nommé, reçoive de la Porte des priviléges que le patriarche grec n'a pas. Toute réclamation de ce dernier serait repoussée, parce qu'il est sujet de la Porte. La même objection serait faite par le ministère ottoman en ce qui touche les établissements catholiques en Palestine, dès que par la suite un avantage nouveau non mentionné dans le dernier firman leur serait accordé au détriment des communautés indigènes.

« *Signé* : NESSELRODE. »

En présence de la marche menaçante que prenaient les événements, les ambassadeurs de France et d'Angleterre sentirent la nécessité d'avoir toujours à Constantinople quelques frégates à vapeur prêtes à porter leurs dépêches, soit aux amiraux des deux escadres, soit à leurs gouvernements respectifs. Ils en demandèrent l'autorisation à la Porte, qui s'empressa de la leur accorder. En conséquence, une escadrille, formée des vapeurs français le *Mogador* et le *Gomer* et des steamers britanniques le *Niger* et le *Tiger*, franchit les Dardanelles, le 14 septembre, et vint jeter l'ancre devant Constantinople; elle y fut presque aussitôt ralliée par six autres pyroscaphes : la frégate la *Retribution* et les corvettes le *Fury* et le *Caradoc* portant pavillon anglais et la frégate le *Sané*, la corvette le *Chaptal* et le stationnaire l'*Ajaccio* appartenant à l'escadre française.

La nouvelle officielle du refus opposé par la Russie aux modifications réclamées par la Porte arriva à Constantinople, le 21 septembre; elle y fut accueillie par un mouvement de joie universelle. Le peuple ottoman, ranimé par cette passion guerrière qui lui rappelait les grands jours de son passé, sentait qu'il ne pouvait échapper que par une guerre victorieuse à ce réseau de ruses et de violences dont la Russie l'enveloppait depuis un siècle, et dans lequel elle espérait bien l'étouffer un jour. Le ministère était inflexible; il eût pu tomber du pouvoir, mais nulle force ne lui eût fait accepter une solution qu'il regardait comme une flétrissure et une déchéance. Abdul-Medjid partageait à la fois l'enthousiasme de ses peuples et la résolution de ses ministres. C'était par la guerre qu'il pouvait rejeter au delà du Pruth ces masses armées que la guerre avait fait déborder sur ses provinces; mais, ne voulant pas charger son inexpérience du fardeau d'une détermination aussi grave, il convoqua dans son conseil tous les personnages que leur capacité, mûrie dans l'exercice des hautes charges publiques et dans la gestion des intérêts généraux de son empire, signalait à sa confiance, pour éclairer de leurs connaissances pratiques et de leurs lumières ces importants débats. Le conseil se réunit le 25 septembre. Deux cents membres, appartenant tous, par leurs fonctions actuelles ou par leur passé, aux grandes dignités religieuses, civiles et militaires de l'empire, y furent appelés. Les diverses notes renfermant les propositions des plénipotentiaires réunis en conférence à Vienne, les modifications réclamées par la Porte et les observations de la Russie furent soumises à ses délibérations. C'était une question de paix ou de guerre; la discussion fut solennelle et approfondie; après une séance de dix heures, le conseil s'ajourna au lendemain. La décision fut prise à l'unanimité. A l'unanimité, le conseil déclara les propositions de la conférence inadmissibles; à l'unanimité, il déclara que le peuple devait se lever pour la défense de l'empire, et qu'il ne devait déposer les armes qu'après avoir repoussé les armées russes du sol sacré de la patrie.

Cette décision porta le trouble dans tout le corps diplomatique; l'internonce autrichien provoqua une démarche collective des ambassadeurs des grandes puissances auprès du sultan; le but de cette démarche était d'obtenir du jeune souverain un sursis à l'ouverture des hostilités. L'empereur de Russie et celui d'Autriche devaient se réunir avec leurs premiers ministres dans le château d'Olmultz. M. de Buol, président du cabinet de Vienne, avait fait parvenir à M. de Bruck, ambassadeur d'Autriche à Constantinople, l'espoir qu'il avait de faire revenir la cour de Saint-Pétersbourg sur son opposition aux changements proposés par la Turquie; les représentations des ambassadeurs de France, d'Angleterre et de Prusse, jointes aux instances de l'internonce autrichien, obtinrent du jeune sultan qu'il enverrait à Omer-Pacha, général en chef de ses armées septentrionales, l'ordre de rester sur la défensive jusqu'au 1er novembre, si toutefois les hostilités n'avaient pas éclaté avant la réception de cet ordre.

Quand il lui parvint, deux combats avaient déjà rougi les eaux et les rives du Danube.

Dès le 8 octobre, le muchir Omer-Pacha avait adressé une lettre au prince Gortschakoff, généralissime des troupes russes dans les provinces danubiennes, dans laquelle il lui déclarait que la Sublime Porte, pour dernière expression de ses sentiments pacifiques envers la Russie, l'invitait à évacuer les deux principautés et lui accordait pour se conformer à cette injonction un délai de quinze jours; ajoutant que si, dans cet intervalle, il recevait une réponse négative, le commencement des hostilités en serait la conséquence naturelle. Le 23 octobre, jour où expirait ce délai, une flottille russe, composée de canonnières accompagnées par deux bateaux à vapeur, tenta de remonter le Danube pour gagner l'embouchure du Pruth. Cette flottille avait à passer sous le canon d'Issatcha, poste turc établi sur la rive droite du Danube presqu'en face la ville russe d'Ismaïl. Le commandant de cette position crut, malgré la faiblesse de ses fortifications, devoir s'opposer à ce mouvement. Une vive canonnade s'engagea entre la flottille et le fort. Les navires russes avaient une telle supériorité de force que le poste ottoman ne pouvait que succomber: leurs obus et leurs boulets réduisirent ses batteries au silence et ses constructions en cendres; mais ce ne fut pas sans essuyer eux-mêmes des pertes sensibles: le commandant de la flottille, trois officiers et douze matelots furent tués dans cet engagement qui leur mit en outre une cinquantaine d'hommes hors de combat. Une escarmouche avait eu lieu le même jour près de Tourtoukai entre deux compagnies russes jetées en éclaireurs et quelques soldats du contingent égyptien. La lutte était donc commencée.

Aucune chance de paix ne devait d'ailleurs sortir de cette conférence impériale restée un mystère, et dont les confidences capitales et les conventions, dérobées aux ministres et aux diplomates, furent le secret exclusif des souverains. Les espérances de M. le comte de Buol n'aboutirent qu'à la note suivante, pour le succès de laquelle M. de Bruck dut se contenter du silence des ambassadeurs dont il invoquait les noms :

« En conseillant unanimement à la Sublime Porte d'adopter le projet de note concerté à Vienne, les cours d'Autriche, de France, d'Angleterre et de Prusse sont pénétrées de la conviction que ce document ne porte nullement atteinte aux droits souverains et à la dignité de S. M. le sultan.

« Cette conviction est fondée sur les assurances positives que le cabinet de Saint-Pétersbourg a données quant aux intentions qui animent S M. l'empereur de Russie, en demandant une garantie générale des immunités religieuses accordées par les sultans à l'Église grecque dans leur empire.

« Il ressort de ces assurances qu'en demandant, en vertu du principe posé dans le traité de Kaïnardji, que le culte et le clergé grecs continuent à *jouir de leurs priviléges spirituels sous l'égide de leur souverain*, l'empereur ne demande rien de contraire à l'indépendance et aux droits du sultan, rien qui implique une intention d'ingérence dans les affaires intérieures de l'empire ottoman.

« Ce que veut l'empereur de Russie, c'est le maintien strict du *statu quo* religieux de son culte, savoir : une égalité entière de droits et d'immunités entre l'Église grecque et les autres communautés chrétiennes sujettes de la Porte, par conséquent la jouissance en faveur de l'Église grecque des avantages accordés à ces communautés. Il n'entend point ressusciter les priviléges de l'Église grecque tombés en désuétude par l'effet du temps ou des changements administratifs, mais demande que le sultan la fasse participer à tous les avantages qu'il accorderait à l'avenir à d'autres rites chrétiens.

« Le cabinet impérial d'Autriche aime, par conséquent, à ne pas douter que la Sublime Porte, en pesant encore une fois, avec toute la sérieuse attention que la gravité de la situation exige, les explications données par la Russie dans le but de préciser la nature et l'extension de ses demandes, ne se décide à l'adoption pure et simple de la note de Vienne.

« Cette adoption, tout en assurant au gouvernement ottoman un nouveau titre à la sympathie et à l'appui des puissances qui la lui ont conseillée, lui offre à la fois un moyen aussi prompt qu'honorable d'opérer sa franche réconciliation avec l'empire de Russie, réconciliation que tant d'intérêts majeurs réclament si impérativement. »

Le divan repoussa cette note sans lui donner l'importance d'une délibération, et, sans prêter plus longtemps l'oreille à cette diplomatie que n'abattait aucun échec, il ne songea qu'à pousser la guerre avec vigueur. Omer-Pacha ne formait de son côté de vœu plus ardent que de prouver à l'Europe étonnée l'élan et la solidité des forces militaires dont il avait doté l'empire turc.

L'armée de Roumélie, confiée à son habileté, présentait un effectif d'environ cent soixante mille hommes divisés en quatre corps. Celui de Mustapha-Pacha, fort de trente mille soldats, occupait la ligne du Danube entre Sistow et Roustchouk. Omer-Pacha commandait en personne cinquante mille hommes, plus deux bataillons de tirailleurs nouvellement formés et dont la France avait fourni les carabines; ces forces s'étendaient de Roustchouk à Schoumla. Ces deux corps constituaient le centre de sa ligne de bataille, dont la droite, formée par le corps d'Ali-Pacha, d'environ vingt-cinq mille combattants, s'appuyait sur Baba-Dagh, petite ville située au sud d'Issatcha entre le Danube et la mer, tandis que la gauche, forte de trente mille hommes, sous les ordres d'Ismaïl-Pacha, s'étendait en Servie au delà de Widdin. Cette armée comptait en outre douze régiments de cavalerie régulière et quarante batteries d'artillerie de campagne d'une remarquable instruction technique : elle présentait ainsi à l'ennemi un front de cent vingt-cinq lieues, partout couvert par le Danube; elle avait la possibilité de se concentrer rapidement en deux divisions commandant les passages des Balkans que les forces envahissantes pouvaient tenter de franchir: celle de l'est, formée des corps d'Omer et d'Ali, avec laquelle le muchir dominerait le double passage de Schoumla et de Varna; celle de l'ouest, dont les soixante mille combattants dirigés par les pachas Mustapha et Ismaïl couvriraient la route d'Andrinople par Sophia et Philippopoli.

C'était dans ces fortes positions qu'Omer-Pacha attendait les Russes. Avide pourtant de mesurer ses soldats contre leurs troupes, il franchit le Danube presque simultanément sur deux points.

Le 2 novembre, un corps turc, composé de dix mille hommes de troupes régulières, reçut l'ordre de se tenir prêt à se mettre en mouvement. Le lendemain, il quittait ses retranchements aux premières lueurs du jour et se portait vers le Danube qu'il franchissait, malgré le feu des Russes, dans des barques réunies pendant la nuit sur ce point. Soutenue par son artillerie, qui s'était établie dans une île du fleuve, la colonne ottomane s'empare de la rive, puis des bâtiments de la Quarantaine, et, après trois heures d'un combat acharné, force l'ennemi à une retraite que l'arrivée d'un corps de douze mille hommes, accouru sous les ordres du général Dannemberg, empêche seule de se transformer en déroute. Les deux corps réunis s'arrêtent sur une espèce de plateau en arrière du village d'Oltenitza, qu'ils occupent avec une partie de leurs forces.

Les bâtiments de la Quarantaine, restés au pouvoir des troupes turques, étaient un édifice solide dont Omer-Pacha fit aussitôt créneler les murs; la position, dont ils devenaient la citadelle, était d'ailleurs excellente : couverte à droite par une série d'étangs ou petits lacs dont les infiltrations changeaient en marécages tous les bas-fonds qui les entouraient, elle l'était à gauche par le cours de l'Ardich, rivière aux bords paludineux et boisés dont les eaux venaient se dégorger dans le Danube, sous les murs mêmes de la Quarantaine. Le général en chef compléta la force de cette position en faisant dresser plusieurs batteries dont les terrassements furent ébauchés pendant la nuit.

Les Turcs se trouvèrent donc, au lever du jour, tout prêts à recevoir le choc des Russes, dont les troupes, grossies de corps auxiliaires, se disposaient à les rejeter dans le fleuve. Le général Pawloff commandait ces forces, dont la supériorité numérique semblait assurer le succès. L'artillerie russe, déployée en éventail en avant d'Oltenitza, ouvrit l'attaque par une vive canonnade à laquelle l'artillerie turque, se ménageant pour un moment plus propice, ne répondit que par un feu modéré. Le général Pawloff, dont ce tir languissant exalte la confiance, lance son infanterie sur les positions ottomanes, qu'elle a ordre d'enlever à la baïonnette. Ses troupes s'ébranlent en masses et se portent résolûment sur les lignes musulmanes. L'artillerie turque n'attendait que cet instant : ses batteries éclatent avec une vigueur qui révèle l'habileté de sa tactique ; les boulets plongent dans ces colonnes serrées que ravagent la mitraille et les obus ; mais les vides qu'ils y creusent disparaissent aussitôt ; les soldats russes serrent leurs rangs que les projectiles déchirent encore, et, décimés par ces volées meurtrières, ils avancent toujours. Une grêle de plomb se joint à ce feu terrible. Les troupes russes continuent leur marche jusqu'au pied des murs de la Quarantaine. Là seulement, arrêtées par des murailles de chaque ouverture desquelles part la mort, ils hésitent, ils se troublent, se replient sur ceux qui arrivent ; les rangs alors se confondent ; la vivacité de la fusillade augmente le désordre qui s'exalte et se change bientôt en déroute. Des fondrières que rencontrent ces troupes en fuite viennent multiplier les dangers ; elles atteignent cependant des terrains où ne portent plus les balles. La voix des officiers, qui s'épuisent en efforts pour rallier leurs soldats, peut enfin être entendue, les compagnies se reforment sous les boulets, les colonnes se réorganisent ; désespérées de se voir une seconde fois battues par des Turcs, elles se reportent à l'attaque avec fureur, mais cet acharnement ne fait que rendre leur défaite plus sanglante ; elles doivent enfin abandonner cette plaine, où les morts amoncelés attestent la transformation qui s'est opérée depuis 1829 dans les armées ottomanes.

Omer-Pacha, après avoir conservé cette position pendant huit jours, voyant que les Russes avaient renoncé à la lui disputer, se résolut à l'évacuer lui-même. L'armée turque avait passé le Danube sur un autre point : Ismaïl-Pacha avait jeté un nombreux détachement de sa division dans Kalafa ; mais cette petite ville, située sur la rive gauche du Danube, en face même de Widdin, était un point militaire trop important pour qu'il ne tentât pas d'en faire, en le fortifiant, soit une base d'opérations dans la Valachie, soit le boulevard de la route stratégique de Sophia.

Les hostilités s'ouvrirent en Asie avec autant d'éclat. Une colonne de troupes irrégulières, détachée du corps d'opération de Selim-Pacha, attaqua, le 28 octobre au matin, le fort Chekvetil avec tant d'impétuosité, que, malgré la vigueur de la résistance, la garnison, composée de deux bataillons d'infanterie, trois sotnias de Cosaques et une batterie d'artillerie, succomba après quatre heures de combat. Le commandant d'un fort voisin envoya inutilement à son secours un corps formé de toutes ses forces disponibles ; ces troupes, culbutées par un bataillon de la garde impériale turque, jeté, comme réserve, pour appuyer cette colonne volante, ne donnèrent que plus de lustre à ce premier succès; il est vrai que les défaites d'Akhalzick et de Basch-Radik-Laz devaient bientôt éteindre, sous leurs nuages, cette aube glorieuse qui s'était levée sur l'armée d'Asie.

L'épée était donc tirée sur toutes les frontières. Dans des circonstances aussi graves, les ambassadeurs de France et d'Angleterre avaient cru ne pouvoir tarder davantage à appeler leurs escadres devant Constantinople. Le 21 octobre, ils adressèrent aux deux amiraux, dont l'approche de l'hiver allait forcer les escadres à chercher une rade plus sûre que celle de Besika, l'ordre de passer les Dardanelles et de venir mouiller à la Corne d'or. Les deux escadres appareillèrent le lendemain; mais, accueillies par une tempête, elles durent reprendre le large. L'amiral Lebarbier de Tinan était cependant parvenu à gagner Gallipoli avec trois vaisseaux; l'amiral Dundas avait également pu jeter l'ancre, avec une partie de sa flotte, près du château le plus occidental des Dardanelles. Dans les premiers jours de novembre, les deux escadres étaient réunies au complet devant les terrasses du sérail.

Cependant la diplomatie, ne voulant pas s'avouer vaincue, rattachait aux prétextes les plus futiles de nouvelles négociations; l'Autriche surtout ne se laissait décourager par aucune déception. L'esprit de ses hommes d'État s'ingéniait à remplacer une combinaison évanouie par une combinaison nouvelle; une note n'était pas déchirée, qu'elle en avait une autre toute rédigée à présenter au lacérateur : ses efforts restaient sans puissance; les parties, loin de se rapprocher, s'éloignaient chaque jour plus irritées. Un événement imprévu allait animer d'une nouvelle violence leurs ressentiments; il n'y avait encore que du mécontentement et de l'animosité entre elles, il allait bientôt y éclater de l'indignation et de la vengeance.

La guerre n'avait encore amené que de légers chocs entre les armées en contact. Des divisions navales détachées, soit par la flotte ottomane, soit par l'escadre russe, avaient bien sillonné la mer Noire, mais sans en avoir ensanglanté les eaux; elles avaient même cherché à éviter ces rencontres, où un incident imprévu peut irrésistiblement amener un désastre. L'empereur Nicolas avait même déclaré que, tant que les négociations ne seraient pas complétement rompues, son intention formelle était de restreindre le champ des hostilités plutôt que de l'étendre; qu'il était résolu à rester dans l'expectative armée partout où il n'aurait pas à repousser d'agression. Sur la foi de cette parole, la Turquie et ses alliés avaient regardé la mer Noire comme une carrière pacifique où les nations belligérantes laissaient flotter en sécurité leurs pavillons.

Sans nul doute, c'était là une grave imprudence; l'interprétation que l'on donna, ou plutôt que l'on a donnée depuis à la déclaration du czar, était une exagération de sa pensée, et cela est si vrai, que si la division de l'amiral Osman-Pacha était dans la mer Noire, c'était pour y protéger les convois d'armes et de munitions que la Porte expédiait à ses ports d'Asie et à son ar-

Garde impériale.
Grenadiers.
1854.

mée orientale. Or, des attaques de quels ennemis avait-elle à les défendre, si ce n'est des attaques des Russes ? Quel qu'ait été le motif de sa conduite, — imprudence ou sécurité, — Osman-Pacha, après avoir escorté quelques navires chargés d'approvisionnements jusqu'à Trébisonde, était venu, avec sa division navale, demander à Sinope l'hospitalité de sa rade ouverte et de sa plage sans défense.

Sinope, la brillante capitale des États de Mithridate, est bien déchue de son antique splendeur ; assise, au milieu de frais jardins, sur l'isthme rampant qui relie à la terre ferme le pittoresque îlot d'Ada, elle enveloppe, dans sa noble ceinture de vieilles murailles crénelées et de tours en ruine, dorées par le soleil oriental de tons ardents, son massif de maisons blanches et peu élevées, où les platanes mêlent leurs têtes verdoyantes aux aiguilles des minarets. On voit que si son ancienne grandeur s'est évanouie, elle n'a rien perdu de ses grâces naturelles, et qu'elle possède encore les belles cultures qui fournirent à Lucullus les cerisiers chargés de fruits, arbres inconnus à l'Europe, qui furent les plus beaux ornements de son triomphe ; mais aussi c'est tout ce qui lui reste de son brillant passé : sa nature. Ce n'est plus qu'un port secondaire de constructions, sans arsenaux, sans magasins, et presque sans chantiers ; une rade foraine que, malgré la bonté de son mouillage et surtout son heureuse situation sur un saillant de la côte anatolienne, à égale distance de Constantinople et de Batoum, en face même de Sébastopol, l'insouciance des Turcs a laissée sans fortifications et sans môles, sans protection contre la tempête et contre l'ennemi.

L'escadre légère, chargée, sous le commandement d'Osman-Pacha, de la protection des convois ottomans qui sillonnaient sans cesse les eaux méridionales de la mer Noire, était venue, vers la fin de novembre, y chercher un abri contre un fort vent du nord, soufflant par rafales ; cette escadrille était formée de cinq frégates : le *Nizamié*, de soixante canons, aux ordres de Kadry-Bey, ayant à son bord Hussein-Pacha ; le *Naveik*, armé de cinquante-deux bouches à feu, et commandé par Ali-Bey ; le *Nesim*, qui en avait cinquante-deux, et dont l'officier commandant était Hassan-Bey ; le *Kaïd*, percé de cinquante sabords, et monté par Edhem-Bey, et la *Dimcal*, de quarante-quatre, battant le pavillon de l'amiral Osman ; de cinq corvettes : le *Hani-Illah*, de trente-six canons ; le *Hayt-Illah*, de trente-huit ; le *Faizi-Maabad*, de vingt-deux ; le *Djiulu-Safid*, de vingt-quatre, et le *Redjibi-Fechan*, de vingt-quatre, commandées par Rechid-Bey, Ali-Nahir-Bey, Izzet-Bey, Salvy-Bey et Zeyd-Bey ; enfin, de deux bateaux à vapeur : l'*Izegli*, armé de quatre caronades, et le *Taïf*.

Osman-Pacha avait l'esprit bercé dans une telle sécurité, qu'il n'avait pris aucune des précautions qu'impose la prudence la plus vulgaire à un amiral dont l'escadre vient, en temps de guerre, jeter l'ancre dans un mouillage ouvert. Quel que fût le peu d'importance des fortifications qui défendaient el port, cet officier eût pu en tirer un parti utile ; elles eussent pu protéger sa ligne d'embossage et en couvrir les extrémités, auxquelles leurs batteries eussent offert d'utiles points d'appui. Osman-Pacha, négligeant ces avantages, ainsi que ceux d'un mouillage régulier, avait laissé ses bâtiments jeter l'ancre, dans l'unique préoccupation des facilités de leur appareillage ultérieur. Deux vaisseaux et un brick russes vinrent, le 27 novembre, ranger à petite distance l'entrée du port, sans que cette reconnaissance l'éclairât sur les dangers de sa position et sur l'urgence d'adopter toutes les mesures capables d'en affaiblir, sinon d'en conjurer les éventualités funestes. Le 30 novembre le retrouva dans la même sécurité.

Une brume épaisse avait, toute la matinée, enveloppé les côtes et voilé l'horizon maritime; elle chargeait encore la transparence de l'air, lorsque, vers midi, on aperçut une escadre de bâtiments de haut bord arrivant, grand largue, sur l'ouvert de la rade; elle se divisa en deux colonnes : l'une, formée de quatre frégates et de quelques bâtiments de force inférieure, resta au large, pour couper le sillage à tout auxiliaire ou à tout fuyard; l'autre, forte de deux vaisseaux à trois ponts, de quatre vaisseaux de second rang, de deux frégates et de trois bateaux à vapeur, pénétra dans la rade et vint, en silence et avec une grande précision de manœuvres, envelopper la flottille turque d'une ligne de combat présentant sept cent soixante bouches à feu, la plupart d'un très-fort calibre. Cette escadre était une des divisions de la flotte russe; elle était sous le commandement du vice-amiral Nakimoff. Cet officier général envoya un canot porter l'ordre à l'amiral turc d'amener ses pavillons. Osman n'y répondit qu'en faisant, à tous ses officiers, le signal de combat à outrance. Le feu éclata bientôt entre les deux lignes, avec une supériorité formidable du côté des Russes; du côté des Turcs, avec d'autant plus de fureur que, ne combattant point pour vaincre, ils voulaient donner aux armes ottomanes, à défaut de l'éclat du triomphe, celui d'un désastre glorieux.

Pour bien apprécier l'infériorité des forces turques, il ne faut pas opposer seulement le nombre des canons, quatre cent six, dont leurs bâtiments étaient armés, à celui des pièces, sept cent soixante, que portait l'escadre russe; eût-on même égard à la différence de calibre, cette supériorité numérique et spéciale des bouches à feu était la moindre que l'escadre de l'amiral Nakimoff eût sur la flottille ottomane. « La force d'une escadre, a dit M. H. Lamarche, dans son intéressant ouvrage: *Les Turcs et les Russes*, ne s'estime pas seulement par le nombre des canons. L'échantillon des bâtiments, leur élévation, l'épaisseur de leurs murailles, sont des éléments très-significatifs de leur puissance. Un boulet de vingt-quatre, tiré à bonne portée, traverse les bordages d'une frégate au niveau de la flottaison; ce même boulet, tiré contre un vaisseau à trois ponts, s'arrête dans la muraille de la seconde batterie. Qu'on juge par là de l'impossibilité où était la flottille d'Osman de résister à l'escadre de Nakimoff. Ce n'est pas tout encore : les vaisseaux, à cause de leur élévation, envoient des feux qui plongent sur le pont des bâtiments de rang inférieur et en balaient les états-majors et les combattants. Il n'y a donc aucune exagération à dire que, même en tenant compte des batteries de terre, les Russes présentaient, à Sinope, une force triple de celle des Turcs... »

Ce combat ne fut bientôt qu'une scène de destruction et de massacre. Les frégates et les corvettes turques, écrasées par les bordées foudroyantes des vaisseaux ennemis, avaient semblé emprunter à ces éruptions de fer et de feu une puissance dont la faiblesse de leur armement était dépourvue; mais cet enthousiasme du désespoir n'avait eu qu'une courte durée. Leurs bordages broyés et leurs ponts couverts de morts ne purent bientôt plus opposer qu'une défense languissante. Kadri-Bey et Hussein-Pacha, blessés au milieu de leur équipage anéanti, voient expirer leur résistance. Sensibles à une seule crainte, à celle de tomber, avec leur frégate, au pouvoir de l'ennemi, ces intrépides officiers mettent le feu à leurs poudres, et sautent en l'air avec les débris du bâtiment confié à leur valeur; le commandant du *Naveik*, Ali-Bey, suit cet héroïque exemple. Hassan-Bey, blessé par un boulet, se laisse couler avec le *Nezim*, portant toujours son pavillon en tête de mât. Le *Kaïd*, le *Hani-Illah* et le *Fayl-Illah* s'abîment sous les pieds de leurs commandants; le *Safid*, le *Redjibi-Fechan* et l'*Izegli*, incendiés par les obus, disparaissent également sous les flots. La défense de la *Dimcal* ne fut pas moins acharnée : battue par les bordées d'un vaisseau à trois ponts, elle lui opposa son impuissante canonnade jusqu'au moment où la mer, envahissant sa cale par ses flancs déchirés, vint éteindre le feu de ses dernières pièces. Ce ne fut que dans cet état que les Russes purent s'en emparer. L'amiral Osman, la cuisse fracturée, était étendu sur le pont au milieu des cadavres de ses marins. Edhem-Bey et Rechid-Bey, commandant les frégates le *Kaïd* et le *Hani-Illah*, avaient été portés à la côte par les lames; Nahir-Bey avait été pris par les Russes au milieu des débris de son navire submergé.

Tel fut le résultat de cette journée désastreuse pour la marine turque, mais qui restera une des pages les plus glorieuses de son histoire. L'escadre victorieuse, si ce grand acte de destruction est une victoire, passa la nuit dans cette rade, qui n'offrait aux regards qu'une vaste scène de désolation; les chantiers, les bois et les navires en construction que les Russes avaient livrés aux flammes, la ville où leurs bombes et leurs obus avaient porté l'incendie, éclairaient de leurs lueurs sinistres cette baie dont les lames ne roulaient que des cadavres et des débris, et ces plages, plus lamentables encore; quelques centaines de blessés, soignés par leurs compagnons d'armes moins gravement atteints ou par quelques habitants de cette ville, dont la population était en fuite, y formaient des groupes navrants, au milieu des épaves et des cadavres qu'y entassaient à chaque instant ces flots, où quatre mille cinq cent cinquante-cinq hommes avaient trouvé la mort.

La nouvelle de cette attaque, dont l'issue ne pouvait être douteuse, fut apportée à Constantinople par le *Taïf*, qui, sur le signal d'Osman-Pacha, avait allumé ses fourneaux et vidé la rade dès le commencement de l'action; ce n'était pas sans combat qu'il avait coupé la croisière que l'amiral russe avait établie à l'entrée de la baie; grâce à la force de sa machine, il avait pu se dérober à la poursuite des bâtiments ennemis; il atteignit le Bosphore le 3 décembre. Le cri de douleur et d'indignation dont Constantinople accueillit la nouvelle de cette journée néfaste trouva des échos sympathiques dans toute l'Europe. Il causa surtout sur notre flotte, mouillée dans les eaux ottomanes, un frémissement douloureux et profond. Chacun se demandait si une pareille agression, faite en présence de nos vaisseaux, presque sous leurs canons, n'était pas une insulte à notre honneur, un outrage à nos pavillons, qui flottaient unis aux pavillons turcs, et si ce n'était pas un devoir de voler les venger.

On attendit avec confiance. La récente arrivée du général Baraguay-d'Hilliers, nommé ambassadeur à Constantinople, en remplacement de M. de Latour, avait jeté dans tous les esprits la conviction que la diplomatie allait prendre des allures plus franches et plus énergiques; ce ne pouvait être pour ballotter la France d'illusions en déceptions que le cabinet des Tuileries s'était fait représenter par un vieux général dont la suite militaire donnait à la mission un caractère tout guerrier. C'était debout, et la main sur l'épée, que la diplomatie allait désormais négocier. Or, quelle occasion plus impérieuse d'élever la voix pouvaient lui offrir les événements que ce désastre sans justification possible? celle des canons n'était-elle pas même la seule qui pût se faire entendre avec dignité?

Ce fut la première pensée des ambassadeurs de France et d'Angleterre; on convint que, sur la demande de la Porte, les escadres alliées entreraient dans la mer Noire, et couperaient la retraite à l'escadre russe, pour lui faire expier le désastre de Sinope.

Rechid adressa, en effet, le lendemain, aux deux chancelleries une note où, sur l'annonce officielle de l'attaque de Sinope, dont le résultat n'était pas encore définitivement connu, la Sublime Porte réclamait le concours effectif des escadres française et anglaise, ce concours qui était une conséquence logique de leur envoi dans le Bosphore.

Voici le texte de cette réquisition, dont la date est le 4 décembre.

« Une note officielle a, il y a quelques jours, annoncé aux ambassadeurs qu'on avait vu des vaisseaux de guerre russes en croisière dans le voisinage de Sinope. Le vapeur le *Taïf* vient d'arriver de cette localité, et il résulte du rapport du capitaine que mercredi dernier, 29 sépher (30 novembre), trois bâtiments russes à trois ponts, deux à deux ponts et deux frégates étaient entrés dans le port de Sinope et avaient attaqué une division de la flotte ottomane qui y était mouillée et se composait de six frégates ainsi que de trois corvettes. Bien que le résultat de l'action ne soit pas connu encore, considérant la situation de nos vaisseaux et la supériorité des forces ennemies, on présume qu'il s'en est suivi un grand désastre.

« Les flottes anglaise et française ont été envoyées dans le Bosphore avec l'intention bien sincère de protéger les rivages de l'empire ottoman. Ce dernier événement prouve assez que la Russie est déterminée à attaquer avec sa flotte les points contre lesquels les opérations peuvent être le mieux dirigées. L'impossibilité toutefois de défendre une si vaste étendue de côtes sans avoir une force suffisante dans la mer Noire est parfaitement évidente; quoique le gouvernement du sultan ait dessein d'y envoyer sa flotte, il sera incapable d'atteindre le but qu'il se propose.

« La Sublime Porte se voit donc dans la nécessité d'avoir recours à la sollicitude efficace des deux gouvernements alliés. Cette notification est faite en conséquence en même temps aux ambassadeurs d'Angleterre et de France.

« RECHID. »

Lorsque cette pièce fut remise, vingt-quatre heures avaient passé sur la première impression, et ce temps avait suffi pour la tempérer, sinon la glacer ; on craignit d'aller trop loin, ou du moins trop vite, en cédant à la vivacité d'un premier entraînement. Sans revenir sur la résolution prise, on trouva prudent et politique d'en ajourner l'exécution. La diplomatie n'avait pas besoin de chercher un motif à cette détermination nouvelle ailleurs que dans la note du divan ; cette note ne disait-elle pas que l'issue de l'attaque était inconnue ? or, n'était-il pas indispensable de connaître le résultat de cette agression avant d'arrêter une mesure si grave, qui perdrait de son importance par la précipitation même qui aurait présidé à son adoption, précipitation qui, en tout cas, ne répondait point au caractère des grandes puissances que l'on engageait ainsi sans dignité dans des éventualités formidables ?

Ces réflexions prévalurent : il fut décidé que les escadres resteraient encore provisoirement sur leurs ancres ; que deux frégates à vapeur, l'une française, le *Mogador*, l'autre anglaise, la *Retribution*, seraient d'abord envoyées à Sinope pour prendre des informations ; que ce ne serait qu'à leur retour, et sur les renseignements positifs recueillis par elles, que l'on adopterait une décision définitive.

Ces deux frégates étaient de retour le 12. Les détails qu'elles rapportaient ne pouvaient laisser aucun doute. Si la réalité de l'attaque du 30 novembre était déjà attestée par le rapport du *Taïf*, les cinq cents marins, dont une partie blessés, que les deux frégates avaient à leurs bords ne proclamaient que trop manifestement l'étendue de la catastrophe ; car, des cinq mille hommes environ qui montaient l'escadre de l'amiral Osman, ces marins étaient les seuls que les boulets russes n'eussent pas abîmés dans les vagues de Sinope.

L'hésitation n'était plus possible ; les instructions des ambassadeurs étaient précises sur ce point : au premier acte d'hostilité de la flotte russe, ils devaient faire entrer les escadres alliées dans la mer Noire ; l'acte d'hostilité était flagrant. L'ordre fut donné aux amiraux Hamelin et Dundas de faire franchir le Bosphore à leurs vaisseaux.

CHAPITRE III.

Composition des escadres française et anglaise. — Conférence de Vienne. — Note collective. Dépêches du cabinet français. — Les escadres occidentales dans la mer Noire. — La *Retribution* à Sébastopol. — Retour des escadres dans le Bosphore. — Diplomatie. — Lettres impériales. — Rappel des ambassadeurs. — Formation de l'armée d'Orient. — Traités d'alliance. — Bombardement d'Odessa. — Départ des forces expéditionnaires. — Gallipoli. — Constantinople. — Conseil de guerre à Schumla.— Concentration des forces occidentales à Varna.

Les escadres française et anglaise étaient mouillées près de Beïkos, dont elles animaient de leurs mille bruits et du mouvement de leurs embarcations la baie habituellement morne et silencieuse. L'escadre française, placée en avant, étendait sa ligne de ce petit golfe bythinien jusqu'à Thérapia, où le palais des ambassadeurs de France élève les gracieux attiques de ses toits au milieu de jardins et de bosquets ombragés de gigantesques pins parasols.

Elle se composait de trois de ces puissants vaisseaux dont les triples batteries sont armées de cent vingt bouches à feu du plus fort calibre : c'étaient *la Ville de Paris*, portant le pavillon du vice-amiral Hamelin ; *le Valmy*, faisant flotter celui du contre-amiral Jacquinot, et *le Friedland* ; — d'un vaisseau de cent canons, *le Henri IV* ; — de trois de quatre-vingt-dix : *l'Iéna*, *le Bayard*, *le Charlemagne*, rappelant, avec leurs compagnons, les jeunes et les vieilles gloires de la France ; — du *Jupiter*, percé de quatre-vingts sabords ; — des bateaux à vapeur *le Mogador*, de la force de six cent cinquante chevaux ; *le Gomer*, *le Magellan*, *le Sané*, chacun de quatre cent cinquante chevaux, et *le Caton*, de deux cent soixante : l'artillerie de ces steamers variait de dix à seize pièces ; — enfin des deux corvettes *la Sérieuse*, de trente canons, et *le Mercure*, de dix-huit. Cette escadre avait récemment perdu l'un de ses principaux éléments de beauté et de force, *le Napoléon*, vaisseau à hélice de quatre-vingt-dix canons : l'installation défectueuse de sa machine l'avait forcé, après quelques tentatives de réparation sans résultat faites à Constantinople même, de regagner les bassins de Toulon pour faire rétablir l'aplomb de son moteur.

La flotte anglaise comptait huit vaisseaux à voiles, dont trois de cent vingt canons : le *Britania*, au mât duquel l'amiral Dundas avait arboré son étamine de commandement ; le *Queen*, battant le pavillon du contre-amiral Lyons, et le *Trafalgar* ; quatre de quatre-vingt-dix : l'*Albion*, le *London*, le *Rodney*, la *Vengeance*, et un de quatre-vingts, le *Bellérophon* ; plus deux vaisseaux à hélice : l'*Agamemnon*, de quatre-vingt-dix bouches à feu, et *le Sans-Pareil*, de soixante-dix ; une frégate à voiles de cinquante, et neuf bateaux à vapeur de force inférieure : le *Firebrand*, le *Furious*, le *Fury*, le *Niger*, l'*Inflexible*, la *Retribution*, le *Sampson*, le *Terrible* et le *Tiger*.

De nouvelles difficultés vinrent encore suspendre l'appareillage de ces deux escadres au moment où l'on s'attendait à les voir mettre à la voile. Jusqu'à quel degré d'hostilité contre la Russie devait s'étendre la protection à accorder aux navires et aux rivages ottomans ? Devait-on renfermer cette protection dans les limites d'une intervention écartant tout conflit, mais laissant, en dehors des hostilités directes, toute liberté d'action aux deux marines ennemies ? Alors comment s'assurer qu'en l'absence des escadres tutélaires, dont les pavillons ne pouvaient flotter partout à la fois, un détachement de l'escadre russe ne capturerait pas quelques navires ottomans ou ne ravagerait pas quelques points du territoire turc ? Devait-on pousser cette protection jusqu'à l'hostilité contre les croiseurs ou les divisions de la flotte russe que l'on rencontrerait en mer ? Mais il n'y avait pas encore de déclaration de guerre faite par le cabinet des Tuileries au czar ou par le czar à la France. Les ambassadeurs regardèrent donc comme indispensable de réclamer de leurs gouvernements les instructions qui devaient être remises aux deux amiraux.

Ce retard vit se produire un nouvel incident qui redoubla la perplexité des esprits à Constantinople et sur les escadres. La diplomatie s'était remise à sa toile de Pénélope ; elle avait broché un protocole et une note collective avec l'étoupe de ses précédentes solutions. Ces pièces allaient-elles devenir le prétexte de nouvelles négociations et donner lieu à des intrigues de chancellerie, pendant que les baïonnettes se choqueraient sur les deux frontières ? C'étaient les prétentions des représentants de la France, de la Grande-Bretagne, de l'Autriche et de la Prusse, rassemblés à Vienne à l'effet de chercher les moyens d'aplanir le différend existant entre la Russie et la Sublime Porte. Ces plénipotentiaires exposaient d'abord, dans le protocole, que la guerre allumée entre les deux empires, malgré les efforts de leurs alliés, était devenue, pour l'Europe entière, l'objet de la préoccupation la plus sérieuse ; qu'en conséquence les empereurs de France et d'Autriche, la reine d'Angleterre et le roi de Prusse, dont les intérêts nationaux étaient menacés par la prolongation de cette guerre, avaient résolu d'offrir leurs bons offices aux deux hautes parties belligérantes, dans l'espoir qu'elles ne voudraient pas elles-mêmes encourir la responsabilité d'une conflagration, lorsque, par un échange de loyales explications, elles pouvaient encore la prévenir, *en replaçant leurs rapports sur un pied de paix et de bonne entente.*

Après avoir joint à cette considération générale les motifs de succès qu'une transaction honorable devait rencontrer dans les sentiments exprimés et dans les assurances données, à plusieurs reprises, par les deux puissances en lutte, ils ajoutaient que, dans leur conviction, le moyen le plus prompt et le plus sûr d'atteindre le but désiré par leurs cours était de faire conjointement une communication à la Sublime Porte pour lui exposer le vœu des puissances de contribuer, par leur intervention amicale, au rétablissement de la paix, et d'obtenir d'elle l'exposé des conditions auxquelles elle serait disposée à traiter.

Ils terminaient par ces mots : « Tel est le but de la note collective ci-jointe adressée au ministre des affaires étrangères du sultan, et des instructions identiques transmises en même temps, par les cours de France, d'Angleterre, de Prusse et d'Autriche, à leurs représentants à Constantinople. »

Voici cette note :

« Les soussignés, représentants de l'Autriche, de la France, de la Grande-Bretagne et de la Prusse, réunis en conférence à Vienne, ont reçu des instructions à l'effet de déclarer que leurs gouvernements respectifs envisagent avec un profond regret le commencement des hostilités entre la Russie et la Porte, et désirent vivement, en intervenant entre les puissances belligérantes, éviter toute nouvelle effusion du sang et mettre un terme à un état de choses qui menace sérieusement la paix de l'Europe.

« La Russie ayant donné l'assurance qu'elle était disposée à traiter, et les soussignés ne doutant pas que la Porte ne soit animée du même esprit, ils demandent, au nom de leurs gouvernements respectifs, d'être informés des conditions auxquelles le gouvernement ottoman consentirait à négocier un traité de paix. »

Cette pièce, datée du 5 décembre, avait été, par conséquent, délibérée et signée avant que l'on eût eu connaissance à Vienne de la catastrophe de Sinope. Elle n'en était pas moins une des élucubrations inexplicables sorties de ce congrès fébricitant que la peur de la guerre ballotta de déceptions en déceptions, jusqu'à ce qu'il s'évanouît dans une déception suprême. Que demandait-elle à la Porte qu'elle n'eût proclamé dans vingt documents, par la bouche de son ministère, par celle de son haut conseil, par celle enfin de son jeune sultan ? Toutes les concessions que lui permettait l'honneur ottoman, elle les avait faites et offrait encore de les accorder ; ce qu'elle ne voulait pas et ne pouvait vouloir, c'était s'imposer, par un traité conclu avec une puissance étrangère, des concessions spontanées dont cette puissance eût eu dès lors à surveiller et à contrôler l'application dans l'empire turc. Le divan ne pouvait que déclarer, comme il le fit, sa pleine disposition à traiter sur les bases qu'il avait antérieurement posées, rejetant toutefois la condition d'un armistice, qui eût trop profondément affecté ses intérêts.

Une dépêche du ministre des affaires étrangères de la France à son ambassadeur auprès de la Porte ottomane dissipa l'incertitude de la situation et calma l'agitation des esprits. Cette dépêche, en date du 13 décembre, donnait l'autorisation à la flotte française de franchir le canal de Constantinople, et indiquait, comme l'opération à laquelle elle semblait naturellement appelée à concourir, le ravitaillement des places et des armées ottomanes en Asie par la flotte turque. La destruction de l'escadrille ottomane mouillée dans la baie de Sinope était non-seulement aux yeux du ministre une justification de cet acte de protection, mais elle en faisait un rigoureux devoir, un devoir d'honneur aux puissances dont les forces navales se trouvaient dans le Bosphore au moment du désastre. Il ajoutait même que l'adhésion de la Turquie à la note émanée de la conférence de Vienne ne devrait pas arrêter cette démonstration. Cette déclaration fut complétée, vers la fin de décembre, par une autre dépêche trop importante pour que nous n'en donnions pas le texte :

GÉNÉRAL,

« Animé du désir d'apaiser un différend qui, s'il concernait d'un côté les droits souverains du sultan, de l'autre touchait à la conscience de S. M. l'empereur Nicolas, le gouvernement de Sa Majesté Impériale, d'accord avec celui de S. M. Britannique, a recherché avec soin le moyen de concilier les intérêts à la fois si délicats et si complexes qui s'y trouvaient engagés. Le cabinet de Saint-Pétersbourg ne peut avoir oublié le zèle et la loyauté que nous avons mis à remplir cette tâche si difficile ; il ne saurait davantage disconvenir que la résistance de la Porte à accéder à un premier plan de transaction émané de la conférence de Vienne, n'a pas été la seule cause de notre insuccès.

« Pendant le cours de ces diverses négociations, des faits graves s'étaient produits : une armée russe avait franchi le Pruth et envahi, en pleine paix, deux provinces de l'empire ottoman. Les escadres de France et d'Angleterre avaient dû se rapprocher des Dardanelles, et, dès cette époque, si le gouvernement de Sa Majesté Impériale l'eût voulu, ces forces navales auraient mouillé dans les eaux de Constantinople. Cependant, s'il a jugé nécessaire d'établir son droit, ce n'a été, en quelque sorte, que pour faire ressortir davantage sa modération. La nature des rapports de la Russie avec la Sublime Porte était devenue trop anormale pour que l'état de guerre ne succédât point à l'état de paix, ou, pour mieux dire, il fallait que les choses reprissent leur véritable nom, et que l'agression dont le territoire turc avait été l'objet produisît ses conséquences. Ce changement dans la situation a nécessité un nouveau mouvement de notre escadre, et, à la demande du sultan, le pavillon français a paru dans le Bosphore en même temps que le pavillon britannique.

« Toutefois, général, nous n'avions pas renoncé à l'espoir d'un arrangement, et, d'accord avec l'Autriche et la Prusse, comme déjà nous l'étions avec l'Angleterre, nous poursuivions encore un but pacifique. Des propositions nouvelles, au succès desquelles nous ne cesserons d'employer nos efforts, ont été adressées à la Porte par les représentants des quatre puissances.

« Aucun traité conclu avec la Russie n'interdisait à nos vaisseaux de guerre la navigation de la mer Noire. Le traité du 13 juillet 1841, en fermant en temps de paix les passages des Dardanelles et du Bosphore, réservait au sultan la faculté de les ouvrir en temps de guerre, et du jour où Sa Hautesse nous avait laissé le libre accès des détroits, celui de l'Euxin nous était légalement acquis. Les mêmes motifs qui nous avaient retenus si longtemps dans la baie de Besika arrêtaient notre escadre dans la rade de Beïkos. Le gouvernement de Sa Majesté Impériale avait à cœur de témoigner jusqu'au bout des sentiments d'amitié qu'il professe pour la Russie, et de rejeter aux yeux du monde la responsabilité d'une aggravation dans un état de choses que tous ses ménagements n'étaient point parvenus à modifier. Il se plaisait à penser, d'ailleurs, d'après le contenu de vos plus récentes dépêches, que le cabinet de Saint-Pétersbourg, satisfait d'une prise de possession qu'il considérait comme un gage, ne prendrait nulle part l'offensive dans la lutte qu'il a si malheureusement commencée avec la Turquie. Il nous paraissait suffire que la présence de notre pavillon dans les eaux de Constantinople attestât notre ferme intention de protéger cette capitale contre un danger soudain, et nous ne voulions pas que son apparition prématurée dans des parages plus rapprochés du territoire russe risquât de passer pour une provocation.

« L'état de guerre rendait sans doute une collision possible sur mer comme sur terre entre les parties belligérantes; mais nous avions été autorisés à croire que notre réserve serait imitée par la Russie, et que ses amiraux éviteraient avec le même soin que les nôtres les occasions d'une rencontre, en s'abstenant de procéder à des mesures d'agression dans des limites où, si nous avions pu supposer le cabinet de Saint-Pétersbourg animé d'intentions différentes, notre escadre aurait certainement exercé une surveillance plus active.

« L'événement de Sinope, général, s'est donc produit en dehors de toutes nos prévisions, et ce fait déplorable modifie également l'attitude que nous aurions désiré garder.

« L'accord qui s'est opéré récemment à Vienne entre la France, l'Autriche, l'Angleterre et la Prusse a établi le caractère européen du différend qui existe entre la Russie et la Porte. Les quatre cours ont solennellement reconnu que l'intégrité territoriale de l'empire ottoman était une des conditions de leur équilibre politique. L'occupation de la Moldavie et de la Valachie constitue une première atteinte à cette intégrité, et il n'est pas douteux que les chances de la guerre ne puissent encore l'entamer davantage. M. le comte de Nesselrode, il y a quelques mois, représentait comme une compensation nécessaire à ce qu'il appelait dès lors notre *occupation maritime* l'envahissement des principautés du Danube. A notre tour, général, nous croyons qu'il est devenu indispensable de mesurer nous-mêmes l'étendue de la compensation à laquelle nous donnent droit et notre titre de puissance intéressée à l'existence de la Turquie et les positions militaires déjà prises par l'armée russe. Il nous faut un gage qui nous assure le rétablissement de la paix en Orient à des conditions qui ne changent pas la distribution des forces respectives des grands États de l'Europe.

« Le gouvernement de Sa Majesté Impériale et le gouvernement de Sa Majesté Britannique ont en conséquence décidé que leurs escadres entreraient dans la mer Noire et combineraient leurs mouvements de façon à empêcher le territoire ou le pavillon ottoman d'être en butte à une nouvelle attaque de la part des forces navales de la Russie. MM. les vice-amiraux Hamelin et Dundas vont recevoir l'ordre de communiquer à qui de droit l'objet de leur mission, et nous nous plaisons à espérer que cette démarche loyale préviendra des conflits que nous ne verrions éclater qu'avec le plus vif regret. Le gouvernement de l'empereur, je le répète, n'a qu'un but, celui de contribuer à opérer, à des conditions honorables, un rapprochement entre les deux parties belligérantes; et si les circonstances l'obligent à se prémunir contre des éventualités redoutables, il conserve la confiance que le cabinet de Saint-Pétersbourg, qui a donné de si nombreux exemples de sa sagesse, ne voudra pas exposer l'Europe, à peine remise de ses secousses, à des épreuves que la haute raison des souverains a su lui épargner depuis de si longues années.

« Je vous autorise à donner lecture de cette dépêche à M. le comte de Nesselrode.

« Drouyn de Lhuys. »

Les amiraux reçurent leurs instructions le 1ᵉʳ janvier 1854. L'entrée des escadres dans la mer Noire fut fixée au 3, à six heures du matin; ni l'obscurité de la nuit encore épaissie par l'état nuageux du ciel, ni la pluie tombant par fréquentes et battantes averses, ne purent empêcher une foule impatiente et avide de se porter sur tous les points d'où l'on pouvait découvrir les escadres éclairées par leurs fanaux. Le mouvement réel de l'appareillage ne commença qu'au lever du jour; la foule le salua de ses acclamations enthousiastes.

Ce fut l'escadre française qui s'ébranla la première et forma sa ligne, le *Henri IV* en tête, remorqué par un bateau à vapeur. Le vent soufflait du sud-ouest, grand frais; nos bâtiments, secondés par cette impulsion puissante, attaquèrent vivement le courant du Bosphore, que la plupart, cependant, ne parvinrent à refouler et à franchir qu'à l'aide de steamers dont ils secondaient la traction par la puissance de leur voilure. Le *Valmy*, seul, resta sur ses ancres, qu'il ne devait lever que le lendemain.

L'escadre britannique effectua presque simultanément son évolution, et ses nombreux vapeurs lui apportèrent un puissant concours; seul, le *Queen*, larguant ses voiles, que gonfla la brise, dépassa la ligne anglaise, et montant le canal, entra fièrement dans la mer Noire, sans avoir eu besoin de remorqueur.

Le passage du vent au sud-est vint subitement, vers une heure de l'après-midi, contrarier cette opération difficile; une partie des deux escadres ne put atteindre les eaux de l'Euxin le jour même; ce ne fut que dans la journée du 6 qu'elles prirent en réalité possession de la mer Noire. La flottille à vapeur turque — le *Medjidié*, le *Fetzi-Bahri*, le *Mahbiri-Susuz*, le *Saïdi-Chadi* et le *Chehper*, — ne parvint que ce jour à remonter le canal; or, c'était elle que les forces alliées allaient escorter jusqu'à Batoum et à Chekvetil, où elle transportait des troupes, des munitions et des vivres. La flottille et les deux escadres réunies se formèrent en convoi et suivirent à petite distance les côtes âpres et désolées que forment les derniers contreforts des montagnes de la Bythinie, puis celles du Pont.

Pendant que la flottille turque sillonnait les eaux méridionales de la mer Noire sous la puissante protection des escadres française et anglaise, une corvette à vapeur britannique cinglait vers Sébastopol, ayant à son bord deux officiers parlementaires, l'un Français, l'autre Anglais, chargés de remettre au prince Menschikoff, gouverneur de la Crimée, des dépêches du général Baraguay-d'Hilliers et de lord Redcliffe, ambassadeurs de France et d'Angleterre à Constantinople : cette dépêche était littéralement la même, sauf les noms des deux diplomates qui l'avaient écrite, et ceux de leurs gouvernements; la voici :

Au gouverneur de Sébastopol.

« Conformément aux ordres de mon gouvernement, l'escadre anglaise (française), de concert avec celle de France (d'Angleterre), est sur le point de faire son apparition dans la mer Noire. Ce mouvement a pour objet de protéger le territoire ottoman contre toute agression ou acte hostile.

« J'en informe Votre Excellence afin d'empêcher toute collision tendant à troubler les relations amicales existant entre nos gouvernements, relations que je désire conserver, et que, sans nul doute, Votre Excellence a non moins à cœur de maintenir.

« Je serais, en conséquence, heureux d'apprendre que Votre Excellence, animée de ces dispositions, a jugé utile de donner à l'amiral commandant les forces russes les instructions nécessaires pour prévenir tout incident de nature à troubler la paix.

« REDCLIFFE. — BARAGUAY-D'HILLIERS. »

Cette lettre était loin de répondre et à la gravité des circonstances et à la dignité des deux puissances dont les représentants l'avaient signée. Bien au-dessous des dépêches ministérielles pour la fermeté, son caractère de faiblesse était son défaut le plus excusable; le plus grave, à coup sûr, était son manque de franchise. Pourquoi, en effet, n'osait-elle pas dessiner, en traits précis, l'attitude qu'entendaient prendre les alliés de la Turquie? pourquoi laisser aux communications verbales des deux officiers parlementaires ce qui constituait le point essentiel de l'intimation que l'on faisait à la Russie : l'ordre de ne laisser sortir ni son escadre, ni divisions navales ni croiseurs, si elle ne voulait pas voir les flottes occidentales les forcer de rentrer dans le port le plus voisin? N'était-ce pas laisser croire à la Russie que l'on avait honte ou crainte de s'exprimer avec franchise? Pourquoi encore ne pas avouer clairement l'objet de l'expédition des forces navales de la France et de l'Angleterre dans la mer Noire; ne pas reconnaître que le but qu'allait remplir le convoi turc était le ravitaillement des places et des troupes ottomanes en Asie, et que c'était cette opération de guerre que l'on était venu protéger?

N'était-ce pas donner à la diplomatie russe un motif de récrimination dont elle eût pu s'armer contre la dignité de notre conduite, dans ses notes ultérieures, motif qui lui échappa, il faut le reconnaître, mais dont elle aurait pu tirer parti? En voyant le général Baraguay-d'Hilliers appelé à remplacer M. de Lacour, on avait compris que le gouvernement français faisait sentir que l'épée de Brennus pouvait entrer dans la pondération des intérêts en litige; on ne concevait plus l'importance du changement qu'en admettant une influence toute-puissante de lord Redcliffe sur son collègue.

Les officiers chargés de cette mission surent, du moins, la relever par l'habileté, peut-être excessive, et la résolution avec lesquelles ils la remplirent. Sébastopol n'était alors que très-imparfaitement connue; les renseignements recueillis par le ministère français et l'amirauté britannique étaient contradictoires sur les points les plus graves, et toutes les sources d'où ils provenaient étaient justement suspectes, soit d'exagération sincère, soit d'inexactitude calculée. Le désir et le dessein du commandant de la *Retribution*, sir Drummond, étaient de recueillir tous les éléments d'une connaissance complète de cet arsenal méridional de la marine russe. L'obstacle à surmonter était de triompher de la vigilance avec laquelle les officiers de cette place veillaient à ce qu'on ne pût pénétrer ce qu'elle avait de mystérieux. Le commodore anglais calcula la marche de son steamer de manière à arriver devant Sébastopol à cette heure où le brouillard, qui dans les matinées d'hiver enveloppe presque constamment les côtes de Crimée, flotte encore sur la mer, tout en perdant graduellement son opacité. Le temps sembla vouloir seconder ce projet; le vent était tombé, une température douce et humide, une atmosphère vaporeuse avaient succédé à ses vives rafales. On arriva, vers sept heures du matin, en vue des hautes falaises de cette inhospitalière Chersonèse taurique; tout fut préparé à bord de la *Retribution* pour l'accomplissement de la reconnaissance détaillée que l'on méditait : les daguerréotypes, les quarts de cercle, les compas et les crayons; à huit heures, la frégate parlementaire, dépassant les batteries de la Quarantaine, donnait à toute vapeur dans la passe resserrée entre la tour Constantin et le fort Alexandre; elle avait atteint le milieu de la baie avant qu'un coup de canon lui intimât l'ordre de s'arrêter. Le commodore Drummond fit stopper aussitôt, et laissa immédiatement tomber ses ancres.

Un canot russe se détacha de la côte, et vint déclarer au capitaine anglais qu'il était expressément interdit à tout bâtiment de guerre étranger de pénétrer dans cette rade, sous quelque prétexte que ce pût être, qu'il eût donc à se retirer de suite. Sir Drummond offrit ses excuses à l'officier, invoquant, pour sa justification, son ignorance des règlements locaux, et protestant de son empressement à s'y soumettre.

Les officiers à qui le commandant avait confié la réalisation de son projet n'avaient pas perdu un seul instant pour le mettre à exécution. Ce qui favorisa puissamment leurs opérations, ce fut justement la mesure adoptée pour prévenir un tel résultat; c'est au moyen de règlements sanitaires d'une excessive rigueur que les Russes sont toujours parvenus à interdire l'entrée du port de Sébastopol aux navires de guerre étrangers; or, ce fut en se montrant esclave aveugle de ces règlements que l'officier russe, *arraisonnant* de son embarcation le capitaine anglais, permit d'exécuter, avec toute commodité, ces travaux de reproduction et de relèvement, qu'eût singulièrement contrariés, sinon empêchés, sa présence à bord de la corvette.

Conformément à l'assurance qu'il en avait donnée, le commodore Drummond affecta de mettre le plus vif empressement à faire sortir son bâtiment de la rade; ses marins déployèrent, par ses ordres, les mêmes semblants d'activité; et après plusieurs fausses manœuvres, la *Retribution* s'éloigna, aussi laborieusement que lentement, de ce port qui lui était absolument interdit, et où, grâce aux adroites protestations de son capitaine, elle avait pu séjourner plus d'une heure. Cette heure avait suffi aux habiles officiers chargés de ces délicates opérations, pour obtenir, soit la reproduction fidèle de l'ensemble de la rade, soit l'empreinte daguerrienne ou le dessin exact de chacune de ses parties : fortifications, ports, docks, bassins, escadres. Disons-le pourtant, quelle que pût être l'habileté que déploya, dans cette circonstance, l'état-major de la frégate anglaise, il nous est plus facile de la reconnaître que de l'approuver. N'était-ce pas en effet accomplir un acte de guerre à l'ombre inviolable du pavillon parlementaire, et donner, par conséquent, à la Russie tout motif légitime de suspecter en pareille circonstance la loyauté britannique?

L'amiral Menschikoff était en mer avec la majeure partie de la flotte russe ; les deux officiers parlementaires éprouvèrent les plus grandes difficultés à faire recevoir par le capitaine de port les deux lettres à l'adresse du prince. Il ne les prit à la fin que visiblement en proie à la plus profonde inquiétude d'engager sa responsabilité, soit par une acceptation, soit par un refus. La *Retribution* reprit la mer, et, s'enfonçant dans le Sud, elle courut porter aux amiraux sa riche conquête de dessins et de notes.

Les deux escadres avaient continué leur sillage le long des côtes d'Asie avec le convoi qui déposa successivement ses troupes et ses approvisionnements à Trebisonde, à Batoum et à Chekvetil. Là s'arrêta leur excursion dans l'Est : elles traversèrent les eaux qu'elles avaient déjà parcourues, puis vinrent jeter l'ancre dans la baie de Sinope.

C'était évidemment le point indiqué par sa situation et sa sûreté pour leur station habituelle, le point d'où elles eussent, en toute occasion, dominé la mer Noire. Située en face de Sébastopol, cette baie les mettait à même de se porter rapidement sur toutes les parties du littoral où l'ennemi eût pu diriger une menace ou un mouvement agressif, que c'eût été contre Varna, Constantinople ou Batoum.

Mais, après quelques jours passés dans cette baie profonde et dont le bassin formé par la nature offre les eaux calmes d'un port, l'amiral Dundas mit en doute sa sûreté, et exprima la pensée que nulle position n'était plus avantageuse et plus sûre pour l'hivernage que la rade de Beïkos. L'amiral Hamelin combattit fortement cette retraite qui semblait, aux yeux des nations attentives, clore une campagne stérile par un aveu d'impuissance. Il proposait pour station d'hiver Varna, à défaut de Sinope; et sur le refus formel de l'amiral anglais, il opinait alors pour qu'on tînt la mer. Lord Dundas resta inflexible dans sa résolution. Faire rentrer sa flotte dans le Bosphore, était, à son avis, une nécessité de prudence dont sa responsabilité ne lui permettait pas de se départir ; l'escadre française dut l'y suivre. Ce fut le 22, après dix-neuf jours de campagne, que les deux flottes vinrent jeter l'ancre dans les eaux paisibles de Beïkos, où l'immense kiosque construit par les ordres de Mehemet-Ali pour être offert au sultan, reflète ses murs élégants, mais inachevés.

Dans l'entrevue que les amiraux eurent avec leurs ambassadeurs, l'impossibilité où les deux officiers parlementaires avaient été de donner au prince

Menschikoff une explication verbale du sens et de la portée de la lettre qu'ils lui avaient remise, fit reconnaître aussitôt la nécessité d'adresser immédiatement au prince gouverneur une note interprétative et supplétive de la dépêche qui lui avait été remise. Cette nouvelle notification, en date du 24 janvier, assignait aux amiraux et commandants russes un délai de quinze jours pour faire rentrer tous leurs navires de guerre dans leurs ports. Le vapeur le *Fury* fut chargé de la porter à Sébastopol. Cette fois, les mesures étaient prises pour qu'on ne pût franchir les limites défendues : la corvette anglaise fut arrêtée en dehors même de la baie. Cette intimation donnée, les escadres laissèrent la mer Noire aux tempêtes et aux Russes jusqu'au retour des beaux jours.

Le czar, habitué par les prospérités d'un long règne à voir tout fléchir en Europe sous l'irrésistible influence dont la Russie était en possession depuis 1815, ne pouvait subir sans se roidir ce brusque revirement de fortune, qui forçait sa politique et sa puissance à se courber à leur tour sous les intimations des deux grandes puissances occidentales. Son ambassadeur à Paris, M. de Kisseleff, eut ordre de demander des explications au gouvernement français sur le caractère et la portée des ordres donnés à ses forces navales de l'Euxin. Dans la note que l'envoyé extraordinaire de S. M. l'empereur de Russie remit, le 26 janvier 1854, au ministre des affaires étrangères de France, ce diplomate, dépouillant le ton impérieux qu'avaient trop souvent pris les agents de la chancellerie russe, faisait observer que, si ces ordres avaient été motivés par le désir d'éloigner l'éventualité d'une collision entre les escadres russes et ottomanes, ce résultat ne pouvait être obtenu que par l'admission d'un principe de juste réciprocité.

Il en tirait cette double application : il fallait d'abord qu'il fût expressément entendu que la flotte ottomane eût désormais à s'abstenir de toute agression contre le pavillon et contre le territoire russes sur les côtes d'Europe et d'Asie; à cette condition, une égale sécurité serait acquise en faveur du pavillon et du littoral ottomans. En second lieu : dès que l'on permettait aux navires turcs de continuer sans obstacle à transporter d'un port à un autre des vivres, des munitions et des troupes, il fallait que la même liberté fût assurée aux bâtiments de la marine impériale russe sur le littoral d'Europe et d'Asie.

Il reconnaissait qu'une convention établie sur ce principe et impartialement exécutée aurait pour résultat de suspendre de fait les hostilités sur mer entre les parties belligérantes; il invitait le ministre à qui cette note était adressée, à lui faire connaître si les intentions du gouvernement français étaient d'accord sur ces points avec celles du cabinet impérial de Saint-Pétersbourg.

La réponse de M. Drouyn de Lhuys fut d'une fermeté qui, écartant tous les voiles dont la diplomatie avait jusqu'alors trop souvent enveloppé sa pensée dans ce grave conflit, ne laissait flotter aucune incertitude sur les intentions des deux gouvernements:

M. Drouyn de Lhuys à M. de Kisseleff.

« Paris, 1ᵉʳ février 1854.

« Le soussigné, ministre secrétaire d'Etat au département des affaires étrangères, s'est empressé de placer sous les yeux de S. M. l'empereur la note que M. de Kisseleff, envoyé extraordinaire et ministre plénipotentiaire de S. M. l'empereur de Russie, lui a fait l'honneur de lui adresser en date du 26 du mois dernier.

« Le gouvernement de Sa Majesté Impériale avait pensé que la communication dont M. le général marquis de Castelbajac s'était rendu l'organe auprès de S. Exc. M. le comte de Nesselrode ne devait pas laisser de doute sur ses intentions; mais, puisque le cabinet de Saint-Pétersbourg a jugé nécessaire de provoquer à ce sujet de nouvelles explications, l'empereur, mon auguste souverain, m'a ordonné de les lui fournir avec la plus entière loyauté.

« L'escadre française n'est entrée dans la mer Noire que lorsque des faits sur la gravité desquels il n'y avait malheureusement plus à se méprendre ont révélé les dangers que courait l'existence d'un empire dont la conservation est nécessaire à celle de l'équilibre européen. Le gouvernement de Sa Majesté Impériale a, en conséquence, voulu, par l'interposition de ses forces navales, arrêter, autant qu'il dépendait de lui, le cours d'une guerre qu'il n'avait vu éclater qu'avec le plus profond regret, et que ses efforts les plus sincères avaient vainement tenté de conjurer.

« M. le vice-amiral Hamelin a reçu, dans ce but tout pacifique, l'ordre de mettre le territoire et le pavillon ottomans à l'abri des attaques dont ils pourraient encore devenir l'objet, en faisant rentrer les navires russes rencontrés en mer dans le port russe le plus voisin, et d'empêcher, en même temps, que les vaisseaux turcs ne dirigent aucune agression contre le littoral de l'empire russe. Ces bâtiments ne doivent être employés qu'au ravitaillement des côtes de la Roumélie et de l'Anatolie, c'est-à-dire contribuer seulement à la défense de la Turquie menacée dans l'intégrité de son territoire et dans ses droits de souveraineté par l'occupation de deux de ses provinces, et par le déploiement d'un appareil maritime et militaire hors de proportion avec les ressources dont elle dispose elle-même.

« C'est de cette différence caractéristique dans les positions respectives que le gouvernement de Sa Majesté Impériale a tenu compte, lorsqu'il a transmis au commandant en chef de ses forces navales les instructions au sujet desquelles de plus amples informations lui sont demandées; et il n'aurait pu interdire, d'une façon absolue, au pavillon ottoman la navigation de la mer Noire, sans affaiblir encore les moyens de défense déjà insuffisants de la Sublime Porte.

« Le soussigné ne voit pas qu'une telle attitude soit en contradiction avec les sentiments d'amitié que le gouvernement de Sa Majesté Impériale professe pour la Russie, et il déclare hautement qu'elle ne lui a été inspirée que par le vif désir de coopérer au rétablissement de la paix entre les deux parties belligérantes à des conditions proposées par l'une d'elles et soumises à l'autre, après avoir reçu la sanction des grandes puissances de l'Europe.

« Le soussigné profite de l'occasion pour offrir à M. de Kisseleff l'assurance de sa haute considération.

« DROUYN DE LHUYS. »

Après une réponse aussi catégorique, l'ambassadeur de Russie ne pouvait qu'accepter dans toute sa rigueur, au nom de son maître, l'arbitrage définitif

Garde impériale.
Cuirassiers (Sous-Lieutenant).
1854.

des puissances occidentales ou demander ses passe-ports, et suspendre, sinon rompre tous rapports diplomatiques avec le cabinet français : ce fut ce dernier parti qu'il adopta. La lettre qu'il fit parvenir le 4 février à M. le ministre des relations extérieures déclarait que la réponse du gouvernement français ne satisfaisait pas aux conditions de juste réciprocité dont l'empereur de Russie avait fait la proposition comme règle de ses rapports avec la Turquie. Après avoir fait observer que cette proposition, tout en ayant pour effet de restreindre les calamités de la guerre, avait pour objet encore d'offrir à la France une nouvelle preuve du désir constant de l'empereur Nicolas d'éloigner de ses relations avec elle tout motif de mésintelligence, M. de Kisseleff exprimait le regret que l'esprit de bienveillance qui avait dicté cette communication n'eût pas rencontré des intentions également conciliantes. Reprenant donc l'accent de fierté habituelle à la diplomatie russe, il déclarait que sa ligne de conduite était tracée par un sentiment profond de respect pour la dignité du souverain qu'il avait l'honneur de représenter ; que, fidèle à ses devoirs, il ne saurait admettre que le gouvernement français, en paix avec la Russie, prétendît entraver la liberté des communications que la marine impériale était chargée d'entretenir entre les ports russes, tandis que la marine ottomane transportait des troupes d'un port à un autre sous la protection de l'escadre française ; que cette distinction était contraire aux règles du droit public comme aux égards mutuellement observés entre puissances amies; qu'en conséquence, il se voyait dans la nécessité de suspendre les rapports qu'il avait entretenus avec le gouvernement français. Il avait donc l'honneur de notifier à M. le ministre secrétaire d'État au département des affaires étrangères qu'il allait quitter Paris, accompagné du personnel de l'ambassade, et se rendre en Allemagne jusqu'à nouvel ordre.

La rupture était donc opérée. Le ton calme et modéré de sa précédente note avait fait espérer que la diplomatie russe eût trouvé, avec l'habileté qui la distingue dans les circonstances difficiles, un expédient pour échapper à cette détermination décisive. Cet espoir n'était pas encore évanoui : il était suspendu à une ouverture directe que l'empereur des Français avait faite à l'empereur de Russie. La question se trouvait ainsi subitement enlevée à l'arène fiévreuse des débats diplomatiques, et placée dans la sphère calme des relations entre souverains. C'est là un incident trop grave pour que l'histoire n'en doive pas recueillir les monuments. Voici les lettres qu'échangèrent les deux empereurs.

Palais des Tuileries, le 29 janvier 1854.

« Sire,

« Le différend qui s'est élevé entre Votre Majesté et la Porte Ottomane en est venu à un tel point de gravité, que je crois devoir expliquer moi-même directement à Votre Majesté la part que la France a prise dans cette question, et les moyens que j'entrevois d'écarter les dangers qui menacent le repos de l'Europe.

« La note que Votre Majesté vient de faire remettre à mon gouvernement et à celui de la reine Victoria tend à établir que le système de pression adopté dès le début par les deux puissances maritimes a seul envenimé la question. Elle aurait, au contraire, ce me semble, continué à demeurer une question de cabinet, si l'occupation des Principautés ne l'avait transportée tout à coup du domaine de la discussion dans celui des faits. Cependant les troupes de Votre Majesté une fois entrées en Valachie, nous n'en avons pas moins engagé la Porte à ne pas considérer cette occupation comme un cas de guerre, témoignant ainsi notre extrême désir de conciliation. Après m'être concerté avec l'Angleterre, l'Autriche et la Prusse, j'ai proposé à Votre Majesté une note destinée à donner une satisfaction commune : Votre Majesté l'a acceptée. Mais à peine étions-nous avertis de cette bonne nouvelle, que son ministre, par des commentaires explicatifs, en détruisait tout l'effet conciliant, et nous empêchait par là d'insister à Constantinople sur son adoption pure et simple. De son côté, la Porte avait proposé au projet de note des modifications que les quatre puissances représentées à Vienne ne trouvèrent pas inacceptables. Elles n'ont pas eu l'agrément de Votre Majesté. Alors la Porte, blessée dans sa dignité, menacée dans son indépendance, obérée par les efforts déjà faits pour opposer une armée à celle de Votre Majesté, a mieux aimé déclarer la guerre que de rester dans cet état d'incertitude et d'abaissement. Elle avait réclamé notre appui ; sa cause nous paraissait juste : les escadres anglaise et française reçurent l'ordre de mouiller dans le Bosphore.

« Notre attitude vis-à-vis de la Turquie était protectrice, mais passive. Nous ne l'encouragions pas à la guerre. Nous faisions sans cesse parvenir aux oreilles du sultan des conseils de paix et de modération, persuadés que c'était le moyen d'arriver à un accord, et les quatre puissances s'entendirent de nouveau pour soumettre à Votre Majesté d'autres propositions. Votre Majesté, de son côté, montrant le calme qui naît de la conscience de sa force, s'était bornée à repousser, sur la rive gauche du Danube comme en Asie, les attaques des Turcs, et avec la modération digne du chef d'un grand empire, elle avait déclaré qu'elle se tiendrait sur la défensive. Jusque-là, nous étions donc, je dois le dire, spectateurs intéressés, mais simples spectateurs de la lutte, lorsque l'affaire de Sinope vint nous forcer à prendre une position plus tranchée. La France et l'Angleterre n'avaient pas cru utile d'envoyer des troupes de débarquement au secours de la Turquie. Leur drapeau n'était donc pas engagé dans les conflits qui avaient lieu sur terre. Mais sur mer, c'était bien différent. Il y avait à l'entrée du Bosphore trois mille bouches à feu dont la présence disait assez haut à la Turquie que les deux premières puissances maritimes ne permettraient pas de l'attaquer sur mer. L'événement de Sinope fut pour nous aussi blessant qu'inattendu ; car peu importe que les Turcs aient voulu ou non faire passer des munitions de guerre sur le territoire russe. En fait, des vaisseaux russes sont venus attaquer des bâtiments turcs dans les eaux de la Turquie et mouillés tranquillement dans un port turc ; ils les ont détruits, malgré l'assurance de ne pas faire une guerre agressive, malgré le voisinage de nos escadres. Ce n'était plus notre politique qui recevait là un échec, c'était notre honneur militaire. Les coups de canon de Sinope ont retenti douloureusement dans le cœur de tous ceux qui, en Angleterre et en France, ont un vif sentiment de la dignité nationale. On s'est écrié d'un commun accord : Partout où nos canons peuvent atteindre, nos alliés doivent être respectés. De là l'ordre donné à nos escadres d'entrer dans la mer Noire, et d'empêcher par la force, s'il le fallait, le retour d'un semblable événement. De là la notification collective envoyée au cabinet de Saint-Pétersbourg pour lui annoncer que, si nous empêchions les Turcs de porter une guerre agressive sur les côtes appartenant à la Russie, nous protégerions le ravitaillement de leurs troupes sur leur propre territoire. Quant à la flotte russe, en lui interdisant la navigation de la mer Noire, nous la placions dans des conditions différentes, parce qu'il importait, pendant la durée de la guerre, de conserver un gage qui pût être l'équivalent des parties occupées du territoire turc et faciliter la conclusion de la paix, en devenant le titre d'un échange désirable.

« Voilà, Sire, la suite réelle et l'enchaînement des faits. Il est clair qu'arrivés à ce point, ils doivent amener promptement ou une entente définitive, ou une rupture décidée.

« Votre Majesté a donné tant de preuves de sa sollicitude pour le repos de l'Europe, elle y a contribué si puissamment par son influence bienfaisante contre l'esprit de désordre, que je ne saurais douter de sa résolution dans l'alternative qui se présente à son choix. Si Votre Majesté désire autant que moi une conclusion pacifique, quoi de plus simple que de déclarer qu'un armistice sera signé aujourd'hui, que les choses reprendront leur cours diplomatique, que toute hostilité cessera, et que toutes les forces belligérantes se retireront des lieux où des motifs de guerre les ont appelées?

« Ainsi les troupes russes abandonneraient les Principautés, et nos escadres la mer Noire. Votre Majesté préférant traiter directement avec la Turquie, elle nommerait un ambassadeur qui négocierait avec un plénipotentiaire du sultan une convention qui serait soumise à la conférence des quatre puissances. Que Votre Majesté adopte ce plan sur lequel la reine d'Angleterre et moi sommes parfaitement d'accord : la tranquillité est rétablie et le monde satisfait. Rien en effet dans ce plan qui ne soit digne de Votre Majesté; rien qui puisse blesser son honneur. Mais si, par un motif difficile à comprendre, Votre Majesté opposait un refus, alors la France comme l'Angleterre seraient obligées de laisser au sort des armes et au hasard de la guerre ce qui pourrait être décidé aujourd'hui par la raison et par la justice.

« Que Votre Majesté ne pense pas que la moindre animosité puisse entrer dans mon cœur; il n'éprouve d'autres sentiments que ceux exprimés par Votre Majesté elle-même dans sa lettre du 17 janvier 1853, lorsqu'elle m'écrivait : « Nos relations doivent être sincèrement amicales; reposer sur les mê-
« mes intentions : maintien de l'ordre, amour de la paix, respect des traités
« et bienveillance réciproque. » Ce programme est digne du souverain qui le traçait, et, je n'hésite pas à l'affirmer, j'y suis resté fidèle.

« Je prie Votre Majesté de croire à la sincérité de mes sentiments, et c'est dans ces sentiments que je suis,

« SIRE,

« De Votre Majesté, le bon ami,

« NAPOLÉON. »

La réponse de l'empereur Nicolas, que l'on va lire, dissipait la dernière espérance de paix et remettait la solution du conflit à la décision des armes.

Saint-Pétersbourg (28 janvier) 9 février 1854.

« Sire,

« Je ne saurais mieux répondre à Votre Majesté qu'en répétant, puisqu'elles m'appartiennent, les paroles par lesquelles sa lettre se termine : « Nos rela-
« tions doivent être sincèrement amicales et reposer sur les mêmes inten-
« tions : maintien de l'ordre, amour de la paix, respect des traités et bien-
« veillance réciproque. » En acceptant, dit-elle, ce programme, tel que je l'avais moi-même tracé, elle affirme y être restée fidèle. J'ose croire et ma conscience me dit que je ne m'en suis pas écarté.

« Car, dans l'affaire qui nous divise et dont l'origine ne vient pas de moi, j'ai toujours cherché à maintenir des relations bienveillantes avec la France; j'ai évité avec le plus grand soin de me rencontrer sur ce terrain avec les intérêts de la religion que Votre Majesté professe; j'ai fait au maintien de la paix toutes les concessions de fond et de forme que mon honneur me rendait possibles, et en réclamant pour mes coreligionnaires de Turquie la confirmation des droits et priviléges qui leur ont été acquis depuis longtemps au prix du sang russe, je n'ai demandé autre chose que ce qui découlait des traités.

« Si la Porte avait été laissée à elle-même, le différend qui tient en suspens l'Europe eût été depuis longtemps aplani. Une influence fatale est seule venue se jeter à la traverse. En provoquant des soupçons gratuits, en exaltant le fanatisme des Turcs, en égarant leur gouvernement sur mes intentions et la vraie portée de mes demandes, elle a fait prendre à la question des proportions si exagérées que la guerre en a dû sortir.

« Votre Majesté me permettra de ne point m'étendre trop en détail sur les circonstances exposées à son point de vue particulier, dont sa lettre présente l'enchaînement. Plusieurs actes de ma part, peu exactement appréciés, suivant moi, et plus d'un fait interverti, nécessiteraient, pour être rétablis tels au moins que je les conçois, de longs développements qui ne sont guère propres à entrer dans une correspondance de souverain à souverain.

« C'est ainsi que Votre Majesté attribue à l'occupation des Principautés le tort d'avoir subitement transporté la question du domaine de la discussion dans celui des faits. Mais elle perd de vue que cette occupation, purement éventuelle encore, a été devancée et en grande partie amenée par un fait antérieur fort grave, celui de l'apparition des flottes combinées dans le voisinage des Dardanelles, outre que déjà bien auparavant, quand l'Angleterre hésitait encore à prendre contre la Russie une attitude comminatoire, Votre Majesté avait la première envoyé sa flotte jusqu'à Salamine.

« Cette démonstration blessante annonçait certes peu de confiance en moi. Elle devait encourager les Turcs et paralyser d'avance le succès des négociations, en leur montrant la France et l'Angleterre prêtes à soutenir leur cause à tout événement.

« C'est encore ainsi que Votre Majesté attribue aux commentaires explicatifs de mon cabinet sur la note de Vienne l'impossibilité où la France et l'Angleterre se sont trouvées d'en recommander l'adoption à la Porte.

« Mais Votre Majesté peut se rappeler que nos commentaires ont suivi, et non précédé la non-acceptation pure et simple de la note, et je crois que les puissances, pour peu qu'elles voulussent sérieusement la paix, étaient tenues à réclamer d'emblée cette acceptation pure et simple, au lieu de permettre à la Porte de modifier ce que nous avions adopté sans changement.

« D'ailleurs, si quelques points de nos commentaires avaient pu donner matière à difficultés, j'en ai offert à Olmutz une solution satisfaisante, qui a paru telle à l'Autriche et à la Prusse. Malheureusement, dans l'intervalle, une partie de la flotte anglo-française était déjà entrée dans les Dardanelles sous prétexte d'y protéger la vie et les propriétés des nationaux anglais et français; et, pour l'y faire entrer tout entière sans violer le traité de 1841, il a fallu que la guerre nous fût déclarée par le gouvernement ottoman.

« Mon opinion est que, si la France et l'Angleterre avaient voulu la paix comme moi, elles auraient dû empêcher à tout prix cette déclaration de guerre, ou, la guerre une fois déclarée, faire au moins en sorte qu'elle restât dans les limites étroites que je désirais lui tracer sur le Danube, afin que je ne fusse pas arraché de force au système purement défensif que je voulais suivre. Mais du moment qu'on a permis aux Turcs d'attaquer notre territoire asiatique, d'enlever un de nos postes-frontières (même avant le terme fixé pour l'ouverture des hostilités), de bloquer Akhaltsik, et de ravager la province d'Arménie ; du moment qu'on a laissé la flotte turque libre de porter des troupes, des armes et des munitions de guerre sur nos côtes, pouvait-on raisonnablement espérer que nous attendrions patiemment le résultat d'une pareille tentative ? Ne devait-on pas supposer que nous ferions tout pour la prévenir ? L'affaire de Sinope s'en est suivie : elle a été la conséquence forcée de l'attitude adoptée par les deux puissances, et l'événement ne pouvait certes pas leur paraître *inattendu*. J'avais déclaré vouloir rester sur la défensive, mais avant l'explosion de la guerre, tant que mon honneur et mes intérêts me le permettraient, tant qu'elle resterait dans de certaines bornes.

« A-t-on fait ce qu'il fallait faire pour que ces bornes ne fussent pas dépassées ? Si le rôle de spectateur ou celui de médiateur même ne suffisait pas à Votre Majesté, et qu'elle voulût se faire l'auxiliaire armé de mes ennemis, alors, Sire, il eût été plus loyal et plus digne d'elle de me le dire franchement d'avance en me déclarant la guerre. Chacun alors eût connu son rôle. Mais nous faire un crime après coup de ce qu'on n'a rien fait pour empêcher, est-ce un procédé équitable? Si les coups de canon de Sinope ont retenti douloureusement dans le cœur de tous ceux qui, en France et en Angleterre, ont le vif sentiment de la dignité nationale, Votre Majesté pense-t-elle que la présence menaçante à l'entrée du Bosphore des trois mille bouches à feu dont elle parle et le bruit de leur entrée dans la mer Noire soient des faits restés sans écho dans le cœur de la nation dont j'ai à défendre l'honneur? J'apprends d'elle pour la première fois (car les déclarations verbales qu'on m'a faites ici ne m'en avaient encore rien dit) que, tout en protégeant le ravitaillement des troupes turques sur leur propre territoire, les deux puissances ont résolu de *nous interdire la navigation de la mer Noire*, c'est-à-dire apparemment le droit de ravitailler nos propres côtes. Je laisse à penser à Votre Majesté si c'est là, comme elle le dit, faciliter la conclusion de la paix, et si, dans l'alternative qu'on me pose, il m'est permis de discuter, d'examiner même un moment ses propositions d'armistice, d'évacuation immédiate des Principautés et de négociation avec la Porte d'une convention qui serait soumise à une conférence des quatre cours. Vous-même, Sire, si vous étiez à ma place, accepteriez-vous une pareille position? Votre sentiment national pourrait-il vous le permettre? Je répondrai hardiment que non. Accordez-moi donc, à mon tour, le droit de penser comme vous-même. Quoi que Votre Majesté décide, ce n'est pas devant la menace que l'on me verra reculer. Ma confiance est en Dieu et dans mon droit, et la Russie, j'en suis garant, saura se montrer en 1854 ce qu'elle fut en 1812.

« Si toutefois Votre Majesté, moins indifférente à mon honneur, en revient franchement à notre programme, si elle me tend une main cordiale, comme je la lui offre en ce dernier moment, j'oublierai volontiers ce que le passé peut avoir eu de blessant pour moi. Alors, Sire, *mais alors seulement*, nous pourrons discuter, et peut-être nous entendre. Que sa flotte se borne à empêcher les Turcs de porter de nouvelles forces sur le théâtre de la guerre; je promets volontiers qu'ils n'auront rien à craindre de mes tentatives. Qu'ils m'envoient un négociateur; je l'accueillerai comme il convient. Mes conditions sont connues à Vienne. C'est la seule base sur laquelle il me soit permis de discuter.

« Je prie Votre Majesté de croire à la sincérité des sentiments avec lesquels je suis,

« Sire,

« de Votre Majesté, le bon ami,

« Nicolas. »

Telles furent ces deux lettres qui annonçaient au monde une nouvelle crise dans ses destinées; on sentait se dégager de leur forme contenue le fluide qui devait produire l'explosion. L'empereur des Français avait parlé des trois mille bouches à feu prêtes à franchir le Bosphore sur l'essor de nos vaisseaux; le czar se redressait à cette menace et évoquait les souvenirs sinistres de 1812. La retraite de l'ambassade russe était donc une rupture définitive. La France et l'Angleterre ne pouvaient dès lors conserver avec la Russie des rapports diplomatiques qu'elle avait rompus elle-même. Leurs ambassadeurs auprès de la cour de Saint-Pétersbourg, le général de Castelbajac et lord Seymour, furent rappelés le 16 février. Ce ne fut cependant que le 27 mars que l'état de guerre entre la France et la Grande-Bretagne, protectrices de l'empire ottoman aux termes du traité de Londres, et la Russie, violatrice de ce traité, fut officiellement annoncé aux parlements des deux premiers pays.

L'épée était donc tirée : un mouvement belliqueux saisit aussitôt les deux nations qui allaient apporter dans la lutte déjà engagée sur des plages lointaines l'intervention décisive de leurs escadres et de leurs soldats. Des ordres furent immédiatement transmis aux commandants des divisions militaires ainsi qu'au gouverneur de l'Algérie ; pendant que les régiments appelés à faire partie de l'armée d'Orient mettent leurs bataillons sur le pied de guerre, d'autres se préparent à relever en Afrique l'élite de ces troupes formées au rude métier des combats par leurs batailles incessantes contre les Arabes, dans les montagnes et les déserts.

Un décret du 11 mars 1854 constitua ainsi le personnel de l'armée expéditionnaire et de ses divers services.

Le maréchal Saint-Arnaud, commandant en chef, avait pour aides de camp MM. le colonel Trochon, le lieutenant-colonel de Vaubert de Genlis, commandant de place, et le capitaine Boyer.

L'état-major général était formé de M. de Martimpré, général de brigade, chef d'état-major général ; de M. Jarras, lieutenant-colonel, sous-chef d'état-major général ; du colonel Lebœuf, commandant l'artillerie, du colonel Tripier, commandant le génie, et d'un détachement de gendarmerie.

L'armée était composée de trois divisions, dont une de réserve.

PREMIÈRE DIVISION.

Commandant : Canrobert, général de division.
Aides de camp : Cornely, chef d'escadron ; Debar, capitaine.
Chef d'état-major : Denis de Senneville, lieutenant-colonel.
Commandant de l'artillerie : Huguenet, chef d'escadron.
Commandant du génie : Sabatier, chef de bataillon.

1re BRIGADE D'INFANTERIE.

Commandant : Espinasse, général de brigade.
1er bataillon de chasseurs à pied : Tristan-Legros, chef de bataillon.
1er régiment de zouaves : Bourbaki, colonel.
7e régiment de ligne : de Picqueult de Lavarande, colonel.

2e BRIGADE D'INFANTERIE.

Commandant : Vinoy, général de brigade.
9e bataillon de chasseurs à pied : Nicolas, chef de bataillon.
20e régiment de ligne : de Failly, colonel.
27e régiment de ligne : Vergé, colonel.

2 batteries montées; 1 compagnie de sapeurs du génie; 1 détachement de gendarmerie.

DEUXIÈME DIVISION.

Commandant : Bosquet, général de division.
Aide de camp : Lallemand, chef d'escadron.
Chef d'état-major : de Cissey, colonel.
Commandant de l'artillerie : Lefrançois, chef d'escadron.
Commandant du génie : Dumas, chef de bataillon.

1re BRIGADE D'INFANTERIE.

Commandant : d'Autemaire, général de brigade.
Tirailleurs indigènes : Wimpffen, colonel.
3e régiment de zouaves : Tabouriech, colonel.
50e régiment de ligne : Trauërs, colonel.

2e BRIGADE D'INFANTERIE.

Commandant : Bouat, général de brigade.
Aide de camp : Clément, capitaine.
3e bataillon de chasseurs à pied : Duplessis, chef de bataillon.
7e régiment d'infanterie légère : Janin, colonel.
6e régiment de ligne : de Garderens de Boisse, colonel.

2 batteries montées; 1re compagnie de sapeurs du génie; 1 détachement de gendarmerie.

BRIGADE DE CAVALERIE.

Commandant : d'Allonville, général de brigade.
Aide de camp : de Serrioune, capitaine.
1er régiment de chasseurs d'Afrique : de Ferrabouc, colonel.
4e régiment de chasseurs d'Afrique : Coste de Champeron, colonel.
1er détachement de spahis.
1re batterie d'artillerie à cheval.

CORPS DE RÉSERVE.

Commandant : le prince Napoléon, général de division.
Faisant fonction de chef d'état-major : Desmarets, colonel, premier aide de camp.
Aides de camp : Ferri-Pisani, Roux et David.
2e régiment de zouaves : Cler, colonel.
22e régiment d'infanterie légère : Sol, colonel.
Régiment d'infanterie de marine.

RÉSERVES ET PARCS DE L'ARTILLERIE.

Commandant : Roujoux, lieutenant-colonel.
Adjoint : Soleille, capitaine.
Directeur du parc : Dusaert, capitaine.
2 batteries à pied; 2 batteries de parc; 1 batterie à cheval; 1 batterie de montagne; 1 section de fuséens; 1/2 batterie de parc, 1/2 compagnie d'ouvriers.

ET DE TOUS LES RÉGIMENTS.

RÉSERVE ET PARC DU GÉNIE.

Commandant : Guérier, chef de bataillon.
Adjoint : Martin, capitaine.
2 gardes à la désignation du gouverneur général de l'Algérie.
2 compagnies de sapeurs; 1 détachement de sapeurs conducteurs.
1 détachement d'ouvriers.

CAMPEMENT.

Commandant : Hugueney, chef d'escadron.
2 compagnies légères du train des équipages militaires.
1 compagnie montée du train des équipages militaires.
1 détachement d'ouvriers.
3 détachements d'infirmiers.

DIVISION DE RÉSERVE.

Commandant : Forey, général de division.
Aides de camp : d'Auvergne, chef d'escadron, et Schmitz, capitaine.
Chef d'état-major : de Loverdo, colonel.

1re BRIGADE D'INFANTERIE.

Commandant : de Lourmel, général de brigade.
Aide de camp : Villette, capitaine.
5e bataillon de chasseurs à pied : Landry de Saint-Aubin, chef de bataillon.
19e régiment de ligne : Desmaret, colonel.
26e régiment de ligne : Niol, colonel.

2e BRIGADE D'INFANTERIE.

Commandant : d'Aurelle, général de brigade.
39e régiment d'infanterie de ligne : Beuret, colonel.
74e régiment d'infanterie de ligne : Breton, colonel.

BRIGADE DE CAVALERIE.

Commandant : Cassaignol, général de brigade.
6e régiment de dragons : de Plas, colonel.
6e régiment de cuirassiers : Salle, colonel.

FORCE PUBLIQUE.

Prévôt : Potié, capitaine de gendarmerie.
Détachement de gendarmerie.

ARTILLERIE.

Commandant : de Tryon, chef d'escadron.
Adjoint : Bergère, capitaine.
2 batteries montées; 1 batterie à cheval.

GÉNIE.

Commandant de Saint-Laurent, chef de bataillon.
Adjoint : de Foucaud, capitaine.
1 compagnie du génie.

Pendant qu'une fièvre belliqueuse saisit tout le pays, que partout se préparent les éléments d'une lutte formidable, qu'une lave de fonte coule par torrents des hauts-fourneaux, se condensant ici en boulets, en obus, en bombes, là en canons et en mortiers ; que nos forges, nos arsenaux, nos cales et nos bassins retentissent d'un travail sans trêve ; la France et l'Angleterre, réglant leur concours dans la guerre, s'attachent à la défense de l'empire ottoman par un traité. Les guerriers de Hastings et de Crécy virent leurs arrière-neveux, si longtemps passionnément hostiles, s'unir enfin, par les liens de la convention suivante, contre la puissance colossale dans laquelle était personnifié, depuis 1815, l'avenir de l'absolutisme européen.

« Sa Majesté la reine du royaume uni de la Grande-Bretagne et de l'Irlande et Sa Majesté l'empereur des Français ayant été invitées par Sa Hautesse le sultan à repousser l'agression que Sa Majesté l'empereur de toutes les Russies a dirigée contre le territoire de la Porte Ottomane, agression qui met en péril l'intégrité du territoire ottoman et l'indépendance du trône du sultan, et Leurs Majestés étant intimement convaincues que l'existence de l'empire ottoman dans ses limites actuelles est essentielle à l'équilibre politique européen, et, en conséquence, Leurs Majestés ayant consenti à donner à Sa Hautesse le sultan le secours qu'elle leur avait demandé dans ce but, Leurs Majestés et Sa Hautesse le sultan ont jugé convenable de fixer leurs vues d'après ce qui précède, et de déterminer le mode et la manière dont elles fourniront au sultan le secours dont il s'agit ; dans ce but, Leurs Majestés ont nommé leurs plénipotentiaires, et le sultan son ministre des affaires étrangères, qui, après s'être communiqué leurs pouvoirs respectifs, trouvés parfaitement en règle, sont convenus de ce qui suit :

« Art. 1er. Sa Majesté la reine de la Grande-Bretagne et Sa Majesté l'empereur des Français ayant déjà donné l'ordre, sur le désir du sultan, à de fortes divisions de leurs flottes de se rendre à Constantinople pour assurer au territoire et au pavillon ottoman la protection que pourraient exiger les circonstances, Leurs Majestés prennent, par le présent traité, l'engagement de coopérer dans une plus grande extension, avec Sa Hautesse le sultan, à la protection du territoire ottoman en Europe et en Asie contre l'agression de la Russie, en fournissant dans ce but à Sa Hautesse le sultan un nombre de troupes suffisant.

« Les troupes de débarquement seront envoyées par Leurs Majestés sur tels points du territoire ottoman qui paraîtront convenables. Sa Hautesse s'engage à ce que les troupes françaises et anglaises de débarquement, qui lui seront envoyées par Leurs Majestés, reçoivent le même accueil et soient traitées avec le même respect que les forces françaises et anglaises qui, depuis quelque temps, sont déjà employées dans les eaux de la Turquie.

« Art. 2. Les hautes parties contractantes s'engagent réciproquement à se communiquer, sans perte de temps, toutes propositions que l'une d'elles recevrait directement ou indirectement de la part de l'empereur de Russie relativement à la cessation des hostilités, à un armistice ou à la paix. Et en outre Sa Hautesse le sultan s'engage à ne conclure aucun armistice et à n'entamer aucune négociation pour la paix, ou à ne conclure aucun préliminaire de paix avec la Russie, sans la connaissance et l'assentiment des autres hautes parties contractantes.

« Art. 3. Aussitôt que le but du traité actuel sera atteint par la conclusion du traité de paix, Leurs Majestés la reine d'Angleterre et l'empereur des Français prendront des mesures immédiates pour retirer leurs forces de terre et de mer qui ont été employées pour atteindre l'objet du traité actuel, et toutes les forteresses et positions du territoire ottoman, qui seront occupées temporairement par les forces de la France et de l'Angleterre, seront rendues aux autorités de la Sublime Porte Ottomane dans l'espace de ..... jours, calculé d'après la date de l'échange des ratifications du traité qui aura mis fin à la guerre actuelle.

« Art. 4. Le présent traité sera ratifié, et les ratifications échangées aussitôt que cela pourra avoir lieu, dans l'espace de ..... semaines à compter du jour de la signature. »

(*Suivent les signatures.*)

« Le traité ci-dessus reste ouvert à la signature des autres puissances européennes. »

Cette convention portait la date du 20 mars.

Tous les efforts de la diplomatie gallo-britannique tendirent dès lors à faire contracter à l'Autriche et à la Prusse les obligations imposées par ce traité. Espéra-t-elle sérieusement y réussir ? Elle n'ignorait pas que les sympathies secrètes des cours de Vienne et de Berlin étaient toutes pour celle de Saint-Pétersbourg; que ces sympathies naissaient d'une complète communauté de principes et d'intérêts intimement unis par les liens de famille les plus étroits; mais elle savait aussi que l'Autriche n'a d'existence que par l'équilibre instable des royaumes de Hongrie et de Bohême, des nationalités italienne et croate dont le triomphe de la force a formé son empire, et qu'elle comprend bien que d'un coup de crosse de fusil la France et l'Angleterre pourraient tout culbuter : or, en attirant l'Autriche dans l'alliance occidentale, n'était-ce pas y entraîner la Prusse ? Quel que fût le dévouement de cette puissance à la Russie, oserait-elle affronter les formidables éventualités d'une guerre où elle aurait les trois grandes nations de l'Europe occidentale et centrale pour ennemies, et où l'intégrité de la couronne toute moderne du grand Frédéric serait mise en péril par une défaite ?

L'événement prouva que ses prévisions n'étaient pas un rêve illusoire de ses désirs : si elle ne put obtenir les signatures des cabinets autrichien et prussien au traité du 20 mars, elle obtint, du moins, de leurs représentants un nouveau protocole, reconnaissant que la sommation qui avait fait éclater la guerre entre la France, l'Angleterre et la Russie, n'avait pu affranchir les deux grandes cours allemandes des diverses obligations résultant des actes antérieurs de la conférence.

Le *Moniteur* fit ressortir l'importance de cette note, dont il s'exagéra cependant la portée par le commentaire suivant :

« Le protocole de la conférence qui s'est tenue, le 9 avril, à Vienne, entre les représentants de l'Autriche, de la France, de la Grande-Bretagne et de la Prusse, ayant été communiqué au parlement britannique et reproduit par les journaux d'après une traduction, rien ne nous empêche plus aujourd'hui d'en faire connaître le texte officiel.

« Cet acte emprunte aux circonstances dans lesquelles il a été souscrit une importance qui n'échappera à personne. Le lien qui s'était formé entre les quatre cours, dans le but de maintenir la paix menacée depuis un an par la Russie, loin de se briser au moment où la France et l'Angleterre ont jugé que leurs intérêts, non moins que leur dignité, les forçaient à renoncer à des négociations captieuses, n'a fait que se fortifier.

« L'Autriche et la Prusse déclarent solennellement que la démarche accomplie auprès du cabinet de Saint-Pétersbourg par les puissances maritimes, pour le sommer de retirer ses troupes de la Moldavie et de la Valachie, était fondée en droit, et que l'évacuation de ces principautés demeure la condition indispensable du rétablissement de la paix.

« De l'aveu hautement proclamé des cabinets de Vienne et de Berlin, c'est pour une cause juste, c'est pour la défense des intérêts généraux de l'Europe, que la France et l'Angleterre se sont armées.

« Les quatre cours doivent s'entendre sur les moyens de sauvegarder l'empire ottoman et d'entourer son existence de garanties efficaces : cela veut dire que l'Autriche et la Prusse comprennent, comme la France et l'Angleterre, la nécessité d'imposer à la Russie des conditions qui la mettent, à l'avenir, dans l'impossibilité de troubler le monde par un nouvel éclat de son ambition.

« Les deux puissances allemandes, en outre, se sont unies par une convention, comme l'ont fait les deux puissances maritimes : un seul acte, en effet, eût été difficilement applicable à des résolutions déjà prises et à des résolutions éventuelles ; mais il suffit de faire remarquer que le traité de Berlin est postérieur au protocole de Vienne, dont voici le texte, pour établir qu'il tend au même but et repose sur les mêmes bases que le traité de Londres. »

Protocole d'une conférence tenue au ministère des affaires étrangères à Vienne, le 9 avril 1854.

« Présents les représentants d'Autriche, de France, de Grande-Bretagne et de Prusse.

« Sur la demande des plénipotentiaires de France et de Grande-Bretagne, la conférence s'est réunie pour entendre la lecture des pièces qui établissent que l'invitation adressée au cabinet de Saint-Pétersbourg d'évacuer les principautés moldo-valaques dans un délai fixe étant restée sans réponse, l'état de guerre déjà déclaré entre la Russie et la Sublime Porte existe également de fait entre la Russie d'une part et la France et la Grande-Bretagne de l'autre.

« Ce changement opéré dans l'attitude de deux des puissances représentées dans la conférence de Vienne, en conséquence d'une démarche tentée directement par la France et l'Angleterre, et appuyée par l'Autriche et la Prusse, comme fondée en droit, a été jugé par les plénipotentiaires d'Autriche et de Prusse comme indiquant la nécessité de constater de nouveau l'union des quatre gouvernements sur le terrain des principes posés dans les protocoles des 5 décembre 1853 et 13 janvier 1854.

« En conséquence, les soussignés ont, à ce moment solennel, déclaré que leurs gouvernements restent unis dans le double but de maintenir l'intégrité territoriale de l'empire ottoman, dont le fait de l'évacuation des principautés danubiennes est et restera une des conditions essentielles, et de consolider, dans un intérêt si conforme aux sentiments du sultan, et par tous les moyens compatibles avec son indépendance et sa souveraineté, les droits civils et religieux des chrétiens sujets de la Porte.

« L'intégrité territoriale de l'empire ottoman est et demeure la condition *sine quâ non* de toute transaction destinée à rétablir la paix entre les puissances belligérantes ; et les gouvernements représentés par les soussignés s'engagent à rechercher en commun les garanties les plus propres à rattacher l'existence de cet empire à l'équilibre général de l'Europe, comme ils se déclarent prêts à délibérer et à s'entendre sur l'emploi des moyens les plus convenables pour atteindre l'objet de leur concert.

« Quelque événement qui se produise par suite de cet accord, fondé uniquement sur les intérêts généraux de l'Europe, et dont le but ne peut être atteint que par le retour d'une paix solide et durable, les gouvernements représentés par les soussignés s'engagent réciproquement à n'entrer dans aucun arrangement définitif, avec la cour impériale de Russie ou avec toute autre puissance, qui serait contraire aux principes énoncés ci-dessus, sans en avoir préalablement délibéré en commun.

« *Signé* : BUOL-SCHAUENSTEIN, BOURQUENEY, WESTMORELAND, ARNIM. »

La France et l'Angleterre voyant s'évanouir l'espérance de faire accepter, provisoirement du moins, par l'Autriche et par la Prusse des obligations plus étroites, songèrent à s'unir entre elles par une convention précise. Le traité d'alliance signé à Londres le 10 avril fut ratifié le 20 par les deux gouvernements contractants et publié dans le *Moniteur* le 23 ; il est ainsi formulé :

« Leurs Majestés l'empereur des Français et la reine du royaume uni de la Grande-Bretagne et d'Irlande, décidées à prêter leur appui à Sa Majesté le sultan Abdul-Medjid, empereur des Ottomans, dans la guerre qu'elle soutient contre les agressions de la Russie, et amenées en outre, malgré leurs efforts sincères et persévérants pour maintenir la paix, à devenir elles-mêmes parties belligérantes dans une guerre qui, sans leur intervention active, eût menacé l'existence de l'équilibre européen et les intérêts de leurs propres États, ont, en conséquence, résolu de conclure une convention destinée à déterminer l'objet de leur alliance ainsi que les moyens à employer en commun pour le remplir, et nommé à cet effet pour leurs plénipotentiaires :

« Sa Majesté l'empereur des Français, le sieur Alexandre Colonna, comte Walewski, grand officier de l'ordre impérial de la Légion d'honneur, grand-croix de l'ordre de Saint-Janvier des Deux-Siciles, grand-croix de l'ordre du Danebrog du Danemark, grand-croix de l'ordre du Mérite de Saint-Joseph de Toscane, etc., etc., son ambassadeur près Sa Majesté Britannique ;

« Et Sa Majesté la reine du royaume uni de la Grande-Bretagne et d'Irlande, le très-honorable George-Guillaume-Frédéric, comte de Clarendon, baron Hyde de Hindon, pair du royaume uni, conseiller de Sa Majesté Britannique en son conseil privé, chevalier du très-noble ordre de la Jarretière, chevalier grand-croix du très-honorable ordre du Bain, principal secrétaire d'État de Sa Majesté Britannique pour les affaires étrangères ;

« Lesquels s'étant réciproquement communiqué leurs pleins pouvoirs, trouvés en bonne et due forme, ont arrêté et signé les articles suivants :

« Art. 1er. Les hautes parties contractantes s'engagent à faire ce qui dépendra d'elles pour opérer le rétablissement de la paix entre la Russie et la Sublime Porte sur des bases solides et durables, et pour garantir l'Europe contre le retour des regrettables complications qui viennent de troubler si malheureusement la paix générale.

« Art. 2. L'intégrité de l'empire ottoman se trouvant violée par l'occupation des provinces de Moldavie et de Valachie et par d'autres mouvements des troupes russes, Leurs Majestés l'empereur des Français et la reine du royaume uni de la Grande-Bretagne et d'Irlande se sont concertées et se concerteront sur les moyens les plus propres à affranchir le territoire du sultan de l'invasion étrangère, et à atteindre le but spécifié dans l'article 1er. Elles s'engagent, à cet effet, à entretenir, selon les nécessités de la guerre appréciées d'un commun accord, des forces de terre et de mer suffisantes pour y faire face, et dont des arrangements subséquents détermineront, s'il y a lieu, la qualité, le nombre et la destination.

« Art. 3. Quelque événement qui se produise en conséquence de l'exécution de la présente convention, les hautes parties contractantes s'obligent à n'accueillir aucune ouverture ni aucune proposition tendante à la cessation des hostilités, et à n'entrer dans aucun arrangement avec la cour impériale de Russie, sans en avoir préalablement délibéré en commun.

« Art. 4. Animées du désir de maintenir l'équilibre européen, et ne poursuivant aucun but intéressé, les hautes parties contractantes renoncent d'avance à retirer aucun avantage particulier des événements qui pourront se produire.

« Art. 5. Leurs Majestés l'empereur des Français et la reine du royaume uni de la Grande-Bretagne et d'Irlande recevront avec empressement dans leur alliance, pour coopérer au but proposé, celles des autres puissances de l'Europe qui voudraient y entrer.

« Art. 6. La présente convention sera ratifiée, et les ratifications seront échangées à Londres dans l'espace de huit jours.

« En foi de quoi les plénipotentiaires respectifs l'ont signée et y ont apposé le sceau de leurs armes.

« Fait à Londres, le dix avril, l'an de grâce mil huit cent cinquante-quatre.

« *Signé* : WALEWSKI. *Signé* : CLARENDON. »

Au moment même où les deux souverains donnaient à ce traité la sanction de leurs signatures, l'empereur Nicolas adressait à ses sujets la proclamation suivante, où il s'efforçait d'exalter leur enthousiasme par un mysticisme religieux plus en rapport avec la politique traditionnelle des czars qu'avec la moralité de son droit.

« Par la grâce de Dieu,

« Nous, Nicolas 1er, empereur et autocrate de toutes les Russies, roi de Pologne, etc.;

« A tous nos fidèles sujets savoir faisons :

« Dès l'origine de notre différend avec le gouvernement turc, nous avons solennellement annoncé à nos fidèles sujets qu'un sentiment de justice nous avait seul porté à rétablir les droits lésés des chrétiens orthodoxes, sujets de la Porte Ottomane.

« Nous n'avons pas cherché, nous ne cherchons pas à faire de conquêtes, ni à exercer en Turquie une suprématie quelconque qui fût de nature à excéder l'influence appartenant à la Russie en vertu des traités existants.

« A cette époque déjà, nous avons rencontré de la méfiance, puis bientôt une sourde hostilité de la part des gouvernements de France et d'Angleterre, qui s'efforçaient d'égarer la Porte en dénaturant nos intentions. Enfin, à l'heure qu'il est, l'Angleterre et la France jettent le masque, envisagent notre différend avec la Turquie comme n'étant qu'une question secondaire, et ne dissimulent plus que leur but commun est d'affaiblir la Russie, de lui arracher une partie de ses possessions, et de faire descendre notre patrie de la position puissante où l'avait élevée la main du Très-Haut.

« Est-ce à la Russie orthodoxe de craindre de pareilles menaces ?

« Prête à confondre l'audace de l'ennemi, déviera-t-elle du but sacré qui lui est assigné par la divine Providence ? Non !..... La Russie n'a point oublié Dieu. Ce n'est pas pour des intérêts mondains qu'elle a pris les armes : elle combat pour la foi chrétienne, pour la défense de ses coreligionnaires opprimés par d'implacables ennemis.

« Que toute la chrétienté sache donc que la pensée du souverain de la Russie est aussi la pensée qui anime et inspire toute la grande famille du peuple russe, ce peuple orthodoxe, fidèle à Dieu et à son fils unique Jésus-Christ notre Rédempteur.

« C'est pour la foi et la chrétienté que nous combattons.

« *Nobiscum Deus, quis contra nos ?*

« Donné à Saint-Pétersbourg le onzième jour du mois d'avril de l'an de grâce mil huit cent cinquante-quatre, et de notre règne le vingt-neuvième.

« *Signé* : Nicolas. »

La guerre était donc hautement annoncée aux peuples par la voix même des souverains. Cette nouvelle ne fut accueillie nulle part avec plus de joie et plus d'enthousiasme que sur les flottes alliées, alors au mouillage de Beïkos. Les ambassadeurs de France et d'Angleterre s'empressèrent d'expédier à Odessa la frégate à vapeur le *Furious* appartenant à l'escadre britannique, pour y prendre les deux consuls, leurs légations et ceux de nos nationaux qui voudraient quitter le territoire russe. L'arrivée du steamer le *Banshee* mit le comble à l'enthousiasme des deux escadres ; il apportait aux amiraux l'ordre d'entrer dans la mer Noire. Cette fois, c'était pour y chercher et pour y combattre l'ennemi. Tous les équipages le saluèrent de leurs acclamations. Le massacre de Sinope leur semblait, pour leur pavillon, une tache que pouvait seul effacer le feu des combats ; c'est par une acclamation générale que tous les bâtiments révèlent à Constantinople les sentiments excités à leurs bords par cette grande nouvelle. La population accourue sur les rives du Bosphore répond par ses hourras aux chants guerriers des marines alliées, tandis que les Anatolistes s'arrêtent étonnés sur les montagnes d'Asie et se demandent quel étrange mouvement se passe sur les flottes chrétiennes.

Le *Furious* arriva le 8 avril, à cinq heures et demie du matin, en vue d'Odessa, encore plongée dans l'obscurité, bien que les premières clartés du jour commençassent à blanchir ses coupoles et les sommités de ses plus hauts édifices ; il se dirigea vers l'entrée du port. Parvenu à quatre ou cinq milles de la plage, il arbora simultanément le yack anglais et le pavillon parlementaire, tout en poursuivant son aire. Vers six heures un quart, il ne se trouvait plus qu'à deux milles des fortifications du port, lorsque deux coups de canon chargés à poudre partirent d'une des batteries du môle. Le capitaine du steamer, M. William Loring, comprit qu'on lui signifiait l'ordre de ne pas avancer davantage ; il fit stopper aussitôt, et, pour bien faire comprendre son intention de se conformer, avec son bâtiment de guerre, aux règlements du port, il fit porter le cap au large et ordonna de tenir strictement fermés les sabords tournés vers la ville. Une chaloupe sous couleur parlementaire se détacha alors de son bord et se dirigea vers la jetée. Elle y fut reçue par l'officier de service sur ce point. Le lieutenant Alexander, chargé du message des amiraux, demanda à être conduit près du consul d'Angleterre ; sur la réponse qu'il était trop matin pour entrer en rapport avec les autorités, qu'il eût à revenir plus tard, qu'on aurait alors prévenu le commandant du port, avec qui il pourrait entrer en négociation, il insista pour savoir si le consul britannique était toujours à Odessa. Une personne en costume civil qui accompagnait l'officier russe, comme interprète, lui déclara qu'il ne leur était pas permis de lui faire d'autre réponse. Le lieutenant anglais dut donc se rembarquer et pousser au large.

Sa chaloupe, toujours sous pavillon parlementaire, avait déjà franchi la moitié de l'espace qui s'étendait entre le *Furious* et le port, lorsqu'un jet de fumée blanchâtre jaillit d'une embrasure des batteries du môle, une détonation se fit entendre, et un boulet fouetta la mer à deux encablures de cette embarcation, dans une direction intermédiaire entre la chaloupe et la frégate ; six autres coups furent successivement tirés plus dans la ligne du *Furious*, dont le canot, il est vrai, se rapprochait toujours. Cette violation des lois sacrées du droit public excita une indignation profonde sur le navire anglais, qui, prenant la bordée du sud-ouest, se porta à la recherche des deux escadres dans les eaux occidentales de l'Euxin. Il les trouva déjà mouillées sur la belle et vaste rade de Baltchik, cet entrepôt du commerce bulgare. Les sentiments du commodore William Loring furent partagés par la flotte entière. Les deux escadres appareillèrent le 17, pénétrèrent le 20 dans la baie d'Odessa, et vinrent jeter l'ancre à trois milles dans le sud-est des ports.

Une embarcation parlementaire fut signalée le lendemain matin ; elle se dirigeait vers le *Britannia* ; elle portait à son bord un officier d'ordonnance du général Osten-Sacken, gouverneur d'Odessa, qui remit au vice-amiral Dundas la dépêche suivante, datée du 14.

« L'aide de camp général baron d'Osten-Sacken croit devoir exprimer à M. l'amiral Dundas sa surprise d'entendre assurer que, du port d'Odessa, on ait fait feu sur la frégate *Furious*, couverte d'un pavillon parlementaire.

« A l'arrivée du *Furious*, deux coups de canon à poudre ont été tirés, par suite desquels le navire hissa son pavillon national et s'arrêta hors de la portée du boulet ; aussitôt il en partit une embarcation sous pavillon blanc dans la direction du môle, où elle fut reçue par l'officier de service, qui, à la question de M. l'officier anglais, répondit que le consul d'Angleterre était déjà parti d'Odessa. Sans autre pourparler, le canot reprit la direction du navire ; mais il allait le rejoindre, lorsque la frégate, au lieu de l'attendre, s'avança dans la direction du môle, laissant le canot à sa gauche, et s'approcha des batteries à portée de canon. Ce fut alors que le commandant de la batterie du môle, fidèle à sa consigne d'empêcher tout navire de guerre ennemi de franchir la distance du tir, se crut en devoir de faire feu, non pas sur le parlementaire qui a été respecté jusqu'au bout de sa mission, mais sur un bâtiment ennemi qui s'avançait trop près de terre après avoir reçu, par les deux coups à poudre, l'intimation de s'arrêter.

« Cette simple exposition des faits, tels qu'ils ont été rapportés à Sa Majesté l'empereur, doit détruire d'elle-même la supposition, d'ailleurs inadmissible, que dans les ports de Russie on ne respecte pas le pavillon parlementaire, dont l'inviolabilité est garantie par les lois communes à toutes les nations civilisées.

« *Signé* : baron D'OSTEN-SACKEN. »

Cette missive fut portée à la connaissance du vice-amiral Hamelin. Elle énonçait des faits qui appelaient une enquête, leur réalité pouvant faire évanouir l'injure que la flotte alliée venait venger. Les informations furent prises : à la communication de cette lettre, le commodore du *Furious* répondit immédiatement par la déclaration catégorique que l'on va lire.

« A bord du *Furious* devant Odessa, 21 avril 1854.

« AMIRAL,

« J'ai soigneusement lu la lettre du gouverneur d'Odessa, au sujet du feu que les batteries de cette place ont fait sur le pavillon parlementaire, le 8 avril.

« Son contenu est entièrement faux (*untrue*).

« En cette circonstance, le bâtiment de Sa Majesté placé sous mon commandement atteignit Odessa à la pointe du jour et vers cinq heures cinquante minutes. A quatre ou cinq milles de distance, les couleurs anglaises et le pavillon parlementaire furent hissés.

« C'est seulement vingt minutes au moins après (à six heures un quart environ) que deux coups de canon à poudre furent tirés de la batterie.

« Considérant ces coups de canon comme une invitation de ne pas m'avancer davantage, je fis stopper immédiatement et mettre la barre en grand à bâbord

« Depuis ce moment jusqu'au retour de l'embarcation, les roues ne firent pas un tour, et le bâtiment dérivait peu à peu, par suite d'une brise modérée de nord-ouest, qui soufflait du côté de la terre.

« L'arrière était tourné vers la Quarantaine, et j'eus soin de m'abstenir d'ouvrir les sabords du premier pont et de toute manœuvre qui pût faire supposer la moindre intention hostile de ma part.

« Sept coups de canon furent tirés. Le premier était évidemment dirigé sur l'embarcation, alors à environ un mille du rivage, et il tomba à soixante ou soixante-dix yards près de cette embarcation, qui se trouvait dans le sud de la ligne entre la batterie et le bâtiment.

« Les autres se succédèrent de près et peuvent avoir été dirigés soit contre l'embarcation, soit contre le bâtiment, parce qu'ils étaient plus dans la ligne droite de cette direction.

« Le lieutenant Alexander, une fois au môle, demanda à voir le consul anglais : on lui dit qu'il n'était pas là ; qu'il était trop bonne heure, qu'on allait envoyer chercher le capitaine de port, et on l'invita à regagner son navire. Il demanda si le consul anglais était encore à Odessa ; il lui fut répondu par l'officier de garde de retourner à son navire, et une personne qui était là comme interprète anglais ajouta qu'il ne lui était pas permis de dire rien de plus.

« Pendant tout ce temps, les couleurs anglaises et le pavillon parlementaire étaient déployés, bien en évidence, à bord du bâtiment et de son embarcation.

« Ce que j'atteste ici peut être corroboré par le témoignage de l'officier de garde, le mécanicien en chef, le mécanicien de garde et par tout homme du bâtiment.

« Je suis, etc.

« WILLIAM LORING, *capitaine* R. N. »

Cette affirmation précise n'était pas seulement attestée par les voix dont cet officier honorable invoquait le témoignage ; mais quelques capitaines des navires marchands mouillés sur la rade au moment où avait eu lieu cette agression ajoutèrent à l'autorité officielle de sa déclaration le poids de la leur. Les amiraux durent penser que le général gouverneur était le jouet de rapports erronés. La décision était d'ailleurs dominée par cette considération qu'admettre les explications données par le général russe, c'était condamner, par le fait même, le rapport et la lettre confirmative du commodore anglais : ils décidèrent donc que les excuses offertes par le gouverneur russe ne pouvaient être acceptées ; qu'elles n'avaient d'autres bases que les fausses dépositions de ceux qui niaient le grief pour en conjurer la responsabilité ; qu'une réparation devait être obtenue ; qu'en admettant que le général Osten-Sacken ne fût pas complice de l'outrage, il en était toujours responsable, comme tout chef l'est de ses inférieurs ; qu'il fallait donc exiger de lui cette réparation, et, s'il refusait de la donner, la prendre.

Cette résolution lui fut notifiée, le jour même, dans l'ultimatum suivant :

« Devant Odessa, le 21 avril 1854.

« MONSIEUR LE GOUVERNEUR,

« Attendu que la lettre de Votre Excellence, datée du 14 avril, et qui ne nous est parvenue que ce matin, n'expose que des allégations erronées pour justifier l'inqualifiable agression dont les autorités d'Odessa se sont rendues coupables à l'égard d'une de nos frégates et de son embarcation, portant toutes deux pavillon parlementaire ;

« Attendu que, malgré ce pavillon, les batteries de cette ville ont tiré plusieurs boulets, tant sur la frégate que sur l'embarcation au moment où cette dernière venait de quitter les quais du môle, où elle était arrivée avec confiance ;

« Les deux vice-amiraux commandant en chef les escadres combinées d'Angleterre et de France se croient en droit d'exiger une réparation de Votre Excellence ;

« En conséquence, tous les bâtiments anglais, français et russes actuellement mouillés près de la forteresse ou des batteries d'Odessa devront être remis sur-le-champ aux deux escadres combinées.

« Si, au coucher du soleil, les deux vice-amiraux n'ont point reçu de réponse ou n'en ont reçu qu'une négative, ils se verront obligés d'avoir recours à la force pour venger le pavillon d'une des escadres combinées de l'insulte qui lui a été faite, quoique les intérêts de l'humanité les portent à n'adopter qu'avec regret cette résolution dernière dont ils rejettent la responsabilité sur qui de droit.

« Recevez, etc.

« *Signé* HAMELIN, DUNDAS. »

Aucune réponse n'étant parvenue aux amiraux dans le délai fixé, les bâtiments désignés pour concourir à l'attaque reçurent l'ordre de se tenir prêts pour l'action. Leur mouvement devait avoir lieu dès le lever du jour. Ses lueurs naissantes commençaient à peine à dégrader l'obscurité du premier matin, que la fumée ardente s'élevant des cheminées de quatre frégates à vapeur désignait à la flotte quels allaient être les premiers partners de cette partie sanglante.

Odessa est une ville toute moderne. Le pittoresque amphithéâtre que parent aujourd'hui ses quais, ses vastes escaliers de granit, ses boulevards et ses riches édifices, n'offrait, il y a soixante ans, que les tristes masures d'un village tartare (1). L'amiral de Ribas le signala à l'impératrice Catherine comme le siége naturel d'une station de la voie des czars vers Constantinople, et Odessa fut fondée.

Un émigré français, M. de Richelieu, en fut nommé gouverneur en 1803 : cet illustre proscrit acheva, par la sagesse de son administration, ce que la nature avait si libéralement fait pour la beauté et la prospérité de cette ville. Quand il la quitta, en 1814, elle était devenue la métropole commerciale de la mer Noire.

Son port est formé de deux grands môles jetés audacieusement très-avant dans la mer, et séparés par un autre môle plus large et moins saillant, ou plutôt par un terre-plein bordé de quais. L'un de ces ports est celui de Quarantaine, l'autre est le port de Libre-Pratique, où se trouvent plus particulièrement les navires de la marine impériale russe. Ce fut à neuf ou dix encablures en avant de l'ouverture de ces ports que les deux frégates françaises, *le Vauban*, commandé par le capitaine de vaisseau M. d'Herbinghen, et *le Descartes*, monté par M. Darricau, capitaine de vaisseau, et les deux pyroscaphes britanniques *le Tiger*, sous les ordres du commodore Gifard, et *le Sampson*, capitaine Jones, jetèrent l'ancre à six heures et demie. Une autre division de frégates à vapeur alliées, — *le Mogador*, capitaine de Wailly, *la Terrible*, *le Furious* et *la Retribution*, capitaines Cleverty, Loring et Drummond, — vint prendre position de manière à pouvoir, au premier signal, se mettre en ligne avec les frégates engagées et mêler ses volées à leur feu.

C'est au gouvernement russe qu'est demandée la réparation de la violation du droit international commise par les ordres d'un de ses agents; c'est sur lui, c'est sur sa marine et ses édifices que va frapper la vindicte. Ordre est donné aux divisions d'attaque d'épargner la ville et le port de la Quarantaine, affecté presque exclusivement aux bâtiments marchands. Leurs feux doivent se concentrer sur le port de Libre-Pratique, où se trouvent spécialement les navires et les édifices de la marine impériale.

Un coup de canon parti d'une batterie du môle impérial sembla donner le signal de l'action. Le boulet frappa la mer à une cinquantaine de mètres en avant du *Sampson*; mais, ricochant avec violence, il pénétra dans l'arrière de ce vapeur, lui emporta sa boussole et lui blessa quatre hommes. Les quatre frégates lui répondirent par leurs bordées. Une bombe partie du *Sampson* se

---

(1) Ce village se nommait Adgibey.

chargea de sa vengeance : elle tomba sur la poudrière même de la batterie qui avait lancé le premier boulet et la fit sauter, foudroyant de ses éclats tout ce qui l'entourait. Ce feu durait depuis une heure et demie lorsque le *Vauban*, qui avait déjà reçu deux boulets rouges dans sa carène, est frappé par un troisième qui brise plusieurs rayons de ses roues. Il s'obstine inutilement à vouloir continuer le combat; le chef d'état-major de l'escadre française, M. Bouet-Willaumetz, arrivé à son bord, le fait retirer momentanément de l'action, pour éteindre le feu qui consume intérieurement ses murailles et qui envahit ses charbons.

Vers dix heures, le signal est fait à la division de réserve de se porter dans les eaux des steamers engagés et d'appuyer leur attaque. Le feu des sept frégates éclate alors avec une extrême vigueur; une grêle de boulets et d'obus pleut sur les batteries du môle impérial, sur les magasins et sur deux bateaux à vapeur russes qui sont venus offrir le travers à notre ligne qu'atteignent leurs projectiles. Des incendies éclatent dans les magasins et dans les chantiers; les batteries établies sur la partie supérieure d'Odessa tentent, en joignant leur tir à celui des môles, de dominer et d'affaiblir ce feu écrasant. La flottille ne lui donne que plus d'ardeur; six grandes chaloupes anglaises s'avancent vers la partie septentrionale du port, plus faiblement armée, et de là lancent des fusées à la Congrève sur les bâtiments réunis dans la darse. Les tourbillons de fumée qui s'élèvent de plusieurs de ces navires annoncent le succès de cette manœuvre, quand une batterie d'artillerie à cheval accourt s'établir sur la plage et force les chaloupes britanniques à se replier. L'attaque se poursuit avec énergie; ce n'est plus seulement de la fumée, ce sont aussi des flammes qui s'élèvent des navires et des magasins incendiés; la principale poudrière du môle impérial s'embrase avec une explosion terrible, une partie de la batterie saute en l'air avec elle.

Nos frégates profitent de la confusion que cause cette catastrophe pour s'approcher de deux encablures, et donner plus d'efficacité à leurs bordées. L'œuvre de destruction se poursuit alors dans toute son ardeur éversive; partout règne le feu : dans le port et sur les quais, les toitures s'effondrent dans les murailles calcinées et croulantes; les navires brûlent ou n'échappent aux flammes qu'en disparaissant sous les flots. La batterie d'artillerie à cheval, atteinte par nos obus, est forcée de prendre la fuite : partout le tir de l'ennemi se tait. Nos frégates ont changé en un champ de désolation tous les lieux où a porté notre vengeance. « La destruction de ce port est complète, dit en terminant son rapport l'amiral Hamelin. Celle de la ville d'Odessa, en ce moment à notre merci, ne tarderait pas à suivre si nous en faisions le signal à notre escadre de bâtiments à vapeur; mais le but que nous avions en vue est atteint complètement, et c'est au contraire le signal de cesser le feu et de rallier nos pavillons que l'amiral Dundas et moi faisons à nos bâtiments. » Une seule bombe était en effet tombée sur la ville et avait prouvé à sa population quelles calamités lui épargnaient les amiraux alliés, en restreignant les rigueurs de la guerre dans les limites tracées à ce fléau par la raison et l'humanité. Le maître canonnier du *Furious*, en voyant la riche silhouette de dômes, de coupoles, de flèches et d'attiques qu'Odessa dressait fièrement au-dessus de son port incendié, n'avait pu résister à une tentation sinistre : il avait pointé un mortier contre l'un de ces dômes ; la bombe avait décrit son ardente parabole, puis, s'arrêtant à l'apogée de son essor, s'était abattue avec rapidité sur ce dôme dont on avait vu aussitôt les marbres et la charpente voler en éclats. Le maître canonnier avait été cassé à l'instant même. Les frégates à vapeur regagnèrent leurs escadres où elles furent accueillies par d'unanimes acclamations. Un aviso parlementaire fut envoyé le lendemain proposer au gouverneur d'Odessa un échange de prisonniers. Il revint avec un refus précis. Le vapeur *le Fury* reçut alors l'ordre de pousser une bordée vers le port, et d'en approcher le plus près possible pour reconnaître exactement les ravages qu'y avaient causés notre canonnade et notre bombardement. Le voile de fumée qui l'enveloppait la veille n'avait pas permis en effet de s'en former une idée précise.

Le steamer anglais remplit sa mission avec autant d'habileté que d'audace ; il rangea à portée de balle les môles dont une fourmilière d'ouvriers pressait les réparations, et où l'artillerie rétablissait déjà un armement six fois plus fort que celui qui les protégeait avant l'attaque. On n'apercevait dans le port qu'épaves et ruines ; de vastes magasins et une caserne spacieuse ne formaient que des monceaux de décombres ; les trois bateaux à vapeur que renfermait le port étaient coulés ; des cinq machines à draguer qu'il possédait, une était complétement détruite ; d'un bâtiment à voiles de cinq cents tonneaux, le *Nicolas Ier*, il ne restait que des débris carbonisés ; deux bricks et une goëlette avaient essuyé le même sort. Les autres navires gisaient çà et là, quelques-uns échoués, d'autres flottants entre deux eaux ; la plupart pantelants et désemparés.

Instruites de ce résultat, les escadres combinées remirent à la voile, et se portèrent vers la Crimée pour offrir à la flotte russe l'occasion de venger le châtiment dont elles venaient de frapper son principal centre de commerce naval dans ces mers. Elles défilèrent en ligne de bataille et leurs couleurs nationales flottant en tête de mât et en corne d'artimon, devant les fortifications de Sébastopol, sans que les vaisseaux russes, réfugiés dans cette aire de granit, fissent un mouvement pour accepter le défi qui leur était jeté jusque dans leurs bassins. Elles se portèrent ensuite devant Théodosie, le détroit de Kaffa et presque sur les côtes de Circassie et d'Anatolie ; puis, voyant que l'escadre russe laissait enlever, sans s'émouvoir, ses bâtiments de commerce et jusqu'aux transports de l'État, elles regagnèrent les côtes d'Europe et vinrent jeter l'ancre sur la rade de Baltchik. L'escadre de l'amiral Hamelin avait reçu des renforts, surtout en steamers. Ainsi, indépendamment du vaisseau *le Marengo*, elle s'était grossie des frégates à vapeur *le Descartes*, *le Vauban* et *le Cacique* ; l'escadre aux ordres du vice-amiral Bruat, composée des vaisseaux *le Montebello*, *le Napoléon*, *le Jean-Bart*, *le Suffren*, *l'Alger* et *la Ville de Marseille*, de la frégate à vapeur *le Caffarelli* et des corvettes *le Roland* et *le Primauguet*, devait venir incessamment se réunir à elle (1).

Cependant tout le sol de la France frémissait sous le pas des troupes se dirigeant vers nos plages méridionales; les chemins de fer les y emportaient sur leurs wagons, la Saône et le Rhône sur leurs steamers; elles descendaient joyeusement les pentes des Alpes et animaient toutes les routes de leurs marches guerrières; la France, toujours chevaleresque, s'associait avec enthousiasme à cet ébranlement de l'Occident, dont les masses armées se précipitaient encore une fois, comme au temps des croisades, vers ce mystérieux Orient.

Le mouvement n'était pas moins actif dans les ports et sur les mers; des flottilles entières les sillonnaient dans tous les sens. Toulon, Marseille, Alger en étaient les principaux centres. Toute une flotte de vaisseaux et de paquebots gigantesques prenait, du 19 au 31 mars, vingt mille hommes sur nos quais méridionaux. C'était d'abord le général Canrobert, qui monté sur le *Christophe-Colomb*, partait avec le premier convoi de cette armée, passait devant Malte, salué par les acclamations des habitants et des soldats anglais, cinglait vers l'archipel et allait jeter l'ancre dans la belle et paisible rade de Gallipoli, ville des Gaulois, non prédestinée à recevoir les armées de la France. Les zouaves et les tirailleurs indigènes y arrivaient également d'Alger et d'Oran : rapprochement étrange! c'était la France qui mettait au service du padischa, de l'héritier des califes, ces troupes musulmanes qu'avait soustraites à son empire la révolte de ses deys.

Gallipoli, chef-lieu du livah de ce nom, est une ville de quinze mille habitants située à l'extrémité nord-est du détroit des Dardanelles, à cent trente-deux kilomètres sud d'Andrinople et à cent quatre-vingts kilomètres sud-ouest de la capitale de la Turquie. Sa position est des plus pittoresques : assise sur un long promontoire qui s'élance dans l'archipel, elle domine à la fois le détroit des Dardanelles et le beau golfe de Saros dont les vagues jettent sur ses rochers de marbre leur écume et leur éternel murmure. « Elle s'élève en amphithéâtre, dit un historien moderne (2), couverte de maisons en bois bien peintes, bien luisantes, entourée de jardins et de cyprès sur lesquels pointent les minarets; et la beauté des nuits orientales donne à tout cet en-

(1) Une dépêche ministérielle avait prescrit la fusion des deux escadres de l'armée d'Orient en une seule prenant le titre d'armée navale de la mer Noire. Le vice-amiral Hamelin en était le commandant en chef; le vice-amiral Bruat la commandait en second. Elle restait cependant divisée en deux corps pour la facilité du service : la première escadre sous les ordres immédiats du vice-amiral commandant en chef, composée des vaisseaux *la Ville de Paris*, *le Jupiter*, *le Henri IV*, *l'Iéna*, *le Marengo*, *le Friedland* et *le Charlemagne*; la seconde, plus particulièrement soumise au vice-amiral Bruat, formée des vaisseaux *le Montebello*, *le Napoléon*, *le Jean-Bart*, *le Suffren*, *l'Alger*, *la Ville de Marseille* et *le Bayard*. Le service général était centralisé par un état-major supérieur placé auprès du commandant en chef, et à la tête duquel était M. le comte Bouet-Willaumez avec le titre et les fonctions de chef de l'état-major général.

(2) Kauffman, de *la Revue de Paris*.

semble de flots de verdure sombre et de flèches élancées un aspect des plus gracieux et des plus pittoresques. »

Comme point stratégique, cette position était excellente. Dans le cas d'une victoire complète et imprévue des Russes sur les forces ottomanes, elle permettait à l'armée alliée de couvrir Constantinople en se portant à leur rencontre, qu'ils vinssent par le littoral ou qu'ils franchissent les Balkans par la route de Schumla ou par celle de Sophia.

Elle présentait d'ailleurs une rade spacieuse et sûre, un débarcadère des plus commodes pour les troupes et les chargements; l'isthme étroit, protégé par une ligne bastionnée couverte par quelques demi-lunes et les accessoires d'une fortification de campagne, devait en faire un entrepôt de la défense la plus facile. Le général Canrobert y trouva quelques beys envoyés par le cabinet ottoman pour recevoir les troupes alliées; ils y avaient déjà fait construire des fours et dresser deux ou trois milliers de tentes. Le général Canrobert prit, de concert avec eux, toutes les mesures qui pouvaient assurer provisoirement l'établissement et le bien-être de ses soldats. Il se rendit même à Constantinople pour s'entendre à cet égard avec les principaux membres du divan. Il trouva en eux tout le bon vouloir et tout le zèle désirables, mais c'étaient un zèle et un bon vouloir que devait trop souvent paralyser l'impuissance : le général français le comprit, comme le prouve cet extrait de sa correspondance : « La bienveillance du gouvernement turc nous est assurée sur tous les points, mais faut-il ajouter la même foi à son pouvoir? Les rouages de l'administration sont tels, que la moindre affaire exige de longs retards pour être réglée. Le séraskier, Rezza-Pacha, représente dans le gouvernement l'homme de la force, de l'énergie raisonnée, de l'activité; le ministre des affaires étrangères, l'homme de la finesse, de l'intelligence, du calcul : l'activité de l'un et l'intelligence de l'autre suffiront-elles pour assurer l'accomplissement de leurs volontés? je le désire, mais je crains le contraire. »

L'état-major français et quelques administrations occupèrent la partie orientale de la ville; on réserva la partie occidentale pour les Anglais. Des camps provisoires furent établis sous les murs croulants, restes de l'enceinte fortifiée que cette place dut à l'occupation génoise; le camp permanent fut établi à quatre ou cinq kilomètres au nord-est, près d'une forêt affectée à ses besoins : c'était vers cette position que l'on dirigeait les troupes au fur et à mesure de leur débarquement, après un repos provisoire dont la durée dépendait de la facilité de leur procurer des logements. Les arrivages ne cessaient pas; c'étaient tour à tour le *Napoléon*, le *Laplace*, le *Labrador*, le *Panama*, le *Rolland*, le *Montesuma*, l'*Uloa*, et vingt autres magnifiques vapeurs qui venaient déposer sur la plage des troupes nouvelles, ou quelques-uns des trois cents navires du commerce nolisés par l'État dans le seul port de Marseille, qui venaient y verser munitions, vivres, artillerie, objets de campement, tout le matériel enfin d'une armée. Le prince Napoléon y arriva sur la fin d'avril; le maréchal Saint-Arnaud quittait à cette époque la France pour venir se mettre à la tête de cette armée qui appelait de ses vœux impatients le jour où on la conduirait à l'ennemi. Ce fut le 29 avril qu'il s'embarqua à Marseille aux salves de l'artillerie, aux fanfares militaires et aux acclamations de la foule, après avoir adressé à l'armée son premier ordre du jour :

« Soldats !

« Dans quelques jours vous partirez pour l'Orient : vous allez défendre des alliés injustement attaqués et relever le défi que le czar a jeté aux nations de l'Occident.

« De la Baltique à la Méditerranée l'Europe applaudira à vos efforts et à vos succès. Vous combattrez côte à côte avec les Anglais, les Turcs, les Égyptiens ; vous savez ce que l'on doit à des compagnons d'armes : union et cordialité dans la vie des camps; dévouement à la cause commune dans l'action.

« La France et l'Angleterre, autrefois rivales, sont aujourd'hui amies et alliées; elles ont appris à s'estimer en se combattant. Ensemble elles sont maîtresses des mers; les flottes approvisionneront l'armée, pendant que la disette sera dans le camp ennemi.

« Les Turcs et les Égyptiens ont su tenir tête aux Russes depuis le commencement de la guerre; seuls ils les ont battus dans plusieurs rencontres ; que ne feront-ils pas secondés par vos bataillons ?

« Soldats, les aigles de l'empire reprennent leur vol, non pour menacer l'Europe, mais pour la défendre; portez-les encore une fois comme vos pères les ont portées avant vous; comme eux, répétons tous avant de quitter la France le cri qui les conduisit tant de fois à la victoire : Vive l'Empereur !

« Le maréchal de France, commandant en chef de l'armée d'Orient,

« A. de Saint-Arnaud. »

Le *Bertholet* le reçut à son bord plein d'enthousiasme, ne voyant rayonner dans ses rêves que combats glorieux et glorieux triomphes; c'était ce même navire qui, quelques mois plus tard, devait rapporter son cadavre.

Il arriva le 7 mai à Gallipoli : quelque désir qu'il éprouvât de se rendre à Constantinople pour s'éclairer sur la situation et les ressources des armées de Roumélie, il voulut d'abord passer en revue les troupes arrivées sur le territoire ottoman ; il visita ensuite tous les établissements, les camps, les bivouacs, les travaux d'installation et de défense, se fit rendre compte de l'état des parcs et des magasins. Satisfait de la situation dans laquelle il trouva cette armée prête à se lever au premier ordre et à marcher contre l'ennemi, il se rembarqua sur le vapeur qui l'avait apporté et se dirigea vers Constantinople. Le 9, à dix heures du soir, la frégate laissa tomber l'ancre dans les eaux tranquilles de Tophana, dont une nuit sereine voilait de son ombre transparente le site splendide.

Stamboul, la métropole de l'islamisme, avait perdu la monotone solennité de ces mœurs immobiles et silencieuses qu'elle semblait avoir empruntées à cet immobile et silencieux Orient, où tout est, comme il le fut toujours, monotonie et solennité. La vie européenne avait reflué dans ce vieux corps. Le jour, les uniformes les plus variés circulaient dans ses rues habituellement calmes et tristes; leurs pavés, autrefois silencieux, résonnaient sans cesse du trot des chevaux ou sous les talons éperonnés et sous les sabres des infidèles. Le travail et le plaisir éclairaient ses nuits, naguère si obscures et si paisibles. On veillait dans les cabinets des diplomates et des ministres, pendant que l'éclat des lustres inondait les salons. Le général français eut le soir même une entrevue avec le séraskier.

La position de l'armée ottomane dans la Roumélie devenait de jour en jour plus critique. L'empereur de Russie avait répondu à l'intimation d'avoir à évacuer les provinces turques envahies par ses troupes, en donnant à ses généraux l'ordre de passer le Danube. Ils l'avaient franchi sur trois points, du 23 au 25 mars : le général en chef, comte Gortschakoff, à Ibraïla, sous le canon de Matchin, après deux jours de combat; il avait occupé la rive droite avec quatorze bataillons, seize escadrons, six sotnias de Cosaques et quarante-quatre pièces d'artillerie; le général Luders l'avait passé sans obstacle près Galaetz avec vingt-quatre bataillons, huit escadrons, six sotnias et soixante-quatre pièces de canon; le général Uschakoff enfin avait jeté un pont près d'Ismaïl, et avait fait traverser le fleuve, après un combat sanglant, à un corps de vingt mille hommes emprunté à l'armée de Bessarabie. C'était un effectif de près de cent mille combattants qui débouchaient subitement dans la Dobrutscha.

Omer-Pacha, prévenu des mouvements de concentration qui s'opéraient dans l'armée russe, avait prévu cette irruption qui cependant était l'abandon des plans de campagne d'abord adoptés et appliqués par le général en chef. Le projet du général Gortschakoff avait été en effet de se porter sur Andrinople, en franchissant la chaîne supérieure des Balkans par la route de Widdin et Sophia, et ce projet, dans les circonstances nouvelles, offrait des avantages incontestables à l'invasion. La supériorité des escadres occidentales sur la flotte de Sébastopol était incontestable pour tous les esprits que n'aveuglait pas la passion; l'armée russe, en marchant sur Constantinople, allait donc se placer dans une position diamétralement opposée à celle où elle s'était trouvée en 1828. Les considérations qui lui avaient fait choisir la ligne littorale pour franchir la chaîne hœmécnne, quand elle pouvait compter, pour ses approvisionnements comme pour ses opérations militaires, sur le concours de sa flotte, maîtresse de l'Euxin, s'élevaient avec la même puissance pour lui faire transporter le théâtre des opérations militaires aussi loin que possible de la mer Noire, où allaient dominer les escadres occidentales, et sous leur protection la marine turque; ces escadres ne devaient-elles pas, en effet, prêter aux armées ottomanes, contre elle, les secours que sa flotte lui fournissait, en 1828, contre les armées ottomanes?

Ce plan d'opérations, qui reposait sur les bases de la statégie la plus logique, se trouvait déjà gravement compromis par la défense énergique de Kalafat et par la défaite de Citate, lorsque la désapprobation du prince Paskiëwitsch avait entraîné son abandon. L'aile droite de l'armée d'invasion eut ordre de contenir seulement les forces turques; les troupes russes refluèrent vers l'est. Ce fut à l'aile gauche de prendre l'offensive; conformément aux avis du vieux maréchal, elle venait de déboucher dans la Dobrutscha : c'était le plan de 1828 qu'on reprenait un quart de siècle plus tard; seulement, au lieu de se porter sur Varna par la voie de l'ouest, c'était par la route de Schumla que l'armée russe allait attaquer l'Hœmus.

L'ardeur qu'Omer-Pacha avait montrée de mettre ses soldats aux prises avec les troupes russes avait donné l'espoir que ce mouvement lui ferait quitter la ligne de défense qu'il avait adoptée; le général Gortschakoff s'était flatté de l'attirer dans les plaines humides de la Dobrutscha, où l'armée turque eût joué le sort de la campagne dans une bataille décisive; le muchir n'avait pas commis cette faute; il s'était bien porté en avant avec une forte partie de son armée, mais sans la compromettre dans une contrée marécageuse où ses troupes auraient eu à affronter d'abord les fatigues de routes presque infranchissables, puis, les chaleurs venues, à subir les influences d'un air chargé de miasmes putrides.

Son système de défense avait été digne de la réputation de tacticien qu'il s'était si rapidement acquise; il avait résolu de ne défendre que les places susceptibles d'une résistance sérieuse ; les garnisons des autres villes ou forteresses avaient reçu l'ordre de se replier devant l'ennemi. C'est ainsi que Matchin, Hatcha et Toultcha lui avaient été abandonnées; Hirsova et Silistrie avaient seules reçu l'ordre de tenir.

Hirsova, assiégée le 24 mars, avait été emportée le 30. Une dépêche transmit aussitôt au lieutenant général Krouloff, encore sur le territoire valaque, des instructions pour l'attaque immédiate de Silistrie. Cet officier général avait en effet commencé, le 5 avril, sur la rive gauche du Danube, une ligne de batteries à épaulements, dont les projectiles devaient battre la ville et atteindre la flottille turque réfugiée dans un petit port couvert par l'île Itopa. Le feu n'ayant pas obtenu le succès qu'il s'en était promis, ces batteries avaient été transportées sur les îles d'Itopa et de Goly, dont le major Korolenko s'était emparé, le 13, à la tête d'un détachement de deux mille volontaires.

Pendant ce temps, le général Gortschakoff, abandonnant au général Uschakoff la soumission de la Dobrutscha, s'était porté en avant avec son corps d'armée grossi de celui du général Luders et de quelques autres troupes qui les avaient ralliés. Débordant Silistrie, il avait marché sur le centre même de l'armée ottomane, à travers les belles plaines, presque incultes, qui s'étendent entre le Danube et Schoumla, assise au pied de cette chaîne des Balkans que les Turcs ont nommée Emineh-Dagh, *la montagne qui protége*. Les deux armées ennemies allaient donc se trouver en présence. Le général Gortschakoff allait connaître s'il pouvait espérer faire accepter la bataille au général en chef ottoman.

L'armée russe présentait un effectif d'environ quarante mille combattants marchant en trois corps : sa droite était dirigée par le général Kotzebue; le général Luders avait le centre sous ses ordres ; le général en chef commandait l'aile gauche. L'armée turque, égale en nombre, offrait à peu près les mêmes dispositions stratégiques : elle avait sa gauche sous la conduite de Mustapha-Pacha, et sa droite sous celle de Nakim-Pacha ; Omer-Pacha, plus spécialement à la tête du corps de bataille, dirigeait l'ensemble des mouvements. Accepterait-elle la bataille ? Tout annonçait le contraire ; on devait prévoir sa retraite par un mouvement de concentration sur les hauteurs fortifiées qui se trouvent en avant de Schumla. Un choc assez vif eut lieu entre les éclaireurs du général Luders et les avant-postes d'Omer-Pacha ; ceux-ci, refoulés d'abord, reprirent l'offensive et reconquirent leurs positions ; mais ce fut pour se replier aussitôt et suivre le mouvement de retraite qui fit refluer toute l'armée ottomane sur sa grande ligne de défense.

Cet engagement n'avait eu rien de bien sérieux ; seulement en révélant au général Gortschakoff le plan d'opérations du général turc, il lui avait fait aussi reconnaître la solidité des nouvelles troupes ottomanes. Il sentit la nécessité d'attendre l'arrivée de renforts, avant de reprendre sa marche offensive pour attaquer l'ennemi dans les fortes positions sur lesquelles il se retirait. Dans de telles circonstances, le siège de Silistrie, dont la prise lui donnait sur le Danube une base d'opération solide et l'empêchait de laisser un corps d'investissement ou d'observation devant cette place, lui avait semblé un heureux emploi de ses forces durant ce temps d'arrêt de son mouvement sur les Balkans ou plutôt sur l'Hœmus. Le général du génie Schilder, l'une des célébrités de son arme, avait été appelé à diriger les opérations obsidionales, dont le succès pouvait permettre au général Gortschakoff de se reporter avec son armée, grossie de forces nouvelles, sur les lignes musulmanes qui, trahies par le sort des combats, laissaient la route de Constantinople ouverte à l'armée victorieuse.

Telle était la situation ; le général français l'embrassa d'un regard, et en saisit plus complétement encore les dangers que le ministre qui lui en avait exposé les éléments. Il frémit à la pensée du péril où la défaite de l'armée ottomane placerait l'armée alliée forte à peine de soixante mille hommes, en présence de cent ou cent cinquante mille Russes exaltés par l'enthousiasme d'un récent triomphe ; il sentit que ce n'était pas à Constantinople, avec les ministres, qu'il pouvait arrêter les combinaisons stratégiques propres à conjurer ce qu'avaient de menaçant les éventualités. Ce n'était qu'à Varna ou à Schumla, et avec le généralissime et les chefs alliés, qu'un système d'opérations au niveau des dangers pouvait être discuté et arrêté. Il s'empressa d'envoyer un de ses officiers d'ordonnance, M. le commandant Henry, à Schumla. Le but principal de sa mission était de voir Omer-Pacha, et de s'entendre avec lui sur le jour où il pourrait venir à Varna, les généraux alliés voulant avoir une conférence avec lui ; l'objet secondaire était de réunir tous les renseignements qu'il pourrait recueillir sur l'effectif des forces ottomanes, leur état moral, leur situation, et sur les ressources que présentait le pays. Le maréchal Saint-Arnaud s'occupa immédiatement de s'entendre avec lord Raglan, le séraskier et Rizza-Pacha pour se rendre à Varna, aussitôt le retour de son messager.

Parti le 10 de Constantinople, le commandant Henry était de retour le 17. Il était accompagné du lieutenant-colonel Dieu, qui se trouvait depuis longtemps auprès d'Omer-Pacha et qui pouvait par conséquent donner au général en chef les renseignements les plus précieux. On trouve dans la correspondance du maréchal de Saint-Arnaud la consignation des impressions heureuses que lui causèrent les rapports de ces deux officiers : « Le commandant Henry, écrivait-il à cette époque, arrive de Schumla et de Varna; il est enchanté de l'accueil qui lui a été fait par le généralissime turc. Il a trouvé un homme empressé pour les Français et éloigné de toute idée de leur faire obstacle en rien; il m'attend, il attend surtout l'armée avec grande impatience. »

Une lettre du commandant Henry, écrite de Constantinople le 18 mai, complète cette rapide esquisse du caractère du muchir. « Omer-Pacha, dit-il, m'a reçu avec empressement; sa physionomie est fière et distinguée. Il ne paraît pas affligé de cet orgueil qu'on lui prête souvent, et est également éloigné du sentiment contraire. Il sent sa valeur, mais il sent aussi que son rôle cesserait si nous n'arrivions pas; il l'avoue sans faiblesse. »

Le jour même dont cette lettre porte la date, le maréchal de Saint-Arnaud, le général lord Raglan et deux ministres ottomans s'embarquèrent pour Varna sur le vapeur *le Bertholet*. Le lendemain, à neuf heures du matin, cette frégate jetait l'ancre sur la rade de Varna. Les nouvelles du théâtre de la guerre, que leur apporta Omer-Pacha, accouru les recevoir, leur firent apprécier l'imminence du danger et l'urgence des secours. Les Russes ne ménageaient rien pour précipiter la marche des événements. L'arrivée des armées gallo-britanniques sur le territoire turc était, d'après lui, un des motifs du mouvement rétrograde de l'armée russe. Le général Gortzchakoff n'avait pas voulu s'avancer contre les troupes ottomanes qui se repliaient sur le camp retranché de Schumla, sans avoir affranchi ses derrières des places turques qui, en cas de revers, pouvaient susciter de graves difficultés à sa retraite. Il sentait que, dans la forte position où le général ottoman concentrait ses forces, il n'aurait d'autre objet que d'attendre l'arrivée des troupes occidentales pour sortir de la défensive et livrer bataille; et une bataille dans de telles conditions était un événement dont il fallait prévoir toutes les issues. Ses pensées s'étaient donc portées vers Silistrie, contre laquelle, sur ses injonctions pressantes, le général Schilder accumulait tous les moyens d'action de la force et de l'art. Le 16 mai, ce général avait jeté un pont entre les îles du Danube et la rive droite, sur laquelle avaient aussitôt débouché vingt mille hommes. Gortzchakoff s'était joint à ce corps avec son armée afin d'emporter brusquement cette place sous un formidable effort.

Silistrie ainsi enveloppée, menacée par une telle accumulation de forces, étroitement bloquée sur le territoire bulgare, sans communication du côté du Danube par l'occupation des îles couvertes de batteries et de troupes russes, se trouvait dans la situation la plus critique; qu'elle vînt à succomber sous cette écrasante concentration de forces, et l'armée du général Gortzchakoff ou plutôt celle du prince Paskiéwitsch, nouvellement appelé à diriger ces aigles qu'il avait conduites en 1829 jusque dans les murs d'Andrinople, se ruait en toute sécurité sur l'armée ottomane pour la disperser et l'anéantir avant l'arrivée de ses puissants alliés. On ne pouvait se dissimuler la gravité menaçante de ces éventualités. Si les ministres ottomans, rassurés par l'arrivée des armées occidentales, regardaient l'avenir avec d'autant plus de confiance qu'ils l'avaient vu auparavant chargé de plus de nuages, les généraux alliés, qui connaissaient beaucoup mieux leurs moyens d'action actuels, étaient effrayés de la nécessité d'avoir à combattre, avec des troupes incomplètes et désorganisées, contre un ennemi fort de sa supériorité numérique et des succès récents de ses soldats. Dans la conférence militaire qui eut lieu le jour même, le généralissime turc ne leur dissimula en rien sa position. L'effectif des forces ottomanes en Roumélie s'élevait environ à cent quatre mille hommes répandus en une ligne d'opérations s'étendant de Kalafat à l'Euxin. Les principaux corps étaient : l'armée de Schumla, formée de quarante-cinq mille hommes ; les troupes concentrées à Widdlin et Kalafat, pouvant mettre en ligne vingt mille combattants ; les garnisons de Silistrie et de Varna, comptant, l'une dix-huit mille, l'autre six mille soldats. L'armée ennemie, malgré les pertes que lui avaient fait essuyer la guerre et les maladies, réunissait cent cinquante mille hommes, que les renforts en marche pouvaient porter en quelques mois à deux cent mille ; elle n'avait pourtant encore que quarante-cinq mille hommes devant Silistrie, mais elle se grossissait tous les jours, et il était manifeste que les Russes ne pressaient avec tant de vigueur le siège de Silistrie que pour tomber sur Omer-Pacha de tout le poids de leur armée victorieuse.

Si la Turquie fût restée livrée à ses seules forces, il est évident qu'il eût étudié les circonstances pour saisir l'occasion favorable de tenter le sort des armes en avant des Balkans, mais il ne se dissimulait pas les dangers d'un tel événement qui pouvait compromettre dans une bataille isolée les destinées de l'empire turc. L'arrivée des forces anglo-françaises lui imposait d'autres devoirs. Exposer à une défaite l'armée ottomane qui pouvait puissamment concourir à une victoire commune, était une folie dont on devait de prime abord repousser la pensée ; le seul parti qu'il eût à adopter était, selon lui, la concentration de ses forces dans le camp retranché de Schumla. Dans la forte position qu'il y avait prise, il était sûr d'opposer aux Russes une digue où ils pourraient venir se briser, mais qu'ils ne franchiraient pas. Il devait donc y attendre les événements. Si les armées alliées arrivaient à temps, on pouvait marcher sur Silistrie et jeter les Russes dans le Danube, ou du moins renforcer la garnison et ravitailler la place ; autrement ce serait dans les plaines en avant de Schumla que, selon toutes probabilités, aurait lieu le grand choc.

Tel fut l'exposé de la situation que fit le muchir, non en un discours préparé, ou par un rapport écrit, mais d'une parole claire et précise, en phrases brèves et dont le mouvement suivait celui des débats, soit qu'il satisfît à une demande ou qu'il répondît à une objection. Il termina cette discussion militaire en ces termes et avec un accent où vibrait le sentiment profond des hauts intérêts qui s'agitaient dans ce conseil :

« Silistrie sera infailliblement emportée si elle n'est pas rapidement secourue. J'espère qu'elle tiendra six semaines, mais elle peut succomber dans quinze jours, et nous pouvons, un matin, être surpris par cette nouvelle et par l'annonce de la marche des Russes sur Schumla. Il y a plus, comme je vous l'ai dit, j'ai la presque certitude de battre les Russes s'ils viennent m'y attaquer; mais est-ce que les Français et les Anglais, qui sont sur le territoire turc, à Gallipoli, à vingt jours de marche de Varna, ou à vingt-quatre heures, en venant par mer, me laisseront bloquer dans mes lignes, se priveront des ressources d'une bonne armée, qui se battra bien, je vous en réponds, et nous laisseront écraser, quand, avec eux, nous pourrions jeter les Russes de l'autre côté du Danube et sauver la Turquie ? »

Cet exposé, tout empreint de la vivacité et de la franchise de l'homme de guerre, frappa vivement les deux généraux en chef des troupes alliées. Tout était net dans ses déclarations et logique dans les conséquences qu'il en tirait. C'étaient les aperçus d'un homme intelligent et les déductions d'un esprit pratique. On ne pouvait évidemment laisser l'armée ottomane se débattre impuissante sous les forces de l'invasion russe; car, maintenant que les drapeaux français et anglais flottaient sur le Bosphore, ce n'était plus l'honneur turc seul qui était engagé, c'était aussi l'honneur français et l'honneur britannique. Si on laissait la Porte Ottomane compromettre imprudemment son enjeu, il faudrait plus tard payer pour elle.

Le maréchal Saint-Arnaud et lord Raglan comprenaient tout ce qu'avait d'important, de décisif, la détermination qu'ils allaient prendre; ils en prévoyaient toutes les conséquences. Cependant les circonstances étaient telles que, bien qu'ils sentissent l'insuffisance et l'incohérence des troupes qu'ils allaient faire avancer contre l'ennemi, ils arrêtèrent le transport immédiat, à Varna, d'une division française et d'une division britannique. La première devait prendre position à une lieue en avant de cette ville et s'y couvrir par des retranchements; la seconde devait s'établir à Devena, où d'importants travaux de castramétation attestaient l'occupation des Russes en 1828. Cet envoi de troupes ne devait être provisoirement qu'une démonstration, mais une démonstration qui avait aux yeux des deux généraux en chef un triple avantage.

Elle relevait le moral des forces ottomanes, qui ne pouvaient plus dès lors douter du concours armé de l'Europe occidentale, en même temps qu'elle dénonçait aux Russes que ce n'était plus seulement l'épée de la Turquie qu'ils allaient rencontrer devant eux, mais que c'étaient encore les baïonnettes de la France et de l'Angleterre.

Elle obligeait le feld-maréchal Paskiéwitsch à prendre un parti décisif, à repasser le Danube en voyant les têtes de colonne des armées anglo-françaises entrer en ligne, ou à redoubler d'efforts pour emporter Silistrie et rester maître du cours du fleuve auquel ses forces se trouvaient adossées pour faire face à l'ennemi.

Enfin, dans leur pensée, elle forçait les Autrichiens à se prononcer. Leur immobilité restait sans justification possible ; ils ne pouvaient plus objecter que les Français étaient trop loin du Danube, tandis que les armées russes pesaient sur leurs frontières.

Ces avantages, il est vrai, n'étaient pas sans compensation. Si le maréchal Saint-Arnaud alléguait que les alliés restaient maîtres de limiter leur démonstration, la logique des faits lui faisait ajouter aussitôt : « Je ne me dissimule pas que si les Russes avancent, nous ne serons plus libres de notre conduite. Nous ne sommes pas venus en Turquie pour nous enfermer dans Varna ou dans Schumla. Nous nous verrons donc forcément entraînés à jeter rapidement toutes nos forces entre ces deux points. Mais nous ne serons jamais dans de meilleures conditions pour livrer bataille à un ennemi qui vient se placer devant des troupes fraîches, entre un grand fleuve et un camp retranché. » Les pachas le comprirent parfaitement, aussi accueillirent-ils cette détermination avec un sentiment de joie qu'ils ne cherchèrent pas à dissimuler. Le maréchal et lord Raglan sentirent plus vivement encore, après l'adoption de ces mesures, la nécessité de connaître l'appui militaire de la Turquie ; ils voulurent s'assurer par eux-mêmes de l'état dans lequel se trouvait l'armée d'Omer-Pacha. Le départ pour Schumla eut lieu la nuit suivante ; ils l'atteignirent à travers un pays inculte et abandonné. La désolation régnait dans ces plaines que fuyaient les derniers débris de leur population. Schumla, et surtout son camp retranché, offraient un tout autre spectacle : on reconnaissait toute la vérité de ce jugement sévère dont, en un jour d'irritation, le jeune sultan avait frappé, en plein conseil, la régénération ottomane : « Vous me parlez toujours de réforme : réforme, c'est très-bien !... mais où y a-t-il amélioration ?... Pour moi, je n'en vois que dans l'armée. » C'était là en effet qu'elle s'était réalisée avec succès, et les avantages obtenus à Oltenitza, à Kalafat, à Citate, avaient prouvé qu'elle n'était ni chimérique ni superficielle. Le maréchal examina tout avec un soin scrupuleux : installation et troupes. Voici en quels termes il exposait au ministre de la guerre ses observations et ses impressions : parlant du camp retranché, il disait :

« Partout on trouve la trace d'un coup d'œil militaire intelligent ; les ouvrages, les redoutes sont bien disposés ; l'emplacement des troupes, qui sous la tente tiennent l'ordre qu'elles doivent avoir en cas d'attaque, est parfaitement choisi ; en un mot, ce camp retranché n'a qu'un défaut, c'est d'être un peu trop grand, mais tout y est bien compris. Les ouvrages importants sont garnis d'une grosse artillerie en très-bon état et bien servie (deux cent cinquante pièces dans les bastions et redoutes extérieures). Ce camp, avec quarante-cinq mille hommes de bonnes troupes, commandés par un homme déterminé comme Omer-Pacha, peut tenir longtemps contre une forte armée. » Exprimant son jugement sur les soldats ottomans : « Les troupes, que j'ai examinées avec le plus grand soin, disait-il, sont mal armées, mal habillées, mal chaussées surtout, mais leur ensemble est militaire. Elles manœuvrent bien et avec calme. Les chevaux de la cavalerie sont petits pour la plupart, sans apparence, mais ils sont bons et ont beaucoup de fond. L'artillerie est ce qu'il y a mieux; les attelages sont solides, les pièces sont bien tenues; les artilleurs manœuvrent aussi bien que les nôtres. J'ai été surpris, par des essais faits devant moi, de la justesse du tir. En résumé, il y a à Schumla quarante-cinq mille hommes qui se battront bien partout, mais qui, se sentant encadrés entre des Français et des Anglais, se montreront de braves et excellents soldats. »

Un seul point du service était resté stationnaire, c'était l'administration, et plus particulièrement les hôpitaux. C'était aussi le côté de l'organisation militaire qu'Omer-Pacha eût voulu laisser voilé, mais les deux généraux, ses hôtes, instruits par le rapport de l'officier d'ordonnance détaché par le maréchal, désirèrent visiter ces établissements. Le spectacle qui les y attendait était navrant. C'était à la fois celui de la souffrance et de la misère; malades et blessés, entassés pêle-mêle, sans médecins, sans médicaments, presque sans secours, dans des salles d'une malpropreté hideuse, où l'air, chargé de miasmes morbides, devenait souvent un poison, gisaient sur de misérables grabats, ou, enveloppés de haillons de couvertures, se tenaient assis sur la terre ou sur les dalles, le dos appuyé aux murs. C'était un funèbre mélange de râles et de gémissements, ces bruissements involontaires que la douleur arrache à la chair souffrante; mais pas une récrimination, pas une plainte; une résignation d'un calme déchirant, ce stoïcisme sublime du croyant et du soldat, courbant la tête avec soumission sous la nécessité qui est pour lui l'arrêt du ciel. C'était loin pourtant d'être de l'insensibilité; le maréchal leur ayant distribué des secours pécuniaires, il fallait voir ces malheureux, saisis de reconnaissance pour cet infidèle qui venait à eux le cœur ému, la voix consolante et la main ouverte, porter vers lui leurs yeux humides et se traîner à ses pieds pour baiser le pan de ses habits. Le maréchal écrivit le soir même (1) au ministre de la guerre, demandant que quelques médecins de l'armée française fussent détachés dans les hôpitaux turcs pour y organiser un service médical régulier.

Au moment où le maréchal, retiré dans sa tente, traçait cette dépêche, Omer-Pacha et le séraskier y entraient en proie à l'agitation la plus profonde. Les nouvelles reçues de Silistrie avaient le caractère le plus sinistre. L'armée assiégeante, portée à soixante-dix mille hommes, redoublait d'efforts contre la place; le bombardement continuait jour et nuit avec fureur; une partie du parapet, du côté du Danube, était détruite par l'artillerie des îles. La ville, écrasée par les obus et les bombes, ne pouvait que promptement succomber. Il fallait donc s'attendre à voir apparaître incessamment l'armée russe. Une attaque heureuse sur Schumla pouvait lui ouvrir les passages de l'Hœmus. Telle était la crainte du séraskier : en vain Omer-Pacha se faisait-il fort, quelle que fût la marche des événements guerriers, d'arrêter six mois au

---

(1) Dépêche datée de Schumla, 19 mai 1854.

moins l'armée ennemie; le séraskier voyait déjà les aigles russes volant sur la route de Constantinople.

Le maréchal et lord Raglan comprirent que la position était changée, que les rapides développements que prenait la guerre faisaient un devoir de prudence de préparer en toute hâte une digue qui pût arrêter les forces russes prêtes à déborder dans la Bulgarie; ce n'était donc pas seulement deux divisions française et britannique qui devaient être envoyées à Varna, c'était toutes les forces disponibles des deux armées occidentales. Ce fut sur cette base que fut adopté le nouveau plan d'opérations : le muchir effectuerait dans le plus bref délai la concentration à Schumla des troupes qu'il avait à Viddin et dans les Balkans supérieurs. Dans vingt jours il pouvait réunir ainsi sous ses ordres un corps de soixante-dix mille hommes de bonnes troupes et cent quatre-vingts pièces de canon. Pendant ce temps le maréchal Saint-Arnaud masserait à Varna un corps de trente-cinq mille hommes, et lord Raglan un de vingt mille. Cette décision dissipa tous les nuages que le séraskier avait vus s'accumuler sur l'avenir. On ne songea plus qu'à l'exécuter.

Le 22 mai, le maréchal Saint-Arnaud et lord Raglan étaient de retour à Varna. Ils s'embarquèrent le soir même sur le *Bertholet*. Le maréchal eut une conférence de plusieurs heures avec l'amiral Hamelin, qui mit toute l'escadre à sa disposition pour le transport des troupes de Gallipoli à Varna. Le généralissime ne perd pas un instant : arrivé à Constantinople dans la nuit du 23, le 24, il assiste à un conseil de guerre tenu à la Porte et présidé par le sultan. Le gouvernement turc offre aux généraux alliés toutes les ressources dont dispose le divan ; ce qui manque à l'escadre française, ce sont les steamers pour remorquer les navires de charge et donner une rapidité régulière au transport des troupes; il en réclame six du capitan-pacha, qui les place aussitôt sous ses ordres; il prend terre à Gallipoli le 26 au matin, et commande immédiatement une revue. Cette revue dissipe bien des illusions : c'est à peine si l'infanterie lui présente vingt-sept bataillons complets, et encore leurs éléments, nouveaux en grande partie, sont-ils privés de cette cohésion que donne seule la pratique et qui fait la solidité des vieilles troupes; l'artillerie compte à peine trente pièces attelées ; la cavalerie, elle, n'a pas encore reçu cinq cents chevaux, et se compose de groupes disparates appartenant à différents corps.

Presque toute la quatrième division a été débarquée sur les côtes de l'Attique ; les vents du nord ont suspendu depuis plusieurs jours les arrivages, les transports à voiles s'accumulent dans l'archipel, où ils ne s'élèvent qu'en boulinant au milieu des rochers. Le maréchal s'entend avec les amiraux français et turcs, et onze bateaux à vapeur sont lancés dans toutes les directions pour servir de remorqueurs aux navires retardataires.

Les arrivages recommencent alors, la cavalerie s'organise, l'artillerie se complète ; les régiments et les bataillons portent leurs cadres à toute la puissance de leurs effectifs. Une seconde revue générale est ordonnée ; cette fois, c'est avec orgueil et confiance que le général en chef, accompagné lord Raglan et du séraskier et entouré d'un brillant état-major d'officiers français, anglais et turcs, parcourt au pas de son cheval ces lignes militaires s'étendant sur un développement de seize kilomètres. Partout il trouve sur les traits et dans les regards cette ardeur guerrière qui, selon les expressions du maréchal lui-même, *seront l'origine et qui sont déjà le présage du succès* (1). De tous les visages rayonne l'enthousiasme dont la discipline seule empêche les explosions; les recrues ont déjà pris dans la vie des camps cet air dégagé, cette grâce militaire qui font l'ensemble et l'harmonie des vieilles troupes. Il sent alors qu'il peut en toute sécurité marcher à l'ennemi.

Tous les camps s'ébranlèrent successivement les jours suivants. Ce fut la division anglaise, forte de six mille hommes, campée à Scutari, où lord Raglan avait établi son quartier général, qui partit la première; elle fit voile pour Varna, le 30 mai. La première brigade de la division du général Canrobert, d'un effectif à peu près égal, monta sur quarante transports avec son artillerie et les bagages, et, remorquée par neuf frégates à vapeur, suivit son sillage.

Pendant que la première division gagne par mer les quais de Varna, la seconde, sous les ordres du général Bosquet, se met en route à travers les plaines fécondes mais souvent incultes de la Roumélie et marche, par Andrinople, sur les Balkans. La troisième, commandée par le prince Napoléon, suit la côte de la mer de Marmara, et se dirige vers Constantinople, où doit s'opérer son embarquement. Obligée de parcourir une ligne de falaises hérissée de rochers, cette division éprouva de sérieuses difficultés dans la première partie de sa route. Le bataillon de chasseurs qui formait son avant-garde fut forcé d'ouvrir au pic une route praticable à son artillerie à travers cette âpre et sauvage nature. Le travail et la fatigue ne purent altérer sa gaieté si l'on en juge par les inscriptions qu'il traça en grands caractères sur ces rocs : *Route impériale de Constantinople, N° 1er*, et plus loin : *Trains de plaisir pour Moscou et Saint-Pétersbourg*. Tels étaient les lazzis et vingt autres du même esprit troupier dont il couronnait ses travaux et égayait la division. A Rodosto, ces obstacles disparurent; nos troupes n'eurent dès lors d'autres fatigues à subir que celle résultant des rayons brûlants d'un soleil torride et d'une poussière ténue qui s'élevait en tourbillons sous leurs pas. Elles atteignirent Constantinople, où elles firent leur entrée au milieu de la curiosité la plus vive et d'un intérêt universel. Cette belle division était du reste bien faite pour justifier la sensation profonde qu'elle produisit dans les cœurs et dans les esprits : « Ces soldats, écrivait un témoin oculaire, étaient superbes à voir avec leurs figures hâlées, leurs mains noircies, leurs vêtements déchirés, souillés de boue et de poussière par cette longue et rude marche; les splendeurs règlementaires de la parade ne donnent aucune idée de cette magnifique et mâle beauté du soldat en campagne. »

Ce qui appelait surtout les regards et la surprise des Turcs, c'était le costume africain de nos zouaves; ils se montraient avec un mélange d'étonnement et de joie leurs caftans ornés d'arabesques tranchantes, leurs calgous rouges

(1) Ordre du jour du 27 mai.

et flottants et surtout ces turbans qui couronnaient si bien leurs figures mâles et guerrières. « Pourquoi donc, s'écriaient-ils avec une satisfaction naïve, les Francs habillent-ils leurs soldats à l'orientale, tandis que les Orientaux donnent le costume européen aux leurs? »

Le sultan voulut passer en revue ces vaillantes troupes qui n'arrivaient dans sa capitale que pour s'y embarquer; cette revue eut lieu le 17 juin, la veille de leur départ; ce fut sur le riant plateau qui fait face à la Corne d'or et domine le riche vallon d'Eyoub, que la division française se réunit aux troupes ottomanes pour cette solennité. Toute la population de Constantinople déborda vers ce point, dont elle couvrit les collines et les versants voisins de sa foule bariolée. A midi, le sultan sortit de la ville entre les deux généraux en chef; il montait un magnifique cheval noir de jais, couvert d'une housse écarlate aux plus riches broderies; un brillant cortège, où tous les uniformes européens se mêlaient aux éclatants costumes orientaux, se pressait à sa suite. Les généraux Monet et Thomas se tenaient à la tête de leurs brigades; le prince Napoléon se porta à sa rencontre avec ses aides de camp, M. le colonel Nesmes-Desmarets, MM. les capitaines Roux et Fari Pisani et son officier d'ordonnance, M. le capitaine David, pour le recevoir; la revue commença aussitôt. La division défila ensuite par bataillons, serrés en masse, devant le jeune sultan; après elle s'avançait une brigade turque.

Les ministres ottomans, habitués à voir Abdul-Medjid triste, mélancolique et portant au loin un regard rêveur, comme s'il voulait découvrir dans l'avenir nuageux les secrets de sa destinée, étaient surpris de voir la sérénité se répandre sur ses traits en présence de ces forces amies accourues pour défendre ses droits, ses yeux briller, l'épanchement cordial jaillir de ses lèvres vers le prince et les généraux qui l'entouraient; la vie enfin, la vie confiante, expansive, heureuse, envahir cette frêle et délicate nature sous la pluie d'or de ce beau soleil d'Orient dont les rayons semblaient l'animer. « Sa Hautesse a fait deux choses, écrivait le maréchal Saint-Arnaud, deux choses qui feront époque dans l'histoire de Turquie : elle a galopé deux fois et est venue saluer la maréchale, qui assistait en voiture à la revue. « Elle fit plus : l'héritier des califes ne se contenta pas de parler en public et avec une gracieuse courtoisie à des femmes chrétiennes, il offrit à mesdames de Saint-Arnaud, d'Allonville et Yusuf, son palais et ses jardins de Thérapia pour y faire leur résidence.

Les nouvelles de Silistrie étaient venues ajouter une ardente excitation à la joie et à l'enthousiasme universels. Attaquée avec une extrême vigueur, cette ville se défendait avec un dévouement sublime; ses forts avancés sont vainement écrasés par les bombes et troués par les boulets, les Russes trouvent dans ces décombres des garnisons héroïques contre lesquelles viennent se briser leurs plus vaillantes colonnes d'assaut; l'armée française n'en éprouve que plus vivement l'impatience de se porter à son secours. L'embarquement de la troisième division commença le 18.

Le mouvement de concentration s'opère : la division Canrobert couvre de ses tentes le plateau de Franka : Franka après Gallipoli!... Ne dirait-on pas qu'une mystérieuse prédestination a imprimé d'avance un nom providentiel aux siéges de nos bivouacs? La division Bosquet va franchir l'Hœmus. La troisième division, enfin, dépose sur la plage de Varna ses premiers bataillons. Encore quelques jours, et les trois armées pleines d'ardeur, pleines d'élan, vont aller délivrer cette ville courageuse dont le dévouement grandit sans cesse sous le tourbillon de fer qui la broie; tout se prépare pour cette marche, lorsque la nouvelle inopinée arrive que les Russes ont levé le siége et repassé le Danube. Ce fut un serrement de tristesse pour tous les cœurs dans notre armée. Le maréchal Saint-Arnaud l'apprend le 25 en débarquant à Varna. « Nous sommes volés ! » s'écrie-t-il, ne trouvant pas de termes plus expressifs de son désappointement que ces mots vulgaires; et, en effet, c'est une lueur brillante qui s'éteint dans l'avenir, tout à coup devenu sombre. Quelles seront les suites de cette déception ? quelle redoutable combinaison se trouve au fond de cette retraite imprévue ? C'est ce qu'il se demande avec inquiétude, pressentant sous ces faits inattendus quelques embûches de la diplomatie russe et tudesque. « Si l'on considère, écrivait-il de Varna au ministre de la guerre (1), l'importance et la solidité des dispositions prises de longue main par les Russes pour assurer l'occupation de la rive droite du Danube, dispositions auxquelles ils avaient sacrifié d'autres avantages qu'ils auraient pu obtenir dans les trois mois qui viennent de s'écouler ; si l'on considère la grandeur des moyens réunis en Valachie, en Moldavie et sur toute la rive gauche du Danube, en vue de la même occupation, et enfin l'affaiblissement de l'autorité morale qui devait par suite atteindre l'armée russe s'éloignant de Silistrie à la veille d'être enlevée, on reste convaincu que cette retraite n'est pas la conséquence de la résistance opposée par la vaillante garnison de cette place. La veille même du jour où l'armée russe effectuait ce mouvement rétrograde, qu'elle semble avoir marqué par un redoublement du feu de toutes ses batteries, Omer-Pacha faisait savoir au général Canrobert qu'en présence des forces de nouveau concentrées autour de Silistrie, il ne se croyait pas en mesure d'opérer le mouvement de diversion qu'il avait projeté. L'arrivée à Varna des armées alliées, les démonstrations (sur lesquelles M. de Bruck ne m'a donné aucun avis) faites par les Autrichiens, ont-elles suffi pour déterminer la retraite des Russes? Elles ont contribué sans doute à ce résultat, mais l'ennemi, renseigné jour par jour sur nos concentrations, savait qu'il était fondé à espérer la reddition de Silistrie avant notre arrivée. Sa retraite sur la rive gauche était assurée jusqu'aux bouches du fleuve, et il est permis de dire qu'aucune nécessité militaire actuelle ne l'obligeait à se retirer sitôt. »

Revenant sur la même pensée, il mandait au même ministre dans une dépêche ultérieure : « Le commandant de Villiers, un de mes officiers d'ordonnance, est de retour de Silistrie, où je l'avais envoyé pour recueillir des nou-

(1) Dépêche du 29 juin 1854.

Garde impériale.

Chasseurs à pied.

1854.

velles et examiner l'état des fortifications. Il est difficile de voir des travaux plus solides, plus étendus, plus perfectionnés que ceux faits par les Russes sur la rive droite du Danube, en aval de Silistrie. Je suis pleinement confirmé dans mon opinion que l'intention des généraux était de se concentrer sur la rive droite du fleuve pour y livrer bataille aux armées alliées, soit en arrière, soit en avant de leurs fortifications. Un ordre venu de Saint-Pétersbourg a, sans aucun doute, déterminé leur retraite. »

Le maréchal est encore plus profondément frappé qu'il ne le montre dans ses dépêches officielles. Il sent que toute l'activité qu'il a dû déployer, tous les efforts qu'il a faits pour réunir ses forces expéditionnaires et les transporter des bords de la Propontide sur ceux du Danube, ne sont pas seulement inutiles; que la nouvelle position est pleine de dangers. Où se porte l'armée russe? où pourra-t-il la joindre?... Au lieu d'une première bataille, que tout lui annonçait devoir être une première victoire, il fallait qu'il se mît à la recherche de l'ennemi sous un ciel ardent, à travers des plaines marécageuses et ravagées où il ne devait rencontrer que des cadavres en putréfaction et des décombres. « Oh! les Russes, écrivait-il dans une lettre d'effusion intime; je ne puis me relever du coup que m'a porté leur retraite honteuse : je les tenais je les aurais infailliblement battus, jetés dans le Danube!... Nous voici retombés dans l'incertitude; j'ignore encore où ils sont, ce qu'ils font, ce qu'ils feront. » La palme qu'il avait vue s'élever si belle s'était évanouie, et il n'avait plus devant lui que de vastes plaines humides, couvertes de cette impure végétation paludineuse sous laquelle le soleil caniculaire allait développer tous les poisons des miasmes putrides.

Il ne faisait cependant encore qu'entrevoir des dangers auxquels il devait supposer possible de soustraire son armée, en lui faisant passer le Danube et gagner les plaines moldaves; mais c'eût été compter en dehors des machinations de la politique autrichienne. Le double danger dont la présence des armées occidentales sur le Danube menaçait les intérêts autrichiens et les forces russes avait profondément ému le cabinet de Vienne. La comédie diplomatique qu'il avait jouée avec un si merveilleux succès pouvait toucher à son dénoûment; ses protestations d'amitié auprès des puissances occidentales, sa mésintelligence apparente avec la cour de Saint-Pétersbourg, à l'aide desquelles il était parvenu à couvrir l'ouest de la Russie et à forcer la France à faire la guerre à huit cents lieues de son territoire, ne pouvaient maintenir plus longtemps l'équilibre de sa politique. Que les aigles françaises et les couleurs britanniques vinssent à paraître au pied des Karpathes, c'est-à-dire sur les frontières hongroises, il ne pouvait plus différer, il fallait bien à la fin qu'il se prononçât; mais sa diplomatie devait, par une de ces merveilleuses rouerie dont l'audace surprend même après le succès, le faire échapper à cette nécessité périlleuse. Ces démonstrations autrichiennes, dont l'internonce impérial préparait avec le divan les ressorts secrets, ne tendaient pas à un autre but. La Russie n'avait pas elle-même d'autre objet, en retirant ses forces militaires de la Bulgarie, et en les faisant refluer vers le Pruth. Le traité intervenu le 14 juin entre la Porte Ottomane et l'Autriche, avec l'assentiment des puissances occidentales, restera le chef-d'œuvre de cette politique incroyable. L'Autriche put faire occuper les provinces moldo-valaques par ses troupes ; grâce à cette combinaison, le triomphe de la politique austro-russe était complet. L'apparition des aigles françaises sur ses confins ne menaçait plus la tranquillité intérieure de l'Autriche, et les armées alliées ne pouvaient plus attaquer le czar qu'en se portant sur la Bessarabie, à travers les fondrières de la Dobrutscha.

Cependant, les armées se massaient et complétaient leur organisation autour de Varna. Les nombreux transports qui venaient y déposer chaque jour chevaux, matériel, approvisionnements, apercevaient toutes les hauteurs du littoral couvertes de tentes, à faire croire de loin, malgré la fraîche verdure de leurs flancs, qu'elles étaient revêtues d'épaisses couches de neige. Les premiers jours furent tout aux douces impressions du moment qu'avivaient de glorieuses espérances. Toutes les lettres, traduisant ces impressions, ne parlaient que des relations intimes entre les armées et particulièrement de la beauté des lieux, qu'elles célébraient avec un véritable enthousiasme bucolique. « Jamais, écrit un officier de la division de sir Brown campée au pied de la colline d'Aladyn, jamais soldats ne plantèrent leurs tentes dans un endroit plus agréable. Sur la rive opposée du lac qui baigne les prairies situées au pied du coteau, le sol forme une sorte d'amphithéâtre couvert de magnifiques bouquets de bois, entrecoupés de pelouses d'un gazon si vert et si bien entretenu, qu'involontairement on cherche et l'on se dit : « Il doit certainement y avoir quelque noble habitation au milieu de ces beaux arbres.

« Quand le voyageur est sorti des plaines sablonneuses et des prairies monotones qui s'étendent à l'ouest jusqu'à deux ou trois milles de Varna, il rencontre une suite de beaux paysages, au-dessus desquels se dessinent dans le lointain les sommets onduleux de plusieurs chaînes de montagnes. L'aspect du pays est varié ; le chemin, qui n'est guère qu'un sentier tracé par le passage des cavaliers et des voitures, traverse tantôt de riches campagnes, tantôt des buissons et d'épais fourrés. Des bouquets de bois et de brillantes nappes d'eau se rencontrent çà et là, à de petites distances de la route. Des cigognes parcourent les airs en longues files au-dessus des prairies, et font une guerre acharnée aux grenouilles. Quant à celles-ci, elles sont innombrables, et leurs concerts de nuit et de jour feraient les délices d'un érudit classique tout plein des souvenirs d'Aristophane. Des aigles planent au milieu des nuages, cherchant, pour s'abattre dessus et s'en régaler, le cadavre de quelque cheval mort, car le noble oiseau ne dédaigne pas la charogne ; tandis que des vautours, des milans et de grosses buses rasent la plaine, faisant la chasse aux lièvres, aux perdrix, et parfois à un gibier beaucoup moins recherché, que l'on désigne génériquement sous le nom de rongeurs. Mais l'air a aussi de plus gracieux et de plus harmonieux habitants : de jolis oiseaux dont le plumage réunit toutes les nuances de l'or à l'éclat de l'émeraude, des piverts magnifiques, des geais, des gros-becs font retentir les buissons de leurs cris et de leurs gazouillements. De temps en temps le rossignol y joint sa plainte, à laquelle répond un charmant petit chanteur à tête noire, rouge sous le ventre, bleu à la naissance des ailes, voltigeant sans cesse en quête de quelques mouches. »

Les premières impressions passées, on commença à s'interroger avec inquiétude sur l'avenir. L'inaction pesa de tout le poids des longs jours de désœuvrement sur ces troupes qui avaient cru marcher à l'ennemi ; on voulut pénétrer les projets des généraux, les imaginations prirent leur essor, et chacun vint surexciter l'impatience commune par les rêves de sa propre impatience. Le maréchal Saint-Arnaud hésitait; il n'entrevoyait qu'obstacles, difficultés et dangers sur cette terre où l'avait conduit un mirage éphémère. Il commença à détacher ses regards et ses préoccupations de ce sol bulgare, où quelques sotnias de Cosaques jetaient seules des hordes d'éclaireurs. Il se demandait si ce n'était pas une nécessité de transporter le théâtre des hostilités sur un point stratégique plus favorable et plus important. Sa pensée se portait alors vers Sébastopol. Ce nom venait déjà fréquemment sur ses lèvres, et les officiers admis dans ses relations intimes commençaient à penser que ce pourrait bien être contre ce puissant arsenal de la Russie méridionale que seraient portés les premiers grands coups. Quelle que fût la réalité des importants services que la marine avait déjà rendus à notre armée, la considération du puissant concours qu'elle serait appelée à rendre dans une expédition contre la Crimée ne fut peut-être pas étrangère à l'éclatant hommage que lui rendit alors le général en chef de l'armée expéditionnaire. Voici l'ordre du jour qu'il publia, le 1ᵉʳ juillet 1854 :

« Soldats,

« Pour vous rapprocher de l'ennemi, vous venez de mettre en quelques jours cent lieues de plus entre la France et vous. Depuis que vous l'avez quittée, votre activité, votre énergie ont été à la hauteur des difficultés qu'il fallait vaincre ; mais vous ne les auriez pas dominées sans le concours dévoué que vous a offert la marine impériale.

« Les amiraux, les officiers, les marins de nos ports et de nos flottes se sont voués à la pénible mission de transporter vos colonnes à travers les mers. Vous les avez vus livrés aux plus durs travaux pour réaliser des opérations d'embarquement et de débarquement souvent répétées, et nous pouvons dire qu'ils se sont disputé l'honneur de hâter la marche de nos aigles.

« Témoin de cette loyale confraternité des deux armées, je saisis avec bonheur l'occasion qui s'offre à moi de lui rendre hommage, et j'irai demain porter solennellement aux flottes des amiraux Hamelin et Bruat des remerciements auxquels j'ai voulu associer chacun de vous, et qui s'adresseront à la marine impériale tout entière.

« Le maréchal, commandant en chef l'armée d'Orient,
« A. de Saint-Arnaud. »

Ainsi que l'annonçait cet ordre du jour, le maréchal se rendit le lendemain, accompagné de tout son état-major, auprès des deux amiraux, et leur offrit, au nom de l'armée, l'assurance de sa reconnaissance pour le concours dévoué et si utile qu'elle avait reçu d'eux et de toute la marine française.

CHAPITRE IV.

PREMIÈRE CAMPAGNE DANS LA BALTIQUE

1854.

Empire des czars. — Nécessités de la guerre. — La flotte russe. — Armement d'une troisième escadre française. — Le vice-amiral Parseval-Deschênes. — Escadre britannique des mers du Nord. — Charles Napier. — Escadre anglaise dans la Baltique. — Stations et croisières. — Exécutions dévastatrices. — Arrivée de l'escadre française à l'ouvert du golfe de Finlande. — Les escadres alliées devant Cronstadt. — Immobilité des vaisseaux russes. — Expédition contre les îles Aland. — Camp de Boulogne. — Corps expéditionnaire. — Son embarquement pour la Baltique. — Arrivée des troupes françaises sur la rade de Ledsund. — Reconnaissance de Bomarsund. — Projet d'attaque. — Mouvements des forces alliées. — Débarquements. — Opérations stratégiques. — Siége de Bomarsund. Fortifications de cette place. — Double attaque contre la tour du Sud. — Sa reddition. — Reddition de la tour du Nord. — La flotte appuie l'attaque contre la principale forteresse. — Capitulation. — Prisonniers russes. — Le général Bodisko. — Forces navales alliées dans la mer Blanche et dans la mer Pacifique. — Attaque de Pétropolowsky.

Si la France et l'Angleterre eussent dû seulement protéger l'empire turc contre les menaces et les forces de la Russie, la présence d'une armée anglo-française au pied des Balkans et l'apparition des escadres occidentales dans la mer Noire eussent suffi pour conjurer les éventualités de la prise d'armes qui venait de troubler la paix du monde. La lutte se fût trouvée ainsi renfermée dans les limites des contrées méridionales qui avaient vu s'opérer ses premiers chocs; mais malheureusement il n'en était pas ainsi, il ne s'agissait pas seulement de contrebalancer et de vaincre les flottes et les armées que la Russie pouvait lancer sur la mer Noire et dans les plaines de la Bulgarie; le protectorat dont la France et son alliée avaient couvert la Turquie était l'horizon étroit des événements que devait nécessairement faire éclater une guerre avec une puissance aussi formidable que l'empire des czars, empire immense qui, dépassant en étendue l'empire romain, embrassait dans ses frontières la moitié de l'Europe et toute l'Asie septentrionale; si l'une des têtes couronnées, une serre et une aile de l'aigle essorant qu'il a pris pour emblème menacent le Midi, cet aigle porte une autre tête vers l'Occident, et étend vers le

Nord une autre aile et une autre serre dont il eût été imprudent de ne pas prévenir les coups. Qui eût pu en effet empêcher la puissante flotte de la Baltique dont les ports de Cronstadt, d'Helsingfors et de Revel renfermaient les divisions nombreuses, de déboucher à l'improviste de cette mer intérieure, de venir écraser sous ses bombes et ses boulets quelques ports de la côte de France et d'Angleterre, Londres même, et de regagner ensuite l'asile inexpugnable, de réputation du moins, de ses aires de granit? La France et l'Angleterre le comprirent; aussi le rappel des ambassadeurs avait à peine annoncé la complète rupture des rapports entre les deux grandes puissances de l'Occident et la Russie, qu'un décret du gouvernement français ordonnait l'armement d'une troisième escadre qu'il plaçait sous le commandement du vice-amiral Parseval-Deschênes. Cette escadre, destinée à opérer dans les mers du Nord, était composée de dix vaisseaux de ligne, quatorze frégates et quinze corvettes à voiles ou à vapeur.

L'Angleterre, plus directement et plus gravement menacée par une irruption navale de la Russie, plus avide aussi d'envelopper la marine russe, déjà si redoutable, dans la politique de destruction où, grâce à la confiance souvent aveugle de ses alliés, elle est constamment parvenue à étouffer toute marine naissante, ne resta pas en arrière de ces armements. A la même époque, le vice-amiral Charles Napier recevait le commandement d'une escadre britannique. Cette flotte, alors de dix-huit bâtiments, se développa avec une rapidité merveilleuse; portée d'abord à trente-sept voiles : dix vaisseaux de ligne à hélice et cinq à voiles, vingt-deux frégates et bâtiments de force inférieure mus par la vapeur; elle devait présenter peu après quarante-neuf navires, offrant un formidable armement de deux mille trois cent quarante-quatre bouches à feu et un effectif personnel de vingt-deux mille hommes.

L'opinion publique accueillit la nomination de Charles Napier avec un sentiment de joie universelle. Charles Napier était, depuis surtout ses triomphes d'une gloire très-contestable (nous eussions pu dire ses dévastations) sur la côte de Syrie, le héros populaire de la marine anglaise. Son passé, disons-le, ne justifiait que très-incomplétement cette bruyante réputation qui devait aller s'obscurcir, sinon s'éteindre, dans les brumes de la Baltique : entré dans la marine au commencement du siècle, il n'avait encore eu qu'une occasion de révéler son nom par un fait d'armes : le combat du brick *la Recrue* contre la corvette française *la Diligente*, où il avait eu la cuisse cassée; lorsque don Pedro l'appela, en 1833, au commandement de sa flotte, dans son expédition contre son frère don Miguel; Charles Napier battit l'escadre migueliste sous le cap Saint-Vincent. Ce fut cet exploit qui commença à appeler les sympathies du peuple anglais et à la fois de la marine britannique sur cet officier, qui portait d'ailleurs un nom justement cher à son pays; il descendait en effet de l'amiral John Napier que l'invention des logarithmes avait signalé à l'admiration du monde savant.

Sir Charles Napier justifia d'abord la faveur dont l'opinion avait salué sa nomination, par l'ardeur qu'il mit à prendre le commandement de la flotte qui lui était confiée et à en presser l'armement. A peine la première division fut-elle prête que, sans attendre l'arrivée de l'escadre de l'amiral Corry, rappelée des eaux du Portugal pour grossir les forces de la Baltique, il quitta la rade de Spithead et se rendit dans celle de Portsmouth, qu'il vidait le 11, en saluant des acclamations de ses équipages et du canon de ses vaisseaux la reine Victoria venue pour assister au premier départ de la flotte anglaise armée pour la Baltique. Cette escadre, composée alors de huit vaisseaux à hélice, dont deux à trois ponts, et de huit autres navires à vapeur, présentait une force de sept mille trois cent soixante-dix chevaux, de huit cent quatre-vingt-sept canons, et de neuf mille hommes, et battait les pavillons de trois amiraux : Napier, Chads et Plumridge. Celui de Charles Napier était arboré sur le *Duc-Wellington*. Elle donna le 13 dans le vaste bassin du Cattégat. Le Cattégat est, comme on le sait, l'étendue de mer qu'embrassent entre leurs rivages la Suède à l'est, au midi l'île de Seeland, et à l'ouest le Jutland, relevant, celui-ci et celle-là, de la couronne du Danemark. L'escadre britannique croisa quelques jours dans ces parages abrités ; elle sembla vouloir prendre position dans cette espèce de baie spacieuse formant en quelque sorte la Propontide septentrionale, et où sa présence eût enfermé les flottes russes dans la Baltique ; le bruit même se répandit que telle était la mission qu'elle avait reçue de la volonté prudente qui dominait les résolutions de l'amirauté. Ce bruit, pour tout esprit embrassant l'ensemble des éventualités soulevées par la conflagration imminente, n'offrait aucune probabilité sérieuse. Si cette station eût préservé les côtes de l'Angleterre et de la France d'une attaque soudaine des forces navales de la Russie, elle eût laissé une telle prépondérance à cette puissance sur le nord de l'Europe, que sa politique si habile eût nécessairement entraîné dans son alliance la Suède par la crainte, le Danemark par suite de cette première défection, la Prusse et une partie de l'Allemagne par la sympathie gouvernementale et personnelle qui portait leurs souverains vers le czar ; le reste de l'Allemagne et l'Autriche, que les tendances qu'elles montraient vers l'Occident fussent fictives ou réelles, eussent bien dû suivre avec complaisance ou par nécessité. L'adoption d'une pareille détermination eût donc été, de la part des puissances occidentales, l'acte d'une trop aveugle imprévoyance, pour que la remise de telles instructions à leurs amiraux pût entrer dans la sphère des possibilités. Aussi l'escadre anglaise, après avoir mouillé et louvoyé quelques jours dans ces eaux, se dirigea-t-elle vers le grand Belt, où elle entra le 26, rangea la côte de Fionie et de Langeland et fut jeter l'ancre sur la rade de Kiel, pendant que le vaisseau amiral remontait vers Copenhague.

Kiel, assise au fond d'une étroite échancrure de la côte danoise, est une des meilleures positions navales de la Baltique ; sa baie profonde est parfaitement abritée et d'une excellente tenue ; son port spacieux offre une station sûre et un débarcadère commode aux navires du plus fort tonnage. Ces qualités devaient en faire, pendant toute la guerre, un point de relâche précieux pour les flottes alliées. Toute l'escadre britannique s'y trouvait réunie le 28 mars ;

le 29, elle reprenait la mer et se portait vers la rade de Kioge, où elle reçut de nouveaux renforts, et qu'elle quitta, le 5 avril pour se diriger vers Bornholm et débouquer réellement dans la Baltique ; car, ainsi que le dit fort justement un écrivain dont nous avons invoqué l'opinion dans un de nos précédents chapitres, M. Kauffman, « ce n'est que lorsqu'on a dépassé cette île qu'on entre vraiment en pleine Baltique, mer brumeuse, battue par de fréquents orages, d'une navigation difficile en raison des îlots et des écueils dont elle est semée, et dont la partie supérieure donne par ses glaces et ses brouillards le spectacle des mers polaires (1). »

Ce fut dans ces parages que la flotte anglaise fut ralliée par la division sous les ordres de l'amiral Corry. Charles Napier se porta alors résolûment vers le golfe de Finlande ; après avoir pris connaissance de la pointe méridionale de Gustawswarn, il tenta une reconnaissance sur Helsingfors pour s'assurer de l'importance et de l'état des fortifications de ce port, ainsi que du nombre des vaisseaux russes que l'on y disait enfermés. La saison n'était pas encore assez avancée : l'escadre britanique dut se replier devant les glaces. Elle redescendit alors vers le sud, espérant y trouver la mer plus libre ; mais la même barrière lui ferma les approches de Revel. L'amiral, reconnaissant l'impossibilité provisoire de rien entreprendre, divisa sa flotte en trois escadres : la première, sous le pavillon du contre-amiral Chads, flottant sur l'*Edimbourg*, croisa devant les côtes de Courlande ; la seconde, sous le commandement du contre-amiral Corry, montant le *Neptune*, pénétra dans le golfe de Livonie jusqu'en vue de Riga ; la troisième s'établit en station à l'entrée du golfe de Finlande, lançant ses vapeurs jusqu'en vue de Sweaborg : elle était sous les ordres du contre-amiral Plumridge, ayant son pavillon sur le *Léopard*. L'amiral profita du temps d'inaction qu'imposait à sa flotte l'inclémence de ces rudes climats, pour se rendre auprès du roi de Suède, comme il s'était rendu antérieurement à la cour de Danemark. Il jeta l'ancre le 24 avril près d'Elfsnabey, devant le petit archipel qui se presse autour de Stockholm ; sir Charles Napier fut reçu le lendemain en audience particulière par le roi ; il revint le soir même à bord du *Duc Wellington*, mouillé au milieu de onze autres navires anglais. Le roi de Suède, beaucoup plus porté vers les puissances occidentales par ses intérêts nationaux comme par son penchant naturel que le roi de Danemark, avait accueilli l'amiral anglais avec la plus expressive cordialité ; mais, tout en lui déclarant la vivacité de ses sympathies pour l'Angleterre et pour la France, il lui avait exprimé la contrainte que le redoutable voisinage de la Russie faisait peser sur sa politique, et la nécessité où il était placé de conserver, provisoirement du moins, la neutralité la plus absolue.

Cependant les côtes de Finlande et d'Esthonie se dégageaient de la ceinture de glace où les rigueurs de l'hiver boréal les avaient enserrées. L'amiral Napier songea, sinon à ouvrir les opérations militaires contre le littoral russe avant l'arrivée de l'escadre française, du moins à les préparer, en étudiant les localités sur lesquelles devaient, selon toutes probabilités, porter les premiers

(1) *Revue de Paris*, année 1854.

coups des forces alliées. Il détacha plusieurs bâtiments chargés de reconnaître la côte finlandaise, depuis Abo jusqu'à Swartholm. La surveillance la plus active régnait sur tout ce littoral; les navires anglais ne pouvaient en approcher que le canon des forts et celui même de l'artillerie volante des garnisons voisines n'échangeassent un feu très-vif avec eux. Les corvettes à vapeur l'*Arrogant* et l'*Hécla*, s'étant hasardées à remonter une rivière le 19 et le 20 mai, essuyèrent dans cette tentative hardie des pertes assez sérieuses; mais leur expédition réussit : elles parvinrent à découvrir la position de la ville d'Eckness, et en étudièrent les abords. Ces navires ayant rejoint l'escadre le 21, recevaient de l'amiral ce signal de félicitation pour leur audace : *Bien agi, Arrogant* et *Hécla!*

L'histoire ne saurait accorder les mêmes éloges aux expéditions que le contre-amiral Plumridge dirigea contre le même littoral du 5 mai au 10 juin : cet officier supérieur, longeant cette plage et visitant ses havres et ses ports secondaires, y détruisit environ quarante-six navires, tant à flot que sur chantier, formant un jaugeage total de onze mille tonneaux, cinquante mille barils de poix et de goudron, des madriers, des planches, des voiles, des approvisionnements de toutes sortes pour les constructions et les expéditions de la marine commerciale. Ces destructions, dont l'unique résultat était la ruine d'un grand nombre de familles, forment une déplorable dissonnance avec les stipulations humanitaires que le traité de paix devait introduire plus tard dans le droit des gens (1).

L'arrivée de l'escadre française allait bientôt mettre la flotte britannique en mesure d'opérer des entreprises plus importantes; son précurseur, le beau vaisseau à hélice l'*Austerlitz*, sorti le 20 mars de la rade de Brest, avait rallié, le 1er mai, le pavillon de l'amiral Napier, et lui avait annoncé l'arrivée prochaine des vaisseaux français : le temps qu'avait exigé leur concentration expliquait ces retards. Cette flotte, dont la formation avait été décrétée vers la fin de février, était en effet composée de bâtiments armés dans l'Océan et dans la Méditerranée; la rade de Brest leur avait été donnée pour point de réunion. Le vice-amiral Parseval-Deschênes avait quitté Toulon le 20 mars; le 20 avril, l'escadre de la Baltique, réunie sous son pavillon hissé au mât de l'*Inflexible*, sortait de Brest, au nombre de vingt-trois voiles dont neuf vaisseaux, cinglait vers Deal et de cette rade vers celle des Dunes, où elle laissait tomber ses ancres le 27. Retenue quelques jours sur ce mouillage par les vents contraires, elle appareillait au commencement de mai, franchissait le grand Belt, entrait dans la baie de Kiel le 21, et le 29 se mettait à la recherche de la flotte anglaise.

Le vice-amiral Parseval-Deschênes était un des officiers généraux de la marine française les plus généralement estimés. Né en 1790, il servait en qualité d'enseigne provisoire sur le *Bucentaure* à la bataille de Trafalgar; son

(1) Une particularité de cette expédition, bien propre à montrer le danger de ces dévastations stériles, c'est que parmi les approvisionnements que les corvettes britanniques livrèrent aux flammes, il s'en trouva une grande partie appartenant à des négociants anglais.

audace et son sang-froid dans cette désastreuse journée lui méritèrent cette brillante réputation qu'il sut conserver depuis dans toutes les occasions où il eut à déployer les pavillons de la France sous le feu de l'ennemi. La Restauration le conserva sur les cadres de la flotte; il fit la campagne d'Alger avec le titre de capitaine de frégate, que lui avait mérité la distinction de ses services durant l'expédition d'Espagne. Ce fut à bord de la *Victoire*, durant le siége de Bougie, qu'il conquit, en 1833, le grade de capitaine de vaisseau. On connaît la part honorable qu'il prit sur l'*Iphigénie*, à la réduction de Saint-Jean-d'Ulloa. Sa réputation comme administrateur n'était pas moins grande : préfet maritime à Cherbourg et à Toulon, inspecteur général des équipages de ligne à Lorient, à Brest et à Cherbourg, membre du conseil de l'amirauté, il avait prouvé successivement dans ces diverses fonctions que sa haute intelligence était au niveau de sa valeur.

Une corvette britannique que l'escadre française rencontra dans les eaux de Hamra, port méridional de l'île Gothland, lui annonça qu'elle trouverait la flotte de l'amiral Napier à l'entrée du golfe de Finlande; elle prit aussitôt la bordée de l'est. Ce fut dans la nuit du 11 juin qu'elle vit se dessiner à l'horizon, sur le fond clair du ciel, la ligne faiblement ondulée des terres d'Esthonie ; un phare éteint dressait au sommet d'un cap sa colonne granitique; la brise, assez fraîche la veille, était sensiblement tombée durant la nuit; la mer s'était calmée et n'avait d'autre mouvement que les molles et lentes ondulations que conserve la houle durant les premières heures de la sérénité. Le relèvement pris au point du jour plaça l'escadre française par le 22e degré de longitude orientale et le 59e 60 minutes de latitude nord, par conséquent dans les parages du Port-Baltique.

« Le ciel ce jour-là, écrivait au *Moniteur de la flotte* un des témoins du grand spectacle qu'offrit la jonction des deux escadres, fut d'une pureté remarquable, mais le soleil peu ardent. Il est loin d'être dans ces parages aussi vif qu'en France, à pareille époque de l'année. Les burnous et les cabans sont encore de saison, et le seront pendant toute la campagne, car le thermomètre, qui descend parfois jusqu'à six degrés au-dessous de zéro, dépasse rarement treize degrés de chaleur. On distinguait facilement à la lunette la petite ville de Port-Baltique, groupée autour de son clocher, à l'est d'une baie et sous l'abri d'un fort; son port était désert, mais une coque de grand navire, avec bas mâts seulement, révéla bientôt une batterie flottante mouillée en avant sur la rade pour en défendre l'approche. La panique se répandit parmi les habitants lorsqu'à leur réveil ils aperçurent l'escadre naviguant majestueusement sur trois colonnes, les vapeurs éclairant la marche; mais le vice-amiral Parseval-Deschênes, qui avait hâte de rejoindre ses alliés, se dirigea vers le nord nord-est, et ils se rassurèrent. On pensait n'être pas éloigné de l'escadre anglaise, car les croiseurs que l'on avait rencontrés dans les eaux de Gothland avaient indiqué la baie de Barosund comme le point du rendez-vous général. Malheureusement un calme désespérant surprit l'escadre au milieu du golfe : elle mit en panne, et chacun aussitôt explora l'horizon avec la longue-vue. »

L'escadre française se composait en ce moment de trente bâtiments : huit vaisseaux de ligne : l'*Hercule*, le *Jemmapes*, le *Tage*, le *Breslaw*, le *Du Guesclin*, l'*Inflexible*, le *Duperré* et le *Trident* ; de huit frégates à voiles : l'*Andromaque*, la *Sémillante*, la *Vengeance*, la *Poursuivante*, la *Virginie*, la *Zénobie*, la *Psyché* et l'*Algérie* ; de deux gabarres : la *Licorne* et l'*Infatigable* ; du brick le *Beaumanoir* ; des frégates à vapeur l'*Asmodée* et le *Darien*, et de neuf steamers de force inférieure : le *Phlégéton*, le *Laplace*, le *Souffleur*, le *Milan*, le *Lucifer*, l'*Aigle*, le *Brandon*, le *Fulton* et le *Daim*. La journée se passa dans une immobilité rompue à peine par les ondulations presque insensibles d'une mer stagnante. « La largeur du golfe en cet endroit, poursuit la correspondance à laquelle nous avons emprunté le précédent extrait, n'atteint pas neuf lieues. On apercevait facilement les deux rives également basses, demi-noyées et bordées de hauts sapins, dont les tiges élancées, couronnées d'une chevelure en parasol, plongeaient leur ombre dans la transparence de l'eau et prenaient à cette distance une taille gigantesque. Pas un souffle, pas une voile ne troublait au loin la surface du golfe, qui semblait dormir ; aussi le soir on put distinguer dans le sud, malgré les roches du rivage, les blanches maisons et les tours de Revel, que frappait d'un dernier éclat le soleil couchant. La nuit, la première qu'on passait au milieu des forts russes, fut admirable.

« Le lendemain fut une journée d'émotion. L'escadre était sous voiles à neuf heures, cherchant à s'élever dans le vent qui venait du nord, lorsqu'on signala dans l'est une escadre de forts navires à vapeur faisant route sur elle. Peu d'instants après, l'horizon tout entier sembla couvert de vaisseaux. La brume qui se levait dévoilait au nord le mouillage de l'escadre anglaise. Plus de vingt navires de guerre y stationnaient en ligne. L'escadre française elle-même formait une colonne de dix-huit voiles évoluant avec ordre, et elle avait en face d'elle, parfaitement distincts, huit superbes vaisseaux à hélice qui, d'une marche rapide, couraient sur elle toutes voiles serrées, jetant au vent de longues et épaisses lignes de fumée.

« Les deux vaisseaux de tête venaient de reconnaître mutuellement leurs grades. Le *Duc de Wellington*, la merveille des chantiers d'Angleterre, guidait la division à vapeur portant le pavillon de vice-amiral. Ordre à l'armée française d'arrêter aussitôt sa marche, car on était à l'entrée des passes où se dirigeait l'escadre à vapeur. Comme par un mouvement électrique, les deux escadres échangent alors leurs pavillons en tête du grand mât, et le canon français salue le premier ses alliés. L'amiral Parseval s'était empressé par courtoisie de devancer l'amiral anglais ; Napier confondit son salut avec celui des Français, et même une seconde salve de dix-sept coups partit encore du milieu de sa ligne d'un des vaisseaux aux couleurs françaises : c'était l'*Austerlitz*. Jamais on ne vit spectacle plus beau, plus grand, plus émouvant !

« Cependant la division à vapeur anglaise commençait à défiler lentement avec ses huit vaisseaux devant l'amiral français. Les deux commandants en chef venaient encore d'échanger de leurs pavillons un nouveau salut. Les musiques anglaises faisaient entendre de tous côtés l'*air de la Reine Hortense*, et les musiques françaises jouaient le *God save the Queen*. La jonction des escadres était noblement consommée. Le cœur du brave amiral Parseval-Deschênes, qui avait si admirablement conduit son escadre, devait battre de joie et de bonheur.

« La baie de Barosund, où les escadres sont mouillées, comprend une étendue d'environ six milles de longueur sur sept à huit de largeur ; sa profondeur moyenne est de dix-sept brasses et le fond est très-sain ; mais le contour est parsemé de roches à fleur d'eau d'un granit très-dur et poli par les vagues. Plusieurs de ces rochers forment des îlots assez étendus où l'on trouve une végétation fort triste : quelques petits sapins, des bruyères, une herbe rare, mais que peuvent apprécier les amateurs de la chasse du lièvre et du canard. L'une de ces roches possède un phare au pied duquel sont construites quelques maisons.

« Les habitants de ces lieux ont fui, laissant désertes leurs pauvres cabanes bien propres, bien tenues, leurs filets, leurs vêtements pendus aux murs et abandonnés : ce sont des pêcheurs. Leur aisance s'explique par le voisinage d'Helsingfors, qui n'est qu'à sept lieues de cet endroit. Les deux amiraux ont adressé à leurs escadres des ordres du jour pour recommander aux marins que ces habitations et celles qui se trouveront sur tout le littoral soient respectées. Les pauvres Finlandais, en apprenant cette mesure prise depuis l'arrivée des Français, se sont montrés rassurés et reconnaissants.

« Du sommet de ce phare on distingue à la longue-vue la forteresse, le port et les vaisseaux russes mouillés. On en compte sept, plus des frégates, corvettes et autres bâtiments.

« Les Anglais ont voulu, par cette originalité qui leur est propre, que le czar ne perdît pas le souvenir de leur passage : ils ont gravé les noms de tous leurs vaisseaux sur les vitres du phare.

« Vue de cette élévation, la rade où mouille la flotte offre un coup d'œil magnifique. Plus de cinquante navires y sont à l'ancre, offrant d'une extrémité à l'autre de la baie une masse imposante de coques et de mâts de toute dimension, environ trois mille bouches à feu, des lignes de batteries qui se croisent, s'alignent, se confondent en tous sens. Dans les intervalles partent des vapeurs qui sillonnent la rade ou des embarcations pavoisées qui voltigent à la rame et à la voile à toute heure de la journée.

« Les musiques qui jouent, le clairon, le tambour qui animent le soir la danse des matelots anglais, et par-dessus cette scène, semblant couronner l'armée au repos, les nobles couleurs de la France et de l'Angleterre flottant ensemble ; puis parfois les équipages sur toutes les vergues, les hourras qui retentissent, le canon qui tonne et enfin la fumée qui, comme un rideau enveloppe subitement et dérobe toute la rade : c'est là un spectacle admirable, sublime, dont rien ne peut donner l'idée. »

La réunion des escadres française et britannique éleva les forces alliées dans la Baltique à trente vaisseaux de ligne et cinquante frégates et bâtiments de rangs inférieurs ; les amiraux placés à la tête de cet armement formidable devaient nécessairement appeler de toutes leurs aspirations le moment où il leur serait permis d'en faire éclater la puissance. Quelque improbable qu'il fût que l'escadre russe, bien inférieure en forces aux flottes occidentales, prît dans la mer Baltique un rôle plus actif que celui de l'escadre de Sébastopol dans la mer Noire, ils résolurent de se diriger vers Cronstadt, et d'aller ainsi offrir la bataille à l'ennemi jusqu'à l'entrée de son principal port.

D'après les documents que l'on s'était procurés, l'armée navale russe de la Baltique comptait dans ses divers ports militaires trente-un vaisseaux de ligne : la *Russie*, de 120 canons, le *Pierre Ier*, de même force, le *Saint-Georges* et le *Saint-Nicolas*, portant chacun 112 bouches à feu; un vaisseau de 84, à hélice : le *Viborg* ; huit de même force, à voiles : l'*Emgeiten*, le *Krasnoï*, le *Gunul*, le *Pultawa*, le *Prochor*, le *Vladimir*, le *Volga* et l'*Impératrice-Alexandra* ; dix-huit percés de soixante-quatorze sabords : *Narva*, *Bérézina*, *Brienne*, *Borodino*, *Smolensko*, *Arsis*, *Finlande*, *Katzbach*, *Hézéchiel*, *Andren*, *Kerlus*, *Ingermanland*, *Gemófa-Azofa*, *Sisoï*, *Vilagos*, *Natron-Meaga*, *Fère-Champenoise* et *Michaël* ; dix frégates et corvettes à vapeur : *Kamschatka*, *Grosachi*, *Ruric*, *Chabra*, *Bogatir*, *Diana*, *Hercule*, *Olof*, *Smiloï* et *Gremiaschi*, de 6 à 16 canons et portant des machines de 200 à 450 chevaux ; six frégates à voiles : *Alexander-Newski*, de 58 canons, *Constantine*, de 54, *Cesarewitch*, *Cesarewna*, *Amphitrite* et *Castor*, chacune de 44 ; trois autres frégates-écoles à fond plat ; dix bricks de 20 canons, quinze schooners et cent vingt-cinq canonnières. Il est vrai que ces renseignements affirmaient qu'un grand tiers était incapable de bons services, que dix des vaisseaux, entre autres, étaient employés comme casernes et comme magasins, et que quatre-vingts des canonnières étaient encore sur les chantiers.

Ce fut le 22 juillet, à huit heures et demie du matin, que la flotte combinée reçut l'ordre de prendre la mer ; à neuf heures, elle avait quitté le mouillage qu'elle occupait dans la baie de Barosund et franchissait les passes dangereuses que forment les chenaux de cette rade, du plus difficile accès. La température, qui jusqu'aux jours précédents avait varié de 5 et 6 degrés au-dessous de zéro à 11 et 12 au-dessus, avait enfin gagné une élévation qui révélait à nos marins la chaleur que développe l'été dans ces latitudes boréales : plusieurs jours de brume et de calme avaient été la transition de ce brusque contraste atmosphérique, accusé au thermomètre centigrade par un écart de 14 degrés. La brise soufflait du nord avec mollesse ; le ciel, se dégageant de son voile transparent de brouillards, avait pris les teintes d'un azur moins pâle que les jours précédents, la mer une couleur plus verdâtre. La flotte combinée se dirigea vers l'est, divisée en deux colonnes, en tête desquelles marchaient les vaisseaux amiraux *le Wellington* et *l'Inflexible*.

Les derniers rayons du soleil colorèrent à son horizon de tons roses les points élevés de Sweaborg, noyés dans les vapeurs du soir. On avait à toute vue la division de frégates qui bloquait cette place. Au lever du jour ce fut la crête déchiquetée de l'île d'Ogland que l'on vit apparaître à l'horizon oriental.

Cette île, la plus grande du golfe de Finlande, dont elle occupe presque le milieu, n'est qu'un vaste rocher dont les tempêtes et la fonte des neiges ont dénudé les versants rapides : pas la moindre trace de végétation, pas la plus légère couche d'humus ou de sédiment capable d'en produire ne s'offrent à l'œil sur cette roche désolée ; partout la pierre, partout des quartiers de granit où quelques sapins sauvages sont seuls parvenus à trouver dans les fissures une substance suffisante à la sobriété de leurs racines. La flotte jeta ses ancres le lendemain dans les eaux de la petite île de Saskor, située à trente-six milles dans l'ouest de Cronstadt ; ce fut sur ce mouillage qu'elle fit ses dernières dispositions pour l'éventualité d'un combat que l'infériorité manifeste des forces navales de la Russie rendait peu présumable, mais qui, toutefois possible, restait dans le cercle obligatoire des prévisions des amiraux.

Elle réappareilla le lundi 24, dès trois heures du matin, et s'enfonça dans la manche rétrécie que forme la partie orientale du golfe, le cap de ses vaisseaux sur Cronstadt. A six heures, les deux amiraux firent à leurs escadres le signal du branle-bas général de combat. « Sur toute la ligne, lisons-nous dans une correspondance particulière, plus rapidement que la pensée, un enthousiasme délirant, une impétuosité volcanique s'empara des équipages. A bord de chaque vaisseau tout n'est plus que mouvement ; du fond de la cale jusque dans la mâture un va-et-vient continuel, précipité, tumultueux transporte tout : cloisons, malades, ameublements, linge, fourneaux de cuisines, cages à volailles, tout ce qu'on veut sauver du boulet, tout ce qui peut gêner la manœuvre s'engloutit et s'entasse dans le faux-pont et au-dessous. Sur les ponts la mousqueterie s'arme ; par tous les panneaux on hisse les boulets, les obus, les poudres, la mitraille, les balles à incendie ; et, quand le tambour annonce l'arrivée du commandant, un silence solennel a déjà envahi toutes les parties du navire. Le même spectacle s'offre simultanément dans les deux escadres.

« On aperçoit déjà le phare qui s'élève à la pointe occidentale de l'île où est située Cronstadt. Le golfe se rétrécissait d'instant en instant : on allait découvrir la ville. Par ordre de l'amiral Parseval, l'aviso *le Souffleur*, pavoisé de deux séries de signaux, parcourt rapidement l'intervalle des deux colonnes, annonçant à l'armée entière la vue de trente voiles dans l'est. Les espérances naissent de toutes parts, l'amiral Napier se rend en ce moment à bord de l'*Inflexible;* cependant on ignore la position des vaisseaux russes, dont on ne voit encore que les mâtures ; ils peuvent être embossés en dehors de leur port, attendant le combat : dans ce cas on est résolu à marcher droit à eux.

« L'action était donc imminente dans la pensée des deux amiraux ; mais les circonstances devaient trahir leurs vœux. Les vigies indiquèrent bientôt que tous les vaisseaux russes étaient mouillés au fond du port, derrière les redoutables lignes de batteries et leurs forteresses. On en comptait vingt de haut bord ; la distance qui les séparait de la flotte alliée n'était pas de huit milles, mais la profondeur des eaux ne permettait pas à nos forts vaisseaux de s'avancer plus loin sans danger. L'armée fit halte en repliant chacune de ses colonnes sur elle-même, et on jeta l'ancre en travers du golfe. »

Cronstadt couvre de ses édifices et de ses fortifications l'extrémité est de l'île Kottine, nommée aussi Retou-Sari, dont le phare Tolboukin couronne la pointe ou plutôt le long éperon occidental. Cette île s'étend sur une longueur de douze kilomètres et est située à six lieues dans l'ouest de Saint-Pétersbourg dont elle forme la rade, et dont on pourrait dire, jusqu'à un certain point, que Cronstadt est le port. Les écueils qui protégent ce bassin et les passes qui y conduisent semblent avoir été destinés par la nature à recevoir les fortifications qu'y a construites la main des hommes.

Le bras de mer qui sépare cette île de la côte de Carelie est semé de bancs de sable et de rochers sous-marins; le peu de profondeur de ses eaux, souvent inférieur à deux brasses, en interdit l'accès à tous les navires d'un fort tonnage. Les Russes n'ont pourtant pas dédaigné de la couvrir par d'importants travaux : le fort Alexandre et une série de batteries avancées assises sur des récifs en forment les lignes de défense. On ne peut atteindre le triple port de Cronstadt que du côté de l'île qui regarde la côte d'Ingrie, et encore faut-il, pour y parvenir, suivre un étroit chenal que le génie militaire russe a placé sous le canon de nombreuses batteries construites à terre et de formidables citadelles élevées sur des récifs. Partout ailleurs la mer n'offre que des eaux insuffisantes sur un fond d'écueils. « Le fort Pierre, dit l'auteur de *la Russie et l'Europe*, est le premier que, du pont des navires, on aperçoive sur la gauche ; il s'avance en mer sur un petit promontoire. Un peu plus loin, dans un angle rentrant, s'élève une batterie. Presque en face, à une certaine distance du rivage, est le fort Constantin, armé de cinquante canons; puis le fort Alexandre, de forme ronde, bâti en blocs de granit et portant cent seize bouches à feu ; ensuite le fort appelé la Citadelle, le plus important de ces trois derniers, armé de soixante-douze canons. Ces trois ouvrages, bâtis sur des rochers ou des bancs de sable, décrivent par leur position environ un huitième de cercle, et battent, du nord au sud, sur la passe, dont ils tiennent la gauche, la citadelle étant la plus rapprochée de la ligne.

« Sur la droite s'élève le Riesbank de soixante canons, et en arrière une batterie, puis enfin le grand fort de Kronslott, qui fait face au phare de Cronstadt.

« Les navires passent entre toutes ces bouches à feu. Cronstadt a trois ports : un destiné au commerce, un à la marine militaire, un aux constructions navales ; tous les trois sont défendus par des môles. A l'extrémité est de l'un d'eux, un peu plus loin que le fort Kronslott, s'avance sur la mer le fort Menschikoff, parallélogramme qui termine la ligne des fortifications du côté de l'est. La mer enveloppe Cronstadt de trois côtés, et fait encore au sud une profonde échancrure dans le terre-plein où commence la ville. Sur toutes ses faces, celle-ci est couverte par des batteries et des ouvrages considérables.

« Ce fut Pierre Ier qui commença ces fortifications en 1703, pour mettre à l'abri d'un coup de main sa ville naissante de Pétersbourg. Il vint lui-même sonder la profondeur de la mer, désigna l'endroit où devrait s'élever le fort de Kronslott, en fit un modèle en bois, et laissa à Menschikoff le soin de le faire construire sur son modèle. Telle fut l'origine de Cronstadt ou mieux Kronstadt (ville de la couronne).

« Les bateaux à vapeur qui font un service entre la France, l'Angleterre, les villes allemandes et Saint-Pétersbourg, sont obligés de s'arrêter à Cronstadt. Les voyageurs montent sur de plus petits bateaux, et les marchandises sont chargées sur des alléges.

« L'hiver est long et rigoureux dans le golfe de Finlande, et surtout dans les parages de Cronstadt; la mer gèle régulièrement du mois d'octobre à la fin d'avril; mais il y a quatre beaux mois, et alors la baie qui conduit de Cronstadt à Saint-Pétersbourg offre un coup d'œil ravissant. »

On était à cette époque de l'année; pendant les huit jours que la flotte passa dans ces eaux, elle eut sous son canon ces côtes fraîches et pittoresques que la noblesse russe, à l'imitation des czars, a couvertes de ses palais et de ses villas, sans y tenter aucun de ces ravages qui avaient si gravement compromis devant le monde civilisé le nom du contre-amiral Plumridge. Toutes les reconnaissances furent uniquement dirigées sur les fortifications qui protégeaient l'entrée de la baie de la Newa. Les amiraux en conduisirent plusieurs en personne. Convaincus de l'impossibilité de franchir le chenal, si formidablement défendu, qu'il eût fallu suivre pour aborder la flotte russe, et ne possédant pas un matériel naval en rapport avec les difficultés que présentaient les abords de la place, ils durent remettre à la campagne suivante une attaque directe sur ce Gibraltar du Nord. L'escadre profita d'un joli frais de l'est pour rallier la division qu'elle avait laissée dans la baie de Barosund, sous les ordres du contre-amiral Corry. Les amiraux alliés avaient prévu les obstacles que Cronstadt pouvait opposer à leurs projets; aussi, avant de s'enfoncer dans le golfe de Finlande, avaient-ils détaché de la flotte, conformément d'ailleurs aux instructions qu'ils en avaient reçues de leurs gouvernements, une division légère qu'ils avaient chargée d'étudier un plan d'attaque sur l'archipel d'Aland. Cette escadrille avait accompli sa mission avec autant d'intelligence que de zèle: trois de ses steamers étaient même parvenus, en remontant une passe difficile et périlleuse, jusque sous les fortifications de Bomarsund, la capitale de ce groupe d'îlots, avec laquelle ils avaient échangé des bombes et des boulets.

Les renseignements obtenus ne laissaient aux deux amiraux aucun doute sur la possibilité de se rendre maîtres de cet archipel, d'où la Russie pouvait, dans un avenir prochain, dominer la Baltique et tout le nord de l'Europe. Ce fut sur ces îles qu'ils résolurent de porter le principal effort de cette première campagne; mais pour en réaliser la conquête, il leur parut prudent d'attendre l'arrivée d'un corps de débarquement. La demande en fut adressée à leurs gouvernements. La France offrit de le fournir.

Dès la fin du mois de juin, un décret impérial avait ordonné la formation d'un camp nombreux entre Boulogne et Saint-Omer; l'armée qui devait s'y réunir était divisée en trois corps ainsi formés :

PREMIER CORPS D'ARMÉE.

Commandant en chef : M. le général de division comte de Schramm.
1re DIVISION D'INFANTERIE : M. le général Renault.
1re *brigade*. M. le général de Liniers: 8e bataillon de chasseurs, 15e léger, 23e de ligne;
2e *brigade*. M. le général Chapuis : 4e et 56e de ligne.
2e DIVISION D'INFANTERIE : Général de Courtis.
1re *brigade*. Général de Géraudon : 15e bataillon de chasseurs, 1er léger, 55e de ligne;
2e *brigade*. Général d'Exéa : 2e et 53e de ligne.
DIVISION DE CAVALERIE : Général de Grammont.
1re *brigade*. Général Esterhazy : 2e et 8e hussards;
2e *brigade*. Général de Forton : 3e et 5e chasseurs.

DEUXIÈME CORPS D'ARMÉE.

Commandant en chef : M. le général de division Gues-Viller.
1re DIVISION D'INFANTERIE : Général Borelli.
1re *brigade*. Général de Noue : 13e bataillon de chasseurs, 3e léger, 29e de ligne;
2e *brigade*. Général Fririon : 5e et 33e de ligne.
2e DIVISION D'INFANTERIE : Général Ladmirault.
1re *brigade*. Général Esterhazy-Ladislas : 11e bataillon de chasseurs, 12e léger, 13e de ligne;
2e *brigade*. Général de Leyritz : 16e et 22e de ligne.
DIVISION DE CAVALERIE : Général Reyau.
1re *brigade*. Général de Planhol : 2e et 6e lanciers;
2e *brigade*. Général Gaudin de Vilaine : 1er et 8e dragons.

TROISIÈME CORPS D'ARMÉE (réserve).

Commandant en chef : M. le général de division Carrelet.
1re DIVISION D'INFANTERIE : Général Lafontaine.
1re *brigade*. Général Duchaussoy : 18e bataillon de chasseurs, 17e léger, 24e léger;
2e *brigade*. Général Lioux : 4e et 34e de ligne.
2e DIVISION D'INFANTERIE : Général de Chasseloup-Laubat.
1re *brigade*. Général Grobon : 16e bataillon de chasseurs, 6e léger, 69e de ligne;
2e *brigade*. Général Bougourg de Lamarre : 33e et 44e de ligne.
DIVISION DE CAVALERIE : Général Grant.
1re *brigade*. Général A. de Noue : 1er et 2e cuirassiers;
2e *brigade*. Général Ney de la Moskowa : 5e et 7e cuirassiers.

A cette armée vint se joindre le corps expéditionnaire dont les drapeaux devaient aller dans la Baltique mêler leurs couleurs aux pavillons de notre escadre. Ce corps, placé sous la direction du général Baraguay-d'Hilliers, comptait deux brigades : la première, commandée par le général Hugues, se composait du 12e bataillon de chasseurs à pied, du 2e régiment d'infanterie légère et du 3e régiment de troupe de ligne ; la seconde, aux ordres du général Gresy, était formée des 31e et 43e régiments de ligne. Le général de division Niel était placé à la tête du génie; le commandement de l'artillerie avait été confié à M. de Rochebouet, lieutenant-colonel du 14e régiment d'artillerie à cheval. Ce corps, dont les deux brigades offraient un effectif de dix mille

Garde impériale.
Gendarmerie.
1854

hommes, devait s'embarquer à Calais sur une escadre dont l'Angleterre fournissait une des divisions.

La division britannique était placée sous les ordres du commodore Grey, qui avait arboré son pavillon sur le vaisseau à hélice l'*Annibal*, armé de 91 canons; elle comprenait trois autres vaisseaux : le *Royal-William*, portant 120 pièces en batterie, le *Saint-Vincent*, qui en comptait 101, enfin l'*Algiers*, à hélice comme l'*Annibal*, et armé comme lui de 91 bouches à feu; la frégate à hélice le *Termayant*, portant 24 obusiers, les deux corvettes à aubes le *Sphinx* et le *Gladiator*, armés chacune de 6 canons, plus sept transports : le *Prince*, grand pyroscaphe de la compagnie générale, capable de recevoir à lui seul deux mille cinq cents hommes, et les gabares le *Clifton*, le *Belgravia*, l'*Herefordshire*, la *Julia*, le *Foa* et la *Colombia*. Les ports français de l'Océan et de la Manche devaient fournir deux vaisseaux de 90 : le *Tilsitt* et le *Saint-Louis*; la *Cléopâtre* et la *Sirène*, frégates de 50, la frégate à vapeur l'*Asmodée*, de 450 chevaux; les corvettes le *Laplace*, de 400 chevaux; la *Reine-Hortense*, de 320; le *Laborieux* et le *Cassini*, de 220; le *Goëlan*, de 200; plus cinq autres steamers de force inférieure : le *Cocyte* et le *Fulton*, de 160; l'*Ariel*, le *Daim* et le *Corse*, de 120; deux avisos à voiles : le *Favori*, le *Lévrier*, et six chalands.

L'embarquement était fixé au 14 juillet. Le 12, l'empereur quitta les Tuileries et se rendit à Boulogne. A dix heures du matin, il monte à cheval en grand uniforme de général de division, et, accompagné de ses aides de camp, le général Rollin et le colonel Fleury, il va passer en revue la division expéditionnaire rangée en bataille sur le plateau de Vimereux. Ce fut là qu'au centre d'un immense carré formé par les régiments, il adressa à ces troupes l'allocution suivante :

« Soldats !

« La Russie nous ayant contraints à la guerre, la France a armé cinq cent mille de ses enfants! L'Angleterre a mis sur pied des forces considérables. Aujourd'hui, nos flottes et nos armées, unies pour la même cause, vont dominer dans la Baltique comme dans la mer Noire. Je vous ai choisis pour porter les premiers nos aigles dans ces régions du Nord. Des vaisseaux anglais vont vous y transporter, fait unique dans l'histoire, qui prouve l'alliance intime de deux grands peuples et la ferme résolution des deux gouvernements de ne reculer devant aucun sacrifice pour défendre le droit du plus faible, la liberté de l'Europe et l'honneur national !

« Allez, mes enfants ! l'Europe attentive fait ouvertement ou en secret des vœux pour votre triomphe. La patrie, fière d'une lutte où elle ne menace que l'agresseur, vous accompagne de ses vœux ardents; et moi, que des devoirs impérieux retiennent encore loin des événements, j'aurai les yeux sur vous, et bientôt en vous revoyant je pourrai dire : Ils étaient les dignes dignes fils des vainqueurs d'Austerlitz, d'Eylau, de Friedland, de la Moskowa. Allez ! Dieu vous protége ! »

Le soir même ils étaient en marche pour Calais. Une partie fut logée chez les habitants, une partie sous des tentes dressées sur les glacis de la citadelle; le plus grand nombre s'établit sur les dunes, à l'endroit même où Édouard III campa, en 1347, avec ses chevaliers.

Napoléon, parti de Boulogne le 13 à une heure et demie, arriva à Calais à quatre heures. L'embarquement du matériel commença le lendemain matin; celui des troupes s'opéra les jours suivants. Le 20, cette grave opération était terminée, et, à neuf heures quarante minutes, le général en chef montait à bord de la *Reine-Hortense*, qui s'élançait aussitôt vers la mer du Nord.

Cependant l'escadre anglo-française de la mer Baltique quittait elle-même la baie de Barosund et allait croiser devant les îles d'Aland.

Cet archipel, formé de quatre-vingts îles habitées et d'un grand nombre de rochers, couverts les uns de varech, les autres de nappes de verdure et de bouquets de sapins, est situé à l'entrée du golfe de Bothnie, entre les 60° et les 60° 30′ de latitude nord, et les 17° et 19° 7′ de longitude est. Administrativement, cet archipel relève du gouvernement d'Abo. Son nom finlandais est Ahvennanmaa; le nom d'Aland, sous lequel il est plus généralement connu, est celui de l'île principale; cette île, longue d'environ dix lieues sur une largeur de huit, est montueuse, couverte de belles forêts, et généralement d'un terroir fertile. Le nombre de ses habitants s'élève à 14,000; ils sont adonnés à la culture de la terre, à l'élève du bétail, à la pêche et à la navigation. Son climat, dont les froids sont, l'hiver, d'une rigueur excessive, a plusieurs mois d'été durant lesquels la chaleur monte jusqu'à vingt-quatre et vingt-six degrés. A cette époque, il n'y a pas de nuit close pour cet archipel. On peut dire que l'été n'y forme qu'une seule journée, commençant le 21 avril et se prolongeant jusqu'au 22 août. Cette période lumineuse a pour compensation les nuits prolongées de l'hiver, dont quelques-unes ont plus de dix-huit heures d'obscurité profonde.

L'empereur Nicolas ne s'était pas mépris sur l'importance de ce groupe, conquis sur la Suède à la même époque que la Finlande; il sentait que s'il est pour l'empire russe une position stratégique d'où sa marine commande à la Baltique entière, il est, par ce fait seul, le point le plus menacé par toute attaque navale dirigée contre la Russie dans la Baltique, et qu'il devient nécessairement la base d'opérations de toute expédition contre la Finlande. Aussi y avait-il fait commencer des fortifications dont l'achèvement eût érigé la ville de Bomarsund en place militaire de premier rang. Les instructions que le czar avait fait adresser, le 22 mars 1854, à M. Turugelm, commandant en chef des troupes stationnées en Finlande, révèlent toute la gravité qu'avaient dans son esprit la protection et la conservation de ces îles. Voici ce document :

« Helsingfors, 10 (23) mars 1854.

« Sa Majesté l'empereur, considérant que dans les circonstances politiques actuelles les îles d'Aland peuvent, plus que les autres points de la Finlande, être exposées aux entreprises de l'ennemi, et que, par suite de ces entreprises, les communications entre ces îles peuvent être interrompues pendant quelque temps, a daigné ordonner de désigner provisoirement pour les îles d'Aland un adjoint du gouverneur d'Abo, chargé d'aider ce dernier dans le gouvernement desdites contrées. Dans le cas où les communications seraient interrompues, ledit adjoint aurait les pouvoirs d'un chef civil et agirait conformément aux instructions générales établies par les gouverneurs. A cet effet, Sa Majesté l'empereur a daigné, sur ma recommandation, vous nommer au poste d'adjoint du gouverneur d'Abo aux îles d'Aland, en ajoutant à vos appointements actuels, pour le temps que durera votre mission, un traitement additionnel qui sera prélevé sur les fonds de Finlande et qui sera de 1,750 roubles argent par an.

« En même temps Sa Majesté l'empereur a daigné ordonner de placer sous votre commandement un sous-officier et deux simples soldats pris dans chaque compagnie de chasseurs des bataillons de Finlande et de grenadiers de la garde impériale. Ces hommes seraient chargés de vous aider, en cas d'une descente de l'ennemi dans les îles d'Aland, à stimuler les habitants, à repousser les attaques et à défendre le pays.

« Après avoir pris les arrangements nécessaires pour remplir les ordres du souverain, je vous invite à vous rendre immédiatement à votre nouveau poste et à vous occuper, aussitôt après votre arrivée sur les lieux, de l'administration du pays, en quoi vous vous guiderez d'après les instructions établies d'avance par l'empereur.

« Je crois indispensable de vous recommander l'exécution des mesures suivantes :

« 1° De visiter en personne les îles principales d'Aland et d'en faire l'inspection au point de vue militaire; d'imaginer les moyens de défense de ces contrées en général, et en particulier des points qui méritent le plus de fixer l'attention et qui peuvent, plus que les autres, être exposés aux entreprises de l'ennemi.

« Lors de cette inspection, vous ne négligerez pas de vous mettre en rapport avec les habitants du pays en général, et de connaître leur manière de penser et l'esprit dont ils sont animés. Vous devez surtout chercher à vous mettre en rapport avec les hommes qui exercent quelque influence sur le peuple, tant ceux pris dans le peuple que ceux pris parmi les pasteurs (protestants) ou autres. A l'aide de ces hommes, vous tâcherez d'agir sur les habitants en stimulant en eux les sentiments du dévouement envers le gouvernement: pour gagner leur confiance, vous tâcherez de vous initier à leur position et à leurs affaires privées.

« On vous recommande en même temps de porter votre attention sur la nécessité de stimuler l'esprit guerrier des habitants des îles d'Aland. Ceci est de la plus grande importance, vu la position isolée des îles à l'égard des côtes du continent. En cherchant à inspirer aux Alandais la confiance dans leurs propres forces, vous leur rappellerez leurs devoirs sacrés envers la personne de l'empereur. Faites-leur sentir la nécessité et les avantages de la défense de leurs propres familles.

« 2° Je vous prie de porter votre attention sur les communications entre les îles et les côtes de la terre ferme en hiver, et en été sur les communications dans l'intérieur des îles.

« 3° En particulier, vous porterez votre attention sur les points qui peuvent offrir à l'ennemi des facilités de débarquement. A cet égard, il est à propos de remarquer qu'une côte rocailleuse, entourée de récifs et de rochers sous l'eau, lors même qu'il y aurait assez d'eau, est très-défavorable pour un débarquement, surtout en temps de marée; de même les bas-fonds de sable ou d'argile sont très-défavorables, parce qu'ils ne permettent pas à l'ennemi de soutenir, à l'aide des batteries de ses vaisseaux, les troupes destinées au débarquement. Excepté les points de ce genre, tous les autres présentent des facilités pour le débarquement. C'est pourquoi portez votre attention sur les points où l'ennemi peut débarquer, et prenez à temps toutes les mesures possibles pour faire échouer son entreprise.

« 4° C'est à vous à décider s'il conviendra de transporter, en cas de nécessité, les habitants d'une île sur une autre.

« 5° L'archipel d'Aland, comme tout groupe d'îles, offre cet avantage pour la défense, qu'on peut presque sur chaque point être informé à temps de l'approche de l'ennemi. Dans tous les cas, il faut exercer une vigilance infatigable, surtout si, par suite de la translation des habitants d'une île sur une autre, quelques-unes de ces îles se trouvent sans habitants.

« 6° Il faut également que vous fixiez dès ce moment, dans l'intérieur des îles, les points sur lesquels on peut opposer à l'ennemi une résistance plus opiniâtre ; vous examinerez s'il n'y a pas de moyens de fortifier ces points à l'aide des ressources locales.

« 7° Sous ce rapport, comme sous tous les autres, vous serez en communications continuelles avec le commandant de la forteresse d'Aland, et vous vous prêterez mutuellement toute espèce d'appui.

« 8° Pour armer les habitants dans le cas où cela paraîtrait convenable, il sera mis à votre disposition 500 carabines de dragons prises dans le bataillon de grenadiers, ainsi que 500 pouds de plomb et 8,000 pierres à fusil. Vous pourrez en même temps prendre dans les magasins de la forteresse d'Aland jusqu'à 70 pouds de poudre. En distribuant les armes parmi les habitants, je vous prie de faire attention à qui vous les donnerez.

« 9° Pour l'entretien des soldats des bataillons de Finlande et des grenadiers de la garde impériale, il vous sera expédié la somme de 1,000 roubles argent, et, indépendamment de cela, une somme extraordinaire pour des dépenses spéciales, telles que louage de petits bateaux pour vos voyages et tournées, ainsi que pour les voyages des hommes placés sous votre commandement, etc.

« 10° Dans le cas où l'ennemi s'emparerait d'une ou de plusieurs îles, on laisse à votre jugement le soin d'organiser des détachements de partisans sous le commandement de chefs locaux ou de sous-officiers des bataillons de chasseurs ; le soin de construire des brûlots, si cela peut s'exécuter ; de faire des éclaircies dans les îles, de détruire les routes, ponts, passages et habitations ; d'organiser les incendies des forêts ; en un mot, de tenter tout ce qui peut faire du mal à l'ennemi.

« Dans tous les cas, vous me ferez des rapports par l'intermédiaire du gouverneur d'Abo à la première occasion ; et en cas d'événements importants, par des exprès. Vous vous mettrez également en rapport avec notre flotte ou escadre, si elle se trouve dans le voisinage des îles, en ayant soin que vos communications ne soient point interceptées en route.

« *Signé* : le lieutenant général KOKASOWSKI.

« Pour le chef d'état-major :

« *Signé* : le lieutenant général NORDENSTAM. »

A leur entrée dans les eaux des îles d'Aland, les escadres des vice-amiraux Parseval et Napier profitèrent du temps qui devait s'écouler avant l'arrivée des forces expéditionnaires dont leurs gouvernements leur avaient annoncé le prochain envoi, pour recueillir les renseignements stratégiques qui pouvaient éclairer leur attaque contre la capitale de cet archipel. Plusieurs nouvelles reconnaissances furent dirigées sur Bomarsund, dont les approches, les côtes et les fortifications furent étudiées avec autant d'audace que de succès; le capitaine Sullivan balisa même un chenal sinueux dans les passes semées d'écueils qu'il fallait franchir pour arriver devant cette place, de manière que les bâtiments de la flotte alliée dont le concours paraîtrait utile pussent le parcourir sans danger.

La première division de l'escadre, partie de Calais, rallia la flotte anglo-française le 30 juillet; les acclamations des équipages rangés sur les vergues, les salves de l'artillerie, le bruit des musiques et celui des tambours révélèrent à ces terres boréales l'ardeur enthousiaste avec laquelle les troupes de l'Occident allaient aborder leurs plages. Le jour même, l'amiral français adressa à ses équipages l'ordre du jour suivant :

« Ledsund, 30 juillet 1854.

« Officiers, sous-officiers et marins de l'escadre impériale de la Baltique,

« En trois mois à peine écoulés depuis votre sortie des ports de France, escadre née de la veille, vous avez eu à satisfaire à des exigences et à vaincre des difficultés réservées d'ordinaire aux plus longues navigations.

« Aucune fatigue, aucune épreuve n'ont manqué à votre zèle et à votre dévouement : exercices et travaux incessants pour nous présenter dignement à nos amis et à nos ennemis; vigilance continuelle dans une mer trompeuse, semée d'écueils, où chaque mouvement est un danger; influences épidémiques aujourd'hui écartées, grâce à Dieu, mais non sans pertes cruelles, vous avez tout accepté, tout supporté avec cette parfaite discipline, ce courage calme et patient de l'homme de mer et cette confiance mutuelle qui honore la marine française à tous les degrés de la hiérarchie.

« C'est mon devoir, et c'est mon bonheur de vous en remercier : ce que vous avez fait me répond de ce que vous ferez dans la nouvelle phase de notre campagne.

« Les flottes russes, dans leurs propres mers, paraissent décidées à ne pas accepter le combat offert par les flottes alliées. Devant Cronstadt notre rôle allait se réduire au blocus de cinq cents lieues de côtes.

« L'empereur n'a pas voulu qu'il en fût ainsi; Sa Majesté a choisi et désigné un but à nos efforts et à nos canons : je suis heureux de vous l'annoncer.

« Le brave général Baraguay-d'Hilliers arrive à la tête de dix mille hommes de nos vaillantes troupes.

« L'empereur envoie ses aigles rejoindre nos vaisseaux, pour montrer aux régions du Nord ce que peut la puissante volonté de la France armée pour une noble cause : le droit du plus faible et la liberté de l'Europe.

« La marine et l'armée sont depuis longtemps accoutumées à s'appuyer l'une sur l'autre, n'ayant d'autre rivalité que celle de bien faire.

« Qu'ils soient donc les bienvenus, nos frères d'armes de l'armée! Notre concours loyal et entier les attend; et bientôt devant l'ennemi, comme toujours, nous serons unis dans une même pensée : la gloire de la France ; dans un même cri : Vive l'empereur !

« Le vice-amiral, sénateur, commandant en chef l'escadre de la Baltique,

« PARSEVAL. »

La *Reine-Hortense*, portant le général en chef à son bord, faisait partie de cette première division. Les amiraux Parseval-Deschênes et sir Plumridge, envoyé par Charles Napier alors retenu par une indisposition dans sa cabine, s'empressèrent de se rendre auprès du général en chef et de lui faire part du point où en étaient les opérations. La journée se termina en réjouissances auxquelles s'associèrent tous les bâtiments.

Les vaisseaux *le Saint-Louis* et *le Tilsitt* étaient en retard, ainsi que quelques frégates portant le personnel et le matériel du génie et de l'artillerie ; ces délais permirent au général Baraguay-d'Hilliers de s'entendre avec les deux amiraux sur le plan qu'il convenait d'adopter dans l'attaque de la ville de Bomarsund. Le général désira s'assurer par lui-même des points du littoral qui pouvaient offrir le plus de facilités au débarquement ; cette exploration fut faite sur le vapeur *le Darius*. Elle fut conduite avec une habileté qui en fit disparaître le danger, en déjouant complétement la surveillance de l'ennemi. Les bâtiments retardataires étant enfin arrivés le 6 août, un conseil de guerre se réunit le 7 ; l'attaque fut fixée au lendemain. Les premières opérations des troupes étaient arrêtées de manière que la descente à terre ne pût rencontrer d'obstacle ; le plan en fut communiqué le soir même aux officiers qui devaient concourir à leur exécution.

La concentration de ces forces dans la baie de Ledsund ne pouvait laisser aucun doute à l'ennemi sur le point où nous voulions le frapper ; mais si c'était là un inconvénient évident de la position occupée par nos escadres, cet inconvénient trouvait sa compensation dans un avantage non moins manifeste résultant du mouvement naval dont elles animaient ces parages. La présence des nombreux croiseurs qui sillonnaient ces eaux rendait d'une difficulté et d'un péril extrêmes toute communication entre Aland et Abo, et interceptait presque complétement les secours que Bomarsund eût pu recevoir du continent russe.

Le général en chef et les amiraux jugèrent cependant prudent de ne faire subir aucun ajournement à l'attaque : le vice-amiral Parseval s'occupa immédiatement de diriger ou de faire remorquer vers la vaste rade de Lumbard, au nord de laquelle s'élève Bomarsund, les bâtiments chargés du matériel destiné au campement des troupes et aux opérations du siége ; les vaisseaux, les frégates et les autres navires portant les troupes de débarquement gagnèrent eux-mêmes ce mouillage.

Ce mouvement sembla déconcerter les prévisions de l'ennemi ; il quitta précipitamment tous les points de débarquement où il avait pris position, et se retira brusquement sur la ville, dont les eaux avaient reçu les ancres des divisions alliées. La présence de ces forces n'avait cependant pas dissipé l'incertitude où flottait l'esprit du gouverneur de Bomarsund, sur le point où les amiraux comptaient déposer leurs troupes de débarquement : du lieu où les escadres étaient mouillées, elles pouvaient les verser indifféremment sur la droite ou sur la gauche de la ville menacée, si elles ne tentaient même pas de l'attaquer de front.

L'occupation de ce point central n'était pas, de la part des alliés, une démonstration vaine et spécieuse. Le général en chef avait prévu cette incertitude qui devait troubler les prévisions du commandant ennemi et paralyser les premiers efforts de la défense; c'était pour s'en assurer les avantages qu'il avait résolu d'opérer le débarquement de ses troupes sur trois points à la fois. Ce plan avait d'ailleurs un autre élément de succès : Bomarsund se trouvait ainsi tout d'un coup complétement enveloppée.

Le 8, avant trois heures du matin, de nombreuses chaloupes se pressaient autour des navires prêts à fournir leurs contingents de forces à l'expédition. Les lueurs douteuses de l'aube n'éclairaient encore que de teintes blafardes les falaises granitiques de cette baie sauvage, dont les noirs bouquets de sapins commençaient à se détacher sur le ciel, lorsque les trois colonnes abordèrent, presque simultanément, les points du littoral assignés à leur descente. L'ennemi ne se montra nulle part. La plage fut partout occupée sans qu'il fût besoin de brûler une capsule. Les vaisseaux *le Duperré* et *l'Edimbourg*, qui s'étaient approchés de la côte pour donner au besoin à nos troupes la puissante protection de leurs canons, restèrent embossés en branle-bas de combat, le travers à la plage, mais leurs batteries demeurèrent silencieuses.

La colonne de droite, qui devait former l'aile gauche des forces assiégeantes lorsqu'elles prendraient Bomarsund à revers, était sous les ordres du général anglais Harry Jones; elle se composait de deux corps : l'un de neuf cents hommes de troupes britanniques, destinés à armer et à servir les batteries de l'attaque de gauche, et l'autre de deux mille hommes d'infanterie de marine française, chargés d'occuper une bande de terrain resserrée entre une série de petits lacs et la mer. Après avoir tourné l'île de Presto, dont l'écume des lames signalait la ceinture de récifs, elle vint aborder au pied des hauteurs de Hallta, que, dès huit heures du matin, notre infanterie de marine hérissa de ses baïonnettes.

Les deux autres débarquements s'opérèrent à droite de Bomarsund : le plus considérable sur le versant oriental, le plus faible au pied de la pente occidentale de la montagne qui forme le faîte sud de la baie de Tranvik. Le premier corps était formé du 12e bataillon de chasseurs à pied, du 2e régiment d'infanterie légère, et des 3e et 48e régiments de ligne. Les chasseurs, appuyés par le 2e léger, se portèrent, aussitôt à terre, sur les hauteurs boisées qui dominent au nord et au sud le village de Tranvik, tandis que le 3e de ligne s'emparait de cette faible bourgade et s'établissait sur le chemin qui conduit de cette localité à la route postale de Castelhom à Bomarsund.

Ce mouvement était combiné de telle sorte que, si l'ennemi eût déployé sur ce point des forces destinées à s'opposer à la descente, elles se fussent trouvées refoulées sur les côtes rapides que franchit la route se dirigeant sur cette dernière place. C'était dans la prévision de cette nature de défense qu'avait été arrêté le troisième débarquement, formé d'un régiment seul, le 61e de ligne. Ce détachement, ainsi jeté au sud-ouest de la montagne, devait en gravir les déclivités et assurer, en prenant l'ennemi à revers, le succès de l'attaque de front, que notre colonne principale eût tentée sur lui. A neuf heures, ces troupes se réunissaient sur un plateau élevé, d'où leurs regards pouvaient apercevoir à l'horizon les tours fortifiées de Bomarsund, sans avoir rencontré dans leur double parcours un seul soldat russe.

Le général en chef, laissant le débarquement du matériel s'opérer sous la protection du 48e régiment de ligne, se porta lui-même en avant, pour diriger les troupes de manière à couper immédiatement toutes les communications entre Bomarsund et le reste de l'île. Le 3e et le 51e de ligne reçurent l'ordre d'avancer par deux chemins différents sur la route postale; ils se mirent en marche à onze heures. Les autres troupes s'occupèrent à rétablir et à rendre praticable pour l'artillerie la route de Tranvik à Noza Feinby, que les Russes avaient détruite sur quelques points et obstruée par des abatis d'arbres sur plusieurs autres.

Ces travaux terminés, toutes les forces expéditionnaires, moins le 48e, se mirent en marche vers Bomarsund, pour en opérer l'investissement immédiat; elles atteignirent, sans trouver la moindre résistance, l'extrémité du petit bras de mer qui s'enfonce profondément dans l'île, au sud-est de cette place. Cette longue crique est en communication, par une petite rivière, sorte de déversoir naturel, avec une succession alternative de marais et de petits lacs occupant une espèce de vallée qui semble être, dans l'intérieur de l'île, une prolongation de son bassin.

Ce fut sur le bord opposé de cette ravine paludineuse que les Russes présentèrent leurs premières dispositions de défense; ils y avaient ébauché une redoute sur le point où la route la traverse, à une faible distance de la mer; ils avaient même établi des travaux de terrassement et des batteries dans le même lieu, pour tenter d'y arrêter l'ennemi. Le canon de nos bâtiments eut bientôt fait taire ces fortins, dont les défenseurs se retirèrent précipitamment devant les baïonnettes de nos soldats.

Il serait injuste de ne pas reconnaître l'excellence du choix qui a fait prendre Bomarsund pour siége du grand établissement militaire et naval que l'empereur Nicolas avait résolu de créer dans l'archipel d'Aland; il eût été difficile de trouver ailleurs un site où la disposition des lieux, le mouvement des terrains, tous les accidents topographiques, se prêtassent plus favorablement à la réalisation d'un tel projet. Baie spacieuse et abritée, pouvant servir de port et de rade pour des escadres entières; situation à l'ouvert de deux vastes golfes qu'elle protège, et d'où ses armements peuvent s'élancer sur tous les points de la Baltique; abords présentant une suite d'obstacles locaux; brisants, falaises, reliefs tourmentés, nappes et cours d'eaux, escarpements et fondrières, où sa garnison peut trouver de formidables avantages, soit pour s'opposer à un débarquement, soit pour disputer pied à pied le terrain à l'ennemi; assiette stratégique, enfin, merveilleusement disposée pour recevoir du génie militaire toutes les puissances défensives, toutes les garanties d'inexpugnabilité que la nature peut emprunter à l'art.

Les fortifications très-incomplètes encore, l'insuffisance de la garnison, l'âge du commandant de Bomarsund, en qui le froid des années avait tempéré l'ardeur guerrière, et surtout la formidable supériorité de nos forces, qui ne lui laissaient aucun espoir d'être secouru, expliquent le peu de résistance que les troupes alliées rencontrèrent sur un point où une défense comme celle de Sébastopol eût pu tenir longtemps en suspens l'intérêt de l'Europe et rendre incertaine la victoire, c'est-à-dire tout le succès de la première campagne des escadres occidentales dans le Nord.

La redoutable ligne stratégique des lacs ne fut pas même défendue; l'ennemi, battu sur la gauche par les boulets de quelques-uns de nos croiseurs et menacé sur ses derrières par la colonne du général Harry, au moment où nos principales forces allaient l'aborder de front, opéra brusquement son mouvement de retraite. Les Russes, en abandonnant cette puissante position, qu'ils avaient couverte de batteries et de redoutes, ne pouvaient que se retirer derrière les fortifications de Bomarsund : ce fut aussi ce qu'ils firent, sans songer même à profiter des nombreux accidents topographiques qu'offraient les abords de la ville pour en disputer la conquête à nos têtes de colonnes. Nos troupes purent donc effectuer l'investissement de la place sans obstacle comme sans danger.

Le général Baraguay-d'Hilliers prit toutes les dispositions nécessaires pour que les travaux du siége pussent commencer immédiatement avec toute sécurité. Il fit occuper fortement les derrières par des compagnies dont le nombre fut augmenté les jours suivants. Maîtresses des points de Castelhom, Soanbou et Siby, ces forces n'avaient rien à craindre d'une irruption de la population insulaire, qui fût venue expirer sous leurs feux, et au besoin sous leurs baïonnettes.

Les difficultés qu'avait rencontrées la marche de nos troupes avaient démontré l'impossibilité de conserver nos parcs et nos magasins d'approvisionnements sur la plage de Tranvik; nos moyens de transport eussent été d'une insuffisance qui eût frappé de langueur les travaux du siége. Un point de la plage d'un abord facile et commode fut reconnu à une faible distance du camp; les marines française et anglaise y établirent de nouveaux débarcadères, et un important établissement y fut aussitôt formé.

Cependant le génie et l'artillerie s'occupaient de l'ouverture du siége. A peine les Russes avaient-ils regagné l'abri de leurs remparts, que déjà le général commandant le génie, M. Niel, accompagné de cinq ou six soldats seulement, pour ne pas attirer l'attention et le feu de l'ennemi, se glissait d'arbre en arbre, de rocher en rocher jusque sous le canon de la place; et, examinant ce sol granitique dont les brusques mouvements révèlent les antiques convulsions du globe qui l'ont bouleversé, étudiait les renflements et les plis de terrain par lesquels nos soldats pourraient s'avancer, à l'abri des feux des forts détachés, sans gabionnages et sans terrassements; ceux qui permettraient le transport des pièces d'artillerie, enfin les points où des batteries pourraient être établies pour que le tir eût son efficacité la plus destructive.

Les principales fortifications de Bomarsund consistaient en trois tours et en une forteresse, construites avec un soin qui attestait à la fois l'importance que l'empereur Nicolas attachait à cette place et le talent des ingénieurs qu'il y avait employés. Les tours, d'un diamètre de trente mètres environ, offraient deux étages casematés, à l'épreuve de la bombe, et percés chacun de quatorze embrasures; au-dessus de la dernière voûte avait été élevée une toiture en zinc, surmontée de lucarnes par lesquelles les tirailleurs finlandais, armés de carabines à tige, pouvaient plonger leur feu au loin dans la campagne. Le parement extérieur de ces tours, d'après le rapport de M. le général de division Niel, était, comme celui de la forteresse, composé de blocs de granit dont les joints, qui avaient une forme pentagonale, donnaient à la maçonnerie l'aspect d'une mosaïque.

Cette exploration, faite avec autant de soin que d'audace, avait éclairé le général sur la nature des obstacles qu'on avait à vaincre et sur les moyens qui devaient être employés pour en triompher. Dans un conseil de guerre spécial qu'il tint le soir même avec le colonel Rochebouet, commandant l'artillerie, et le général anglais Harry Jones, il fut convenu que ce serait contre la tour du Sud, qui par sa position élevée et centrale dominait à la fois toutes les approches de la place et la place elle-même, que seraient dirigées les premières opérations : deux attaques devaient être ouvertes séparément, mais simultanément contre elle; l'une, conduite par des officiers français, l'autre par des officiers britanniques.

Une première batterie, armée de quatre pièces de 16 et de quatre mortiers, devait être construite par les troupes françaises sur un emplacement que le général Niel avait reconnu, à cinq cent cinquante mètres de la tour. Cette batterie était, dans la pensée du général qui en avait proposé l'érection, un travail préparatoire et d'essai : l'objet principal était de permettre l'établissement de batteries d'un effet plus décisif, avec moins de dangers pour les troupes appelées à les élever. Elle devait, en effet, diriger son feu de manière à détruire la couverture de zinc où les tirailleurs finlandais étaient apostés et à éguculer les embrasures pour donner plus d'efficacité au tir de nos chasseurs munis d'armes de précision; le général était d'ailleurs impatient de connaître le degré de résistance que ces remparts de granit opposeraient à notre artillerie, en les tâtant avec des boulets pleins.

Une seconde batterie, où la marine anglaise était chargée d'installer quatre pièces de 32, devait être construite plus à gauche, à trois cents mètres environ de la tour; cette batterie était destinée à contre-battre la tour et à l'attaquer de manière à l'ouvrir. Son action devait être énergiquement secondée par une troisième batterie, batterie de brèche celle-là, que l'artillerie française avait ordre d'élever à cent vingt-cinq mètres du revêtement et de garnir de six pièces de 30.

Ces travaux commencèrent dès le 10. Cette journée et celle du 11 furent employées par le génie à préparer des fascines et des gabions, pendant que nos tirailleurs inquiétaient la place, dont les boulets et les obus labouraient le sol de leurs positions sans leur causer aucune perte. Le masque de la batterie nº 1 fut construit dans la nuit du 11 au 12 ; les dispositions qui avaient été adoptées pour le placement des pièces établies à ressauts n'exigea pas moins de quinze mille sacs de terre ; mais cette batterie offrit dès le lever du jour un développement et une épaisseur qui, malgré le feu dont l'ennemi s'empressa de la battre, permirent à l'artillerie d'y poursuivre sans interruption les travaux ; ses abords offraient seuls de sérieux dangers.

La nuit suivante fut employée à les prévenir ; les communications les plus vulnérables furent couvertes par des gabionnages en sacs de terre, et un cheminement d'une protection plus sûre fut établi en arrière. Ce ne furent pas là les seuls ouvrages qui furent exécutés durant cette nuit : un fort épaulement destiné à embusquer nos chasseurs à pied fut élevé deux cent cinquante mètres en avant. Cette ligne, dont la fusillade devait faciliter des travaux à exécuter plus près de la tour, avait encore l'avantage de relier notre gauche à un escarpement en rocher, derrière lequel les troupes étaient à l'abri des feux de l'ennemi et qui formait ainsi une parallèle que l'art empruntait à la nature.

La batterie nº 1 fut complétement armée dans la nuit du 12 au 13. Les pièces de 16 et les mortiers, chargés sur des traîneaux, avaient été conduits à force de bras derrière les terrassements élevés avec la perfection d'une œuvre d'art, pour les couvrir, ainsi que leur personnel de service ; ces bouches à feu furent aussitôt braquées contre la tour méridionale. A quatre heures du matin, elles reçurent l'ordre de commencer leur feu.

La tour attaquée répondit avec une vigueur et une précision auxquelles nos artilleurs ne purent refuser leurs hommages ; ce feu obtint même d'abord des succès signalés, les coups d'embrasure se succédaient avec une fréquence qui menaçait notre batterie d'un désarmement rapide ; trois de nos pièces avaient été successivement touchées et détériorées par des boulets, lorsque l'on sentit flotter et faiblir ce tir sous la précision et la vigueur du nôtre ; notre feu en prit une intensité nouvelle : nos bombes s'abattaient à chaque instant sur la tour et leurs explosions détruisaient la toiture ; nos boulets, frappant à plein essor les blocs de granit, rejaillissaient en éclats, mais ces blocs s'ébranlaient et se fendaient sous ces coups foudroyants : le soir on distinguait déjà des lézardes aux angles des embrasures.

Le succès de ce feu direct à grande portée inspira au général Niel le vif désir de connaître à quelle puissance destructive pouvait s'élever l'action de l'artillerie contre ces solides remparts, et, pour s'en assurer, il voulut ériger la batterie de brèche dans les conditions les plus redoutables. Il fut convenu entre lui et le colonel Rochebouet, qui partageait son désir, que cette batterie serait construite cinquante mètres en avant du point où elle devait être élevée. Son glacis fut érigé à soixante-quinze mètres du revêtement de la tour, dont ses six pièces de 30, déjà arrivées dans la tranchée, eussent broyé les granits.

Cependant l'attaque française continuait son feu avec une énergie dont l'affaiblissement de celui de l'ennemi révélait le succès : les bombes pleuvaient toujours sur la toiture effondrée, d'où leurs explosions meurtrières avaient chassé tous les tirailleurs finlandais; les boulets fouettaient sans interruption les murailles croulantes. Ce n'était point pourtant cette vigueur de l'attaque qui avait causé avec le plus d'efficacité ce ralentissement de la défense : la cause la plus réelle de ce rapide et complet changement était les ravages que faisait dans les rangs des artilleurs la vive fusillade que nos chasseurs dirigeaient contre les embrasures au moment où le jet de fumée qui s'en élançait révélait la présence des canonniers à leur poste. Presque tous les chefs de pièce avaient été successivement frappés et mis hors de combat.

L'ennemi, démoralisé par ses pertes, arbora le drapeau parlementaire vers sept heures du soir : le feu cessa aussitôt des deux côtés. Le commandant de la tour demanda une suspension d'armes de deux heures pour prendre les ordres du gouverneur. Le général Niel repoussa une aussi longue suspension d'hostilités et accorda seulement une heure, temps assurément suffisant pour obtenir du gouverneur de Bomarsund les instructions qu'on voulait réclamer de lui. Le général en chef, informé de cette réponse, lui donna une approbation formelle. « C'est même cinquante-neuf minutes de trop, » aurait-il répondu avec cette rudesse de ton qui était caractéristique dans son langage.

L'heure expirée, le feu se ranima avec une nouvelle ardeur de l'un et de l'autre côté. Les Anglais redoublèrent d'activité dans l'armement de leur batterie; les Français poussèrent avec tant d'énergie, durant la nuit suivante, la construction de leur batterie de brèche, que cette batterie, comme celle des Anglais, était prête, au lever du jour, à ouvrir son feu. Ce ne fut qu'en ce moment, deux heures et demie du matin, que la garnison s'aperçut des nouvelles lignes armées qui allaient croiser sur elle leurs boulets ; cette vue répandit dans ses rangs la consternation et le découragement; son feu s'éteignit de nouveau. Cet incident inspira au général Niel la pensée d'enlever cette tour par un coup de main. Des sous-officiers intelligents, glissant à travers les rochers et les broussailles, s'étaient avancés jusqu'au pied de la tour et avaient rapporté des renseignements qui confirmèrent le général dans sa résolution.

Deux petites colonnes d'attaque furent formées à l'abri de notre batterie de brèche : la première, composée de soldats du 12e bataillon de chasseurs à pied, était placée sous la conduite d'un officier de cette arme plein de la plus bouillante ardeur, M. le sous-lieutenant Gigot; l'autre, consistant en un détachement de voltigeurs du 51e de ligne, était commandée par un de leurs sous-lieutenants, M. Gibon. Ces deux colonnes, à l'ordre de leurs chefs, franchirent simultanément le gabionnage qui les couvrait, et, profitant des dernières ombres crépusculaires flottant encore sur la campagne, s'élancèrent d'un pas rapide vers la tour, appliquèrent des échelles contre les remparts et pénétrèrent dans l'intérieur par six embrasures à la fois.

Le commandant de ce poste important voulut inutilement réunir ses troupes pour repousser cette attaque; voyant ses paroles impuissantes, il crut les entraîner par son courage et s'élança généreusement, l'épée à la main, contre les assaillants. Son dévouement fut inutile, son exemple resta sans imitateurs. Pendant qu'il était renversé, grièvement atteint par deux coups de baïonnette, une partie de la garnison s'enfuyait précipitamment vers la ville, et le reste mettait bas les armes. Le nombre des prisonniers faits dans cette audacieuse attaque fut de trente-deux.

Ce succès préjugeait l'issue du siège. L'état dans lequel on trouva cette tour donnait l'assurance qu'avec des pièces de 24 et de 30, tirant à courte portée, on était sûr d'ouvrir ces fortifications de granit que l'opinion publique, fomentée et confirmée par la voix intéressée de la Russie, déclarait inexpugnables. Sa position avait d'ailleurs une importance décisive, elle commandait tous les points de défense avoisinant la ville, et dominait la ville elle-même et la citadelle. Les Russes le comprirent si bien qu'ils dirigèrent aussitôt contre elle la plus forte partie des feux de la place; à nos bombes succédèrent celles de leurs mortiers; la possession de cette tour, où le délabrement des murailles en ruine ne permettait plus d'établir des batteries, nous plaçait par cette attaque incendiaire sous l'imminence du plus grand danger. Cette forteresse renfermait, en effet, un important dépôt de poudre, et partout on ne foulait aux pieds que des cartouches et des gargousses éparses dans les escaliers et sur les dalles. L'occuper était exposer à une catastrophe presque certaine toute la garnison qu'on y placerait. Ce danger était trop grave pour que les chefs consentissent à en assumer sur eux la responsabilité. L'ordre de l'évacuer fut immédiatement donné aux troupes qui s'en étaient rendues maîtresses. On y laissa cependant un détachement, avec ordre de se retirer si les projectiles de la principale forteresse venaient à y développer un incendie. L'ennemi continua à la battre de ses bombes et de ses obus; le 15, vers dix heures du matin, eut lieu le dénoûment que l'on avait prévu. Nos soldats quittèrent précipitamment cette forteresse, où leurs efforts n'avaient pu étouffer un commencement d'incendie. Une explosion des poudres fit, quelques instants après, sauter en l'air ses murailles croulantes.

La batterie construite par les troupes anglaises n'était pas restée inutile. La tour du Sud réduite, on avait dû songer à dominer le feu de la tour du Nord, dont le canon balayait de sa mitraille et de ses boulets les revers de terrain sur lesquels nous devions établir les batteries destinées à agir contre la gorge de la citadelle principale. Ce fut contre cette tour qu'elle dut retourner ses pièces. La journée du 14 suffit à ce travail, que ne put empêcher le tir continu de l'ennemi. Le 15, à huit heures du matin, le brigadier général Harry D. Jones donna l'ordre à cette batterie, dirigée par le capitaine Ramsay, d'ouvrir le feu. Les artilleurs que cet officier avait sous son commandement étaient des matelots et des soldats de marine débarqués par l'*Édimbourg*, le *Hogue*, l'*Ajax* et le *Bleinhèim*; ils exécutèrent cet ordre avec une précision remarquable. On ne tarda point à reconnaître les ravages que les boulets causaient sur le revêtement granitique de ces fortifications, désignées par les

Russes sous le nom de fort Nottich. A trois heures de l'après-midi, un éboulement considérable laissa apercevoir l'intérieur de la tour. A six heures du soir, toutes ses pièces étaient démontées ou réduites au silence ; ce fut à ce moment qu'un drapeau blanc déployé au-dessus de ses ruines annonça que la garnison cessait sa résistance.

Le général anglais chargea son major de brigade, sir Georges Ord, qui, sur sa demande, venait de prendre son tour de service dans la batterie, d'aller sur-le-champ s'emparer du fort. La garnison, formée d'un lieutenant du génie, d'un capitaine et d'un sous-lieutenant d'infanterie et de cent vingt-neuf hommes d'artillerie et d'infanterie, remit immédiatement cette forteresse aux forces anglaises, qui l'occupèrent d'abord. Ce ne fut qu'en reconnaissant l'habileté avec laquelle les ingénieurs russes avaient combiné les rapports qui enchaînaient ces fortifications entre elles, que le major Georges Ord réclama de nouvelles instructions du général Harry ; il était manifeste que l'occupation de cette position devenait un danger pour les troupes qui y seraient postées, sans produire aucun avantage pour les opérations du siége, la proximité du principal ouvrage de la place devant dès le point du jour couper toutes les communications avec les lignes anglaises. Sir Harry, sur ces observations, ordonna à ce détachement de se retirer avec ses prisonniers, qui furent transportés à bord du *Termayant*. La perte la plus sérieuse des forces britanniques avait été la mort du lieutenant Cameron Wrottesley, blessé mortellement par un boulet qui avait frappé le tourillon d'un des canons. Cet officier plein d'espérances avait succombé vingt minutes après son transport à bord du *Belle-Isle*.

Pendant que les troupes anglaises préparaient et obtenaient cet important résultat, le génie français poussait en avant ses attaques. La journée du 14 avait été employée à réunir derrière des rochers et une grande caserne en construction tout le matériel qui devait permettre de poursuivre ces travaux avec rapidité durant la nuit suivante. Bouches à feu, gabions, sacs de terre avaient été accumulés sur ce point, caché à la vue et aux feux de l'ennemi. Dès que l'obscurité avait pu lui dérober la présence de nos travailleurs, ceux-ci avaient débouché à droite de la caserne, et un cheminement de cent mètres fortement couvert avait relié cette position abritée avec un pli de terrain qui devait nous permettre d'approcher de la place jusqu'à une distance de quatre cents mètres sans être aperçus.

L'artillerie établissait, simultanément avec ces travaux, une batterie de quatre mortiers et de deux obusiers de huit pouces à sept cents mètres environ des ouvrages ennemis, sur un point que ne pouvaient atteindre ses boulets. Cette batterie était destinée à lancer des projectiles creux dans la place jusqu'à la fin du siége ; elle commença son feu le 15 août, au moment même où les ouvrages anglais ouvraient le leur sur la tour du Nord. Les boulets et la mitraille que la forteresse dirigea contre elle battirent inutilement les rochers qui l'abritaient ; elle continua avec régularité son feu, auquel l'*Asmodée*, le *Phlégéton*, le *Darius*, l'*Arrogant*, l'*Amphion*, le *Valorous*, le *Driver*, le *Bull-*

dog et l'*Hecla*, soutenus par le *Trident*, portant le pavillon du contre-amiral Penaud, par le *Duperré*, l'*Edimbourg* et l'*Ajax*, joignirent leurs formidables bordées. « Le moment nous sembla venu, à l'amiral Napier et à moi, dit le vice-amiral Parseval-Deschênes dans son rapport, de faire une puissante diversion, et d'occuper l'artillerie du fort qui incommodait les travailleurs de l'armée.

« Nous dirigeâmes le feu de nos plus forts calibres sur les murailles de granit de la forteresse de Bomarsund, et nous ne tardâmes pas à être agréablement surpris des effets de ce tir à grande portée... Je me rendis successivement à bord de tous les bâtiments engagés au feu, et j'eus la satisfaction de constater partout l'adresse et le sang-froid de nos bons et braves canonniers: ils tiraient aux embrasures à boulets pleins, sur la toiture et dans la cour intérieure à obus.

« Les dégâts ne tardèrent pas à se manifester de toutes parts; le feu de l'ennemi s'était visiblement ralenti; et, dès ce moment, le résultat décisif d'une attaque plus rapprochée de la part des vaisseaux ne fut plus douteuse pour moi. La nuit fut marquée par deux événements graves : une batterie de brèche, dont le masque fut formé d'un double rang de gabions, remplis et couronnés de sacs de terre, fut élevée par le génie à trois cent quatre-vingts mètres du revêtement des fortifications, pendant que l'artillerie en armait une autre, établie durant la soirée à quatre cents mètres. »

La marine, s'associant au mouvement qui resserrait si vivement les lignes d'investissement et d'attaque autour de la place assiégée, les compléta en s'emparant pendant la nuit de l'île de Presto. Cette occupation fut conduite avec autant d'intelligence stratégique que de résolution par le lieutenant-colonel d'infanterie de marine, M. de Vassoigne. Le corps de débarquement mis sous ses ordres pour cette entreprise était composé d'un détachement de cinq cents hommes d'infanterie de marine de quatre compagnies de matelots, commandées par le capitaine de frégate Leantheaume, second sur la *Zénobie*, et de cent quatre-vingts soldats de marine anglais, mis à la disposition de l'amiral Parseval-Deschênes par l'amiral Napier. Ces forces ouvrirent aussitôt leurs travaux d'attaque contre la tour de Presto, la troisième sentinelle avancée de Bomarsund.

Ainsi, au lever du jour, si hâtif à cette époque de l'année dans ces latitudes élevées, où la nuit n'est plus formée que de quelques heures d'obscurité crépusculaire, cette ville put apprécier la rapidité avec laquelle sa défense glissait vers un dénoûment qui n'offrait d'autre perspective que les convulsions sanglantes d'une catastrophe sans espoir. Elle n'en dirigea d'abord tous ses feux qu'avec plus de vivacité sur ces batteries de brèche qui allaient la battre de plein fouet avec l'artillerie de gros calibre prêtée par les vaisseaux, et surtout contre celle qui attaquait la citadelle à la gorge. Ses boulets, tirés de haut en bas, ne peuvent heureusement en traverser le parapet; ses projectiles creux parviennent seuls à blesser une quinzaine d'artilleurs et de pionniers occupés aux travaux. Notre batterie d'obusiers et de mortiers redouble de vigueur pour répondre à cette recrudescence de la défense. La division navale formée par les escadres alliées vient joindre ses bordées au tir des attaques obsidionales. L'ennemi, enveloppé dans ce cercle de feu, sent qu'il ne peut prolonger sa résistance qu'au prix d'une effusion de sang sans rapport avec le prestige d'une défense désespérée. Vers midi, le drapeau blanc est arboré au-dessus des fortifications déjà mutilées par les boulets : le feu cesse aussitôt de tous côtés.

Le général en chef et les deux amiraux envoyèrent immédiatement des officiers pour recevoir, s'il y avait lieu, la capitulation du gouverneur. M. le colonel Gouyon, chef d'état-major de l'armée de terre, le capitaine de frégate de Surville, aide de camp du vice-amiral Parseval, et le capitaine Hall du *Bull-dog*, sur lequel le vice-amiral Napier avait porté son pavillon, entrèrent à la fois dans l'enceinte de la forteresse, où régnait l'agitation la plus tumultueuse. L'autorité du général Bodisko était impuissante à comprimer les irritations et les murmures des officiers et surtout de ceux de l'artillerie, qui s'élevaient, avec une énergie poussée jusqu'à l'indignation et la colère, contre la pensée d'une capitulation, et surtout d'une capitulation sans conditions, dans une forteresse dont l'ennemi n'avait pas encore entamé profondément les remparts. Plusieurs menaçaient même de faire sauter la forteresse plutôt que de la remettre ainsi au pouvoir de l'ennemi.

Les officiers parlementaires et le gouverneur russe sentirent la nécessité de brusquer ce dénoûment pour en assurer le succès. L'ordre fut donné au colonel Suan, qui occupait la tranchée avec un bataillon de son régiment et quelques compagnies du 12e bataillon de chasseurs à pied, d'entrer dans la place avec ses forces. L'ordre se rétablit alors. Le général Baraguay-d'Hilliers et les deux amiraux, accompagnés de leurs états-majors, vinrent prendre possession de cette place importante, devant la principale porte de laquelle se rangèrent les troupes alliées ; la garnison prisonnière défila devant elles, après avoir déposé ses armes au milieu du carré que formaient leurs lignes. Elle était composée de deux mille et quelques cents hommes. La forteresse et ses dépendances étaient armées de cent quatre-vingts pièces de canon, et renfermaient des approvisionnements et des munitions qui, dans d'autres conditions, lui eussent permis de soutenir un long siège. Ce ne fut qu'après l'avoir occupée que l'on put apprécier toute l'importance de cette conquête.

« L'empereur de Russie, dit le général commandant le génie, dans son rapport, projetait à Bomarsund un vaste établissement militaire ; vous verrez par le plan que je joins à cette dépêche, que les travaux terminés ne sont pas la cinquième partie de ceux qui étaient en cours d'exécution.

« Tous les parements sont faits en gros blocs de granit, pris sur les lieux. D'un peu loin le boulet se brise sur ce parement, mais cependant il finit par ébranler les blocs et par les rompre. Les résultats obtenus par le canon de 16 à cinq cent cinquante mètres, et par celui de 32 à sept cent cinquante, ne permettent pas de douter qu'à de plus petites distances on fera facilement brèche dans tous les murs de cette espèce. »

Garde impériale.
Zouaves. — Caporal.
1854.

Le général en chef et l'amiral Parseval sont d'accord sur cette appréciation.

« L'intention du czar, dit le premier, était de faire de Bomarsund un immense camp retranché pour ses armées de terre et de mer, dont l'abord eût présenté de grands obstacles, et qui eût été une constante menace pour les États riverains de la Baltique.

« Depuis la prise de possession des îles d'Aland, la Russie n'a cessé de travailler à l'augmentation des fortifications de Bomarsund ; et si par ce qui existe ou était en cours d'exécution on juge des projets de cette puissance, Bomarsund paraissait destinée à devenir la sentinelle avancée et le port principal de la Russie dans la Baltique.

« La destruction de Bomarsund sera une perte considérable pour la Russie, non moins sous le rapport matériel que sous le rapport moral. Nous avons détruit en huit jours le prestige attaché à ces remparts de granit que le canon, disait-on, ne pouvait ébranler. Nous savons maintenant à n'en pouvoir douter, que rien dans ces fortifications si belles, si menaçantes, n'est à l'abri d'un feu bien dirigé. »

« Depuis lors, dit l'amiral lui-même, dans son rapport au ministre de la marine, j'ai pu examiner avec soin les travaux exécutés, commencés, ou projetés, d'après un tracé très-apparent évidemment destiné à faire de Bomarsund une place de guerre de grande importance.

« La situation géographique d'Aland, son magnifique port, dont l'accès difficile augmente encore la valeur, tout permet de deviner la pensée de l'empereur de Russie de créer à Bomarsund un vaste établissement naval à cheval sur les deux golfes de Bothnie et de Finlande, menaçant la Suède et commandant la Baltique, dans des conditions bien supérieures à celles où se trouvent Cronstadt et Sweaborg.

« La prise et la destruction de Bomarsund, dont les magnifiques travaux avaient déjà coûté tant de temps et de millions, acquièrent donc à mes yeux une importance bien au-dessus des sacrifices qu'elles ont demandés aux puissances alliées. Ce sera, je n'en doute pas, un rude coup porté à l'influence de la Russie dans la Baltique.

« Nos canons ont prouvé que les granits de Finlande n'étaient pas à l'épreuve complète des boulets. Les forteresses de Cronstadt et de Sweaborg, rendues plus accessibles, ne seront plus aussi sûres ni aussi inébranlables. »

On peut joindre à ces autorités l'opinion du commandant anglais, le brigadier général Harry D. Jones : « Ainsi, dit cet officier général, la Russie a perdu une position militaire très-importante, et la nature des ouvrages qui y existaient, de ceux qui y étaient commencés et dont les fondements seuls étaient jetés, prouve que la Russie avait l'intention évidente d'établir sur ce point une place de premier ordre.

« La position de Bomarsund à l'entrée du golfe de Finlande et de Bothnie, avec une grande et belle rade bien abritée, rendait cette place très-convenable pour un établissement de ce genre. Aucune dépense n'avait été épargnée dans les ouvrages construits, et les murs commencés pour les nouveaux forts étaient aussi solides que ceux des forts les plus anciens.

« La position de Bomarsund est naturellement très-forte et des plus favorables aux opérations défensives; elle est élevée sur un rocher qui domine une assez vaste étendue de terrain, de telle sorte qu'après l'achèvement des ouvrages nécessaires, il aurait fallu longtemps pour la prendre, et si la garnison était au complet, il faudrait, pour la forcer, un nombre d'hommes considérable. »

Ce qui ajoutait un nouveau prix à cet important résultat, c'est qu'il avait coûté une bien moins abondante effusion de sang que la force et les ressources de cette ville n'autorisaient à le craindre. Les troupes alliées montrèrent autant de générosité dans leur victoire qu'elles avaient déployé de vigueur et d'intrépidité dans leurs attaques. Les prisonniers russes, après un repas qui leur fut servi dans le camp anglais, furent conduits, sous l'escorte du capitaine Suger et de plusieurs compagnies de marine, à l'embarcadère, éloigné d'environ trois kilomètres, où étaient venues les attendre les chaloupes de l'escadre. Le général Bodisko, dont l'âge avait courbé la taille et blanchi les cheveux, était en proie à une vive inquiétude. Le sentiment qui l'agitait était la crainte que l'on ne jugeât avec sévérité la promptitude de sa capitulation. L'excuse qu'il invoquait était l'impossibilité d'être secouru et l'inutilité d'une résistance condamnée d'avance à une issue fatale. Dans une semblable situation, était-il libre de prodiguer le sang des soldats qui lui étaient confiés au stérile éclat d'une vaine gloire? Il pensait avoir accompli ce que lui commandait son devoir; mais les généraux alliés partageraient-ils cette opinion? consentiraient-ils à lui en donner un certificat, ou refuseraient-ils cette satisfaction à son honneur? La considération que lui témoigna par ses actes et par ses paroles le général Baraguay-d'Hilliers dissipa bientôt sa perplexité. Cet officier lui rendit lui-même son épée : « Général, lui dit-il, recevez mes bien sincères félicitations sur le courage et la prudence que vous avez déployés dans la cruelle nécessité où vous a placé la force des armes. Vous avez noblement résisté tant que la défense a été possible. Ce n'est que lorsque vous avez reconnu l'impossibilité de conserver cette ville à votre souverain que vous avez cédé aux devoirs sans doute très-pénibles que l'humanité impose à un cœur généreux. »

Il trouva les mêmes témoignages de bienveillance et d'estime à bord de l'*Inflexible*, où il fut reçu par l'amiral avec tous les honneurs dus à son rang. La conduite des troupes victorieuses et de leurs chefs ne fut pas moins humaine envers les populations de l'île; les événements de la guerre et les mesures de prudence dont elles avaient été l'objet de la part de l'administration russe, les avaient jetées dans le dénûment le plus profond. Un grand nombre d'habitations construites dans le rayon militaire des fortifications avaient été détruites, beaucoup d'habitants erraient par suite sans abri, demandant une retraite aux rochers et aux bois de sapins qui couvraient les éminences à l'intérieur de l'île. Ils trouvèrent une généreuse hospitalité dans les camps alliés, vers lesquels les poussèrent les rigueurs de la faim ; nos soldats s'empressaient de partager avec ces malheureux, dont les traits amaigris et le teint hâve annonçaient les souffrances, la modeste mais abondante provende des bivouacs. Après la prise de la place, dont les magasins renfermaient de riches approvisionnements, le général en chef leur permit d'enlever l'orge, la farine et les vivres de toute espèce qui s'y trouvaient accumulés. Ce fut ainsi que ces malheureux trouvèrent dans les revers des Russes, leurs conquérants, l'abondance qui avait fui leur île depuis l'ouverture de la campagne.

Le caractère de l'autorité que les généraux alliés exercèrent sur ces îles se trouve précisé par la proclamation suivante qui fut lue dans les églises de cet archipel, le dimanche 27 août :

« Nous soussignés, les généraux en chef des armées combinées de terre et de mer, permettons, par la présente, aux autorités de ces îles de continuer à remplir leurs fonctions respectives, et nous comptons qu'elles le feront avec zèle et circonspection. Dans les temps de troubles et de guerre il est du devoir de tout bon citoyen de se dévouer tout entier au maintien de l'ordre et de la paix. Il ne faut pas que les classes inférieures se laissent égarer en s'imaginant qu'il n'existe ni loi ni ordre, car l'un et l'autre seront maintenus aussi strictement qu'auparavant.

« Depuis les derniers événements qui ont changé l'aspect de ces îles, le blocus a été levé, et le public est informé qu'on peut librement faire le commerce avec la Suède aux mêmes conditions et avantages que ci-devant. Chacun est averti de n'avoir aucune communication avec l'ennemi ou la Finlande, et quiconque sera convaincu de les assister de quelque manière que ce soit sera puni rigoureusement.

« *Signé par nous* Baraguay-d'Hilliers, Ch. Napier,
Parseval-Deschênes, Jones. »

Cependant les gouvernements français et anglais avaient écarté l'idée d'occuper et de conserver Bomarsund, ils avaient arrêté la destruction de cette forteresse maritime dont l'existence était une menace permanente pour toutes les puissances dont la mer Baltique baigne les États.

L'ordre de faire sauter les fortifications de cette place arriva le 28 août ; le génie militaire et l'artillerie se mirent immédiatement à l'œuvre. Le général Niel et le lieutenant-colonel Jourjon dirigèrent les travaux ; les pionniers furent attachés aux fondements des divers forts. La tour de Presta fut la première minée ; elle sauta le 31 août. La citadelle demanda des travaux assez considérables : vingt fourneaux furent établis dans ses casemates et sous son enceinte ; plus de deux mille mètres de mèche furent employés à rallier l'un à l'autre ces foyers d'explosion.

Ce fut dans la matinée du 2 septembre que le bruit des tambours annonça aux populations et à nos troupes le moment de cette grande exécution. Habitants d'Aland et de son archipel, matelots et soldats couvrirent de foules nombreuses toutes les éminences et toutes les collines d'où l'on pouvait assister à ce spectacle imposant et terrible. Vers sept heures, on vit arriver en courant ceux qui venaient de mettre le feu aux mèches, bientôt de formidables explosions ébranlèrent le sol, lancèrent dans l'air les blocs des remparts brisés et grondèrent au loin d'île en île et d'écho en écho. Les sombres clartés de ces éruptions éclairèrent les derniers moments du séjour de nos escadres dans ces eaux; elles s'éloignèrent de ces rivages où quelques jours leur avaient suffi pour changer en monceaux de décombres cette place puissante, d'où les pavillons russes projetaient leur ombre sur tous les rivages de l'Europe septentrionale.

Une convention, signée dès le 10 mai et publiée le 29 août, avait fixé le sort des prisonniers de guerre que feraient les puissances occidentales : ils devaient être également répartis entre la France et la Grande-Bretagne : conformément à ces stipulations, mille ou douze cents des défenseurs de Bomarsund furent transportés aux Dunes par le commodore Grey ; un nombre égal fut embarqué sur les frégates *la Cléopâtre* et *la Sirène*, qui reçurent ordre de les transporter à l'île d'Aix, petite terre d'un aspect pittoresque et riant, située entre les îles de Ré et d'Oléron, à l'embouchure de la Charente. Cette île est le dernier point du sol français qu'ait touché le pied de Napoléon; il ne la quitta que pour monter à bord du *Bellérophon*, sombre vaisseau qui le déposa à Sainte-Hélène.

Les deux frégates arrivèrent dans ses eaux le 15 septembre; elles débarquèrent aussitôt les prisonniers qu'elles étaient venues y conduire. La garnison avait été renforcée de deux compagnies du 6ᵉ de ligne. Nous empruntons à la correspondance d'un officier de l'une de ces compagnies les détails suivants sur ces prisonniers :

« Ils paraissent, dit-il, robustes et endurcis aux fatigues; un grand nombre d'entre eux ont mal aux yeux; ils sont beaucoup plus propres qu'on ne serait disposé à le croire généralement; ils portent les moustaches et les cheveux comme nos soldats, quelques-uns ont les favoris coupés à l'ordonnance et frisés avec une certaine coquetterie.

« Beaucoup d'officiers parlent très-bien français et paraissent avoir beaucoup de distinction et de très-bonnes manières. Sur l'ordre du général Baraguay-d'Hilliers ils ont conservé le droit de porter leurs armes. Leur tenue est propre et soignée; leur uniforme se compose d'une tunique bleue avec revers et collet rouge écarlate, d'une casquette plate, bleue, avec bourdalou rouge; leurs épaulettes en argent varient de grosseur et de franges selon le grade. J'ai causé avec plusieurs officiers et surtout avec un vieux capitaine d'origine française qui est mon voisin. Ils s'accordent tous pour vanter l'ardeur et l'impétuosité de nos troupes à Bomarsund, et accusent leur empereur en termes assez amers d'être la cause de tant de malheurs par son entêtement.

« Les officiers sont convenablement logés en ville ou dans des pavillons; ils ont de bons lits et sont traités avec beaucoup d'égards. Comme vous le savez sans doute, les soldats sont casernés soit dans les établissements militaires du premier fort de l'île d'Aix, soit dans le fort Liodot, à l'extrémité de l'île. Ils occupent les chambres affectées au casernement de nos soldats et sont couchés absolument comme le sont nos troupiers dans les camps, c'est-à-dire sur un sac de campement rempli de paille, avec une couverture de laine ; ils ont d'ailleurs un bagage considérable. Leur uniforme est assez grossier ; il se compose d'une longue capote gris-marron, d'un habit vert foncé à pans courts avec collet et passe-poils rouges, d'un pantalon bleu, d'une casquette plate et noire avec bourdalou rouge et à visière recourbée.

« La plupart d'entre eux se réjouissent d'être en France, et le traitement fort doux qu'ils ont reçu à bord et à terre ne leur fait pas regretter le régime auquel ils étaient soumis dans leur pays. On leur donne le même pain et les mêmes vivres de campagne qu'à nos soldats ; aussi c'est un spectacle curieux que de les voir manger. Ils font véritablement bonne chère, et leur plaisir se traduit par des démonstrations de joie, des cris de reconnaissance et de remercîments adressés à nos troupiers, qu'ils appellent *bono Français !* Ils témoignent une grande curiosité pour apprendre les dénominations françaises de tout ce qu'ils voient et accablent nos soldats de questions auxquelles ceux-ci répondent avec leur bonne humeur habituelle.

« Je vous le répète, les soldats russes paraissent contents de leur situation et font très-bien comprendre qu'ils ne tiennent pas à retourner en Russie. Jusqu'à présent ils sont restés inoccupés et circulent librement dans l'île ; mais on ne tardera pas à les employer à des travaux de fortification. Je crois que l'on aura en eux de bons et laborieux ouvriers. Ils sont soumis, dociles et surtout fort respectueux envers leurs supérieurs et les officiers français ; on voit qu'une discipline sévère a passé par là. Beaucoup de prisonniers sont munis d'argent qu'ils ont pu emporter. Ils fument silencieusement dans de longues pipes et consomment énormément d'eau-de-vie. Hier soir même, quelques-uns en avaient fait un tel abus, que le commandant de place a dû prendre des mesures pour modérer leur soif. Si ces libations exagérées pouvaient avoir une excuse, ce serait dans l'excessive chaleur dont nous sommes accablés (17 septembre), et il n'y a rien d'étonnant à ce que ces enfants du Nord trouvent notre climat lourd et fatigant.

« Ils ont avec eux seize femmes ayant chacune deux ou trois enfants en bas âge. Ces femmes sont loin d'être jolies, mais elles sont très-propres, quoique simplement vêtues ; elles portent toutes sur la tête en *fanchonnette* un foulard de soie. Deux d'entre elles excitent un vif intérêt par leur position : l'une a perdu son mari pendant la traversée et reste seule avec trois enfants ; l'autre, par suite d'une erreur, s'est embarquée sur un bâtiment français, tandis que son mari allait en Angleterre. Du reste, je ne saurais vous dire avec quels égards et quelle générosité chacun s'emploie pour ces malheureuses victimes de l'ambition d'un seul homme. Un hôpital a été établi et pourvu de tout ce qui était nécessaire pour recevoir et soigner les malades ; un médecin militaire et des infirmiers y sont attachés.

« Maintenant que le premier établissement des prisonniers est terminé, je présume que nous allons être fort tranquilles et que notre service sera très-doux. L'île d'Aix est un séjour assez triste ; on y compte quatre-vingts feux. Je me propose d'utiliser mon séjour ici en causant avec les Russes et en les étudiant, surtout au point de vue militaire. J'ai déjà eu de longues conversations avec le colonel du génie qui était chargé des travaux de défense de Bomarsund. Il avoue que ce qui l'a complétement *dérouté*, c'est la précision avec laquelle les chasseurs de Vincennes allaient atteindre les artilleurs dans les embrasures des fortifications. Il s'extasie aussi devant la longue portée de leurs fusils et le tir des canons à bord de nos navires. »

Dans une autre lettre, le même correspondant ajoute :

« Les Russes sont logés, les uns dans des bâtiments préparés autrefois pour les prisonniers arabes, les autres dans le fort Liodot. Les officiers occupent un pavillon de l'hôpital et les bâtiments du génie militaire.

« Les officiers ont les mêmes lits que ceux affectés aux malades dans les hôpitaux ; les soldats ont une bonne paillasse, avec une couverture de laine. L'état sanitaire est très-satisfaisant, bien qu'à Rochefort on ait fait courir le sot bruit que les prisonniers étaient *empestés* : il n'y a à l'hôpital que douze malades, dont quatre atteints de la fièvre pendant la traversée et huit blessés. Toutes les précautions ont été prises pour qu'ils reçussent les soins que réclamait leur position. On a, d'ailleurs, prescrit les mesures les plus sévères de tenue de propreté, pour que, dans cette agglomération d'individus, la moindre négligence dans les prévisions hygiéniques ne pût donner prise à l'épidémie.

« En dépit de certaines appréciations peu bienveillantes, tous les soldats russes que j'ai vus sont très-propres.

« Ils se montrent très-friands du pain qui leur est fourni : c'est le même pain que celui de nos soldats, blanc comme celui de deuxième qualité et bluté au vingtième. Le pain qu'ils recevaient à Bomarsund, et dont j'ai vu quelques échantillons, est rempli de paille et de terre et est d'une couleur noirâtre peu séduisante. Ils ont par jour deux cent cinquante grammes de viande fraîche et six décagrammes de légumes secs : haricots, pois, lentilles, fèves, etc. On leur a appris à faire de la soupe *à la française*. Ils s'y prennent jusqu'ici très-maladroitement. Ils réussissent assez bien à faire cuire le bœuf, mais ils ne trempent pas le pain, avant de commencer à manger, et alternent une cuillerée de bouillon par une bouchée.

« Je ne saurais trop insister sur leur docilité, leur douceur et leur soumission. Ils sont libres de circuler dans l'île, sous la condition de répondre à trois appels par jour : deux aux heures de repas, et le troisième au milieu de la journée. Ils se soumettent sans difficulté aux corvées qu'on leur impose. Ce qui nous a frappés, c'est le dédain avec lequel les traitent leurs officiers : c'est à peine si ceux-ci les regardent, malgré l'attitude respectueuse, et même servile, que les soldats prennent à leur approche. Aussi paraissent-ils enchantés lorsque nous répondons par un signe de tête au salut qu'ils nous adressent.

« Je pense qu'on pourra en tirer grand parti pour les travaux des fortifications d'une partie de l'île d'Aix qui ont besoin d'être réparées. Ils aiment beaucoup le café et l'eau-de-vie. Comme on faisait dans le commencement des difficultés pour recevoir les monnaies russes, les prisonniers, lorsqu'ils échangent, ne veulent plus accepter que de la monnaie française.

« Avant de passer aux officiers, qui m'ont fourni quelques observations sérieuses, je dirai un mot des femmes, que d'abord je n'avais fait qu'entrevoir. J'ai pu les remarquer en toilette, et je trouve qu'elles sont d'une grande coquetterie et que, sous ce rapport, elles ne le cèdent en rien aux femmes françaises. Elles portent des robes à volants, des caracos en soie, de petits mouchoirs *en marmotte* posés très-gentiment sur le derrière de la tête, et de petits souliers dans lesquels vient finir une jambe très-bien faite, ornée d'un bas bien blanc et soigneusement tiré. Pour la plupart elles ont de jolies dents, de beaux cheveux blonds bien soyeux. Une seule, juive d'origine, a les cheveux très-noirs. Les enfants sont bien arrangés et proprement vêtus.

« Les soldats paraissent fort contents de leur situation et fraternisent très-cordialement avec nos troupiers, dont la rondeur et la franche bonhomie les enchantent. Plusieurs de ces derniers s'érigent déjà envers les vaincus en professeurs de français, et, sous le prétexte de faire un cours de belle langue, inculquent à leurs élèves les termes les plus pittoresques de l'argot des camps et de la caserne. C'est un spectacle très-curieux que d'assister à ces leçons et de voir un vieux sergent et même un soldat bel esprit trancher du pédagogue et enseigner à leur manière les règles de la *syntasque* française à l'auditoire ébahi de leur faconde. Il n'en est pas de même de l'anglais, qu'ils détestent.

« De notre côté, nous avons lié connaissance avec les officiers russes, auxquels nous avons fait une cordiale réception. Ils se sont rendus à notre invitation en grande tenue et revêtus de leurs uniformes, qui sont assez bien, quoiqu'un peu simples et trop sombres. Pendant toute la soirée la conversation a été très-animée, et leurs confidences nous ont éclairci bien des points qui restaient obscurs ou douteux pour nous. Du reste, ils sont très-sages et fort modérés dans leurs appréciations; aussi nous avons pu, sans indiscrétion, aborder sur la politique les questions les plus scabreuses sans crainte de les froisser ou d'être froissés par eux. Le gouverneur civil, qui est officier aux tirailleurs de la garde impériale, M. Furihielm, paraissait surtout touché de notre accueil: « Nous ne sommes que des machines de guerre, m'a-t-il dit, une fois hors du champ de bataille, nous n'avons plus d'ennemis, nous n'avons que des frères, comme le prescrit toute religion. »

« Le colonel paraît fort instruit, surtout en artillerie ; il connaît toutes nos armes, vante beaucoup la carabine de nos chasseurs, qu'il met bien au-dessus de l'arme des chasseurs-tirailleurs russes, quoique celle-ci soit plus légère et plus courte.

« Un des officiers les plus distingués est le lieutenant-colonel Alexandre Kranshold, du génie, qui avait organisé la défense de Bomarsund. Il parle très-bien français et sans le moindre accent. Il m'a raconté que le système de fortifications qu'on se proposait de construire à Bomarsund devait être un des plus redoutables: il devait se composer de quinze tours se reliant par une enceinte à triple bastion en granit. Ce qui a entravé dans les travaux de défense, c'est que l'empereur avait défendu que, même dans un pressant danger, on touchât aux fondements des fortifications. Par suite de cet ordre les abords de la place ne pouvant être mis à découvert, nos batteries de brèche se trouvaient à l'abri et envoyaient les projectiles sans que l'ennemi pût leur répondre. Il a vu, comme l'ont dit les journaux, le général Niel venant reconnaître l'emplacement de la batterie dirigée contre la tour principale, et ne comprend pas qu'il ait pu échapper à la mitraille qu'on a lancée contre lui.

« Il est revenu plusieurs fois sur les admirables dispositions du général du génie français et sur la merveilleuse adresse des chasseurs de Vincennes. Du reste, il signalait comme très-défectueux le système de fortifications adopté en Russie. A Bomarsund, les casemates étaient si mal disposées, qu'après plusieurs coups de canon tirés, les soldats étaient aveuglés et asphyxiés par la fumée. Le même vice de construction existe à Cronstadt et à Sébastopol. »

Outre ces officiers, le correspondant que nous citons mentionne le lieutenant-colonel major Guillaume Tamelakh, qui commandait la place à Bomarsund; le lieutenant-colonel d'artillerie, le commandant de l'infanterie et le major commandant les tirailleurs; enfin dix-huit capitaines, lieutenants-capitaines, lieutenants et sous-lieutenants.

« Tous, dit-il, ont de fort bonnes manières, ce qui n'étonne pas quand on sait qu'ils appartiennent presque tous aux plus grandes familles. Ils manifestent un vif désir de s'instruire et prennent constamment des notes.

« Ils sont très-sobres, mais ils fument beaucoup. Ils prennent du thé le matin et un repas à la fourchette vers deux heures. Presque tous sont Finnois ou Polonais, sauf un Cosaque et trois Russes pur sang. L'officier cosaque est en capote comme les soldats: il paraît du reste qu'en temps de guerre, les officiers, pour ne pas être reconnus par l'ennemi, doivent porter la capote du soldat. »

Le général Bodisko, constitué prisonnier sur parole, avait reçu l'autorisation de choisir sa résidence dans toute autre ville de France que Paris. Embarqué sur la corvette à vapeur le *Souffleur*, dont le commandement était exercé par M. le capitaine Noulac, il quitta la baie de Ledsund le 22 août. Il était accompagné de sa femme, de son fils unique, enfant de quatre à cinq ans, et de deux officiers, le capitaine du génie Tosche, blessé d'un coup de baïonnette par un chasseur, et M. Vickberg, neveu de ce dernier, jeune homme appartenant au corps des cadets; une femme de chambre et un soldat finlandais complétaient sa suite.

Le *Souffleur* entra dans le port du Havre le 5 septembre. Le général prisonnier fut immédiatement mis à terre. Il fut reçu, lui et sa suite, par le commissaire de marine et le commandant de place, qui les conduisirent à l'hôtel de l'*Aigle d'or*, rue de Paris, où des appartements leur avaient été préparés. Le général avait un air d'abattement qui donnait à ses traits et à son maintien un aspect plus sénile, plus brisé que ne le comportait son âge, dépassant de peu soixante ans. Sa femme, beaucoup plus jeune, supportait son malheur avec plus de calme et de résignation. La curiosité dont ces hôtes forcés de la France furent l'objet se renferma dans les limites d'une discrétion obséquieuse; la plupart des fronts se découvrirent devant ce vieillard et cette mère de famille dont le malheur commandait l'intérêt et le respect; partout où ils se présentèrent les jours suivants, dans les quelques visites qu'ils firent aux principaux établissements de cette ville, ils rencontrèrent l'expression des mêmes sentiments. Ils ne tardèrent pas à quitter le Havre pour Evreux; c'était dans les environs de cette dernière ville qu'ils avaient exprimé le désir de fixer leur séjour.

La prise de Bomarsund devait être le premier et le dernier exploit de cette dispendieuse campagne de la Baltique. La constance et le dévouement de nos soldats allaient cependant être mis à une nouvelle épreuve. Ce n'était plus contre l'ennemi que devait lutter leur courage, c'était contre un fléau plus redoutable que la guerre. Le choléra, qui jusqu'à la prise de Bomarsund s'était concentré à bord du vaisseau *l'Austerlitz*, où il s'était manifesté dès le milieu de juillet, éclata simultanément, avec une intensité inquiétante, parmi les troupes de débarquement et sur les escadres. On eut à peine le temps d'établir une ambulance au village de Fimby, que les baraques et les tentes se trouvèrent encombrées de cholériques. Les cadres des bâtiments se chargèrent eux-mêmes de malades; les compagnies d'infanterie de marine débarquées sur l'île de Presto furent frappées avec la rigueur la plus cruelle; mais, quelque foudroyante que fût l'invasion du mal, le zèle et la fermeté de nos marins, dans ces tristes circonstances, furent partout au niveau de ses sévices; officiers, marins et soldats, tous ceux qui n'étaient pas atteints du fléau se montraient les dignes émules des chirurgiens et des infirmiers, des prêtres et des sœurs de charité; tous s'empressaient de soigner et consoler les malades, de les frictionner ou de leur préparer des boissons: les ingénieuses inspirations d'une charité sans bornes et d'un dévouement tout fraternel leur faisaient trouver, dans les objets les plus simples, des remèdes pour lutter contre cette épidémie implacable; des lambeaux d'uniformes russes, des morceaux de toile à sac, du foin, des orties même leur servaient à frictionner les corps malades et à rappeler la circulation dans ces membres d'où, avec la chaleur, fuyait la vie. « Ce qu'on a unanimement remarqué, écrivait un des acteurs de ces scènes funèbres, c'est le soin pieux avec lequel toutes nos troupes, mais tout particulièrement les compagnies d'infanterie de marine, ont toujours et partout veillé à la sépulture de leurs morts; cela a été plus que de l'esprit de corps, il faut l'appeler de l'esprit de famille. Tous les cadavres ont eu leur bière et leur tombe à part et, sur chacune de ces tombes, une croix de bois a été plantée avec le nom et le grade du défunt. Des gazons en croix et des arbres verts indiqueront longtemps encore aux populations alandaises que les croyances religieuses sont loin d'être éteintes, comme on le dit, dans le cœur des soldats de la France.

« Les épisodes les plus touchants ont réjoui les cœurs jusque dans les jours les plus lugubres. Nous pourrions parler de l'affectueux intérêt des chefs supérieurs, des visites des amiraux dans les ambulances et de leurs paroles toujours paternelles; mais une chose a été encore plus douce à voir, c'est la confiante affection du simple soldat pour son officier, et la constance avec laquelle son cœur a été tourné vers les souvenirs de famille. Dès qu'un soldat se croyait en danger, il faisait appeler ou son capitaine ou son lieutenant, pour remettre entre ses mains une modique somme d'argent, une montre, une bague, un ruban, ou des cheveux, avec prière de faire parvenir le tout, après le retour en France, à sa mère, à ses sœurs ou à d'autres chères affections. Nous pourrions en citer un qui remit à son lieutenant quatorze francs dont deux étaient destinés à faire dire deux messes dans une chapelle de son pays: c'était un Breton de Plougastel; un autre dont la conduite à l'égard de ses parents avait été, disait-il, publiquement scandaleuse, indiqua leur résidence à l'aumônier de l'*Algérie* qui le soignait, en le priant de faire en son nom des excuses publiques pour ses erreurs de jeune homme. Mais celui-là, Dieu merci! fera les réparations lui-même; car, comme bien d'autres, il a retrouvé une santé parfaite. » Ce fut au milieu de ces tristes préoccupations que s'écoulèrent les derniers temps que les escadres occidentales passèrent dans la Baltique. Les longs jours de l'été rapide des climats du Nord décrurent avec une rapidité qui rendit plus frappant le retour des nuées grisâtres et des brumes épaisses; les vents, ramenant la froidure habituelle, reprirent leurs violences intermittentes; la mer revêtit, pour ne plus s'en dépouiller de longtemps, sa couleur sombre et verdâtre, et fit rouler ses houles menaçantes. C'était l'époque où les fureurs de la guerre se taisent devant celles de la nature. La flotte française dut quitter cette mer boréale qu'allaient bouleverser les tempêtes et sceller les glaces. Elle opéra son retour sur la rade de Cherbourg, d'où des ordres ministériels devaient bientôt appeler la plupart de ses bâtiments dans la Méditerranée, et de là dans la mer Noire : elle jetait l'ancre le 2 novembre dans les eaux normandes. L'amiral Napier ne regagna les ports anglais que vers la fin de ce mois. Il était resté dans la Baltique jusqu'à l'apparition des premières glaces.

La mer Noire et la mer Baltique, ces deux grands domaines de la puissance navale russe, ne furent pas les seuls parages maritimes d'où les forces alliées firent disparaître les pavillons ennemis; tous les centres de la navigation russe virent apparaître des divisions anglo-françaises qui en interrompirent les mouvements et qui firent sentir à leurs places de guerre et à leurs stations la supériorité de nos armes. Le 12 août, une notification, appuyée par une escadrille formée de navires français et anglais, mettait en état de blocus tous les ports russes de la mer Blanche et notamment ceux d'Arkhangel et d'Onéga. Plusieurs expéditions contre les points les plus importants du littoral prouvèrent à ces peuples septentrionaux que la présence de ces forces n'était pas une vaine menace; la principale attaque fut celle dirigée contre la ville de Kola, capitale de la Laponie russe.

Cette place, couverte par une enceinte fortifiée et défendue par une garnison nombreuse, est située sur une rivière navigable, à une faible distance de la frontière norvégienne sur l'océan arctique. C'est moins sa force militaire pourtant que l'activité du commerce dont elle est l'entrepôt qui constitue son importance et en fait un des points de cette contrée où l'empire des czars est le plus vulnérable. Les criques voisines de Kola devaient renfermer un grand nombre de bâtiments commerciaux; c'était du moins l'opinion générale. Il était indispensable d'y opérer une reconnaissance avant la fin de la campagne; le capitaine Lyons, qui en avait reçu l'ordre, résolut de l'exécuter de manière à frapper la Russie d'un coup sensible dans sa puissance septentrionale et dans son prestige aux yeux de ces peuples. Il prit ses dispositions pour faire remonter la rivière à sa flottille, et vint avec la *Miranda* s'embosser à portée de canon des fortifications de la ville. Cet officier ne crut pas devoir ouvrir immédiatement les hostilités. Il adressa aux autorités une sommation de lui remettre la place en leur indiquant les conditions auxquelles cette ville pouvait se soustraire aux rigueurs de la guerre. Cette sommation leur laissait tout le temps nécessaire pour que la réflexion les éclairât sur la gravité de leur détermination. Elles n'attendirent pas l'expiration de ce délai pour repousser ces conditions. Elles les rejetèrent complétement, et la garnison prit aussitôt une attitude hostile. Le commodore anglais ne pouvait ajourner son attaque sans ajouter, par ce semblant d'hésitation, le ressort de la confiance à la résolution de l'ennemi. Il donna donc l'ordre à toute sa ligne d'ouvrir immédiatement le feu sur les fortifications et sur la place. On peut s'imaginer la rapidité des ravages causés par les bombes et les obus sur une ville dont presque toutes les maisons étaient construites en bois résineux; en quelques heures elle fut en feu; quelques heures plus tard, elle était en cendres: de grandes quantités de farine contenues dans les magasins du gouvernement furent perdues dans cet incendie: les fortifications elles-mêmes ne purent résister à la puissance de l'artillerie des bâtiments alliés; elles n'offrirent bientôt plus que des ruines ou des monceaux de décombres. Le commandant anglais, ne disposant pas de forces de débarquement assez considérables pour entrer en lutte avec les troupes de la garnison, ne crut pas devoir compromettre son succès en tentant de le compléter par une descente.

La guerre s'étendit jusque sur les côtes occidentales du Kamtchatka. Les contre-amiraux Febvrier-Despointes, commandant la station française dans l'océan Pacifique, et Price, ayant sous ses ordres les bâtiments britanniques dans cette même mer, réunirent une partie de leurs forces pour tenter une attaque contre les principaux établissements russes sur le littoral asiatique. La flotte arriva le 28 août devant Petropolowski; le lendemain, après une reconnaissance des abords de ce port, poussée jusque sous le canon de ses forts, par la frégate *la Virago*, l'escadre alliée remit sous voile et vint prendre position devant les fortifications, qui ouvrirent aussitôt leur feu contre elle, au moment où elle laissait tomber ses ancres; les boulets plongeaient avant d'atteindre les navires alliés. Ce tir offrait si peu de danger, que l'escadre occidentale tint toute la nuit ses bâtiments éclairés pour déterminer les Russes à consumer leurs munitions dans un feu sans effet. Les ordres étaient également donnés à tous les capitaines pour qu'au lever du jour leurs équipages fussent prêts à engager un combat plus sérieux. L'escadre avait déjà commencé son mouvement préalable : la *Pique* était venue s'embosser à tribord de la *Virago*, et la *Forte* à bâbord ; le *Président* s'était placé lui-même derrière le *steamer*, lorsque, vers une heure un quart, le contre-amiral Price se blessa grièvement avec un de ses pistolets. A cette nouvelle, l'amiral Febvrier-Despointes s'empressa de se rendre avec son médecin à bord du *Président*. Les secours de l'art furent inutiles ; la blessure était mortelle. Les préparatifs de combat furent aussitôt suspendus ; ce ne fut que le lendemain qu'ils furent repris. Les navires alliés, postés à petite portée de canon des ouvrages qui arment et défendent l'entrée du port de Petropolowski, les battirent avec tant de précision et de vigueur que le fort Schaccoff cessa bientôt de répondre, et que toutes les batteries rasantes furent détruites. La confusion que cette attaque énergique jeta au sein de la garnison ennemie fut telle qu'un détachement de matelots français, appuyé par une compagnie de soldats de marine anglais vivement transportés sur ces ruines, put enclouer une partie des canons.

Ce premier succès enthousiasma tellement les officiers de l'escadre que la plupart, cédant à son entraînement, demandèrent qu'on mît à terre les forces de débarquement pour marcher contre la ville même de Petropolowski, bâtie au fond du port. Sept cents hommes des deux divisions furent, en effet, déposés sur la plage et tentèrent cet audacieux coup de main.

Cette petite colonne reconnut son imprudence assez à temps pour ne pas l'expier par un désastre. Se trouvant en face de forces formidablement supérieures en nombre et protégées par quatre-vingts pièces de gros calibre, elle se replia habilement sur la côte, où son rembarquement s'effectua en bon ordre.

Le premier septembre fut un jour de trêve. Les états-majors alliés l'employèrent à rendre les honneurs funèbres à l'amiral Price. Il fut transporté par la *Virago* dans la baie de Tarinski, où il fut inhumé avec tous les honneurs dus à son grade.

L'escadre passa la journée du 2 au mouillage, devant l'entrée du port de Petropolowski, espérant appeler au combat la division de l'amiral russe Potiakin, dont la station, formée alors de plusieurs frégates et de neuf corvettes, ne portait pas moins de trois cents pièces de canon en batterie. Mais cet officier général, dont le pavillon flottait au mât de l'*Aurora*, enchaîné probablement par le système d'abstention que la Russie avait imposé à sa marine, resta immobile dans la sécurité de son mouillage fortifié. Un conseil de guerre se réunit le 3 à bord de la *Forte* pour aviser au parti à prendre dans ces conjonctures. Renoncer à une entreprise dont les difficultés dépassaient toutes les prévisions, ou renouveler l'entreprise dont le succès ne paraissait pas assez complet ni l'attaque assez meurtrière, furent les point soumis à la discussion : ce fut ce dernier parti qui prévalut ; plusieurs des membres du conseil attaquèrent même avec tant de vivacité la précipitation du dernier rembarquement qu'on résolut de faire une nouvelle descente que l'escadre devait appuyer par une attaque du côté de la mer. Cette descente fut fixée au lendemain.

Le point choisi pour le débarquement était défendu par deux batteries; quelques bordées de la *Forte*, chargée de le protéger, les firent taire et incendièrent un magasin d'huile construit tout auprès. Un corps de sept cents hommes des deux nations, compris cent soixante-seize tireurs d'élite, fut déposé sur la plage, sous la conduite des capitaines de La Grandière et Burridge.

Ce corps, divisé en deux compagnies, l'une formée de l'infanterie de marine anglaise, l'autre de matelots français, se porta en avant, à huit heures et demie du matin. Les Russes évacuèrent précipitamment les batteries dont les boulets de la *Forte* avaient éteint le feu; derrière, s'élevait une colline boisée que les détachements alliés gravirent au pas de charge; ils furent accueillis dans ce trajet par un feu très-vif auquel ils répondirent avec une égale ardeur, mais l'étendue du cercle dont les balles convergeaient sur eux ne tarda pas à leur faire sentir l'inégalité de la lutte. La rapidité avec laquelle le gazon se couvrit des cadavres de nos marins et des soldats mariniers anglais fit bientôt comprendre qu'il n'y avait d'autres succès à ambitionner que celui d'une honorable retraite. Déjà le capitaine Parker avait été tué à la tête de sa troupe, et le lieutenant Bourrasset avait été lui-même frappé mortellement lorsque l'ordre de regagner promptement le rivage fut donné aux deux détachements. Ce mouvement s'opéra avec lenteur et dans un ordre parfait, en n'abandonnant ni un blessé ni un mort. Arrivé aux batteries évacuées, le capitaine de la Grandière posta dans leurs ruines une embuscade de cent marins dont la fusillade tint les Russes en échec et permit à nos forces de se rembarquer et de s'éloigner de la plage avec calme et sécurité. Cette nouvelle attaque coûta aux alliés plus de deux cents hommes mis hors de combat; la marine française comptait dans ce chiffre huit officiers; trois lieutenants étaient au nombre des morts, qui furent enterrés le 5, dans cette baie de Tarinski où reposait déjà un des amiraux.

L'escadre ne quitta ces eaux qu'après y avoir fait plusieurs captures : la plus importante fut celle du *Sitka*, grand transport de guerre de huit cents tonneaux, armé de douze canons, ayant un chargement de près de deux millions, et portant à Petropolowski le vice-gouverneur du Kamtchatka, un colonel d'artillerie et toute une administration civile. Tous ceux qui le montaient furent faits prisonniers de guerre.

CHAPITRE V.

EXPÉDITION DE CRIMÉE.

EMBARQUEMENT ET DESCENTE.

1854.

Situation de l'armée française en Bulgarie. — Politique suspecte de l'Autriche. — Embarras du maréchal. — Conseils de guerre. — Vœux du cabinet anglais. — Expédition en Crimée résolue. — Commission d'exploration. — Projets. — Ardeur impatiente de l'armée. — Choléra. — Expédition de la Dobrutscha. — L'ennemi. — Epidémie. — Retour. — Incendie de Varna. — Expédition contre Sébastopol. — L'armée et la flotte. — Embarquement. — Départ pour la Crimée. — Retard de la flotte britannique. — Ralliement. — Conseil. — Nouvelle exploration. — En Crimée. — Concentration. — Reddition d'Eupatoria. — Appareillage et marche de nuit. — Débarquement. — Bivouacs. — Les Français et les Anglais. — Escadrille de diversion. — Bourrasque. — Suite du débarquement. — Coup de main. — Dépêches.

L'occupation des provinces danubiennes par l'Autriche avait plongé le maréchal Saint-Arnaud dans la perplexité la plus profonde. La retraite inopinée des Russes avait été pour lui une déception. C'était une victoire immédiate qui échappait à son épée; il avait rêvé la consécration d'un premier triomphe pour nos drapeaux dès leur déploiement sous le beau ciel d'Orient. C'était cette glorieuse illusion qui s'évanouissait; mais, après tout, ce n'était que la disparition d'une chance heureuse sur laquelle il n'avait pas dû compter d'abord; il pouvait retrouver sur les rives du Pruth, dans les plaines de la Bessarabie ou sur les bords du Dniester, le champ de bataille qu'il avait espéré sur ceux du Danube, et cette fuite des aigles noires à l'approche des aigles françaises rendait indubitablement sa tâche plus laborieuse, plus difficile, mais lui créait en même temps, à la vue du monde, ce qui n'était pas à dédaigner dans la conscience de ses propres soldats, une position qui n'était pas sans prestige.

Le traité intervenu entre la Porte Ottomane et l'Autriche n'avait-il pas tout changé? Ce que le maréchal eût pu opérer à travers la Valachie et la Moldavie, rentrées sous l'autorité du sultan, pouvait-il le tenter, ces provinces étant occupées par des forces autrichiennes; pouvait-il lancer son armée loin de sa base d'opération, de ses magasins, de ses renforts, au milieu de toutes les difficultés matérielles que doit rencontrer la marche de corps nombreux dans un pays ruiné, sans être complétement sûr des dispositions de la puissance qu'il laissait sur ses derrières; de la puissance à la foi suspecte de laquelle il eût dû abandonner ses lignes de communication, ses secours, ses approvisionnements et ses convois; de la puissance, enfin, qu'en cas de revers, il eût pu trouver l'épée à la main en travers de sa retraite? Il est vrai que l'Autriche réclamait le concours de la France au-delà du Danube pour rejeter, en cas de résistance, les troupes russes sur leur territoire; mais pouvait-on bien croire à la sincérité de ses déclarations; était-ce bien dans un intérêt européen que l'internonce avait conduit cette négociation mystérieuse qui livrait le nord de l'empire ottoman au protectorat tudesque? Comment admettre que cette puissance, que toutes les représentations, toutes les instances, toute l'habileté de la diplomatie occidentale n'avaient pu faire sortir de la neutralité armée, eût pris spontanément une résolution grosse d'éventualités de guerre, et eût sollicité secrètement de la Turquie l'autorisation de jeter ses armées en présence des armées russes, au risque de voir éclater des collisions à chaque pas? Ce n'était ni vraisemblable, ni moralement possible. On ne pouvait accepter sa coopération sans s'exposer aux dangers que déchaîna sur l'armée française la défection des troupes bavaroises à Leipsick. Que faire dans une telle position? Aventurer les troupes alliées dans les plaines marécageuses de la Dobrutscha ou les transporter par mer sur quelque point de la plage méridionale de Russie, pour prendre à revers les lignes russes menacées en Bessarabie par Omer-Pacha. Telles étaient les préoccupations du maréchal Saint-Arnaud lorsque lui étaient parvenues les dépêches ministérielles qui avaient appelé son attention sur la Crimée.

La pensée d'une expédition dans cette province insulaire de la Russie était née dans les bureaux de l'amirauté britannique; le cabinet de Saint-James s'en était emparé et avait chargé son ambassadeur auprès de la cour de France de la faire prévaloir dans les conseils des Tuileries. Elle y avait été accueillie d'abord avec défiance : le transport d'une armée sur une plage inconnue, l'abandon des provinces où la concentration des corps d'opération annonçait l'imminence de grands chocs, pour aller attaquer une place où l'on pouvait avoir à subir les lenteurs d'un siége, paraissaient une tentative aventureuse et sans éclat. L'ambassadeur britannique représenta toute l'importance politique et militaire de Sébastopol; ce centre formidable des armements maritimes de la Russie, cet arsenal, d'où ses flottes menaçaient sans cesse toutes les côtes de la Turquie et dominaient l'Orient, n'était pas seulement la métropole navale de la Russie méridionale, c'était encore la dernière étape de l'armée moscovite allant arborer la bannière russe sur Sainte-Sophie; car trente-six heures suffisaient à une escadre pour verser dans la Corne-d'Or l'armée conquérante dont le noyau était toujours campé sous les murs du fort Constantin. Le projet prit plus de faveur. Le ministre de la guerre en donna avis au maréchal comme d'une éventualité possible sur laquelle il réclamait ses avis. La levée du siège de Silistrie vint ajouter de nouvelles chances d'exécution à celle que déjà il pouvait avoir. Dans une dépêche du 1er juillet, le maréchal Vaillant recommandait au général en chef de ne point éloigner ses forces de Varna. On veut, lui mandait-il, que l'armée soit toujours prête à être emportée par la flotte. Bien que ces communications et ces ordres répondissent au vœu le plus ardent du maréchal Saint-Arnaud, dont tant de difficultés et de périls menaçaient la marche sur le Danube, il continua cependant à préparer son entrée en campagne en faisant faire des reconnaissances, soit dans la direction de Silistrie, soit vers les bouches du Danube. Une commission d'officiers de terre et de mer fut même chargée de parcourir le littoral russe pour en étudier les points accessibles. « Tout en m'occupant de la direction éventuelle de nos opérations futures sur le Danube, écrivait le général Saint-Arnaud au ministre de la guerre sous la date du 9 juillet, je ne néglige pas l'étude des moyens qui me permettraient de transporter tout ou partie de mes colonnes sur tel point de la côte de la mer Noire qui serait choisi pour être le théâtre d'une action de vigueur tentée, à très-courte distance, dans les terres. La frégate à vapeur *le Vauban* est partie pour opérer sur ce littoral une reconnaissance détaillée à laquelle prennent part des officiers spéciaux appartenant aux deux armées et à la flotte. »

Le général en chef avait formé une autre commission également composée d'hommes spéciaux empruntés à l'état-major des armées de terre et de mer; l'objet principal de ses études et de ses délibérations était la recherche des moyens d'opérer, avec le plus de promptitude et de sûreté, le transport et le débarquement des forces alliées sur tel point de la plage russe qui pourrait être choisi pour base d'opérations ultérieures ou pour but d'une attaque inopinée. Le maréchal s'occupait, de son côté, de préparer les moyens d'exécution des projets qui devaient sortir de ces explorations et de ces enquêtes ou des ordres qu'il pouvait recevoir de son gouvernement. Il ne se dissimulait pas l'insuffisance numérique des troupes placées sous son commandement, et l'une de ses plus vives préoccupations était d'ajouter de nouveaux éléments de force à son armée.

La cavalerie irrégulière d'Omer-Pacha avait appelé son attention; ces troupes, formées de musulmans fanatiques accourus volontairement à la défense de l'empire, étaient le fléau de la Bulgarie, où elles ne vivaient que de brigandage. Le pillage et le meurtre étaient les seuls exploits qui eussent signalé leur présence dans ces contrées où n'avait pas encore pénétré l'ennemi. Tous les efforts du muschir pour discipliner ces hordes avides avaient été complétement impuissants, et jusqu'alors elles n'avaient cessé de ruiner et d'ensanglanter les provinces qu'elles étaient accourues défendre. Le maréchal

Général et Officier de Zouaves.
Tenue de guerre.
1854.

conçut le projet d'arrêter ce désordre en donnant une organisation à ces milices turbulentes ; il ne s'agissait de rien moins que de les convertir en régiments de cavalerie irrégulière, c'est-à-dire de changer ces brigands en soldats.

Le général Yussuf avait été appelé d'Afrique sur la demande du maréchal Saint-Arnaud, pour prendre le commandement d'une colonne volante chargée de harceler continuellement l'ennemi. Ce fut à lui que fut confiée cette tâche ingrate et difficile. Ces bandes, connues sous le nom de Bachi-Bouzouks, pouvaient offrir un effectif de 14,000 chevaux; le maréchal avait obtenu de la Porte l'autorisation d'en enrégimenter quatre mille. Yussuf dut donner à ces quatre mille cavaliers, sous le nom de spahis d'Orient, l'organisation que nous avions introduite en Algérie parmi la cavalerie indigène. Il ne dissimula point au maréchal les difficultés que lui présentait une telle mission ; il l'accepta pourtant et se mit immédiatement à l'œuvre avec une énergie que ne découragèrent ni les ennuis ni les obstacles.

Cependant le mois de juillet avançait, et le repos prolongé auquel ils se voyaient condamnés commençait à peser à nos soldats. La beauté des sites au milieu desquels ils avaient dressé leurs tentes, les perspectives que présentaient à leurs regards la vallée de Varna avec son lac limpide entouré de frais pâturages, la ville, où, comme dans la plupart des cités ottomanes, les sommets élégants des édifices se mêlent à des bouquets de platanes et de cyprès, le port et la mer enfin ne suffirent bientôt plus à leur impatience. Des murmures s'élevèrent de tous les campements; on se demanda ce que signifiait cette longue halte au milieu de ces bocages pendant que les Russes opéraient lentement leur retraite.

Le bruit des succès remportés par les Turcs près de Giurgewo vient irriter leurs regrets et leurs vœux. Doivent-ils donc parader longtemps encore sur cette côte paisible pendant que le sang coule sur le Danube? Attendra-t-on que l'ennemi ait mis entre lui et nos aigles des distances qui peuvent compromettre les résultats de la campagne, quand on pourrait encore le joindre dans les plaines moldaves et le culbuter dans le Pruth? Telles sont les questions que l'on se pose à voix basse dans les confidences du bivouac.

De plus sombres pensées viennent s'y mêler bientôt. Chaque jour apporte un bruit sinistre qui circule mystérieusement de tente en tente, de campement en campement. Le choléra menace l'armée ; il règne à Malte, il sévit au Pirée, il a éclaté à Gallipoli, et chaque jour on apprend qu'il frappe avec une violence plus meurtrière; les hôpitaux s'emplissent, les ambulances se multiplient, la terre remuée autour des camps révèle les vides que la mort fait dans les tentes.

Sur quatre des généraux qui commandent nos troupes de la presqu'île des Dardanelles, deux sont enlevés coup sur coup ; c'est d'abord le duc d'Elchingen, un des fils du général Ney, qui regrette pour lit funèbre le gazon d'un champ de bataille, mais qui, ne pouvant mourir en soldat, meurt généreusement en chrétien : « Monsieur l'aumônier, dit-il au père Gloriot, je tiens à ce que l'on sache que c'est moi qui vous ai fait appeler. » Le général Carbuccia, un des officiers formés à la périlleuse école des guerres d'Afrique, conduisait le convoi ; trois jours après, c'est son propre cercueil qu'accompagnent à la fosse ses troupes consternées.

L'armée de Bulgarie ne peut espérer échapper à ces influences funestes. Les chaleurs caniculaires que le soleil de juillet darde sur les vastes prairies dont le lac de Varna reçoit les écoulements, en font fermenter les fonds limoneux, d'où des vapeurs méphitiques s'élèvent vers les plateaux occupés par nos troupes. En vain prend-on toutes les mesures que peut inspirer la prudence pour prévenir l'invasion du fléau ; inutilement isole-t-on les corps qui arrivent de Gallipoli, et prescrit-on aux troupes un régime hygiénique de nature à combattre les influences morbides flottant dans l'atmosphère, le 9 juillet l'épidémie se manifeste dans les hôpitaux de Varna.

Ses progrès furent aussi rapides que ses ravages furent affreux ; mais si ce fut pour notre armée une épreuve cruelle, elle fit du moins ressortir tout ce qu'il y a de dévouement généreux dans le cœur de nos soldats. C'était un spectacle que la civilisation occidentale devait à cet Orient qu'elle allait bientôt étonner par son ardeur guerrière ; là comme au Pyrée, comme aux Dardanelles, accourent de Constantinople les sœurs de charité, dont le pieux dévouement vole à toutes les souffrances : officiers, soldats, médecins, aumôniers, chacun rivalise de zèle avec elles. Aussi le maréchal écrit-il au ministre de la guerre que partout dans cette triste conjoncture il retrouve la *grande nation*.

La présence du fléau fait sentir plus vivement aux chefs la nécessité d'arracher l'armée à une oisiveté où les fièvres menacent de la consumer ; les conseils se multiplient entre le maréchal français, lord Raglan et les amiraux. Le cabinet des Tuileries, décidé par l'exposé que lui fait le général en chef des embarras de la situation créés par la politique ambiguë de l'Autriche, accède enfin aux représentations de la Grande-Bretagne : un débarquement en Crimée, une attaque contre Sébastopol sont admis en principe ; leur possibilité est reconnue par les gouvernements alliés, l'opportunité était laissée à l'appréciation des généraux de l'armée d'Orient. Le maréchal Vaillant en donne connaissance au général en chef des forces alliées, tandis que le cabinet de Saint-James, qui avait déjà transmis à lord Raglan l'ordre exprès de ne pas aventurer les troupes anglaises au-delà du Danube, lui adresse la recommandation pressante de provoquer un vigoureux coup de main contre Sébastopol.

Lord Raglan agit sur le maréchal Saint-Arnaud avec toute l'énergie que lui prescrivaient ses dépêches. Un nouveau conseil de guerre fut convoqué : il eut lieu le 18 juillet dans les appartements du maréchal. Les amiraux Dundas, Hamelin, Bruat et Lyons y assistèrent. La question nettement posée souleva de longs et vifs débats ; l'amiral Hamelin y fit une opposition très-vive : les difficultés du transport d'une armée entière, les dangers d'un débarquement sur une côte mal ou peu connue, l'époque des tempêtes équinoxiales à la quelle l'importance des préparatifs reportait l'expédition, les lenteurs que pouvait entraîner le siége d'une place aussi importante que Sébastopol et dont les fortifications étaient défendues par une armée, les dangers d'un hivernage en Crimée par l'impossibilité où se trouverait la flotte alliée de tenir la mer Noire durant la mauvaise saison, furent présentés par l'habile amiral, non comme des impossibilités, mais comme de puissantes considérations pour reporter cette entreprise, si elle devait être tentée, à l'ouverture de la campagne prochaine.

Tous les officiers anglais, gravement influencés et par les recommandations ministérielles et par la vive polémique que la presse britannique dirigeait plus violemment chaque jour contre l'inertie des forces orientales, combattirent les observations de l'amiral français avec une si ardente unanimité, qu'ils entraînèrent l'opinion du maréchal Saint-Arnaud. Une expédition en Crimée fut résolue. « Les décisions auxquelles le conseil assemblé chez moi s'est arrêté, écrivait peu après cette réunion le général en chef au maréchal Vaillant, doivent être considérées comme définitives, et j'applique toute mon activité et tous mes soins à en préparer l'exécution. »

Le point de la Crimée sur lequel on dirigerait la première attaque n'était cependant pas encore arrêté. Le général et les amiraux anglais désignèrent Sébastopol; le maréchal flottait entre deux projets. Sébastopol appelait bien ses prédilections; mais, réfléchissant à ce que présentait de redoutable cette entreprise, il disait dans sa correspondance : « Débarquer en Crimée et faire le siége de Sébastopol, c'est une campagne tout entière, ce n'est pas un coup de main; il faut d'énormes moyens et être sûr du succès (1). »

Il ajoutait encore :

« En nous supposant débarqués, et l'on débarque presque toujours, il nous faudra peut-être plus d'un mois de siége pour prendre Sébastopol, parfaitement défendu. Pendant ce temps, les secours arrivent, et j'ai deux, trois batailles à livrer (2). »

Un second projet souriait à son imagination par l'importance, la rapidité et la sûreté des résultats dont son exécution lui offrait l'espoir. Quinze jours d'absence de Varna devaient suffire; il jetait un corps d'élite sur Anapa et Soudjac-Kalé défendus par 20,000 Russes, qu'il était possible de cerner et d'enlever. Il avait déjà fait reconnaître la plage et les forts. Un double débarquement était simultanément opéré au nord et au sud; les deux places attaquées et enlevées, l'armée expéditionnaire se rembarquait avec ses prisonniers et les trophées de sa victoire, et était de retour à Varna avant même que le retentissement de ce coup vigoureux se fût prolongé dans toute l'Europe.

Cependant, sur la demande de lord Raglan, une commission formée de deux généraux accompagnés d'officiers supérieurs de l'artillerie et du génie des deux armées fut chargée d'aller explorer les côtes voisines de Sébastopol

---

(1) Lettre du maréchal au ministre de la guerre. Varna, 27 juillet.
(2) Ibidem.

et d'étudier les points où un débarquement était possible, à douze kilomètres soit au nord, soit au sud de cette place. Cette commission fut composée pour la France du général Canrobert, des colonels Trochu et Lebœuf et de M. Sabatier, chef de bataillon du génie; le général Brown et trois officiers des corps spéciaux y représentaient l'armée anglaise.

Les vagues rumeurs d'expéditions prochaines que la tenue de ces conseils et l'activité que l'on vit éclater dans les mouvements de la flotte firent circuler dans les camps et sur les vaisseaux ne calmèrent point cependant l'ardeur impatiente qu'excitait chaque jour plus vivement cette immobilité prolongée; le maréchal en souffrait profondément lui-même; craignant que cette irritation secrète n'exerçât une influence fatale sur la santé des troupes; et, sentant la nécessité de subordonner l'exécution de ses projets à la cessation de l'épidémie, il songea à occuper l'esprit de ses soldats par une diversion puissante. Les trois divisions de l'armée française campées près de Varna reçoivent, le 19 juillet au soir, l'ordre d'appuyer une pointe de la colonne légère du général Yussuf, dans la Dobrutscha.

Le généralissime, qui avait fait explorer cette contrée par le colonel Dessaint, avait appris, par le rapport de cet officier, que les Russes avaient laissé dans les environs de Matchin, Mathie, Toutcha et Babadagh divers corps de troupes formant un effectif de dix mille combattants, appuyés par trente-cinq pièces de canon. La cavalerie, composée de deux régiments de hussards et de mille à douze cents cosaques, bivaquait en avant de cette dernière place, dans la direction de Kustendjé.

Ce fut cette partie des forces russes que le maréchal songea à faire enlever, ou du moins à faire disperser par le général Yussuf. Cet important coup de main était une occasion d'essayer ce que l'on pouvait attendre des spahis d'Orient, dont cet habile organisateur était parvenu, à force de patience et d'adresse, à créer six régiments, présentant en ligne trois mille chevaux; ces escadrons, auxquels étaient adjoints deux bataillons de zouaves, envoyés à Kustendjé, sous le commandement du colonel Bourbaki, devaient être suivis par les trois divisions, échelonnées de manière à pouvoir, en cas de besoin, se porter à leur secours et culbuter l'ennemi s'il tentait de les envelopper ou d'inquiéter leur retraite. Le général fut prévenu par le maréchal lui-même, au moment de se mettre en marche, que cette expédition devait être conduite avec autant de célérité que de vigueur; que de grands projets étaient sur le point de s'exécuter; qu'il fallait donc qu'il fût de retour à Varna le 4 août, au plus tard, car, le 5, il devrait s'embarquer avec sa division pour quelque point de la côte de Crimée.

Ce fut le 22 juillet que ce corps quitta Varna, emportant quatre rations de biscuit et trois rations d'orge par cavalier. Il devait trouver à Kustendjé le complément de ses approvisionnements pour douze jours de campagne. La première division, que le général Espinasse commandait par intérim, en l'absence du général Canrobert, avait commencé son mouvement dès la veille, se portant sur Mangalia; la seconde division, sous les ordres du général Bosquet, s'était mise en marche le 22, dès quatre heures du matin, dans la direction de Bajardjik, où elle devait prendre position, après deux étapes; la troisième division ne quitta ses bivouacs que le 23. Le prince Napoléon, encore souffrant d'une fièvre qu'il avait respirée dans les marais fétides dont il allait de nouveau braver les fatales influences, était à la tête de ce dernier corps.

Toute l'armée quitta avec enthousiasme pour marcher à l'ennemi ces belles et riantes positions que les exhalaisons des eaux dormantes et des prairies effondrées assiégeaient de miasmes pestilentiels; il lui semblait que quelles que fussent les contrées qu'elle allait traverser, quelle que fût l'atmosphère dans laquelle elle allait agir, elle n'avait rien à en redouter dès qu'elle aurait pour l'assainir la fumée fortifiante de la poudre. Elle s'avance joyeuse, à travers ce pays, qui, durant toute la première journée, ne lui offre qu'un frais et pittoresque bocage dont, de place en place, des futaies où le chêne abonde ombragent les éclaircies et les halliers. « Les Arabas, écrivait un des officiers de la première division, traînés au pas lent des buffles et des bœufs, roulent en faisant entendre leur musique criarde, produite par le frottement de chacune des pièces de ces chariots primitifs; l'artillerie fait lever des nuages de poussière sous les pieds de ses magnifiques attelages, nos bataillons en masse ouvrent la marche.... Devant nous, s'étend un magnifique pays boisé où croissent spontanément toutes les espèces fruitières; la marche de la colonne se trouve de temps en temps ralentie par des sentiers étroits que n'ont jamais suivis que les piétons ou les voitures du pays; mais si l'on est forcé de faire de longues stations pour laisser défiler une à une et nos voitures d'artillerie et celles de notre convoi, on a au moins la jouissance d'un délicieux ombrage et de cette fraîcheur parfumée des forêts. »

Le paysage changea bien vite; un sol moins sensiblement ondulé et couvert d'arbustes épineux et de broussailles remplaça d'abord les coteaux et les bois ombreux des deux premiers jours, puis ce fut la Dobrutscha avec ses vastes plaines couvertes de grandes herbes mêlées de glaïeuls dans les fondrières, et de chardons sur les points qu'un léger renflement du sol rend moins humides. Dans quelque direction que plongent les regards, ils ne rencontrent que cette nature morne dans les horizons vides; plus d'accidents de terrain, de coteaux, de bouquets d'arbres, plus de villages dans ces solitudes désolées; seulement, d'espace en espace, on rencontre des monceaux de ruines anciennes ou des fûts de colonne et quelques pierres sculptées annonçant la richesse et la prospérité des populations antiques; des décombres récents, dont les cendres encore chaudes, les poutres carbonisées et les puits empoisonnés par des cadavres, révèlent à la fois la misère des populations actuelles et la sauvagerie des hordes dévastatrices, cosaques et bachi-bouzoucks, qui ont laissé derrière elles ces vestiges. Parfois pourtant, quelques chétives masures, dont les habitants terrifiés prennent la fuite à l'approche des colonnes françaises; partout enfin des tumulus, dignes monuments de ces marennes orientales.

Nos troupes s'avançaient lentement à travers ces plaines monotones où elles étaient forcées de se frayer une route dans des herbes épaisses et entrelacées qui s'élevaient souvent jusqu'à la ceinture de nos soldats ; le soleil torride qui dardait ses rayons sur ces steppes dénudés ajoutait encore aux fatigues de ces marches exténuantes.

La première division et les spahis d'Orient arrivèrent ensemble le 25 à Mangalia, qui n'offre plus que des débris couverts de ronces et de broussailles. Les populations avaient abandonné depuis longtemps cette ville, dont quelques maisons désertes ont seules échappé à la destruction et où l'on ne rencontre d'autres êtres animés que des lézards et quelques vautours. Les deux colonnes établirent leur campement près de ces ruines.

Le lendemain, Yussuf prit le devant avec ses troupes légères, tandis que la première division poursuivit sa marche le long de la mer par un pays semblable à celui où elle avait accompli ses dernières étapes. Au moment où elle atteignit Kustendjé, dans la journée du 28, Yussuf apercevait des avant-postes de cavalerie russe. Le mouvement que commanda le général français pour tâcher d'enlever un de ces piquets de cavalerie, amena un choc assez vif entre une sotnia de Cosaques et un détachement de spahis. Le capitaine du Preuil, enveloppé avec une trentaine de bachi-bouzouks, tomba percé de neuf coups de lances sous le cadavre de son cheval ; mais ses cavaliers se battirent avec une telle résolution et une telle vigueur, qu'ils parvinrent à le dégager et à regagner leur corps, emmenant même quelques prisonniers. Les Russes laissèrent une vingtaine de morts sur le champ de bataille.

Le général, enthousiasmé par la bravoure que ce détachement avait déployée dans cette rencontre, résolut de se porter en avant et d'attaquer vivement l'ennemi. Les renseignements qu'il obtint sur la présence d'un corps d'infanterie moscovite dans les environs, ne fit que le confirmer plus fortement dans sa résolution. « Nos avant-gardes, écrivait-il le soir même au général Espinasse, ont des Cosaques en vue. Nous avons eu aujourd'hui un léger engagement qui justifie ma confiance dans la solidité de mes nouveaux escadrons. Un corps de cavalerie et trois régiments russes se trouvent devant nous ; je marche demain à leur rencontre avec douze cents zouaves, quatre pièces de canon et mes cavaliers. »

A cette nouvelle, le général Espinasse n'hésita pas. La colonne légère allait se trouver engagée avec des forces numériquement supérieures ; il hâta sa marche pour être prêt à l'appuyer ou à la secourir.

Le lendemain, en effet, un choc très-vif eut lieu à Karnasani ; le général Yussuf se trouvant en face de l'ennemi, manœuvra de manière à attirer un corps nombreux de Cosaques réguliers dans une position où il fût certain de le vaincre ; n'ayant pu triompher de sa prudente circonspection, il le fit charger par deux régiments de bachi-bouzoucks. Les Cosaques les attendirent de pied ferme ; après un court engagement de masse à masse, ils plièrent, mais en cédant le terrain pas à pas et sans désordre ; les spahis montrèrent encore tant d'ardeur dans ce combat, que leurs officiers eurent besoin d'employer toute leur énergie pour les empêcher de poursuivre l'ennemi.

Les Cosaques se retirèrent sur Babadagh, où se trouvait le gros des forces russes. Le général Yussuf s'établit sur le champ de bataille, en recommandant à ses troupes de se préparer à une marche de nuit. Son dessein était de se porter sur l'ennemi par une marche dérobée et de le surprendre dans ses campements aux premières lueurs du matin. Il espérait ainsi disperser tout ce qui ne tomberait pas sous nos armes ou en notre pouvoir.

Il avait compté sans un ennemi qui s'abattit sur son bivouac comme le vautour de ces marécages sur sa proie. L'ordre du départ fut donné à six heures. Cinq cents de ces braves soldats qui s'étaient jetés sur le gazon, joyeux et brûlant de la ferveur du combat, restèrent couchés sur ce sol perfide.

Un souffle de mort avait passé sur ces malheureux, dans ces plaines où tant de cadavres laissés sans sépulture chargeaient l'air d'exhalaisons putrides. Ce sol, sur lequel ils étaient étendus, dont l'humus formé de détritus de végétaux était mis en fermentation par un soleil brûlant, eût d'ailleurs suffi seul pour expliquer cette brutale irruption du choléra sur ces troupes brisées de fatigue. Il n'y avait plus à songer à combattre; à huit heures du soir, la colonne comptait déjà cent cinquante morts, et chaque instant grossissait de nouveaux noms la liste funèbre. On ne pouvait rester en ce lieu, d'où semblaient se dégager des émanations meurtrières : on n'attendit que le lever du jour pour se diriger sur Kustendjé.

Le fléau avait frappé avec la même violence la division du général Espinasse; ce vaillant corps d'armée, qui avait laissé les sacs de son infanterie et ses bagages sous la garde d'un bataillon à Pallas, son campement de la veille, s'était avancé jusqu'à Kergeluk, où le choléra avait fondu sur lui. Ce fut là que la première division vit les spahis et les zouaves, cette colonne si turbulente et si fière, défiler morne et silencieuse comme un convoi funèbre, conduisant par la bride les chevaux chargés de malades. Ce fut ainsi qu'elle-même regagna le plateau de Pallas après avoir laissé deux bataillons à la garde de son ambulance, ne pouvant emporter tous ses malades à la fois.

Le lendemain, le général Canrobert, arrivé à Kustendjé sur *le Cacique*, accourut rejoindre sa division qu'il trouva réunie dans son campement, mais dans un tel état, que les hommes valides suffisaient à peine pour soigner les malades, tous pourtant admirables de résignation et de dévouement; les uns mourant sans proférer une plainte, les autres déployant, pour secourir leurs camarades, la sollicitude d'une mère. Il fallut reprendre la route de Varna ; ce fut un triste retour que celui de ces divisions semant des tombes de leurs soldats les voies qu'elles s'étaient tracées à travers ces plaines, où des époques inconnues ont élevé tant de tertres funèbres! Revenues à leurs bivouacs de Franca, elles trouvèrent la ville et la flotte en proie à une recrudescence du fléau qui sévissait si cruellement dans leurs rangs. Les hôpitaux ne pouvaient suffire aux malades; il fallait abriter sous des tentes les malheureux que ne pouvaient recevoir les lits. Les cadres des vaisseaux en étaient eux-mêmes chargés. « Je soutiens tout le monde, écrivait le maréchal, mais j'ai l'âme brisée ; voilà où nous en sommes, volonté d'agir, moyens préparés : et Dieu qui nous frappe dans notre orgueil, en envoyant un fléau plus fort que la résistance humaine. »

L'expédition contre Sébastopol était en effet résolue. La commission envoyée pour explorer les points de la côte où un débarquement pouvait s'effectuer, soit au nord, soit au midi de cette place, était rentrée à Baltchick le 28 juillet ; elle avait reconnu plusieurs parties de la côte du plus facile accès ; mais son rapport recommandait particulièrement aux combinaisons stratégiques du général en chef la baie formée par l'embouchure de la Katcha. L'avis de ces habiles explorateurs était unanime sur ce point, c'était que la descente y *était possible sans témérité, et devait réussir si les troupes étaient vigoureuses, les mesures bien prises et les ressources suffisantes.* Le conseil de guerre, réuni sous la présidence du général en chef, adopta les conclusions de ce mémoire ; l'attaque de Sébastopol fut décidée, l'embarquement des troupes fut même fixé pour la première quinzaine d'août. Le caractère meurtrier qu'avait pris l'épidémie était venu seul renverser ces combinaisons ; c'était sa cessation ou du moins l'affaiblissement de son intensité qui devait permettre de fixer de nouveau le jour de l'exécution de cette grande opération dont les préparatifs n'avaient pas cessé.

Ce jour parut encore une fois arrivé ; les mesures hygiéniques prises contre le fléau diminuèrent promptement ses ravages ; le nombre des morts décrut d'une manière sensible, les nouveaux cas devinrent de jour en jour moins violents. Le maréchal venait de porter la nouvelle de cet heureux changement à la connaissance de l'armée par son ordre du jour du 8 août, lorsqu'un nouveau désastre vint, sinon mettre en question, du moins faire ajourner encore cette grande entreprise.

Le 10 août, à sept heures du soir, un incendie éclatait dans le magasin d'un liquoriste grec de la rue marchande de Varna ; les flammes, débordant sur les maisons voisines, trouvaient dans leur construction en bois un aliment si facile que le quartier était, quelques instants après, tout en feu. A la clarté des tourbillons de fumée, d'étincelles et de flammes qui s'élèvent des rues que dévore l'incendie, les soldats de nos camps accourent offrir le secours de leur courage et de leurs bras.

Le danger est plus formidable qu'une grande partie de la ville ne le suppose. Ce qui le constitue, ce sont moins les propriétés particulières que le feu consume, ce sont moins les magasins spacieux où la France et l'Angleterre ont accumulé leurs approvisionnements, que les dépôts où se trouvent entassées les munitions de guerre des puissances alliées ; deux mille quintaux de poudre, dont plus de dix millions de cartouches et quatre-vingt mille coups de canon se trouvent déposés dans des édifices placés jusqu'au centre de ce brasier. Qu'un des débris enflammés qui tourbillonnent dans l'air vienne à tomber sur cette accumulation de matières explosibles, et l'éruption de ce volcan foudroie la ville ainsi que tous ceux qui sont accourus la secourir. Les généraux, les amiraux et leurs états-majors sont présents et dirigent les secours ; ils donnent partout l'exemple du dévouement et du sang-froid. On sent la nécessité de faire la part du feu, de laisser les flammes dévorer ces quartiers qu'elles enveloppent dans leur trombe ardente. On concentre tous les efforts pour leur soustraire ces poudrières dont l'embrasement serait dans cette catastrophe un désastre inouï. Les artilleurs étendent sur les toitures formées de tuiles plates des toiles mouillées sur lesquelles tombe sans cesse une grêle de brandons. Les marins, accourus avec des pompes, dirigent leurs jets d'eau sur les points les plus menacés. Cependant les flammes gagnent toujours ; elles atteignent déjà une maison contiguë à l'une des poudrières que nos soldats attaquent avec la hache et le pic. Les généraux alliés, prêts à donner l'ordre, bien tardif peut-être, de sonner la retraite pour dérober le plus de victimes possible à la mort, sont réunis sur ce point, pressant de leurs ordres et de leurs conseils le travail des marins et des soldats. C'en est fait, les flammes envahissent déjà cette maison, lorsque, cédant enfin à un redoublement d'efforts, elle s'écroule, étouffant le feu sous ses décombres : les poudrières étaient sauvées.

L'on put, dès lors, combattre l'incendie dans le foyer où on l'avait concentré ; à sept heures du matin, on avait déjà resserré considérablement le cercle flamboyant où sa fureur s'épuisait elle-même.

Les magasins d'approvisionnements et d'objets de campement appartenant aux alliés qui disparurent dans cet embrasement furent un nouveau contre-temps pour l'expédition ; le maréchal n'en fit pas moins presser les préparatifs ; il crut cependant devoir réunir un conseil de guerre pour comprimer les murmures et les critiques que soulevait cette entreprise audacieuse, sous la consécration que devait nécessairement imprimer à une décision aussi grave l'autorité s'attachant à chacun des officiers illustres qui y auraient concouru. Ce conseil eut lieu à Baltchick, le 19, sous la présidence du maréchal. La manière dont il posa la question, dans un discours où il ne négligea aucune des considérations, aucun des arguments qui pouvaient en faire ressortir la nécessité, laissait peu de latitude aux débats. L'amiral Hamelin n'exposa pas moins avec autant de force que de netteté les motifs qui devaient porter à rejeter cette audacieuse entreprise au commencement de la campagne suivante. La parole grave et persuasive de l'illustre amiral avait éveillé des échos sympathiques dans le conseil. L'amiral Dundas, entre autres, avait soutenu de l'autorité de son expérience l'adoption de cet ajournement, lorsqu'un incident de cette discussion secrète arrêta l'entraînement auquel cédait manifestement l'assemblée et constitua une majorité très-forte, sinon l'unanimité des votes, à l'exécution immédiate de cette expédition aventureuse. Le vote obtenu, le maréchal voulut lui imprimer une sanction qui l'affermît et le plaçât au-dessus de tout retour. « Messieurs, dit-il en se levant et après avoir exprimé son vote, qui n'était douteux pour personne, c'est donc chose convenue *et irrévocablement arrêtée*. L'expédition aura lieu. Réunissons maintenant tous nos efforts pour ne perdre ni un jour, ni une heure, ni une minute... »

Le départ fut fixé à la fin du mois. Le maréchal voulut donner lui-même aux généraux sous ses ordres la nouvelle de cette importante décision ; il les convoqua le lendemain chez lui. Pour prévenir toute observation, il s'exprima en ces termes : « Il a été résolu hier en conseil, messieurs, qu'une expédition serait entreprise en Crimée. Les troupes s'embarqueront à la fin de ce mois. Je sais que parmi vous les avis sont partagés au sujet de cette campagne, aussi ne vous ai-je pas réunis pour vous demander des conseils, mais pour vous faire connaître le but de l'opération, le plan qui a été adopté et les résultats que j'en espère. Je ne puis faire mieux pour vous mettre au courant de toute cette affaire que de vous donner lecture de la dépêche que je viens d'écrire à ce sujet. »

Et, sur son invitation, le colonel Trochu ouvrit le registre de la correspondance, et lut à l'assemblée un exposé rapide de toutes les phases de la campagne d'Orient et le résumé des nécessités et des avantages qui avaient déterminé le vote du dernier conseil. « Bientôt donc, messieurs, ajouta le maréchal, nous serons en Crimée. La France, l'empereur et votre général en chef comptent sur vous. » Le maréchal comptait sans la diplomatie. Elle n'avait pas encore perdu tout espoir de voir tomber les armes devant ses protocoles. Il dépendait d'un mot de l'empereur de Russie pour faire évanouir ce grand projet de transport et de débarquement d'une armée et les immenses préparatifs déjà faits pour le réaliser. L'Autriche et la Prusse avaient obtenu de la France et de l'Angleterre qu'elles résumassent en quelques propositions les conditions qu'elles proposaient à la Russie comme bases d'un traité de paix. Ces propositions avaient été formulées ; elles étaient au nombre de quatre : 1° cessation du protectorat de la Russie sur les provinces danubiennes ; 2° liberté de la navigation du Danube ; 3° révision du traité du 13 juillet 1841 ; 4° renonciation de la Russie au droit d'exercer un protectorat officiel sur les sujets de la Sublime-Porte. Telles étaient les conditions que les cabinets de Vienne et de Berlin s'étaient chargés de présenter et de recommander au chef de la chancellerie russe. Que Nicolas les acceptât comme préliminaires d'un traité, et les puissances occidentales suspendaient leurs opérations de guerre pour rentrer encore dans l'arène des négociations. Ce mot, qui pouvait enchaîner nos divisions sur le sol dévorant de la Bulgarie et nos vaisseaux sur les mouillages où leurs équipages avaient eu à traverser de si cruelles épreuves, ce mot ne fut pas dit. Les réponses du czar, adressées par M. de Nesselrode aux ambassadeurs de Russie près de l'empereur d'Autriche et du roi de Prusse, étaient un rejet positif des propositions que ces souverains lui avaient soumises et recommandées. Voici ces deux documents, dont le retentissement allait se perdre dans celui de nos canons victorieux.

« Saint-Pétersbourg, 14 (26) août 1854.

« AU PRINCE GORTSCHAKOFF, A VIENNE.

« J'ai reçu les communications que le cabinet autrichien nous a adressées à la date du 10 août, et je les ai soumises à l'empereur.

« En accédant à la demande qui nous avait été faite par l'Autriche de ne pas pousser plus avant nos opérations militaires dans la Turquie et de rappeler nos troupes des principautés, nous avons eu exclusivement en vue les intérêts autrichiens et allemands, au nom desquels cette demande nous avait été faite. La concession demandée devait avoir pour nous les conséquences les plus graves. Elle nous enlevait, comme nous l'avons déjà fait remarquer au gouvernement autrichien, le seul point militaire qui pouvait rétablir en notre faveur l'équilibre des positions sur l'immense théâtre des opérations de la guerre. Il y a plus : elle devait nous exposer irrémédiablement au danger de voir se jeter en masse sur nos côtes d'Asie et d'Europe dans la mer Noire les forces militaires de l'Angleterre, de la France et de la Turquie.

« Malgré ces inconvénients et ces dangers évidents, nous nous étions néanmoins, tenant compte des vœux de l'Autriche et de l'Allemagne, déclarés prêts à nous retirer volontairement et complétement des principautés du Danube. Nous renoncions même à toutes conditions de réciprocité de la part de nos adversaires, nous ne demandions absolument rien de ceux-ci. Nous nous bornions à exprimer à l'Autriche le désir d'être informés des garanties de sécurité qu'elle était personnellement en mesure de nous offrir ; en d'autres termes, et dans la prévision qu'il n'était pas en son pouvoir de nous assurer un armistice, nous désirions savoir si du moins, après que l'évacuation serait accomplie, et que par conséquent les engagements contractés par elle vis-à-vis des puissances occidentales seraient remplis, nous pouvions compter que l'Autriche cesserait de faire cause commune avec ces puissances, dans le but hautement avoué d'amener l'abaissement moral et matériel de la Russie.

« En même temps, et pour donner une preuve de nos intentions pacifiques, nous nous déclarions prêts à adhérer d'avance aux principes inscrits dans le protocole du 9 avril. Au lieu de répondre directement à des questions qui lui étaient adressées directement, l'Autriche a cru devoir soumettre l'affaire aux puissances occidentales et faire dépendre de ces dernières la résolution que nous attendions d'elle seule. Il était évident que le sacrifice que nous étions prêts à faire en vue de ses intérêts particuliers et des intérêts de l'Allemagne tout entière ne pouvait avoir de valeur aux yeux de la France et de l'Angleterre, et que ces deux cours, dont le but est d'humilier et d'affaiblir la Russie en prolongeant la guerre, ne se montreraient pas disposées à entrer dans la voie de la conciliation. C'est là malheureusement ce qu'a prouvé la communication que le comte Esterhazy nous a faite. En réalité, le cabinet autrichien nous transmet actuellement, comme résultat de ses conférences avec les cours de Paris et de Londres, des bases nouvelles de paix, lesquelles, en ce qui touche la forme, sont rédigées de la manière la moins convenable pour une adoption honorable, et sur la signification desquelles nous ne saurions nous tromper, attendu que, d'après l'aveu du gouvernement français, tel qu'il est constaté sans réserve par la publication officielle de sa réponse au cabinet de Vienne, ce qu'on entend par l'intérêt de l'équilibre européen ne signifie pas autre chose que l'anéantissement de tous nos traités antérieurs, la destruction de tous nos établissements maritimes, lesquels, par suite de l'absence de tout contre-poids, sont, dit-on, une menace perpétuelle contre l'empire ottoman, et la restriction de la puissance russe dans la mer Noire.

« Ce sont là néanmoins les bases que le gouvernement autrichien nous recommande ; et, quoiqu'il nous exhorte à les accepter sans réserve, il n'en croit pas moins devoir nous informer que, pour ce qui les concerne, les puissances maritimes ne les considèrent nullement comme définitivement arrêtées, et se réservent de les modifier en temps opportun, suivant les chances de la guerre ; de telle sorte que notre acceptation des bases ne suffirait pas pour nous fournir même la prévision certaine de la cessation des hostilités. Le gouvernement autrichien va plus loin encore : il nous déclare qu'à son avis ces bases résultent des principes du protocole, et qu'elles sont les conditions nécessaires d'une paix solide et durable ; en conséquence il nous informe qu'il s'y rallie complétement, et il a même pris vis-à-vis des puissances occidentales l'engagement formel de ne traiter avec nous sur aucune autre base.

« Dans de telles circonstances, il devient superflu pour nous d'examiner des conditions que l'on déclare mobiles et susceptibles d'être modifiées en même temps qu'on nous les pose, des conditions qui, si elles devaient rester telles qu'on vient de nous les proposer, supposeraient une Russie affaiblie par l'épuisement d'une longue guerre, et qui, si la puissance passagère des événements nous forçait jamais de les accepter, loin d'assurer une paix solide et durable à l'Europe, comme semble le croire l'Autriche, ne livreraient cette paix qu'à des complications sans fin. L'empereur, en accédant, comme il l'a fait, aux principes posés dans le protocole, n'avait pas l'intention de leur donner la signification qu'on y attache. Le sacrifice immense que nous étions prêts à faire aux intérêts particuliers de l'Autriche et de la Prusse devant rester sans compensation de la part de l'Autriche, et celle-ci, au lieu d'y voir un moyen de se dégager des obligations qu'elle avait contractées jusqu'ici, ayant cru, au contraire, devoir se lier par des obligations plus fortes et plus étendues encore aux puissances qui nous sont hostiles, nous regrettons vivement de ne pouvoir donner de suite à ces dernières communications. Nous croyons que, dans notre situation présente, nous avons épuisé la mesure des concessions compatibles avec notre honneur, et, comme nos intentions franchement pacifiques n'ont pas été accueillies, il ne nous reste qu'à suivre de force la voie de nos adversaires, c'est-à-dire à laisser aux éventualités de la guerre à déterminer définitivement la base des négociations. Le gouvernement autrichien sait déjà que des motifs, tirés uniquement des nécessités stratégiques, ont porté l'empereur à ordonner à ses troupes de prendre position derrière le Pruth. Revenus ainsi dans notre pays et nous tenant sur la défensive, nous attendrons dans cette position que des ouvertures équitables nous permettent de concilier les vœux que nous faisons pour la paix avec notre dignité et nos intérêts politiques, en évitant de donner lieu par nous-mêmes à de nouvelles complications, mais décidés en même temps à défendre résolûment notre territoire contre toute agression étrangère, de quelque part qu'elle vienne.

« Votre Excellence aura la bonté de porter la présente dépêche à la connaissance du comte de Buol.

« Recevez, etc.   « NESSELRODE. »

« A M. LE BARON DE BUDBERG, A BERLIN.

« Saint-Pétersbourg, 14 (26) août 1854.

« Monsieur le baron,

« Le baron de Werther a placé sous nos yeux les communications de son cabinet en date du 1er (13) dernier.

« Le gouvernement prussien, y examinant les quatre points qui viennent d'être proposés par les puissances occidentales et adoptées par l'Autriche, émet l'opinion que ces points seraient de nature à former la base d'une entrée en négociation pour la paix, et comme tels, nous en recommande l'adoption.

« Je crois superflu, monsieur le baron, d'énumérer ici les raisons qui ne nous permettent point d'entrer même dans l'examen des nouvelles conditions qu'on nous pose. Ces raisons se trouvent suffisamment développées dans la réponse, en copie ci-jointe, que nous venons d'adresser à l'Autriche, et que vous voudrez bien porter à la connaissance du cabinet de Berlin, en le priant de s'y référer.

« Nous regrettons profondément de n'avoir pu, en cette occasion, déférer une fois de plus à ses suggestions amicales. Mais comme c'est d'après ces mêmes suggestions, et, pour ainsi dire, sous sa dictée qu'ont été rédigées les dernières ouvertures de notre part, auxquelles l'Autriche vient de répondre d'une manière si différente de celle que l'approbation du gouvernement prussien nous avait permis d'espérer, il ne s'étonnera sans doute pas que nous ne puissions nous départir des bases de négociations qu'il avait lui-même jugées équitables et satisfaisantes. C'est en vain que nous avons fait tous les sacrifices qui dépendaient de nous aux intérêts de l'Autriche et de l'Allemagne.

« Au moment où, même avant de connaître quelles sécurités nous offrirait l'Autriche, nous lui présentions, par l'évacuation des principautés, un moyen de se délier des obligations du protocole, elle a cru devoir, par l'interprétation abusive qu'elle donne à cet acte, s'engager encore plus avant vis-à-vis des puissances occidentales dans la voie qui l'entraîne à nous imposer avec elles des conditions qui, dans la pensée hautement avouée de celles-ci, ont pour but d'humilier et d'abaisser matériellement la Russie, non pour assurer, comme elles le prétendent, l'équilibre européen, mais pour le changer à leur bénéfice exclusif ou le compromettre indéfiniment.

« Nous avons suffisamment prouvé par nos concessions successives de quel côté se trouvaient réellement les dispositions pacifiques. Aucune de ces concessions n'a été accueillie; chacune, au contraire, n'a servi qu'à amener de nouvelles exigences. Il ne nous reste donc plus, à notre grand regret, qu'à accepter la position qu'on nous crée et qu'à attendre des événements une occasion plus favorable pour entamer les négociations d'une paix qui ne cessera jamais de former notre désir le plus sincère.

« L'empereur vous charge de vous expliquer dans ce sens auprès du gouvernement prussien en portant la présente dépêche à sa connaissance.

« Recevez, etc.

« *Signé* Nesselrode. »

Au moment où le chef de la chancellerie russe préparait ces dépêches, le maréchal Saint-Arnaud adressait à l'armée d'Orient la proclamation que l'on va lire :

« Soldats,

« Vous venez de donner de beaux spectacles de persévérance, de calme et d'énergie, au milieu de circonstances douloureuses qu'il faut oublier.

« L'heure est venue de combattre et de vaincre. L'ennemi ne nous a pas attendus sur le Danube. Ses colonnes démoralisées, détruites par la maladie, s'en éloignent péniblement. C'est la Providence peut-être qui a voulu nous épargner l'épreuve de ces contrées malsaines; c'est elle aussi qui nous appelle en Crimée, pays salubre comme le nôtre; et à Sébastopol, siége de la puissance russe, dans ces murs où nous allons chercher ensemble le gage de la paix et de notre retour dans nos foyers. L'entreprise est grande et digne de vous. Vous la réaliserez à l'aide du plus formidable appareil militaire et maritime qui se vit jamais. Les flottes alliées, avec leur trois mille canons et leur vingt-cinq mille braves matelots, vos émules et vos compagnons d'armes, porteront sur la terre de Crimée une armée anglaise dont vos pères ont appris à estimer la haute valeur; une division choisie de ces soldats ottomans qui viennent de faire leurs preuves à vos yeux, et une armée française que j'ai le droit et l'orgueil d'appeler l'élite de notre armée tout entière.

« Je vois là plus que des gages de succès ; j'y vois le succès lui-même.

« Généraux, chefs de corps, officiers de toutes armes, vous partagerez et vous ferez passer dans l'âme de vos soldats la confiance dont la mienne est remplie.

« Bientôt nous saluerons ensemble ces trois drapeaux réunis, flottant sur les remparts de Sébastopol, de notre cri national : *Vive l'empereur!*

« Au quartier-général de Varna, le 25 août 1854.

« A. de Saint-Arnaud. »

Cette proclamation fut reçue avec enthousiasme par nos soldats ; ils oublièrent les calamités qui les avaient si profondément frappés à la pensée de quitter ces terres dévorantes où tant de braves étaient couchés pour jamais. Ils allaient donc enfin déployer au souffle des combats ces drapeaux dont l'haleine fétide de ces côtes soulevait à peine les plis. Une brise plus forte s'était déjà levée comme pour emporter rapidement les vaisseaux qui devaient les déposer sur des plages nouvelles. Un mouvement inaccoutumé éclata dans les bivouacs, et chacun se prépara avec joie et confiance à cette grande aventure d'une armée entière affrontant tous les hasards des flots pour aller aborder un rivage ennemi.

L'activité de nos préparatifs maritimes prit également des développements nouveaux. L'expédition annoncée n'excita point cependant sur la flotte le même enthousiasme que dans les camps. Indépendamment des motifs qui avaient porté l'amiral Hamelin à combattre sinon le principe, du moins l'exécution immédiate de toute expédition contre la Crimée, les états-majors de nos vaisseaux se préoccupaient assez vivement du motif secret qui avait excité le gouvernement anglais à proposer et à faire triompher cet aventureux projet, et tous les esprits songeaient à cette politique traditionnelle de l'amirauté britannique, dont l'objet permanent avait été la destruction de toute marine pouvant, sinon constituer dans l'avenir une puissance navale capable de lui disputer l'empire des mers, offrir du moins les éléments d'une coalition maritime semblable à celle de la France, de l'Espagne et de la Hollande, dont les cent vaisseaux de haut-bord, appuyant les trois mille canonnières de Boulogne, la firent trembler pour sa nationalité. Et, sans remonter à l'époque du premier empire, ils rappelaient l'habileté avec laquelle elle avait su profiter de l'entraînement chevaleresque de la France et du zèle religieux des Russes pour ensevelir la marine égyptienne, déjà puissante, sous les vagues de Navarin. Chacun se demandait si c'était bien l'équilibre européen que la Grande-Bretagne se proposait de rétablir par la destruction de Sébastopol et l'anéantissement de l'escadre abritée dans ses bassins, si le mobile politique de sa conduite n'était pas plutôt les prudentes prévisions de son intérêt personnel, et si nous n'allions pas, dans notre ardeur naïve, mettre encore de son côté notre enjeu de sang et d'héroïsme dans l'adroite partie de son ambition. Le choléra, qui sévissait encore parmi nos équipages, jetait de nouveaux nuages dans ces sombres préoccupations.

Cependant, du moment où l'expédition fut définitivement résolue, ces commentaires et ces murmures s'effacèrent pour ne laisser place dans tous les esprits et dans tous les cœurs qu'à la pensée et au désir de seconder résolûment une expédition où étaient engagés l'honneur et les plus chers intérêts du pays. L'embarquement du matériel fut poussé avec un redoublement de vigueur, au bruit des tambours et des musiques militaires de nos divisions se rapprochant des points du littoral où devaient venir les prendre successivement les chalands construits à Constantinople et les chaloupes de notre flotte.

Ce fut dans ces circonstances qu'arriva la proclamation que l'Empereur adressait à nos forces orientales. Elle était conçue en ces termes :

« Soldats et marins de l'armée d'Orient,

« Vous n'avez pas encore combattu, et vous avez déjà obtenu un éclatant succès. Votre présence et celle des troupes anglaises ont suffi pour contraindre l'ennemi à repasser le Danube, et les vaisseaux russes restent honteusement dans leurs ports. Vous n'avez pas encore combattu, et déjà vous avez lutté avec courage contre la mort. Un fléau redoutable, quoique passager, n'a pas arrêté votre ardeur. La France et le souverain qu'elle s'est donné ne voient pas sans une émotion profonde, sans faire tous les efforts pour vous venir en aide, tant d'énergie et tant d'abnégation.

« Le premier consul disait, en 1799, dans une proclamation à son armée : « La première qualité du soldat est la constance à supporter les fatigues et « les privations ; la valeur n'est que la seconde. » La première, vous la montrez aujourd'hui ; la deuxième, qui pourrait vous la contester ? Aussi nos ennemis, disséminés depuis la Finlande jusqu'au Caucase, cherchent avec anxiété sur quel point la France et l'Angleterre porteront leurs coups qu'ils prévoient bien être décisifs ; car le droit, la justice, l'inspiration guerrière sont de notre côté.

« Déjà Bomarsund et deux mille prisonniers viennent de tomber en notre pouvoir. Soldats, vous suivrez l'exemple de l'armée d'Egypte. Les vainqueurs des Pyramides et du mont Thabor avaient comme vous à combattre des soldats aguerris et la maladie ; mais, malgré la peste et les efforts de trois armées, ils revinrent honorés dans leur patrie.

« Soldats, ayez confiance en votre général en chef et en moi. Je veille sur vous, et j'espère, avec l'aide de Dieu, voir bientôt diminuer vos souffrances et augmenter votre gloire. Soldats, à revoir !

« NAPOLÉON. »

L'embarquement, qui devait commencer le 31 août, fut remis, à cause de la violence du vent, au 1er septembre. Cette grave et difficile opération réglée dans tous ses détails par un ordre du jour adressé aux armées de terre et de mer, s'opéra avec autant d'ordre que de célérité. Dès le soir même, la première, la deuxième et la troisième division occupaient en rade de Baltchick les bâtiments préparés pour les recevoir. La flotte turque vint également y jeter l'ancre, prête à mettre sous voiles au premier signal. Le lendemain, à quatre heures, le maréchal monte sur *le Bertholet*, qui doit le conduire à Baltchick et le déposer à bord de *la Ville de Paris*, où ses logements sont préparés ; il y arrive à six heures. L'absence de l'escadre britannique, que la dureté de la mer retient à Varna, suspend seule l'appareillage. Le maréchal, impatient de ce retard que l'approche de l'équinoxe ne rend pas sans danger, expédie dépêche sur dépêche à lord Raglan et à l'amiral anglais pour stimuler leur ardeur. Enfin la flotte britannique mouille le 4 sur la rade de Baltchick, et l'amiral Dundas fait savoir au général en chef et à l'amiral Hamelin qu'il est prêt à prendre la mer.

Le lendemain, à quatre heures du matin, aux premières lueurs de l'aube,

Garde impériale.
Artillerie à cheval.
1854.

l'amiral Hamelin donna le signal d'appareiller. La flotte française et l'escadre ottomane s'ébranlent à la fois ; vaisseaux et frégates livrent leurs voiles à la brise qui, vive et fraîche, souffle du nord, les steamers font écumer le flot sous leurs roues ; et tous s'élancent vers la haute mer, où, après la confusion apparente produite au premier moment par le mouvement général qui saisit cette forêt de mâts, ce puissant armement se déploie bientôt dans un ordre parfait sur trois colonnes parallèles : l'escadre turque, forte de huit vaisseaux, vogue à l'est ; la ligne centrale est formée par l'escadre de l'amiral Bruat, celle de l'amiral Hamelin occupe la gauche. La flotte alliée, dont la direction du vent ralentit la marche, s'éloigne ainsi de Baltchick, où l'escadre britannique reste immobile sur ses ancres.

A onze heures du soir, l'amiral Hamelin apprend, par une lettre de l'amiral Dundas, que l'arrivée de ses transports, dont l'approvisionnement d'eau est insuffisant, ne lui a pas permis de prendre la mer, mais qu'il espère lever l'ancre le lendemain matin. Le lendemain, la flotte attend les Anglais en louvoyant, mais les lunettes interrogent en vain l'horizon, on ne voit pas apparaître leurs voiles. A midi, le général en chef envoie le vapeur *le Caton* porter à lord Raglan une lettre où il lui représente tous les dangers de cet inexplicable retard ; l'amiral Dundas persiste à garder son mouillage malgré les instances du généralissime anglais et les représentations de l'amiral Lyons.

Le jour suivant, la brise s'est calmée en passant au sud-est, le temps est magnifique, la mer est superbe, l'escadre anglaise met enfin à la voile après une vive conférence entre les deux amiraux britanniques. La flotte alliée, profitant de ce souffle favorable, a pris son erre vers le nord, se portant vers les bouches du Danube, où elle a donné rendez-vous à ses convois dans les eaux de l'île des Serpents.

Elle s'y trouvait le 8 au matin, lorsque ses vigies signalèrent dans le sud un grand nombre de navires de toutes grandeurs et de toutes espèces, vaisseaux et gabarres, voiliers et vapeurs, c'étaient l'escadre britannique et les convois partis de Varna et de Constantinople. La population de cette dernière ville avait eu, le 29 août, l'imposant spectacle de trois cents transports, les uns remorqués par des steamers, les autres emportés par la puissance seule de leur voilure, franchissant simultanément le Bosphore. Dès la réunion des escadres, un conseil de guerre eut lieu à bord de *la Ville de Paris*. L'amiral Dundas et l'amiral Bruat y assistaient ; l'état houleux de la mer n'ayant point permis à lord Raglan, privé d'un bras, de s'y rendre, il y envoya l'un de ses aides-de-camp, le colonel Steel ; l'objet de la délibération était la fixation définitive du point où, militairement et nautiquement, l'armée pouvait être déposée avec le plus d'avantages et le moins de dangers. L'embouchure de la Katcha avait bien été indiquée comme lieu de débarquement, mais les renseignements obtenus sur les préparatifs de défense qu'y faisaient les Russes, pouvaient faire revenir sur cette première détermination. Les débats furent si vifs et si prolongés, que le maréchal Saint-Arnaud, dont la santé s'épuisait dans les anxieuses préoccupations qui absorbaient son esprit, déclara s'en rapporter sur ce point à la décision de lord Raglan, auprès de qui durent se rendre plusieurs membres du conseil.

L'amiral Hamelin et le colonel Trochu se firent transporter en effet à bord du *Caradoc*, où l'amiral Lyons vint se joindre à eux.

Brisé par l'impatience fiévreuse qui l'avait si profondément agité les jours précédents, encore fatigué de la part qu'il avait prise aux débats, le maréchal se jeta sur un lit de repos pour attendre cette nouvelle délibération, dont le résultat ne lui fut connu qu'à cinq heures et demie. Il avait été résolu qu'il ne serait rien statué avant qu'une nouvelle exploration des plages n'eût éclairé les opinions sur les obstacles que l'ennemi avait élevés sur les points où le débarquement était possible. La commission chargée de cette exploration partit à l'instant même. Elle était composée en officiers français du général de division Canrobert, du général d'état-major de Martimprey, du général d'artillerie Thierry, du général du génie Bizot, du contre-amiral Bouet-Willaumetz, des colonels Trochu et Lebœuf, montés sur la corvette à vapeur *le Primauguet* : lord Raglan, les généraux Burgoyne et Brown, portés par *le Caradoc*, et l'amiral Lyons, commandant le vaisseau *l'Agamemnon*, formaient le personnel anglais. Ces trois bâtiments, accompagnés par *le Samson*, se dirigèrent vers la presqu'île de Chersonèse, où devaient commencer les études.

La commission, munie des instruments nécessaires, prit connaissance des bords de la presqu'île, le 10 au matin, et les serra assez près pour qu'aucun détail de la plage ne pût échapper à son examen. Aucun nouveau travail de fortification n'avait été opéré sur ce point; un nombreux corps de troupes était seulement venu couronner les hauteurs de ses tentes; elle continua sa marche vers le nord, rangeant la côte à petite portée de boulet du cap Cherson à la pointe Loukoul.

Rien ne paraissait changé dans Sébastopol; la flotte russe dans les positions où l'avaient signalée les précédents éclaireurs, partie sur la rade, partie dans le bassin militaire, ne semblait nullement décidée à disputer l'approche de la plage criméenne aux escadres alliées. Elle ne comptait cependant pas moins de 5 vaisseaux de 120 canons : *le Paris*, *les Douze-Apôtres*, *les Trois-Saints*, *le Grand-Duc Constantin*, *le Wladimir*; 13 de 84 : *le Swatoslaw*, *l'Uriel*, *le Chabrie*, *le Rostillaw*, *l'Yugudiel*, *les Trois-Hierarches*, *le Selaphœel*, *le Varna*, *le Gabriel*, *le Tro-Sviatitalia*, *le Tchesme* et *l'Impératrice Marie* et toute une flotille de navires inférieurs; plusieurs batteries avaient été dressées à l'entrée de la Katcha dont les falaises, ainsi que celles de l'Alma, étaient occupées par des camps nombreux. La petite division exploratrice continua son sillage vers le nord, en côtoyant le littoral du golfe de Kalamita; elle trouva par la parallèle du 45ᵉ degré de latitude une plage sablonneuse qui lui sembla des plus favorables au débarquement d'une armée. L'accès en est non seulement très-facile, mais la côte plane et basse peut aisément être balayée par le canon des vaisseaux. A peu de distance rampent à demi cachées sous les ronces et les herbes, les ruines d'une citadelle construite jadis par les Génois pour la protection du comptoir commercial qu'ils avaient établi sur ce point; c'est à ces ruines que ce lieu doit le nom que lui donna le rapport : Old-Fort. Un peu plus loin s'offre aux regards la bourgade Starvë-Ukrelemi, assise au milieu de frais pâturages que couvrent de nombreux troupeaux de bœufs. Plus au nord, est Eupatoria, ville ouverte, mais dont le vaste lazaret pouvait servir provisoirement de réduit aux troupes débarquées, et dont le port pouvait devenir un débarcadère précieux. Lord Raglan ayant réuni à son bord les membres de la commission, leur proposa d'arrêter le rapport qui devait être immédiatement soumis au conseil. Après une discussion rapide, les propositions furent fixées sommairement : Débarquement à Old-Fort, point situé entre Eupatoria et le cours de l'Alma, où s'arrêtaient les dispositions défensives prises par les Russes;

Occupation d'Eupatoria par une garnison formée de 2,000 Turcs, 1 bataillon français et 1 bataillon anglais, appuyés par 1 vaisseau français et 2 vaisseaux ottomans;

Halte de 3 jours sur le lieu du débarquement où seraient déposés les approvisionnements et le matériel nécessaire pour la marche que l'armée avait à accomplir dans un pays occupé par l'ennemi;

Mouvement de l'armée sur Sébastopol, la droite appuyée à la mer, où une flotte de 15 vaisseaux et frégates à vapeur suivrait et couvrirait ses opérations.

La flotte alliée avait poursuivi sa route vers la côte de Crimée, l'escadre anglaise se déployant au nord, l'escadre française voguant au sud et le convoi occupant l'espace intermédiaire avec ses masses mouvantes. Un temps superbe favorise cette marche; le ciel s'est épuré, la brise a molli, et la mer calme semble abaisser avec soumission sa houle frémissante sous l'essor de ce camp flottant. Le lendemain à huit heures du matin, l'escadre française, à toute vue du cap Tarkan dont les hauteurs s'offrent à l'horizon comme de légers nuages, s'efforce d'aller jeter l'ancre dans les eaux de cette pointe occidentale de la Crimée, rendez-vous assigné par le général en chef aux navires explorateurs. La brise a encore faibli, la mer a affaissé ses renflements où se reflète l'azur du ciel; chaque vaisseau est obligé d'offrir au vent tout ce qu'il peut déployer de toile pour atteindre ce mouillage où se rallient les diverses divisions de la flotte qui s'étaient séparées durant la nuit. C'est là, en présence de cette plage de Crimée dont tous les regards étudient l'aspect, le caractère et les reliefs depuis le sable rougeâtre de la grève jusqu'à la ligne grisâtre que forme à l'horizon le sol ondulé des steppes ou la silhouette heurtée des montagnes, que nos bâtiments de toutes natures et de toutes grandeurs viennent laisser tomber leurs ancres et déployer leurs lignes comme les vastes tentes d'un bivouac gigantesque.

La division légère chargée de l'exploration du golfe de Kalamita y arriva le lendemain vers une heure. Un conseil de guerre se réunit aussitôt à bord de *la Ville-de-Paris*. La commission lui présenta son rapport et les propositions qui en formaient les conclusions. Le général en chef, après s'être fait rendre un compte exact des dispositions défensives prises par l'ennemi, combattit vivement ces conclusions. Il lui semblait que les positions et l'attitude prises par les forces russes n'étaient nullement de nature à faire renoncer à un débarquement de vive force dans l'anse formée par la bouche de la Katcha. C'était s'épargner une marche de 20 kilomètres dans un pays aride et coupé par des mouvements de terrain abrupte, et faire de ce débarquement un coup d'éclat qui ébranlerait profondément le moral de l'ennemi ; mais lord Raglan, qui avait exercé une grande influence sur l'adoption par les membres de la commission des propositions soumises au conseil, les défendit avec tant d'insistance que le maréchal céda. Le débarquement sur la plage de Vieux-Fort fut adopté, ainsi que les opérations accessoires qui s'y rattachaient; la flotte dut se rapprocher en conséquence du cap Bala qui forme à quelques kilomètres d'Eupatoria ou de Koslof, comme les Tartares et les Russes nomment cette ville, le saillant septentrional du golfe de Kalamita. Le vent fraîchit progressivement à l'approche du soir et souffla avec assez de violence durant la nuit pour jeter un peu de confusion dans les escadres et surtout dans le convoi que ne cessaient de grossir des arrivages nouveaux. Le mouvement de l'armée navale fut remis au lendemain ; elle appareilla le 13 à huit heures; elle jeta l'ancre vers midi à l'ouvert de la baie d'Eupatoria.

L'amiral Hamelin sentant la nécessité de la concentration immédiate de toutes les voiles placées sous ses ordres, lance ses bateaux à vapeur dans toutes les directions où ils peuvent rencontrer quelques navires retardataires pour leur porter des remorques et hâter leur arrivée sur le point d'où la flotte doit appareiller ou sur le lieu de la descente. Quelques heures suffisent pour opérer ce ralliement; à quatre heures il est complet; la flotte ainsi réunie n'attend que le signal du débarquement qu'appellent impatiemment tous les vœux.

Les opérations commencent. A la suite d'une conférence que le maréchal a eue vers deux heures et demie avec lord Raglan à bord *du Caradoc, le Primauguet* jette sur *le Caffarelli* une dépêche où le général en chef donne au commandant de ce vapeur et au général Forey, de passage à son bord, l'ordre de se tenir prêts avec toutes les frégates et corvettes à vapeur portant la quatrième division de l'armée, à aller, au premier signal, opérer une diversion, en simulant un débarquement à l'embouchure de la Katcha. *Le Descartes* et *le Primauguet* sont seuls exeptés. Un instant après, ce dernier bâtiment et la corvette à vapeur *la Mouette*, jetant dans l'air leurs panaches de fumée, s'élancent dans le golfe où l'on sait que la flotte doit déposer l'armée. Les généraux Canrobert et Martimprey sont à leurs bords. Ils vont reconnaître une dernière fois la plage du débarquement et indiquer aux capitaines de ces steamers les positions exactes que doivent occuper les colonnes de la flotte. Trois frégates à vapeur se dirigent au même moment vers Eupatoria; une embarcation s'en détache portant un pavillon parlementaire; elle dépose les commandants Trochu et Steel sur les quais du port. Le commandant russe, sommé de remettre la place au général Yussuf qui a ordre de l'occuper avec 1 bataillon français, 1 bataillon anglais et 2 bataillons turcs, répond que les alliés peuvent en prendre possession, les forces russes qui s'y trouvaient l'ayant déjà évacuée.

Toute l'armée suit d'un œil avide ces divers mouvements nautiques qu'éclairent les derniers rayons du jour. On sent que le moment solennel est arrivé, c'est le moment de calme avant les grandes crises, l'instant de silence qui précède les explosions formidables. L'air est redevenu pur et serein, la mer étend sa surface unie comme un immense miroir où tous les bâtiments réfléchissent leurs sombres carènes et leurs sveltes mâtures; le soleil, prêt à se plonger dans les flots de l'occident, colore de teintes doucement carminées ces rives silencieuses et paisibles que va bientôt ébranler le choc des armes. Chacun veut profiter de ces dernières clartés du jour pour jouir des perspectives harmonieuses et paisibles qu'offre l'aspect de cette terre; Eupatoria, qui présente d'un air hospitalier son amphithéâtre de jolies maisonnettes que surmontent les clochers de ses églises et les coupoles de ses mosquées, et ces plaines, maintenant muettes et désertes, que le soleil retrouvera hérissées de baïonnettes et frémissantes des mille bruits d'un bivouac.

Le jour s'éteint, la nuit, dont les étoiles qui resplendissent dans le ciel rendent l'obscurité transparente, enveloppe la côte et la flotte de ses ombres, sans arracher tous les regards à cette contemplation; la fièvre des veilles solennelles a si profondément saisi les esprits que la plupart des officiers sont restés sur les tillacs, attentifs aux événements dont ils pressentent l'imminence. Vers minuit les deux steamers, lancés en reconnaissance, rentrent à toute vapeur dans les lignes de la flotte et vont stopper près de *la Ville-de-Paris*.

A deux heures et demie du matin, deux fusées s'élèvent de ce vaisseau et annoncent à l'amiral Dundas que la flotte française va recevoir l'ordre d'appareiller. L'amiral Hamelin n'a pas plutôt reçu la réponse du chef des forces navales britanniques, qu'il fait le signal à la flotte de mettre sous voiles par divisions.

Un long frémissement s'élève de tous les ponts de cette puissante armada; il est suivi d'un mouvement universel; la première colonne de la flotte formée des vaisseaux de combat et portant la première division de l'armée expéditionnaire s'ébranle d'abord, traînant les chalands de débarquement qu'elle a mis à la mer. Les frégates à vapeur attelées aux vaisseaux à voiles se déploient en ligne, ayant en tête *la Ville-de-Paris*, remorquée par *le Napoléon;* *l'Ajaccio, le Bertholet* et *le Dauphin*, viennent prendre position auprès de lui, prêts à porter les ordres de l'amiral à tous les navires de la flotte. *Le Primauguet, la Mouette* et *le Caton* se sont élancés en avant de toute la puissance de leurs machines; ils vont placer des bouées de couleurs différentes sur les eaux que doivent occuper les trois colonnes de l'armée navale.

Les vaisseaux de transport, ayant à leurs bords la seconde et la troisième division et formant la seconde et la troisième colonne, s'ébranlent successivement, ainsi que les frégates et les corvettes à vapeur portant la division Forey, qui reçoit l'ordre d'aller opérer la diversion qui lui est confiée conjointement avec trois frégates britanniques. L'escadre anglaise va les accompagner d'abord, puis se replier sur son convoi qui doit commencer le débarquement de la division du général Brown. Le convoi français appareille lui-même et se presse sur les sillages des trois premières divisions, suivi par l'escadre ottomane.

Quand le ciel s'éclaira derrière la ligne vivement accidentée que forme à l'orient un horizon de montagnes et que ces premières clartés du jour dissipèrent les ténèbres qui enveloppaient l'ensemble de ces mouvements, la flotte alliée présentait à ces rivages un des plus imposants spectacles qu'il soit jamais donné à l'œil de contempler. L'amiral et le général en chef purent embrasser et suivre avec autant d'orgueil que de confiance l'ordre et le calme avec lequel ce formidable appareil guerrier se déployait à leurs regards; les vedettes russes durent le contempler avec terreur.

A sept heures du matin, les signaux de l'amiral transmettent à la flotte l'ordre de mouiller *suivant le plan donné*. Dix minutes après, *la Ville-de-Paris* largue les remorques du *Napoléon*, laisse tomber ses ancres par une profondeur de sept brasses et s'embosse dans le poste qui lui était assigné devant la plage; les autres vaisseaux de la première colonne opèrent leur évolution avec la même habileté et le même succès. Pendant que la seconde division forme sa ligne de mouillage, une encablure sur l'arrière de la première, et la troisième une encablure également au large de la seconde, les frégates et les corvettes à vapeur, chargées de l'artillerie et des chevaux de chaque division, viennent simultanément prendre position à l'extrémité de chacune des lignes dont elles portent le matériel.

Cette première et difficile opération exécutée dans un ordre parfait, les préparatifs du débarquement s'effectuent dans les trois lignes. Bien que les vigies placées dans les plus hautes enfléchures des vaisseaux ne signalent la présence d'aucun corps ennemi, l'amiral ne croit devoir négliger aucune précaution de prudence; les chaloupes des quatre vaisseaux à trois ponts faisant partie de la première ligne, armées en guerre et pourvues de fusées à la congrève avec affûts de bord et affûts de terre vont s'adjoindre au *Descartes*, au *Primauguet* et au *Caton*, portés aux deux extrémités du front de la flotte, de manière à battre et à balayer de leurs obus les dunes de la plage et à foudroyer la dune méridionale par où pourrait déboucher l'ennemi.

Pendant ce temps, les chaloupes et les canots sont mis à la mer ; à sept heures quarante minutes, l'amiral commande l'embarquement des troupes de la première division. Les diverses embarcations chargées de les recevoir se remplissent aussitôt de soldats ; les chalands, destinés au transport de l'artillerie sont conduits à la remorque par quelques-unes de ces embarcations près des steamers *le Pluton* et *l'Infernal*, qui déposent sur chacun deux pièces engerbées avec leurs avant-trains, leur personnel et leurs attelages. Sur tous les points, les dispositions prescrites sont rapidement accomplies; les soldats dévorent la plage du regard en serrant convulsivement leurs fusils, les matelots, courbés sur les avirons, portent impatiemment les yeux sur le mât de *la Ville-de-Paris*, où doit se montrer le signal de pousser à la rive. Ce signal court le long de la drisse, en même temps qu'un coup de canon l'affirme. Il ne s'est pas encore frappé en tête de bois, qu'un cri de joie s'élance de toutes les poitrines, et que chaloupes, canots, chalands, bondissent vers la plage. Une baleinière les devance; elle effleure les vagues comme un poisson volant sous l'impulsion puissante que lui impriment ses rameurs; elle porte le général Canrobert et le contre-amiral Bouet-Willaumez. Ils ont à peine touché ce sol de Crimée que les marins qui les accompagnent creusent le sable et qu'une longue hampe, où flotte un drapeau tricolore, montre à tous les regards les couleurs françaises arborées sur cette terre ennemie. Des guidons de couleurs différentes affectées aux trois divisions expéditionnaires se dressent presque simultanément sur l'emplacement fixé à chacune d'elles. La couleur rouge est celle de la première division; la couleur blanche indique la position que doit occuper la deuxième; la bleue, le sol où la troisième doit établir son bivouac.

Des groupes d'embarcations, précédés par un canot chef portant à l'étrave la couleur de la division à laquelle appartiennent leurs troupes, se dirigent de toute la vigueur de leurs rameurs vers les points où flottent leurs guidons; ils touchent le rivage; les soldats s'y élancent avec des cris d'enthousiasme et forment aussitôt leurs bataillons sur les terrains qui leur sont assignés. En vingt-deux minutes, six mille hommes ont pris terre.

Les embarcations, à peine vides, nagent vers les vaisseaux où elles vont reprendre un nouveau contingent d'officiers, de soldats ou de matériel. Les avisos *l'Ajaccio*, *le Dauphin* et *la Mouette* portent leurs remorques aux embarcations les plus pesantes; les voyages continuent avec un redoublement d'ardeur; il est impossible de saisir l'ensemble de ces mouvements dont l'activité embrasse la flotte, la mer et le rivage.

La première division à peine formée va prendre position en avant; tandis que le détachement d'infanterie de *la Ville-de-Paris* et celui des artilleurs-fuséens de la marine s'arrêtent sur la falaise du sud, sous le commandement du capitaine de corvette du vaisseau-amiral, la seconde et la troisième divisions suivent l'exemple de la première. A midi, elles sont complètement à terre, déjà même elles occupent militairement les hauteurs qui dominent le lieu du débarquement et jettent en avant leurs grand'gardes et les divers postes dont toute armée, en pays ennemi, doit couvrir ses lignes. Leurs sapeurs commencent à déblayer les passages obstrués par les Russes et rétablissent les chemins qu'ils ont coupés.

Les Anglais, dont une lenteur méthodique devait paralyser les mouvements durant toute cette expédition, ne commencent à toucher terre que vers dix heures. Le général Brown débarque le premier avec une compagnie de tirailleurs; bientôt suivi d'un détachement de cavalerie légère, il tente, à la tête de ces cavaliers, une reconnaissance dans le pays, où l'on n'a jusqu'alors aperçu qu'un officier jeté en éclaireur avec quelques Cosaques, et qui est venu prendre des notes jusque sous le canon de nos vaisseaux. Le général anglais s'avance avec d'autant plus de confiance que nul péril n'est apparent; mais, attaqué par une sotnia de Cosaques, qui se tenait embusquée dans un pli de terrain, ce général et les cavaliers qui l'accompagnent ne doivent leur liberté qu'à la vigueur et à la vitesse de leurs chevaux.

Le maréchal, qui, depuis le matin, suit avec bonheur, du haut de la dunette du vaisseau-amiral, ce débarquement d'une importance, d'un ordre et d'une célérité sans exemple, quitte, à deux heures, la *Ville-de-Paris*, et, accompagné de son état-major, descend sur la plage. Il monte aussitôt à cheval et parcourt nos lignes où des acclamations accueillent sa présence.

La proclamation suivante est pendant ce temps distribuée aux troupes.

« 14 septembre 1854, pendant le débarquement sur les côtes de Crimée.

« Soldats,

« Vous cherchez l'ennemi depuis cinq mois. Il est devant vous, vous allez lui montrer nos aigles. Préparez-vous à subir les fatigues et les privations d'une campagne qui sera difficile, mais courte, et qui élèvera devant l'Europe la réputation de l'armée d'Orient au niveau des plus hautes gloires militaires de l'histoire.

« Vous ne permettrez pas que les soldats des armées alliées, vos compagnons d'armes, vous dépassent en vigueur et en solidité devant l'ennemi, en constance dans les épreuves qui vous attendent.

« Vous vous rappellerez que nous ne faisons pas la guerre aux paisibles habitants de la Crimée, dont les dispositions nous sont favorables, et qui, rassurés par notre excellente discipline, par le respect que nous montrerons pour leur religion, leurs mœurs et leurs personnes, ne tarderont pas à venir à nous.

« Soldats, à ce moment où vous plantez vos drapeaux sur la terre de Crimée, vous êtes l'espoir de la France; dans quelques jours, vous en serez l'orgueil! *Vive l'Empereur!*

« Le maréchal commandant en chef,
« A. DE SAINT-ARNAUD. »

Les épreuves que le maréchal annonçait à ses soldats semblèrent jalouses de justifier ses paroles, en commençant à l'instant même à se faire sentir. Des nuages grisâtres se levèrent de l'horizon maritime, et, apportés par les vents du sud-ouest, envahirent le ciel. Le vent fraîchit et souffla bientôt avec une violence qu'il communiqua à la mer, les lames se gonflèrent et vinrent en mugissant battre la grève de leurs longues volutes d'écume. L'amiral donne l'ordre aux vaisseaux les plus rapprochés de la côte d'aller mouiller au large de la ligne où leurs chaloupes armées doivent veiller à ne pas laisser approcher de la flotte tout brûlot ou bateau suspect. Il fallut suspendre le débarquement.

Cette interruption était dès lors sans danger. Grâce aux sages et prévoyantes dispositions prises par l'amiral et son état-major, grâce aussi à l'intelligence et à l'ardeur avec lesquelles elles avaient été exécutées, l'escadre avait déjà mis à terre trois divisions complètes avec leurs bagages, leurs chevaux et quatre jours de vivres, les compagnies du génie et tout leur outillage, plus de cinquante pièces d'artillerie avec tout leur matériel, les chevaux des spahis, les chevaux enfin du maréchal et de l'état-major. C'étaient des résultats tels que les officiers anglais refusaient d'y croire. Nos soldats, électrisés par l'ordre du jour que venaient de leur lire leurs officiers, se montraient partout heureux de répondre à l'appel que leur général faisait à leur constance. Malgré la pluie froide qui commençait à tomber sur l'emplacement des bivouacs, les tentes-abris se dressaient au milieu des propos joyeux, et là où les tentes manquaient, la gaieté ne s'en asseyait pas moins avec les soldats autour de grands feux, dont leur active industrie avait su conquérir les éléments dans ces plaines stériles.

Il était loin d'en être ainsi parmi les Anglais. La lenteur avec laquelle s'était effectué leur débarquement n'avait permis de mettre à terre aucun des objets de première nécessité. Tous ces hommes, habitués au bien-être que le soldat anglais, engagé volontaire, trouve sous les drapeaux, sont exposés toute la nuit, sans abri d'aucune espèce, à une pluie battante : peu de feu, point de grog ; quelques couvertures imprégnées d'eau sont les seuls secours qu'ils ont contre les rigueurs de cette nuit qu'ils passent, officiers et soldats, couchés dans la boue. Le duc de Cambridge trouva quelques heures de sommeil sur une couche de paille étendue sous une voiture renversée; le général Brown n'eut pas un plus confortable abri; seul, le général Évans reposa sous une espèce de tente, que son état-major parvint, non sans peine, à lui faire élever.

La quatrième division, et les trois frégates anglaises qui l'accompagnaient, rallièrent la flotte combinée à la chute du jour, au commencement même de la bourrasque. Elles avaient accompli la mission dont elles avaient été chargées avec l'habileté et l'audace que l'on pouvait attendre de leurs chefs. Elles s'étaient présentées vers neuf heures à l'embouchure de l'Alma, petite rivière coulant des montagnes centrales de la Crimée dans la mer, à vingt kilomètres environ au sud du point où s'était effectué le débarquement. Un camp russe, occupé par six ou sept mille hommes, était assis, à quatre kilomètres de la mer, sur le versant des collines dont cette petite rivière baigne les pieds. Ce camp avait porté un de ses postes sur l'Alma et un autre sur une petite éminence s'élevant près d'un village sis en avant. *Le Caffarelli* et les trois frégates anglaises ouvrirent un feu d'obusiers dans sa direction, sans que les Russes fissent aucune démonstration pour y répondre. Les embarcations chargées de soldats furent aussitôt mises à la mer, comme pour tenter un débarquement sous la protection du *Caffarelli* et du *Coligny*, qui continuèrent à sillonner de leurs obus les pentes au pied desquelles coule l'Alma. Ces embarcations s'avancèrent jusqu'à deux encablures de la plage, où elles s'arrêtèrent quelques instants avant de regagner leurs bords respectifs. Les troupes se rembarquèrent et l'escadrille reprit son erre vers le sud. A une heure et demie, elle se trouvait devant la Katcha, dont les hauteurs n'offraient que deux postes de Cosaques; elle continua quelques instants encore sa pointe dans le sud, puis, changeant d'amures, elle se reporta vers la flotte alliée qui, à cette heure, devait avoir opéré le débarquement de ses troupes. Elle la rejoignit au moment où éclatait la bourrasque. Le vent et la pluie continuèrent toute la nuit. Ils cessèrent l'un et l'autre vers le matin : la mer conserva cependant une dureté qui augmentait surtout près de la plage, par le ressac que lui imprimait la côte. La quatrième division n'en commença pas moins son débarquement dès sept heures. Elle eut à surmonter des difficultés sérieuses et à affronter de graves dangers : plusieurs embarcations chavirèrent en passant les brisants qu'il fallait franchir pour atteindre le rivage. La chaloupe qui portait le général Forey et son état-major fut du nombre. Personne, heureusement, ne périt dans ces accidents; les chevaux qui tombèrent à la mer, parvinrent eux-mêmes à gagner la plage. La prudence fit cependant suspendre momentanément cette opération périlleuse, mais le calme s'étant maintenu, elle fut reprise quelques heures après.

Cette journée fut marquée par un léger engagement, qui fut le premier succès de nos armes sur cette terre. Le maréchal avait appris avec peine l'attaque que l'embuscade de Cosaques avait faite la veille sur les éclaireurs anglais, et la retraite rapide que ce piquet de cavaliers avait dû opérer devant cette irruption de forces supérieures. Il songeait à en obtenir une prompte revanche, en attendant les grandes opérations qui allaient s'ouvrir. L'occasion de la prendre s'offrit d'elle-même. Le maréchal ayant appris que dans un village situé à quelques kilomètres de nos avant-postes, se trouvait un officier fiscal avec un poste d'infanterie russe, conçut le projet de le faire enlever. Ce qui faisait la sécurité du fonctionnaire russe, c'était la protection d'un cours d'eau qui n'était guéable que sur un point; mais le Tartare de qui l'on tenait ces renseignements consentait à servir de guide à la troupe qui tenterait cette surprise; il demandait seulement, pour sa sûreté personnelle, à ne prendre part à cette expédition que revêtu d'un uniforme français. Le maréchal jeta les yeux, pour ce coup de main, sur un détachement de 70 spahis, débarqués sous le commandement du lieutenant de Molène. Cet officier fit aussitôt monter ses hommes à cheval et exécuta cette tentative avec tant de précision et de rapidité, que quelques heures après son départ, il rentrait au camp, aux applaudissements de nos troupes et de nos alliés. Son détachement escortait les prisonniers russes sur des chariots tartares traînés par des chevaux tartares. Lorsque le maréchal rentra au bivouac, deux faisceaux de fusils placés à l'entrée de sa tente lui apprirent le succès de cette surprise. C'étaient les premières armes conquises sur l'ennemi.

Le soir, le débarquement des forces alliées était complet. Toute la quatrième division et les troupes turques occupaient les emplacements assignés à leur campement. Le succès de cette grande opération semblait avoir électrisé l'esprit de nos soldats; c'était la grande épreuve qu'ils avaient surtout redoutée, car ce qu'ils avaient à craindre dans cette tentative aventureuse, c'était le déchaînement des vents et des flots, les tempêtes, les violences de la nature, l'inconnu; ennemis auxquels il n'y a à opposer que la résignation; ceux qu'ils allaient avoir à combattre étaient des ennemis dont on peut triompher avec de l'impétuosité et de la valeur, aussi était-ce avec une joyeuse confiance qu'ils envisageaient l'avenir.

Le maréchal annonça cet important résultat au ministre de la guerre par la dépêche suivante :

« Au bivouac à Old-Fort, le 16 septembre 1854.

« Monsieur le maréchal,

« Notre débarquement s'est opéré, le 14, dans les conditions les plus heureuses et sans que l'ennemi ait été aperçu. L'impression morale qu'ont reçue les troupes a été excellente, et c'est aux cris de *vive l'Empereur !* qu'elles ont mis pied à terre et qu'elles ont pris possession de leurs bivouacs.

« Nous sommes campés sur des steppes, où l'eau et le bois nous font défaut. La nécessité d'effectuer un débarquement difficile et compliqué, au-delà de ce que l'on peut dire, contrarié par un vent de mer qui a rendu la plage souvent inabordable, nous a retenus jusqu'à ce jour dans ces mauvais bivouacs.

« J'avais d'abord voulu occuper Eupatoria, dont la rade foraine est l'unique refuge qui nous soit ouvert sur cette côte difficile. Mais j'ai trouvé les dispositions des habitants si accommodantes, que je me suis contenté d'y établir une station navale et quelques agents qui ont mission de recueillir les ressources qui peuvent s'y rencontrer.

« Les Tartares commencent à arriver au camp. Ils sont très-doux, très-inoffensifs, et paraissent très-sympathiques à notre entreprise. J'espère que nous obtiendrons par eux du bétail et des transports. Je fais payer avec soin toutes les ressources qu'ils nous offrent, et je ne néglige rien pour nous les rendre favorables. C'est un point très-important.

« En tout, notre situation est bonne, et l'avenir se présente avec de premières garanties de succès qui semblent très-solides. Les troupes sont pleines de confiance. La traversée, le débarquement, étaient assurément deux des éventualités les plus redoutables qu'offrait une entreprise qui est presque sans précédent eu égard aux distances, à la saison, aux incertitudes sans nombre qui l'entouraient. Je juge que l'ennemi, qui laisse s'accumuler à quelques lieues de lui un pareil orage sans rien faire pour le dissiper à son origine, se met dans une situation fâcheuse dont le moindre inconvénient est de paraître frappé d'impuissance vis-à-vis des populations.

« Veuillez agréer, etc.

« Le maréchal commandant en chef,
« A. DE SAINT-ARNAUD. »

CHAPITRE VI.

BATAILLE DE L'ALMA.

1854.

Caractère primitif de l'expédition de Crimée. — Retards apportés aux mouvements de l'armée par le débarquement du matériel anglais. — Marche en avant. — Escarmouche. — Conseil de guerre. — Plan de bataille. — Les bivouacs des deux armées. — Mouvement de l'aile droite. — Immobilité des Anglais. — Halte ordonnée à la division Bosquet. — Reconnaissance de la gauche des Russes. — Escarpements. — Sentier des chevriers. — Le ravin. — Marche en avant. — Les deux colonnes de droite. — Passage de l'Alma. — Les zouaves et les chasseurs. — Escalade des falaises. — L'artillerie et le ravin. — Le maréchal de Saint-Arnaud et son état-major. — Premier coup de canon. — Bosquet l'Africain. — Passage de l'Alma à son embouchure. — Difficultés. — Mouvement du corps de bataille. — La 1re division. — La 3e. — L'Alma franchie. — L'ennemi chassé des pentes. — Les contre-forts couronnés. — Formidable attaque des Russes sur la division Canrobert. — Batterie Fiévet. — Concentration des Russes sur le plateau du télégraphe. — Attaque de ce plateau par le centre de l'armée alliée. — Bataille. — Mêlée. — Les aigles et la tour. — Divisions anglaises. — Leur lenteur, leur intrépidité et leurs pertes. — L'armée russe en pleine retraite, prise de la calèche du prince Menschikoff. — Le champ de bataille. — Proclamations. — Rapports officiels. — Marche de flanc sur Balaclava. — Vallée du Belbeck. — Les bois de la Tchernaia. — Tête de colonne des Anglais et arrière-garde de l'armée russe. — Le choléra. — Le maréchal de Saint-Arnaud et le général Canrobert. — Proclamations. — Prise de Balaclava. — Mort du maréchal de Saint-Arnaud.

L'expédition de Crimée n'était dans l'origine qu'un formidable coup de main : débarquer à l'improviste, culbuter les forces russes que l'on rencontrerait sur son passage, emporter Sébastopol, détruire cette place, brûler sa flotte et revenir prendre ses quartiers d'hiver dans les plaines bulgares, tel était le vœu du maréchal de Saint-Arnaud, telle était son espérance. La campagne de Crimée eût été comme la foudre, qui frappe et remonte au ciel, ne laissant d'autres traces de son passage que des cendres et des ruines.

La rapidité des mouvements était une condition essentielle du succès. Il fallait surprendre les Russes et les battre avant que, par une rapide concentration de forces, ils ne pussent couvrir Sébastopol, multiplier et renforcer ses défenses, convertir enfin cette attaque vive en un long siége. Aussi le maréchal, débarqué le 14, eût-il voulu, dès le 16, marcher à l'ennemi ; cette journée fut cependant employée, comme le 15, au débarquement du matériel. La lenteur avec laquelle s'opéra la mise à terre des approvisionnements et des munitions de l'armée britannique ne permit pas même d'ouvrir les opérations le 18. Le maréchal, que ces retards désespèrent, se décide à se porter en avant le lendemain. « Je viens d'écrire à lord Raglan, mande-t-il au ministre de la guerre, que je ne pouvais pas attendre plus longtemps, et que je lançais mon ordre de départ pour demain matin, à sept heures. » Et il ajoute : Rien ne m'arrêtera plus. »

Ce fut ce jour-là en effet que s'ébranla l'armée. Elle se déploya dans cette marche en un vaste losange. La première division, en colonne par pelotons, forme l'angle saillant ; la deuxième et la troisième, marchant en colonne par divisions, celle-ci à gauche, celle-là à droite, se trouvent aux angles latéraux ; les bagages occupent le centre. La quatrième division et les troupes ottomanes forment l'arrière-garde. Un temps magnifique favorise ce bel ordre de marche couvert à gauche par les forces anglaises et appuyant sa droite à la mer. La flotte évolue sur trois lignes : les petits vapeurs sont en tête serrant la côte, sondant les eaux et signalant les profondeurs ; derrière eux, un peu plus au large, les quatre frégates à vapeur de combat *le Vauban*, *le Descartes*, *le Canada* et *le Caffarelli*; enfin, plus au large, les vaisseaux, moins *l'Iéna*, parti pour Eupatoria assurer des ressources d'eau à nos marins. Le reste de la flotte avait été expédié dès la veille à Varna pour y prendre de la cavalerie et un renfort de dix mille hommes.

L'armée suit les bords de la mer. La plaine qu'elle traverse est un steppe dont pas un arbre n'ombrage les ondulations arides. Épuisée de soif par l'ardente sérénité de ce ciel sans nuages, elle atteint et franchit la Bulganah, dont aucun corps russe ne tente de lui disputer le passage, et se porte vers les hauteurs qui forment la ligne septentrionale du bassin de l'Alma. Le prince Menschikoff, plein de confiance dans la formidable position qu'il occupe sur la rive gauche de cette rivière, semble résolu à y attendre notre attaque. Cependant, vers deux heures, il lance quelques escadrons de cavalerie et d'artillerie à cheval qui, après s'être portés sur la tête de colonne des troupes anglaises, se replient lentement sous un feu très-vif et reparaissent peu après devant les avant-postes de notre première division. Pendant qu'une batterie montée s'avance pour les contenir, l'armée se met en bataille sur deux lignes, prête à soutenir l'attaque que peut annoncer cette charge. Mais quelques obus lancés avec une remarquable précision par nos artilleurs, venant éclater au milieu de ces escadrons, ils tournent bride brusquement et s'éloignent avec vitesse aux acclamations des troupes alliées.

Voici en quels termes un des officiers de notre flotte, un témoin oculaire, rend compte de ce premier engagement : « Jusqu'à deux heures de l'après-midi, le prince Menschicoff, dit-il, resta immobile, retranché dans le village de l'Alma et sur les inaccessibles coteaux de la rive gauche.

« A deux heures cependant, prenant notre immobilité sur la ligne de Zembrouck pour une hésitation que nous causait sa formidable position, il fit déboucher dans la plaine une forte colonne de cavalerie (dragons de la garde), soutenue et suivie par une brigade d'infanterie marchant en colonnes serrées.

« C'est le drame qui va commencer! Tous émus, palpitants et groupés sur la passerelle, dans les hunes, sur les barres, dans les haubans, nous dominions admirablement le terrain ; rien ne nous échappait : on distinguait les uniformes, les armes, etc., etc. Oh! le grandiose et beau spactacle! Deux armées allaient se heurter sous nos yeux! Nos amis, nos frères d'armes allaient se prendre corps à corps avec cet ennemi tant désiré, tant souhaité. La France allait croiser le fer avec la Russie, quel beau duel!

« La cavalerie russe se déploie, elle exécute de belles manœuvres d'ensemble ; nous en admirons la justesse et la précision. Elle escarmouche avec nos avant-postes; on lui tire quelques volées d'artillerie, elle se replie ; les colonnes d'infanterie russe se forment en carrés et marchent résolument pour l'appuyer ; mais notre front est immobile ; les Anglais, qui devaient nous suivre, ne sont pas en ligne. Impossible au maréchal d'engager ce jour-là une bataille générale. Il est quatre heures, les Anglais arrivent; mais il est trop tard pour un mouvement en avant. L'armée prépare son bivouac et fait ses tentes. Menschikoff se félicite là haut. Il nous croit frappés de terreur, et il se promet bien de nous écraser le lendemain.

« A quatre heures un quart, la division Canrobert débouche pourtant dans l'est de la plaine. Tous les escadrons moscovites se déploient sur la droite, forment un grand cercle et chargent à fond sur notre division. Elle s'arrête, forme trois carrés flanqués de son artillerie et attend. Dieu, comme le cœur me battait! Si elle allait être écrasée par cette masse de trois mille cavaliers lancés au galop! Mais non, un feu effroyable de canons et de mousqueterie les accueille; des chevaux roulent à terre, un plus grand nombre s'échappent sans cavalier dans toutes les directions, et la masse de cavaliers fuit en désordre et court se reformer derrière l'infanterie. Bravo! bravo! le feu est commencé et le Russe a tourné le dos.

« Bientôt Canrobert est à la hauteur du milieu de notre front; il défie l'ennemi. La cavalerie, honteuse de son premier échec, veut une revanche ; ses colonnes reformées se massent plus serrées, et la charge à fond recommence, plus rapide et plus furieuse. Une décharge à bout portant l'arrête. La terre est jonchée de cadavres; les dragons fuient dispersés et courent se remiser derrière les trois carrés moscovites... Il est sept heures, chacun regagne son terrain et rentre dans son camp. »

L'armée resta une heure entière en bataille. Les Russes ne faisant aucune démonstration qui permît de leur supposer l'intention d'en venir de nouveau aux mains, elle reçut l'ordre de prendre ses bivouacs.

Le Vauban, le Roland, le Lavoisier, le Bertholet, le Primauguet, le Caton, le Descartes, le Caffarelli et *le Spitfire*, étaient venus, dès trois heures de l'après-midi, jeter l'ancre à petite distance de l'embouchure de l'Alma pour appuyer au besoin de leurs boulets les opérations de notre armée. L'artillerie russe, postée sur des falaises d'où elle eût pu ouvrir un feu très-dangereux sur nos bâtiments, sans avoir beaucoup à redouter leurs projectiles, méconnut tous les avantages de sa position, et sembla ne songer qu'à se mettre hors de la portée de nos canons. Des tirailleurs finlandais se répandirent seuls sur les pentes d'où leur feu pouvait atteindre nos marins; mais quelques obus, habilement tirés, leur firent abandonner le terrain.

Le général en chef n'avait négligé aucun moyen de s'éclairer sur les forces dont disposait l'ennemi et sur les difficultés que pouvaient présenter les positions qu'il avait choisies. Les généraux Canrobert, Thiry et Bizot étaient allés le jour même sur *le Primauguet* faire une nouvelle reconnaissance des embouchures de l'Alma et de la Katcha; le maréchal s'était lui-même porté en avant pour observer les hauteurs occupées par l'armée russe dont il était résolu à attaquer les lignes le lendemain. Ces hauteurs se déployaient à cinq kilomètres environ du plateau sur lequel les alliés avaient assis leurs campements; elles touchaient à la mer où elles formaient une falaise haute et escarpée et couraient de l'ouest à l'est vers un petit ravin qui contournait leur sommet abaissé et leurs pentes adoucies; mais ce point, qui formait la partie la plus vulnérable de cette position, avait été protégé par des redoutes où l'on distinguait des batteries de pièces de gros calibre.

Vers cinq heures, le maréchal de Saint-Arnaud fit appeler les officiers généraux français pour leur communiquer le plan de l'attaque qu'il avait concerté avec lord Raglan. La réunion eut lieu devant sa tente, en vue même des lignes qu'ils devaient assaillir.

L'aile droite, formée de la division Bosquet, appuyée par les forces ottomanes et protégée au besoin par le canon de la flotte, devait menacer la gauche de la position de l'armée russe, si formidablement défendue par la nature, que le prince Menschikoff avait cru pouvoir n'y jeter qu'un léger corps d'observation. Elle était en effet formée de falaises si abruptes, qu'il ne s'y trouvait qu'un étroit sentier à peine fréquenté par les chevriers et les pêcheurs; ses pentes presque verticales étaient encore couvertes par le lit profond et encaissé de l'Alma, qui formait comme le fossé de ce rempart naturel.

L'aile gauche, composée des divisions britanniques, devait tourner la droite des Russes et l'attaquer par la petite vallée où la position ennemie offrait la déclivité la plus douce.

Ce double mouvement, opéré avec célérité et vigueur, contraignait le généralissime russe à dégarnir son centre. C'est sur cette nécessité que comptait le maréchal de Saint-Arnaud pour faciliter le succès de sa principale attaque qui décidait celui de la journée. Trois divisions françaises devaient alors franchir rapidement l'Alma et gravir les hauteurs qu'occupait le corps de bataille ennemi, appuyé par une nombreuse artillerie, mais affaibli par les renforts que, selon toutes probabilités, le général russe devait jeter sur les ailes.

D'après cette combinaison, la deuxième division, formant l'aile droite, commandée par le général Bosquet, devait ouvrir le mouvement à cinq heures et demie du matin; l'aile gauche devait se mettre en marche une demi-heure plus tard. Le corps de bataille, lui, ne devait s'ébranler qu'à sept heures. Comme une étude personnelle des lieux et une connaissance plus exacte des dispositions de l'ennemi avaient fait apporter par le général en chef de l'armée française d'importantes modifications au plan primitif, il envoya son aide-de-camp, le colonel Trochu, soumettre ces nouvelles combinaisons à lord Raglan et recevoir ses observations. Cet officier partit pour le quartier-général britannique avec le général Rose, officier anglais délégué près du maréchal. Lord Raglan ne proposa aucun changement; il approuva le plan dans tous ses détails : points d'attaques, heures et mouvements.

Cet assentiment donné, le maréchal de Saint-Arnaud fit adresser à chaque chef un plan du terrain, avec l'indication du lieu que devaient occuper ses forces, et une note explicative de la part qu'il devait prendre à l'action.

Cependant la nuit était descendue sur les deux armées, dont les positions ne se révélaient plus que par les feux qui dessinaient leurs lignes. Mais ces feux, brillant dans la sérénité de cette nuit tranquille, pouvaient mieux qu'aucun autre indice faire apprécier l'effectif des forces dont le choc devait remplir de tumulte et de fracas, rougir de sang et joncher de cadavres ces plaines et ces escarpements, ces vignes et ces guérets alors si calmes et si paisibles.

Le lendemain, la seconde division, rigoureusement exacte dans l'accomplissement des ordres qu'elle avait reçus, se mettait en marche à cinq heures et demie précises, et suivant, à un kilomètre de la mer, une ligne parallèle au littoral, descendait d'un pas rapide le versant de ses positions : à six heures et demie, elle débouchait dans la plaine et y formait aussitôt ses colonnes.

Cependant aucun mouvement ne s'opérait dans les bivouacs anglais. Le prince Napoléon, prévenu de cette inconcevable immobilité, au moment où il faisait déjà prendre les armes à sa division, en fit donner avis au général Canrobert, et peu de temps après se porta avec lui vers la division de sir de Lacy-Evans pour obtenir l'explication de ce mystère. Le général anglais n'était pas encore sorti de sa tente. Surpris des observations du prince et du général Canrobert sur les conséquences désastreuses que peut entraîner un tel retard, sir de Lacy-Evans répond qu'il n'a reçu aucun ordre.

Il n'y avait pas à hésiter : le point important était d'arrêter la marche de la division Bosquet sur les positions russes, où son attaque isolée rendait sa destruction certaine. Le prince Napoléon fit en conséquence prévenir le maréchal de Saint-Arnaud du déplorable malentendu qui venait jeter le trouble dans ses combinaisons et compromettre le succès de la journée. Le général en chef comprend toute l'étendue du danger. Deux officiers partent aussitôt avec les recommandations les plus pressantes; l'un, c'est le commandant Renson, va porter au général Bosquet l'avis du retard qu'éprouve le mouvement des forces anglaises et l'ordre de s'arrêter; l'autre est le colonel Trochu, qui franchit à fond de train l'espace de huit kilomètres séparant le quar-

Garde impériale.

Artilleur à pied.

1854.

tier général français de celui de l'armée britannique pour aller demander à lord Raglan la cause de cette inexécution du plan arrêté. Dans tous les bivouacs anglais qu'il longe ou qu'il traverse tout est tranquille; il n'aperçoit encore aucun préparatif de départ. Il trouve pourtant lord Raglan à cheval et faisant transmettre des instructions à ses chefs de corps.

« Milord, lui dit le colonel français, le maréchal pensait que, conformément au plan que vous avez approuvé hier soir, vos troupes formant l'aile gauche et la ligne de bataille, devaient commencer leur mouvement à six heures.

— L'heure tardive, répond le général en chef anglais, à laquelle une partie de mes forces est arrivée cette nuit au bivouac a entraîné quelque retard; mais j'ai donné des ordres : on s'apprête, et dans un instant nous partons.

— Le maréchal, milord, vous prie en grâce de vous hâter. Ce retard désorganise et énerve toute l'attaque; chaque minute perdue enlève une chance de succès.

— Que le maréchal soit sans inquiétude. Allez lui dire qu'en ce moment mes ordres s'exécutent sur toute la ligne et que mes troupes seront en marche avant que vous soyez de retour près de lui. » Le colonel Trochu ne rejoignit le général en chef que vers dix heures et demie. Inquiet des suites fatales que pouvait entraîner ce contre-temps, le maréchal de Saint-Arnaud se porta en avant pour surveiller les opérations et modifier ses ordres en ce que leur exécution pouvait, par suite des circonstances, présenter d'inutile ou de dangereux.

L'armée anglaise effectuait son mouvement avec ordre et précision, mais avec lenteur. La seconde division s'était arrêtée dans une plaine couverte de moissons en javelles, dont le chaume servait de siège aux soldats et d'aliment au feu du bivouac, où bouillit bientôt l'eau des cafés. Tandis qu'elle profitait de ce temps de repos pour déjeûner, le général Bosquet, après avoir fait éclairer et balayer la plaine par une compagnie de chasseurs d'Afrique jetés en tirailleurs, s'était avancé avec quelques officiers jusque sur les bords de l'Alma pour reconnaître les escarpements qu'il devait franchir. On découvrit un premier passage tout près de la mer ; bien qu'il ne fût indiqué que par un étroit sentier, se tordant à travers des rochers d'une pente presque abrupte, il parut accessible à l'infanterie. On en aperçut bientôt un second en face des ruines d'un village incendié, à un kilomètre environ de la plage ; c'était une sorte de ravin, dont les versants, couverts de broussailles, s'élevant ou flottant de leurs anfractuosités, pouvaient très-efficacement aider les soldats résolus qui tenteraient de les gravir. L'impossibilité de faire monter de l'artillerie par cette gorge, comme par le sentier du rivage, parut manifeste à tous les explorateurs, moins un ; mais celui-là était le commandant de l'artillerie lui-même. Sans affirmer que le succès fût certain, il insista si énergiquement pour qu'on le tentât sur les deux points, que ses représentations prévalurent.

Le général Bosquet rejoignit sa division et prit ses dispositions d'après les exigences que lui avait fait reconnaître l'état des lieux. La brigade Bouat, renforcée de la division turque, reçut l'ordre de se porter sur le sentier voisin de la mer ; il se réserva l'accès par le ravin, où il se tint prêt à s'engager avec la division d'Autemarre.

A onze heures il reçut l'ordre de reprendre son mouvement. Les deux colonnes s'élancèrent vers l'Alma avec une noble rivalité. Pendant que la brigade Bouat, suivie par le contingent turc, longe la mer, le général Bosquet se porte vivement avec la brigade d'Autemarre sur le village incendié. L'Alma ne peut arrêter l'élan de nos troupes, elle est franchie sans hésitation ; et, sur l'ordre du général Bosquet de s'emparer des hauteurs, nos chasseurs et nos zouaves s'élancent en tirailleurs sur ces pentes perpendiculaires. Ce fut une des scènes les plus saisissantes de cette journée que l'ardeur et la rapidité avec lesquelles ces intrépides soldats, s'attachant aux aspérités du sol, se prenant aux arbustes, aux racines, se soutenant, se poussant les uns les autres, gravirent ces falaises à pic que le prince Menschikoff avait négligé de défendre, les déclarant *inaccessibles même à des chèvres*. Rien ne les arrête ; ils se font une aide de tout, des anfractuosités du rocher comme des broussailles et des grandes herbes flottantes. Si quelques-uns de ces fragiles appuis s'éboulant ou rompant sous leur poids, ceux qui s'y étaient accrochés roulent au pied de ces versants rapides, on les voit se relever aussitôt et reprendre leur escalade avec une ardeur nouvelle. Moins de dix minutes suffisent aux premiers pour atteindre le sommet de ces escarpements que nos tirailleurs couronnent bientôt de leurs feux. Le général Bosquet, suivi de son état-major, s'était jeté lui-même au galop de son cheval dans l'ouverture du ravin. Au moment où il atteignit le plateau, une cinquantaine de Cosaques postés sur cette hauteur se repliaient sous le feu de nos zouaves. L'ordre de faire avancer l'artillerie fut immédiatement donné.

C'était là le point grave, le point décisif de cette attaque audacieuse. Il était évident que si l'on ne pouvait opposer d'artillerie à celle que le général russe allait inévitablement diriger contre la division qui débordait ainsi sa gauche, nos troupes pouvaient être écrasées sous sa mitraille et ses boulets, ou du moins rejetées de ces hauteurs si intrépidement conquises. La batterie de la première brigade pourrait-elle franchir le chemin étroit, raide et brisé que les chevaux n'avaient pas gravi sans peine ? Le commandant Barral qui accompagnait le général l'avait déclaré possible ; mais, comme il ne se dissimulait pas les difficultés de cette tentative, il voulut en diriger lui-même l'exécution périlleuse. Il représente à ses artilleurs toute l'importance et tout le danger de la marche de leurs pièces sur une voie hérissée de quartiers de rocs et coupée sur plusieurs points par l'écoulement des eaux ; les servants jettent bas leurs sacs et se placent à côté des roues, prêts à les soutenir si le terrain s'effondre ou s'éboule sous elles. Les attelages ne peuvent prendre le pas sans tout compromettre ; les conducteurs ont ordre de les frapper du sabre à la moindre hésitation. Ces recommandations faites et ces dispositions prises, le signal du départ est donné. Pièces et caissons partent au galop, chacun comprend la haute gravité de cette entreprise et la seconde de toute son énergie. Les chevaux semblent eux-mêmes en deviner le danger, aucune difficulté ne peut arrêter leur élan fougueux; les parties les plus raides, les plus rocailleuses ou les plus humides sont franchies avec le plus de vélocité. Le général Bosquet pousse un cri de joie en voyant les chevaux fumants et couverts d'écume déboucher sur le plateau. Les pièces, au fur et à mesure de leur arrivée, sont dégagées de leur avant-train et mises en batterie à cinquante mètres environ d'un escarpement de vingt mètres de profondeur.

En ce moment, le maréchal de Saint-Arnaud, entouré des officiers de son état-major, suivait du haut d'un mamelon les divers mouvements des deux ailes. Quelques coups de canon s'étant fait entendre,

« Ah! dit l'un de ces officiers, voilà les Russes qui commencent leur feu sur la division Bosquet. »

Toutes les lunettes se dirigèrent à la fois vers le point d'où partaient ces détonations.

« Mais non! s'écria le maréchal avec joie,... ce ne sont pas les Russes;.... j'aperçois des pantalons rouges... C'est Bosquet... il a déjà gravi les hauteurs... Ah! que je reconnais bien là mon vieux Bosquet d'Afrique. »

C'était en effet l'artillerie française qui venait de tirer les premiers coups de canon de cette glorieuse journée.

Ils ne surprirent pas moins le général en chef de l'armée russe que le maréchal de Saint-Arnaud; le prince Menschikoff, qui avait renvoyé avec colère l'officier lui annonçant l'apparition de nos têtes de colonnes sur les falaises, et qui, sur un second rapport lui affirmant que des forces imposantes couronnaient les hauteurs, venait de charger un de ses aides-de-camp de s'assurer de la vérité, ne put douter à ce bruit que notre aile droite ne tentât de le tourner. Trois batteries de huit pièces eurent ordre de se porter en toute hâte sur ce point pour déloger les troupes qui essayaient de s'y établir. C'est là que s'ouvre la bataille.

Le maréchal l'a prévu; il a compris tout le danger qu'allait courir la seconde division ainsi engagée, si l'armée russe parvient à concentrer ses efforts contre elle; aussi a-t-il ordonné à son corps de bataille d'aborder de front les hauteurs qu'il doit emporter. Avec quelque rapidité que pût s'opérer ce mouvement, il était gravement à craindre que notre aile droite ne pût conserver ses positions. Les boulets et les obus tombaient sur notre batterie avec une telle vigueur qu'il était à croire que nos six pièces ne pourraient répondre longtemps aux vingt-quatre bouches à feu qui les foudroyaient. En vain le général Bosquet avait-il jeté en avant un nombreux rideau de tirailleurs dont les carabines de précision faisaient essuyer des pertes nombreuses aux artilleurs russes, la position était des plus critiques, lorsqu'un heureux contre-temps vint rendre la lutte moins inégale.

La brigade Boual, qui s'était portée sur l'embouchure de l'Alma pour franchir cette rivière au point même où elle se dégorge dans la mer, y avait rencontré des difficultés qui firent douter un instant de la possibilité de réussir. La vase qui s'était accumulée en dedans de la barre était si profonde que deux hussards qui y lancèrent leurs chevaux pour sonder le gué, ne s'en arrachèrent qu'à grand'peine. Le passage, dont les marins du *Rolland* avaient annoncé l'existence au-delà de cette barre, était une étroite rampe de sable où deux hommes ne pouvaient se tenir de front. L'infanterie tenta de traverser en cet endroit, l'eau à la ceinture et chargée par les vagues, dont les ondulations, heureusement aplanies par la sérénité du temps, venaient expirer sur ce point. Le sentier étroit et presque toujours flanqué ou de pointes de rochers ou de précipices, ne lui offrit point une route plus large. Le colonel Raoult, chef d'état-major, chargé d'explorer cette voie, vint rendre compte au général Bouat de l'état des lieux et par suite de l'impossibilité absolue d'aventurer l'artillerie dans un pareil chemin. Ce fut sur ce rapport que l'ordre fut donné au capitaine Marcy, impatient des impossibilités devant lesquelles se trouvent arrêtées ses pièces, de rejoindre avec sa batterie celle qui accompagnait la brigade d'Autemarre. Cet officier, qui appelait cet ordre de tous ses vœux, remonte l'Alma de toute la vitesse de ses chevaux, la franchit sur le point même où la première batterie l'avait traversée, et s'élance à fond de train dans le ravin. A une heure vingt minutes ses pièces prenaient position à la droite de celles du capitaine Fiévet. Ces deux batteries, fortes de douze bouches à feu, suppléant à l'infériorité matérielle par la justesse et la rapidité de leur tir, soutinrent dès lors avec une admirable vigueur le feu des vingt-quatre pièces russes concentré sur elles.

Cependant, tout le centre formé par la première et la troisième division, celle-ci, commandée par le prince Napoléon, celle-là, par le général Canrobert, s'est élancé simultanément sur les positions ennemies. « Messieurs, avait dit un instant auparavant le maréchal de Saint-Arnaud aux généraux de ces divisions réunis auprès de lui, mes instructions sont bien simples; voici des hauteurs, il faut les gravir, il faut en culbuter l'ennemi qui les défend; que chacun donc aborde celles qu'il a devant lui. Pour les manœuvres, livrez-vous à vos inspirations. Je n'ai pas d'autres ordres à donner, pas d'autres recommandations à faire à des hommes qui, comme vous, ont toute ma confiance; le signal de l'attaque va être le bruit du canon de Bosquet. » Après ces paroles prononcées, les généraux avaient rejoint leurs colonnes déjà massées dans la plaine.

Les Russes sentant que l'heure du choc était arrivée, avaient déployé sur les pentes supérieures du coteau leurs masses dont ils n'avaient montré jusque-là que les têtes de colonne; des milliers de tirailleurs se répandent dans les jardins, les vignes et les fourrés qui couvrent les versants, et occupent plus spécialement un hameau situé en avant du village d'Almatamack et les jardins qui l'environnent.

C'est dans cette position relative que se trouvent les deux armées lorsque le bruit du canon de notre aile droite vient donner à notre corps de bataille le signal de l'attaque, si impatiemment attendu. Tambours et clairons le répètent aussitôt, la charge bat et sonne sur toute la ligne qui s'ébranle comme un seul homme. Pendant que la première division, formée sur deux lignes, se précipite sur le village d'Almatamack, la troisième, dirigée par le prince Napoléon, s'élance dans le même ordre sur celui de Bourliouk que les Russes évacuent après l'avoir incendié; les Cosaques mettent en même temps le feu à de nombreuses meules de foin et de blé éparses sur la rive gauche de la rivière, de sorte que cette dernière division n'a bientôt devant elle qu'un rideau de flammes et de fumée, à travers lequel l'artillerie et la mousqueterie ennemies la couvrent de feux plongeants de l'effet le plus meurtrier. Les projectiles sillonnent et couvrent de morts tous les bords de l'Alma, où nos têtes de colonnes cherchent des points guéables; le prince, sentant la nécessité de protéger le passage de nos troupes par un feu d'artillerie qui trouble, s'il ne l'éteint, celui dont les batteries russes les écrase, fait établir les douze pièces du commandant Bertrand sur la droite du village incendié. C'est sous leur protection que la première brigade, commandée par le général Monet, bientôt suivie par celle du général Thomas, traverse la rivière; elle atteint rapidement le pied des hauteurs; les zouaves, sous les ordres du colonel Clerc, et l'infanterie de marine, conduite par le colonel Duchâteau, rivalisent d'audace et d'élan. Partout les tirailleurs russes sont débusqués et vigoureusement rejetés sur leurs lignes.

La première division ne rencontre pas d'obstacles moins graves, ni une résistance moins vive sur le point où elle aborde l'Alma, cette rivière profondément encaissée, lui oppose des rives hautes et abruptes. Le génie reçoit l'ordre d'entailler le sol pour faciliter la descente, mais un pareil travail entraînerait un retard que ne peut admettre l'ardeur de nos soldats : les uns se prennent aux plantes, aux racines du bord; d'autres glissent le long des branches d'aulne et de saule qu'ils courbent sous leurs poids. Quelques arbres plus élevés sont abattus et offrent des ponts volants entre les deux rives. Le feu des tirailleurs ennemis, embusqués jusque dans les broussailles du bord opposé, ne peut arrêter l'impétuosité de soldats qui ont triomphé de tels obstacles. En vain le 33e régiment de Moscou accourt-il appuyer les tirailleurs, la rivière est franchie et nos soldats prennent bientôt une offensive qui brise toute résistance. Le hameau, si puissamment occupé à gauche d'Almatamack, est enlevé par le colonel Bourbaki à la tête du 1er zouaves. Les troupes avancées de l'ennemi, démoralisées par les pertes, surtout en officiers, que nos tirailleurs armés de carabines de précision causent dans leurs rangs, se replient précipitamment sur leurs corps. Le 7e régiment de ligne, le 1er et le 9e bataillons de chasseurs à pied et le 1er régiment de zouaves s'élancent à leur poursuite avec une ardeur que n'arrête pas la grêle de projectiles qui couvre ces versants de leurs cadavres.

Le combat n'a pas cessé entre les deux batteries de la seconde division et les vingt-quatre pièces que leur a opposées le prince Menschikoff. Il a pris, au contraire, un caractère qui peut éteindre notre feu dans un désastre. Deux nouvelles batteries à cheval ont été envoyées par le général russe pour appuyer le feu des trois premières.

Ces nouvelles batteries, d'un plus faible calibre, ouvrent heureusement leur feu à une distance qui en diminue l'efficacité ; elles n'en donnent pas moins une formidable supériorité aux volées de l'artillerie russe sur les nôtres. Le sol de nos batteries, labouré par leurs projectiles, se couvre de cadavres ; les roues de nos pièces se creusent des ornières dans une boue de sang ; mais aucun de nos canons n'étant encore démonté, ils n'en continuent pas moins vivement leur tir. Le général russe, étonné de la durée de ce combat et sentant à la vigueur avec laquelle nos divisions centrales refoulent ses tirailleurs, qu'il va bientôt avoir besoin de toutes ses forces, a hâte d'en finir avec cette attaque débordante qui l'inquiète. Il lance aussitôt deux régiments de cavalerie et une sixième batterie, avec ordre de tourner notre position par la droite. Le général Bosquet, ainsi que le commandant Barral et les capitaines Fievet et Marc pénètrent l'intention de ce mouvement et en sentent toute la gravité ; il est manifeste que si cette batterie prend leurs pièces en rouage, c'en est fait de leur résistance. Leurs pièces démontées, ils ne peuvent échapper à la mort qu'en se jetant dans le ravin. Le commandant Barral ordonne de diriger quelques obus sur la tête de cette colonne. Ces coups réussissent : trois obus éclatent au milieu des premiers pelotons et y jettent un instant de confusion ; mais, à la voix des chefs, l'ordre se rétablit et les escadrons continuent leur marche, lorsqu'un nouvel incident les arrête de nouveau. C'est l'apparition du général Bouat, qui atteint en ce moment le plateau, avec sa brigade et la division ottomane. A la vue de ce corps de cavalerie, ce général masse ses troupes et se porte aussitôt en avant, menaçant ainsi l'ennemi, qu'il déborde, sur son flanc gauche et dans sa retraite. Les escadrons russes craignent de se trouver enveloppés et se replient vivement avec la batterie qu'ils accompagnaient. « Allons ! s'écrie le commandant Barral en élevant son képi et en portant ses yeux au ciel, il n'y a pas à en douter, Dieu est avec nous ! » Et nos pièces grondent avec une plus foudroyante vigueur.

L'artillerie russe, au contraire, est bientôt obligée de faire face à d'autres ennemis. Le prince Menschikoff rappelle plusieurs batteries pour les diriger contre nos colonnes de bataille qui débouchent sur le plateau. Le général Bosquet fait aussitôt mettre les avant-trains à ses pièces pour se porter en avant.

L'avalanche de plomb et de fer que les Russes font tourbillonner sur la première et la troisième divisions ne peut arrêter la charge impétueuse de ces troupes. Leurs colonnes, trouées par les boulets et les obus, gravissent ces contreforts rapides, franchissant les vallons, escaladant les pentes à pic, balayant devant elles tout ce qui leur fait obstacle ou danger. La brigade Monet de la 3ᵉ division poursuit les nombreux tirailleurs ennemis la baïonnette dans les reins. Le colonel Clerc, à la tête du 2ᵉ zouaves, rejette sur leurs lignes trois bataillons russes qui couronnaient un des escarpements qu'il franchit. Le 3ᵉ régiment de marins peut montrer comme preuve de son audace les larges trouées que les projectiles ennemis ont faites dans ses rangs, quand il atteint le faîte des hauteurs à gauche de la tour du Télégraphe, au moment même où la première division prend position à sept cents mètres environ à droite de cette tour.

La division Canrobert se forme sur deux lignes par bataillon en colonne pour pouvoir, dans sa marche en avant, se former au besoin en carré, mais elle se trouve sans artillerie. Ses pièces, dans l'impossibilité de monter les versants rapides qu'ont eus à gravir ses soldats, ont dû chercher quelque route praticable ; le commandant Huguenet n'en a trouvé aucune autre que celle du ravin, déjà effondrée par l'artillerie de l'aile droite. Le général Canrobert envoie le capitaine Bar, un de ses officiers d'ordonnance, pour demander au général Bosquet une de ses batteries. La batterie Fiévet, qui venait de rétablir ses avant-trains, part aussitôt pour appuyer la vigoureuse offensive que prend la première division reformée en bataille.

Elle avait besoin de ce secours. Les forces russes, refoulées par nos deux divisions centrales, s'étaient reformées en masse profonde à l'abri des bâtiments du Télégraphe. Le prince Menschikoff crut pouvoir échapper aux dangers de sa position, devenue très-critique, en écrasant la division Canrobert sous cette concentration puissante. Ces troupes, formées en vaste parallélogramme, s'avancent lentement en colonne serrée, protégées par une ondulation de terrain et flanquées par une artillerie nombreuse ; le choc va s'opérer : elles ne sont plus séparées de notre division que par un espace moindre de deux cents mètres, lorsque la batterie Fiévet, dirigée par le commandant Barral, vient établir ses pièces à courte distance de ces masses roulantes, et ouvre sur elles un feu dont tous les boulets les sillonnent et jonchent le sol de javelles de morts. L'hésitation, puis le désordre, s'emparent de cette multitude sous cette canonnade meurtrière. Des compagnies entières se débandent ; en vain les officiers russes, appelant leurs soldats, ranimant les uns, saisissant violemment les autres, reforment-ils les pelotons avec une intrépidité qui leur conquiert l'admiration de leurs ennemis ; les lignes reformées sont aussitôt rompues, et la colonne se voit forcée de se retirer sur le plateau voisin du Télégraphe, où le prince Menschikoff rassemble de nouvelles forces pour repousser l'ardente attaque de la troisième division.

C'est là que va s'accomplir l'effort décisif de la journée ; l'aile gauche et le centre de l'armée russe y sont réunis sous la protection de batteries formidables dont le feu cause dans nos lignes des pertes incessantes. Le prince Napoléon et le général Canrobert comprennent que c'est sur ce point que le général ennemi espère les arrêter et qu'il a accumulé toutes ses chances de succès ; aussi se contentent-ils de l'envelopper d'un profond rideau de tirailleurs, laissant à leurs divisions le temps de se renforcer et de se préparer à enlever de haute lutte cette position formidable. Pendant que le 1er régiment de zouaves et le 1er bataillon de chasseurs à pied, appartenant à la première division, le 2e zouaves et le 3e régiment de marins dirigent un feu terrible sur les lignes ennemies, le prince Napoléon appelle sa 2e brigade pour appuyer l'attaque du général Monet, et l'artillerie de la division Canrobert, par son arrivée, permet à la batterie Fiévet de rejoindre notre aile droite, qui reprend son mouvement tournant sur la gauche des Russes.

Le maréchal de Saint-Arnaud embrasse tous ces mouvements d'un regard rapide, il reconnaît que c'est sur ce plateau, si vigoureusement assailli et si énergiquement défendu, que la victoire est à conquérir. Aussi envoie-t-il un de ses officiers d'ordonnance au général Foret, qui faisait avancer la division de réserve sur l'aile droite pour menacer et couper, avec la division Bosquet, la retraite de l'ennemi, lui portant l'ordre de détacher de la réserve la brigade d'Aurelle, et de l'envoyer se mettre sous les ordres du général Canrobert. Tous ces mouvements s'opèrent avec un enthousiasme, avec un élan qui ne connaît ni difficultés, ni obstacles. L'artillerie gravit elle-même des pentes où les hommes portent souvent les pièces et les caissons que ne peuvent enlever les attelages. Les deux batteries de la réserve atteignent presque à la fois la crête des contreforts. La batterie du capitaine Toussaint, quittant la route tracée, vient s'établir en face même de la tour du Télégraphe, pendant que l'autre, conduite par le commandant La Boussinière, prend position plus à droite. Toutes les forces s'entassent au sommet du plateau, où, de leur côté, sont rassemblés les bataillons russes; un feu meurtrier s'engage, nos troupes essuient des pertes nombreuses; le général Thomas, de la troisième division, est frappé d'une balle, à la tête du 22e léger qu'il conduit en personne; le général Canrobert est lui-même renversé d'un coup d'éclat d'obus; chacun sent pourtant que ce tourbillon de balles et de projectiles, dont se foudroient les deux armées, n'est que le prélude d'une lutte plus terrible, que le moment est venu où vont enfin se heurter ces masses de fer. Le colonel Cler de la division du prince Napoléon, remarquant le trouble que la mitraille et les boulets des batteries de la réserve jettent dans les lignes ennemies, en profite pour entraîner le mouvement offensif prêt à éclater, lançant son cheval en avant à l'angle que forment le 1er et le 2e zouaves. « A moi, mes braves! » leur crie-t-il; et leur montrant de son épée la construction inachevée qui domine le milieu de la position ennemie, « A la tour! » s'écrie-t-il, et il lance son cheval au galop vers ce centre du danger. — « A la tour! à la tour! » répètent tous les zouaves eux-mêmes en s'élançant sur les traces de leur audacieux commandant, et tous se précipitent enthousiastes et dévoués sur les lignes russes qui les reçoivent par un redoublement de feux. Les deux divisions se sont ébranlées à la fois, la baïonnette en avant; et, comme un immense étau qui se referme sur une masse brûlante, elles serrent et brisent les carrés tonnants de l'ennemi dans leur étreinte de fer. Ce fut un moment de mêlée terrible, une de ces mêlées furieuses où le courage emprunte à l'exaltation du combat tous les instincts de destruction de la férocité la plus cruelle. On se prend corps à corps, on se frappe du sabre, de la baïonnette, on s'assomme à coups de crosses de fusil quand on ne peut plus se percer, se faisant de tout des armes de mort. Les Russes reçoivent d'abord ce choc avec fermeté; mais, enfoncés par le redoublement d'efforts que fait éclater leur résistance, ils s'ébranlent, reculent et sont bientôt emportés par un mouvement de retraite que tente de couvrir le feu de leurs canons. Une aigle apparaît en cet instant au sommet de la tour, c'est celle du 1er régiment des zouaves qu'y plante le colonel Cler. Les Russes dirigent aussitôt un feu croisé de mitraille et de boulets sur cette tour; mais rien n'arrête nos soldats. Le sergent-major Fleuri, du 1er zouaves, s'élance au milieu de ce feu terrible, le drapeau de son régiment à la main; il est déjà parvenu au dernier échafaudage de la tour, quand il tombe atteint d'une balle; un autre lui succède, et le noble drapeau déploie glorieusement ses plis au vent des boulets; celui du 39e de ligne y est arboré au même instant par le lieutenant Poitevin, qui aussitôt s'affaisse sur lui-même, frappé en pleine poitrine par un projectile ennemi. « Chacun parmi ces intrépides, dit M. le baron de Bazancourt, semble avoir en soi l'enthousiasme de la mort. »

Cette irrésistible impétuosité a décidé du sort de la journée. Le centre de l'armée alliée en bataille sur le plateau et dirigée par le prince Napoléon et le général Canrobert, qui, revenu de son évanouissement, est accouru, la pâleur de la mort encore sur les traits, reprendre le commandement de sa division, se porte en avant et précipite la retraite de l'ennemi, lorsque le maréchal envoie l'ordre à la troisième division de se porter au secours des Anglais, à qui l'aile droite des Russes, appuyée par des redoutes garnies de pièces de position et par une nombreuse artillerie, fait éprouver des pertes nombreuses.

Les divisions anglaises rencontraient en effet des difficultés formidables; arrivées tardivement sur le champ de bataille, elles avaient renoncé à effectuer sur la droite des Russes un mouvement tournant analogue à celui que le général Bosquet avait opéré sur leur gauche, et avaient abordé de front les positions qu'elles devaient enlever. Cette attaque audacieuse, exécutée avec une fermeté admirable, avait eu à affronter toutes les dispositions défensives que les Russes avaient déployées sur cette partie la plus vulnérable de leur position. Nous allons laisser lord Raglan raconter lui-même la sanglante et glorieuse coopération apportée par l'armée anglaise au succès de cette journée historique.

« Afin qu'on apprécie la bravoure déployée par les soldats de Sa Majesté britannique et les difficultés qu'ils avaient à vaincre, dit ce général, je crois convenable, au risque de rendre mon récit ennuyeux, de décrire à Votre Grâce la position occupée par les Russes. Elle traversait la route à deux milles et demi environ de la mer et elle était très-forte naturellement. La suite des collines abruptes de 350 à 400 pieds de haut qui, à partir de la mer, longent l'Alma, s'arrête à ce point et formait la gauche des Russes, puis elle tourne en amphithéâtre autour d'une large vallée et se termine à une hauteur occupée par la droite et d'où on descend dans la plaine par une pente moins rapide.

« Cette position a une étendue de deux milles environ. Vers la gorge de cette grande ouverture se trouve une rangée de collines plus basses de diverses hauteurs, de 60 à 150 pieds, parallèles à la rivière, d'où elles sont éloignées à la distance de 600 à 800 yards. La rivière est en général guéable, mais ses bords sont difficiles et élevés sur plusieurs points. L'ennemi avait coupé les saules qui la bordaient, afin qu'ils ne pussent couvrir l'attaque, et en un mot, on avait fait tout ce qui était possible pour priver une armée assaillante de toute espèce d'abri.

« En face de la position sur la rive droite, à 200 yards environ de l'Alma, se trouve le village de Bourliouk, et près de là un pont de bois, détruit en partie par l'ennemi. Le point qui terminait les grandes collines, et où aboutissaient les collines plus basses dont j'ai parlé, était la clef de la position, et on y avait accumulé tous les moyens de défense. A mi-chemin et en face de ce point, une tranchée longue de plusieurs centaines de yards défendait les abords par le passage le plus direct et le plus facile. Sur la rive droite, un peu en arrière, une puissante batterie armée de canons de position couvrait la droite. Il y avait de l'artillerie sur tous les points qui dominaient le mieux le passage de la rivière et ses approches en général. Sur la pente de ces collines, qui forment une sorte de plateau, se trouvaient des masses d'infanterie ennemie, tandis que sur les hauteurs était la grande réserve, montant, à ce que je puis croire, à 45 ou 50,000 hommes.

« Les armées combinées s'avançaient sur la même ligne, celle de Sa Majesté sur deux rangs contigus avec le front des deux divisions couvert par l'infanterie légère et une batterie d'artillerie à cheval. La 2e division, commandée par le lieutenant général de Lacy-Evans, formait la droite et touchait la gauche de la 3e division de l'armée française, commandée par S. A. I. le prince Napoléon. La division légère, commandée par le lieutenant général sir George Brown, occupait la gauche. En seconde ligne se trouvaient derrière sir de Lacy-Evans la 3e division, commandée par le lieutenant général sir Richard England, et à gauche la 1re division, commandée par S. A. R. le duc de Cambridge. La 4e division, commandée par le lieutenant général sir George Cathcart, et la cavalerie, commandée par le major général comte de Lucan, restaient en réserve pour couvrir le flanc gauche et les derrières contre un corps considérable de cavalerie ennemie que l'on avait aperçu dans cette direction.

« En arrivant sous le feu du canon, qui bientôt devint formidable, les deux premières divisions se mirent en ligne pour attaquer le front de la position ennemie, et les deux divisions de la seconde ligne appuyèrent ce mouvement. A peine avaient-elles pris position que le village de Bourliouk, en face de notre centre gauche, fut incendié par l'ennemi, ce qui créa une masse de feu de 300 yards environ, qui nous cachait la position de l'ennemi, et par laquelle il était impossible de passer. Deux régiments de la brigade du général Adams, faisant partie de la division de sir de Lacy-Evans, durent traverser la rivière à droite par un gué profond et difficile sous un feu vif, tandis que la première brigade, sous les ordres du major général Pennefather, et le troisième régiment de la brigade Adams passaient, à gauche du village incendié, sous le feu de l'artillerie ennemie et appuyaient sur la gauche avec beaucoup de bravoure et de solidité. Cependant la division légère, commandée par sir George Brown, franchissait l'Alma, droit en face de l'ennemi.

« Les bords de la rivière, escarpés et dentelés, étaient eux-mêmes un très-sérieux obstacle, et les vignes à travers lesquelles il fallait passer, les arbres que les Russes avaient abattus, créaient autant d'obstacles qui rendaient toute formation régulière, sous un feu très-vif, à peu près impossible. Le lieutenant général sir George Brown marcha à l'ennemi dans ces conditions très-défavorables, il persévéra dans cette opération difficile; et la première brigade, sous les ordres du major général Codrington, soutenue par un mouvement judicieux du général de brigade Buller, sur la gauche, et par celui de quatre compagnies de la brigade de chasseurs commandées par le major Norcotts, qui promet d'être un excellent officier de troupes légères, réussit à enlever une redoute.

« Le feu nourri de mitraille et de mousqueterie auquel les troupes étaient exposées et les pertes subies par le 7e, le 23e et le 33e obligèrent cette brigade à abandonner une partie de ce qu'elle avait pris. Pendant ce temps, le duc de Cambridge était parvenu à passer la rivière et était venu appuyer le mouvement. Une charge brillante de la brigade des gardes à pied, commandée par le major général Bentinck, chassa l'ennemi et nous assura la possession de cette position. La brigade des highlanders, commandée par le major général sir Colin Campbell, s'avança dans un ordre admirable et avec fermeté, en même temps que les gardes, sur les hauteurs de gauche ; et la brigade du major général Pennefather, qui s'était jointe à la droite de la division légère, força l'ennemi à abandonner complétement la position qu'il avait eu tant de mal à occuper et à défendre. Le 95e régiment, qui, dans le mouvement en avant, touchait immédiatement à droite les fusiliers royaux, a fait, comme ce corps, des pertes immenses.

« L'artillerie royale a été d'un grand secours dans ces diverses opérations. Les efforts des officiers pour mettre les canons en position ne se sont pas ralentis un seul instant, et la précision de leur feu n'a pas peu contribué aux résultats de la journée. Le lieutenant général sir Richard England a soutenu, avec sa division, les troupes de la première ligne, et le lieutenant général sir George Cathcart a veillé sur le flanc gauche.

« La nature du terrain n'a pas permis à la cavalerie commandée par lord Lucan de se déployer, mais elle a servi à faire des prisonniers à la fin de la journée. Par les détails de ces opérations, sur lesquelles je me suis étendu autant qu'il est possible dans une dépêche, Votre Grâce verra que les généraux et officiers engagés ont eu à faire des efforts extraordinaires, et j'ai le plaisir de les recommander à la bienveillance de Votre Grâce.

« La manière dont le lieutenant général sir George Brown a conduit sa division dans des circonstances très-difficiles, exige l'expression de ma plus vive approbation. Le feu auquel cette division a été exposée, les difficultés qu'il lui a fallu vaincre prouvent qu'il a fait tout ce qu'il était possible de faire pour s'acquitter de son devoir.

« Je dois parler dans les mêmes termes du lieutenant général sir de Lacy-Evans, qui a de même conduit sa division à ma complète satisfaction et a montré autant de sang-froid que de jugement dans l'exécution d'une opération très-difficile.

« S. A. R. le duc de Cambridge a soutenu la division légère avec beaucoup d'habileté, et a eu pour la première fois l'occasion de montrer à l'ennemi son dévouement à Sa Majesté et à l'armée dont il fait partie avec tant de distinction.

« Je dois les plus vifs remercîments au lieutenant général sir Richard England, au lieutenant général sir George Cathcart, au lieutenant général comte de Lucan, pour l'appui qu'ils ont donné partout où il en a été besoin, et je dois recommander à l'attention spéciale de Votre Grâce la conduite distinguée du major général Bentinck, du major général sir Colin Campbell, du major général Pennefather, du major général Codrington, du brigadier général Adams et du brigadier général Buller. »

Il est facile de reconnaître, dans le rapport du général anglais, les grands traits qu'offrit sur le point abordé par ses soldats cette bataille sanglante. Ils attaquaient le côté faible de la position des Russes, ce qui explique les fortifications dont ce terrain avait été protégé et couvert. Un incident survenu le jour même avait contribué à développer les forces qu'ils avaient eu à combattre : le prince Menschikoff qui, dès le matin, épiait, la lunette à la main, les opérations des alliés, avait remarqué la marche hardie et découverte de la deuxième division, et du contingent turc, puis leur halte subite au moment même où, ayant débouché dans la plaine, ils eussent dû dessiner leur mouvement avec plus de rapidité et de vigueur ; il n'avait pas été moins frappé de la marche lente et discrète des colonnes anglaises. Ne comprenant pas que c'était justement la lenteur du mouvement des forces britanniques qui avait nécessité la halte de l'aile droite alliée, le général russe s'était persuadé, au contraire, que la marche de la division Bosquet était une feinte, une diversion, dont l'objet unique était d'attirer son attention sur la ligne littorale où l'armée russe était si bien couverte par l'escarpement et la hauteur de ses falaises, pendant que l'attaque réelle se préparait mystérieusement, s'approchait avec précaution et lenteur pour se ruer à l'improviste sur l'est de sa position. Dans cette pensée, il avait dirigé sur son extrême droite plusieurs corps qu'il avait d'abord postés pour couvrir sa gauche. De là le nombre imposant d'ennemis que les Anglais avaient rencontré devant eux, et l'énergique résistance contre laquelle ils étaient venus se heurter.

Brisées une première fois sous le feu foudroyant des batteries, contre lesquelles elles s'étaient portées avec une froide résolution, leurs colonnes s'étaient reformées sur leur seconde ligne et s'étaient avancées avec la même fermeté sur les positions ennemies, le combat s'était engagé de nouveau avec un acharnement cruel. Non seulement les Russes avaient soutenu ce choc farouche sans fléchir, mais, enthousiasmés par un premier succès, ils s'élançaient en colonnes serrées, la baïonnette en avant, sur les divisions britan-

Infanterie.
Tenue de Guerre.
1855.

niques que débordait déjà leur cavalerie, et qui se trouvaient gravement menacées, lorsque les ordres du maréchal de Saint-Arnaud avaient lancé à leur secours la division victorieuse du prince Napoléon et l'artillerie de la réserve.

Le colonel de La Boussinière était parti, avec la batterie Toussaint, au galop de ses attelages, et était venu établir ses pièces à quatre cents mètres environ des troupes ennemies. Malgré les balles et les boulets qui se croisent aussitôt sur ses hommes, il ouvre un feu à mitraille qui jette la mort et le désordre dans les masses russes.

Cette attaque de flanc leur révèle que c'en est fait pour la Russie du succès de la journée. La retraite de leur corps de bataille a pu seule les laisser ainsi à découvert; leur mouvement offensif s'arrête, elles hésitent un instant. Les Anglais, au contraire, redoublent de fermeté et de vigueur. Le major général Bentinck enlève la brigade des gardes à pied et attaque de front la redoute qui couvre la ligne ennemie, tandis que la brigade de highlanders, dirigée par le général sir Colin Campbell, se porte, l'arme au bras, les cornemuses en tête, sur le flanc droit de ces fortifications, s'arrête à quelques pas de l'ennemi, le foudroie d'une décharge à bout portant, et fond sur lui à la baïonnette, et que la division légère de sir George Brown déborde elle-même sur ces hauteurs. La troisième division de l'armée française, qui arrivait au pas gymnastique, s'arrête à la vue de ce mouvement heureux et le salue de ses acclamations. La victoire est aux alliés.

Le prince Menschikoff ne songe plus qu'à opérer sa retraite sans désordre. Il dérobe sa gauche à la division Bosquet, dont l'artillerie et la mousqueterie le harcèlent, et couvrant ses derrières par une brigade de hussards, appuyée par une partie de l'infanterie dont il avait formé sa réserve, il parvient à se retirer, emmenant toute son artillerie, même les pièces de position dont il avait armé ses redoutes.

Quatre heures avaient suffi à notre armée pour obtenir un triomphe que le général russe avait cru tellement impossible qu'il avait convié la société aristocratique de Sébastopol à venir assister à notre défaite. Ce fut un singulier spectacle que de voir, au moment où les troupes russes rejetées de leurs positions étaient forcées de se replier sur la Katcha, des calèches pleines de jeunes dames, en toilettes éclatantes et accompagnées d'élégantes amazones et de brillants cavaliers, s'éloigner précipitamment, franchissant au galop de leurs attelages à la Daumont des terrains où ricochaient les boulets et éclataient les obus.

Un épisode intéressant marqua la fin de cette journée. Le commandant de la Boussinière s'était porté en avant avec les batteries de la réserve pour repousser les retours offensifs que la cavalerie russe pouvait tenter afin de couvrir la retraite de son infanterie, ralentie par l'enlèvement d'un matériel nombreux, lorsqu'il voit s'élancer à la suite de l'armée russe une riche voiture attelée de trois chevaux de front. Le postillon, reconnaissant notre artillerie, change vivement la direction de sa course, mais le commandant français s'élance à sa poursuite avec une vingtaine d'artilleurs à cheval et l'atteint à cent mètres environ des escadrons russes, auxquels un pli de terrain dérobe la connaissance de cet incident. Quelques coups de feu furent échangés entre les artilleurs et cinq personnes qui se trouvaient dans la voiture. Mais toute résistance étant inutile, elles cédèrent; la voiture fut dirigée vers le quartier général. On connut bientôt l'importance de cette capture : cette voiture était celle du prince Menschikoff, celle dans laquelle il s'était montré pendant son orgueilleuse ambassade à Constantinople. On trouva dans l'une des poches un portefeuille rempli de documents précieux constatant la confiance qu'il avait dans ses armes.

Cependant le maréchal de Saint-Arnaud, qui, monté à cheval dès le matin, n'avait cessé, malgré le délabrement de sa santé, de parcourir toute sa ligne, l'embrassant de son regard, l'animant de ses ordres, l'équilibrant, en maintenant les forces de chacune de ses parties au niveau de son importance et de ses dangers, ne voulut pas rentrer dans sa tente, qui fut dressée près de la tour du Télégraphe sur l'emplacement où s'élevait peu auparavant celle du prince Menschikoff, sans avoir passé ses troupes en revue sur le théâtre même de leur victoire. Ce fut un instant solennel que celui où, les traits rayonnants sous la pâleur livide dont les voilaient la maladie et l'épuisement, il passa devant le front de ces bataillons dont la mort avait si manifestement resserré les lignes. Il fut accueilli partout avec de vives acclamations, qui tout le jour avaient retenti sur son passage; acclamations auxquelles s'associaient les blessés eux-mêmes. C'était, après l'animation du combat, l'enthousiasme de la victoire que l'enivrement, produit par l'âcre parfum de la poudre, maintenait encore dans toute son exaltation, malgré la vue des morts et des blessés dont était spécialement couvert ce plateau.

L'enthousiasme fut, du reste, le caractère que ne cessa de présenter ce jour glorieux. C'était la première fois, depuis 1815, que notre armée se trouvait sur un vaste champ de bataille, et l'on eût dit que, sûre d'elle-même, elle se sentait heureuse de donner à ses aigles nouvelles la glorieuse consécration que celles du premier empire avaient trouvée sur tant de champs de victoire. Elle s'était, du reste, montrée au niveau de tout ce que le pays avait pu espérer d'elle, non seulement pour le courage, pour l'élan et pour l'intrépidité, mais encore pour ce sang-froid et ces mille qualités instinctives qui, autant que la tactique, constituent l'homme de guerre, constituent le soldat. « On ne saurait se faire une idée, écrivait un témoin de cette lutte acharnée, de la manière prodigieuse dont nos soldats combattent, attaquant avec une résolution inouïe, mais aussi avec une intelligence merveilleuse. Sont-ils devant une batterie, vous les voyez s'éparpiller en tirailleurs et tuer au loin sans exposer une masse saisissable, de même devant des carrés ennemis; puis s'il faut charger, quand ils ont jeté le désordre dans une colonne, vous les voyez former un bloc subit et s'élancer à la baïonnette. »

Lorsque le maréchal revint à sa tente, ce ne fut pas pour y prendre un repos dont son corps brisé avait un si urgent besoin, ce fut pour adresser ses félicitations à ses troupes et pour transmettre à l'Empereur lui-même la nouvelle et le récit de sa victoire.

Voici la proclamation qu'il fit distribuer le soir même à son armée :

« Soldats !

« La France et l'Empereur seront contents de vous.

« A Alma vous avez prouvé aux Russes que vous étiez les dignes fils des vainqueurs d'Eylau et de la Moscowa, vous avez rivalisé de courage avec vos alliés les Anglais, et vos baïonnettes ont enlevé des positions formidables et bien défendues.

« Soldats, vous rencontrerez encore les Russes sur votre chemin ; vous les vaincrez encore comme vous avez fait aujourd'hui au cri de : *Vive l'Empereur !* et vous ne vous arrêterez qu'à Sébastopol. C'est là que vous jouirez d'un repos que vous aurez bien mérité.

« Le maréchal DE SAINT-ARNAUD. »

Champ de bataille d'Alma, le 20 septembre 1854.

Il rédigea ensuite pour l'Empereur le rapport suivant qui restera un des monuments historiques de cette journée célèbre.

Au quartier général à Alma, champ de bataille d'Alma, le 21 septembre 1854.

« Sire,

« Le canon de Votre Majesté a parlé !... Nous avons remporté une victoire complète. C'est une belle journée, Sire, à ajouter aux fastes militaires de la France, et Votre Majesté aura un nom de plus à joindre aux victoires qui ornent les drapeaux de l'armée française.

« Les Russes avaient réuni hier toutes leurs forces, tous leurs moyens pour s'opposer au passage de l'Alma. Le prince Menschikoff les commandait en personne. Toutes les hauteurs étaient garnies de redoutes et de batteries formidables.

« L'armée russe comptait 40,000 baïonnettes venues de tous les points de la Crimée. Le matin il en arrivait encore de Théodosie... 6,000 chevaux, 180 pièces de canon de campagne ou de position.

« Des hauteurs qu'ils occupaient les Russes pouvaient nous compter homme par homme depuis le 19 au moment où nous sommes arrivés sur le Bubbanach.

« Le 20, dès six heures du matin, j'ai fait opérer par la division Bosquet, renforcée de huit bataillons turcs, un mouvement tournant qui enveloppait la gauche des Russes et tournait quelques-unes de leurs batteries.

« Le général Bosquet a manœuvré avec autant d'intelligence que de bravoure. Ce mouvement a décidé du succès de la journée.

« J'avais engagé les Anglais à se prolonger sur leur gauche pour menacer en même temps la droite des Russes pendant que je les occuperais au centre ; mais leurs troupes ne sont arrivées en ligne qu'à dix heures et demie. Elles ont bravement réparé ce retard. A midi et demi la ligne de l'armée alliée, occupant une étendue de plus d'une grande lieue, arrivait sur l'Alma, et elle était reçue par un feu terrible de tirailleurs.

« Dans ce mouvement la tête de la colonne Bosquet paraissait sur les hauteurs, je donnai le signal de l'attaque générale.

« L'Alma fut traversée au pas de charge. Le prince Napoléon, à la tête de sa division, s'emparait du gros village d'Alma sous le feu des batteries russes. Le prince s'est montré digne en tout du beau nom qu'il porte. On arrivait en bas des hauteurs sous le feu des batteries ennemies.

« Là, Sire, a commencé une vraie bataille sur toute la ligne, bataille avec ses épisodes de brillants hauts faits et de valeur. Votre Majesté peut être fière de ses soldats, ils n'ont pas dégénéré : ce sont les soldats d'Austerlitz et d'Iéna.

« A quatre heures et demie l'armée était victorieuse partout.

« Toutes les positions avaient été enlevées à la baïonnette au cri de *Vive l'Empereur!* qui a retenti toute la journée. Jamais je n'ai vu d'enthousiasme semblable ; les blessés se soulevaient de terre pour crier. A notre gauche les Anglais rencontraient de grosses masses et éprouvaient de grandes difficultés, mais tout a été surmonté.

« Les Anglais ont abordé les positions russes dans un ordre admirable sous le canon, les ont enlevées et ont chassé les Russes.

« Lord Raglan est d'une bravoure antique, au milieu des boulets et des balles, c'est le même calme qui ne l'abandonne jamais.

« Les lignes françaises se formaient sur les hauteurs en débordant la gauche russe, l'artillerie ouvrait son feu. Alors ce ne fut plus une retraite, mais une déroute : les Russes jetaient leurs fusils et leurs sacs pour mieux courir.

« Si j'avais eu de la cavalerie, Sire, j'obtenais des résultats immenses, et Menschikoff n'aurait plus d'armée ; mais il était tard, nos troupes étaient harassées, les munitions d'artillerie s'épuisaient, nous avons campé à six heures du soir sur le bivouac même des Russes.

« Ma tente est sur l'emplacement même de celle qu'occupait le prince Menschikoff, qui se croyait si sûr de nous arrêter et de nous battre, qu'il avait laissé sa voiture. Je l'ai prise avec son portefeuille et sa correspondance, je profiterai des renseignements précieux que j'y trouve.

« L'armée russe aura pu probablement se rallier à deux lieues d'ici, et je la trouverai demain sur la Katcha, mais battue et démoralisée, tandis que l'armée alliée est pleine d'ardeur et d'élan. Il m'a fallu rester ici aujourd'hui pour évacuer nos blessés et les blessés russes sur Constantinople, et reprendre à bord de la flotte des munitions et des vivres.

« Les Anglais ont eu 1,500 hommes hors de combat. Le duc de Cambridge se porte bien ; sa division et celle de sir J. Brown ont été superbes. Moi, j'ai à regretter environ 1,200 hommes hors de combat, 3 officiers tués, 54 blessés, 253 sous-officiers et soldats tués, 1,033 blessés.

« Le général Canrobert, auquel revient en partie l'honneur de la journée, a été blessé légèrement par un éclat d'obus qui l'a atteint à la poitrine et à la main : il va très-bien. Le général Thomas, de la division du prince, a reçu une balle dans le bas-ventre, blessure grave. Les Russes ont perdu environ 5,000 hommes. Le champ de bataille est jonché de leurs morts, nos ambulances sont pleines de blessés. Nous avons compté une proportion de sept cadavres russes pour un cadavre français.

« L'artillerie russe nous a fait du mal, mais la nôtre lui est bien supérieure. Je regretterai toute ma vie de ne pas avoir eu seulement mes deux régiments de chasseurs d'Afrique. Les zouaves se sont fait admirer des deux armées; ce sont les premiers soldats du monde.

« Veuillez agréer, Sire, l'hommage de mon profond respect et de mon entier dévouement.

« Maréchal A. DE SAINT-ARNAUD. »

Dès le lendemain il adressa au ministre de la guerre un rapport rempli de détails du plus vif intérêt. Nous lui empruntons les parties les plus saillantes.

« La rivière Alma offre un cours sinueux, très-encaissé; les gués sont très-difficiles et rares. Les Russes avaient posté dans le fond de la vallée couverte d'arbres, de jardins et de maisons, et dans le village de Bourliouck une masse de tirailleurs, bien couverts, armés de carabines de précision, et qui ont reçu nos têtes de colonnes par un feu très-vif et très-incommode. Le mouvement tournant du général Bosquet, commandant la 2e division, que cet officier général a exécuté sur la droite avec beaucoup d'intelligence et de vigueur, avait heureusement préparé la marche en avant directe des deux autres divisions et de l'armée anglaise. Néanmoins, la position de cet officier général, qui s'est longtemps trouvé sur la hauteur avec une seule brigade, pouvait être compromise dans son isolement, et le général Canrobert dut faire une pointe vigoureuse pour l'appuyer. — Je le fis soutenir par une brigade de la 4e division qui était en réserve, pendant que l'autre brigade de cette même division, suivant le général Bosquet, allait se mettre à son appui.

« La 3e division marchait droit au centre des positions, ayant à sa gauche l'armée anglaise. Il avait été entendu avec lord Raglan que ses troupes opéreraient à leur gauche un mouvement tournant analogue à celui que le général Bosquet effectuait sur la droite. Mais incessamment menacée par la cavalerie et débordée par des troupes ennemies postées sur les hauteurs, la gauche de l'armée anglaise dut renoncer à réaliser cette partie du programme.

« Le mouvement général se prononça au moment où le général Bosquet, protégé par la flotte, apparut sur les hauteurs. — Les jardins, d'où s'échappait un feu très-vif des tirailleurs russes, ne tardèrent pas à être occupés par la ligne des nôtres. — Notre artillerie s'approcha à son tour des jardins, et commença à canonner vivement les bataillons russes qui s'échelonnaient sur les pentes pour appuyer leurs tirailleurs en retraite. Les nôtres, les pressant avec une audace incroyable, les suivaient sur les pentes, et je ne tardai pas à lancer une première ligne à travers les jardins. Chacun passa où il put, et nos colonnes gravirent les hauteurs sous un feu de mousqueterie et de canons qui ne put ralentir leur marche. — Les crêtes furent couronnées, et je lançai ma deuxième ligne à l'appui de la première, qui se jetait en avant au cri de *Vive l'Empereur!*

« L'artillerie de réserve s'était, à son tour, portée en avant avec une rapidité que les obstacles de la rivière et la raideur des pentes rendaient difficile à comprendre. Les bataillons ennemis, refoulés sur le plateau, ne tardèrent pas à échanger avec nos lignes une canonnade et une fusillade qui se terminèrent par leur retraite définitive en très-mauvais ordre, que la présence de quelques milliers de chevaux m'aurait facilement permis de convertir en déroute. La nuit arrivait, et je dus songer à m'établir pour le bivouac à portée de l'eau.

« Je campai sur le champ de bataille même, pendant que l'ennemi disparaissait à l'horizon, laissant le terrain jonché de ses morts et de ses blessés, dont il avait cependant emmené un grand nombre.

« Pendant que ces événements se passaient sur la droite et au centre, les lignes de l'armée anglaise franchissaient la rivière en avant du village de Bourliouck et se portaient sur les positions que les Russes avaient fortifiées et où ils avaient concentré des masses considérables, car ils n'avaient pas jugé que les pentes rapides comprises entre ce point et la mer et couvertes par un fossé naturel pussent être occupées de vive force par nos troupes. L'armée anglaise rencontra donc une résistance très-solidement organisée. Le combat qu'elle a livré a été des plus vifs et fait le plus grand honneur à nos alliés.

« En résumé, monsieur le maréchal, la bataille d'Alma, dans laquelle plus de 120,000 hommes, avec 180 pièces de canon, ont été engagés, est une brillante victoire, et l'armée russe ne s'en serait pas relevée si, comme je l'ai dit plus haut, j'avais eu de la cavalerie pour enlever les masses d'infanterie démoralisées et tout à fait décousues qui se retiraient devant nous.

« Cette bataille consacre d'une manière éclatante la supériorité de nos armes au début de cette guerre. Elle a au plus haut point déconcerté la confiance que l'armée russe avait en elle-même, et surtout dans les positions préparées de longue main, où elle nous attendait. Cette armée se composait des 16e et 17e divisions d'infanterie russe, d'une brigade de la 13e, d'une brigade de la 14e division de réserve, des chasseurs à pied du 6e corps, armés de fusils à tige tirant des balles oblongues, de quatre brigades d'artillerie dont deux à cheval, et d'une batterie tirée du parc de réserve de siége, comprenant 12 pièces de gros calibre. La cavalerie était forte d'environ 5,000 chevaux, et l'ensemble peut être évalué à 50,000 hommes environ, que commandait le prince Menschikoff en personne. »

La victoire était si manifeste que la Russie, habituée à nier devant ses peuples les défaites de ses armées, la Russie, qui avait fait chanter dans ses églises des *Te Deum* pour ses triomphes d'Austerlitz et de la Moscowa, dut en faire l'aveu dans ses journaux. Ce fut le journal de Saint-Pétersbourg qui en porta le premier retentissement officiel dans l'opinion publique. Voici en quels termes :

« L'aide-de-camp général prince Menschikoff a rendu compte à Sa Majesté l'Empereur que le 20 septembre le corps anglo-français descendu en Crimée s'est approché de la position que nous occupions sur la rivière Alma près du village de Bourliouk. Nos troupes ont repoussé pendant plusieurs heures les attaques opiniâtres de l'ennemi : toutefois, menacées sur leurs deux flancs par les forces nombreuses de celui-ci et particulièrement par ses vaisseaux, elles ont été ramenées vers le soir au-delà de la rivière Katcha, et le lendemain ont pris position en avant de Sébastopol.

« Après avoir pris toutes ses mesures pour la défense, le prince Menschikoff se préparait à opposer une vive résistance à l'ennemi. »

Le maréchal Paskiewitch l'annonça lui-même à la Pologne par cette brève publication :

« Le 20 septembre une rencontre a eu lieu entre nos troupes et celles des alliés sur les bords de l'Alma. Le prince Menschikoff, réalisant son plan de campagne d'engager seulement au combat l'avant-garde de son armée et de se replier sur Sébastopol, a conduit les troupes sous ses ordres aux abords de la forteresse et y a pris une forte position. On croyait que d'autres combats auraient encore lieu sous peu de jours. Nous avons perdu sur l'Alma 1,000 hommes tués et blessés, mais l'ennemi nous ayant attaqués dans nos retranchements et sous le feu de toutes nos batteries doit avoir nécessairement éprouvé des pertes bien plus considérables. »

L'orgueil russe cherchait seulement à atténuer la gravité de la défaite et à en dissimuler les pertes ; il dut bientôt en venir à des aveux plus complets. Le rapport du prince Menschikoff fut livré à la publicité. Voici cette pièce importante : elle est écrite avec une sincérité relative à laquelle ne nous avaient pas habitués les communications russes antérieures :

« Le 13 septembre (chronologie vulgaire) à la première nouvelle de l'apparition d'une nombreuse flotte ennemie en vue du cap Loukoul, l'aide-de-camp général prince Menschikoff fit des dispositions pour concentrer sur la rivière de l'Alma les troupes soumises à son commandement. Tandis que ces troupes se portaient de divers points de la péninsule vers la position choisie, des forces ennemies considérables, composées de troupes anglaises, françaises et turques, exécutèrent, le 14, leur descente près des lacs salants d'Eupatoria, et, après avoir établi un camp, ne firent aucun mouvement pendant plusieurs jours.

« Le 19 seulement, l'ennemi fit une reconnaissance avec des forces considérables dans la direction de l'Alma. La 2ᵉ brigade de la 17ᵉ division de cavalerie légère et neuf sotnias de Cosaques avec une batterie d'artillerie à cheval du Don, furent envoyées à sa rencontre. Après une escarmouche peu importante, l'ennemi se replia sur la rivière Bouïanak ; et notre avant-garde revint prendre son poste sur la position générale de bataille derrière l'Alma.

« Le lendemain 8 (20) septembre l'ennemi attaqua cette position avec toutes ses forces, et, après un combat opiniâtre, nos troupes furent obligées de céder à l'avantage du nombre et se retirèrent au-delà de la rivière de la Katcha.

Les alliés ne les poursuivirent presque pas, ayant éprouvé eux-mêmes des pertes considérables dans le combat.

« Voici la relation de cette affaire :

« Le prince Menschikoff occupait une position sur la rive gauche de l'Alma avec 42 bataillons, 16 escadrons et 84 pièces.

« Infanterie : 8 bataillons et 16 pièces de la 14e division d'infanterie, 16 bataillons et 36 pièces de la 16e division, 12 bataillons et 24 pièces de la 17e division, 4 bataillons de la brigade de réserve de la 13e division, le 6e bataillon de tirailleurs, le 6e bataillon combiné de sapeurs et de marins; cavalerie : la 2e brigade (hussards) de la 6e division de cavalerie légère, avec la batterie légère n° 12 d'artillerie à cheval et la batterie n° 4 d'artillerie du Don.

« Le centre de l'ordre de bataille était formé sur le bord de la berge escarpée de la rivière vis-à-vis du village de Bourliouk, et l'aile gauche sur une hauteur à environ deux verstes de la mer ; l'aile droite formait la partie la plus faible de la position. En avant de la ligne de bataille, sur la rive droite de la rivière, le village de Bourliouk et les vignobles les plus voisins étaient occupés par des tirailleurs. En réserve, derrière le centre, étaient postés trois régiments d'infanterie (de Volhynie, de Minsk et de Moscou) avec deux batteries légères à pied ; sur leur droite les deux régiments de hussards avec deux batteries légères à pied; sur leur gauche les deux régiments de hussards avec deux batteries à cheval et derrière l'aile droite le régiment de chasseurs d'Ouglitch. Un bataillon de réserve (du régiment de Minsk) avait été détaché pour occuper le village d'Ouloukoul en arrière du flanc gauche de la position, tout près du rivage de la mer.

« A midi les ennemis se portèrent sur l'Alma et attaquèrent résolûment notre position. Leur aile droite était formée par les Français et leur aile gauche par les Anglais.

« L'armée turque était restée en réserve derrière les troupes françaises.

« Les uns et les autres s'avancèrent avec précision en lignes déployées sous la protection d'une chaîne épaisse de tirailleurs armés de carabines. Nos tirailleurs reçurent l'ennemi par un feu bien dirigé, et en peu d'instants une vive fusillade s'engagea sur toute la ligne de bataille. Dès le commencement du combat les nombreux tirailleurs ennemis, armés de carabines à balles coniques, firent de grands ravages dans nos rangs. Un grand nombre de commandants tombèrent les premiers victimes de cette arme meurtrière, et cette circonstance exerça nécessairement une grande influence sur la marche ultérieure du combat.

« Après avoir occupé les vignobles de la rive droite de l'Alma, les bataillons ennemis se formèrent en colonnes, passèrent la rivière et se déployèrent de nouveau en ligne de l'autre côté malgré le feu constant de nos batteries. Le prince Menschikoff donna ordre à la première ligne de recevoir l'ennemi à la baïonnette pour le rejeter sur la rivière. A plusieurs reprises nos bataillons, précédés de leurs intrépides chefs, se précipitèrent à la charge, baïonnette en avant, mais chaque fois accueillis par le terrible feu roulant de la ligne déployée, ou par l'épaisse chaîne de tirailleurs à carabines, ils furent repoussés avec de grandes pertes. L'infanterie ennemie supportait avec fermeté et sans broncher le feu parfaitement dirigé de notre artillerie; les bataillons déployés se couchaient à terre et s'abritaient derrière les accidents de terrain, tandis que leurs tirailleurs fusillaient nos artilleurs. Dans une de nos divisions de huit pièces tous les servants et tous les chevaux furent jetés sur le carreau.

« Pendant que ce combat acharné avait lieu au centre de la position et à notre aile droite, l'aile gauche, malgré la distance où elle se trouvait de la mer, était atteinte par les projectiles de la flotte. A l'abri du feu de cette artillerie marine une colonne française ayant en tête des troupes d'Afrique (nommées zouaves) traversa la vallée de l'Alma près du rivage de la mer et gravit rapidement la falaise par un sentier à peine tracé le long d'un étroit ravin. L'apparition de ces troupes sur notre flanc et presque même sur nos derrières obligea le prince Menschikoff à faire avancer de la réserve les régiments de Minsk et de Moscou avec quelques escadrons de hussards; mais les Français étaient déjà parvenus à établir sur les hauteurs une batterie qui accueillit nos réserves par un feu très-vif. Ces deux régiments furent contraints de se replier.

« Alors le prince Menschikoff, voyant son aile gauche tournée, le centre et l'aile droite ne pouvant plus se maintenir à la suite des pertes énormes qu'ils avaient faites, commença à ramener toutes ses troupes vers la Katcha. Afin de couvrir leur retraite, il fit avancer la brigade de hussards. Cette mesure et peut-être aussi les pertes considérables qu'il devait avoir éprouvées empêchèrent l'ennemi de le poursuivre. Il resta sur l'Alma, et nos troupes, passé minuit, traversèrent la Katcha.

« Dans ce combat sanglant les deux partis ont considérablement souffert. Nous avons eu 1,762 hommes tués, 2,315 blessés et 405 atteints de contusions. 45 officiers supérieurs et subalternes sont au nombre des morts. Parmi les blessés on compte 4 généraux (le lieutenant général Kvitsinsky, chef de la 16e division ; le général major Stchkanoff, commandant la brigade de la même division; le général major Goguinoff, commandant de brigade de la 17e division, et le général major Kourtianoff, commandant du régiment d'infanterie de Moscou) et 96 officiers supérieurs et subalternes.

« La perte de l'ennemi n'est pas connue avec certitude. D'après quelques rapports, elle surpasserait même la nôtre; mais dans tous les cas il est impossible que l'attaque opiniâtre de leurs bataillons sous la grêle de nos boulets et de notre mitraille n'ait également coûté fort cher aux alliés. »

La victoire a son côté sinistre ; ce côté, que l'armée alliée avait pu entrevoir dans la soirée du 20, s'offrit le lendemain dans sa réalité sanglante. La journée du 21 fut consacrée à recueillir les blessés et à enterrer les morts.

« Les coteaux de Greenwich , lit-on dans une correspondance anglaise, ne sont pas plus couverts de créatures humaines un jour de fête, que les hauteurs de l'Alma ne l'étaient de morts et de mourants; sur ces collines sanglaules étaient couchés, à l'est, 2,196 Anglais et plus de 3,000 Russes, et à l'ouest, 1,400 Français et plus de 3,000 Russes... Un grand nombre de Russes portaient à leur cou de petites croix et des chaînes. Plusieurs d'entre eux avaient dans leur sac des exemplaires du Coran : c'étaient probablement des Tartares du Kasan. Quelques officiers avaient dans leurs poches intérieures des portraits de leurs mères, de leurs sœurs, de leurs femmes ou de leurs maîtresses. Le peu d'argent trouvé sur les soldats était dans des bourses qu'ils avaient attachées à leur jarretière gauche. »

« Il y a quelque chose de remarquable chez les Russes, les prisonniers sont en général des hommes grossiers, lourds, et qui semblent sans intelligence. La mort avait anobli ceux qui étaient restés étendus sur le champ de bataille, et l'expression de leur visage était très-différente. Les blessés pouvaient envier le sort de ceux dont la mort semblait avoir été si douce. »

Les mêmes soins, les mêmes secours furent donnés aux soldats alliés et aux soldats ennemis. Ce fut là un des grands caractères de cette guerre et qui prouva l'heureux progrès qu'avaient accompli les mœurs publiques dans les quarante années de paix que venait de traverser la civilisation. Les blessés russes étaient loin de s'attendre à cet accueil ; aussi, à l'expression de terreur ou de menace que rencontrèrent d'abord nos soldats et nos marins en s'approchant d'eux, succéda bientôt celle de l'admiration et de la reconnaissance lorsqu'ils virent avec quelle généreuse sympathie ces ennemis de la veille leur prodiguèrent les traitements médicaux et les soins dévoués que réclamaient leurs blessures. « J'ai vu, dit le brigadier général Rose dans une dépêche spéciale adressée au gouvernement britannique, sur le champ de bataille même, des soldats français donner de la nourriture et des soins aux blessés russes et des brancards emporter côte à côte un Russe et un Français. » Tous ces blessés furent transportés, le 21, à bord des bâtiments à vapeur *le Montezuma, l'Albatros, l'Orenoque, le Panama, le Colomb, le Vulcain* et *les Andes*, qui eurent ordre de les transporter aussitôt à Constantinople, où des hôpitaux admirablement installés, tant sous le rapport du matériel que sous celui du service médical, avaient été préparés dès le commencement de la campagne.

Les cadavres des combattants des deux partis reçurent également les mêmes honneurs funèbres : la seule différence fut dans le signe indicateur de la nationalité. Une croix de gazon se dessinait sur toutes les tombes françaises, un sac ou une veste russe distinguait des autres sépultures les fosses où reposaient les cadavres ennemis. Il y eut pourtant des endroits où les cadavres russes étaient tellement accumulés, que l'on dut renoncer à leur creuser des tombes spéciales et se borner à les recouvrir d'une épaisse couche de terre.

Le maréchal, qui avait fait presser ces opérations voulant se mettre en marche le 22, s'attacher à la poursuite de l'armée ennemie encore sous le coup de sa défaite et profiter de sa démoralisation pour la culbuter derechef des positions où elle pourrait tenter une résistance nouvelle, vit encore une fois l'exécution de ses projets entravée par l'impossibilité où se trouvèrent les troupes anglaises de se porter en avant ; il est vrai qu'elles avaient relativement beaucoup plus de blessés que les nôtres, qu'elles étaient plus éloignées de la mer et que, par suite des souffrances qu'elles avaient subies dans la nuit qui suivit le débarquement, le choléra, sévissant de nouveau, avait fait beaucoup plus de victimes dans leurs rangs. Le maréchal fit mettre à leur disposition des mules et des *cacolets* pour faciliter et hâter le transport de ces malheureux à bord des vaisseaux.

La journée du 22 fut employée par le général en chef à compléter les reconnaissances qu'il avait poussées la veille sur la Katcha. Nos soldats ne rencontrèrent dans ces explorations que des sacs, des armes et des débris, attestant le désordre au milieu duquel s'était effectuée la retraite de l'ennemi, qui, loin d'avoir songé à défendre les collines boisées de la Katcha, ne s'était pas même arrêté sur le Belbeck. Ces présomptions furent du reste expressément attestées par les soldats polonais qui profitèrent de cette occasion pour déserter les drapeaux russes, et par les paysans tartares qui continuèrent d'apporter aux camps des provisions qui leur étaient généreusement payées.

Une dépêche de l'amiral Hamelin vint donner au maréchal les renseignements les plus positifs. Le steamer *le Roland*, commandé par le capitaine de la Roncière Le Noury, avait été envoyé reconnaître les dispositions et l'attitude prises par l'ennemi le long du littoral; ce bâtiment avait contourné toutes les sinuosités de la plage et poussé son exploration jusqu'à l'entrée de la baie de Sébastopol. L'ennemi avait si complètement renoncé à défendre les fortes lignes qu'après le bassin de l'Alma offrent encore ces côtes pittoresques et découpées, qu'il n'y avait pas même laissé d'avant-postes ni d'éclaireurs. Un fait même décelait la précipitation et le trouble qui avaient présidé à sa retraite : ce n'était que sur le Belbeck qu'il avait songé à détruire les ponts qui eussent pu nous faciliter sa poursuite. L'armée russe s'était rapprochée des hauteurs septentrionales de Sébastopol, où semblaient s'être principalement concentrés les travaux de défense destinés à protéger contre nos coups ce centre puissant des escadres de la Russie dans ses mers méridionales. Aux dispositions qui se faisaient dans la rade de cette place, on pouvait même croire que la flotte se préparait à prendre une part énergique à la lutte, et que le prince Menschikoff, amiral des forces impériales dans la mer Noire et dans la mer d'Azoff, allait demander à ses pavillons le prestige et l'éclat qui depuis le commencement de la campagne avaient constamment fui les drapeaux russes.

Une circonstance qui n'avait pas échappé au commandant du *Roland* semblait cependant annoncer que c'était spécialement un rôle défensif que le prince amiral devait assigner à ses bâtiments : 5 vaisseaux et 2 frégates avaient bien pris position entre les moles et les batteries Constantin et Alexandre, mais ces navires, solidement enchaînés l'un à l'autre, semblaient moins former une division mobile de l'escadre qu'une estacade flottante établie pour concourir avec ces fortifications à la défense de l'entrée de la rade.

Ces nouvelles affaiblirent l'impatience et les regrets qu'éprouvait le maréchal en voyant que les retards apportés par la lenteur de ses alliés lui enlevaient la possibilité d'une seconde victoire. L'ordre de se porter en avant fut donné pour le lendemain matin à sept heures. Au moment même où l'armée replia ses tentes, la flotte déploya ses voiles, et vaisseaux et soldats commencèrent à la fois leur mouvement. L'espérance de pouvoir enfin présenter le travers à des vaisseaux russes avait excité une joie enthousiaste sur tous nos bords : chacun saluait ce jour de lutte comme un jour de fête ; les bruyantes explosions qui s'élevèrent de la rade de Sébastopol vinrent donner un autre cours aux pensées : que pouvait-il donc se passer dans le port russe? quelle était la cause de ces bruits? *Le Roland* reçut l'ordre de développer sa vapeur et d'aller s'assurer du motif qui les occasionnait. Ce steamer revint bientôt annoncer que le prince Menschikoff venait de sacrifier une partie de sa flotte pour obstruer l'entrée de la rade. Les sept bâtiments de haut bord dont il avait la veille relevé la ligne venaient d'être coulés sur le point même où il les avait vus amarrés ; le haut de leurs mâtures dominant la digue sous-marine que leurs carènes opposaient aux lames irritées, attestait leur présence sous les flots (1).

Cependant l'armée alliée s'avançait joyeuse et confiante, dans l'ordre même qu'elle avait adopté en marchant à l'ennemi ; seulement la première division avait remplacé à l'arrière-garde la quatrième, qui avait pris la place occupée jusqu'alors par la première dans le corps central. On eut d'abord à franchir un terrain coupé de petites vallées formant les radiations des collines méridionales de l'Alma ; à ces versants boisés et si giboyeux que nos soldats prirent un grand nombre de lièvres qui se jetaient effrayés à travers leurs lignes, succédèrent des plaines fécondes, couvertes des plus riches cultures et descendant en pentes douces vers la Katcha. Cette rivière, encaissée comme l'Alma entre des rives, sur plusieurs points, assez élevées, coule, comme cette dernière, au pied d'une longue rampe de coteaux ; c'est la même nature, mais la même nature sensiblement adoucie ; ses rives n'offrent point les escarpements de l'Alma, ni les hauteurs qui la dominent les pentes abruptes qui avaient offert aux Russes une si formidable ligne de défense. Leur ensemble, avec ses versants couverts de bois si favorables aux tirailleurs et leurs plis de terrains si difficiles pour la marche de l'artillerie, n'en constituait pas moins une position où l'ennemi eût pu faire essuyer à notre armée des pertes nombreuses. Elle la franchit sans brûler une capsule ; l'artillerie et le convoi traversèrent la Katcha sur un pont de bois continuant la route ouverte à travers ce pays, et près d'un village qui avait emprunté son nom à la rivière. Le reste des troupes la passa à un gué large et commode : il avait été signalé

(1) Voici les noms de ces bâtiments : *la Sainte-Trinité* de 120 canons, *le Rostisloff* et *le Zagoodieh* de 84, *l'Uriel*, et *le Silistrie* de 80, *le Sisopoli* et *le Kolcvche* de 40. Tous ces navires avaient leurs mâtures et leurs canons.

à nos éclaireurs par les paysans tartares. Le village de Katcha avait été évacué et dévasté par les Russes; ils n'avaient respecté qu'un seul édifice, l'église, remarquable, comme tous les temples russes, par son éclat intérieur; deux popes, à l'approche des troupes alliées, vinrent placer cette église sous leur protection. Lord Raglan, à qui ils s'adressèrent, leur fit donner une garde, et le riche sanctuaire n'eut à subir aucune profanation.

Notre armée gravit paisiblement le plateau s'étendant entre la Katcha et le Belbeck et vint asseoir son camp sur ces hauteurs où les édifices de Sébastopol s'offrirent à ses regards; des villas précipitamment abandonnées et où tout offrait encore les traces d'un récent séjour, des jardins remplis de fruits savoureux, des basses cours encore toutes peuplées offrirent d'agréables compléments de rations à nos soldats à qui l'aspect de la ville ennemie semblait laisser entrevoir déjà le terme de leurs fatigues. Cette joyeuse confiance de nos troupes n'était point partagée par le maréchal de Saint-Arnaud; les rapports que lui transmettaient les officiers chargés de reconnaissances spéciales lui signalaient une accumulation de difficultés qui enlevait toute possibilité de conserver à sa tentative sur Sébastopol le caractère direct et vigoureux d'un coup de main. Non seulement le fort Constantin avait été enveloppé de lignes très-puissamment fortifiées, mais les ouvrages défensifs s'étendaient jusqu'à l'embouchure du Belbeck, où il devenait par suite impossible d'établir immédiatement un débarcadère pour le matériel. La communication que lui adressa l'amiral Hamelin sur la mesure prise par les Russes d'obstruer l'entrée de la rade de Sébastopol en y submergeant leurs plus vieux vaisseaux, opposait à ses projets une complication nouvelle. « Les Russes viennent de commettre un acte désespéré, » écrivait-il à cette nouvelle. Mais ce jugement sévère était plûtôt l'expression de sa contrariété que le fond de sa pensée. Il comprenait qu'il y avait un autre sentiment que celui du désespoir dans cette détermination suprême, qui faisait sacrifier si résolûment au général ennemi une importante partie du matériel naval, que la Russie semblait décidée à défendre au prix de tant de sacrifices; il comprit qu'il y avait dans cet acte de génie militaire et d'inspiration patriotique un reflet de cette nationalité vigoureuse qui n'avait pas balancé à livrer aux flammes Moscou, la ville sacrée, et qui avait vu sortir des cendres de l'antique capitale des czars le salut de la Russie. Aussi lit-on sur son journal : « Les Russes ont comblé l'entrée de leur port. Cela changera peut-être mon plan d'attaque. J'irai probablement au sud. »

Cette probabilité fut pour lui une résolution définitive dès le soir même. Le motif qui avait fait arrêter l'attaque des hauteurs septentrionales de Sébastopol était la pensée que la prise du fort Constantin qui les couronnait, ouvrait l'entrée de la rade aux escadres alliées, dont le canon réduisait les batteries, brûlait la flotte russe et écrasait la ville. Cette prévision était évanouie par l'obstrusion de l'entrée de la rade ; cette considération venait se joindre à celles qui avaient déjà ébranlé ses projets. Il voulut cependant, avant de rien décider, consulter l'amiral sur les questions qui étaient spéciales à la marine et s'entendre avec lord Raglan sur les nouvelles nécessités qui naissaient de la force des événements.

La réponse de l'amiral fut une approbation complète du projet que lui exposait sommairement le maréchal, de porter son attaque contre l'enceinte méridionale de la place; il reconnaissait avec le général en chef que la détermination nouvellement prise et exécutée par les Russes apportait de graves restrictions à la coopération militaire que la flotte pouvait donner à l'armée; là pourtant n'était pas encore le motif impérieux de la résolution nouvelle; c'étaient les éventualités redoutables qui, à cette époque avancée de l'année, menaçaient l'alimentation des troupes alliées sur une côte sans abri, comme celle du Belbeck et de la Katcha. L'armée étant maîtresse de la presqu'île de Chersonèse, ces éventualités disparaissaient : le port de Balaclava et les belles et profondes baies de Kamiesch, de Stuletzka et de Casuth lui offraient une libre communication; ses approvisionnements étaient assurés, le débarquement de son matériel aisé, l'arrivée de secours toujours possible.

Lord Raglan s'étant rendu dans la tente du maréchal, dont, au milieu des agitations de cette vie de fatigues, le mal impitoyablement attaché à son organisation épuisait les forces, reconnut toute la vérité de ces diverses considérations et donna son complet assentiment à ce changement de bases d'opération reposant sur des nécessités manifestes. Toutes les mesures pouvant prévenir les dangers du hardi mouvement que l'on allait accomplir furent arrêtées sur l'heure pour être exécutées dès le lever du jour. Il fut convenu que l'armée se porterait sur le Belbeck, qu'elle le franchirait et irait camper le soir même sur les hauteurs de sa rive gauche, d'où se dessinerait plus positivement le mouvement de flanc que les alliés devaient opérer pour se diriger sur Balaclava. Les forces anglaises devaient se mettre en marche les premières et former la tête de colonne.

Le prince Menschikoff méditait de son côté une évolution qui pouvait amener un nouveau choc des deux armées. Ce général, qui s'était cru si certain d'arrêter au moins plusieurs semaines les troupes d'invasion devant ses positions de l'Alma, avait craint que la victoire qui lui avait si brusquement enlevé cette ligne stratégique n'eût jeté la consternation dans Sébastopol, où il n'avait laissé pour garnison que des troupes de marine. Un second revers pouvant, dans de telles circonstances, compromettre le salut de cette place, il avait cru devoir renoncer à toute nouvelle tentative d'arrêter nos troupes victorieuses, se replier vivement sur Sébastopol pour en renforcer la garnison par des troupes d'élite, et enfin prendre une position qui lui permît de se jeter sur nos derrières avec le reste de ses forces, destinées, dans sa pensée, à devenir le noyau d'une armée de secours. Or, après avoir opéré sa retraite sur le camp retranché du fort Constantin et l'avoir mis par des renforts en état de résister aux attaques de l'ennemi, il avait passé au sud de la baie et pris position sur la gauche de la Tchernaïa, pour pouvoir au besoin la franchir et assurer les communications de Sébastopol en tenant la campagne.

Les Anglais, encore attardés par leur lourd convoi, ne commencèrent leur mouvement que vers neuf heures. La route que l'on devait suivre plongeait et se profilait entre deux lignes de hauteurs. Les forces britanniques se formèrent sur trois lignes. La route avait été affectée à la marche de l'artillerie et des nombreux arabas sur lesquels étaient entassés les approvisionnements et les bagages, les Écossais et les gardes s'avançaient par les hauteurs de droite, tandis que la division légère suivait la côte qui s'étendait sur la gauche.

Nos troupes, devant être précédées par les Anglais, ne commencèrent à s'ébranler que vers midi. La quatrième division partit la première dans le même ordre, en deux colonnes, couvrant la marche de ses impedimenta, auxquels avait été réservée la voie tracée. La première et la troisième division venaient ensuite. La marche était fermée par la seconde et par la division turque. Ce fut dans ces dispositions que l'on atteignit la riante et fertile vallée du Belbeck, où l'aristocratie de Sébastopol a spécialement réuni ses châteaux de plaisance. « Il est difficile, écrivait un des officiers de notre armée, de se figurer un plus délicieux vallon, de plus riches plantations, une végétation plus abondante; c'est une suite continue de jardins, entrecoupés de châteaux, de parcs, de charmantes villas; seulement, presque partout règne déjà la désolation et le désordre. » Les Russes avaient commencé eux-mêmes la dévastation, nos soldats la complétèrent.

Le château du général Ribekoff, l'une des plus splendides résidences de la Crimée, fut enveloppé dans cette destruction générale. « Rien n'était plus triste, racontait M. de Bazancourt, l'un des officiers témoins de ces scènes de pillage, que l'abandon de cette superbe villa et toutes ces belles choses dévastées; vous jugez si nos soldats firent main-basse sur ce qui restait à briser; nos zouaves, surtout, se distinguaient par la même ardeur, le même entrain à la destruction qu'au combat. Je suis entré dans un petit boudoir; on eût dit que les habitants venaient de le quitter quelques minutes auparavant : des fleurs fraîchement coupées étaient encore dans des vases sur la cheminée; sur une table ronde, des numéros du journal l'*Illustration*, une écritoire, des plumes, du papier et une lettre inachevée. C'était une lettre de jeune fille; elle écrivait à son fiancé qui combattait à l'Alma. Elle lui parlait de victoire, de succès, avec cette confiance qui était dans tous les cœurs et qui est surtout dans celui des jeunes filles. La cruelle réalité avait anéanti tout : lettres, illusions, espérances. »

Le Belbeck fut franchi sur deux points, et nos divisions vinrent asseoir leurs camps sur les hauteurs d'Inkermann, en vue même de Sébastopol, dont les habitants purent, la nuit venue, voir les feux de nos bivouacs se développer sur une étendue de douze kilomètres.

Ce mouvement à gauche, à peine indiqué par cette première marche, surprit tellement le prince Menschikoff, que, craignant de voir couper ses communications avec l'intérieur de la Crimée, et, par suite, avec le reste de l'empire, il donna des ordres pour que son armée franchît la vallée de la

Tchernaïa dès le jour suivant, et se portât rapidement sur Baktchiseraï, où il pourrait recevoir des approvisionnements de Simféropol, des secours de Pérécop, et attendre en surveillant nos mouvements, une occasion favorable de venger ses armes de l'injure dont les avait ternies la journée de l'Alma

Les deux armées allaient donc s'engager simultanément dans la même vallée, continuellement couverte de bois épais et offrant les difficultés les plus sérieuses à la marche des troupes. Tandis que ces lieux étaient parfaitement connus des officiers russes, nos colonnes s'y engageaient sur des renseignements si vagues et des documents si peu précis, que ce fut la boussole à la main qu'elles durent se frayer une voie à travers leurs futaies et leurs sombres fourrés.

Les Anglais ouvrirent la marche comme la veille; comme la veille les retards, dont la lenteur de leur convoi allanguit leurs mouvements, ne permit aux divisions françaises de quitter leurs bivouacs que vers midi. Une grave complication s'était opérée dans la santé du maréchal, ce ne furent plus seulement les symptômes de la maladie ordinaire que ses traits, son pouls, son épiderme présentèrent à ses médecins, ce furent tous les prodromes du choléra qui, depuis quelques jours, s'était ranimé dans nos ambulances.

Le prince Napoléon et lord Raglan, prévenus de ce fâcheux incident, se rendent près de lui dès sept heures du matin. Son cheval sellé l'attendait devant sa tente, et le maréchal se préparait à le monter. En vain ses visiteurs insistèrent-ils pour qu'il renonçât, momentanément du moins, à un tel projet.

— Vous me croyez, messieurs, leur dit-il, beaucoup plus gravement atteint que je ne le suis. Je vais mieux, beaucoup mieux.

Et il persista dans son intention. Mais l'épuisement de ses forces trahit sa volonté. Sa tête fléchit sous le poids du mal et il dut se laisser transporter sur un lit de repos; quand l'heure de se mettre en marche fut arrivée, ce ne fut qu'en voiture — dans la voiture du prince Menschikoff — qu'il put suivre le mouvement des troupes.

La route tenue par les divisions alliées était tellement couverte et obstruée par les futaies et par les halliers que les soldats, perdus dans cette verdure luxuriante, avaient parfois peine à se découvrir les uns les autres. Au moindre embarras, tout s'arrêtait; artillerie, voitures, mules, chevaux s'entassaient dans les clairières, et quelquefois des heures s'écoulaient avant que les divers corps pussent reprendre leur marche. Les difficultés s'accumulant, on dut donner ordre à l'armée de s'avancer sur une seule colonne pour sortir de ces bocages ténébreux avant que la nuit vînt joindre son obscurité à leurs ombres.

Il était près de six heures du soir lorsque l'avant-garde anglaise, débouchant près de Kutor-Mackensie, c'est-à-dire de la ferme Mackensie, se heurta contre un corps de troupes russes escortant un convoi. Ce corps et ce convoi n'étaient autres que l'arrière-garde et les bagages de l'armée du prince Menschikoff. Les Anglais se mirent aussitôt en bataille, une batterie d'artil-

Officier d'infanterie et Clairon.
Guerre de Crimée.
1855.

lerie légère, précipitamment accourue, ouvrit son feu sur l'ennemi, que lord Raglan fit charger en même temps par un détachement de cavalerie. Les troupes russes, surprises par cette attaque inopinée, furent saisies d'un tel effroi qu'elles disparurent aussitôt dans les bois, laissant sur la route vingt-cinq chariots chargés de provisions, de munitions et de bagages.

Le temps avait changé, le brouillard, qui toute l'après-midi avait chargé l'air, s'était condensé en une pluie fine et pénétrante. La nuit d'ailleurs était venue. Les forces anglaises avaient cependant repris leur marche et étaient descendues par une gorge étroite et un chemin rocailleux dans la vallée où elles avaient établi leur bivouac. Les divisions françaises durent camper sur les hauteurs, près de la ferme Mackensie, où le dernier corps français et la division turque n'arrivèrent qu'à trois heures après minuit.

Cette marche longue et difficile avait achevé d'épuiser les forces du maréchal de Saint-Arnaud, les progrès faits par le choléra étaient manifestes, et cependant, l'esprit surexcité par la fièvre, il luttait contre les défaillances de la pensée pour s'occuper de l'armée confiée à ses soins. Cette ardente préoccupation hâtait de la manière la plus funeste le développement du travail de désorganisation qui s'opérait en lui. Le docteur Chabrol crut devoir prévenir le colonel Trochu, premier aide-de-camp et en même temps secrétaire et conseiller intime du maréchal, de l'état du malade pour qu'il l'en informât indirectement lui-même.

La mission était douloureuse, mais nulle voix plus que celle du colonel ne pouvait plus sûrement adoucir pour le maréchal ce qu'une telle communication avait de saisissant et de funèbre. C'était un devoir. Il se rendit dans la tente du malade, et, après un instant de pénible silence :

— Le docteur Chabrol, monsieur le maréchal, dit-il en refoulant dans son cœur tout ce que sa mission avait de cruel pour son dévouement, ne doute pas de triompher de la maladie qui vous tourmente, comme il a triomphé des précédentes ; mais vous souffrez trop, monsieur le maréchal, pour continuer de vous occuper des nombreux détails de votre commandement. Cette anxiété de tous les instants est cruelle pour vous, et le moment est venu, moment triste, mais d'une nécessité impérieuse, où vous devez, pour conserver un repos qui vous est nécessaire, éloigner de votre pensée toute préoccupation.

Le maréchal, sur les traits creusés duquel le mal avait étendu sa pâleur livide, fixa un regard profond sur le colonel, dans lequel il voyait moins un de ses officiers qu'un ami :

— Je vous comprends, dit-il.

Et, après une courte pose, il ajouta :

— Faites appeler le général Canrobert.

Le maréchal savait, depuis quelques jours seulement, que le général de la 1re division était porteur de lettres ministérielles qui le chargeaient, par ordre de l'Empereur, de prendre le commandement de l'armée, dans le cas où quelque événement de guerre ou de maladie le mettrait lui-même hors d'état de l'exercer. Voici dans quelles circonstances le général Canrobert lui en avait fait la confidence :

Le 12 septembre au matin, la flotte alliée se trouvait en vue des côtes de Crimée, le maréchal, qui sentait que les soucis et les fatigues que lui avaient causés l'organisation de cette audacieuse entreprise avaient épuisé ses forces, eut comme un pressentiment que l'épée du commandement allait échapper à ses mains. Il songea donc à pourvoir aux nécessités qui pouvaient naître d'un accident de cette nature venant à surprendre l'armée en présence d'un ennemi nombreux et dans un pays inconnu.

« Monsieur le maréchal, avait-il écrit le matin même au ministre de la guerre, ma situation, sous le rapport de la santé, est devenue grave. Jusqu'à ce jour j'ai opposé à la maladie dont je suis atteint tous les efforts d'énergie dont je suis capable, et j'ai pu espérer, pendant assez longtemps, que j'étais assez habitué à souffrir pour être en mesure d'exercer le commandement, sans révéler à tous la violence des crises que je suis condamné à subir.

« Mais cette lutte a épuisé mes forces ; j'ai eu la douleur de reconnaître dans ces derniers temps et surtout dans le cours de cette traversée, pendant laquelle je me suis vu sur le point de succomber, que le moment approchait où mon courage ne suffirait plus à porter le lourd fardeau d'un commandement qui exige une vigueur que j'ai perdue, et que j'espère à peine recouvrer.

« Ma conscience me fait un devoir de vous exposer ma situation ; je veux espérer que la Providence me permettra d'accomplir jusqu'au bout la tâche que j'ai entreprise, et que je pourrai conduire jusqu'à Sébastopol l'armée avec laquelle je descendrai demain sur les côtes de la Crimée, mais ce sera, je le sens, un suprême effort ; et je vous prie de demander à l'Empereur de me désigner un successeur. »

Il s'ouvrit de sa résolution au général Canrobert, embarqué avec lui sur le vaisseau la *Ville-de-Paris*, et qu'il supposait chargé confidentiellement de prendre après lui le commandement en chef des forces françaises. Le général reçut sa confidence avec une douloureuse discrétion en s'efforçant de dissiper cette préoccupation anxieuse. La déclaration que lui fit le maréchal de sa détermination d'appeler auprès de lui le général Morris, le général de division le plus ancien de l'armée d'Orient, et encore à Varna, le détermina à rompre le silence. Après mûre réflexion, il crut devoir épargner au maréchal cette mesure inutile, il se rendit dans la chambre où le général en chef était entré se jeter sur un lit de repos.

— Monsieur le maréchal, lui dit-il, la confiance avec laquelle vous m'avez parlé me porte à vous faire un aveu : vous êtes très-préoccupé de savoir quel serait votre successeur dans le cas où votre santé ne vous permettrait pas de conserver le commandement en chef. Si de telles circonstances, qui ne se présenteront pas, survenaient, ce successeur, ce serait moi…. c'est la décision de l'Empereur.

En prononçant ces derniers mots, il lui présenta la lettre qui lui conférait ce commandement. Les traits du maréchal s'éclairèrent d'un soudain rayon de joie.

— Oh! merci! lui dit-il en lui tendant ses mains amaigries, merci, mon cher Canrobert!... Quel souci cruel vous m'ôtez de l'esprit!

Les paroles de son secrétaire intime avaient fait pressentir au commandant en chef que le moment d'accomplir le sacrifice était arrivé. Il était quatre heures du matin, quand le colonel Trochu avait reçu l'ordre de faire appeler le général Canrobert; ce dernier arriva dans la tente du maréchal vers cinq heures. Sur quelques paroles d'affectueuse politesse qu'il lui adressait :

— Je sens que la vie m'échappe, lui dit-il d'une voix éteinte.

Et il ajouta presque aussitôt.

— Vous m'avez fait connaître, général, les volontés de Sa Majesté, qui vous appellent au commandement en chef de l'armée pour le cas où ma santé me forcerait d'y renoncer. Recevez-le donc. A partir de ce moment, exercez-le.... En le déposant entre vos mains, général.... j'ai moins de regrets de le quitter.

Le maréchal voulut annoncer lui-même à l'armée cette résolution suprême; un instant après, il dictait la noble proclamation que toute l'armée alliée devait lire à son bivouac du soir avec un saisissement douloureux.

Les troupes se remirent en marche vers sept heures du matin. Elles avaient enfin franchi la région boisée dont les hautes futaies et les épais halliers leur avaient opposé tant de difficultés la veille. Une longue pente, mais d'une marche assez aisée, quoique d'une inclinaison rapide, les conduisit dans la fraîche vallée de la Tchernaïa. Le temps était beau, malgré les nuages grisâtres qui par intervalles voilaient le soleil.

Une halte de quelques instants eut lieu sur les bords du large aqueduc qui conduit les eaux de la Tchernaïa à Sébastopol, pendant que les soldats du génie jetaient des ponts sur ce canal ou exploraient les gués. La rivière fut franchie ensuite et les troupes s'avancèrent sur la rive gauche, où les divisions établirent leurs bivouacs dans la plaine et sur les coteaux.

L'armée anglaise s'était avancée jusqu'à Balaclava au moment où apparaissaient devant le port de cette ville trois frégates à vapeur françaises et les vaisseaux *le Napoléon* et *le Charlemagne*, remorquant cinq navires chargés de vivres. La garnison de cette ville sembla d'abord disposée à la défendre; mais quelques coups de canon suffirent pour faire évanouir ce semblant de résistance. Elle se rendit à lord Raglan, qui la fit aussitôt occuper par des troupes britanniques.

Ce fut au bivouac de la Tchernaïa que fut publiée l'adresse par laquelle le maréchal annonçait à l'armée qu'il résignait son commandement. Voici cette adresse :

« Au quartier général au bivouac de Menkendié, le 26 septembre 1854.

« Soldats!

« La Providence refuse à votre chef la satisfaction de continuer à vous conduire dans la voie glorieuse qui s'ouvre devant vous. Vaincu par une cruelle maladie avec laquelle il a lutté vainement, il envisage avec une profonde douleur, mais il saura remplir l'impérieux devoir que les circonstances lui imposent : celui de résigner le commandement, dont une santé à jamais détruite ne lui permet plus de supporter le poids.

« Soldats, vous me plaindrez! car le malheur qui me frappe est immense, irréparable et peut-être sans exemple.

« Je remets le commandement au général de division Canrobert, que, dans sa prévoyante sollicitude pour cette armée et pour les grands intérêts qu'elle représente, l'Empereur a investi des pouvoirs nécessaires par une lettre close que j'ai sous les yeux. C'est un adoucissement à ma douleur que d'avoir à déposer en de si dignes mains le drapeau que la France m'avait confié.

« Vous entourerez de vos respects, de votre confiance cet officier général, auquel une brillante carrière militaire et l'éclat des services rendus ont valu la notoriété la plus honorable dans le pays et dans l'armée. Il continuera la victoire d'Alma et aura le bonheur, que j'avais rêvé pour moi-même et que je lui envie, de vous conduire à Sébastopol.

« Maréchal DE SAINT-ARNAUD. »

Le nouveau commandant en chef ne voulut pas prendre le pouvoir sans adresser lui-même quelques généreuses paroles à ses troupes. La proclamation était conçue en ces termes :

« Soldats de l'armée d'Orient, mes camarades,

« Les graves circonstances dans lesquelles m'échoit l'insigne honneur d'être votre commandant en chef augmenteraient pour moi le poids de cette tâche, si le concours de tous ne m'était assuré au nom de la patrie, au nom de l'Empereur. Pénétrés, comme je le suis, de la grandeur de la mission historique que nous accomplissons sur cette terre lointaine, vous y apporterez, chacun dans votre sphère et avec le dévouement le plus absolu, la part d'action qui m'est indispensable pour la mener à bonne fin.

« Encore quelques jours de souffrances et d'épreuves, et vous aurez fait tomber à vos pieds le boulevard menaçant du vaste empire qui, naguère, bravait l'Europe. Les succès que vous avez remportés sont les garants de ceux qui vous attendent; mais n'oubliez pas que l'intrépide maréchal qui fut notre général en chef les a préparés par sa persévérance à organiser la grande opération que nous exécutons et par la brillante victoire de l'Alma!....

« Au quartier général de Tchernaïa, le 26 septembre.

« CANROBERT. »

Pendant que les capitaines lisaient ces deux adresses à leurs compagnies, émues et silencieuses, le maréchal arrivait au camp dans un tel état de faiblesse, qu'on fut obligé de le transporter de sa voiture sous la tente qui lui avait été destinée. Ayant appris que les Anglais s'étaient emparés de Balaclava, il chargea aussitôt le commandant Henry d'y aller lui préparer un logement. Son seul désir, sa seule préoccupation depuis qu'il avait remis en d'autres mains l'épée du commandement étaient de s'éloigner de la Crimée. On eût dit que la vue et jusqu'au bruit de cette armée dont il venait d'inaugurer les jeunes aigles par la consécration du feu des grandes batailles, rendaient plus douloureux les déchirements qu'avait éprouvés son cœur en se séparant d'elle.

Son transport à Balaclava eut lieu le lendemain matin. Il y arriva vers dix heures. L'habitation qui avait été disposée pour le recevoir était une petite maisonnette moitié bois, moitié pierre, à qui le gracieux balcon qui l'entourait et les arbres dont elle était environnée donnaient le caractère le plus riant. Le maréchal y éprouva un mieux sensible : les atteintes du choléra avaient cédé à l'efficacité des remèdes employés pour les combattre; mais on eût dit qu'avec le mal s'était exhalée la vie. Toute énergie, toute volonté avait fui ce corps devenu presque un cadavre. Le docteur Chabrol, dont l'espoir avait résisté à toutes les crises, sentit la confiance s'éloigner de son esprit, et, le cœur brisé, prononça l'arrêt fatal :

— C'est fini.

Le maréchal semblait, lui, avoir recouvré quelque espérance et se reprendre à la vie. Son vœu impatient était de s'éloigner de cette terre ennemie; il s'informait sans cesse avec une anxiété fiévreuse si *le Bertholet* n'était pas à Balaclava, et s'il ne pouvait point se rendre immédiatement en France. L'heure du départ arriva.

Les marins du *Bertholet* avaient sollicité l'honneur de le transporter à leur bord. Cette faveur leur fut accordée. Le maréchal mourant, placé sur un cadre de marine et garanti des rayons du soleil par un pavillon tricolore jeté en tendelet au-dessus de son front, sortit du petit cottage qui l'avait reçu sous son toit hospitalier, porté à bras par une escouade de marins et escorté par une compagnie de zouaves.

Les Anglais occupés aux travaux de débarquement, se rangèrent les fronts découverts sur son passage. Un canot l'attendait; l'abbé Parabère, qu'il avait fait appeler, y prit place auprès de lui et l'on poussa au large.

Une cabine, dont un lit, une table, un prie-Dieu et quelques siéges formaient l'ameublement, lui avait été préparée sur la dunette. Il y fut déposé dans un état voisin de l'agonie. L'abbé Parabère y resta enfermé quelques instants avec lui; lorsqu'il en sortit : — Messieurs, dit-il aux officiers qui attendaient sur le pont, le maréchal est prêt à mourir en chrétien.

M. de Puységur, son gendre, le général Yusuf, M. de Grammont, les commandants Laplace et Henry, le docteur Chabrol lui prodiguèrent successivement leurs soins affectueux.

Le Bertholet quitta le port et s'élança dans l'Euxin.

Vers deux heures, le docteur annonça que l'heure fatale approchait. Le maréchal avait cependant repris une expression de soulagement et de sérénité; il parlait avec calme à l'abbé Parabère; tous ses officiers et ses amis se réunirent autour de son lit, il leur adressa quelques mots d'adieux, promena sur eux un long regard affectueux et tranquille, puis ses yeux se voilèrent; il se fit un instant de silence qu'il interrompit par un léger mouvement et ensuite par un faible soupir; dans ce soupir s'exhala sa vie. Il était mort. Il était quatre heures du soir. *Le Bertholet* arriva à Constantinople le lendemain à la nuit tombante. Ce fut ce steamer sur lequel il avait quitté la France plein d'ardeur et avide de gloire qui rapporta en France son corps glacé. Les canons qui avaient salué son départ de leur volée saluèrent encore son retour; mais cette fois, c'était à un cercueil que s'adressaient leurs salves funèbres.

Ce cercueil fut débarqué à Marseille le 12 octobre; il fut inhumé le 16, dans l'église des Invalides. L'ordre impérial en avait été donné par le décret suivant :

Considérant les éminents et glorieux services du maréchal de Saint-Arnaud, dans les guerres d'Afrique, au ministère de la guerre et dans l'expédition d'Orient;

Considérant notamment la brillante victoire de l'Alma, où il commandait en chef l'armée française;

Voulant donner à la mémoire de l'illustre maréchal un témoignage de reconnaissance nationale;

Avons décrété, et décrétons ce qui suit :

Les funérailles du maréchal de Saint-Arnaud seront célébrées aux frais du trésor public, dans l'église de l'hôtel impérial des Invalides, et ses restes mortels seront inhumés dans le caveau de ladite église.

CHAPITRE VII.

SIÉGE DE SÉBASTOPOL.

1854.

Le général Canrobert prend le commandement en chef de l'armée d'Orient. — Convocation des officiers généraux et des chefs de service. — Allocution. — Le général Forey. — 1re Reconnaissance de Sébastopol. — Faiblesse de l'enceinte méridionale. — Caractère de Sébastopol. — Nature de ses fortifications. — Le prince Menschikoff et l'amirauté russe. — Nouveaux ouvrages. — Conseil de guerre. — Changement opéré dans le caractère du général en chef français, par la responsabilité de son nouveau commandement. — Le siége est résolu. — Nouvelle reconnaissance. — Activité du général et des travailleurs russes. — Armée obsidionale et corps d'observation. — Leurs positions. — Origine de Sébastopol. — Le général russe et le paysan tartare. — Prophétie. — Débarquement du matériel de siége. — Travaux des assiégés. — Escarmouches de l'armée de secours. — Ouverture de la tranchée. — Heureuses circonstances atmosphériques. — Prudentes dispositions. — Succès. — Canonnade tardive. — Journal du siége. — Progrès rapides des attaques. — Conseil de guerre. — Ouverture du feu. — Accidents. — Concours des flottes. — Position des escadres. — Le vaisseau amiral français. — Le corps d'observation. — Prises d'armes et fatigues. — Projets du prince Menschikoff. — Renforts. — Positions avancées de Balaclava. — Le général Liprandi. — Opérations rapides. — Attaque des redoutes défendues par les Turcs. — Occupation. — Armées alliées. — Divisions anglaises. — Charges de la cavalerie russe. — Elles sont repoussées. — Les Russes désarment et évacuent les redoutes les plus voisines. — Ordre de lord Raglan. — Indécision du général en chef de la cavalerie. — Réponse irritante. — Ordre imprudent. — Ses motifs. — Lord Cardigan et la cavalerie légère. — Charge désespérée. — Glorieux et désastreux résultats. — Les chasseurs d'Afrique. — Parlementaires et prisonniers.

Ce fut dans le camp de la Tchernaïa que le général Canrobert prit officiellement le commandement de l'armée française. Au moment où les capitaines lisaient à leurs compagnies tristes et silencieuses les adieux du maréchal et l'appel que leur adressait leur nouveau commandant, celui-ci réunissait ses officiers généraux et les chefs de service auprès de sa tente, qui n'eût pu contenir cette assemblée nombreuse. Il leur apprit, d'une voix assombrie par l'émotion, ce que savait déjà chacun d'eux; par suite de quelles instructions le maréchal mourant lui avait remis ses pouvoirs. Sa parole prit plus de fermeté lorsque, se tournant vers le général Forey, il ajouta, d'un ton modeste, mais avec l'accent d'une conviction profonde :

« Vous me croirez, Messieurs, quand je vous dirai que les tristes circonstances auxquelles je dois l'honneur de vous commander ne sont pas les seules causes du regret que j'éprouve en cet instant; je regrette vivement encore que la volonté de Sa Majesté n'ait pas confié ce commandement à celui d'entre nous à qui il appartenait par droit d'ancienneté, et qui l'eût exercé si dignement; mais je sais les devoirs qu'impose à votre nouveau chef l'héritage qu'il est appelé à recueillir, et j'y emploierai tout ce que Dieu m'a donné de force et de courage, tout ce que j'ai dans le cœur de dévouement à la France et à l'Empereur. »

Le général Forey, prenant la parole, sous le coup de l'impression générale produite par ces paroles pleines de loyauté, impression qu'il éprouvait plus que personne, répondit aussitôt :

« C'est vrai, général, je suis le plus ancien de votre grade parmi les chefs de corps présents à l'armée; mais à ce titre justement, je viens vous dire de compter sur tout mon dévouement. C'est avec la confiance partagée par toute l'armée que j'accueille le nouveau chef que nous donne la volonté de l'Empereur : croyez que vous n'aurez pas de lieutenant plus soumis. »

Le général Canrobert lui tendit la main, et, s'adressant aux autres généraux, il leur dit, en pressant cordialement celle que lui donnait le général Forey :

« Je ne puis vous offrir la main à tous; mais soyez persuadés que je le fais du fond du cœur en serrant celle de notre brave camarade. »

Telle fut l'inauguration de ce nouveau commandement, dont la journée du lendemain vit s'accomplir les premiers actes. Pendant que la 4ᵉ division se rendait à Balaclava, où venaient d'entrer les bâtiments expédiés par l'amiral Hamelin, avec les approvisionnements nécessaires pour l'alimentation de l'armée française partie du Belbeck avec cinq jours de vivres, le général Canrobert réunissait deux de ses divisions à deux divisions anglaises, et les chargeait de protéger la reconnaissance des abords de Sébastopol, confiée aux généraux Bizot et Thiry, commandants en chef du génie et de l'artillerie expéditionnaires.

Ces troupes, échelonnées par bataillons, s'avancèrent avec ordre sur le plateau ondulé que forme la presqu'île Chersonèse, et se portèrent à petite distance de la place, sans qu'aucun boulet vînt inquiéter leur exploration. Sébastopol, avec ses hauts édifices, ses vastes casernes, ses églises aux coupoles orientales, toute sa silhouette de toitures verdâtres qui, selon l'expression pittoresque d'un historien, témoin oculaire du siége, reluisent comme des émeraudes aux rayons du soleil ne présentait aucun ouvrage de défense qui pût justifier la réputation militaire que des voix intéressées lui avaient faite. Un mur d'enceinte, rappelant assez nos murs d'octroi, appuyé sur deux tours maximiliennes, c'est-à-dire à plusieurs étages casematés, était la seule ligne de défense que, de ce côté, elle pût alors opposer à nos armes. C'était donc sur ce point qu'une brusque attaque, une attaque de vive force, telle que dans son plan primitif le maréchal de Saint-Arnaud devait la tenter contre les forts du Nord, s'offrait dans les conditions de succès les plus probables.

C'est qu'en effet les czars n'avaient jamais considéré Sébastopol que comme une place maritime. C'était le siége de leur puissance navale dans les mers du midi, le grand arsenal de leur flotte, l'asile inviolable de leurs escadres, les cales, les docks et les bassins de leurs vaisseaux, le boulevard maritime du midi de leur empire; aussi n'avait-ce jamais été que comme place maritime qu'ils avaient songé à la protéger. Toutes les fortifications y avaient été accumulées du côté de la mer. S'ils avaient couronné d'une citadelle le sommet des falaises du nord, c'était parce que ce fort défendait surtout la rade et pouvait écraser de ses boulets les escadres ennemies qui tenteraient d'en forcer l'entrée pour venir incendier la flotte russe dans ses ports. Et lorsqu'en 1831, Nicolas pensa que la révolution de juillet pouvait rouvrir pour l'Europe l'ère des luttes sanglantes, ce fut encore du côté de la mer qu'il crut devoir protéger par de nouvelles fortifications ce puissant établissement naval, d'où ses aigles devaient, dans sa pensée, s'élancer un jour sur Constantinople. La tour Constantin et le môle Alexandre, élevés sur la plage nord à l'entrée de la baie, et les batteries Paul et de l'Amirauté, construites en regard du côté méridional, datent les unes et les autres de cette époque. On n'avait jamais supposé que les grandes puissances maritimes songeassent un jour à diriger contre cette place une expédition qui pût lui faire craindre l'éventualité d'un siége. De là cette négligence apportée à la couvrir du côté de la terre d'une ligne défensive sérieuse. Ce n'était que depuis quelques mois que la Russie avait pu redouter ce danger. Le prince Menschikoff et l'amirauté russe, exactement et sûrement informés des projets de leurs ennemis, avaient su que l'armée expéditionnaire avait pour objet une attaque contre la citadelle du côté nord, afin de faciliter l'entrée des escadres alliées dans la baie de Sébastopol, où elles devaient tenter de surprendre et de détruire la flotte russe; inspiré par ces bruits, le prince Menschikoff avait cru devoir appliquer toutes ses ressources à fortifier ces hauteurs menacées; et c'était là, en effet, qu'avaient été exécutés tous les travaux. Depuis trois jours seulement ces forces et ces ressources avaient été réunies du côté sud. On y apercevait les commencements de quelques travaux de terrassement subitement abandonnés : à l'approche de nos troupes, les ouvriers, croyant à une attaque, s'étaient rejetés éperdument dans la ville, où ils avaient porté la confusion et la terreur. C'en était fait de Sébastopol, si nos colonnes, instruites de la consternation qui régnait dans la place, en eussent abordé vigoureusement la ligne de défense; mais, après s'être avancées assez près pour pouvoir étudier en détail la nature, le relief et la force des travaux de défense, elles ne songèrent qu'à remplir la mission qui leur avait été confiée, une reconnaissance, et se retirèrent. Les deux divisions françaises rentrèrent au camp de la Tchernaïa à quatre heures du soir. Elles l'avaient quitté à neuf heures du matin.

Cette reconnaissance donna lieu à un conseil de guerre, où s'agitèrent les débats les plus vifs. Lord Raglan, caractère prudent et esprit méthodique, n'avait jamais été d'avis d'une attaque de vive force. L'ardeur qu'avait apportée le maréchal de Saint-Arnaud à démontrer les avantages d'une surprise et d'une brusque agression l'avait bien plutôt entraîné que convaincu. L'importance exagérée que dans le rapport de cette exploration militaire on attribua aux tours maximiliennes, au mur crénelé et aux ouvrages en terre, sorte de lignes à redans à peine ébauchées, réveilla toutes les répugnances que le général en chef des troupes britanniques éprouvait pour les éventualités aventureuses d'un coup de main. Ses réflexions exercèrent une influence décisive sur le caractère impressionnable et facile du général Canrobert; en vain les généraux les plus influents, et à leur tête le prince Napoléon, représentèrent-ils la faiblesse des obstacles que ces défenses incomplètes opposeraient aux bataillons qui avaient enlevé au pas de course les hauteurs escarpées de l'Alma, l'ardeur passionnée de la discussion ne put ranimer la résolution du général en chef des troupes françaises, que le flegme britannique de lord Raglan avait comme glacée. Les généraux Canrobert et lord Raglan accueillirent un moyen terme; on ouvrirait les travaux du siége, sauf, une occasion favorable s'offrant, à tenter à l'improviste une attaque de vive force. L'attaque, devenue ainsi éventuelle, le siége était implicitement résolu. Les difficultés devant lesquelles on s'arrêtait ne pouvaient en effet que grandir et se multiplier chaque jour; possible en ce moment, offrant même les chances d'un succès probable, cette attaque ne pouvait présenter plus tard que de sanglants hasards. On prêtait au général de la 3ᵉ division un mot aussi juste que pittoresque : « Aujourd'hui c'est un coup de main, dans quelques semaines, ce serait un coup de tête. »

La responsabilité du commandement avait opéré toute une révolution dans le général Canrobert; cet officier dont la bouillante valeur comme le sang-froid intrépide était proverbiale dans l'armée, perdit toute son ardente spontanéité dès qu'il sentit peser sur lui les destinées de toute une armée. Lui, si prodigue de sa vie, n'envisagea plus qu'avec effroi la pensée qu'une imprudence pouvait faire retomber sur lui l'effusion inutile du sang de tant d'hommes. Aussi tout l'exercice du commandement général fut-il pour lui une période de fluctuations incessantes, dont l'explication est la lutte que se livraient dans son cœur les audacieux élans de sa nature et les anxiétés du sentiment d'humanité qui dominait en lui.

Le 28 fut employé à renouveler les vivres. Le lendemain, la 3ᵉ division, commandée par le prince Napoléon, et la 4ᵉ, sous les ordres du général Forey se portèrent sur le plateau qui domine les baies de la presqu'île Chersonèse et lancèrent une reconnaissance, dirigée par le général d'Aurelle, qui s'avança jusque sous le canon du fort de la Quarantaine.

Les Russes s'étaient mis aux travaux de défense avec une activité que semblait avoir redoublée la terreur dont les avait frappés la pensée d'un mouvement sur un point contre lequel ils n'avaient pas prévu nos efforts. Attaqués le 27, ils n'eussent probablement tenté d'opposer que la résistance nécessaire pour assurer l'évacuation et l'incendie de la ville, ainsi que la destruction de l'escadre. Ils avaient profité avec tant d'ardeur des instants qui leur avaient été laissés depuis, que le 29 les batteries provisoires, armées par les marins de la flotte de pièces de gros calibre, leur donnaient déjà l'espérance de repousser au besoin la force par la force et de construire, sous la protection de ces fortifications improvisées, des lignes de défense contre lesquelles nous serions forcés d'employer tous les moyens de destruction et toutes les forces que pourraient accumuler les deux plus puissantes nations du monde.

Le lendemain, ces deux divisions, ayant ordre d'ouvrir les travaux du siége, s'établirent sur les terrains explorés et reconnus la veille. Leur bivouac couronna les hauteurs s'étendant entre la baie de Kamiesch et celle de Streletzka. Le général Bosquet, chargé de protéger les forces obsidionales contre toute attaque d'une armée de secours, prit position avec la 1re et la 2e division sur les bords de la vallée de la Tchernaïa et de celle de Balaclava, de manière à écraser les forces russes qui tenteraient de se jeter par ces débouchés sur nos lignes. Sa droite s'appuyait à des hauteurs voisines du monastère Saint-Georges, et qu'il garnit plus tard de redoutes; sa gauche s'étendait jusqu'au ravin, qui formait le prolongement dans les terres de l'anse profonde dont les Russes avaient fait, sous le nom de Karabelnaïa (baie des vaisseaux), leur port militaire. Ce ravin la séparait de l'armée anglaise, qui avait pris des dispositions identiques sur un second plateau régnant de ce pli de terrain jusqu'aux escarpements d'Inkermann.

La division turque campée dans les lignes françaises entre l'armée de siége et le corps d'observation formait la réserve.

Le débarquement du matériel de siége commença aussitôt pour les deux armées, à Balaclava pour les forces britanniques, dans la baie de Kamiesch pour les troupes françaises : quatre bataillons appartenant aux trois premières divisions et à la réserve furent placés sur les élévations voisines de cette baie pour protéger ce débarquement, pour en faire le service et pour lui fournir des corvées. Le commandement en était exercé par le lieutenant-colonel Raoult appartenant à l'état-major de la deuxième division.

Le siége, on le voit, était complétement résolu. Avant de commencer le récit de ce fait de guerre qui par le déploiement des forces qu'il nécessite, la valeur héroïque de l'attaque, le courage admirable de la défense, la durée et la constance de la lutte, les batailles qui ensanglantèrent ses lignes, l'importance enfin de ses résultats, restera un événement unique dans l'histoire, n'importe-t-il pas de connaître quelle est la ville qui en fut l'objet et l'aspect des lieux qui en devinrent le théâtre?

Il y a environ trois quarts de siècles, dans l'automne de 1784, un général russe parcourant avec une suite peu nombreuse les côtes de Crimée dont une exploration spéciale lui avait été confiée, gravit des hauteurs couvertes de bruyères d'ajoncs et d'herbes sèches dont l'aridité était d'autant plus frappante qu'il sortait d'un bocage encore frais malgré la saison avancée. Arrivé au faîte de cette élévation qui formait un cap escarpé, il s'arrêta surpris de l'étrange spectacle qui se déploya sous ses yeux : c'étaient des plateaux dont les falaises crayeuses étaient profondément découpées par des baies étroites déchiquetées elles-mêmes par des criques profondes; c'était une terre d'une aridité attristante dont l'aspect était complètement en rapport avec le morne gémissement que jetait le flot en la rongeant.

Cependant un village tartare s'était établi dans ces lieux désolés et appelait irrésistiblement les regards par la singularité de son site. Il était placé de l'autre côté de la baie étroite et profonde d'environ 8 kilomètres que le général russe avait à ses pieds, sur un promontoire qui s'allongeait entre deux baies dont l'une surtout plongeant entre deux côtes élevées formait un port dont la nature seule avait creusé le bassin.

— Quel est ce village? demanda d'un air songeur le général russe à un paysan tartare qui lui servait de guide.

— Akhtiar, monseigneur, répondit celui-ci.

— Bien nommé, ajouta un jeune officier de la suite. Akhtiar signifie blanc rocher.

— Que font ses habitants? reprit le général.

— La plupart se livrent à la pêche; vous pouvez apercevoir leurs barques là-bas, dans le petit havre que vous voyez à l'entrée de la baie.

— Pourquoi ne les conduisent-ils pas dans ces anses si bien abritées au pied de leurs habitations?

— C'est que, monseigneur, les eaux en sont trop profondes, et que le service par conséquent est difficile et dangereux.

— Ah!... les eaux en sont profondes...

Et se retournant, après une pause, vers ceux qui l'accompagnaient,

— Avant un siècle, leur dit-il, la Russie pourrait bien avoir ici l'un des plus beaux ports du monde.

Cette prophétie a été devancée par les événements. Vingt ans après, ce port, dont les fondements furent jetés en 1786, existait déjà. Sa position et les avantages que ce point ignoré d'une plage inconnue offrait à la navigation de ces mers était trop précieux à la politique traditionnelle des czars pour ne pas appeler toutes les sollicitudes des souverains qui ont occupé depuis le trône de Russie; aussi le pauvre village de pêcheurs tartares, l'humble et misérable Akhtiar est-il devenu la riche et puissante Sébastopol, et ses baies protégées par le plus formidable ensemble de forteresses, la métropole méridionale de la marine russe. La surface ravinée de ces plateaux arides allait devenir l'arène sanglante où devaient se jouer les destinées de l'empire russe.

Pendant que le débarquement s'opère, que mortiers, pièces de siège, bombes, boulets, gabions, munitions de toute nature s'entassent sur le rivage, nos lignes se rapprochent de la place et établissent leurs fronts de bandière à 3,200 mètres de ses murs, la 3e division se reliant par sa droite à l'attaque britannique, et par sa gauche à la 4e division qui s'étend jusqu'à 600 mètres de la mer. On ne voit pas sans surprise avec quelle rapidité s'élèvent les ouvrages que jour et nuit construisent les Russes. La terre semble se soulever d'elle-même en avant de leurs anciennes lignes de défense qu'ils renforcent et qu'ils complètent; ce sont des fossés que l'on creuse, des redoutes dont on dresse les profonds épaulements, des ouvrages avancés qui semblent chaque nuit sortir de terre et qui servent aussitôt de bases à des fortifications nouvelles.

L'armée de campagne avec laquelle le prince Menschikoff s'était jeté sur nos derrières ne restait pas complétement inactive. En attendant les secours qui lui étaient annoncés de tous les points du midi de l'empire, elle avait jeté presque toute sa cavalerie sur la Katcha. Ses corps volants, lancés dans les vallées de la Tchernaïa et de Baïdar, ou escortant du côté d'Inkermann les convois qui s'introduisaient dans la place, venaient presque chaque jour inquiéter nos lignes.

Le 7, tout ce corps de cavalerie s'étant porté, sous les ordres de son commandant supérieur, du lieutenant-général Rysoff, sur le plateau du Belbeck, poussa jusque sur la rive gauche de la Tchernaïa une de ses brigades légères, devant laquelle durent se replier les avant-postes anglais. L'ennemi s'étant retiré aussitôt, cette démonstration n'eut pas de suite.

Si nos travaux ne se déploient pas avec la même rapidité que les ouvrages russes, c'est qu'avant de les ouvrir il faut que le génie en étudie et en combine les lignes. Ces études se poursuivent avec autant de zèle que de valeur; le 5, le général Bizot, protégé par le 3e bataillon de chasseurs à pied et deux bataillons de la 3e division, commandés par le général d'Aurelle, va, entouré de son état-major, relever les accidents et les reliefs du terrain sur lequel doivent être tracées les premières parallèles. Cette partie du plateau est d'un caractère accidenté dont les mouvements sont assez difficiles à saisir; elle est formée d'un groupe de mamelons couverts de maigres herbages et séparés par de faibles ravins; là sont quelques maisons de campagne où tout annonce une fuite précipitée et des jardins encore tout remplis d'asters, de chrysanthèmes et d'autres fleurs automnales. Le général et ses officiers, tantôt protégés par la configuration des lieux, tantôt à découvert sur les éminences, étudient minutieusement l'emplacement le plus avantageux pour l'assiette du point d'attaque. Le feu que dirige contre eux l'artillerie de la place ne les empêche pas d'accomplir cette mission avec toute l'exactitude et tout le calme qu'elle exige. La reconnaissance sortie du camp à huit heures du matin y rentre à midi, après avoir recueilli tous les éléments nécessaires pour l'ouverture des travaux.

Le commencement des opérations fut fixé au 9.

Pendant que les préparatifs s'en accomplissaient, une démonstration de l'ennemi put faire croire qu'il était instruit de notre projet. Une colonne formée de quatre bataillons, accompagnée d'une batterie d'artillerie légère et précédée de nombreux tirailleurs, sortit de la place vers trois heures et demie du soir et s'avança dans la direction même du point où devaient s'exécuter nos travaux. Cette sortie fut sans suites fâcheuses. Trois bataillons lancés contre ces troupes par le général en chef, les attaqua avec tant de vigueur qu'elles regagnèrent précipitamment leurs remparts. On n'en poursuivit pas moins toutes les dispositions pour les travaux de la soirée; les dépôts de tranchée sont établis; une maison dite des *Carrières* reçoit l'ambulance; huit bataillons qui doivent protéger l'entreprise prennent les armes. Dès cinq heures du soir 800 hommes, le fusil en bandoulière, recevaient au dépôt de tranchée chacun une pioche et une pelle et se dirigeaient sous la conduite d'un officier du génie vers le dépôt des gabions. A huit heures ils y étaient suivis par 800 autres. A huit heures et demie 1,600 travailleurs divisés ainsi en deux corps formant l'un et l'autre deux reprises sortent silencieusement de leurs abris, et, guidés par les colonels Lebœuf de l'artillerie et Tripier du génie sous les ordres des généraux Thiry et Bizot, se portent avec prudence sur les terrains où la tranchée devait être ouverte.

Le temps secondait complétement l'entreprise; le vent soufflait avec violence du nord-est et chassait dans le ciel d'épais nuages qui voilaient fréquemment la pâle clarté de la lune.

Ces heureuses circonstances atmosphériques n'étendaient cependant qu'une bien faible sécurité sur cette première et périlleuse opération du siége. La surveillance que l'ennemi exerçait sur cette partie des lignes, les reconnaissances qu'il y avait dirigées à plusieurs reprises et particulièrement la sortie qu'il y avait opérée le jour même, ne laissaient aucun doute qu'il ne fût informé des travaux qu'on allait tenter d'y accomplir. Ses postes et ses sentinelles devaient donc être attentifs à tous les mouvements et à tous les bruits qui ne pouvaient manquer de leur signaler l'ouverture des travaux. Il était à croire qu'aux premiers coups de pioche toutes les pièces des fortifications les plus voisines allaient diriger un feu meurtrier sur ces escouades de pionniers travaillant à découvert. Cette première opération, habituellement si périlleuse, s'offrait donc avec un caractère d'autant plus menaçant que le sol pierreux où il fallait creuser la tranchée allait offrir plus de dureté et de résistance.

Les précautions que commandait la prudence avaient bien été prises pour empêcher les sorties de l'ennemi de venir inquiéter et interrompre le travail. Six compagnies, s'avançant le long des ravins qui coupaient ce point du plateau, avaient pris en avant des positions abritées, où ils eussent reçu toute irruption de l'ennemi sur le fer de leurs baïonnettes. Des forces suffisantes étaient prêtes à voler à leur secours; mais ce que la nature des lieux et les nécessités de l'opération rendaient impossible, c'était, dans ce premier moment de travail, de mettre ceux qui l'exécutaient à couvert des feux de la place.

Tous les hommes de corvée, glissant dans les plis du terrain vers les points qui leur étaient assignés, s'étaient couchés à l'abri de leur gabion, qu'un sous-officier du génie avait mis en place, et leurs armes et leurs outils déposés trois pas en arrière d'eux, ils avaient attendu le signal du commencement des travaux. Au commandement : « Haut les bras! » tous s'étaient levés, avaient saisi leurs instruments de travail, et huit cents pioches avaient déchiré le sol à la fois. En vain l'acier résonne-t-il sur les cailloux, chacun, insensible au danger, ne songe qu'à pousser son travail avec vigueur et célérité. Les déblais, enlevés à la pelle, sont jetés en avant, les gabions s'emplissent, les parapets se forment; les batteries 1 et 2 voient se dresser leurs épaulements; et cependant les fortifications de la ville restent silencieuses. Pas un seul boulet de canon ne vient annoncer que ce bruit retentissant des outils sur un terrain rocailleux soit parvenu aux oreilles des Russes.

On ne peut d'abord s'expliquer ce silence mystérieux que par la pensée qu'il cache les préparatifs de quelque vigoureuse sortie, et l'on se dispose à la recevoir; mais la nuit s'avance et aucun mouvement ne se manifeste du côté des remparts; plusieurs officiers s'avancent alors à quelques centaines de mètres au-delà de nos avant-postes, puis, attentifs, ils écoutent: leur surprise cède à un nouvel étonnement, qui leur explique ce qui se passe. Le bruit des pioches, emporté loin de Sébastopol par la violence du vent qui souffle sur ces hauteurs, leur est déjà à peine sensible, il ne saurait, par conséquent, s'étendre jusqu'aux postes de l'ennemi. Le travail se poursuit donc avec sécurité jusqu'au lever du jour.

A six heures du matin, la tranchée offre, sur un développement de mille mètres, une profondeur suffisante pour que les hommes y soient à l'abri; cependant, comme les parapets n'ont pas encore une épaisseur suffisante pour résister à un feu prolongé, on en retire provisoirement les travailleurs. Les faits viennent bientôt justifier cette mesure de prudence. Le jour naissant n'a pas plutôt permis aux Russes d'apercevoir les nombreux travaux opérés durant la nuit, que toutes les batteries qui peuvent les atteindre ouvrent sur ces lignes de terrassement un feu des plus violents; plusieurs parties plus faibles ou plus exposées éprouvent quelques dégradations, mais la plus grande partie n'essuie aucun dommage; on reconnaît par suite les lieux où l'on peut travailler sans danger, et l'on y dirige des corvées pour approfondir et élargir la tranchée, particulièrement sur le point destiné à former l'amorce du fossé des deux batteries.

Ainsi commença cet immense travail de terrassement, l'œuvre obsidionale la plus gigantesque qu'ait jamais entreprise aucune nation; c'étaient les premières mailles de ce prodigieux réseau de fronts bastionnés, de batteries, de places d'armes, de galeries, de boyaux de communication de toute nature, qui devaient s'accomplir sous les bombes et les boulets, sous les obus et la mitraille, à travers les tempêtes et les nuits glacées; au milieu des surprises, des grandes batailles, des luttes incessantes, des épreuves de toutes natures, des souffrances de toutes sortes, mais dont le drame sanglant devait voir ses ardentes péripéties s'épanouir dans un dénoûment glorieux. Nous ne saurions, au reste, donner une idée plus exacte et plus fidèle de la manière dont se poursuivirent ces premiers travaux qu'en empruntant l'extrait suivant au journal des opérations du siège.

« 10 octobre. Premier jour de tranchée ouverte.

« Le génie élargit, approfondit et perfectionne les parallèles et les boyaux de communication. L'artillerie commence l'installation de ses batteries.

« La parallèle ouverte forme, à 800 mètres de la place, une sorte de système bastionné dans lequel doivent être établies, pour tirer simultanément, cinq batteries armées, deux par la marine et trois par l'artillerie, et formant un total de quarante-neuf bouches à feu.

« Vers six heures et demie du soir, deux tentatives de sortie sans effet, sur la droite et la gauche de nos attaques, ont interrompu le travail pendant trois quarts d'heure.

« Dans la nuit on a commencé à rectifier le flanc droit de la batterie de la marine, qui était enfilé par la place. Ce travail a dû cesser au jour.

« Pendant toute la journée, et même pendant la nuit, le feu des Russes a continué; il a pris beaucoup de vivacité vers deux heures du matin, au lever de la lune. Cependant le tir était moins exact, et il n'a causé aucune perte dans la tranchée. Trois points de l'enceinte se font remarquer par la puissance de leur feu : le bastion *du Mât*, sur notre droite; le bastion de *la Tour*, au centre; et celui de *la Quarantaine*, qui enfile plusieurs parties de nos ouvrages. Les Russes ont du calibre de canon égal à celui de nos obusiers de 22 centimètres.

« 11. Dans la nuit du 10 au 11, le feu est devenu assez vif, de une heure à trois, devant la droite anglaise. Les Russes y ont essayé une sortie, en avant du port militaire, et ont fait une fusillade très-nourrie qui n'a blessé personne. Les Anglais ont pris les armes sans marcher; les gardes avancées pour la nuit ont suffi à faire rentrer les troupes russes. Le corps d'observation français, en éveil, n'a pas eu à prendre les armes.

« Un bâtiment autrichien, chargé de vivres pour l'administration, est poussé par le vent, dans l'après-midi, sous le feu de la place, qui l'accable de projectiles; il y échappe heureusement, et vient s'échouer en arrière de la gauche de la 4ᵉ division. La marine le renfloue dans la nuit, sous la protection d'un bataillon du 74ᵉ de ligne.

« Continuation des travaux : 1,600 travailleurs se relayant par reprise de 800, avec huit bataillons de soutien. Perfectionnement et développement des parallèles; ouverture de deux communications en arrière de la droite et de la gauche.

« Une batterie de mortiers de la place commence à tirer, à neuf heures, sur les batteries 1 et 2 de la marine. La batterie nº 1 est arrivée aux deux tiers, celle nº 2 est un peu plus avancée.

« La place n'a pas fait de sortie; son feu a été moins vif.

« 12. Le général d'Autemarre, du corps d'observation, parti à la pointe du jour avec 400 zouaves et trois pelotons de cavalerie, pour pousser une reconnaissance sur la Tchernaïa, n'y a pas rencontré trace d'ennemis.

« Continuation des travaux : élargissement des tranchées, des communications; épaississement des parapets.

« Le feu de la place n'est pas vif, mais régulier et continu, pendant les 24 heures.

« L'établissement de la batterie qui doit être servie par la marine est arrêté sur l'emplacement d'un ancien fort génois, au bord de la mer, à la gauche de la 4ᵉ division. Cette batterie paraît devoir contre-battre avec avantage les batteries de la Quarantaine et appuyer l'extrême gauche de nos attaques. Son armement est fixé à six obusiers de 80 et 4 canons de 50.

« Cette batterie, dont la construction est appuyée par un bataillon, est commencée dans la nuit du 12 au 13.

« Le général en chef apprend que 2 à 3,000 Cosaques sont venus pour tâter la ville d'Eupatoria dans les journées du 11 et du 12.

« 13. On débarque des pièces turques du parc de siége venant de l'arsenal de Constantinople, pour armer les ouvrages principaux de la ligne de circonvallation. On s'occupe de différents travaux d'amélioration des parallèles et des communications; on élargit et l'on prolonge l'amorce de la parallèle qui doit se diriger, de la droite des batteries, à 600 mètres en avant du bastion.

« L'assiégé n'a tenté aucune sortie. Les bastions du Centre, de la Tour et du Mât ont dirigé pendant toute la journée un feu assez vif (50 coups par heure) sur les batteries en construction, ainsi que sur les points où les travailleurs se trouvaient accumulés.

« Pendant la nuit le tir s'est beaucoup ralenti (20 coups par heure). Le feu des Russes a été très-peu meurtrier.

« L'assiégé a paru fort occupé à renforcer les parapets du bastion du Mât et à en consolider les embrasures.

« 14. Les travailleurs sont réduits à 500 le jour et la nuit à 800 divisés en brigade de 400 se relayant. Les bataillons de soutien sont réduits de 8 à 7.

« Les tranchées et les batteries sont complétées; on fait, à gauche de la batterie des mortiers, des gradins et des créneaux pour la fusillade.

« Le tir de la place, partant de tous les points ayant des vues sur nos ouvrages, a été d'une vivacité extrême pendant une heure, de une heure à deux heures de l'après-midi (850 coups environ, canons, obusiers et mortiers). Les travaux ont été forcément suspendus; ce tir excessif ne nous a privés que de 5 hommes : 2 tués et 3 blessés.

« 15. Le général d'Autemarre fait, à la pointe du jour, une reconnaissance vers la Tchernaïa, avec trois pelotons de chasseurs et quatre compagnies de zouaves. Les postes cosaques embusqués dans les bouquets de bois qui couvrent la rivière sont montés précipitamment à cheval à son approche et se sont enfuis.

« Dans le jour, on remplit des sacs à terre et on élargit les communications. Pendant la nuit, continuation de la première parallèle en avant du bastion du Mât, avec les crochets en gabionnade, destinés à l'établissement de deux nouvelles batteries, nᵒˢ 7 et 8. On a creusé de petites tranchées pour servir de poste de jour à des tirailleurs d'élite. Le tir de la place a été régulier et continu. Pendant la nuit, les ennemis ont lancé quantité de grosses bombes et d'obus de fort calibre.

« 16. Les batteries sont mises complétement en état de faire feu. »

Ainsi, au septième jour de siége (le siége d'une place ne commençant qu'à l'ouverture de la tranchée), nos batteries sont arrivées au moment de démasquer leurs pièces et de mesurer la puissance de leur artillerie avec celle des nombreuses bouches à feu dont l'ennemi a hérissé ses nouveaux ouvrages et ses anciens remparts. Les généraux en chef parcourent les lignes pour s'assurer par eux-mêmes de l'état des travaux, et, cette inspection accomplie, se rendent au quartier général français, où un conseil de guerre est convoqué.

Les deux amiraux, qui ont concerté la veille la part respective qu'ils prendraient à l'attaque des fortifications de Sébastopol du côté de la mer, dans le cas où le concours des escadres offert par l'amiral Hamelin serait accepté, sont convoqués à cette réunion. Une attaque simultanée de toutes les forces vives des armées de terre et de mer est arrêtée pour le lendemain. Le signal en sera donné par l'explosion de trois mortiers au centre des batteries françaises. A ce signal, vers six heures et demie du matin, les lignes françaises, dont les cinq batteries sont armées de 53 pièces (1), et les lignes britanniques, qui en comptent 73, ouvriront leur feu; au même moment, les deux escadres viendront s'embosser, les vaisseaux français à sept encâblures des brisants du sud, ayant par leurs travers les forts de la Quarantaine, la jetée Alexandre et la batterie de l'artillerie, garnis de 350 bouches à feu; les vaisseaux anglais devant la lisière des récifs du nord-ouest, ayant à combattre le môle Constantin, la batterie du Télégraphe et la tour maximilienne du Nord, armés de 130 canons; elles doivent écraser sous leurs bordées les défenses maritimes de Sébastopol, où l'ennemi se verra forcé de reporter ses artilleurs et ses ressources défensives. Si le feu des lignes alliées éteignait celui de la place et ouvrait des brèches dans ses fortifications, on devait y lancer des colonnes d'assaut.

Le conseil terminé, ces chefs se quittèrent pour aller donner les ordres et prendre les dispositions que commandait cette grande journée.

Le général Canrobert appelle près de lui les officiers généraux commandant les divers corps d'armée, ainsi que les chefs du génie et de l'artillerie. Après leur avoir exposé la situation et la terreur qui, d'après les rapports des déserteurs, règne dans Sébastopol (2), il leur fait part de la résolution qui vient d'être adoptée en conseil. Les mesures d'exécution sont aussitôt arrêtées : formation des colonnes d'assaut composées de troupes d'élite; prise d'armes de toute l'armée de siège, prête à les appuyer; dispositions enfin à prendre par le corps d'observation pour faire face à toutes les éventualités, soit qu'il eût à repousser une brusque attaque de l'armée de secours, soit qu'il dût diriger des renforts sur les points qui lui seraient désignés. Lord Raglan, de son côté, adressait à tous ses chefs de corps et de service les instructions qui réglaient

(1) Composition des batteries françaises : n° 1, servie par des marins, 7 canons de 30, 2 obusiers de 22; n° 2, servie par des marins, 8 canons de 30, 4 obusiers de 22; n° 3, 6 mortiers de 27, 2 mortiers de 22; n° 4, 6 canons de 24, deux mortiers de 22; n° 5, à trois faces, 4 obusiers de 22, 6 canons de 24, 2 canons de 36; batterie du fort Génois, 4 obusiers de 22.

(2) Les craintes de l'ennemi étaient attestées par deux faits constants : une notable partie des habitants avaient quitté la ville; les archives et les objets précieux appartenant au gouvernement avaient été transportés dans la citadelle du côté nord de la place.

Garde impériale.
GÉNIE.
Grande tenue et tenue de tranchée.
1855.

leur coopération au plan d'attaque arrêté; instructions qu'il résuma dans le *memorandum* suivant, qui leur fut remis le soir même :

« 16 octobre 1854.

« Le feu contre Sébastopol sera ouvert demain matin, vers six heures et demie par les batteries françaises et anglaises, en coopération avec les escadres combinées. Toutefois le moment précis de l'ouverture du feu sera indiqué par la décharge successive de trois mortiers au centre des ouvrages de l'armée française.

« Les troupes de service resteront dans leurs camps respectifs, prêtes à marcher au premier ordre, sans havre-sacs, capotes ou couvertures. Les chevaux seront attachés aux batteries de campagne.

« Avec chaque division il y aura des détachements de sapeurs, composés de vingt hommes et un officier du génie, prêts à porter des pioches, sacs de poudre, outils, et tout le matériel nécessaire.

« Chaque division aura aussi avec elle un détachement de vingt artilleurs avec des fusées et des pointes pour les canons. (Ces derniers ne devront servir que dans le cas où les troupes seraient forcées de se retirer d'une batterie.)

« Les dispositions pour rassembler les articles ci-dessus seront prises par l'officier du génie et l'officier d'artillerie. Les généraux de division prendront toutes les dispositions pour la prompte communication des troupes avec les munitions de réserve qui, toutefois, ne devront être placées sur les chevaux que lorsque l'ordre en sera donné.

« Avant d'ouvrir le feu, tous les piquets avancés, à l'exception des hommes choisis pour tirer dans les embrasures, seront retirés, sous la direction de l'officier général de service, dans les tranchées; ils rentreront se mettre à couvert dans leurs camps respectifs.

« Les détachements de protection dans les tranchées seront tenus à la portée des batteries; ceux qui ne pourront pas être à couvert dans les tranchées seront placés sur les derrières ou sur les flancs, de manière à être toujours disponibles pour protéger les batteries, tout en étant garantis contre le feu de l'ennemi. Ces détachements de protection seront mis en mouvement suivant que l'officier commandant le détachement pourra le juger à propos d'après le feu de l'ennemi.

« Lorsque toute la tranchée sera occupée par les canons, les détachements de protection devront être placés comme on l'a dit plus haut, étant eux-mêmes couverts dans le voisinage.

« Les détachements de travail resteront dans les tranchées ou ils en seront retirés, suivant que le croira nécessaire l'officier du génie.

« Comme il est probable que les batteries de campagne pourront être dans la nécessité de se mouvoir, le doyen des officiers d'artillerie de la division et l'officier commandant chaque batterie s'informeront des communications à leur droite et à leur gauche.

« La cavalerie, sous les ordres du lieutenant général comte de Lucan, et les troupes de toutes armes, sous les ordres du major général sir C. Campbell, anglaises et turques, disposées pour la défense de Balaklava, se tiendront prêtes à agir au premier ordre. La viande pour le dîner des hommes sera cuite d'aussi bonne heure que possible, demain matin, dans le cas où l'armée aurait à se porter en avant.

« En cas de marche en avant, le commandant des forces prie instamment les officiers généraux commandant les divisions et brigades, les officiers commandant les régiments et les officiers commandant les compagnies de faire comprendre à leurs hommes la grande nécessité de maintenir les rangs et de garder leur ordre.

« Le succès de toutes opérations qu'ils peuvent être appelés à entreprendre, leur honneur et leur sûreté individuelle dépendent de leur discipline complète et de leur disposition à repousser toute attaque ou à triompher de toute résistance qu'ils pourront rencontrer.

« Lord Raglan se trouvera dans les carrés ; sur le front de la 3e division, sir Richard England ; le général Canrobert, à la Maison-d'Eau, à la gauche de la ligne anglaise et à la gauche de la position française.

« RAGLAN. »

Bien que cette décision ne fût point officiellement connue de l'armée, tous les mouvements que nécessite une action si grave : inspection des lignes, convocations de conseils, aides-de-camp et officiers d'ordonnance portant dans toutes les directions, au galop des chevaux, les ordres et les dépêches des généraux en chef ; le soin et l'empressement avec lesquels les commandants des armes spéciales s'assuraient, en parcourant les tranchées, de l'exécution précise de tous les travaux commandés, de tous les approvisionnements prescrits ; enfin l'air satisfait avec lequel tous les hommes qui revenaient des batteries annonçaient que tout était prêt pour, au premier ordre, démasquer les embrasures des pièces et commencer le feu, tout a fait pressentir l'événement qui se prépare ; le bruit s'en est répandu dans les camps, qui l'accueillent avec un sentiment de joie enthousiaste ; il est bientôt confirmé par les ordres que reçoivent tous les officiers.

La nuit se passe dans la plus vive impatience. Le service des tranchées se fait avec un redoublement de vigilance incessante. Pendant que le général Thiry et le colonel Lebœuf visitent les batteries, dont les officiers font dégorger les embrasures, le général Bizot et le colonel Tripier étendent leur inspection à toutes les parties des tranchées, s'assurant de l'épaisseur des épaulements et faisant réparer les dégâts causés au gabionnage par le feu de l'ennemi.

Avant le jour chacun est à son poste, non seulement dans les tranchées et dans les batteries, mais sur tous les points qu'occupent les forces alliées. Les troupes d'élite qui doivent concourir à l'assaut forment déjà leurs colonnes ; le corps de siége prend les armes ; la cavalerie tient ses chevaux prêts à être bridés ; les divisions d'observation ont doublé leurs grand'gardes et sont préparées à se porter là où quelque danger réclamera leur présence. Au lever du soleil toutes les hauteurs sont occupées par nos troupes, les yeux impatiemment fixés sur le front bastionné qui protége nos batteries, sur les lignes britanniques et sur le fort Génois. A cet instant le premier aide-de-camp du général en chef arrive dans la tranchée, apportant au général Thiry l'ordre de donner le signal et de commencer le feu.

Trois bombes s'élèvent coup sur coup de la 8ᵉ batterie.

Un nuage de vapeur blanchâtre s'élève aussitôt de toutes les batteries alliées. Une détonation formidable a suivi ces trois premières explosions. Les 126 bouches à feu des deux armées obsidionales ont mêlé leurs voix dans ce long mugissement auquel répondent aussitôt toutes les pièces des fortifications ennemies ayant vue sur nos attaques, pièces dont le nombre ne peut être évalué à moins de 250. Ce grand duel d'artillerie échappe bientôt aux regards dans le nuage sans cesse sillonné d'éclairs dont il enveloppe sa péripétie sanglante. Ce que l'on distingue seulement, ce sont les bombes qui tracent dans l'air leurs ardentes paraboles, les obus qui franchissent les lignes et couvrent de leurs éclats les terrains que labourent les boulets. L'attaque et la défense se maintiennent longtemps avec une égale vigueur; cependant vers neuf heures le feu de la place semble faiblir; le bastion du Mât qu'ont plus spécialement battu nos pièces et le bastion central qu'elles frappent de plein fouet, ont visiblement ralenti leur tir.

Notre artillerie croit un instant à la supériorité de ses batteries sur celles de Sébastopol et ne les sert qu'avec plus d'ardeur. Toute l'armée partage sa confiance; les colonnes d'assaut se préparent à franchir la tranchée pour s'élancer sur les brèches. Vain espoir! ce n'était qu'un temps d'arrêt destiné à remplacer les pièces démontées par des pièces nouvelles; leur feu se ranime et tonne aussitôt avec une nouvelle fureur.

La lutte est alors dans tout son acharnement; le sang inonde nos batteries dont le feu continue pourtant avec la même force. Les artilleurs atteints sont aussitôt remplacés par d'autres. La 5ᵉ batterie surtout, frappée en écharpe par un des forts russes, essuie des pertes cruelles. D'autres éprouvent dans leur matériel des dégâts momentanément irréparables; plusieurs pièces roulent sur leurs affûts; d'autres, égueulées par les boulets ennemis, se dérobent au service. Ces contre-temps ne découragent pas nos artilleurs et nos marins qui redoublent d'élan pour suppléer par leur activité aux moyens d'action qui leur échappent, lorsqu'une bombe vient s'abattre sur le magasin à poudre de la 4ᵉ batterie, l'enfonce, éclate. Le magasin saute et par son explosion détruit et désorganise la batterie qu'il jonche de cadavres et de blessés.

Malgré cet horrible accident, les autres batteries qu'elle a couvertes de ses débris continuent leur feu, lorsque l'explosion d'une caisse à gargousse vient encore jeter le désordre dans une des batteries de la marine dont l'armée avait pu admirer la vigueur et la précision. La 5ᵉ batterie que des feux nombreux battent en enfilade et de revers, est elle-même contrainte de laisser tomber son tir pour ne point prodiguer le sang des artilleurs qui se disputent l'honneur de servir ses pièces. Le général commandant l'artillerie sentant l'impossibilité pour nos batteries, réduites ainsi à trois, de répondre efficacement aux 250 pièces qui les foudroient, donne, de concert avec le général en chef, l'ordre de cesser complétement le feu. Les attaques anglaises, dont les lignes n'avaient pas subi de dommages importants, continuent de canonner avec vigueur le redan et les défenses qui leur sont opposées. Ce fut sur le redan dont une de leurs bombes fit sauter la poudrière et sur la tour Malakoff dont une partie des pièces fut démontée, que leur feu fit essuyer le plus de pertes à l'ennemi.

Cependant les efforts de nos vaisseaux et des vaisseaux anglais ne triomphaient qu'avec lenteur des obstacles atmosphériques qui entravaient le concours qu'ils devaient donner à l'attaque des armées assiégeantes. Depuis la veille, un calme plat régnait sur la mer dont la surface était unie comme une glace. Un premier obstacle pour l'amiral français avait été la séparation de son escadre en deux divisions, dont l'une était mouillée devant l'embouchure de la Katcha, tandis que l'autre était à l'ancre devant Kamiesch. Les deux divisions se rallièrent pourtant vers onze heures, et à midi, les forces anglaises et françaises étaient réunies dans les mêmes eaux, mais elles étaient encore éloignées de Sébastopol.

Pas un souffle ne circulait dans l'air ; les voiles déployées retombaient immobiles sur les mâts ; le seul moyen de s'approcher de la ville ennemie était de s'y faire remorquer par les bateaux à vapeur. Un steamer fut affecté à chaque vaisseau, et l'amiral français signala aussitôt le branle-bas de combat qui suivit immédiatement le signal : *La France vous regarde !* — La flotte l'accueillit par de longues acclamations qui, se prolongeant dans cet air calme et sur cette mer immobile, durent porter jusque dans la ville ennemie l'enthousiasme de nos matelots. D'après le plan arrêté par l'amiral, l'escadre française à laquelle s'étaient joints deux vaisseaux ottomans, devait prendre position devant les fortifications russes en deux lignes endentées sur une étendue de huit encâblures à 1,200 mètres du rivage ennemi.

A peine le dernier signal : *Mouiller suivant le plan donné,* court-il sur la drisse de commandement que l'escadre entière s'ébranle ; la première ligne se forme sur *le Charlemagne*, qui, remorqué par *le Pluton*, prend la tête de la colonne ; *le Montebello*, *le Friedland*, *la Ville-de-Paris* au mât duquel flotte le pavillon de l'amiral Hamelin, s'avancent dans son sillage ; ils sont suivis par *le Henri IV, le Napoléon, le Mahmadre* monté par l'amiral turc Ahmed-Pacha, et *la Bombarde, le Vautour*, qui vient essayer contre les granits russes la puissance de pièces de longue portée d'une invention nouvelle. La seconde ligne, composée des vaisseaux *l'Alger, le Jean-Bart, le Marengo, la Ville-de-Marseille, le Suffren, le Bayard, le Jupiter* et *le Tshrifle* battant le pavillon de l'amiral ottoman Hassan-Pacha, vogue à peu distance dans leurs eaux. Tous ces navires, pavillons déployés, se dirigent dans un silence solennel vers le poste où, d'après ses instructions, chacun d'eux doit combattre. A peine sont-ils à portée des fortifications du côté nord qu'ils doivent longer pour prendre leurs lignes d'embossage, que toutes ces batteries ouvrent contre eux le feu le plus violent. Les forts du midi s'y associent aussitôt, les boulets ronds et les obus fouettent la mer ou frappent les bordages ; les bombes pleuvent autour de ces fiers navires continuant leur course sans répondre à tout ce feu par une seule amorce. La première ligne vient ainsi prendre son mouillage avec autant de précision que de calme ; la seconde laisse tomber ses ancres et chacun de ses vaisseaux prend position dans un créneau de la première. L'amiral français n'attend que cet instant ; il est une heure, il arbore le signal : *Commencez le bombardement!* Une immense acclamation suivie d'une explosion effroyable éclate aussitôt, tous les vaisseaux ont lancé leur bordée à la fois, c'est un orage plus terrible que ceux du ciel, les nuages et les éclairs tourbillonnent et jaillissent autour des vaisseaux avec un fracas qui domine et étouffe celui des batteries russes.

Les vaisseaux britanniques, traînés, comme les vaisseaux français, par des bateaux à vapeur : *le Queen* par *le Vesuvius*, *la Vengeance* par *l'Highflyer*, *l'Albion* par *le Firebrand*, *la Britannia* par *le Furious*, *le London* par *le Niger*, *l'Arethuse* par *le Triton*, *le Bellerophon* par *le Cyclops*, *le Rodney* par *le Spiteful* et *le Trafalgar* par *la Retribution*, viennent prendre part à une heure et demie à cette lutte terrible ; un ouragan de fer et de feu enveloppe et bat tous les forts ennemis.

Les Russes y répondent d'abord avec la plus intrépide vigueur. Le vaisseau amiral français semble le but de prédilection de leurs projectiles de toute nature ; leurs obus sont particulièrement dirigés contre sa dunette d'où l'amiral, entouré de son état-major, surveille et dirige cette attaque foudroyante. Un obus, entre autres, d'énorme dimension, frappe la muraille, la brise et plonge dans la chambre du capitaine de frégate où il éclate. A son explosion, tout le couronnement vole en éclats. M. de Sommeville, officier d'ordonnance, est coupé en deux et jeté à la mer ; neuf officiers ou aspirants appartenant tous à l'état-major de l'amiral sont tués ou blessés. L'amiral est renversé lui-même de son banc de quart ; il y remonte aussitôt, et le combat continue avec un redoublement d'énergie. Vers deux heures et demie, les forts ennemis, écrasés par ces masses de fer qui les foudroient, commencent à ralentir leur feu ; les batteries de la Quarantaine ne tardent pas à éteindre complètement le leur ; celui des vaisseaux gronde toujours ; si quelques-uns le suspendent par instants, c'est pour laisser se dissiper la fumée et rectifier leur tir qu'ils reprennent aussitôt avec une activité nouvelle. Ce ne fut qu'après que le soleil se fut noyé à l'horizon que les deux amiraux firent le signal de cesser le combat et donnèrent l'ordre d'opérer la retraite ; au fracas qui depuis cinq heures et demie ébranlait l'air, succéda un calme profond ; la fumée du combat se dissipa et se perdit dans la sérénité du ciel où scintillaient les premières étoiles, et les 11 vaisseaux glissant à la suite de leurs remorqueurs sur cette mer sans houle, s'éloignèrent tranquillement et semblèrent pour les Russes s'évanouir dans l'ombre. Si les forts russes étaient la plupart démantelés, les vaisseaux alliés n'avaient pas opéré ces ravages sans éprouver eux-mêmes de grandes avaries. La *Ville-de-Paris* avait reçu, elle seule, 50 boulets dans sa muraille, dont 3 au-dessous de sa ligne de flottaison, 100 boulets avaient frappé dans son gréement, trois boulets rouges avaient allumé à son bord des commencements d'incendie. *L'Albion* avait encore plus souffert. Sa mâture était presque entièrement brisée, et le nombre des boulets qu'il avait reçus dans sa coque ne s'élevait pas à moins de 93.

Le général en chef crut devoir envoyer à l'amiral Hamelin la lettre suivante :

« Devant Sébastopol, le 18 octobre 1854.

« Mon cher amiral,

« En rentrant à mon bivouac, je m'empresse de vous adresser les remercîments de l'armée, et le mien tout particulièrement, pour le vigoureux concours que vos vaisseaux lui ont prêté hier. Il ajoute à la dette que nous avons d'ancienne date contractée avec la flotte, et soyez sûr que le cas échéant, tous s'empresseraient de l'acquitter.

« J'ai appris avec un vif regret que vous ayez perdu des officiers de votre état-major, et qu'entre tous les vaisseaux qui ont fait des pertes, *la Ville de Paris* est celui qui a le plus souffert. C'est un honneur qui appartient au vaisseau et je ne crains pas d'en féliciter vos officiers et votre équipage.

« Je ne terminerai pas cette lettre sans vous dire combien je suis satisfait de l'énergique conduite de vos marins à terre, et de l'excellent esprit qui les anime.

« Recevez, etc. « CANROBERT. »

Telle fut cette sanglante journée ; si elle ne réalisa pas les espérances que les alliés avaient fondées sur la puissance des moyens d'action qu'ils avaient déployés contre Sébastopol ; elle eut pour eux des renseignements précieux : elle leur révéla toute la grandeur de l'entreprise à laquelle leur valeur et leur persévérance étaient appelées à concourir, en leur apprenant l'étendue des ressources que tout le personnel et le matériel d'une armée navale et d'immenses munitions accumulées depuis longtemps, mettaient à la disposition du gouverneur de cette place, défendue par une garnison portée à la force d'une armée et pouvant se renouveler chaque jour ; cette révélation eut un résultat, elle éleva leur résolution au niveau des obstacles et leur courage à la hauteur du danger. On ne songea plus qu'à donner à l'attaque les bases et les développements qui devaient en assurer le succès, quand il n'y aurait plus qu'à l'audace et au dévouement à le conquérir.

Dès le 17, un corps de troupes, lancé par le prince Napoléon, avait pris possession d'un plateau s'étendant en face du bastion central, dit bastion du Mât, parce que l'ennemi y avait élevé un mât, du haut duquel ses vigies pouvaient découvrir et signaler à ses artilleurs les points des tranchées où devaient porter leurs bombes et leurs obus. Cette position fut fortement occupée, afin que le génie pût y établir sans interruption le coffre de batteries nouvelles.

Les travaux de sape reçurent la plus large impulsion; pendant que leur réseau se poursuivait jusqu'au ravin de Sébastopol et reliait ainsi nos communications masquées aux attaques anglaises, nos ingénieurs traçaient le plan d'une seconde parallèle, qui fut ouverte dans la nuit du 23 au 24.

Notre artillerie secondait puissamment ce travail par la vivacité et la justesse du feu qu'elle dirigeait sur la place. La nuit du 17, la journée et la nuit du 18 avaient suffi pour remettre en état les premières batteries et permettre d'en créer de nouvelles. Le 19, à six heures du matin, huit batteries tonnent simultanément contre Sébastopol, dont les fortifications se couvrent sous leurs boulets d'un tourbillon de pierres et de poussière. Toutes les batteries de l'ennemi répondent à ce feu avec une vigueur égale; les Anglais s'y associent avec une noble rivalité, et toutes les positions sont assombries de nouveau par le nuage foudroyant qui les avait enveloppées le 17.

Les boulets battent les épaulements et ricochent dans la plaine; les bombes et les obus éclatent dans les batteries; les projectiles à la Scharpenelle y vomissent leur grêle de balles. La lutte a repris toute sa fureur meurtrière; le général Forey, le plus ancien général divisionnaire de l'armée, nommé commandant du siége, dans l'impossibilité de suivre du regard les incidents de ce drame terrible, charge deux officiers de son état-major, le chef d'escadron de Laville et le capitaine Schmitz, de parcourir les batteries et de s'assurer de leur état. Ces deux officiers s'élancent à travers un sol que les boulets bouleversent sous leurs pas et disparaissent dans le voile grisâtre dont la fumée couvre le théâtre du combat.

Le chef d'escadron de Laville visitant la tranchée, y trouve tout dans l'état le plus satisfaisant; le cabionnage n'est pas entamé, sur aucun point l'ennemi n'a endommagé les épaulements de nos batteries dont aucun accident n'est venu surprendre ni paralyser le feu : une seule devait être exceptée, c'était celle n° 5. Cette batterie, que le fort de la Quarantaine enfilait de ses boulets, tandis que les fortifications la battaient par ses deux autres fronts, de face et de revers, était tellement ravagée par les projectiles ennemis, que l'ordre lui fut envoyé vers neuf heures de cesser son feu. Presque tous les servants avaient succombé au milieu de leurs pièces égueulées et de leurs affûts en débris.

Le capitaine Schmitz, qui s'était dirigé vers la batterie du fort Génois, commandée par le capitaine de vaisseau Penhoät, ne la trouva point dans un état moins fâcheux. Cette batterie, armée de quatre obusiers de 22 et d'une pièce de 50, n'avait, il est vrai, suspendu son feu que quelques instants le 17; elle l'avait repris peu après et l'avait continué vaillamment depuis, sous la masse de projectiles dont la place avait tenté de l'écraser. Quand le capitaine Schmitz y entra, ce n'était plus une batterie, c'était une ruine sanglante; les parapets n'existaient plus, les embrasures formaient des brèches; les pièces démontées par les boulets jonchaient les plates-formes sur les débris de leurs affûts et sur les cadavres de leurs canonniers. Un obusier, le seul qui restât encore en état de service, était manœuvré par quelques marins échappés à cette hécatombe; le capitaine Penhoât, calme au milieu de ces décombres ensanglantés, dirigeait leurs efforts avec une sombre énergie.

— Mais, commandant, s'écria le capitaine surpris, cette position n'est pas tenable !

— Que faisons-nous donc depuis trois jours, capitaine ?

Et sur une nouvelle observation, il ajouta :

— Ici est mon poste. Tant que je pourrai tirer un coup de canon, j'y resterai.

Informé de cette résolution héroïque, le général Canrobert se rendit lui-même dans cette batterie pour en féliciter le brave commandant et lui donner l'ordre de l'évacuer.

Cette canonnade dura jusqu'au coucher du soleil et se renouvela les jours suivants, pour s'éteindre chaque soir. Mais sa cessation n'était pas celle de la lutte; au fracas de l'artillerie, succédait le bruit de la fusillade, non pas constamment, mais par intervalles. Il y avait bien peu de nuits où l'ennemi ne tentât point de pénétrer sur plusieurs points de nos tranchées, pour en enclouer les pièces et pour en détruire les travaux.

La plus remarquable de ces entreprises par l'habileté avec laquelle les Russes abordèrent nos lignes et la résolution avec laquelle ils les envahirent, eut lieu dans la nuit du 20 au 21 novembre. Un détachement nombreux, formé d'hommes de choix, pris parmi les volontaires qui s'étaient offerts pour concourir à cette sortie, se porta vers deux heures et demie du matin sur le parapet séparant les batteries n° 3 et n° 4. Cette colonne volante, dirigée par le lieutenant de vaisseau Troïtsky et le garde-marine, prince Poutiatine, s'était avancée en rampant, protégée par l'épaisseur des ténèbres; elle fait si brusquement irruption dans la galerie que les gardes de tranchée surpris ne peuvent opposer qu'une résistance individuelle. Une lutte acharnée, un combat corps à corps s'engage entre eux et une partie des assaillants, tandis que l'autre partie se rue dans les deux batteries, où les artilleurs courent précipitamment à leurs armes; ils se rallient bientôt à la voix de leurs officiers; les lieutenants Clairin et Lebelin de Dionne reprennent l'offensive à la tête du groupe le plus nombreux; le capitaine Herment, accouru aux cris des combattants avec la compagnie de voltigeurs du 1er bataillon du 74e, fait couronner l'épaulement par une partie de ses hommes pour rejeter vers la place tout détachement auxiliaire envoyé par l'ennemi, tandis qu'avec le reste de sa compagnie et une section du 5e bataillon de chasseurs à pied, conduite par le lieutenant Vermot, il attaque l'ennemi qui cherche à se défendre dans les deux batteries dont il est resté maître. Mais les autres compagnies du 1er bataillon du 74e enveloppant ces ouvrages, le détachement russe sent qu'il ne peut s'y maintenir et effectue sa retraite malgré les efforts que font ses deux intrépides officiers pour le retenir. Le prince Poutiatine est tué à la tête de ses soldats, le lieutenant Troïtsky tombe lui-même percé de cinq coups de baïonnettes.

Les Russes laissèrent entre nos mains 7 morts et 4 blessés, le lieuenant Troïtsky était au nombre de ces derniers. Cet officier, qui s'était acquis toutes les sympathies par sa rare valeur, fut transporté à l'ambulance de la tranchée, où il reçut les secours et les soins que réclamait son état. Le général Canrobert, voulant lui donner un témoignage d'estime, envoya le lendemain prendre de ses nouvelles : il avait succombé.

Nous avions eu trois mortiers et quatre pièces encloués dans cette attaque; les poinçons ayant pu être arrachés des lumières, les sept bouches à feu reprirent leur tir dès le jour suivant. Le succès momentané des Russes accusant un défaut de surveillance de la part des forces de garde sur ce point, le général en chef crut devoir rappeler à l'armée, dans l'ordre du jour où il paya un juste tribut d'éloges aux troupes qui avaient repoussé si énergiquement l'ennemi, que le premier devoir en campagne, mais surtout devant une ville assiégée, était une vigilance de tous les instants.

Cependant l'armée recevait incessamment des renforts. La 6e division, commandée par le général Vaillant, s'était complétée, dès le 19, par l'arrivée du dernier bataillon du 1er régiment de la légion étrangère. Cette division se trouva ainsi composée des 21e et 42e régiments de ligne formant la première brigade sous les ordres du général de la Motte-Rouge; d'une seconde brigade réunissant, sous le commandement du général Coustou, le 5e léger et le 40e de ligne; enfin des 1er et 2e de la légion étrangère, composant la troisième brigade et commandés par le général Bazaine.

Ses communications étaient assurées par la baie de Kamiesch, où les Français avaient établi le débarcadère le plus commode, et par Balaclava, qui était plus spécialement fréquenté par la flotte, et par les transports anglais. L'armée alliée n'avait donc rien à redouter pour l'arrivée soit des secours destinés à élever le chiffre de ses forces, soit de ses munitions et de ses approvisionnements. Le corps d'observation n'était pas, de son côté, resté inactif, il avait couvert la ligne de la Tchernaïa de redoutes et d'ouvrages de campagne si heureusement appropriés à la nature des lieux, qu'il y attendait avec la plus ferme sécurité l'attaque dont semblait le menacer le prince Menschikoff, qui le harcelait sans cesse, et dont l'armée grossissait chaque jour par l'arrivée de corps nouveaux venant de Kérich et de Pérékop.

Ce n'étaient plus seulement de petits corps de cavalerie qui pénétraient dans les vallées voisines, surveillant nos positions, inquiétant nos avant-postes et enlevant parfois les hommes qui s'écartaient imprudemment de nos lignes, et même nos détachements de cavalerie se rendant aux abreuvoirs de la Tchernaïa ; c'étaient des colonnes d'infanterie qui présentaient leurs têtes tantôt dans les bois d'Inkermann, tantôt dans la vallée de Baïdar. La 1re brigade de la 12e division d'infanterie, commandée par le général major Semiakine, se porta même, le 19, sur le village de Tchorgoun, qu'elle avait fait occuper dès le 13 par un détachement, renforcé le 16 et le 17 par l'envoi de nouvelles troupes. Nos forces, sans cesse menacées, et contraintes par des alertes continuelles de prendre les armes, étaient assujetties au service le plus dur. Parmi les nombreuses correspondances qui attestent l'activité incessante de cette partie de nos troupes, nous choisissons la lettre suivante, qui donnera une idée des fatigues et des souffrances qu'elles avaient à supporter.

« ..... Nous avons toujours été et sommes encore en observation. Exempts ainsi des travaux de siége, nous ne sommes point exposés à nous faire tuer ou blesser; mais nous n'en avons pas moins un service assez pénible. On a d'abord fortifié notre position par des redoutes élevées de distance en distance, et reliées entre elles par un fossé assez profond pour qu'un homme puisse s'y cacher presque entièrement en faisant le coup de feu.

« Depuis quelques jours, un corps d'armée russe, dont la force est évaluée à 20,000 hommes, mais presque tout en cavalerie, se tient du côté nord de la ville, le seul qui ne soit pas complétement investi. Il campe généralement sur le Belbeck, tantôt à droite, tantôt à gauche. Dès qu'il s'approche de nos avant-postes, crac! on nous fait prendre les armes; puis, au bout d'une demi-heure, quand on sait qu'il n'y a plus rien à craindre, on nous renvoie dans nos tentes. Cela n'arrive pas toutes les nuits; mais, en revanche, cela nous est arrivé deux fois dans la même nuit.

« Ce voisinage importun a fait établir un service d'embuscade exclusivement fait par les zouaves et les chasseurs à pied. Tous les soirs, à six heures, quatre compagnies vont s'embusquer dans un ravin, qui paraît être le seul point par lequel les Russes pourraient tenter une surprise nocturne. On reste là jusqu'au lendemain matin, et vous comprenez facilement que l'on y dort peu. Le tiers des hommes doit rester debout pendant que les autres se reposent; mais chacun est trop intéressé à veiller ou tout au moins à écouter pour que l'on puisse s'endormir : d'autant plus que l'on n'a que son capuchon pour se garantir de l'humidité de la nuit. Nous attrapons ce fourbi-là une nuit sur cinq.

« Dans tout cela, ce qui m'ennuie le plus, c'est que nous sommes obligés de rester continuellement habillés jour et nuit. Le peu de temps dont on peut disposer et l'éloignement de l'eau nous empêchent de laver les chemises aussi souvent qu'on le voudrait.

« Voilà justement que l'on nous commande pour l'embuscade de ce soir. Dans la crainte que le courrier ne parte demain matin avant notre retour, je me hâte de fermer ma lettre. »

Cette vie de fatigue devenait tous les jours plus pénible. On sentait, au déploiement progressif de forces que faisaient les Russes, qu'ils projetaient quelque diversion puissante pour ralentir la marche des travaux du siége. En effet, la cour de Saint-Pétersbourg voyait avec peine tant de défaites successives détruire en Europe le prestige dont elle s'était efforcée d'entourer ses armes. Dans son désir de relever par un succès important l'éclat militaire de ses aigles, le czar avait adressé au prince Menschikoff, par un de ses aides-de-camp, le général Albedinsky, une de ces lettres pressantes auxquelles on ne peut répondre qu'en obéissant. « Il faut, lui disait-il, qu'à tout prix les ennemis soient battus. J'espère que votre plus prochain courrier m'apportera l'annonce d'une victoire. » Cet ordre était précis, le prince ne songea plus qu'à s'y conformer.

Le général Semiakine lui signalait la faiblesse que présentait la droite du corps d'observation. Nous avons fait connaître la position des armées occidentales sur les plateaux de Chersonèse, dont la Tchernaïa baignait les pieds, les Français tenant la droite, les Anglais formant la gauche et dominant complétement la vallée, de la bifurcation de la route de Sébastopol à Balaclava et à Simphéropol jusqu'à la petite éminence voisine de la baie du Carénage et connue sous le nom de Mamelon-Vert. Cette ligne, couverte par des pentes rapides et par des ouvrages de campagne très-habilement combinés, offrait un front à l'abri de toute attaque; mais elle se reliait à Balaclava, où les Anglais avaient leur port de ravitaillement, par un prolongement présentant un côté très-vulnérable.

Une position aussi importante que Balaclava, défendue par une garnison de 1,200 hommes d'infanterie de marine, n'était protégée que par un détachement d'artillerie et de cavalerie établi à un kilomètre de la ville, au village de Kadikoï, et par quatre redoutes d'un relief et d'un armement très-faibles, construites un kilomètre plus loin, sur quatre élévations formées dans la vallée de Kamara par un des contreforts de la chaîne taurique. Ces redoutes étaient occupées par des troupes tunisiennes, dont on n'avait pas encore eu l'occasion d'éprouver la solidité.

C'était cette position dont le général russe avait très-facilement saisi la faiblesse. Il l'avait signalée au prince Menschikoff, en faisant valoir toute l'importance qu'aurait pour l'armée russe l'occupation de ces redoutes par des forces suffisantes pour les conserver. De ces hauteurs, en effet, elle aurait menacé à la fois la droite de la ligne de la Tchernaïa et les communications entre l'armée anglaise et le port d'où elle tirait ses armements, ses munitions et ses approvisionnements. Ce fut de ce côté que le généralissime russe résolut de porter ses premiers coups. Un succès sur ce point était, dans sa pensée, le prélude de nouveaux succès et l'élément d'une victoire qui pouvait envelopper les troupes alliées dans une destruction commune.

Son armée s'était d'ailleurs grossie de renforts assez nombreux pour qu'il pût ouvrir la suite d'opérations militaires, dont il espérait faire sortir avec éclat le complet triomphe des armes russes. L'occupation des redoutes turco-britanniques de la vallée de Kamara formait une des bases de ces projets. Les considérations que lui avait fait valoir le général Sémiakine, tout importantes qu'elles fussent, n'entraient pourtant dans ses combinaisons que comme des motifs secondaires. Ce qu'il voyait surtout dans l'établissement d'un corps d'armée sur les hauteurs protégées par ces redoutes, c'était le moyen de menacer les derrières de l'ennemi un jour de bataille, de déterminer sa défaite en attaquant à revers ses troupes ébranlées, enfin de l'enlever ou de le détruire en lui coupant la retraite sur ses vaisseaux.

Cette occupation fut donc arrêtée, et comme il lui importait d'avoir un corps d'armée sur la rive gauche de la Tchernaïa, il résolut de la tenter avec des forces assez imposantes pour que la réussite ne pût être douteuse.

Le général Liprandi venait d'arriver avec une division formée de plusieurs régiments d'infanterie et des chasseurs bessarabes; elle s'était renforcée dans sa marche d'une nombreuse cavalerie : lanciers, hussards et cosaques.

Cette division se faisait remarquer par son enthousiasme. Rien n'avait été épargné pour exalter sa ferveur religieuse et son ardeur patriotique. Son départ d'Odessa s'était accompli au milieu des solennités les plus propres à agir sur les esprits. L'archevêque Innocent avait voulu bénir ses armes, et le général Aunenkoff était venu, à la tête d'un nombreux état-major, lui adresser une harangue en rapport avec cette cérémonie.

« Guerriers qui aimez le Christ, leur avait-il dit, guerriers victorieux! victorieux parce que vous aimez le Christ! il ne vous a pas été donné de vous reposer longtemps de vos peines et de vos hauts faits sur le Danube. La voix de notre empereur vous appelle dans la presqu'île de Crimée pour châtier et battre nos superbes ennemis, qui, aveuglés par la méchanceté et l'orgueil, ont osé passer la mer et envahir le territoire qui est le berceau du christianisme répandu dans toute la Russie et le lieu où a été baptisé le grand-duc Vladimir. Dieu sera présent dans vos rangs, et les anges combattront avec vous invisiblement.

« L'ennemi, qui est arrivé par un seul chemin, fuira sur dix, mais sans échapper à nos glaives; car, sachez-le, il est entouré de toutes parts. Il voudrait fuir et s'en retourner chez lui sur les ailes du vent; mais, surpris par nos braves bataillons, il ne l'ose. Il n'y a plus qu'à lui porter le dernier coup et à le jeter à la mer comme un cadavre. C'est à vous et à votre courage que cet honneur est accordé. Allez donc en hâte, afin de profiter de cette rare occasion pour la joie de la Russie et la gloire de votre souverain chéri, etc. »

Le prince Menschikoff forma de ces troupes ardentes le noyau du corps qu'il chargea de se porter sur Balaclava, de chasser l'ennemi des hauteurs fortifiées qu'il occupait en avant de cette place, et de se maintenir dans ces positions malgré toute attaque de l'armée d'observation. Le général Liprandi reçut le commandement de ce corps. Le lieutenant général Rysoff et ses régiments de cavalerie, et le général Semiakine avec sa division d'infanterie au bivouac près du village de Tchorgoun, furent mis sous ses ordres.

Le général Liprandi exécuta son mouvement avec autant de célérité que d'audace; se jetant avec son corps d'opération et son artillerie à travers les gorges profondes que présente l'âpre massif formé au sud-ouest de la Crimée par la chaîne Tschaker-Dagh, il atteignit, à travers ses escarpements boisés, ses défilés et ses ravins, le village de Tchorgoun, où la cavalerie du général Rysoff était arrivée le jour même. Comme il l'avait calculé, toutes ses forces se trouvaient réunies le 24 au soir.

Le lendemain matin, aux premières lueurs du jour, les troupes russes débouchaient par deux défilés en face même des redoutes occupées par les troupes tunisiennes. Pendant qu'un corps de cavalerie se jetait dans la vallée, le régiment d'infanterie d'Azoff, conduit par le général Semiakine en personne, marchait résolument contre la première redoute, bâtie sur le mamelon le plus élevé, désigné dans l'armée sous le nom de Mont-Canrobert, parce que c'était sur cette élévation que le général en chef de l'armée française avait rejoint lord Raglan, lorsque la quatrième division de l'armée s'était portée sur Balaclava après la prise de cette place.

Cette redoute, attaquée à la baïonnette, tenta en vain de résister; les troupes ottomanes en furent culbutées, non toutefois sans y avoir soutenu une lutte vive et meurtrière, puisque, d'après le rapport du général russe, ils y laissèrent 170 cadavres. Chargés alors par la cavalerie russe, les fuyards tunisiens se dispersèrent dans un tel désordre, que leur déroute jeta l'épouvante dans les autres redoutes, dont les garnisons se retirèrent sans même mettre les bouches à feu hors de service. Ces fortifications furent aussitôt occupées par des forces russes, qui détruisirent les épaulements, enclouèrent les canons et brisèrent les affûts de la plus avancée, puis se fortifièrent dans les trois autres. Les pièces en furent immédiatement établies de manière à être opposées aux troupes alliées.

Au bruit de cette attaque, lord Raglan avait fait prendre les armes à deux de ses divisions et avait envoyé un de ses officiers d'ordonnance porter avis au général en chef français qu'un nombreux parti de cavalerie russe, appuyé par plusieurs batteries d'artillerie légère, cherchait à s'emparer des redoutes occupées par les Turcs. Le général Canrobert avait donné aussitôt l'ordre au général Bosquet d'appuyer le mouvement des forces britanniques, et, montant à cheval avec une partie de son état-major, il s'était porté sur les lieux pour s'assurer par lui-même de la gravité des événements; il y avait rencontré lord Raglan observant les mouvements de l'ennemi. Le corps russe ne montrait évidemment que sa cavalerie et sa tête de colonne; le gros de son infanterie occupait les ravins et les hauteurs couvertes de bois formant le fond de la vallée. Son espoir était manifestement de faire quitter à l'armée alliée ses fortes positions et de l'attirer dans la plaine pour lui livrer combat avec tout l'avantage des lieux. Le général Canrobert le comprit, et ce fut dans cette prévision qu'il arrêta avec lord Raglan l'attitude et les mouvements stratégiques des forces occidentales.

Les divisions du général Cathcart et du duc de Cambridge avaient pris position sur les pentes du plateau, et le général Colin Campbell s'était élancé avec ses highlanders sur la route de Balaclava jusqu'à l'entrée de la plaine. Poursuivis par la cavalerie russe, les troupes tunisiennes, dont la brigade de cavalerie anglaise aux ordres du général Scarlett protégeait la retraite, venaient se reformer derrière le régiment écossais. Ces troupes, contre lesquelles l'artillerie russe dirigea bientôt son feu, ainsi que celui des redoutes, reçurent l'ordre de se replier derrière un mouvement de terrain qui les mît à l'abri des projectiles ennemis. La cavalerie russe, se méprenant sur le motif de ce mouvement de prudence, détacha un gros de 400 chevaux, qui descendit dans la plaine. Ce corps, s'étant alors divisé en deux escadrons, se précipita sur les highlanders pour les attaquer à la fois de front et sur le flanc droit.

Ce régiment, commandé par le lieutenant-colonel Ainslie, les attend silencieusement jusqu'à ce qu'ils soient arrivés à petite distance, alors il ouvre sur eux un feu si vif et si meurtrier, que le désordre se met dans les rangs et que les deux détachements se rejettent en arrière; mais cette retraite n'est que momentanée; les deux troupes se reforment en un seul corps, serrent leurs rangs, puis s'élancent à fond de train contre la ligne rouge que leur présente le régiment écossais; tout annonce un choc furieux. L'ennemi est pourtant encore à six cents mètres; les highlanders, confiants dans leurs carabines Minié, ouvrent leur feu. Cette décharge n'arrête pas l'élan de la cavalerie russe. Elle s'avance avec la même rapidité vers le régiment, qui, développé sur deux hommes de profondeur, va avoir sa ligne coupée par ce choc impétueux. On attend avec anxiété. Arrivée à cent cinquante mètres, une seconde décharge éclate. Cette fois, chevaux et cavaliers roulent par terre dans les rangs russes. Cette fois les ravages faits par les balles ont été tels que le désordre s'est mis dans ces escadrons rompus. Les cavaliers tournent bride et disparaissent au galop vers le fond de la vallée. Une longue acclamation part des hauteurs occupées par les forces alliées. *Bravo, highlanders!* Tel est le cri répété qui porte à ce brave régiment les félicitations de l'armée.

Cependant un second corps de cavalerie, plus nombreux que le premier, descend vers la partie de la plaine où la grosse cavalerie anglaise est formée en deux colonnes, les Scots-Greys et les dragons d'Enniskillen; cette brigade, aux ordres du brigadier général Scarlett, se disposait à aller prendre position près des Ecossais, lorsqu'elle aperçoit la tête de la cavalerie russe déboucher dans la vallée. Le général anglais n'hésite pas. A son ordre les deux régiments s'élancent à travers un terrain embarrassé de vignes et vont droit à l'ennemi. Les Russes, de leur côté, se déploient pour les recevoir. Le choc a lieu; les deux cavaleries se mêlent, et la lutte la plus acharnée s'engage sur tous les points. On a peine à saisir ce qui se passe dans ce tourbillon d'épées qui frappent, de chevaux qui se cabrent ou s'abattent, de cavaliers qui roulent sur le sol. Mais les Russes, qui ont l'avantage du nombre, tentent d'envelopper leurs ennemis; sir Scarlett aperçoit le danger qui menace sa brigade; il envoie aussitôt son aide-de-camp, le major Conolly, porter l'ordre au 5ᵉ de dragons de fondre sur l'extrême droite des Russes et au 4ᵉ de la garde d'exécuter une charge semblable sur leur extrême gauche. Ces escadrons se précipitent avec tant de vigueur sur les deux flancs de l'ennemi, que la cavalerie russe est culbutée par leur choc; elle tente vainement de réparer le désordre qui se met dans ses rangs, sa résistance ne fait que le propager; rompue, écrasée, elle prend la fuite vers ses premières positions. L'enthousiasme qu'avait inspiré le succès des highlanders fut redoublé par cette belle charge, exécutée avec tant de valeur et couronnée d'un triomphe si complet. Il éclata dans la longue acclamation que les échos de la Tchernaïa portèrent jusque dans les ravins où se tenait cachée l'infanterie russe.

Il était onze heures du matin, et comme l'armée alliée était bien résolue à ne pas quitter ses positions, la journée pouvait être terminée par cet engagement victorieux. Cependant, l'ennemi, bien que resté maître des positions qu'il avait surprises, pouvait ne pas se tenir à ces succès balancés et

Garde impériale.

Train des Equipages.

1855.

chercher à venger l'échec essuyé par sa cavalerie, toutes les précautions furent arrêtées dans la prévision d'une attaque contre nos lignes. Le général Bosquet, accouru avec la 1re division, avait fait occuper le col que traverse la route de Balaclava en atteignant le plateau de Chersonèse, par la 1re brigade, commandée par le général Espinasse, avec la batterie de la division et la brigade de chasseurs d'Afrique, tandis que le général Vinoy s'était porté, avec la 2e brigade de la division, sur les croupes descendant dans la vallée, pour être à portée d'appuyer immédiatement les forces britanniques. Tous les ouvrages de campagne qui défendaient nos positions étaient de plus garnis de tirailleurs munis d'armes de longue portée et de précision; et, en arrière des crêtes, la 3e division et l'artillerie de la réserve prenaient position, prêtes à marcher en avant. Ces mesures exécutées, le général Canrobert s'était rendu près de lord Raglan pour le féliciter du brillant succès que venait d'obtenir sa cavalerie. Un épisode glorieux et sinistre vint attrister tous les esprits.

La défaite de son principal corps de cavalerie avait décidé le général Liprandi à retirer les petites garnisons qu'il avait placées dans les deux redoutes les plus voisines des lignes anglaises; mais ces troupes avaient reçu l'ordre d'en enlever les bouches à feu qu'y avait établies l'artillerie anglaise. Les préparatifs des Russes pour l'exécution de cet ordre ayant appelé l'attention de lord Raglan, il songea à empêcher l'enlèvement de ces pièces, qui devenaient des trophées dans les mains des Russes, et fit donner l'ordre écrit à lord Lucan, commandant de la cavalerie anglaise, de faire tous les efforts possibles pour ne pas laisser ses canons dans les mains de l'ennemi. Voici en quels termes était conçu le billet que R. Airey, quartier-maître général, chargea le capitaine Nolan, son aide-de-camp, de porter au général :

« Lord Raglan veut que la cavalerie s'avance rapidement sur le front, poursuive l'ennemi et tâche de l'empêcher d'emporter les canons. Une troupe d'artillerie à cheval peut accompagner. La cavalerie française est sur votre gauche. — Sur-le-champ ! R. AIREY. »

Lord Lucan reçut cet ordre avec un sentiment de surprise qu'il ne dissimula point à l'aide-de-camp. Le mouvement de concentration que le général Liprandi venait de faire opérer à son armée ne laissait à l'exécution de cette volonté que des chances désastreuses. Le front de l'armée russe se trouvait au fond de la vallée de Kamara, couverte par une artillerie nombreuse, tandis que ses ailes occupaient les collines formant les deux versants du bassin. Sa gauche, formée par la division du général Semiakine, garnissait, sous la protection de la redoute du Mont-Canrobert et des deux autres, qu'ils se disposaient à évacuer, les pentes de la petite chaîne de mamelons que ces fortifications couronnaient.

Sa droite, sous les ordres du général major Jaborkritsky, occupait les collines opposées avec trois bataillons du détachement de Vladimir, un régiment de l'infanterie de Souzdal, deux compagnies du bataillon de tirailleurs n° 6, dix pièces de la batterie de position n° 1er, quatre pièces de la batterie légère n° 2 de la 16e brigade d'artillerie, enfin un corps de cavalerie composé de deux escadrons du régiment de hussards du grand duc de Saxe-Weimar et de deux sotnias du régiment n° 60 des Cosaques de Popoff.

C'était à travers le feu croisé de ces forces qu'il fallait attaquer le front ennemi contre lequel, en tous cas, cette cavalerie ne pouvait qu'aller se briser sans espoir de succès. Sans nul doute, ni lord Raglan ni lord Lucan ne pouvaient se rendre un compte exact de l'effectif de ces troupes dont une grande partie se trouvait dérobée par les bois qui couvraient les collines où s'étendait la droite de l'ennemi ; mais ce que l'on distinguait de sa force suffisait pour rendre cette attaque insensée.

— Lord Raglan entend sans doute que je balaie la cavalerie russe qui tient la plaine, car ce serait folie de vouloir enlever avec des escadrons de hussards des redoutes aussi puissamment défendues.

— Voici l'ordre, milord ; il est précis, répondit le capitaine aide-de-camp. Il vous enjoint de lancer la cavalerie immédiatement.

— Mais où faut-il que je la lance ? repartit le général avec l'accent d'une hésitation douloureuse.

— Milord, reprit l'officier, là sont nos canons.

Et il lui montra les redoutes.

— Là est l'ennemi.

D'après une autre version, la réponse du jeune aide-de-camp aurait eu même un caractère sarcastique dont lord Lucan aurait été profondément blessé.

« Milord, lui aurait-il répondu, emporté par l'ardente exaltation du combat auquel il venait s'associer, l'ennemi est dans les redoutes comme dans la plaine. L'ordre, je vous le répète, ne laisse rien *à considérer, to look on*. »

Or, pour comprendre ce que ces paroles pouvaient avoir de blessant pour le vieux général à qui elles s'adressaient, il faut savoir que la jeune noblesse, très-nombreuse dans la cavalerie dont il avait le commandement, et qu'avaient profondément blessée quelques plaisanteries sur son immobilité le jour de la bataille de l'Alma, l'avait surnommé, à cause de sa prudence regardée par elle comme excessive, *lord Look on*.

Lord Lucan, cédant à un mouvement d'irritation, n'hésita plus. L'ordre était formel, et il crut devoir prouver à cette jeune noblesse, peut être aussi à l'opinion, que sa circonspection n'était pas de la timidité. Il envoya le capitaine Nolan lui-même porter à lord Cardigan, général de la cavalerie légère qui n'avait pas encore donné, le commandement de commencer l'attaque et se prépara à l'appuyer lui-même avec ses autres escadrons.

Lord Cardigan sentit le même mouvement d'hésitation qu'avait éprouvé lord Lucan. Il fit à l'aide-de-camp des réflexions semblables à celles que lui avait opposées e vieux général. Les mêmes objections reçurent la même réfutation ; l'ordre du général en chef était précis, il était impératif. Lord Cardigan obéit.

Il se plaça à la tête de sa brigade, non, d'après le témoignage de l'un de ses officiers, sans avoir jeté un regard de tristesse profonde sur ces magnifiques escadrons qu'il conduisait au massacre.

En avant le dernier des Cardigan ! s'écria-t-il en lançant son cheval au galop ; et toute cette belle brigade plongea entre les deux collines, se dirigeant à fond de train sur le front de l'ennemi.

Les troupes alliées, étagées sur les sommets et sur les versants des hauteurs de Chersonèze, ne purent comprendre d'abord l'objet de ce mouvement. Était-il possible de croire que cette poignée de cavaliers allait attaquer une armée entière et une armée dans une si formidable position ? Ce fut d'abord un étonnement universel que remplaça bientôt le sentiment de consternation dont tous les cœurs furent aussitôt serrés. A cette vue, le général Bosquet comprenant tout le danger qu'affrontait cette brigade héroïque, lança le 1er et le 4e chasseurs sur une batterie établie à l'extrémité droite des Russes et protégée par deux carrés d'infanterie et deux sotnias de Cosaques.

Lord Cardigan ayant Nolan à sa droite a disparu dans un nuage de fumée ; sa brigade franchit la vallée sous un feu croisé de mitraille qui frappe et déchire ses rangs. Le capitaine Nolan est une des premières victimes que font les biscaïens ennemis. Tout ce que cette brigade rencontre est enfoncé ou culbuté par son choc ; elle gravit les pentes et arrive jusque sur les pièces dont elle sabre les canonniers, mais là elle se trouve en présence d'une masse de cavalerie contre laquelle vient s'arrêter son élan. Toutes les forces russes, un moment surprises par tant d'audace, se réunissent bientôt pour l'écraser. Lord Cardigan sent qu'un instant d'indécision anéantit le corps qu'il commande ; il ordonne la retraite ; ses escadrons, chargés en flanc par un régiment de lanciers, traversent de nouveau sous un tourbillon de flamme et de fer cette plaine où leur passage a déjà laissé un sillon sanglant.

Heureusement que la principale batterie russe était éteinte. Nos deux régiments de chasseurs, enlevés par le général d'Allouville et le colonel Champeron, avaient gravi les pentes rapides des hauteurs où s'était établie l'artillerie russe ; le rideau de tirailleurs qui la défendait avait été franchi avec tant de rapidité que si les pièces n'eussent été toutes attelées, elles étaient enlevées par nos cavaliers ; elles fuient, au galop de leurs attelages, secourues par deux carrés d'infanterie russe sortis tout à coup des broussailles pour couvrir leur fuite et qui sont enfoncés par nos escadrons. Le but de notre attaque était atteint, l'artillerie en fuite ne pouvait plus mitrailler la cavalerie anglaise. Le général Morris fait sonner la retraite. Le 4e chasseurs, qui s'était jeté à la poursuite de l'ennemi, se rallie derrière le premier dont un escadron déployé en tirailleurs protège son retour. La batterie que nous avions fait taire était formée des dix pièces de position nº 1er, dont le général Jaborkritsky avait armé son extrême droite ; la brigade de lord Cardigan, écrasée par une si longue et si foudroyante concentration de feux, put donc regagner les lignes britanniques sans traverser la suprême épreuve de cette artillerie formidable dont le feu aurait sans doute anéanti ses débris.

Son retour fut navrant. Cette belle brigade, l'élite et l'orgueil de la cavalerie anglaise, n'existait plus. 600 hommes s'étaient élancés sous les ordres de lord Cardigan dans cette charge sans espoir, 185 accompagnaient seuls leur vaillant général ; une cinquantaine de chevaux démontés et galopant fous d'épouvante ou de douleur précédaient la petite troupe si lugubrement amoindrie et venaient tomber d'épuisement dans les escadrons de grosse cavalerie disposés par lord Lucan pour protéger la retraite de sa brigade légère.

Tel fut le dernier incident de cette journée, incident héroïque, mais dont la gloire ne put compenser les pertes sanglantes ; aussi lord Raglan et lord Lucan ont-ils tenté l'un et l'autre d'en répudier la responsabilité.

Ces mouvements étaient accomplis vers le milieu du jour. Les deux généraux en chef sentant que l'étendue donnée sur ce point aux lignes de défense était une cause de faiblesse qu'il importait de faire disparaître, repoussèrent la proposition que leur fit le général sir George Cathcart de reprendre d'assaut avec sa division les redoutes enlevées par l'ennemi et résolurent, au contraire, de reporter leurs forces sur la chaîne étroite qui ferme l'entrée de la vallée de Balaclava et de fortifier cette ligne par des parapets et des redoutes. Ces nouvelles positions furent occupées le jour même.

Le prince Menschikoff, informé dans Sébastopol où il s'était rendu avec un corps destiné à en renforcer la garnison, du succès obtenu par les troupes du général Liprandi, résolut de s'assurer de la solidité que pouvait opposer à une attaque la gauche du corps d'observation formée par les divisions britanniques.

Le lendemain en effet de fortes colonnes d'infanterie sortirent du camp retranché construit sur les hauteurs septentrionales de Sébastopol. Sir de Lacy-Evans, apprenant ce mouvement de troupes, se porta avec un groupe d'officiers de sa division sur une crête d'où l'on pouvait observer leur marche et reconnaître leur direction. L'opinion générale fut que c'était un corps qui allait grossir celui du général Liprandi par la ligne de coteaux régnant sur la droite de la Tchernaïa. Le général et les officiers regagnèrent leurs tentes.

La direction prise par les troupes russes n'était qu'une feinte, elles n'eurent pas plutôt gagné une dépression de terrain qui les dérobait à la vue des alliés que, faisant brusquement un crochet, elles se portèrent d'un pas rapide vers nos positions et apparurent subitement au sommet des collines faisant face à la partie du plateau occupée par la seconde division britannique. Leur artillerie s'établit sur ces hauteurs pendant que leurs colonnes se portèrent résolûment sur la gauche des lignes anglaises, en jetant en avant de nombreux essaims de tirailleurs.

La vive fusillade qui éclata entre ces forces et les avant-postes de nos alliés formés par le 30ᵉ et le 49ᵉ régiment, annonça aux deux corps d'observation cette nouvelle attaque. A ce bruit, la division menacée prend vivement les armes, sir de Lacy-Evans la forme en bataille sur le front de son bivouac, la brigade de gauche sous les ordres du major-général Pennefather et celle de droite sous le commandement du brigadier-général Adams. Les artilleurs anglais garnissent leurs batteries dont les biscaïens et les obus sillonnent bientôt les régiments russes arrêtés par la résistance énergique des avant-postes. Ces gardes avancées profitent avec tant d'habileté et de courage des avantages de leur position, que l'ennemi semble d'abord hésiter à affronter leurs feux; et quand, battu par les volées de dix-huit pièces de position que l'artillerie anglaise dirige sur lui, il se décide à les aborder, ces postes attendent hardiment son choc et ne se replient qu'après l'avoir reçu sur leurs baïonnettes. Mais les Russes ont repris leur élan, et, refoulant devant eux ces régiments intrépides, ils arrivent sur la division anglaise, qui soutient sans fléchir l'impétuosité de leur attaque.

L'engagement ne pouvait se prolonger. Tous les corps d'observation sont debout. La brigade des gardes, que le duc de Cambridge fait appuyer par une batterie de campagne, accourt sous les ordres du major général Bentinck; une autre batterie, envoyée par sir George Brown, prend position sur la gauche, tandis que sir George Cathcart, accouru avec un régiment, le jette en tirailleurs sur le flanc de l'ennemi. Le général Bosquet, que cinq bataillons français suivent au pas gymnastique, offre lui-même à sir de Lacy-Evans le concours de ces troupes. Le lieutenant-général anglais le remercie, en lui donnant l'assurance que les forces britanniques suffisent pour repousser cette attaque. L'ennemi, reconnaissant en effet le nombre des troupes déjà engagées contre lui, opère sa retraite et se hâte de se mettre à l'abri du feu de l'artillerie en gagnant le revers des collines qui avaient d'abord masqué son approche. Il avait d'ailleurs obtenu le résultat objet de son mouvement en s'assurant de l'état défensif des lignes anglaises.

Voici du reste en quels termes le lieutenant-général sir de Lacy-Evans rend compte au général en chef anglais des divers incidents de ce combat:

« L'ennemi a attaqué la 2ᵉ division avec plusieurs colonnes d'infanterie soutenues par de l'artillerie. La cavalerie n'est pas venue sur notre front; les colonnes, couvertes par de nombreux tirailleurs, ont marché en avant avec beaucoup d'aplomb. La division s'est aussitôt formée en avant du camp, la gauche sous les ordres du major général Pennefather, la droite sous ceux du brigadier général Adams.

« Le lieutenant-colonel Fitzmayer et les capitaines des batteries Turner et Yates ont mis promptement leurs canons en position et ont ouvert le feu contre l'ennemi. Au premier bruit de la canonnade, le duc de Cambridge a envoyé pour nous soutenir la brigade des gardes sous les ordres du major général Bentenck et une batterie commandée par le lieutenant-colonel d'Acres. Son Altesse Royale a pris position sur notre droite pour nous couvrir de ce côté, et m'a prêté encore dans cette affaire un appui très-utile et très-important.

« Le général Bosquet, avec une égale promptitude et venant d'une plus grande distance, s'est approché de notre position avec cinq bataillons français. Sir George Cathcart est accouru avec un régiment de tirailleurs et sir George Brown a envoyé deux canons soutenir notre gauche. L'ennemi, soutenu par son artillerie, s'est d'abord avancé rapidement sur la colline. Nos avant-postes, fournis par le 49ᵉ et le 30ᵉ, lui ont résisté avec beaucoup de détermination et de fermeté.

« Cependant nos dix-huit pièces de position, y compris celle de la première division, ont fait feu avec une grande énergie. Au bout d'une demi-heure, elles ont fait taire l'artillerie ennemie. Nos canons ont ensuite été dirigés avec la même vigueur et la même justesse de tir sur les colonnes ennemies, qui, exposées en même temps au feu des premiers corps de notre infanterie, se sont mises en désordre et en fuite. Elles ont été littéralement chassées sur les hauteurs par le 30ᵉ et le 95ᵉ et jusque dans la vallée qui est vers la baie. »

Le général en chef des armées russes en Crimée était venu en personne étudier l'état et la force de ces positions, dont cette attaque n'était dans sa pensée qu'une reconnaissance effective, car c'était sur ce point qu'il devait commencer le grand mouvement offensif dont il avait soumis les plans à l'approbation du czar. Il rentra dans Sébastopol pour y donner des ordres dans la prévision de ces opérations, auxquelles devaient venir assister les princes impériaux.

La journée du 27 fut pour Sébastopol un jour de fête. La prétendue victoire du 25 y fut célébrée par un *Te Deum* chanté au bruit des cloches et des canons. Les pièces d'artillerie anglaises prises dans les redoutes si faiblement défendues par les garnisons musulmanes furent promenées dans les rues de la ville comme les trophées de ce triomphe. Ces solennités avaient un but : elles rentraient dans la pensée du prince Menschikoff ; en relevant ainsi la confiance de ses soldats, en excitant leur enthousiasme guerrier et leur exaltation religieuse par le prestige de ces cérémonies, il les préparait à la grande lutte où il espérait rendre aux aigles russes leur essor victorieux.

Les alliés accomplissaient un plus triste devoir. La glorieuse et funeste charge fournie par la brigade de cavalerie sous les ordres de lord Cardigan avait fait dans ses rangs trop de victimes appartenant en grand nombre aux premières familles anglaises pour que lord Raglan ne cherchât pas à connaître le sort des hommes disparus et à rendre à ceux qui avaient succombé les derniers honneurs.

Un officier de son état-major fut en conséquence envoyé le 27, avec un drapeau parlementaire, au quartier-général du corps d'armée campé sur les hauteurs de Kamara. Un interprète arménien l'accompagnait. Les avant-postes russes refusèrent d'abord de les recevoir. Ils durent se retirer à distance jusqu'à ce que le général eût été informé de leur démarche et qu'il eût donné des ordres. Ils furent rappelés environ une heure après et se trouvèrent en présence d'un officier supérieur. Ayant demandé à être conduit devant le général Liprandi :

— C'est moi qui suis ici le général en chef, répondit cet officier (on sut depuis que c'était le général Gortschakoff, le fils de celui qui commandait les armées russes sur le Danube); vous pouvez donc parler. Que voulez-vous de moi?

L'officier anglais lui exposa alors par l'intermédiaire de son interprète, parlant très-purement le russe, qu'il venait de la part de lord Raglan solliciter du général russe la permission d'enterrer les cadavres des officiers et des soldats que l'armée britannique avait perdus dans le dernier combat.

L'expression qui se produisit sur les traits du général ennemi fut un mélange de surprise et d'indignation.

— Vos morts, messieurs! mais nous les avons enterrés comme les nôtres! Dites à lord Raglan que nous ne sommes ni des païens ni des sauvages. Si nous faisons la guerre, nous la faisons en peuple civilisé et en chrétiens. Nous enterrons les morts, comme nous soignons les blessés. Les blessés et les morts ne sont plus pour nous des ennemis.

Sur la demande que fit l'officier anglais des noms des prisonniers faits par l'armée russe, le général l'engagea à revenir le lendemain et lui promit de lui en remettre la liste. La conversation ayant pris alors une allure plus libre, elle se porta sur les événements du 25 que le général jugeait avec une grande sévérité. Son opinion se résuma par ces derniers mots : « Excusez-moi de ma franchise, mais votre charge de cavalerie a été militairement une attaque stupide. »

L'officier parlementaire retourna le lendemain au camp russe. Il en rapporta la triste nouvelle que les Russes n'avaient fait que soixante prisonniers, deux officiers et cinquante-huit soldats. Quinze seulement étaient sans blessures : ils avaient eu leurs chevaux tués sous eux.

La journée du 25 eut une autre conséquence. Le contingent turc fut dissous et disséminé dans les deux camps, où il fut employé aux travaux des tranchées.

CHAPITRE VIII.

BATAILLE D'INKERMANN.

5 NOVEMBRE 1854.

Travaux du siége. — Feu meurtrier de la place. — Journal de l'armée. — Ouverture de la 3e parallèle. — Travaux au pic, à la pince et au pétard. — Mantelets protecteurs. — Batteries nouvelles. — Lenteur des cheminements anglais. — Activité des travaux russes. — Résolution énergique des Anglais. — L'assaut est résolu. — Formation des colonnes. — Etudes des lieux. — Espions russes. — Le pseudo-Tartare fusillé. — Le faux officier zouave. — Déserteurs anglais. — Concentration des forces russes. — Divisions voyageant en poste. — Corps d'armée du général Dannemberg. — Corps d'armée du général Liprandi. — Préoccupations de l'état major britannique. — Dépêche de lord Raglan. — Dispositions prises par le prince Menschikoff. — Arrivée des grands ducs Michel et Nicolas à Sébastopol. — Cérémonies religieuses. — Solennités militaires. — La nuit du 4 au 5 novembre. — Marche nocturne des Russes. — Avant-postes anglais. — Le sergent et le major. — Le brigadier Codrington. — La redoute des *Cold stream*. — L'artillerie russe. — Sanglant réveil des camps anglais. — Les divisions Pennefather et George Brown au feu. — La redoute enlevée. — Le duc de Cambridge et la brigade des gardes. — Les divisions Richard England et George Cathcart. — L'armée française. — Démonstration du corps d'armée de Liprandi. — Officiers d'ordonnance. — Position critique des divisions britanniques. — Le général Bourbaki et ses deux régiments. — Le général Bosquet. — Zouaves et tirailleurs algériens. — Le général Dautemarre. — Urgence des secours. — Mêlée horrible. — Charges brillantes du 7e léger et du 6e de ligne. — Le drapeau. — Mort glorieuse du colonel de Camas. — Intrépide élan des zouaves et des tirailleurs algériens. — Retour offensif de l'ennemi. — Mouvement rétrograde de nos troupes. — Les colonnes russes les débordent. — Bruits sinistres. — Inquiétudes de lord Raglan. — Les zouaves. — Les fils du feu. — L'ennemi rejeté des plateaux. — Dernières convulsions de la bataille. — La défaite. — Lord Raglan et le général Bosquet. — Le duc de Cambridge. — Sortie de la garnison russe. — La gauche de nos attaques envahie. — L'ennemi repoussé dans la place. — Retraite meurtrière. — Ordres du jour. — Pertes essuyées par les deux partis. — Le champ de bataille. — L'intendance française. — Dévouement. — Blessés massacrés par les soldats russes. — Le major Anughello-Paulo. — Correspondances des généraux en chef. — Effets produits en France et en Angleterre par l'annonce de la victoire d'Inkermann.

Les combats du 25 et du 26 octobre n'avaient été que des incidents de ce siége sans précédents historiques, qui devait avoir pour épisodes des batailles sanglantes. Les ouvrages de tranchées n'en furent pas un instant suspendus. Les travailleurs y furent attachés jour et nuit malgré la grêle de projectiles de toute espèce, bombes, obus ordinaires, obus à balles, boulets, mitraille, que l'ennemi faisait pleuvoir sur tous ces points et dont il étendait parfois la portée jusqu'à nos camps.

Une correspondance parle en ces termes des ressources meurtrières que la ville assiégée trouvait, pour sa défense, dans les immenses approvisionnements qui y avaient été accumulés pour les besoins de l'armée dont le noyau était toujours campé sous ses murs et des escadres réfugiées dans ses bassins : « Tantôt c'est le canon à longue portée dont les coups viennent nous atteindre à la distance fabuleuse de près d'une lieue, tantôt ce sont des obus simples, incendiaires ou à balles dont les éclats sont si meurtriers ; enfin, ce sont des bombes de la plus forte espèce dont ils varient le tir, soit au loin vers nos camps, soit plus près, sur nos travailleurs. Malgré ces mille messagers de mort qui traversent l'espace et obscurcissent le soleil, tant il est vrai qu'on se fait à tout, chacun dort tranquille sous sa tente, quand il en a le temps ; chacun travaille sans inquiétude et sans souci du présent, comme il le ferait au fond de son cabinet en France. »

Les travaux avançaient avec une rapidité d'autant plus satisfaisante que la dureté du sol leur opposait un obstacle sérieux. Les parapets se fortifiaient et se prolongeaient. De nouvelles batteries se préparaient derrière des épaulements dont l'épaisseur pouvait défier toute la fureur du feu de l'ennemi ; la seconde parallèle était complète ; les cinq cheminements qui devaient servir de base à la troisième étaient déjà préparés par le génie. Nous ne pouvons donner une idée plus précise et plus réelle des travaux accomplis dans les derniers jours d'octobre, que par cet extrait emprunté au journal du siége et publié par M. Labedollière dans son travail sur la première partie de cette grande opération de guerre.

« 27 octobre.

« On pousse la tranchée en avant de la deuxième parallèle, opération qui ne s'exécute d'ordinaire qu'après que l'artillerie de la deuxième parallèle a éteint en grande partie le feu de la place. Mais nos tirailleurs suppléent, en quelque sorte, à l'action de l'artillerie. Embusqués dans des trous-de-loup ou derrière des créneaux établis au moyen de sacs à terre sur les crêtes des parapets de tranchée, ils tirent sur tout ce qui se présente et ralentissent considérablement le feu de la place. On a réuni en deux compagnies franches les meilleurs tireurs des corps munis d'armes de précision, chasseurs et zouaves, et l'adresse de ces hommes d'élite fait souvent taire le feu des batteries russes. Cependant, ils en sont encore à *décrocher*, comme ils disent, *le monsieur au paletot blanc*.

« Voici ce que c'est que ce monsieur : c'est un amateur, un ancien militaire, si vous voulez, qui, tous les jours, à des heures indéterminées, s'avance en avant de l'enceinte avec une pièce de canon traînée à bras, la fait placer en batterie par ses gens, en se donnant le plaisir d'y mettre lui-même le feu. Il plante ordinairement sa tente non loin de sa pièce, et après chaque coup, il rentre dix minutes dans cette tente, probablement pour fumer un cigare et prendre un petit verre, puis, la pièce rechargée, il vient tirer un nouveau coup. Ce manége dure une heure ou deux et se renouvelle tous les jours. Il n'est pas de plaisanteries que nos francs-tireurs ne fassent sur ce paletot blanc. Il paraît qu'il possède un nombreux domestique ; car on lui a déjà tué une cinquantaine de servants, et il en présente toujours de nouveaux. Des zouaves prétendent que le plus grand nombre de ces servants sont des mannequins que le monsieur fait tomber avec une ficelle quand ils tirent. Mais on le *pincera*. »

« 28 octobre.

« Les travaux du génie sont poussés jusqu'à 260 mètres du bastion du Mât. »

« 29 octobre.

« Le temps change subitement : une pluie froide, accompagnée de petits grêlons, tombe une partie de la journée. Le vent du nord souffle avec violence; mais les travaux ne se ressentent point de ce brusque changement de température : on pioche avec une ardeur extrême pour se réchauffer.

« Les batteries de la 2ᵉ parallèle s'avancent. Dans quelques jours elles seront en état de faire feu. Une sortie des Russes est repoussée dans la nuit. Nous avons une sentinelle percée d'un coup de baïonnette. »

« 30 octobre.

« Le ciel se découvre, le soleil reparaît, mais le vent du nord souffle toujours. L'artillerie russe abandonne l'enceinte, où elle est remplacée par des tirailleurs.

« Les assiégés construisent en arrière de nouvelles défenses, qu'ils hérissent de canons. Ces batteries, qui nous sont entièrement dérobées, paraissent suivre une ligne de boulevarts intérieurs. Ces batteries ne sont pas encore démasquées, aussi n'entend-on dans la journée que de rares coups de canon. En revanche l'air est sillonné de balles coniques dont le sifflement aigu et plaintif nous fait regretter le ronflement plus franc de cette bonne grosse artillerie à laquelle nous étions si bien accoutumés. Évidemment nous entrons dans une nouvelle phase du siége. Le canon s'est fait entendre dans la nuit du côté de Balaclava, mais on n'a encore aucun détail sur cette nouvelle affaire. »

« Du 31 octobre.

« On pousse activement la construction des batteries de la 2ᵉ parallèle, et demain elles entreront en action. Nous aurons alors onze batteries en feu concentrées sur les deux points d'attaque, le bastion du Mât à droite, et le bastion central à gauche. Du succès de cette canonnade dependra quelque grande détermination.

« Au moment où je ferme cette lettre, sept heures un quart, une vive canonnade se fait entendre. C'est l'artillerie de campagne des Russes qui tire sur nos travailleurs. Il y a deux jours que ça ne leur était arrivé. Il fait un magnifique clair de lune. »

La troisième parallèle, cette opération si dangereuse d'un siége et dont la nature du sol des approches de Sébastopol augmentait encore les périls, fut établie dans la nuit du 1er au 2 novembre à 140 mètres du saillant du bastion du Mât. Ce résultat, obtenu en quatorze jours par un travail qui ne s'accomplissait qu'au pic, à la pince et au pétard, était un prodige d'activité et d'audace ; cette parallèle fut prolongée, dans la nuit suivante, jusqu'à d'anciennes carrières existant sur la droite, malgré les efforts des tirailleurs ennemis pour faire cesser les travaux. Le moyen trouvé par le génie pour garantir les hommes employés à cet ouvrage, était de placer en avant deux rangs de gabions-jointifs remplis de terre et couronnés de fascines. Les travailleurs s'étaient développés à l'abri de cette gabionnade.

Le 3 novembre, à quatre heures du matin, la sape était bordée partout d'un parapet capable de la protéger efficacement du feu de la place. On en eut bientôt la preuve : l'ennemi, informé par un des détachements qu'il lançait en éclaireurs du progrès de nos travaux, les couvrit durant près d'une heure du feu le plus vif. L'effet en fut à peine sensible. « Cette bourrasque de 1,200 à 1,500 coups de canon, rapporte un document émanant de l'état-major de l'armée, dérange à peine quelques fascines. »

Nos batteries à cette date s'élevaient au nombre de quatorze, et parmi celles établies les dernières il en était d'une force écrasante. La batterie n° 11, entre autres, construite et servie par les marins, était armée de dix canons de trente et de quatre obusiers de 22 pouces, lançant des projectiles de quatre-vingts. Cette batterie, comme celles n° 10 et n° 12, était principalement destinée à ruiner le bastion du Mât. D'après la rapidité avec laquelle se poursuivaient nos attaques, l'époque où un assaut pourrait être tenté contre la place semblait donc imminente. Malheureusement les Anglais, à qui leur escadre avait fourni des canons à très-longue portée, avaient dressé leurs batteries à une distance considérable de l'enceinte fermant la ville entre le port militaire et la baie du Carénage, et avaient par suite complétement négligé leurs approches. Cette circonstance allait entraîner un retard déplorable.

L'assaut ne pouvait en effet être donné par l'armée française contre le bastion du Mât ou toute autre partie des fortifications voisines de ce point objectif de notre attaque, sans qu'un semblable assaut ne fût dirigé par les forces britanniques contre les fortifications qui leur étaient opposées et qui, dans le cas contraire, eussent pris en écharpe les colonnes françaises et eussent battu à revers les ouvrages garantissant notre artillerie. Or les Russes, surpris de la prompte exécution de nos travaux, déployaient une infatigable activité à multiplier les défenses sur tous les points menacés, et particulièrement à accumuler les moyens de destruction contre toutes les parties de nos lignes par où ils supposaient que pourraient déboucher nos troupes. Aussi, outre les batteries qu'ils avaient construites du 20 au 28 sur le revers du ravin descendant au port du Sud et dans des bas fonds où elles ne pouvaient être aperçues, ils établissaient une puissante gabionnade en avant de la face gauche du bastion du Mât, dans laquelle ils ouvraient quatre embrasures où bientôt se montraient les gueules de canons de gros calibres ; un autre ouvrage de même force apparut peu après; une batterie de 8 pièces, reliée, par un retranchement en pierres sèches armé de deux bouches à feu, à une batterie nouvellement élevée sur la promenade, est installée en arrière de la tour du Centre, en même temps qu'une autre d'une force formidable est créée en avant d'une maison jaune, à mi-côte du versant sud de la colline sur laquelle se trouve la partie la plus importante de la ville.

Chaque jour les moyens d'attaque et de défense deviennent plus nombreux. Le feu des deux côtés éclate avec une ardeur plus meurtrière, les coups d'embrasure se succèdent; ce ne sont pas seulement les balles des carabines de précision qui y pénètrent, ce sont les boulets et les obus; les pièces sont démontées, le sang coule avec plus d'abondance. La 13ᵉ batterie de nos lignes, en grande partie démantelée, est forcée de suspendre son feu. Durant ce redoublement de vigueur déployé par la défense, le général Canrobert calcule et balance les dangers que présentent les développements que l'ennemi peut donner à ses ouvrages défensifs et ceux qu'auront à affronter les colonnes françaises, tentant l'assaut sans que l'armée britannique puisse y concourir. Il consulte les autres généraux et se décide à oser cette audacieuse attaque qui peut soustraire les armées occidentales à la rigoureuse nécessité de subir les intempéries d'un long et rigoureux hiver sur ces plateaux battus par tous les vents.

Les Anglais consultés répondent que si leurs tranchées ne sont pas prêtes, ils marcheront contre le Redan et Malakoff, comme ils ont marché à l'Alma sur les redoutes des Russes garnies de pièces de position. Cette proposition n'est pas admissible, « les ouvrages et les batteries de Karabelnaïa, lit-on dans les notes manuscrites d'un général qui exerçait un commandement important dans l'armée, avaient été rendus jour et nuit plus formidables par des travaux considérables, et étaient en outre protégés par des accidents de terrain qui en rendaient l'approche d'autant plus difficile, que les Anglais avaient à franchir une distance de seize à dix-sept cents mètres séparant leurs batteries de la place, et cela sous un feu meurtrier. » Mais s'ils ne pouvaient braver les dangers de cette marche impossible, ils pouvaient inquiéter les Russes par une diversion énergique, et paralyser au moins en partie le tir de leurs ouvrages en les battant de leurs boulets.

L'assaut fut fixé au 6 novembre.

Le général Forey reçoit l'ordre de former des colonnes d'assaut, composées d'hommes d'élite et commandées par des officiers connus par leur intelligence et leur vigueur. Le génie fait exécuter les dispositions dans les lignes; on crée des places d'armes dans les tranchées les plus avancées; on y prépare en toute hâte des gradins de franchissement. Ces préparatifs ont révélé à l'armée le secret de cette attaque; le bruit en circule dans les camps, où partout il excite l'enthousiasme. Chefs et soldats briguent l'honneur d'être compris dans la formation de ces colonnes d'assaut, et ceux qui sont désignés pour en faire partie sont l'objet de l'envie universelle.

Une activité nouvelle se développe dans toutes les spécialités du siége. Le tir des pièces, surtout de celles dirigées contre le bastion du Mât, redouble de vivacité ; les francs tireurs battent toutes les embrasures de l'ennemi d'une grêle de balles coniques ; pendant ce temps, le général en chef et les généraux commandants du génie et de l'artillerie explorent l'ensemble des abords et des ouvrages de la place; les parties vulnérables, les parties dangereuses, tous les détails qui peuvent les éclairer sur le point où doit porter le choc. Les officiers appelés au commandement des corps assaillants étudient, eux, plus en détail la configuration : les dépressions, les reliefs, tous les accidents enfin que leurs troupes doivent franchir sous le feu de l'ennemi. Le capitaine d'artillerie de Lajaille, officier d'ordonnance du général de Lourmel, commandant de tranchée, reçoit l'ordre dans la nuit du 3 au 4 de s'approcher, autant qu'il lui sera possible, du bastion du Mât pour reconnaître les ouvrages et les obstacles créés sur ce point par l'ennemi.

L'ombre épaisse d'une nuit pluvieuse favorise son exploration. Depuis quelque temps le feu de la place et celui des lignes obsidionales ont cessé; tout est silence et obscurité : quelques bombes traçant de temps à autre leurs raies de feu dans ce ciel sombre d'où la pluie tombe à torrents, annoncent seules que deux armées ennemies sont en présence. Le capitaine de Lajaille franchit le parapet de la tranchée avec quelques sous-officiers et se glisse avec précaution vers le point qu'il doit étudier. Tout repose, hors les sentinelles dont il entend parfois les pas; il continue à s'avancer et arrive avec ses compagnons sur le bord d'un fossé où descend un de ses hommes pour en mesurer la profondeur. Cette profondeur est d'environ deux mètres : on croit apercevoir une nouvelle batterie rasante construite pour balayer les approches. L'obscurité, qui a favorisé la marche de la reconnaissance, devient un obstacle insurmontable à ses appréciations; elle se retire sans avoir pu constater d'autres faits. Une autre tentative de même nature opérée sur un point différent par le capitaine Martin et le lieutenant Fescourt avec un petit détachement de sapeurs et de soldats vint se heurter, la nuit suivante, contre une embuscade russe. Cette petite troupe opéra sa retraite sans pertes graves.

Les Russes étaient instruits de nos projets. D'où leur en était venue la première révélation? On l'ignorait; mais ce qui n'était pas douteux, c'est que notre résolution n'avait pas plutôt été arrêtée, qu'elle leur avait été connue. Il est vrai qu'on avait la certitude que plusieurs de leurs espions avaient pénétré dans nos camps. Un d'eux, sous le costume tartare, avait été arrêté dans les lignes françaises et avait été de suite passé par les armes; un autre, vêtu en officier de zouaves, s'était promené assez longtemps dans les tranchées des attaques anglaises, fumant et offrant même des cigares de France aux officiers anglais, avec lesquels il s'entretenait de l'air le plus libre et le plus courtois; ses manières et son accent avaient pourtant éveillé quelque défiance dans l'esprit des officiers du 75ᵉ d'infanterie; ces officiers en avaient même fait prévenir sir Colin Campbell. Le rusé personnage avait flairé le danger; il s'était éloigné sans affectation; mais à peine avait-il franchi les lignes qu'il avait pris sa course vers un point de la vallée couvert d'arbres, où s'était aussitôt montré un détachement de tirailleurs prêts à protéger sa fuite.

Plusieurs soldats anglais, irrités de châtiments corporels qui leur avaient été infligés pour cause d'indiscipline, avaient d'ailleurs déserté leurs drapeaux et passé à l'ennemi. Ces hommes pouvaient à la rigueur lui avoir porté les informations sur lesquelles il avait réglé sa conduite et pris les mesures nombreuses et les précautions de toute nature que lui virent adopter les derniers jours d'octobre ; les premiers de novembre ont pourtant fait croire qu'il en avait obtenu de plus étendus et de plus certains.

Depuis le 28 octobre, le prince Menschikoff, campé sur les hauteurs nord de Sébastopol où s'opérait la concentration du corps de troupes qu'il avait conservé sous son commandement immédiat, n'avait cessé de lancer courrier sur courrier, soit pour prévenir les princes impériaux attendus à Sébastopol de la gravité des circonstances et de l'urgence des événements, soit pour hâter l'arrivée des renforts qui lui étaient envoyés d'Asie, des provinces méridionales de la Russie, mais principalement d'Odessa, d'où étaient parties les 10e, 11e et 12e divisions d'infanterie formant le corps sous les ordres du général Dannemberg, dont les forces, déjà arrivées sous le commandement du général Liprandi, n'étaient que l'avant-garde. Ces divisions, dont l'effectif s'élevait pour chacune à seize bataillons d'infanterie, deux batteries d'artillerie et quatre escadrons de cavalerie, formaient les principaux secours sur lesquels le prince Menschikoff comptait pour constituer les forces à la tête desquelles il voulait assaillir les lignes ennemies. Aussi, bien qu'il sût qu'elles s'avançaient à marche forcée, il ne laissait passer un seul jour sans stimuler la célérité de leurs mouvements par des dépêches nouvelles. Telle était à la fin l'instance de ces dépêches, qu'arrivées à Nicolaïeff, ces troupes y laissèrent leurs bagages, et montant dans des voitures fournies par prestation, elles franchirent en poste la distance les séparant encore de Sébastopol et vinrent le 2 novembre au soir camper dans les positions qui leur furent assignées à 8 kilomètres au nord de cette ville, l'infanterie sur des plateaux couverts de bois, la cavalerie et l'artillerie dans la plaine que forme vers l'embouchure du Belbeck la vallée arrosée par cette rivière.

Le corps de Liprandi recevait de son côté des renforts journaliers : c'étaient les bataillons qui venaient des forteresses caucasiennes dont l'évacuation avait été ordonnée : c'étaient aussi les détachements qu'envoyaient à l'armée de secours les garnisons de Kaffa et de Kertch, c'était enfin le corps d'infanterie fourni par les Cosaques de la Mer-Noire. Aussi la division de Liprandi, en continuant d'appuyer sa gauche sur les redoutes qu'elle avait enlevées dans la journée du 25, avait-elle étendu sa droite jusqu'au pont de pierre, — *trakir-kam-mat* — qui lui permettait de se porter sur les deux rives de la Tchernaïa.

Ces mouvements de troupes et ces développements de forces n'échappaient pas aux généraux alliés; seulement lord Raglan et la plupart des généraux anglais, vivement préoccupés de leur port de débarquement, concentraient presque exclusivement leur attention sur la vallée de Balaclava, tandis que le général Canrobert et les officiers supérieurs des corps de l'armée d'observation, dominés par des considérations stratégiques, portaient toutes leurs pensées sur les positions d'Inkermann, dont l'attaque du 26 avait démontré la faiblesse. Cette disposition des esprits au quartier général britannique est attestée par le rapport suivant, adressé le 3 novembre au duc de Neuwcastle par lord Raglan, rapport auquel la batataille dont il ne prévoyait pas l'imminence donne un vif intérêt.

A sa Grâce le duc de Neuwcastle.

Camp devant Sébastopol, le 3 novembre 1854.

« Milord duc,

« Depuis que j'ai écrit à Votre Grâce, le 28 octobre, l'ennemi a renforcé le corps qu'il avait dans la vallée de la Tchernaïa, en artillerie, cavalerie et infanterie, et s'est étendu à gauche, où il a occupé non seulement le village de Kamara, mais les hauteurs qui le dominent, et poussé des avant-postes et même des canons vers notre extrême droite. Hier ils ont tiré quelques coups, comme pour essayer la portée de leurs pièces; mais ils étaient trop loin pour nous atteindre.

« Par suite de ces mouvements, j'ai placé autant d'hommes qu'il en reste disponibles sur la hauteur abrupte qui est de ce côté, pour empêcher toute tentative d'attaque de Balaclava du côté de la mer, et la ligne entière est couverte par un parapet construit par la brigade des highlanders, par les soldats de marine et par les Turcs, de manière à couvrir cette position. Cependant on complète une forte redoute en face de la gorge qui conduit à Balaclava; elle est sur les hauteurs qui sont en arrière, et à gauche se trouve une batterie servie par des matelots, qui complète la position défendue par les troupes que commande sir Colin Campbell.

« Plus à gauche, et dans une position plus élevée, se trouve une brigade de la 1re division française, commandée par le général Vinoy, prête à se porter au secours de toute position anglaise qui serait attaquée, et reliant les troupes placées dans la vallée à celles qui garnissent les hauteurs du plateau occupé par le gros de l'armée. Le port de Balaclava est commandé par le capitaine Davies, du *Sans-Pareil*, et le contre-amiral sir Edmund Lyons est en rade, d'où il entretient avec moi des communications quotidiennes.

« Ainsi toutes les mesures ont été prises pour couvrir ce point important; mais je ne dissimulerai pas à Votre Grâce que j'aurais préféré pouvoir faire occuper plus fortement cette position.

« Quant aux opérations des armées combinées contre Sébastopol, j'ai l'honneur de vous dire que le feu de l'ennemi n'a point diminué. Hier, deux heures avant le jour, la canonnade a été très-vive sur toute la ligne des fortifications tournée en face des lignes françaises et anglaises : elle nous a causé quelques pertes, mais bien moins qu'on aurait pu craindre.

« Cependant les Français, qui ont en face d'eux la ville et le corps de la place, ont profité d'un avantage de terrain, en conduisant systématiquement leurs approches sur un point saillant qui domine les batteries ennemies; ils y ont construit des batteries dont le feu précis a considérablement endommagé les fortifications de la place, quoique jusqu'à présent il n'ait pu faire taire les batteries russes. Le temps est encore beau, mais il est devenu froid, et il a gelé la nuit dernière. « RAGLAN. »

Tout en préparant son grand mouvement offensif, le prince Menschikoff, à qui le souvenir de la bataille de l'Alma faisait redouter la brusque irruption contre ses projets de tout mouvement imprévu, ne négligeait aucune mesure de prudence contre l'assaut dont l'armée française menaçait la place. Tous les matins, aux premières lueurs de l'aube, moment fréquemment choisi pour livrer un assaut, les défenses de Sébastopol opposées aux lignes françaises se garnissaient de troupes nombreuses et le feu des batteries russes redoublait de violence contre nos tranchées. Aux quatre ou cinq cents pièces de position, disposées de manière à balayer de leurs boulets les terrains que nos colonnes d'attaque eussent eu à franchir avant d'aborder l'enceinte de la place, venaient se joindre cinquante ou soixante pièces de campagne qui s'établissaient sur des positions d'où elles eussent pu couvrir cet espace de leur mitraille et de leurs biscaïens.

Les grands ducs Michel et Nicolas Nicolaïëwitch étaient arrivés le 2 à Sébastopol. Le prince Menschikoff respira: il venait d'être informé que l'assaut projeté par l'armée française devait être tenté au plus tôt le 6. Il avait donc le temps de préparer toutes les dispositions propres à assurer et à compléter le succès du grand plan d'attaque qu'il avait soumis au czar, et dont les princes lui apportaient l'approbation.

La journée du 4 fut consacrée à des cérémonies religieuses, célébrées au bruit des cloches dont les volées arrivaient, dans les silences intermittents de la canonnade jusqu'aux camps des armées occidentales, et à des revues que les fils du czar, ces représentants, pour le soldat fanatique, de la personne sacrée de l'autocrate, passèrent en personne, distribuant des médailles et exaltant l'enthousiasme des soldats par leurs discours et par tout le prestige qu'ils exerçaient en venant s'associer aux glorieux dangers que ces hommes allaient affronter pour leur *sainte patrie*.

Toutes les dispositions avaient été prises pour que les trois corps qui devaient concourir à la bataille exécutassent avec opportunité la part qui incombait à chacun d'eux dans la réalisation du plan conçu par le prince général en chef et adopté par l'empereur.

Le corps principal, commandé par le général Dannemberg, devait ouvrir les opérations en s'emparant des hauteurs d'Inkermann où les divisions anglaises avaient établi leurs camps.

Les troupes de la garnison de Sébastopol, sous les ordres du général Timofeiff et le corps d'armée de Liprandi devaient se tenir prêts à se précipiter, les premières sur la gauche des parallèles françaises, l'autre corps sur la

Officier d'Ordonnance.
1855.

droite de l'armée d'observation aussitôt qu'elles se seraient affaiblies pour fournir des secours aux forces britanniques, écrasées, ou culbutées de leurs positions. Ces deux attaques prenaient ainsi les armées alliées à revers et leur coupaient toute retraite sur leurs ports de rembarquement. Ces trois corps d'armées devaient se mettre en rapport par des télégraphes établis sur les hauteurs d'Inkermann, sur le bastion central et sur les collines de Kamara.

La nuit du 4 au 5 fut une nuit froide et pluvieuse. Lorsque les premières clartés d'un jour blafard flottèrent dans les vapeurs grisâtres qui voilaient le ciel, la pluie avait cessé, mais le vent qui soufflait grand frais, avait rendu l'air du matin glacial; aussi les grand'gardes et les sentinelles des postes avancés, mouillés par les averses de la nuit et engourdis par ce froid saisissant, n'exerçaient-ils qu'une surveillance incomplète.

Cette absence de vigilance seconda puissamment la marche de l'armée russe. Les divers corps, commandés par le général Dannemberg, s'étaient mis en mouvement aux premières lueurs de l'aube. Les troupes qu'il avait sous ses ordres étaient aussi formidables par leur nombre que par la solidité des corps qui les composaient : c'étaient les régiments de Catherinembourg, de Tomsk, de Kolyvon de la 10e division d'infanterie; les régiments de Selinghinsk, de Yakoutsk et d'Oskhostk de la 11e; les régiments de Wladimir, de Sowzdal et d'Ouglitsh de la 16e; les régiments de Boutyrsk, de Borodino et de Taroutinas de la 17e; formant un effectif total de près de 40,000 combattants.

Enveloppés par les dernières ombres de la nuit et par un brouillard épais qui voilait surtout la plaine et le fond des vallées, ces régiments avançaient sur trois colonnes massives et profondes. L'une débouche par le pont d'Inkerman, l'autre longe la vallée; la troisième doit aborder le plateau par la route de Woronzoff.

Ainsi tout est déjà bruit et mouvement du côté des Russes, que tout est encore silence et repos dans les camps anglais. Cependant quelques sentinelles ont cru entendre de vagues retentissements s'élever du fond de la vallée et du versant des collines; ces sourds retentissements semblent ceux de chariots pesamment chargés gravissant les escarpements que couronnent ces postes. Un sergent de la division légère croit devoir en donner avis à ses chefs; le major Bombury se transporte sur les lieux, écoute et reste convaincu que ces bruits sont ceux des chariots de munitions et des arabas chargés d'approvisionnements, qui, à la faveur de l'obscurité, entrent chaque nuit dans Sébastopol.

Vers cinq heures du matin, le brigadier général Codrington achevait de visiter, selon son habitude, les postes avancés de sa brigade. Aucun n'avait conçu le plus faible soupçon de la présence de l'ennemi. Cependant, le capitaine Pretyman, du 23e régiment, avec lequel il s'entretint un instant, lui exprima la crainte, à raison de l'état même du temps qui semblait au major général écarter toute prévision d'une attaque de l'ennemi, que les Russes ne profitassent de ce voile de froid brouillard pour tâcher de surprendre quelque point de la ligne. A ces mots, en effet, que lui adressait sir Codrington en le quittant. — Allons! tout va bien! le capitaine répondit : — Tout va bien, oui, général; mais voilà l'heure où l'ennemi tente ses coups de main, et il ne serait pas étonnant que les Russes songeassent par cette obscurité à attaquer notre position. Ils doivent compter sur le brouillard et sur les effets de la pluie qui nous engourdit et fait rater nos fusils. — C'est peu probable, répondit l'officier supérieur. Et il se dirigea plein de sécurité vers sa tente.

En ce moment, l'ennemi, s'avançant en masses énormes, commençait à gravir les pentes abruptes protégeant la position anglaise, et l'artillerie arrivait sur les hauteurs où elle allait établir ses pièces aussitôt que le jour lui permettrait de choisir l'emplacement le plus convenable et de distinguer les points sur lesquels elle devrait diriger leur feu.

Les colonnes russes s'approchent, couvertes par de nombreux tirailleurs. Ces tirailleurs ne sont qu'à vingt pas des sentinelles avancées de la 2ᵉ division, et celles-ci ne soupçonnent pas encore leur présence. Elles les aperçoivent enfin et font feu aussitôt en se repliant sur leurs postes.

L'alarme est donnée; la fusillade éclate avec une vigueur qui montre aussitôt l'importance des forces qui abordent les positions. Les avant-postes ne s'en préparent pas moins résolûment à leur opposer une résistance énergique. Un détachement des gardes Cold-Stream, du 55ᵉ régiment, chargé de la défense d'une petite redoute encore dépourvue des deux bouches à feu qui doivent former son armement, y prend position et le major-général Codrington lance son cheval au galop pour aller se mettre à la tête de sa brigade, encore plongée dans le sommeil, qu'allait suivre un réveil sanglant.

L'on est arrivé au moment qu'attendait l'artillerie russe. Le jour se fait et ses clartés pénètrent le brouillard, dont l'humidité ténébreuse enveloppe jusqu'aux plateaux de la Tchernaïa; mais le vent qui souffle avec force déchire par moments ce voile ténébreux et laisse apercevoir les tentes des campements britanniques; ces intervalles de clartés suffisent pour assurer le tir des nombreuses batteries de campagne et de gros calibre que l'ennemi a établies sur les éminences voisines et jusque sur les hauteurs de la rive droite de la Tchernaïa. La mitraille, les boulets et les obus tombent aussitôt sur les camps où les soldats s'éveillent en sursaut. Les tentes trouées, lacérées par ces projectiles, culbutées par les obus qui les font voler en lambeaux, roulent emportées par la violence du vent au milieu des blessés et des mourrants; des chevaux, mutilés à leurs piquets, galopent terrifiés à travers cette grêle meurtrière.

C'est au milieu de la confusion qui naît à la fois du tumulte d'une telle surprise et de l'obscurité dont le brouillard enveloppe les bivouacs que l'armée anglaise prend les armes et que chaque corps se porte résolûment là où le danger lui semble plus imminent. La 2ᵉ division d'infanterie, dont une maladie de sir de Lacy-Evans a fait passer temporairement le commandement au brigadier général Pennefather, arrive la première sur le terrain du combat et y prend position avec ses pièces de campagne. Une grande partie de ses hommes, encore vêtus de ces grandes redingotes grises, dont ils s'enveloppent la nuit, ressemblent à des soldats russes de manière à faire redouter quelque méprise. La première brigade de la division légère, aux ordres du lieutenant-général sir George Brown, paraît elle-même; c'est le major-général Codrington qui la conduit; elle se jette sur les terrains en pente qui descendent vers Sébastopol et par où s'avance une tête de colonne russe. La seconde brigade, commandée par le général Ruller, sous la direction de sir George Brown, vient plus tard se placer à droite de la division Pennefather.

La bataille est engagée, c'est la redoute où se sont postés les gardes Cold-Stream qui est le centre de l'attaque. Ces braves soldats, qui d'abord ne connaissent la présence de l'ennemi que par le bruit de l'artillerie et de la fusillade et n'aperçoivent sa position qu'aux longs éclairs embrasant les hauteurs couronnées par ses canons et aux milliers d'étincelles jaillissant des versants brumeux que couvrent ses tirailleurs, ont pris le parti de l'attendre l'arme au bras sous les balles, la mitraille et les obus dirigés contre leur fortin; bientôt ils ont vu l'ennemi marcher contre eux en colonnes serrées, ils l'ont attendu à dix pas. A cette distance, leur décharge a causé de tels ravages dans ses rangs, qu'il s'est arrêté un instant, comme incertain, a resserré ses lignes et s'est élancé à l'assaut de la redoute; culbuté dans ce combat corps à corps, l'ennemi se retire sous un feu dont tous les coups portent dans ses colonnes larges et profondes, mais d'autres masses reviennent et enveloppent l'ouvrage anglais d'un demi-cercle de feux dont les balles déciment ses défenseurs; assaillis de nouveau par ces forces qui les débordent, ceux-ci sont enfin obligés d'évacuer ce réduit où les deux tiers de leur détachement a trouvé la mort. Les colonnes russes débouchent alors sur le plateau où elles viennent se heurter contre les divisions anglaises.

La seconde division et la division légère, dont la première brigade couvre la gauche, reçoit le choc avec vigueur; mais de nouvelles masses d'assaillants se précipitent sur les traces des premières, et venant flot sur flot se briser contre cette digue foudroyante finissent par y ouvrir de larges brèches.

Les autres divisions anglaises accourent prendre part à cette lutte héroïque. Le lieutenant-général sir Richard England s'avance avec la 3e division, et fait appuyer la division légère par deux régiments qu'enlève le brigadier sir John Campbell. La brigade des gardes, conduite par le duc de Cambridge et le major-général Bentinck, prend position avec son artillerie sur un contrefort où s'est déjà placée l'artillerie de la seconde division et que gravit en ce moment une colonne ennemie. La 4e division s'est également mise en mouvement, sous les ordres du lieutenant-général sir George Cathcart son commandant. Cet officier supérieur, qui ne connaît pas encore toute l'étendue du danger planant sur l'armée britannique, lance cependant sa première brigade sur la route d'Inkermann où l'artillerie gronde avec violence et s'avance avec la seconde vers les hauteurs qui dominent la vallée de la Tchernaïa.

L'armée française n'était pas restée inactive. Au premier bruit de la fusillade, le général Bosquet était monté à cheval et avait fait prendre les armes à notre seconde division. La faiblesse de la droite du corps d'observation anglais n'avait pas échappé à son œil prévoyant. Dès avant l'attaque du 26, il avait appelé l'attention de sir de Lacy Evans sur les pentes accessibles à l'artillerie elle-même, que présentait cette position vers l'embouchure de la Tchernaïa; la facilité avec laquelle le corps anglais avait repoussé l'attaque des Russes ne lui avait point fait illusion sur le danger que courait l'armée britannique en laissant ce point sans défense. Aussi ne douta-t-il pas que l'ennemi, dont la canonnade tonnait avec une force extrême, ne tentât un vigoureux effort contre les versants d'Inkermann; dans cette pensée, ce fut vers le point du plateau où passe la route de Woronzoff qu'il porta son infanterie.

Le général Canrobert, prévenu de l'attaque, avait envoyé des officiers de son état-major porter l'ordre à tous les chefs de corps de se tenir prêts à marcher.

Ses ordres étaient prévenus, la générale battait dans tous les campements des troupes d'observation. A l'arrivée de ses ordonnances, nos divisions étaient presque partout sous les armes.

Le général en chef, ses ordres donnés, s'était élancé à cheval pour aller prendre connaissance par lui-même des mouvements et des forces de l'ennemi et pour s'assurer du caractère de ses tentatives sur les points divers où se présentaient ses colonnes.

Le général Liprandi avait commencé sa démonstration comminatoire contre la droite britannique qui était en même temps la gauche de notre corps d'observation. A travers les vapeurs qui flottaient au fond et sur les pentes de la vallée de Kamara, son armée se développait sur trois lignes, en avant desquelles son artillerie avait pris position comme pour servir de base à une attaque de nos positions, accessibles sur ce point, par le vallon où la route de Balaclava à Sébastopol atteint le plateau de Chersonèse; les pièces lançaient même des obus contre nos ouvrages.

Le général Bosquet avait laissé ses généraux exécuter les instructions qu'il leur avait données, et, prenant avec lui un bataillon du 7e léger, un bataillon du 6e de ligne, quatre compagnies de chasseurs et deux batteries à cheval de la réserve, réunis sous les ordres du général Bourbaki, s'était porté sur le plateau d'Inkermann. Il avait à peine dépassé le point de jonction des lignes française et britannique, lorsqu'il rencontra le général Cathcart sur les hauteurs du ravin de Kilne-Balca. Il se dirigea vers lui, et lui faisant part des craintes que lui inspirait l'attaque des Russes sur la gauche de leurs positions, il lui offrit le concours des forces qu'il conduisait et que pouvaient venir appuyer de nouveaux renforts, ses divisions étant sous les armes. Le général anglais n'attachait pas la même importance à l'offensive des Russes. C'était, selon lui, un mouvement de la nature de celui du 26, et quel que fût son caractère, il regardait les réserves britanniques comme assez fortes pour en maîtriser toutes les éventualités. « Veuillez seulement, lui dit-il, couvrir notre droite en arrière de notre redoute, pour empêcher l'ennemi de nous déborder.

Le général Bosquet chargea le général Bourbaki d'occuper cette position avec le 7ᵉ léger et le 6ᵉ de ligne et se dirigea avec le reste de sa troupe vers les hauteurs de la Tchernaïa pour examiner l'attitude et les mouvements du corps de Liprandi.

La 1ʳᵉ et la 2ᵉ divisions occupaient les ouvrages de campagne qui régnaient sur les hauteurs, ayant derrière elles leurs réserves. Le commandant Barral avait fait prendre aux deux batteries de la seconde division les positions couvertes par des épaulements, qui leur avaient été préparées près de la route de Woronsoff, vers laquelle se dirigeait l'armée russe du sud-est. Le feu s'engagea bientôt entre la nombreuse artillerie dont le général Liprandi couvrait sa marche, et nos deux batteries de campagne auxquelles une redoute élevée près du télégraphe, et armée par nos marins de six pièces de 30, joignit aussitôt ses volées. Le général Bosquet se préoccupait vivement de la nature réelle du mouvement qui s'accomplissait sous ses yeux; il n'eut pas plutôt reconnu la prédominance de la cavalerie dans ce corps d'armée qu'il ne douta plus du rôle que lui assignait dans ses plans le généralissime russe.

— Allez à Inkermann, dit-il du ton le plus affirmatif au secrétaire de lord Raglan, le colonel Steel, venu du quartier-général anglais observer les opérations du général Liprandi, c'est à Inkermann que s'engage la lutte. Dieu veuille que nous n'ayons pas à combattre cette armée, car alors nous aurions à venger la vôtre !

Le caractère diversif de cette attaque se dessina bientôt par son indécision et sa mollesse. L'artillerie ennemie, à qui la longue portée de nos pièces de position avait fait reconnaître la puissance de leur calibre, et l'habileté de leurs canonniers reporta bientôt ses batteries en arrière.

Cependant le canon et la mousqueterie grondaient sur la gauche de la manière la plus formidable. Le colonel Steel, qui s'était porté dans la direction d'Inkermann, ne tarda pas à reparaître galopant à la tête de quelques officiers et son cheval blanc d'écume. Il se dirigea vers le général Bosquet, tandis que les autres officiers continuèrent leur course vers le quartier-général anglais. Le colonel lui apprend que ses prévisions ont reçu la confirmation la plus sanglante, que ce qui se passe à Inkermann n'est pas un combat, mais une bataille acharnée : les positions anglaises sont attaquées et enveloppées par des colonnes compactes que grossissent à chaque instant de nouvelles colonnes d'assaillants; les brigades anglaises contre lesquelles viennent se briser sans cesse ces masses d'ennemis, qui, à peine repoussées, reviennent, renforcées de troupes fraîches, les heurter plus furieuses, font à chaque instant des pertes cruelles. Les divisions Brown et Cathcart enfin s'épuisent en efforts héroïques pour conserver avec les valeureux gardes de la brigade Cambridge, leurs positions que l'ennemi enserre à chaque instant de bataillons plus nombreux; et si de prompts secours ne leur sont donnés, une catastrophe est à craindre.

— Eh bien ! avais-je raison ? lui répond le général français qui ajoute aussitôt : Allez dire à nos braves alliés que nous arrivons au pas de course.

Son chef d'état-major, le colonel Cissey, va sur-le-champ porter l'ordre au général Bourbaki de tomber à la baïonnette avec ses deux régiments sur le flanc gauche des Russes. Les deux batteries de la réserve, sous les ordres du commandant de la Boussinière, partent sur ses traces de toute la rapidité de leurs attelages; le général Bosquet les suit lui-même avec un bataillon de zouaves et un bataillon de tirailleurs algériens.

Mais les officiers d'ordonnances anglais se succèdent, les chevaux couverts d'écume. L'ennemi, dont les forces nombreuses augmentent sans cesse, fait des progrès visibles, et menace de déborder sur les plateaux. A cette nouvelle, le général Dautemarre laisse la défense de la ligne de Balaclava à la 1re division, et se porte sur Inkermann avec un bataillon de zouaves et deux bataillons du 50e appuyés par une des batteries du commandant Barral.

L'arrivée de ces secours était nécessaire. Les divisions britanniques, combattaient sur un sol dont les cadavres de leurs soldats cachaient la boue sanglante; sur beaucoup de points, leurs régiments écrasés ne formaient plus de ligne. A la bataille rangée avait succédé une mêlée où chaque homme ne cherchait d'inspiration que dans son désespoir.

« Alors, rapporte une correspondance du *Times*, commença une des plus sanglantes mêlées qu'on ait vues depuis que le fléau de la guerre est déchaîné sur le monde. Des écrivains militaires ont mis en doute qu'aucune troupe ait jamais reçu une charge à la baïonnette; mais dans cette journée la baïonnette a été souvent la seule arme employée. Nous avons aimé à nous persuader qu'aucun ennemi ne ferait face sans fléchir au soldat anglais faisant usage de son arme favorite, et qu'à Maïda seulement l'ennemi avait osé croiser la baïonnette avec lui; mais à la bataille d'Inkermann nous n'avons pas seulement fait des charges inutiles, nous n'avons pas seulement vu des chocs désespérés entre des masses d'hommes luttant avec la baïonnette, nous avons encore été obligés de résister baïonnette à baïonnette à des masses d'infanterie russe qui revenaient sans cesse à la charge et qui s'élançaient sur nos bataillons avec la fureur et la résolution les plus incroyables.

« La bataille d'Inkermann défie toute description. Ç'a été une série d'actes d'héroïsme terribles, de combats corps à corps, de ralliements découragés, d'attaques désespérées dans des ravins, dans des vallées, dans des broussailles, dans des trous cachés aux yeux des humains, et d'où les vainqueurs, Russes ou Anglais, ne sortaient que pour se lancer de nouveau dans la mêlée. Personne, en quelque endroit qu'il eût été placé, n'aurait pu voir même une faible partie des épisodes de cette glorieuse journée, car les vapeurs de l'atmosphère, les brouillards et la pluie obscurcissaient si profondément le ciel sur le point où la lutte s'est livrée, qu'il était impossible de rien discerner à quelques pas de soi. »

Les généraux comme les soldats paient de leur personne du côté des Russes comme de celui des Anglais. Le général Sormonoff est tué à la tête de l'une de ses colonnes. Le général Cathcart voit un corps nombreux d'infanterie russe déborder la position; il espère l'arrêter par une attaque audacieuse sur son flanc. Il se jette à la tête de quelques compagnies dans un ravin et marche droit à l'ennemi. Il s'aperçoit en cet instant que les hauteurs sont déjà couronnées par une autre colonne russe. Malgré le feu qu'elle dirige sur sa troupe, il poursuit son mouvement, mais il tombe frappé d'une balle. Le colonel Seymour, son aide-de-camp, est lui-même mortellement atteint au moment où il s'efforce de relever son général. Ses soldats enveloppés ne regagnent leur brigade qu'en s'ouvrant un sillage sanglant à travers une mer d'ennemis.

Cette bataille semble échapper par son caractère à tous les antécédents connus, à toutes les lois stratégiques. Point d'évolutions, mais une longue suite d'assauts où les masses victorieuses sont aussitôt repoussées par le retour impétueux des colonnes d'abord vaincues; c'est un flux et reflux torrentueux où les Anglais, momentanément refoulés dans leurs camps, rejettent ensuite les Russes jusque sur les pentes.

Le régiment des gardes fait des efforts héroïques pour conserver la redoute qu'il a perdue trois fois, mais qu'il a reconquise trois fois à la baïonnette; presque anéanti par le plomb et le fer, il en est encore maître; mais les Russes l'enveloppent, et le long rugissement qu'ils font retentir, et que leurs autres colonnes prolongent pendant plusieurs minutes, annonce que ce n'est pas un refuge qu'il a conquis, mais un tombeau.

A ce rugissement funèbre a répondu un cri d'un accent tout autre, salué par les hourras des divisions anglaises. Ce cri est celui de nos deux régiments qui arrivent au pas gymnastique, sous le commandement du général Bourbaki. Pendant que le commandant de la Boussinière ouvre le feu de ses batseries répondant à celui de l'artillerie russe ou tonnant contre les masses compactes de leur infanterie, le général Bourbaki forme ses bataillons en colonnes, et, courant à leur tête l'épée à la main, s'élance, à travers des broussailles élevées, sur les carrés de l'ennemi. Les deux régiments plongent dans les masses russes, y font deux larges trouées, et, se portant sur leurs lignes rompues, les chargent avec une énergie nouvelle. Mais, à la voix de leurs officiers, les régiments ennemis triomphent de la terreur dont les a frappés cette irruption imprévue; leurs groupes se resserrent; leurs rangs se reforment; le combat se ranime avec fureur, et nos troupes, accablées par la supériorité du nombre, sont forcées de se replier, mais en disputant pied à pied le terrain qu'elles cèdent. Les officiers donnent aux soldats l'exemple de la plus audacieuse intrépidité; le colonel du 6e de ligne, M. de Camas, est atteint par une balle en pleine poitrine, en changeant cette brillante retraite en un retour offensif. Son porte-drapeau s'est jeté en avant pour entraîner les bataillons; il tombe frappé à mort; les Russes s'emparent de l'étendard, qui, passant de main en main, disparaît dans leurs rangs profonds.

— Au drapeau! mes enfants, s'écrie le brave colonel en s'élançant l'épée haute sur la colonne ennemie. Son régiment se précipite sur ses pas : c'est en cet instant que cet intrépide officier est blessé mortellement.

— Au drapeau ! au drapeau ! crie-t-il à ceux qui veulent le secourir. Le drapeau est reconquis. Alors il s'éloigne, appuyé sur le bras d'un sous-officier ; mais le sang qu'il perd le force de s'asseoir. En ce moment son régiment, repoussé de nouveau, reflue vers le lieu où il gît : les derniers mots du guerrier sont ce soupir de mansuétude d'une âme chrétienne : « Si tu entends dire que quelqu'un ait eu à se plaindre de moi, dis-lui que je lui en demande pardon. » Et il tombe. Un combat acharné s'engage autour de son cadavre ; les Russes, deux fois repoussés, reprennent encore possession du lieu où le vaillant colonel repose entouré des cadavres de ses soldats.

Le général Bosquet arrive en cet instant. A la vue de ses deux régiments pliant malgré une résistance désespérée sous la toute-puissance du nombre, il lance les tirailleurs algériens et un bataillon de zouaves pour les appuyer. Puis, après s'être assuré de la position de l'ennemi dont les corps nombreux se déploient sur toutes les hauteurs, il vient organiser en colonne d'attaque les troupes accourues sous la conduite du général Dautemarre. Il est rejoint en ce moment par le commandant Barral, qui arrive avec une de ses batteries et vient lui demander ses ordres.

— Je vais à l'instant, lui répond le général, charger à fond avec ces trois bataillons pour chasser les Russes de toutes ces positions. Ma gauche va s'appuyer aux Anglais, qui ne me laisseront pas envelopper. Dirigez le feu de vos pièces de manière à appuyer mon mouvement.

Le commandant Barral établit en conséquence ses pièces en avant des batteries de la réserve que l'artillerie russe écrase de son feu. Cette artillerie, que le commandant de la Boussinière estima à cent pièces, était secondée par les canons des forts du phare et par ceux des bâtiments mouillés au fond de la rade, dont le calibre était tel, que quelques-uns de leurs boulets pesaient jusqu'à 128 livres.

Le général Bosquet dirige en personne la charge de ces forces nouvelles. Rien ne peut résister à leur attaque impétueuse ; tout ce qu'elles rencontrent est balayé jusqu'à l'extrémité des crêtes qui dominent la vallée de la Tchernaïa. Les Anglais, épuisés par une lutte prolongée, où ils ont eu parfois à combattre un contre six, sont électrisés par cette fougue ardente. Ils reprennent eux-mêmes l'offensive contre cet ennemi auquel, un instant auparavant, ils craignaient de ne pouvoir opposer longtemps leur digue vivante.

Les Russes, enfoncés sur des points, pliant sur d'autres, sont au moment d'être culbutés du plateau, lorsque, grossis par les masses sur lesquelles ils reculent, ils éprouvent soudain sur la ligne entière un reflux d'une telle vigueur, qu'ils emportent à leur tour toute résistance. Les divisions anglaises sont vivement ramenées vers le terrain couvert des débris de leurs tentes, nos troupes sont obligées de céder elles-mêmes pour reformer leurs bataillons. Les colonnes russes plus compactes et plus profondes que jamais, débordent sur le plateau qu'elles menacent d'envahir.

Dans ce moment, des officiers de l'état-major anglais viennent annoncer à lord Raglan, auprès duquel s'est rendu le général Canrobert, qu'un corps nombreux de Russes s'est jeté sur nos travaux de siége et s'est emparé des deux premières batteries, et que la démonstration de Liprandi se dessine en attaque. Le général en chef de l'armée anglaise lève les yeux au ciel :

— Je crois, dit-il, avec son flegme habituel, que nous sommes.... bien malades.

— Pas trop cependant, milord, il faut l'espérer.

On envoie des officiers d'ordonnance s'assurer de ce qui se passe à l'ouest et au sud des positions alliées; on apprend bientôt l'exagération des bruits dont on s'était alarmé. L'ennemi avait bien envahi nos lignes, mais il en avait été repoussé aussitôt. Quant à l'armée russe de Balaclava, le mouvement qu'elle avait fait était un mouvement rétrograde. La bataille elle-même perdait à chaque instant le caractère menaçant qu'un moment elle avait semblé prendre. Le général Bosquet, après avoir reformé ses lignes, avait arrêté le mouvement débordant de l'ennemi en lançant ses zouaves sur les têtes de colonnes russes. Cette manœuvre, exécutée avec audace et célérité, avait arrêté leur mouvement. Alors notre attaque reprend toute sa vigueur; l'ennemi, abordé de nouveau à la baïonnette, est enfoncé, culbuté par ces hommes, qui, tout à l'heure dispersés en tirailleurs, se forment subitement en colonnes qui pénètrent dans ses rangs comme un glaive ou se groupent en blocs, qui les trouent comme des boulets. Ce sont les Russes qui rétrogradent à leur tour, mais ce n'est pas une retraite, c'est une fuite confuse.

— Allez! mes zouaves irrésistibles! allez, mes braves chasseurs! a crié le général Bosquet à ses bataillons. Et vous, mes ardents Africains, crie-t-il en arabe aux tirailleurs algériens, montrez-vous enfants du feu!

Et tous sont partis comme un ouragan, et les Russes fuient devant eux comme des feuilles sèches balayées par la tempête.

Nos alliés ont eux-mêmes été entraînés de nouveau par ce fougueux élan : une noble rivalité les enflamme. Les Russes, assaillis sur tous les points, sont chassés de toutes les positions qu'ils avaient conquises.

L'artillerie britannique est venue elle-même joindre ses pièces à nos canons, qui, malgré les ravages des batteries russes, ont fini par prendre une supériorité manifeste sur elles. Nos bouches à feu peuvent alors diriger leurs boulets et leurs volées de mitraille sur les masses russes où elles portent la confusion et la mort.

Le général Dannemberg, désespéré de voir ses colonnes repoussées et de nouvelles forces accourir contre lui (car, dans ce moment, une brigade de la division du prince Napoléon se déploie sur le plateau, impatiente de prendre part à la lutte), ne peut cependant se décider à commander la retraite avant d'avoir tenté un dernier effort. Ses colonnes ont été rejetées sur les terrains ondulés que domine la petite redoute, dans l'enceinte et autour de laquelle tant de cadavres sont amoncelés; leurs officiers les arrêtent de nouveau dans les dépressions du sol, où elles se pressent, où elles s'étouffent; leurs rangs se reforment sous le feu meurtrier qui sillonne leurs masses compactes, et, entraînées par leurs chefs, elles se reportent une dernière fois sur ces plateaux qui les rejettent toujours, ne gardant de chacune de leurs apparitions qu'une nouvelle jonchée de morts.

« Alors, dit M. le baron de Bazancourt, un cri immense se répand dans les airs; le général Dautemarre lance ses bataillons, le colonel Wimpfen est à la tête des tirailleurs algériens, les commandants Dubos et Moutaudon sont au milieu des zouaves. On dirait une avalanche humaine qui déborde tout à coup. Les Russes s'arrêtent pétrifiés: il leur semble que la terre vient de s'entr'ouvrir pour vomir de nouveaux combattants. Ce n'est plus un combat, c'est une tuerie effroyable. Les bataillons sont bouleversés, écrasés, déchirés; les vivants tombent pêle mêle avec les morts. On tue, on tue sans savoir, sans regarder, sans comprendre. Les zouaves déchaînés arrivent aussi près de la redoute où s'est entassé un gros d'ennemis qui fusille les héroïques débris du régiment des gardes. Ils l'entourent, l'enveloppent, l'escaladent et hachent, sur les parapets et dans l'intérieur, les Russes qui se défendent encore. L'ennemi fuit en désordre; nos soldats, fous de massacres et de combats, le poursuivent jusqu'à l'escarpement des carrières qui forment la limite extrême du plateau et le précipitent pêle-mêle de ces hauteurs abruptes, où chaque homme qui tombe trouve une mort certaine. Au fond de la vallée, les cadavres broyés s'entassent comme ils s'entassaient tout à l'heure sur le plateau. L'endroit où eut lieu cet affreux carnage, qui mit fin au combat d'Inkermann, conserva depuis le terrible nom d'*Abattoir*. »

La bataille était finie. En effet, l'ennemi sentant l'impuissance de ses efforts, et voyant les ravages effrayants que la fusillade et le feu de l'artillerie faisaient dans ses bataillons accumulés dans les ravins, se retirait sur tous les points. Pendant que quelques colonnes, gravissant les pentes de la Tchernaïa, disparaissaient dans les bois qui les couvrent, la plus grande partie de ses forces, dont son artillerie protégeait la retraite, se repliait sur le pont d'Inkermann. Le général Bosquet essaya de lui couper ce passage; une batterie de la 3ᵉ division, appuyée par deux bataillons, aux ordres du général Bourbaki, s'établit jusque sur les dernières crêtes du plateau; ses pièces essayèrent de lancer leurs obus jusque sur le pont d'Inkermann; mais, battue dans cette position, où ses projectiles arrivaient à peine aux colonnes russes, par les boulets de la redoute du phare d'Inkermann, elle regagna presque aussitôt le plateau, et les bataillons ennemis, se pressant sur l'étroite chaussée ou s'embourbant dans les marécages de cette vallée humide, continuèrent leur marche confuse et précipitée vers le pont qu'ils détruisirent derrière eux.

Pendant que cette bataille acharnée ensanglantait la partie orientale des lignes alliées, une vive attaque était dirigée par une forte partie de la garnison sur la gauche de nos ouvrages de siége. Vers neuf heures du matin, une colonne, forte de 5,000 hommes, et soutenue par une batterie d'artillerie légère, était sortie par la poterne du bastion de la Quarantaine. Un voile épais de brouillard régnait sur cette partie des approches de la place où le terrain présente une dépression profonde. Profitant de cet état favorable de l'atmosphère et des heureuses dispositions des lieux, ce corps dirigea sa marche de manière à échapper à l'œil vigilant des sentinelles. Formé en colonne, par compagnies, et enveloppé par une chaîne de tirailleurs, il se porta avec précaution sur la 1re et la 2e batteries, contre lesquelles il se rua avec une irrésistible impétuosité.

Le 39e et le 19e de ligne qui les défendaient ne purent repousser cette attaque. Ils n'en opposent pas moins à cet ennemi une résistance énergique ; forcés de céder, ils se retirent de traverse en traverse et n'abandonnent chacune de ces positions qu'après y avoir reçu à la baïonnette le choc de l'ennemi. Au bruit de la fusillade les renforts arrivent ; le 19e bataillon de chasseurs et quatre compagnies de la légion étrangère accourent les premiers ; les deux régiments reprennent alors l'offensive, et c'est l'ennemi qui recule à son tour.

Le général de la Motte-Rouge, qui occupait son poste de tranchée dans la première parallèle, réunit quelques compagnies du 20e de ligne ; et, franchissant les parapets dont les sinuosités eussent retardé sa marche, se porte directement sur les points attaqués ; mais les Russes avaient déjà évacué les deux premières batteries, après en avoir encloué les pièces ; et, rejetés sur le revers du ravin par le retour offensif de nos soldats, se reformaient pour marcher contre les batteries voisines. Le général, monté sur les épaulements, a embrassé la position d'un regard rapide ; il rallie les forces qui l'entourent, et les entraînant dans un élan commun, fond sur le corps ennemi, qui, fléchissant sous cette charge vigoureuse, se replie sur une masure, désignée sous le nom de *Maison du rivage*, où le général Timofeïff, qui le commande, fait appeler sa réserve.

Il y est rejoint en effet par deux bataillons et par six pièces d'artillerie. Il reforme sa colonne, grossie de ce secours, et se porte de nouveau sur nos travaux de siége ; mais cette nouvelle irruption est désormais sans danger : le général Forey a pris toutes les dispositions pour qu'elle ne puisse pas franchir nos lignes. Nos troupes s'avancent sur tout le front attaqué pour envelopper et écraser l'ennemi. Pendant que le prince Napoléon, dont la santé est depuis quelque temps profondément affectée, porte sur la droite une de ses divisions jusqu'à la maison dite *du Clocheton* et que le général d'Aurelle suit la route de Sébastopol, longeant sur ce point le rivage, et, par ce mouvement, déborde à gauche le corps ennemi, le général de Lourmel dirige une attaque directe. La division du général Levaillant s'avance elle-mêm pour l'appuyer. Le succès de ce mouvement fut complet ; l'ennemi, culbuté par la brigade de Lourmel, se retire en désordre, vivement poursuivi par les baïonnettes de deux bataillons du 26e de ligne. Le général de la Motte-Rouge s'associe ardemment avec les forces qu'il a réunies sous ses ordres à ce mouvement offensif, que la section d'artillerie, commandée par le lieutenant Laffitte, appuie de ses obus et de ses boulets.

Le général Forey, s'apercevant de l'entraînement imprudent qui emporte ces troupes jusqu'à portée de la mitraille et de la mousqueterie de la place, envoie deux officiers de son état-major, le commandant Dauvergne et le capitaine Colson, porter aux deux généraux l'ordre d'opérer vivement leur retraite, en gagnant quelque pli de terrain pour y reformer leurs bataillons.

Au moment où le commandant Dauvergne arrive près du général de Lourmel, cet intrépide officier, frappé d'une balle en pleine poitrine, s'était vu dans la nécessité de faire appeler le colonel Niol et de lui remettre le commandement de sa brigade. Le général, quoique se sentant atteint mortellement, suivait d'un regard anxieux le mouvement de ses troupes dont il reconnaissait la position dangereuse; aussi répondit-il à l'officier qui lui apportait l'ordre de la retraite :

— Je suis blessé; portez cet ordre au colonel Niol, à qui j'ai remis la direction de la brigade; il est sur ma droite. Allez, sans perdre une minute.

Ce fut à travers une grêle de balles et de mitraille que le commandant Dauvergne dut joindre le colonel Niol : l'ordre était pressant. Il devait se retirer vivement et ne songer à reformer ses corps qu'après avoir atteint un lieu abrité. « Ne vous occupez pas de vos derrières, lui faisait dire le général commandant les troupes de siège, Daurelle et moi y veillons; nous nous porterons en avant pour protéger votre retraite et empêcher qu'elle ne soit inquiétée sérieusement. »

Ce ne fut pas sans peine qu'on put rappeler les soldats, dont un grand nombre, emportés par l'enthousiasme du combat, s'étaient avancés jusque près des fossés des ouvrages ennemis.

La position était critique, la colonne russe, formidablement appuyée, se prolongeait le long du rivage, nourrissant une fusillade très-vive contre nos troupes et se préparant à se jeter de nouveau sur nos ouvrages, où le feu des batteries de la place repoussait nos bataillons ravagés. Mais le général d'Aurelle, qui s'était emparé, sous les boulets de la place, des bâtiments de la Quarantaine, les avait fait occuper par le 1er bataillon du 74e régiment de ligne. Les Russes, accueillis par sa mousqueterie, renoncèrent à pousser plus loin leur mouvement et rentrèrent bientôt après dans Sébastopol. Notre retraite ne s'opéra pas sans pertes douloureuses sous le feu acharné dont l'ennemi la poursuivit; nos officiers profitèrent cependant avec tant de sang-froid et d'habileté de toutes les ondulations du sol pour abriter leurs hommes, qu'elles furent loin d'être aussi grandes qu'on pouvait le redouter. Les cadavres russes gisaient sur le théâtre de ces engagements, beaucoup plus nombreux que les nôtres.

Tels furent les événements de cette journée, l'une des plus meurtrières de cette lutte sanglante. L'attaque du côté de Balaclava, qui eût pu, conduite avec plus de vigueur, seconder puissamment celle du général Dannemberg, s'était bornée à l'échange de quelques boulets. Les Anglais avaient eu à porter le principal poids de cette glorieuse, mais rude journée. Ils l'avaient fait avec une intrépidité qui leur avait valu l'admiration de l'armée entière; notre concours partiel dans la position critique où la formidable supériorité numérique de l'ennemi les avait placés, leur avait été porté avec un élan et un succès qui méritèrent à nos soldats et à nos généraux les manifestations les plus sympathiques. Aussitôt que lord Raglan aperçut le général Bosquet après la bataille, il alla à sa rencontre, et ce lord, habituellement si flegmatique, lui tendant la main de la façon la plus cordiale :

— Au nom de l'Angleterre, lui dit-il, je vous remercie, général.

Le duc de Cambridge étant arrivé peu après, pâle et les habits encore tout déchirés par la mitraille et les balles, le remercia également en termes très-émus. Le général Bosquet l'ayant félicité de la bravoure avec laquelle il avait combattu constamment à la tête de ses gardes :

— Tous mes officiers sont tués, répondit-il; c'étaient plus que des compagnons d'armes, c'étaient des amis d'enfance. Si je ne suis pas mort avec eux, ce n'est pas ma faute; mais c'est pour eux que je reçois vos félicitations.

Le soir même, le général en chef de l'armée française fit lire à ses troupes la proclamation suivante :

« Soldats,

« Vous avez eu aujourd'hui une autre glorieuse journée.

« Une grande partie de l'armée russe, à la faveur de la nuit et du brouillard, a pu venir s'établir, avec une puissante artillerie, sur les hauteurs qui forment l'extrême droite de nos positions. Deux divisions anglaises ont soutenu un combat inégal avec l'inébranlable solidité que nous connaissons à nos alliés, pendant qu'une partie de la division Bosquet, conduite par son digne chef, et l'artillerie à cheval arrivaient à leur appui, et se lançaient sur l'ennemi avec une intelligence et une audace auxquelles je rends ici un éclatant hommage.

« Définitivement rejeté dans la vallée de la Tchernaïa, l'ennemi a laissé sur le terrain plus de quatre mille des siens tués ou blessés, et en a enlevé au moins autant pendant la bataille.

« Pendant que ces événements s'accomplissaient, la garnison de Sébastopol faisait sur la gauche de nos attaques une sortie, qui a fourni aux troupes du corps de siége, et particulièrement à la 4e division, conduite avec la plus grande vigueur par le général Forey, l'occasion de donner à l'ennemi une sévère leçon. Les troupes appelées à repousser cette sortie ont fait preuve d'une énergie qui ajoute beaucoup aux titres que leur a déjà mérités la constance avec laquelle elles ont supporté les rudes et glorieux travaux du siége.

« J'aurais à citer des corps, des militaires de toutes armes et de tout grade qui se sont hautement signalés dans cette journée, je les ferai connaître à la France, à l'Empereur et à l'armée. Mais j'ai voulu dès aujourd'hui vous remercier en leur nom, et vous dire que vous venez d'ajouter une grande page à l'histoire de cette campagne difficile.

« Au quartier général, devant Sébastopol, le 5 novembre 1854.

« Le général en chef, CANROBERT. »

Lord Raglan transmit lui-même ses remercîments et ses félicitations aux divisions sous ses ordres; mais, suivant l'usage anglais, cet ordre du jour, rédigé en style indirect, était adressé à l'armée britannique par l'adjudant-général. Il portait la signature de J. B. B. Estcourt.

« Le commandant des forces remercie les officiers et les troupes de leur conduite à la bataille d'Inkermann, le 5 novembre, bataille dans laquelle, avec l'assistance de leurs braves alliés, ils sont parvenus à repousser et battre complétement l'ennemi, qui les avait attaqués en nombre très-supérieur, avec des masses d'artillerie de campagne et de position et avec l'artillerie des vaisseaux.

« L'armée a ainsi profité d'une nouvelle occasion de se distinguer et de montrer que, dans toutes circonstances et en présence de toutes difficultés, sa détermination de consacrer toute son énergie au service de la patrie est toujours la même. Dans cette occasion, les troupes ont eu la bonne fortune d'être ralliées et soutenues par une division de l'armée française : elles exprimeront comme nous leur reconnaissance et leur admiration pour sa brillante marche dans un moment très-critique.

« La perte des armées française et anglaise, dans ce jour d'épreuve, ne saurait être trop fortement déplorée : tout en regrettant de se voir privé des services de tant de braves officiers, il est personnellement pénible à lord Raglan d'annoncer que parmi ceux qui sont tombés en remplissant noblement leur devoir, sont le lieutenant-général honorable sir George Cathcart, le brigadier général Goldie, le brigadier général Stangways (tous officiers de distinction), et sir George Cathcart, tout spécialement, lui dont la conduite en d'autres régions avait particulièrement appelé la gracieuse attention de Sa Majesté et celle du pays. »

C'était là le côté brillant de cette journée glorieuse; mais il avait son revers funèbre. C'était sur les hauteurs d'Inkermann, sur les versants et dans les marécages de la Tchernaïa que l'on pouvait apercevoir son côté lugubre. Pendant qu'on lisait cette proclamation aux régiments, des infirmiers et quelques prêtres, accompagnés de sœurs de charité, s'occupaient aux pâles clartés de la lune, souvent voilée par les nuages, et à la lueur des falots du triste et pieux soin de chercher et recueillir les blessés et de leur procurer des consolations et des secours.

Le champ de bataille offrait l'image la plus déchirante des horreurs que puisse amonceler l'acharnement des combats. Ce n'étaient que monceaux de cadavres souillés, mutilés et souvent dans un tel état que l'on ne pouvait reconnaître leur nationalité qu'aux boutons encore attachés aux lambeaux de leurs habits; débris d'armes et débris humains jonchant le sol où s'étaient coagulées des flaques de sang. Les gémissements des blessés, emportés, étouffés par les sifflements d'une brise violente, les lamentations navrantes des femmes qui, dans ce chaos de destruction, cherchaient parmi tant de cadavres ceux de leurs maris, troublaient seuls le silence de la nuit qui enveloppait ce plateau funèbre. Voici le tableau saisissant du champ de bataille tracé par un officier anglais et publié par le *Morning-Herald* :

« Les corps des hommes de la garde et des régiments de ligne russes étaient si nombreux que la terre en était littéralement jonchée. Ils étaient étendus pêle-mêle avec les chevaux tués et blessés. Quelques-uns de ces pauvres animaux se relevaient, ils faisaient un effort suprême, puis retombaient pour ne plus bouger. La lune éclairait par moments ce hideux et triste spectacle; le silence de la nuit n'était troublé que par les cris des malheureux blessés qui se tordaient dans les dernières convulsions de l'agonie. Des hommes, avec des litières, parcouraient le champ de bataille, cherchant et emportant les survivants; d'autres, avec des lanternes, s'efforçaient de reconnaître les officiers qui avaient manqué à l'appel. Il y avait quelques femmes anglaises qui, en se lamentant, retournaient les morts afin d'exposer leurs visages à la pâle clarté de l'astre des nuits, pour tâcher de reconnaître leurs maris.

« Auprès de cette batterie plusieurs fois prise et reprise, le carnage des Russes, des 20e et 55e de la garde, avait été effroyable. Ce n'étaient plus des corps isolés que l'on voyait là, mais des monceaux de cadavres russes, anglais, étendus pêle-mêle. Quelques-unes de ces figures avaient le sourire sur les lèvres : ces braves semblaient endormis; d'autres avaient l'air farouche et paraissaient encore menaçants, même après la mort; quelques-uns avaient des poses funèbres : on eût dit que des mains de parents ou d'amis les avaient disposés déjà pour la tombe; d'autres étaient restés le genou en terre, serrant convulsivement leur arme ou mordant la cartouche. Beaucoup avaient le bras levé, soit qu'ils cherchassent encore à parer quelque coup, soit qu'ils eussent formulé une prière suprême en rendant le dernier soupir.

« Toutes les figures étaient pâles, et le vent, qui soufflait avec force, en remuant ces débris d'hommes et d'uniformes, semblait ranimer ces cadavres. On aurait cru que ces longues files de morts allaient se relever pour recommencer la lutte.

« Les soldats russes tombés à Inkermann étaient, quant à la force physique, inférieurs à ceux qui combattirent à Alma, mais ils étaient supérieurs en courage et en discipline. Ils n'avaient que de petits sacs contenant du pain noir et puant, aucune autre provision : on leur avait fait laisser leurs havre-sacs afin de leur permettre de franchir et d'escalader les hauteurs avec plus de facilité. Tous les hommes avaient de bonnes bottes en cuir fort et solide; sur eux ni argent, ni livres, mais quelques portraits de femmes, quelques boucles de cheveux. C'étaient des troupes d'élite ayant déjà servi; beaucoup avaient des cicatrices de blessures anciennes. »

L'armée anglaise avait essuyé des pertes nombreuses; le chiffre de ses hommes mis hors de combat n'était pas inférieur à 2,612, dont 130 officiers. Les généraux Cathcart, Goldie, Strangways, le lieutenant-colonel des grenadiers de la garde, Pakenham, représentant d'Antrim à la chambre des communes, et le lieutenant-colonel des fusiliers écossais, sir James Hunter-

Blaer, représentant d'Ayr, étaient au nombre des morts. Parmi les blessés se trouvaient les généraux Adams, Torrens, Brown et Pennefather. Aussi, quelque glorieuse que fut pour l'Angleterre la part héroïque que ses troupes avaient prise à cette bataille, la nouvelle en fut-elle accueillie avec une douloureuse consternation. Cette gloire était payée au prix de trop de sang et d'un sang trop généreux pour que le cri de l'humanité n'y couvrît pas la voix de l'orgueil national.

Les pertes des Russes avaient cependant été beaucoup plus considérables. Le prince Menschikoff, dont le bulletin dissimulait sans doute une partie de la vérité, avouait 2,969 morts et 5,791 blessés.

L'armée française avait payé un moins lourd tribut aux sanglantes nécessités de la guerre. Ses divers corps n'eurent que 1,706 hommes mis hors de combat. Dans ce nombre pourtant que d'officiers qu'attendait un brillant avenir ! quelles pertes plus cruelles encore n'avait-elle pas été au moment d'éprouver ! Les généraux Canrobert et Bourbaki avaient été légèrement blessés ; le général Bosquet avait eu un cheval tué sous lui par un boulet.

L'on ne saurait donner trop d'éloges aux soins pieux que le personnel de l'intendance française prodigua aux blessés, quelle que fût d'ailleurs leur nationalité. Son zèle et son dévouement furent au niveau de la grandeur de la tâche que lui imposa cette journée de carnage. Aucun de ses membres ne prit de repos que les ambulances n'eussent reçu tous les blessés français, anglais, turcs ou russes, et que chacun de ces blessés n'eût obtenu tous les soins que réclamaient ses souffrances. Ces secours étaient prodigués avec tant d'humanité, qu'un colonel anglais, témoin de cette sollicitude vigilante, se jeta dans les bras d'un sous-intendant, en s'écriant d'une voix émue :

— Monsieur, je ne sais ce que l'avenir nous réserve, mais je jure que personnellement je ne tirerai jamais l'épée contre la France.

L'enlèvement des blessés, commencé dès les premières heures du combat au milieu des balles et sur le terrain sillonné par les boulets, était à peu près terminé à la chute du jour ; des hommes munis de litières et de lanternes ne continuèrent pas moins de parcourir toute la nuit les ravins et les halliers que le combat avait semés de tant de victimes, et de transporter dans les ambulances les malheureux que leurs recherches arrachaient à la mort. Le rapport que M. Blanchot, intendant militaire de l'armée française d'Orient, adressa le 7 novembre à M. le ministre de la guerre, mérite de figurer parmi les documents glorieux que la campagne de Crimée a légués à l'histoire. Le voici :

« Monsieur le maréchal,

« L'armée française vient encore de prouver son immense supériorité sur l'armée russe. Il ne m'appartient pas de parler des combats qui ont eu lieu le 5 à la pointe d'Inkermann et au corps de siége ; mais je dois vous rendre compte des mesures administratives qui ont été prises dans cette circonstance.

« Dès le commencement de l'action, j'ai envoyé un renfort de mulets, de cacolets, de litières et de brancards à la 2ᵉ division, qui seule a eu une partie

Tirailleurs indigènes.
Armée d'Afrique.
1855.

de ses troupes engagée. Plus tard, et à mesure que le combat devenait plus sérieux de ce côté et lorsqu'il a commencé à la tranchée, j'ai envoyé successivement sur les divers points tous les moyens de transport dont je disposais. Ils ont été suffisants, et tous nos blessés ont été transportés et installés dans les ambulances avant la nuit. L'enlèvement des blessés a été dirigé à la tranchée par M. le sous-intendant militaire de Séganville et par MM. le Creurer, Boucher et Pironneau sur le champ de bataille d'Inkermann, mission pénible, accomplie avec dévouement sur un terrain incessamment labouré par les boulets. J'ai eu également beaucoup à me louer des bons services de MM. de la Broye, comptable de l'ambulance du quartier général, et Juving, comptable de celle de la 2e division.

Deux cent trente Français et quelques Russes ont été portés de l'ambulance de tranchée à celle du quartier général; environ 100 autres Russes, blessés sur le terrain du siège, ont été envoyés à l'ambulance de la 4e division; enfin celle de la 2e division a reçu 34 Français et quelques Anglais blessés à Inkermann. Tous ont trouvé les soins que réclamait leur état.

« Je dois aussi un juste tribut d'éloges aux militaires du train des équipages et aux infirmiers : comme toujours, ils ont fait leur devoir avec un dévouement et une abnégation remarquables, bien compris par toute l'armée.

« L'effectif des ambulances est de 1,827 malades, dont 903 blessés. Le plus grand nombre des blessés sera sauvé, mais il y a des blessures graves.

« Les ambulances principales de la tranchée et de la 2e division ont été augmentées de tout le personnel disponible sur les autres points.

« Dans ces grandes épreuves, nos officiers de santé sont admirables de dévouement; je les ai retrouvés dans cette circonstance ce qu'ils ont été à Gallipoli et à Varna, pendant le choléra et à la bataille de l'Alma; ce qu'ils sont tous les jours depuis le commencement du siège de Sébastopol. Si j'avais à nommer tous ceux qui ont mérité des témoignages de satisfaction, il me faudrait envoyer à Votre Excellence la liste complète des médecins qui font partie des ambulances où les blessés ont été recueillis. Permettez-moi seulement de vous citer M. Scrive, médecin en chef, qui dirige de la manière la plus satisfaisante le service médical depuis notre débarquement en Crimée, et MM. les médecins Thomas, Secourgeon, Malapert, chefs des ambulances des 1re, 2e et 4e divisions; Marny et Mestres, médecins majors au quartier général.

« Je prépare des évacuations sur Constantinople afin d'éviter l'encombrement de nos ambulances, qui, outre nos blessés, reçoivent après chaque engagement un grand nombre de blessés russes. Cinq cents de ceux-ci environ auront été reçus dans nos ambulances à la suite de la journée du 5.

« Je suis avec respect, etc. « *Signé* BLANCHOT. »

Ces sentiments d'humanité n'avaient pas été particuliers au corps spécialement chargé de secourir et de soigner les blessés; les soldats, même dans l'exaltation du combat, avaient été les premiers à donner de ces nobles et touchants spectacles. Le Russe blessé avait cessé d'être pour eux un ennemi, lors même que c'étaient leurs armes qui l'avaient frappé. La main qui l'avait faite était prête en quelque sorte à panser la blessure. En voici un exemple formel. Un officier français rencontre deux voltigeurs transportant un Russe dont la capote était inondée de sang :

— Qu'est-ce qu'il a attrapé là? leur demande-t-il. — Peu de chose, lieutenant, répond un de ces hommes. C'est un coup de baïonnette que je lui ai porté dans le flanc. Sur ces paroles les voltigeurs remettent le Russe à des infirmiers, et, le blessé installé sur le brancard, ils revolent au combat.

Un autre fait. Au moment où les Russes rejetés du plateau tentaient un dernier effort pour le reconquérir, un zouave qui s'était jeté en tirailleur dans un fourré de chênes se trouve inopinément en présence d'un soldat russe qui, une main sur son fusil la crosse à terre, tenait l'autre appuyée sur ses yeux. Il croise aussitôt la baïonnette, et retenant le coup :

— Rends-toi, Cosaque, lui crie-t-il, ou tu es mort.

Le Russe à ces mots se tourne vers celui qui les lui adresse, et étendant les deux mains avec un sourd gémissement, lui montre son visage que défigure une blessure horrible. Une balle avait traversé les deux yeux; des orbites brisées s'échappaient deux ruisseaux de sang.

— Pauvre b.....! s'écrie le zouave ému de pitié.

Mais son devoir de soldat le presse.

Assieds-toi là, dit-il au pauvre aveugle qui semble attendre la main secourable d'un guide, je vais revenir.

Et il laisse le Russe qui ne l'a pas compris, et court prendre part à cette charge furieuse qui termina la journée; mais une demi-heure après il revenait avec un cacolet recueillir le malheureux qu'il retrouva à genoux sur le lieu même où il l'avait quitté.

On pourrait multiplier les souvenirs analogues; ce qui rendait ces actes plus admirables, c'était la conduite barbare tenue sur plusieurs points par les soldats russes. De nombreux témoins, surtout dans l'armée britannique, les avaient vus achever à coups de baïonnette les blessés qu'ils trouvaient étendus à terre. Parmi les faits qui ont paru justifier cette accusation, se trouvent les blessures du lieutenant-général Cathcart, qui, laissé mortellement atteint d'une balle, fut retrouvé percé de trois coups de baïonnette. Plusieurs militaires anglais affirmaient que le colonel Seymour avait essuyé le même sort. Un officier général, le major Aunghelopaulo, avait été même, assure-t-on, reconnu donnant à ses soldats l'exemple de cette férocité sauvage. Ordre fut donné par un commodore de la 2ᵉ division de faire tous les efforts possibles pour s'emparer de lui, et, en effet, ce major lui-même, blessé grièvement, fut fait prisonnier par les Anglais.

Déposé sur un de nos brancards, il fut d'abord porté à l'ambulance française, d'où, pour le soustraire au sentiment d'indignation universelle soulevé par le crime qu'on lui reprochait, il avait été transporté à Kamiesch afin qu'il fût embarqué sans retard. Mais le général en chef de l'armée britannique l'ayant formellement et instamment réclamé, il fut remis entre les mains des Anglais, dont il était le prisonnier. Il fut traduit devant un conseil de guerre. Lord Raglan était bien décidé, si sa culpabilité était reconnue, à en faire un exemple sévère. Il subit plusieurs interrogatoires; mais, bien qu'il s'élevât contre lui d'accablantes présomptions, il ne se trouva aucune preuve matérielle qui pût justifier une condamnation immédiate. Toute décision fut ajournée, et il fut envoyé à Malte, où sa mort, suite de ses blessures, termina le procès.

Cependant, en présence des actes infâmes reprochés par de nombreux témoins aux soldats russes, au milieu de l'irritation profonde que ces accusations allumaient dans les esprits, les deux généraux en chef ne crurent pas devoir garder le silence. Ils décidèrent de porter à la connaissance du commandant général des forces ennemies ces crimes personnels dont ils se gardèrent bien d'étendre la responsabilité à l'armée russe entière. Voici la lettre collective qu'ils adressèrent au prince Menschikoff.

« 7 novembre 1854.

« Général ,

« Nous venons signaler à votre loyale indignation des faits odieux qui sont sans exemple dans les guerres de notre temps ; nous nous sommes longtemps refusés à les croire vrais, bien que des témoins dignes de foi nous les eussent affirmés ; aujourd'hui des preuves irrécusables ne nous permettent pas de douter de leur triste réalité.

« Des soldats russes achèvent avec l'arme qu'ils ont dans les mains ceux de nos officiers et de nos soldats qui, mêlés avec eux pendant l'action, sont gisants sur le terrain, par suite de blessures.

« Ainsi, pendant que nous donnons aux blessés de l'armée de Votre Excellence, soit sur le champ de bataille, soit dans les hôpitaux, les soins que nous donnons à nos propres soldats, nos blessés semblent n'avoir pas de quartier à espérer.

« Dans une armée qui combat, les actes individuels de violence sont difficiles à prévoir et à réprimer ; nous ignorons s'il s'en est présenté, par exception, dans les armées anglaise et française ; mais Votre Excellence sait qu'avec nous les actes de cette nature ne sont pas à craindre et que nos soldats ne se livreront dans aucun cas, par représailles, à des excès qui donneraient à cette guerre le caractère le plus affreux, et qui violent à la fois les lois de la guerre et de la religion chrétienne. Dénoncés au monde, ils tendraient à placer l'armée qui s'en rendrait coupable en dehors de la grande famille humaine civilisée.

« Nous sommes profondément convaincus que Votre Excellence est pénétrée des sentiments que nous exprimons ici, qu'elle les accueillera avec la douloureuse impression dont nous sommes pénétrés nous-mêmes, et qu'elle prendra les dispositions nécessaires pour mettre un terme à ces horreurs dont la continuation, malgré la loyauté reconnue des officiers russes, entacherait gravement l'honneur du drapeau.

« Nous terminons en exprimant le regret que l'armée russe n'ait, après aucune des actions de guerre qui ont eu lieu, demandé à enterrer ses morts. Cette demande aurait été accueillie avec empressement et aurait déchargé les armées alliées du pénible devoir que, conformément aux usages naturels et consacrés dans les guerres, il appartenait à l'armée russe de remplir.

« Lord RAGLAN. — Général CANROBERT. »

La réponse du prince Menschikoff fut ce qu'elle devait être, noble et digne d'un peuple qui a élevé ses sentiments au niveau de ses croyances et des mœurs d'une société civilisée. On peut cependant regretter qu'il y ait glissé des récriminations sur un fait qu'il connaissait mal ou dont il exagérait la gravité. Si la chapelle Saint-Wladimir avait été pillée par des maraudeurs, il n'en était pas moins vrai que les vases et objets sacrés en avaient été transportés au monastère de Saint-Georges, dont le camp français avait respecté l'établissement, et où il subvenait à l'alimentation des moines. Cette réponse était conçue en ces termes :

« 9 novembre 1854.

« Messieurs les généraux en chef,

« Quoiqu'aucun fait de ce genre ne soit encore parvenu à ma connaissance, j'accorde qu'un soldat exaspéré ait pu individuellement et dans la chaleur du combat se porter à des actes de violence ; et si tout acte semblable est profondément regrettable, je ne me dissimule point cependant en même temps que le sac de l'église de Chersonèse, ce temple antique, auquel nos soldats ont assisté sur les bastions de Sébastopol, a produit l'impression qui doit naître chez des hommes religieux qui vénèrent tous les objets du culte attaqué dans ce qu'il a de plus cher, dans ses foyers comme dans ses temples. La résistance d'un peuple prend un caractère souvent cruel en acquérant des proportions qui sont celles de la situation.

« Mais que, partant d'un fait isolé, une accusation générale et formelle, de ce chef, soit dirigée contre l'armée impériale, c'est ce que je ne puis admettre, et je la renvoie sans discussion et sans récrimination aucune, à ceux qui voudraient la porter. Les précédents connus de cette guerre dans le nord comme dans le midi m'autorisent à parler de la sorte ; le caractère de la nation en fait foi, et des actes tout récents le prouvent.

« Un ennemi sans défense est et sera toujours sous la protection du drapeau russe.

« Quant au devoir d'enterrer les morts, en y ajoutant les soins à donner aux blessés laissés sur le champ de bataille, ils appartiennent de tout temps à celui qui s'y maintient. Après l'affaire du 13 (25) novembre, le soldat russe a enseveli les victimes, et aujourd'hui il enterrera les morts dans le cas où ils seraient sans sépulture, et alors que les troupes alliées n'y mettront pas obstacles. « Prince MENSCHIKOFF. »

Ces sentiments n'étaient pas du reste de vaines paroles. Nos blessés recevaient dans les hôpitaux russes les mêmes soins dont les leurs étaient l'objet dans les nôtres. Les grands-ducs les visitaient même en personne et leur prodiguaient des secours et des consolations. Et s'il fallait des preuves des soins bienveillants que nos officiers et nos soldats blessés trouvaient dans les hôpitaux de Sébastopol, on pourrait, entre autres, produire la lettre suivante adressée à sa famille par un soldat du 40ᵉ de ligne.

« Mon bon oncle, je viens te charger d'une assez vilaine commission ; mais j'espère bien que, par amitié pour moi, tu voudras bien t'en acquitter. Un officier supérieur russe, qui est excessivement bon pour moi, m'a promis qu'il ferait parvenir cette lettre en France, et c'est pourquoi je te l'adresse. Voici le plus triste : Je suis prisonnier des Russes depuis le 5 de ce mois ; et malheureusement c'est qu'avant cela j'ai eu les deux jambes cassées par une volée de mitraille, et on a été obligé de me les couper toutes les deux au-dessous du genou. L'opération a été très-adroitement faite. Je vais parfaitement bien, et tout me fait espérer que j'en réchapperai. Mais, tu conçois, quelles horribles douleurs n'a-t-il pas fallu endurer pour en arriver là !

« Enfin remercions Dieu ensemble de ce qu'il a bien voulu nous protéger en ne prenant qu'une partie et non la totalité de sa créature. Nous sommes du reste très-bien, nous sommes accablés de visites. Hier les deux archiducs sont venus ; tout le monde est parfait ; on nous témoigne beaucoup de bienveillance ; mais, pour nous, qu'est-ce auprès de la liberté et de la santé ? Dis bien à mon père et à ma mère tout ce que tu jugeras propre à les consoler. Je leur aurais bien écrit directement, mais leur âge, leur état de maladie m'ont fait craindre pour eux ; je préfère te charger de ce vilain rôle. Adieu, mon bon oncle, etc. »

Les alliés ne manquèrent pas plus aux devoirs religieux que leur imposaient tant de cadavres accumulés sur les crêtes et dans les vallons d'Inkermann, qu'aux secours et aux soins que réclamaient les blessés ; les honneurs funèbres furent rendus à tous ces restes sanglants de la bataille. De grandes fosses furent creusées sur les lieux mêmes, et tous les cadavres français, anglais ou russes y furent indistinctement déposés. Près de trois jours furent consacrés à cette tâche pieuse. L'inhumation des officiers anglais se fit avec plus de solennité. Un grand nombre d'officiers appartenant aux deux armées occidentales se pressaient à leur convoi. Les cercueils des généraux Cathcart, Goldie et Shangways, et celui du colonel Seymour, furent inhumés à la gauche d'Inkermann, dans une petite enceinte en pierres sèches, couronnant un tertre qui reçut le nom de Cathcart's-Hill ; autour de leurs tombes, où furent placées des pierres portant leurs noms, furent creusées celles de onze officiers, leurs compagnons d'armes. D'autres officiers reçurent la sépulture sur divers points du champ de bataille voisins des tentes où avaient été déposés leurs cadavres. Quatorze, appartenant à la brigade des gardes, furent inhumés au pied d'un moulin à vent, placé en face de la redoute où ils étaient si glorieusement tombés.

Le déblaiement du champ de bataille, pour lequel les divisions britanniques, si considérablement réduites par toutes les épreuves qu'elles avaient traversées depuis leur débarquement en Crimée, s'étaient vues dans la nécéssité de faire venir des marins de Balaclava, ne fut complétement achevé qu'au bout de quatre jours; pendant tout ce temps, les bois de fusils brisés, trouvés sur les lieux, suffirent à alimenter le feu des cantines; on y ramassa, en outre, près de quinze mille fusils.

Quelque douleur que jetassent dans tant de familles anglaises les détails de cette bataille acharnée, quelque deuil que, par suite, ils étendissent sur l'opinion publique, la nouvelle de cette victoire rassura le gouvernement britannique profondément alarmé de la position critique où l'hiver avait surpris, sous les murs de Sébastopol, l'armée alliée équipée pour une campagne rapide, pour une expédition de célérité et de vigueur. Cette bataille, suprême effort de la Russie; cette bataille, dont l'annonce avait circulé dans les chancelleries du continent comme devant anéantir les armées occidentales ou du moins jeter à la mer leurs débris; cette bataille, dont deux grands-ducs Nicolaïéwitch sont venus exciter l'enthousiasme et partager la gloire, venait d'ensevelir dans un désastre l'élite des armées méridionales de la Russie, et cette puissante convulsion militaire était venue se briser contre une partie seulement des forces alliées; car le corps d'observation britannique et une seule division de troupes françaises avaient été sérieusement engagés. On n'avait donc nulle inquiétude à concevoir pour la sûreté de l'armée expéditionnaire, dont de nombreux renforts allaient d'ailleurs rallier incessamment les drapeaux. Mais ce fut surtout en France, dont l'armée avait concouru à cette victoire avec tant d'éclat, que la nouvelle en fut accueillie avec une joie enthousiaste. Les deux gouvernements français et anglais s'empressèrent de porter aux armées victorieuses les félicitations des souverains et la reconnaissance des deux pays. Voici la lettre que l'Empereur des Français ordonna au général de Montebello, l'un de ses aides-de-camp, d'aller remettre au général Canrobert :

« Palais de Saint-Cloud, le 24 novembre 1854.

« Général,

« Votre rapport sur la victoire d'Inkermann m'a profondément ému. Exprimez en mon nom à l'armée toute ma satisfaction pour le courage qu'elle a déployé, pour son énergie à supporter les fatigues et les privations, pour sa chaleureuse cordialité envers nos alliés. Remerciez les généraux, les officiers, les soldats de leur vaillante conduite. Dites-leur que je sympathise vivement à leurs maux, aux pertes cruelles qu'ils ont faites, et que ma sollicitude la plus constante sera d'en adoucir l'amertume.

« Après la brillante victoire de l'Alma, j'avais espéré un moment que l'armée ennemie en déroute n'aurait pas réparé si promptement ses pertes, et que Sébastopol serait bientôt tombé sous nos coups; mais la défense opiniâtre de cette ville et les renforts arrivés à l'armée russe arrêtent un moment le cours de nos succès. Je vous applaudis d'avoir résisté à l'impatience des troupes demandant l'assaut dans des conditions qui auraient entraîné des pertes trop considérables.

« Les gouvernements anglais et français veillent avec une ardente attention sur leur armée d'Orient. Déjà des bateaux à vapeur franchissent les mers pour vous porter des renforts considérables. Ce surcroît de secours va doubler vos forces et vous permettre de prendre l'offensive. Une diversion puissante va s'opérer en Bessarabie, et je reçois l'assurance que, de jour en jour, à l'étranger, l'opinion publique nous est de plus en plus favorable. Si l'Europe a vu sans crainte nos aigles, si longtemps bannies, se déployer avec tant d'éclat, c'est qu'elle sait bien que nous combattons seulement pour son indépendance. Si la France a repris le rang qui lui est dû, et si la victoire est encore venue illustrer nos drapeaux, c'est, je le déclare avec fierté, au patriotisme et à l'indomptable bravoure de l'armée que je le dois.

« J'envoie le général de Montebello, l'un de mes aides-de-camp, pour porter à l'armée les récompenses qu'elle a si bien méritées.

« Sur ce, général, je prie Dieu qu'il vous ait en sa sainte garde.

« Napoléon. »

L'étiquette de la cour britannique ne permettant pas que la reine Victoria adressât elle-même des félicitations à l'armée anglaise, ce fut le ministre de la guerre qu'elle chargea d'être l'interprète de sa reconnaissance auprès de ses troupes. Voici en quels termes lord Newcastle transmit au feld-maréchal lord Raglan les gracieux sentiments de sa souveraine :

« Milord,

« J'ai reçu la dépêche de Votre Seigneurie, qui me communique la nouvelle de la glorieuse bataille du 5 novembre, dans laquelle une attaque énergique de l'ennemi, bien supérieur en nombre, a été repoussée complétement par la solidité inébranlable et la bravoure des armées alliées.

« J'ai mis immédiatement sous les yeux de la reine les détails de cette victoire importante, et il est aujourd'hui doux pour moi d'avoir à exprimer à Votre Seigneurie la haute appréciation par la reine des nobles efforts de ses troupes dans une lutte qui n'a pas son égale dans les annales de la guerre en valeur persévérante et en dévouement chevaleresque.

« La force et la furie des attaques, renouvelées à diverses reprises par des colonnes fraîches, avec un désespoir qui semblait devoir être irrésistible, sont venues se briser contre les lignes non rompues et l'intrépidité sans pareille des braves que ces colonnes attaquaient. De telles attaques ne pouvaient être repoussées que par le froid courage dans les circonstances les plus contraires, et par cette confiance de la victoire qui a toujours animé l'armée anglaise.

« Les bords de l'Alma ont prouvé qu'aucun avantage de la position ne peut résister à l'impétueux élan de l'armée sous vos ordres. Les hauteurs d'Inkermann viennent de montrer que les masses compactes d'une armée entière ne sont pas capables de forcer les rangs de moins que le quart du nombre des ennemis dans les luttes à la baïonnette qui ont caractérisé cette journée sanglante.

« Sa Majesté a vu avec le plus vif sentiment de satisfaction la manière dont les troupes de son allié l'Empereur des Français sont venues en aide aux divisions de l'armée anglaise engagées dans cette lutte numériquement inégale.

« La reine a une profonde reconnaissance pour la cordiale coopération du commandant en chef français, le général Canrobert, et la brave conduite de cet officier distingué, le général Bosquet, et Sa Majesté constate, dans les hourras par lesquels les soldats des deux nations se sont encouragés les uns les autres dans leur charge collective, la preuve de l'estime et de l'admiration mutuellement engendrées par la campagne et les traits d'héroïsme qu'elle a produits.

« La reine désire que Votre Seigneurie reçoive ses remercîments pour votre conduite dans cette noble et glorieuse bataille, et que vous preniez des mesures pour faire connaître son approbation, non moins formelle, des services de tous les officiers, sous-officiers et soldats qui ont glorieusement gagné, au prix de leur sang spontanément versé, de nouveaux honneurs pour l'armée d'un pays qui sympathise autant avec ses privations et ses efforts qu'elle s'enorgueillit de ses victoires et est fière de son renom ; que pas un soldat, dans l'armée anglaise, ne pense que sa conduite n'est pas remarquée ; la reine le remercie, le pays l'honore.

« La reine attend avec impatience la nouvelle dépêche par laquelle Votre Seigneurie fera connaître les noms des officiers dont les services ont mérité une attention particulière.

« Sa Majesté me charge tout spécialement de faire connaître son approbation de l'admirable conduite du lieutenant-général sir George Brown, et son regret d'avoir appris qu'il avait été blessé.

« Sa Majesté a reçu avec un sentiment de plaisir peu ordinaire le rapport de Votre Seigneurie sur la manière dont le lieutenant-général S. A. R. le duc de Cambridge s'est distingué. La reine est fière et elle se félicite de ce qu'un des illustres membres de sa royale maison ait été associé aux fatigues et aux gloires d'une telle armée.

« Fière de la victoire remportée par sa brave armée, reconnaissante pour ceux qui portent les lauriers de cette grande lutte, la reine est profondément affectée par la perte sérieuse qui a été faite, et elle est profondément pénétrée de ce qui est dû aux morts.

« Ces hommes illustres ne peuvent pas recevoir les remercîments de leur souveraine, qui ont si souvent électrisé les soldats dans les plus rudes épreuves. Mais leur sang n'a pas été vainement versé.

« S'ils sont couchés dans leur victorieux tombeau, leurs mânes du moins seront à jamais dans le souvenir de la patrie reconnaissante, et la postérité lira la liste des officiers qui ont succombé en se signalant par l'ardent courage et le dévouement avec lesquels ils indiquaient le sentier de l'honneur à leurs soldats.

« La perte du lieutenant-général sir George Cathcart est pour la reine et pour son peuple une cause de douleur qui obscurcit même ce grand triomphe. Sa loyauté, son patriotisme, son dévouement n'étaient pas moins remarquables que sa réputation militaire. Né d'une famille de guerriers, il en était l'honneur et il honorait l'état militaire.

« Arrivé d'une colonie où il avait réussi à rétablir la paix et la tranquillité, il avait obéi sur-le-champ aux besoins du service, et s'était hâté de rejoindre l'armée d'Orient. La reine et le pays espéraient qu'il vivrait pour y acquérir une gloire plus grande. La mort du brigadier-général Strangways et du brigadier-général Goldie ajoute à la douleur qui se mêle aux réjouissances inspirées par cette bataille mémorable.

« La reine sympathise avec la douleur des familles d'officiers et de soldats qui ont éprouvé des pertes ; Sa Majesté les engage à se consoler par cette considération que ceux qui ont péri ont succombé pour une cause juste et dans les rangs d'une noble armée.

« J'ai l'honneur, etc. »

CHAPITRE IX.

FIN DE LA PREMIÈRE CAMPAGNE EN CRIMÉE.

1854.

Nouvelles positions de l'armée russe. — Situation des alliés. — Dangers d'un assaut. — Inconvénients d'un ajournement. — Conseil de guerre. — Le prince Napoléon. — Opinion de l'armée, — des soldats. — Les officiers. — Décision du conseil. — Fortification des lignes castramétiques. — Développement des travaux de siége. — Tirailleurs russes. — Ouragan. — Ravages. — Les camps. — La mer. — Le vice-amiral Bruat. — Naufrages. — Balaclava. — La Katcha. — Eupatoria. — *Le Pluton*. — *Le Henri IV*. — Courage et sang-froid de nos marins. — *La perseveranza*. — Conduite indigne du capitaine. — Sa mort. — Hussards naufragés. — Drame. — Sauvetage. — Ouragan de 1859. — Industrie et activité de nos soldats. — Les Turcs. — Les Anglais. — Le siége. — Exploit du capitaine Tyron et de ses *riflemen*. — Les pluies. — Rapport du général Canrobert. — Espérances des Russes. — Leur système. — Attaques nocturnes. — Développement des forces de l'ennemi. — Renforts arrivés à l'armée française. — Concentration des forces russes. — Leurs quartiers d'hiver. — Retraite du corps d'armée du général Liprandi sur la rive droite de la Tchernaïa. — Reconnaissances — Travaux du siége. — Lenteur des ouvrages anglais. — Insuffisance de leurs forces et de leurs moyens de transport. — Les espions russes. — Ordre du jour de lord Raglan. — Les parlementaires. — Lettre du général Osten-Saken. — Eclaireurs volontaires. — Leurs fonctions. — Escadres. — Réduction des stations navales. — Projets des amiraux russes. — Le Wladimir et la Chersonèse. — Exploration nocturne de la rade de Sébastopol par l'amiral Bruat. — Kamiesch à la fin de l'année 1854.

La victoire du 5 novembre n'était pas une solution; quelles que fussent les pertes essuyées par les armées alliées, celles éprouvées par l'armée russe étaient, sans nulle comparaison, beaucoup plus considérables; mais cette apparition soudaine de l'armée du Danube sous les murs de Sébastopol apportait à la situation des troupes occidentales une complication nouvelle. Les forces réunies par les Russes dans cette partie de la Crimée n'étaient pas inférieures à 100,000 hommes. Ces meilleures troupes avaient été repoussées, avaient été vaincues à Inkermann ; c'était vrai, mais cet insuccès n'était qu'un échec, n'était pas une défaite. L'armée russe avait opéré sa retraite en emportant jusqu'à ses pièces démontées, comme ne manquait pas de l'annoncer le prince Menschikoff dans son bulletin de ce jour. Elle s'était retirée sur des hauteurs que la vallée de la Tchernaïa séparait seule de nos positions; elle s'y fortifiait pour de là observer nos mouvements et pouvoir profiter de toutes les occasions de renouveler ses attaques. Ces hauteurs retranchées étaient autant d'aires d'où ses aigles pouvaient, au moment opportun, s'élancer sur nous.

Dans ces conditions, l'assaut résolu pour le 6 et retardé par la bataille d'Inkermann était-il prudent, était-il possible? Les généraux en chef, et particulièrement le général Canrobert, pouvaient-ils jeter l'élite de leurs troupes sur les brèches et sous la mitraille des remparts ennemis, devant l'imminence d'une irruption soudaine qui pouvait fondre sur ses flancs; ne serait-ce pas exposer l'armée expéditionnaire à un complet désastre?

D'un autre côté, l'hiver approchait. Si l'automne n'avait encore amené que des pluies, on devait redouter ses tempêtes; tempêtes si célèbres par leur violence, que ces plages et cette mer inhospitalières avaient toujours été regardées comme le domaine des ouragans; les froids n'étaient pas moins à craindre dans le voisinage de tant de montagnes, dont la plupart étaient couvertes de neiges éternelles; à l'est c'étaient les chaînes caucasiennes; au midi, celles du mont Taurus, le vent du nord s'y abattait des sommets soucieux des Karpathes. L'armée anglo-française, surprise sous les remparts d'une place dont les défenses se développaient chaque jour par un hiver qui n'était pas entré dans ses prévisions, allait donc avoir à lutter contre toutes les intempéries de la saison la plus rigoureuse, sans parler de la difficulté de ses approvisionnements.

Ces considérations étaient si graves, que le généralissime français et le feld-maréchal britannique ne voulurent pas assumer sur eux la responsabilité d'une décision: un conseil de guerre fut convoqué dès le 6, dans la tente de lord Raglan. Les généraux Bosquet, Forey, Bizot-Martimprey et Trochu du côté des Français, et les généraux anglais Bourgoyne, England, Airey et Rose y avaient été convoqués. Les flottes y étaient représentées par les vice-amiraux Bruat et Lyons, officiers connus par leur énergie et leur audace, les amiraux Dundas et Hamelin étant retenus au mouillage de leurs escadres. Le prince Napoléon, qui, bien que malade, était resté la veille huit heures à cheval, et le duc de Cambridge, dont la santé déjà affaiblie par l'influence morbide pesant sur les armées, avait reçu un vif ébranlement des fatigues et des émotions de la veille, n'y étaient pas présents. L'opinion du prince Napoléon qui avait réclamé l'honneur de commander les colonnes d'assaut, était du reste parfaitement connue. Sa pensée était que jamais l'opportunité de l'assaut n'avait été plus accusée que dans ce moment, où la garnison de Sébastopol se trouvait placée, par la défaite d'Inkermann, sous le coup d'une démoralisation d'autant plus profonde qu'on l'avait exaltée de plus de prestiges et de plus d'illusions; que si l'on hésitait à le donner de suite, c'était le rejeter à une époque indéterminée, car c'était le subordonner à la marche d'un siège dont tout prouvait le caractère anormal. Or le vaste développement que présentait le front attaqué, les immenses ressources en matériel que le désarmement de l'escadre russe mettait à la disposition de la défense, et surtout le moyen de renforcer et de renouveler la garnison de la place, que son investissement incomplet laissait à la disposition d'un ennemi occupant la campagne avec des forces supérieures, les difficultés enfin que la nature du sol, où presque partout la pierre affleurait un maigre gazon, opposait aux travaux d'approche, rejetaient donc jusqu'au printemps toute attaque sérieuse contre le corps de la place.

Cette opinion, si complétement en rapport, nous ne dirons pas avec le caractère français qui n'est étranger à aucun des genres de courage, même à celui de la persévérance, mais avec ses qualités militaires les plus brillantes, était généralement celle de l'armée. Le soldat, tout enthousiasmé en comptant par ses victoires le nombre de ses rencontres avec les Russes, ne doutait pas d'enlever la place de haute lutte, et par ce coup de vigueur il échappait à la nécessité d'un hivernage dont il entrevoyait déjà les rigueurs; à la dureté du service dans les tranchées, où il avait déjà subi des nuits cruelles; enfin à toutes les fatigues et les privations qui allaient envahir sa vie sur ce sol de boue et de glaçons. Ces pensées s'associaient, dans l'esprit et dans les conversations des officiers, à des considérations d'un ordre plus grave. Ils avaient vu avec quel zèle et quelle habileté le génie militaire de Sébastopol avait rendu formidable le système des défenses de la place, presque nul lorsque les armées alliées s'étaient présentées devant ses murs; et prévoyant les nouveaux ouvrages dont il pouvait la couvrir, ils se demandaient au prix de quels sanglants sacrifices ils arriveraient à prendre sur la ville une offensive dangereuse pour sa garnison.

Songeant alors aux habitudes militaires de ces peuples, dont la tactique, parfaitement en rapport avec la nature de leur pays de steppes, consiste moins dans les combats que dans les retraites, ils se demandaient ce qui adviendrait si, après avoir retardé la marche de nos parallèles avec l'accumulation de leurs défenses, après en avoir ensanglanté chaque pas au moyen de la grêle de projectiles dont leur nombreuse et puissante artillerie en couvrait les travaux; si, après enfin nous avoir fait passer un hivernage meurtrier dans les privations et les maladies que devaient nécessairement déchaîner sur l'armée anglo-française les fatigues d'un siége aussi périlleux, aggravées par les intempéries d'un hiver caucasien, ils complétaient la destruction de leur flotte, incendiaient Sébastopol et se retiraient sur Bachi-Seraï, Simphéropol et Pérécop. Une pareille résolution n'était-elle pas conforme à ses précédents stratégiques, et bien plus, dans le caractère, dans le génie national de ce peuple, dont les maisons de bois posées sur le sol sont encore, comme le fait remarquer M. de Bonald, le chariot du Scythe, dont il a brisé les roues?

C'était indubitablement parce qu'il connaissait ces dispositions et ces préoccupations des esprits que le général Canrobert avait voulu étendre à tout un conseil la responsabilité qu'eût fait peser sur lui seul l'adoption de l'ajournement, dont il avait reconnu la nécessité.

Le conseil se réunit sous l'impression des événements de la veille, alors que les plateaux d'Inkermann conservaient encore leurs couches de cadavres.

Les généraux arrivent tour à tour, les traits sombres, le front triste, pensant beaucoup moins à la gloire de leurs armes qu'à leurs amis et à leurs soldats tombés sur le champ de bataille. Les groupes taciturnes se donnaient à demi voix des détails sur les divers incidents des combats de la veille, lorsque lord Raglan annonça que le conseil était au complet. La séance fut ouverte.

Le général en chef de l'armée française exposa la situation nouvelle, énonçant successivement les motifs qui pouvaient faire adopter ou repousser l'ajournement de l'assaut arrêté à la suite d'une délibération précédente. Le point grave à ses yeux était la possibilité, démontrée par les événements de la veille, de voir l'ennemi compromettre, non seulement le succès de cet assaut, mais peut-être même la sûreté de l'armée par une attaque simultanée contre nos lignes. Il parla également de l'affaiblissement des troupes alliées par leurs victoires mêmes et de l'arrivée prochaine des forces auxiliaires qui sillonnaient en ce moment les flots de l'Océan et de la Méditerranée, de la mer des Indes et de la mer Rouge; les conclusions logiques de cet exposé étaient l'ajournement de l'assaut jusqu'après l'arrivée des renforts. Lord Raglan les appuya par quelques mots constatant les pertes essuyées par l'armée anglaise. Elles ne soulevèrent aucune opposition sérieuse. Elles furent donc adoptées par le conseil, qui reconnut également la nécessité et l'urgence de couvrir les points vulnérables des positions alliées par des ouvrages qui les missent à l'abri de toute surprise et de toute attaque.

Cette décision du conseil faisait entrer le siége dans une nouvelle phase. La perspective d'un séjour prolongé sur ces plateaux qu'elle ouvrait pour les armées obsidionales leur imposait l'obligation, leur créait la nécessité de donner à leurs lignes extérieures une puissance et une solidité qui ne permissent pas aux armées russes tenant la campagne de suspendre et d'interrompre par leurs attaques les opérations du siége. La presqu'île de Chersonèse, enveloppée de deux côtés par la mer, et couverte, du côté qui l'attache à la Crimée, par la vallée de la Tchernaïa et par celle de Kamara, était une position militaire que semblait avoir voulu fortifier la main de la nature; ces pentes abruptes et formées, sur plusieurs points, de roches presque verticales, ces longues falaises s'élevant de deux cents mètres au-dessus du bassin inférieur, falaises que nos plus audacieux éclaireurs, nos zouaves eux-mêmes déclaraient infranchissables, étaient des lignes de défense inexpugnables, mais ces lignes de défense étaient abordables sur plusieurs points, à leurs deux extrémités par exemple, et de plus aux lieux dits le *Moulin* et le *Télégraphe*, où des routes débouchaient, par des gorges étroites il est vrai, sur les plateaux.

Le combat de Balaclava avait appelé l'attention des alliés sur la base méridionale de leur ligne et ils en avaient déjà fortifié les points faibles par des ouvrages capables d'y arrêter l'ennemi. La bataille d'Inkermann avait également été pour eux une leçon, dont le génie anglais s'occupait d'appliquer les utiles enseignements, en élevant sur les crêtes septentrionales qu'ils occupaient un système de retranchements et de redoutes qui les rendît infranchissables. Ces ouvrages n'étaient pas les seuls dont la prudence prescrivit l'érection : tous les points accessibles reçurent des travaux capables de résister à toute brusque attaque de l'ennemi et de l'arrêter jusqu'à l'arrivée des secours; la presqu'île de Chersonèse devint ainsi un vaste camp retranché pour les armées anglo-françaises.

Le général en chef de l'armée française crut devoir aussi développer la force défensive de ses attaques de gauche. C'était en effet toujours de ce côté que portaient les efforts de l'ennemi, et quand ses sorties avaient obtenu quelque succès, ç'avait toujours été sur ce point. Il était difficile de méconnaître la gravité de la lacune que présentait cette partie de nos travaux. Elle laissait à découvert les baies de Kamiesch et de Streletzka, où se trouvaient tous les dépôts de notre armée. Le génie proposa la construction de trois ouvrages à l'extrémité septentrionale des contreforts régnant entre cette dernière baie et l'anse de la Quarantaine. Ses plans, adoptés par le général en chef, furent immédiatement exécutés; ces ouvrages, qui formaient une espèce de ligne de circonvallation, consistaient en une redoute de cinquante mètres en avant de la maison en ruine dite *du Rivage*; en un cavalier avec chemin couvert en avant que l'on devait établir au moyen d'une mine; enfin en un épaulement de quarante mètres de front destiné à recevoir une batterie de campagne. Ces travaux n'arrêtèrent cependant point ceux de notre troisième parallèle, que tentaient d'entraver tous les efforts des assiégés; les degrés pour la fusillade et pour le franchissement y furent dressés malgré les projectiles de toute espèce dont la battit le canon de la place.

Les officiers et les travailleurs russes semblaient, de leur côté, rivaliser de science et d'activité avec les nôtres; ce que nous faisions, ils l'exécutaient eux-mêmes. Pendant que leur armée de la Tchernaïa couronnait de retranchements solides les hauteurs que couvraient ses bivouacs, la ville s'ingéniait à multiplier ses défenses; entre autres ouvrages elle avait construit en avant du bastion du Mât une batterie d'un profil très-élevé, dont les cinq pièces de gros calibre étaient destinées à contrebattre nos batteries 12 et 13.

L'accroissement subit du nombre des blessés atteints dans nos lignes nous révéla un autre point où éclatait la rivalité de l'ennemi. Nos compagnies de francs-tireurs causaient trop de ravages dans ses batteries pour qu'il ne songeât pas à nous faire essuyer les mêmes pertes. Il n'eut bientôt plus à nous envier ces tirs de précision qui avaient assuré une si incontestable supériorité à notre fusillade. Des francs-tireurs s'établirent de leur côté à droite et à gauche de nos attaques; à droite, dans les escarpements et dans les grottes qui bordent le ravin de Woronzoff jusque sous les lignes anglaises; à gauche, dans le cimetière qui domine un autre pli de terrain; et de ces positions, plongeant dans nos lignes, ils y dirigèrent un feu de carabines des plus meurtriers.

Les armées alliées se trouvaient ainsi livrées de nouveau à tous les travaux et à tous les dangers comme à toutes les préoccupations du siége quand elles furent assaillies par un nouveau désastre. Cette fois ce ne furent plus les fureurs des hommes, ce furent celles des éléments; aux ouragans de flammes et de fer succédèrent les tempêtes de la mer et du ciel; ce fut le 14, à six heures du matin, qu'éclata ce coup de vent terrible.

Nos soldats, brisés de fatigue, reposaient encore quand des torrents de pluie, accompagnés de rafales foudroyantes, viennent fondre tout d'un coup sur les hauteurs où sont assis nos camps; rien ne résiste à ce déchaînement des vents du sud. Les tentes déchirées s'envolent par lambeaux; celles dont la toile résiste à la violence des tourbillons arrachent ou rompent les piquets les plus solides. Tout cède : les cloisons des baraques sont enlevées comme leur toiture; celles des ambulances ne sont point épargnées; les charpentes et les poutres brisées tombent sur les blessés et les malades jetés sur le sol sous des torrents de grêle et de pluie, et sont irrésistiblement entraînées bouleversant tout sur leur passage; les couvertures, les chapeaux, les vêtements de toute nature, des chaises, des tables même, volent dans l'air comme des tourbillons de feuilles ou de poussière; de lourdes voitures roulent sur les hommes qu'elles écrasent et sur mille objets qu'elles brisent, emportées par ces convulsions du ciel. Les marins et les soldats campés sur les hauteurs de Balaclava sont obligés de se cramponner au sol pour ne pas être enlevés par les rafales. Une magnifique allée d'acacias est arrachée comme une touffe de roseaux, des arbres séculaires sont eux-mêmes déracinés, et leur plus fortes branches, balayées à travers les ravins, bondissent et déchirent le sol comme des socs de charrue.

Là, pourtant, ne s'accomplissent pas les scènes les plus terrifiantes de ce drame, c'était sur la mer qu'il prenait tout son caractère navrant et terrible; les lames dont l'ouragan semblait comprimer les gonflements convulsifs étaient soulevées en poussière à une hauteur qui enveloppait la mâture même des vaisseaux. Tous les navires mouillés sur cette côte semblaient devoir être enveloppés dans une catastrophe commune; les uns avaient appareillé et s'efforçaient de gagner la haute mer, d'autres étaient couchés sur le flanc comme de folles barques de pêcheurs, d'autres enfin bondissant au bout de leurs chaînes, s'efforçaient de résister à la fureur des vents et des flots en tenant bon sur leurs ancres. La tourmente avait déjà pris la violence d'un ouragan, que le ciel d'un noir effrayant présageait encore des redoublements dans ce formidable orage.

Une scène des plus émouvantes fixa un instant les yeux inquiets de tous les marins réunis sur la grève de Kamiesch. Vers sept heures du matin, au moment où la tempête grondait déjà avec une extrême violence, l'amiral Bruat, qui se trouvait au quartier-général français, accourut au rivage pour se rendre à bord de son vaisseau, qui, comme tous les autres navires, était exposé à un danger manifeste. L'état de la mer, loin de le faire hésiter, ne donna que plus d'énergie à sa résolution; il se jette avec ses matelots dans sa frêle embarcation qui bondissait affolée au milieu des lames furieuses et fait de suite pousser au large. Ce fut pendant une grande demi-heure une lutte effrayante entre la mer irritée et cette barque fragile, tantôt enlevée presque perpendiculairement à la crête des lames, tantôt disparaissant dans leur écume, comme sous un linceul, mais reparaissant et avançant toujours. Après des efforts inouïs, elle atteignit enfin le vaisseau dont l'abordage, par un pareil temps, était pour elle un suprême danger. Elle en triompha comme des autres, et le brave amiral ainsi que ses matelots touchèrent sains et saufs le tillac du vaisseau.

Il était à peu près huit heures du matin; l'orage croissait toujours; à midi il mugissait dans son paroxysme. A partir de ce moment, chaque heure eut sa catastrophe, chaque mouillage fournit à l'histoire de cet ouragan ses feuillets funèbres.

Dans la baie formée par l'embouchure de la Katcha, *le Pyrenus, le Gange, le Rodwell, le Tyrone, le Lord-Raglan*, et treize bâtiments du commerce furent jetés à la côte, où ceux de leurs marins qui ne trouvèrent pas la mort dans les flots tombèrent au pouvoir des Russes. Le beau steamer *le Prince, la Resolute, le Kenilworth, le Progress, le Wanderer, le Wild-Dove* et *la Malta* se brisèrent sur les rochers de Balaclava; de leurs équipages, trente à quarante hommes parvinrent seuls à gagner la côte; sur les cent cinquante marins qui composaient celui du *Prince,* six seulement furent sauvés.

A Eupatoria le désastre n'était pas moins complet, deux vaisseaux, *le Henri IV*, commandé par le capitaine Jehenne, et un vaisseau turc portant pavillon amiral, la corvette à vapeur *le Pluton*, commandant Fisquet, et treize autres navires gisaient sur la plage. Tout ce que peut l'habileté et le dévouement avait été inutilement opposé par ces officiers aux déchaînements des vents et des lames, leurs navires avaient succombé sous la fureur des éléments.

Dès le commencement de la tempête, le capitaine du *Henri IV* avait pris toutes les précautions que lui conseillait l'expérience. Affourché nord et sud sur un fond de huit brasses, il avait laissé tomber l'ancre de veille de tribord, qui était la plus forte, dès qu'il avait senti le temps menaçant; les mâts de hune calés et les basses vergues amenées sur les porte-lofs, il attendit que le temps se dessinât pour prendre d'autres mesures de sûreté. Un instant après, il faisait mouiller la seconde ancre de veille; ainsi établi sur quatre fortes ancres, il crut pouvoir attendre avec sécurité l'apaisement de la tourmente.

Le Pluton ne prit pas avec moins d'habileté les dispositions prescrites par la prudence. Ce navire s'était installé sur deux ancres par une profondeur d'eau de cinq brasses, et à 700 mètres environ de la plage d'Eupatoria, afin de pouvoir la balayer de son feu en cas d'une attaque dont le menaçait un corps nombreux de Cosaques. Au moment où commença la tempête, le capitaine, inquiet de voir le baromètre descendu brusquement à 740 millimètres, laissa filer six maillons de la chaîne de babord, quatre de celle de tribord, et poussa les feux de manière à être prêt à se mettre en marche.

Telle était la situation de ces deux bâtiments, lorsque les développements rapides pris par la tourmente leur inspira les craintes les plus sérieuses pour leur sûreté. Déjà la mer se couvrait de débris, plusieurs transports démâtés par la violence des rafales s'affalaient sur le rivage où les drossait la violence des lames. Le *Pluton* sentant la nécessité de soulager ses ancres, venait de mettre sa machine en mouvement, afin de marcher doucement en avant, lorsqu'un grand trois mâts anglais, échappant à ses ancres, menaça subitement de tomber sur lui. Le commandant Fisquet fit porter ses hommes sur le stoppeur de bâbord dont ils filèrent la chaîne, celle de tribord appelant le steamer, le trois mâts fut évité. Il ne fut pas aussi heureux avec un autre navire de force supérieure qui l'aborda vers midi et dont la chaîne raguant sur celles du steamer en provoqua la rupture ; ni le déploiement de la grande voile, ni l'effort de sa machine, ne permirent au *Pluton* de revenir au vent ; il se trouva emporté irrésistiblement en travers à la côte, où il se coucha sur le côté du large pour ne plus se relever.

Le *Henri IV* se trouvait déjà dans une position très-critique ; dès dix heures, sous la secousse d'une violente raffale rendue plus brusque par une saute de vent, sa chaîne de tribord avait cassé net au portage de la bitte. Celle de bâbord qui, filant, chaînon par chaînon, malgré les stoppeurs et les coins, était arrivée au moins à cent cinquante brasses, avait essuyé le même sort vers onze heures. Le vaisseau vint alors à l'appel de l'ancre de veille jetée à bâbord. Le levier du stoppeur se brisa ; mais, par un hasard qui pouvait sauver le navire, la chaîne ayant fait une coque à l'écubier du puits, tint bon au septième maillon jusqu'à cinq heures du soir ; à ce moment, elle se rompit sous l'effort que lui fit subir un violent coup de tangage du vaisseau. L'ancre de bâbord, recevant brusquement tout le poids de la résistance, cassa aussitôt.

Le *Henri IV* était perdu, son capitaine ne dut plus songer qu'au salut de ses hommes et à ne pas causer de nouveaux malheurs. Le petit foc fut hissé pour faciliter l'abatage du vaisseau sur tribord et éviter de tomber sur les navires qui se trouvaient mouillés entre lui et la plage ; ces bâtiments parés, il borda l'artimon afin d'aller s'échouer le plus près possible d'Eupatoria pour que le sauvetage ne pût être inquiété par les Cosaques.

Le sang-froid, la discipline et le dévouement que montrèrent commandants, officiers et marins, dans ces circonstances malheureuses dont ils n'avaient pu conjurer la fatalité, est un des grands côtés du caractère de notre marine nationale. Les deux navires ne furent abandonnés que lorsque la dernière chance de salut fut évanouie ; des hommes résolus s'étant dévoués pour aller porter des amarres à terre, des va-et-vient avaient été établis. Le débarquement du *Pluton* avait aussitôt commencé par les malades et les blessés d'abord, puis par les mousses et les hommes ne sachant pas nager ; il s'était terminé par les commandants qui n'avaient quitté les carènes naufragées qu'après s'être assurés qu'il ne restait plus personne à bord. Le *Henri IV* ayant résisté au choc des lames sans s'ouvrir, le débarquement put être ajourné jusqu'après la tempête.

Il faut que nous portions encore les yeux sur d'autres points pour pouvoir apprécier l'étendue des désastres qu'entraîna ce terrible ouragan. Un transport anglais, *le Rep-van-Wrinkle*, conduisant à Constantinople 250 prisonniers russes, sombra à la hauteur d'Odessa avec tous ceux qui le montaient.

La Perseveranza, paquebot du port de Livourne, parti de Varna pour la Crimée, ayant à son bord un détachement de vingt-cinq hussards avec leurs chevaux, fut surpris par la tempête après quinze jours de mer, à la remorque d'une frégate à vapeur qui l'avait rencontré; mais le piston de la machine s'étant brisé, la frégate éprouva un mouvement de recul, et elle heurta le paquebot avec une violence qui faillit le couler à fond. Une abondante voie d'eau fut la suite de ce rude abordage; la *Perseveranza* se trouvant en vue de la côte de Crimée n'eut d'autre espoir de salut que de gagner une petite anse où plusieurs autres transports avaient cherché un abri. Elle ne put y réussir : dans une brusque saute de vent, la goëlette fut démâtée et jetée à la côte. Le capitaine italien, cédant en ce moment à l'épouvante, oublia tous ses devoirs et n'eut d'autre souci que de se sauver avec ses marins et leurs bagages; la grande chaloupe, encombrée par l'équipage italien et ses paquets, eut peine à recevoir dix hussards. Quinze durent rester à bord. Le capitaine échappa par le naufrage au châtiment que méritait devant la justice son indigne conduite. La chaloupe s'étant brisée contre la plage, il trouva la mort dans les flots.

Le paquebot jeté par les lames à une portée de pistolet du rivage y avait été couché sur le flanc, le tillac vers la terre. Les hussards restés sur le navire se tenaient accrochés aux plats bords et à la cabane du rouffle; deux d'entre eux poussaient de temps à autre des cris de détresse, implorant du secours; les autres, silencieux, semblaient attendre avec une sombre résignation la mort dont chaque lame les menaçait; la situation était horrible, horrible surtout pour leurs camarades, arrivés sur la plage, le cœur brisé de ne pouvoir les secourir. Les vagues monstrueuses qui s'engouffraient dans l'anse étroite où s'était opéré l'échouage, venaient en mugissant se briser sur la coque disjointe du paquebot et déferlant par dessus, l'ensevelissaient tout entière sous une montagne d'écume. Les hussards disparaissaient sous cette avalanche, puis, la lame se retirant, renversait le navire vers le large où il retombait de toute la violence du reflux sur un lit de roches nues dont les pointes brisaient jusqu'à sa membrure. La mâture, retenue sur l'autre bord par les haubans et les manœuvres, battait ses flancs comme un bélier.

Cependant des secours arrivaient : un des hussards sauvés avait couru au port voisin, éloigné de quatre kilomètres, réclamer une prompte assistance ; un détachement de soldats et une escouade de marins se portèrent en hâte, conduits par leurs officiers, sur le lieu du sinistre. La seule mesure de salut était de porter un grelin à bord du paquebot. Au moyen de cette communication, un petit radeau, formé de quelques débris, pouvait en quelques voyages transporter les quinze hussards à terre. Des marins dévoués s'élancèrent à la mer pour établir ce va-et-vient. Courage inutile ! Les lames furieuses se ruant sur ces hommes intrépides, les rejettent sur les galets, meurtris, sanglants et demi-morts. Les tentatives se renouvellent, mais à la fin il fallut bien reconnaître l'impuissance humaine contre ce déchaînement des vents et des flots.

Deux des naufragés, voyant qu'on désespérait de les sauver, se décidèrent à tenter de se sauver eux-mêmes ; engourdis par le froid, ou craignant d'être enlevés par un coup de mer, ils n'eurent pas la pensée ou la force de se débarrasser d'une partie au moins de leurs vêtements : le premier franchit le bord et se jeta à la nage au moment même où une lame énorme s'écroulait sur le navire ; il disparut emporté au milieu des épaves que roulait cette masse d'eau écumante ; quand elle se retira, on ne vit reparaître que les pointes noires des rochers. Le second, sans s'effrayer du sort que son compagnon vient d'essuyer sous ses yeux, descend avec précaution, se tenant aux chaînes des haubans et aux bouts des manœuvres qui pendent le long de la carène ; il attend qu'une vague déferle ; aussitôt que sa violence a passé, il se lance à la mer et prend son élan vers la plage ; une seconde, une troisième lame se succèdent, et l'on est étonné de l'apercevoir toujours nageant, mais nageant sans avancer : le malheureux était retenu par ses éperons, qui s'étaient pris dans les lambeaux de la voilure.

Inquiets, haletants, partageant les angoisses de cette lutte avec la mort, tous les spectateurs ont compris qu'il est arrêté par quelque obstacle. On crie aux autres naufragés de lui jeter une corde ; on lui crie à lui-même de retourner vers le bâtiment, mais les voix sont emportées, sont étouffées par les vents et par les hurlements de la tempête, et le pauvre hussard lutte toujours ; on voit pourtant qu'il s'affaisse, on sent qu'il s'épuise ; mais sa tête, toujours coiffée de son képi bleu, surnage encore au-dessus des flots. On a un instant d'espoir ; il a saisi une corde du mât de beaupré, au-dessous duquel l'emporte le retrait d'une lame. Il fait un suprême effort ; presque tout son corps s'élève au-dessus de l'eau, dans cette tentative désespérée, pour atteindre ce mât de salut, mais il retombe à la mer impuissant et brisé. Cinq minutes il lutte encore contre l'agonie, ballotté par les flots ; enfin, une dernière vague roule sur lui et l'emporte. Tous les spectateurs de cette scène poussent un cri : il avait disparu pour toujours.

La plupart des soldats et des marins accourus sur la plage se retirent pour n'être pas témoins de la catastrophe que tous regardent comme inévitable ; les naufragés s'en aperçoivent et comprennent que tout espoir est évanoui. La nuit approche ; d'ailleurs, les rafales de neige et de grêles viennent encore étouffer les lueurs crépusculaires flottant dans cette atmosphère grisâtre, bouleversée par l'ouragan ; cette nuit qui descend sur eux est donc celle de la mort.

Cette funèbre soirée était la fin de la tempête ; la violence des vents commença à tomber avec le jour. Cet apaisement progressif ramena des corvées de soldats et de marins avec tous les moyens de sauvetage qu'ils purent réunir. Des hommes se jetèrent de nouveau à la mer ; ils parvinrent enfin, après beaucoup d'efforts, à atteindre le brick-goëlette, et tous les hussards restés à son bord furent sauvés.

Les lames se précipitaient avec tant d'impétuosité dans la baie de Sébastopol, que l'un des gros vaisseaux que les Russes avaient coulés pour en fermer l'entrée fut entraîné hors de la ligne; le gouverneur se vit dans la nécessité d'en sacrifier un autre pour fermer le passage qu'il y laissait ouvert. Ce vaisseau y fut coulé dans la matinée du 17.

Tel fut cet ouragan, tels furent ses principaux désastres, désastres bien déplorables sans doute, mais qui durent cependant paraître bien légers comparés à tous ceux que sa fureur dut faire craindre pour les flottes de transport et les escadres de guerre, dont l'Angleterre et la France couvraient alors cette mer, et qui constituaient une des forces essentielles et la vie matérielle de leurs armées; aussi un écrivain a-t-il pu dire avec raison : « Les ouragans sont les batailles ordinaires des armées navales. » Celle du 14 novembre a été gagnée, si l'on songe que vingt-cinq vaisseaux et plus de cinquante bâtiments de guerre ont eu à y prendre part, et qu'un seul vaisseau et une corvette à vapeur y ont succombé.

Cette tempête, du reste, fut d'une violence telle que l'on n'avait pas le souvenir d'en avoir essuyé de semblable depuis celle de 1839, où la Mer-Noire, alors bien moins fréquentée, vit, outre quarante-deux navires du commerce ensevelis dans ses flots ou brisés sur ses plages, trois vaisseaux et deux frégates de la marine russe sombrer corps et biens.

Les préoccupations de la guerre effacèrent rapidement l'impression de cette profonde crise atmosphérique et des malheurs qui en avaient été la suite. L'activité de nos soldats en fit encore plus promptement disparaître les traces. Les pluies torrentielles avaient causé plus de dégâts à nos terrassements que n'avait pu le faire le feu si acharné de l'ennemi; les terres noyées s'affaissaient et avaient, en quelques endroits, entraîné dans leur éboulement les gabionnages; les tranchées étaient inondées; sur plusieurs points de la seconde parallèle, les hommes avaient de l'eau jusqu'aux genoux; dans les parties les plus sèches, le sol glaiseux, profondément détrempé, opposé à la marche une boue compacte et visqueuse qui fatigue et entrave le service. Cependant, si les travaux ont été interrompus, la vigilance a toujours été la même, et au milieu du déchaînement de la tempête, le feu de nos tirailleurs a fait comprendre à l'ennemi qu'il tenterait inutilement de surprendre nos lignes.

Les dégâts dans les travaux de siège furent très-rapidement réparés; ceux survenus dans les camps le furent avec presque autant de promptitude; huit jours après l'ouragan, on n'en voyait plus aucun vestige. Les baraques affectées à l'ambulance avaient été les premières reconstruites, puis l'on s'était mis à la restauration des corps de garde, tandis que l'intendance rétablissait ses magasins et ses hangars. Les tentes, elles, s'étaient redressées comme les roseaux dès que la bourrasque avait cessé; mais on comprit qu'il fallait chercher à les mieux défendre contre la violence des vents criméens. Les vignes, les jardins et les bois voisins fournirent les éléments d'un système de claies qui donna à ces demeures de toile toute la solidité désirable; on trouva même moyen d'augmenter cette solidité aux dépens de leur hauteur, et de les rendre tout à la fois plus chaudes en

Infirmier.

1855.

creusant le sol qu'elles abritaient. Une correspondance anglaise donne à cet égard des détails qui méritent d'être reproduits. « On songe, dit-elle, à mieux s'abriter pour l'avenir. Les Français surtout se montrent très-ingénieux dans la construction de leurs quartiers d'hiver. Ils ont transformé les vignes et les treilles des maisons en claies fort hautes qu'ils dressent pour défendre leurs tentes et leurs hangars contre la violence des vents de la Crimée. Décidément et malgré tout, nous avons là un mauvais hiver à passer.

Les Turcs, qui sont patients s'ils ne sont pas braves, ont fort utilement employé leur temps à se creuser des huttes souterraines auxquelles, pour les mieux garantir du vent, on n'arrive que par des galeries tournantes. Ils y ont construit et percé des cheminées en argile afin de pouvoir s'y donner le plaisir d'un bon feu. Je crains qu'ils ne s'y trouvent si bien qu'il soit difficile de les en faire sortir pour le travail ou pour le combat. Le soldat anglais a moins de ressources et d'expérience en pareille matière ; il fait de son mieux cependant pour s'établir de la manière la moins incommode possible ; malheureusement, l'infanterie est tellement occupée aux tranchées, qu'il lui reste bien peu de temps pour se bâtir des refuges contre l'hiver. L'artillerie et la cavalerie ont plus de loisir, et ont apporté, dans la construction de leurs baraques, beaucoup de patience et beaucoup d'habileté. Quelques-unes sont vastes et même bien distribuées ; jamais ne fut mieux démontrée la vérité du vieux proverbe : La nécessité est mère de l'industrie. Le soldat anglais qui, au moment où il quittait son pays, était le plus emprunté et le plus embarrassé des mortels, a appris à se tirer d'affaire tout comme un autre, et quand il s'agit de son comfort, il trouve déjà des ressources et montre une habileté surprenante. »

Ces ressources, que nos soldats trouvaient dans leur activité et leur industrie, étaient secondées par les sollicitudes qui animaient l'administration pour leur bien-être et qui se révélaient par les arrivages de chaque jour. Des milliers de tentes et de cabanes étaient incessamment débarquées sur la plage de Kamiesch, où s'amoncelaient les approvisionnements. Des distributions d'habillements chauds, de paletots en peaux de moutons et des rations quotidiennes de vin ou d'eau-de-vie disposaient nos soldats à supporter, sans trop de souffrance, les fatigues et les veilles des tranchées et à en braver les dangers avec plus de vigilance et d'ardeur. Ce service, nous l'avons dit, était devenu très-périlleux depuis que l'ennemi, en imitant la création de nos corps francs, avait jeté des essaims de tirailleurs armés de carabines de précision sur le flanc de nos tranchées, qu'ils sillonnaient d'une grêle de balles cylindro-coniques. La droite de nos attaques était tout particulièrement incommodée par ce feu, que nos francs-tireurs s'efforçaient inutilement d'éteindre. Les soldats russes, établis dans des grottes qu'ils multipliaient chaque nuit sur le versant opposé du ravin et jusque sur la crête, en avant même des lignes anglaises, ne décelaient presque leur présence que par le jet de fumée qui s'échappait de leurs fusils au moment où partait la balle.

Le général Canrobert signala cette particularité à lord Raglan, qui donna immédiatement des ordres pour déloger ces audacieux tirailleurs et empêcher leur retour en occupant ces positions. Le capitaine Tyron, officier plein d'audace, dont la vigueur et l'habileté s'étaient signalées dans la guerre contre les Caffres, fut chargé de ce coup de main.

Le soir même, le 20 novembre, à peine la nuit close, il franchit les gabions avec un détachement de cent *riflemen*. Il se porte d'abord en avant; puis, se dirigeant sur la gauche, s'avance avec précaution, à la faveur des ténèbres, vers les points occupés par l'ennemi. Cet officier, qui est allé auparavant dans les lignes françaises, s'assurer lui-même des positions qu'il doit balayer, marche à la tête de ses hommes, dont le sol humide amortit le bruit des pas. Arrivé à trente mètres des tirailleurs russes, il donne le signal, et son détachement fond sur eux à la baïonnette; la mêlée s'engage; l'intrépide capitaine Tyron se jette, l'épée à la main, au plus fort du combat; il tombe frappé à mort; mais l'ennemi culbuté fuit vers la place en poussant des hourras qui sont un signal pour les batteries russes, dont le feu couvre de mitraille et de boulets le terrain conquis par nos alliés. Les excavations faites par les tirailleurs leur offrent des abris contre ces projectiles. Les Russes, croyant les Anglais chassés par ce feu, se forment en colonne pour recouvrer leurs embuscades; mais ils se retrouvent en présence des baïonnettes anglaises, qui les rejettent trois fois sur la place. Le général Canrobert mit cet exploit des chasseurs britanniques à l'ordre du jour de l'armée française, et paya un juste tribut d'éloges à la mort glorieuse du capitaine Tyron, dont le sang venait de sceller de nouveau la confraternité d'armes existant entre les deux nations.

Les pluies avaient recommencé à tomber et entravaient gravement le travail des nouvelles batteries dont l'artillerie se préparait à armer nos lignes. Souvent même il se trouvait complétement arrêté. Tous les travailleurs étaient employés à pratiquer des saignées dans les terres pour opérer le desséchement des tranchées et des cheminements qui les enchaînaient. Le feu de nos canons était lui-même à peu près suspendu. Les embrasures des anciennes batteries avaient été bouchées presque toutes; on attendait pour les rétablir que l'armement de nos fronts fût complet. La marine, dont les canonniers s'étaient fait remarquer de toute l'armée par leur intrépidité et leur adresse, fournissait un large contingent à ce développement de nos attaques. L'amiral Hamelin faisait débarquer 55 pièces de gros calibre que lui avait demandées le général en chef. Ces pièces, provenant la plupart du *Henri IV*, devaient être servies par les 500 marins fusiliers fournis par l'escadre pour le service des tranchées, auxquels l'amiral se proposait d'ajouter environ vingt maîtres de pièces.

Les pluies étaient un obstacle insurmontable pour nos travaux. Vers la fin de novembre, elles cessèrent, le temps se rasséréna et l'on put croire à quelques beaux jours, qui eussent suffi pour achever les ouvrages. Le général en chef écrivait au ministre de la guerre :

« Devant Sébastopol, 28 novembre 1854.

« Monsieur le maréchal,

« Le temps s'améliore, et c'est une circonstance qui est loin d'être sans intérêt pour nos opérations. Une pluie continuelle et l'état des chemins sur les plateaux où nous sommes établis avaient augmenté considérablement les difficultés des transports de vivres et de matériel. Un rayon de soleil va réparer tout cela, et nous allons reprendre nos travaux avec un redoublement d'activité.

« L'ennemi met de son côté à profit ces intermittences forcées pour augmenter ses moyens de défense, ainsi que nous pouvons le constater. Jusqu'à présent, il a cherché, avant tout, à nous intimider, et jamais on n'a vu une pareille consommation de poudre et de boulets; nos officiers d'artillerie calculent qu'il a tiré pour cet objet, depuis notre arrivée sous les murs de Sébastopol, 400,000 coups de canon et brûlé 1,200,000 kilogrammes de poudre. On peut se faire une idée, d'après cela, des approvisionnements accumulés depuis longtemps dans la place. Nous remarquons cependant que son artillerie est plus économe de son tir, et particulièrement que celui des projectiles creux a beaucoup diminué. Le chiffre de nos tués ou blessés ne dépasse pas quinze par jour.

« L'armée du prince Menschikoff se maintient sur la défensive. Elle couvre ses positions d'ouvrages défendus par des pièces de marine, et il semble acquis que, jusqu'à nouvel ordre, elle a renoncé à rien entreprendre contre nous.

« Pendant ce temps notre position s'améliore sous tous les rapports. Les renforts nous arrivent, et nos régiments de zouaves, comme tous ceux qui sont originaires d'Afrique, présentent surtout un ensemble des plus satisfaisants.

« Je puis vous assurer, monsieur le maréchal, que l'armée devient d'une rare solidité, et vous ne sauriez imaginer à quel point nos jeunes gens, tout à coup mûris par la grandeur de la lutte, deviennent vite de vieux soldats. Vous n'auriez pas vu sans un vif sentiment de satisfaction des lignes déployées rester calmes et immobiles sous un feu de canon que lord Raglan m'a déclaré être supérieur à celui qu'il avait entendu à Waterloo.

« Je vous donne ces détails parce qu'ils ne peuvent manquer de vous intéresser vivement, de vous rassurer en même temps, enfin de vous donner la mesure de la confiance que m'inspirent mes troupes.

« Les nouvelles divisions trouveront ici des aînées qui leur donneront de bons exemples.

« Veuillez agréer, etc.

« *Le général en chef*, CANROBERT. »

Mais cinq jours après, cette espérance était évanouie : une dépêche annonçait cette déception, qui, toutefois, ne pouvait pas plus abattre le courage du général en chef que celui de ses soldats.

« Devant Sébastopol, 3 décembre 1854.

« La pluie tombe à torrents. Nos chemins sont défoncés, nos tranchées remplies d'eau, et toutes nos opérations, comme la plupart de nos travaux, restent suspendues. L'ennemi est immobile par les mêmes causes et par celles que j'ai antérieurement exposées.

« Malgré ces épreuves, le moral de tous est excellent, et nous tenons ferme, prêts à recommencer nos opérations dès que le temps et l'état des routes le permettront. »

Les hostilités étaient considérablement ralenties, sinon suspendues : les batteries de la ville avaient elles-mêmes diminué leur feu. Seule, la guerre de tirailleurs avait conservé sa vivacité, et l'arrivée prochaine de bataillons de carabiniers du Caucase, annoncée par les prisonniers et les déserteurs, révélaient l'intention de l'ennemi de développer cette milice dangereuse. Les grands résultats, il semblait les attendre de cet allié formidable, qui s'était constamment montré le protecteur de la Russie : l'hiver. L'hiver ! Voilà l'auxiliaire sur l'intervention duquel il comptait pour obtenir le succès que n'avaient pu conquérir ses armes ; il espérait que les pluies, les tempêtes, les neiges et les froids triompheraient de cette armée campée sur d'arides sommets et séparée de son pays par huit cents lieues de mer ; il espérait que ces travaux dans un sol de boue, ces nuits glaciales passées dans les tranchées, ces veilles sous la pluie et sous la neige, en présence d'un ennemi toujours prêt à profiter de l'obscurité pour faire une irruption, seraient des épreuves où s'épuiserait et succomberait cette armée qui avait subi victorieusement celles du fer et du feu ; aussi fut-ce à des surprises de nuit que se bornèrent ses sorties et ses attaques.

Dans la nuit du 2 au 3 décembre, un détachement, franchissant nos postes avancés, se jetait sur nos lignes et venait briser son flot contre la digue de baïonnettes qu'un bataillon du 39ᵉ lui opposait dans les cheminements de la seconde parallèle. Après un combat court, mais vif, ce détachement se retirait en hâte, laissant parmi ses morts l'officier intrépide qui le commandait.

C'est encore le premier bataillon du 39ᵉ, commandé par le capitaine Paris, qui, dans la nuit du 5 au 6, accueille par une fusillade meurtrière un bataillon russe qui croit le surprendre, et qui, surpris lui-même, est, au lieu d'attaquer, forcé de se défendre.

La sortie tentée dans la nuit du 11 eut plus de gravité. Un corps nombreux, débouchant du bastion du Mât et protégé par une épaisse obscurité, s'avança silencieusement sur nos lignes. A peine en eut-il dépassé les ouvrages extérieurs, qu'il se sépara en deux détachements ; l'un se porta sur la droite, l'autre sur la gauche de la troisième parallèle. Arrivé sur un terrain d'où son feu pouvait atteindre nos travailleurs, le premier détachement qu'appuyait une section d'artillerie formée de deux obusiers, ouvrit sur eux un feu de mitraille, en se précipitant à la baïonnette sur leur flanc. Le second, pendant ce temps, parcourt nos tranchées ; leur garde, formée de jeunes conscrits encore étrangers à ces combats corps à corps dans les ténèbres, fléchit sous cette attaque, conduite avec une grande vigueur par le major Golowinski, commandant le bataillon n° 2 de la Mer-Noire. Elle se replie en désordre sur la seconde parallèle. Bientôt ralliées et soutenues par des renforts, nos troupes prennent l'offensive sur les deux points, et l'ennemi est forcé de battre en retraite; mais il enlève en se retirant trois petits mortiers turcs, et fait prisonnier le lieutenant Martin, qui s'était élancé avec trop d'ardeur à sa poursuite. Il laissa quinze cadavres sur les terrains où avait eu lieu ce double engagement. Ce fut sur les cheminements anglais, beaucoup moins avancés que les nôtres, que, dans la nuit du 20 au 21, se portèrent les attaques. Elles furent repoussées après une vive fusillade, qui se prolongea près d'une heure. Les Russes, en se retirant, crurent pouvoir surprendre nos tranchées, ils les abordèrent silencieusement et avec précaution sur plusieurs points à la fois; mais le chef du 2ᵉ bataillon du 5ᵉ léger, le commandant Courson, avait prévu leur projet. Ses soldats, couchés sur les parapets, immobiles et tenant leurs fusils armés, se dressent subitement devant eux, les fusillent à bout portant et les chargent immédiatement après à la baïonnette.

Cet engagement valut à ce bataillon les honneurs de l'ordre du jour et une récompense qui prouve à quel glorieux niveau s'était élevé le moral de notre armée. « Afin, ajoutait le général commandant le siège, de récompenser ce bataillon de sa vigilance et de son intrépidité, je donne des ordres pour qu'il concoure à l'avenir, avec les plus vieux régiments, à la garde de nos postes les plus exposés aux entreprises de l'ennemi. »

Ni l'armée de secours ni la garnison ne songent à opérer des mouvements plus sérieux. Les corps du prince Menschikoff avaient pourtant reçu d'importants renforts. Dans les premiers jours de décembre, ils ne comptaient pas moins, soit à Sébastopol, soit sur les diverses positions qui enveloppent les plateaux de Chersonèse, de huit divisions d'infanterie.

Elles composaient, moins toutefois la 18ᵉ, la totalité de celles qui constituaient les 4ᵉ, 5ᵉ et 6ᵉ corps d'armée; le prince avait en outre sous ses aigles un bataillon de Grecs et quatre de cosaques de la Mer-Noire; cette armée, en admettant les réductions que les marches forcées, les maladies et les combats avaient pu lui faire subir, devait donc offrir un effectif d'au moins 70,000 hommes, non compris les 12,000 marins qui restaient à Sébastopol des équipages de la flotte.

Les développements que prirent, au commencement de décembre, les camps dont l'armée de secours couvrait les crêtes gauches du bassin de la Tchernaïa révélèrent cependant l'arrivée sous ses drapeaux de forces nouvelles. Le consul général de France à Bucharest, Omer-Pacha et plusieurs capitaines de bâtiments avaient en effet annoncé, dès le mois précédent, la marche des 2ᵉ et 3ᵉ corps sur la Crimée.

L'armée française recevait, de son côté, des secours nombreux. *Le Napoléon* avait amené de Constantinople 2,000 hommes; *le Suffren*, 1,100; trois grands steamers avaient déposé sur le cap Chersonèse la brigade Mayran, dans la première quinzaine de novembre; la seconde vit débarquer à Kamiesch 20,000 hommes venant de Toulon, de Malte et de Varna.

Pendant ce temps, deux nouvelles divisions d'infanterie s'organisaient en France : la 7e, sous le commandement du général Dulac, et la 8e, sous les ordres du général de Salles. Une décision ministérielle avait en outre arrêté que 160 volontaires seraient pris dans chaque régiment de ligne pour remplacer les vides que la guerre avait faits dans les cadres des régiments composant l'armée d'Orient. Dès le mois de décembre, les Russes purent s'apercevoir, aux nouvelles tentes qui se dressèrent sur nos plateaux, que notre armée commençait à se grossir de ces forces nouvelles.

L'ennemi, immobile depuis la sanglante journée du 5 novembre, avait-il conçu quelque nouveau projet qui s'évanouissait devant les développements de notre armée, ou voulait-il seulement frapper l'esprit de nos troupes par le déploiement de ses forces avant d'affaiblir ses lignes en prenant ses quartiers d'hiver? L'une ou l'autre supposition est admissible.

Cette démonstration fut immédiatement suivie d'un mouvement de concentration, qui fit refluer le corps d'armée de Liprandi sur la rive droite de la Tchernaïa. Les positions de l'armée de secours, protégées par une ligne de retranchements armés de grosses pièces provenant de la marine russe et précédées d'une vallée inondée presque tout l'hiver par un débordement fluvial, se trouvèrent comprises entre les hauteurs de la ferme Mackensie et celles qui dominent les ruines d'Inkermann. Cette concentration permettait au général en chef d'en confier la défense provisoire à un corps d'observation peu nombreux et de dérober la masse de ses troupes aux fatigues et aux incommodités du bivouac dans cette saison rigoureuse, en lui faisant prendre ses quartiers d'hiver soit dans Sébastopol, soit à Batchi-Seraï ou à Simphéropol.

Tous ces changements n'échappaient point aux observations des chefs des armées alliées. Le général Canrobert, qui avait signalé au ministre de la guerre et l'augmentation de l'armée russe, attestée par l'étendue progressive de ses campements, et les batteries dont elle fortifiait ses lignes retranchées, lui annonçait, vers le milieu de décembre, cette contraction subite de ses bases d'opération, dont, il est vrai, il méconnaissait la cause en l'attribuant au débarquement des forces ottomanes du Danube sur la plage d'Eupatoria.

Ce fut dans le but de s'assurer positivement de l'étendue de ce mouvement stratégique, qu'il fit exécuter successivement deux reconnaissances dans les vallées. La première, confiée au général d'Allonville, quitta le camp dans la matinée du 20 décembre. Les forces qui devaient l'opérer se composaient du 4e régiment de chasseurs d'Afrique et du 6e de dragons; elles débouchèrent dans la vallée de Camara par la gorge de Balaclava en en parcourant au trot les pentes de l'extrême droite; les anciennes redoutes, enlevées par les Russes dans l'attaque du 25 octobre, furent couronnées par ses tirailleurs, et elle s'avança jusqu'au fond de la vallée. Les Russes n'y avaient laissé qu'un poste perdu, qui se retira en faisant un feu inoffensif sur nos cavaliers. Un détachement d'infanterie, formé de 500 zouaves et de 500 Ecossais, était sorti de Balaclava et s'était dirigé vers le même point. Le capitaine d'état-major Saget, chargé spécialement du rapport de l'exploration, recueillit les éléments d'une étude topographique de ce bassin accidenté. Au moment où les deux régiments effectuaient leur retour, un corps russe, formé d'infanterie et de cavalerie légère, se présentait sur les hauteurs opposées. Il prit position au point où les traverse la route de Simphéropol, sans faire aucun mouvement qui indiquât l'intention d'inquiéter notre marche.

Cette reconnaissance, en confirmant l'évacuation de la vallée méridionale par les forces ennemies, ne donnait aucun renseignement sur les positions où elles s'étaient portées. Ce fut dans le but d'en obtenir qu'une nouvelle exploration, confiée à des forces plus considérables, fut dirigée, le 30 décembre, sur le côté droit de la même vallée et dans celle de Baïdar. Le général Morris, commandant en chef de la cavalerie, fut chargé de la conduire. La colonne sous ses ordres se composait de dix bataillons d'infanterie, onze escadrons de cavalerie et deux batteries d'artillerie, l'une montée, l'autre à cheval. Ce corps, après avoir passé un ravin où il ne rencontra aucun autre obstacle que les difficultés du terrain, atteignit la vallée de la Tchernaïa, dont il franchit la rivière, malgré le feu de deux batteries de position et un corps de Cosaques assez nombreux. Notre batterie à cheval fit taire le canon russe, et les Cosaques se dispersèrent sous la charge d'un de nos escadrons de chasseurs. Cet engagement rendit l'ennemi prudent, et nos troupes n'eurent plus à essuyer que sa fusillade à longue distance. Après avoir reconnu sur ce point la ligne des avant-postes russes, notre cavalerie, laissant derrière elle deux escadrons de réserve, se porta vivement sur le village de Varnoutka, abandonné par ses habitants et occupé par un nombreux poste de Cosaques. Il avait fui; on incendia ses huttes et ses approvisionnements, pendant que l'avant-garde s'avançait jusqu'à la vallée de Baïdar. Aucune force ennemie ne se présenta dans cette direction; l'expédition avait atteint son but. L'ennemi, dont les lignes affaiblies avaient ordre de se tenir sur la défensive, ne fit aucune démonstration inquiétante. La colonne opéra son retour à la nuit tombante.

L'immobilité des troupes russes pendant cette reconnaissance prolongée ne laissa aucun doute sur le démembrement de l'armée de secours, annoncé par les déserteurs, et, par suite, sur l'intention du généralissime russe de s'abstenir de toute attaque contre nos lignes extérieures durant l'hiver. Toutes les pensées, tous les soins, tous les efforts des généraux alliés purent dès lors se concentrer sur la place, qui ne perdait aucun instant pour bouleverser le sol autour de ses remparts et multiplier, en avant de son ancienne enceinte, tous les ouvrages de terre que pouvait inventer le génie de la défense et qu'elle hérissait de canons et de mortiers.

Les ouvrages que, malgré les obstacles de la saison, nos travailleurs construisaient sur nos lignes dépassaient encore, par leur importance, ceux de l'ennemi; jamais place assiégée n'avait vu un pareil ensemble de batteries réunies contre un armement aussi formidable. Mais si nos travaux touchaient au moment d'être complets, ceux des lignes anglaises étaient loin d'être aussi avancés : leurs troupes si belles, mais décimées par les combats, épuisées par les maladies et peu faites d'ailleurs aux privations et aux fatigues, succombaient à cette vie de veilles et de travail, de privations et de souffrances que leur infligeaient à la fois le siége par sa nature et la saison par ses rigueurs; ces divisions, si vaillantes et si solides sous le feu des batailles, disparaissaient dans la fatigue et sous le souffle glacé de l'hiver. L'insuffisance des attelages pour transporter leurs bouches à feu de Balaclava dans leurs tranchées était manifeste. La mortalité était encore plus grande parmi les chevaux que parmi les hommes. Ces chevaux, pour la plupart bêtes de choix, étaient tout aussi incapables de supporter les intempéries de la saison aux piquets du bivouac que les fatigues du service dans les tranchées boueuses ou dans les chemins défoncés. Aussi succombaient-ils par centaines. Ceux qui survivaient pouvaient à peine rendre quelques services. Personne n'eût pu reconnaître dans ces haridelles efflanquées, au poil hérissé et à la tête basse, les animaux frais, luisants et fiers que les transports anglais avaient débarqués sur la plage d'Eupatoria.

Les troupes britanniques, dont l'arrivée de nouveaux régiments remplissait, il est vrai, les vides, étaient donc dans l'impossibilité la plus évidente d'exécuter dans leur totalité les ouvrages qu'elles avaient entrepris.

Les corvées des troupes ottomanes dans leurs lignes et le concours que l'armée française leur donnait de tous ses moyens de traction disponibles, ne triomphait que lentement des obstacles que présentaient la dureté du sol et l'étendue de leurs parallèles, ainsi que l'effondrement des chemins.

« L'armement considérable des Français contre la place est tout prêt d'être complété, écrivait le capitaine Vico, attaché par le général Canrobert à l'état-major de lord Raglan ; il n'en est pas de même du côté des Anglais, ceux-ci n'ont pas les mêmes moyens de transport, et il leur est difficile de faire arriver sur leurs emplacements les bouches à feu et le matériel des approvisionnements. Ils n'ont pas comme nous des trains d'équipage militairement organisés. Les ressources qu'ils ont trouvées dans le pays leur sont sans doute d'un grand secours, quand les communications sont faciles ; mais elles sont loin de suffire, par le mauvais temps, au transport seul des vivres. »

Le général Canrobert mandait lui-même peu après au maréchal ministre de la guerre : « Je fais tout pour venir en aide à nos vaillants alliés qui sont loin d'être prêts, tandis que nos batteries n'attendent que le signal pour ouvrir le feu. Cette situation est pénible, dangereuse même, si l'ennemi, en ayant connaissance, couvrait de ses projectiles nos batteries contraintes au silence. »

Or il n'était que trop certain que l'ennemi avait une connaissance rapide et complète de tout ce qui se passait dans les camps alliés ; ses espions avaient reçu une organisation si habile et ils profitaient avec tant d'adresse et d'audace de tous les moyens de s'approcher de nos lignes et d'y pénétrer, que lord Raglan dut opposer au danger résultant de cet état de choses de nouvelles consignes qu'il formula immédiatement dans un ordre du jour. « Le commandant des forces britanniques, disait dans ce document le fel-maréchal anglais, a lieu de penser que les sentinelles avancées ne sont pas assez promptes à arrêter ceux qui viennent à elles du côté de l'ennemi, ni à tirer sur ceux qui ne leur répondent pas d'une manière satisfaisante. Des hommes à pied et à cheval ont pu approcher tout près des sentinelles sans avoir eu à répondre à des *qui vive*, ou sans avoir essuyé leur feu. Les seules personnes qui puissent s'approcher des sentinelles du côté de l'ennemi sont les déserteurs et les parlementaires; mais il faut leur faire faire halte et ne pas les laisser arriver sans qu'un détachement du piquet soit venu les reconnaître. Lorsque les patrouilles s'avancent au-delà des lignes, ou lorsque des officiers vont reconnaître, il faut en prévenir les sentinelles; et tout ceci doit leur être expliqué catégoriquement quand on les pose. »

Les dangers résultant de cet espionnage incessant étaient encore plus graves pour l'armée française, dont les parallèles bien plus rapprochées des fortifications de la place que celles des Anglais, avaient beaucoup plus à souffrir du feu de leurs ouvrages et des fréquentes sorties de la garnison. La communication par les officiers parlementaires était sans règle fixe; ils pouvaient se présenter sur toute l'étendue des lignes, et les sentinelles devaient les accueillir; on comprend tous les dangers que recélait une telle latitude. Le général Forey sentit la nécessité de les faire disparaître. Il s'adressa au général Osten-Sacken, gouverneur de Sébastopol, et lui exposa la nécessité d'obvier à cet abus, en restreignant ces communications dans les limites de la nécessité par des formalités convenues et arrêtées entre les armées belligérantes. Voici en quels termes cet officier supérieur répondit immédiatement à ces observations:

« Mon général,

« Partageant complétement l'opinion émise dans la lettre de votre excellence, en date du 11 décembre, je viens vous proposer la mesure suivante pour éloigner dorénavant tout malentendu entre nos parlementaires:

« Les officiers qui désormais seront expédiés en cette qualité de Sébastopol se présenteront, avec pavillon blanc et trompette, à l'angle du mur d'enceinte du cimetière, à notre flanc droit le plus proche de la mer et de nos ouvrages. Veuillez, si vous acceptez mes propositions, prendre les mesures nécessaires pour que tout parlementaire venant de votre part ait à se présenter à l'angle opposé du même mur le plus proche de vos travaux; ces officiers pourront alors se rapprocher l'un de l'autre le long du mur, aux extrémités duquel ils se seront rendus tous les deux. C'est là et nulle part ailleurs que se tiendra entre eux toute conférence nécessitée par les circonstances.

« Je vous prie, mon général, d'agréer l'assurance des sentiments distingués que je vous porte.

« B. Dimitry Osten-Sacken. »

Cette proposition, soumise aux généraux en chef des armées occidentales, reçut leur assentiment. La déclaration de cette acceptation fut transmise immédiatement par le général Forey au général commandant la garnison de Sébastopol.

Une mesure beaucoup plus importante et qui devait assurer bien plus efficacement encore la sécurité de nos tranchées fut arrêtée par le général en chef et par le général commandant le corps de siége. Ce fut la création de compagnies d'éclaireurs volontaires. Ces compagnies, composées de 150 hommes chacune, devaient être au nombre de trois. Cette institution était la conséquence et le complément de l'organisation des compagnies de francs-tireurs, dont l'importance était attestée par l'empressement apporté par l'ennemi à former des compagnies semblables. Le service des francs-tireurs avait besoin de la lumière, il ne pouvait s'accomplir que de jour. Celui des éclaireurs volontaires devait au contraire s'envelopper dans les ténèbres, et ne devait s'opérer que de nuit. L'objet de son organisation fera comprendre toute l'utilité que l'armée avait droit d'attendre de cette institution, et révélera en même temps les qualités militaires que devaient réunir ceux qui seraient admis à en faire partie. Cet objet était quadruple :

1° Découvrir et faire connaître tout ce qui se passerait en avant des retranchements de l'ennemi ;

2° Eventer les sorties, en prévenir les points menacés, les inquiéter et concourir à les repousser ;

3° Enlever tous les postes, partis, embuscades, etc., établis par l'ennemi en dehors de la place ;

4° Enfin, détruire tous les abris des tirailleurs russes et les obstacles qui pourraient s'opposer à la marche de nos colonnes, attaquer les fougasses, enclouer les pièces, etc.

Pour faire ce service, d'après le texte même du règlement qui les constituait, chacune des compagnies devait être subdivisée en 30 brigades de 5 hommes. Chaque officier avait sous ses ordres 10 de ces brigades, dont 5 formeraient la réserve pendant que les 5 autres, placées en avant sur les points les plus favorables, observeraient les mouvements de l'ennemi.

Quand il y aurait lieu d'opérer un coup de main de peu d'importance et requérant une prompte exécution, les officiers devraient se servir des réserves qu'ils auraient sous la main, sans déranger les petits postes jetés en avant des lignes ; mais, dans tous les cas présentant de la gravité, ils ne devaient rien tenter sans l'autorisation de l'officier de génie commandant la tranchée.

Le service des compagnies d'éclaireurs volontaires se divisait donc en deux parties bien distinctes, bien séparées. La première régulière, constante, invariable, celle des petits postes d'observation disséminés en avant des tranchées selon les mouvements du terrain et le caractère de la consigne. C'était là le service essentiel, le service de chaque nuit et dont l'accomplissement n'admettait aucune interruption. La seconde, celle des coups main, n'avait pas un caractère aussi rigoureux. C'était à l'intelligence et à la valeur de l'officier commandant que l'accomplissement en était confié : le commandant du génie, de service au moment, pouvait toujours en réclamer la direction.

Ces compagnies, comme l'indique leur titre, furent composées d'hommes de bonne volonté. A peine leur formation eut-elle été mise à l'ordre du jour, que les listes ouvertes dans tous les régiments se couvrirent d'un nombre de noms si considérable, qu'on fut obligé de faire un choix. On dut examiner les titres de chacun. Les élus furent ceux qui avaient le plus de droits à ce rude et périlleux honneur. La composition en fut arrêtée le 17 décembre. Dès le 18, ces compagnies commencèrent leur service.

L'attention du général en chef n'était pas exclusivement limitée aux opérations militaires, son devoir l'appelait à veiller avec un soin particulier à l'approvisionnement de l'armée jetée si loin de la patrie et dont les besoins se développaient dans la proportion même des difficultés et des périls que l'hiver apportait à ses communications navales. L'ouragan du 14 novembre avait démontré l'étendue des dangers que soulevait de ce côté la saison des tempêtes, dont il était l'inauguration sinistre; le salut presque intégral des escadres et des flottilles était un prodige sur le renouvellement duquel il eût été imprudent de compter. Un second ouragan pouvait entraîner la disparition de tout l'armement naval, vaisseaux de guerre et transports, dans une immense et commune catastrophe. Or que deviendrait l'armée de Crimée si l'escadre russe, trouvant la mer libre, pouvait venir détruire jusqu'aux établissements maritimes créés par cette armée et qui semblaient assurer son avenir contre toutes les éventualités possibles? Ce point était si capital qu'il avait donné lieu à un conseil entre les généraux en chef et les amiraux.

La décision ne pouvait être douteuse, réduire les escadres au nombre des vaisseaux nécessaires pour garantir l'inviolabilité des ports de débarquement, former les divisions sédentaires des bâtiments les plus capables d'affronter les fougueux emportements de ce ciel inhospitalier, et combiner leurs conditions de sûreté avec les nécessités du service, enfin disposer les ports excellents dont on s'était assuré le refuge, de manière à ce qu'ils pussent recevoir au besoin les bâtiments stationnaires et le plus grand nombre possible de transports dont les arrivages seraient organisés au moyen d'une station d'ordre dans le Bosphore qui les dirigerait et leur faciliterait les moyens de trouver un abri sûr. Les amiraux affirmaient que l'accomplissement de ces mesures était possible, l'exécution en fut remise à leur habileté spéciale. Elles furent aussitôt arrêtées par le vice-amiral commandant; cependant il ne crut pouvoir en ordonner qu'une application provisoire; comme elles modifiaient complètement la situation de la marine dans le levant, il jugea indispensable d'en soumettre la réalisation définitive à la décision du ministère. En attendant, les vaisseaux dont la présence ne parut point indispensable reçurent l'ordre de faire voile pour Constantinople ou pour Toulon.

La nouvelle de cette décision et de la réduction de forces qui en était le premier accomplissement fut connue à Sébastopol, où elle suscita la pensée de venger la marine russe de son humiliante immobilité par un coup d'éclat contre les escadres occidentales ainsi affaiblies. Le prince Menschikoff, amiral en chef des escadres méridionales de l'empire russe, ne repoussa point ce projet; seulement il ordonna, comme mesure préalable, de s'assurer formellement de l'exactitude des rapports.

Une petite expédition navale fut organisée dans ce dessein. Le capitaine Boutacoff, marin dont l'audace égalait l'habileté, fut chargé de cette reconnaissance; la frégate *le Wladimir*, dont il avait le commandement, devait être secondée par la corvette à vapeur *la Chersonèse*, sous les ordres du capitaine Roudnew. Comme il eût été à craindre d'éveiller la défiance des navires alliés dont on voulait seulement connaître la position, le nombre et les forces, on songea à donner à cette expédition un autre but apparent. Ce but spécieux était de reconnaître notre droite, d'en inquiéter les défenseurs et d'en chasser les navires éclaireurs qui venaient jeter l'ancre moins pour couvrir nos ouvrages que pour surveiller l'entrée de la rade de Sébastopol.

Les deux steamers russes, après avoir franchi par un étroit chenal, laissé au nord, la digue sous-marine créée pour la clôture de la rade par la submersion d'une partie de l'escadre russe, se dirigèrent vers la baie de Strelitzka en s'élevant toutefois assez en mer pour découvrir nos stations navales; ils furent aperçus par nos bâtiments, et les frégates à vapeur *le Vauban*, *le Caton*, *le Panama*, et *le Jean-Bart*, auxquelles se joignit le pyroscaphe anglais *le Terrible*, marchèrent aussitôt contre eux; mais les deux navires russes s'étaient déjà portés vers la petite baie où étaient mouillés, en vedettes, *la Megère* et *le Vautour*, avec lesquels ils échangèrent un feu assez vif, tout en dirigeant une partie de leurs pièces contre nos batteries et nos tranchées, prises ainsi en enfilade ou à revers. A l'approche de notre escadrille, ils se dirigèrent vers le fort de la Quarantaine, et, rangeant leurs batteries côtières, rentrèrent dans la rade de Sébastopol.

L'opinion générale fut que cette sortie n'avait eu d'autre objet que de s'assurer de la nature des ouvrages construits par le génie sur le prolongement des tranchées nouvellement poussées jusqu'à la côte. Quelques officiers de la flotte en sentirent seuls toute la portée; de ce nombre fut le vice-amiral Bruat, qui ne douta point des projets dont le mouvement agressif des steamers contre la baie de Strelitzka n'était que le masque. Il fut plus loin; comme la sortie du *Wladimir* et de sa conserve indiquait l'existence d'une passe dans l'estacade formée sous les vagues par les vaisseaux coulés, il conçut le projet d'éviter à l'escadre russe la rupture de cette immobilité dont elle s'était créé les loisirs et d'aller la visiter lui-même avec ses vaisseaux; car d'après toutes les probabilités que provoquaient les propositions soumises par l'amiral Hamelin au ministre de la marine, il n'était pas douteux qu'il ne restât à la tête des forces navales destinées à hiverner sur les côtes de Crimée.

Pour le moment, il songea à s'en préparer les moyens, c'était d'aller s'assurer lui-même de la position et de la nature de cette passe, de ce chenal dont l'existence était certaine. Il fit ses dispositions, et un soir, la brise soufflant léger frais, et la nuit étant d'une obscurité complète, il appela quelques officiers dans sa chambre, où les attendait un punch fumant.

Légion Étrangère.
1855.

— Au succès de notre entreprise, Messieurs ! leur dit-il en approchant son verre des leurs, suivant un vieil usage encore connu de nos marins.

Tous le regardèrent avec surprise, et ces regards qu'animaient une étincelle joyeuse l'interrogeaient. Il ajouta.

— Cette nuit, Messieurs, nous allons visiter la passe de Sébastopol et reconnaître dans quel état on pourrait la trouver... au besoin.

Cette déclaration fut accueillie avec enthousiasme ; toute notre marine était impatiente de prendre part à ces luttes dont quelques détachements privilégiés de ses équipages partageaient seuls avec nos troupes les combats journaliers. D'ailleurs, s'il s'agissait pour l'instant d'un grand danger à braver, ce danger présageait une glorieuse journée pour l'escadre entière ; c'était donc un double motif pour réunir tous les sentiments dans l'élan expansif d'une joie commune.

Les ordres étaient donnés ; les chaloupes se réunissaient à l'instant même. On put donc s'y placer sans retard. Les marins d'élite, auxquels il était prescrit de manœuvrer leurs avirons le plus silencieusement possible, nagèrent avec précaution, et trois embarcations, deux chaloupes et un canot se dirigèrent mystérieusement vers l'entrée de la rade de Sébastopol ; les précautions redoublèrent à mesure que l'on approcha des forteresses qui la défendent et dont on distinguait les masses se dessinant dans l'obscurité par une teinte plus noire. Quelques lanternes circulant dans les batteries casematées permirent bientôt d'en mieux apprécier la distance ; les trois embarcations s'avançant à la file l'une de l'autre, donnèrent à peu près au milieu de l'espace compris entre le musoir du mole Constantin et l'angle saillant du fort Alexandre, et s'enfoncèrent ensuite dans la rade dont elles suivirent en quelque sorte l'axe ; elles avaient ralenti considérablement leur sillage, lorsque la première s'arrêta en signalant à voix basse aux deux autres qui la rallièrent un mât s'élevant à leur droite. On sonda, on ne trouva qu'à peine deux brasses d'eau : on était sur la ligne des navires submergés. Le canot se porta un peu en avant pour observer les mouvements de la baie, pendant que les deux chaloupes se dirigeaient vers chaque extrémité du barrage, en cherchant à la sonde le passage qu'elle devait offrir. Celle qui se porta vers la batterie de l'arsenal ne trouva que des espaces trop resserrés pour qu'une corvette même pût tenter de les franchir. La passe était en effet vers le nord ; elle fut découverte à petite distance de la batterie Wasp par la chaloupe du *Charlemagne* que montait le vice-amiral Bruat ; mais son peu de profondeur ne la rendait accessible qu'à des navires de force secondaire, et encore d'un faible tirant d'eau.

Ce fut pour le brave amiral un désappointement profond. Cette contrariété et le succès qu'avait obtenu leur navigation lui inspira l'idée de s'avancer jusqu'à l'entrée du port militaire dont l'éclairage devait laisser reconnaître les lignes et apercevoir les vaisseaux. Il réalisa cette pensée et ne se retira qu'après avoir touché de sa main la forte chaîne qui, tendue de la tour Nicolas au fort Saint-Paul, ferme l'entrée du port militaire, plus comme mesure de police que comme précaution de sûreté.

La division de chaloupes faillit payer cher cette audace aventureuse. Les premières lueurs du matin ayant éclairci l'obscurité, la présence d'embarcations suspectes fut signalée par les sentinelles, et bientôt le canon des forts leur apprit qu'elles étaient reconnues. Ce ne fut que sous une grêle de boulets ricochant autour d'elles, qu'elles parvinrent à vider cette rade ennemie. La chaloupe du *Charlemagne* éprouva seule quelques avaries ; mais, aucun de ceux qui la montaient ne fut gravement atteint.

Le récit de cette expédition, dont le succès avait égalé la hardiesse, fut la grande émotion du lendemain, et mérita à ses auteurs l'admiration des deux escadres. Ce fut peu de jours après qu'arrivèrent les dépêches ministérielles attendues. Le vice-amiral Hamelin était élevé au grade d'amiral de France ; il remettait le commandement de l'escadre de la Mer-Noire au vice-amiral Bruat, qui réunissait sous son pavillon cette escadre et celle de la mer Méditerrannée sous le nom d'escadre du Levant. Les réductions temporaires de l'effectif des forces sur les côtes de Crimée étaient agréées par le ministre.

Par une singulière coïncidence, au moment où l'amiral Hamelin recevait la juste récompense de la haute capacité dont il avait fait preuve dans l'organisation et la conduite de cet immense *armada*, le vice-amiral Dundas voyait expirer ses pouvoirs. Les deux chefs maritimes de l'expédition de Crimée allaient donc quitter simultanément les eaux où ils avaient fait flotter les drapeaux de la France et de l'Angleterre dans une généreuse fraternité d'armes et de gloire. Ce fut pour eux une nouvelle occasion d'attester au monde l'union sympathique des deux marines. Voici les lettres qu'ils échangèrent ; l'amiral anglais prit l'initiative de cette noble démarche :

« A bord du *Furious*, baie de Kazatch, 19 décembre 1854.

« Mon cher amiral,

« Je ne puis résigner le commandement sans faire mes adieux à la flotte placée sous vos ordres, aux opérations de laquelle j'ai coopéré pendant longtemps avec orgueil et plaisir.

« J'emporterai avec moi en Angleterre et je conserverai toujours ce souvenir qui m'est si cher. Je vous prie, si vous n'y voyez pas d'objection, d'exprimer mes sentiments aux officiers et aux marins sous votre commandement avec l'assurance de mes souhaits constants pour l'éclatante réalisation de leurs espérances.

« Accueillez pour vous-même, mon cher amiral, mon désir de vous voir trouver, à votre retour dans votre patrie, tout le bonheur que vous pouvez souhaiter. « J.-W. D. Dundas. »

L'amiral français y répondit par une semblable manifestation de sympathie et d'estime. Voici en quels termes :

« *Montézuma*, Kamiesch, le 22 décembre 1854.

« Mon cher amiral,

« J'ai l'honneur de vous informer que je remets demain, 23 décembre, le commandement de l'escadre française à M. le vice-amiral Bruat.

« Au moment de me séparer de vous et de l'escadre placée sous vos ordres, je vous prie, si vous n'y voyez pas d'objections, d'exprimer en mon nom à tous vos officiers et marins combien j'ai été heureux du concours constant et de la bonne harmonie avec lesquels nous avons poursuivi toutes nos opérations maritimes et militaires depuis notre entrée dans la mer Noire. Quoique loin d'eux, je m'associerai toujours de cœur à leurs succès, et le souvenir du temps que nous avons passé ensemble sera pour moi un des souvenirs les plus doux de ma carrière maritime.

« Pour vous, mon cher amiral, recevez les vœux que je fais pour votre bonheur, et veuillez agréer l'expression de mes sentiments les plus affectueux et les plus dévoués.

« L'amiral de France, commandant en chef l'escadre de la Méditerranée,

« HAMELIN. »

Si l'on veut se faire une idée de l'aspect que présentait à la fin de décembre *Kamicheraïa, la baie des roseaux*, ou, comme nous avions francisé le nom russe Kamiesch, ce point si important pour notre armée, on se représentera une baie étroite et profonde courant du nord au sud, et offrant à l'est un débarcadère assez commode, où s'était improvisée une ville étrange.

La baie était protégée par de puissantes batteries dont la marine avait armé les deux promontoires formant son entrée; en avant, au large, étaient mouillés ou croisaient le vaisseau *le Jean Bart* et les frégates à vapeur *le Vauban et le Panama;* la garde de l'entrée du port était confiée à la frégate *la Pomone*.

La mission de ces divers bâtiments était de surveiller les mouvements de l'ennemi, et spécialement de ne laisser entrer dans la baie aucun navire suspect, sans s'être assuré de son caractère inoffensif. L'habileté de la marine grecque dans l'équipement et la direction des brûlots avait éveillé la défiance de l'amiral Bruat. La facilité qu'eût offerte à une tentative incendiaire l'accumulation de tant de bâtiments avait dû le mettre en garde contre l'emploi par l'ennemi des machines ignivomes qui avait entouré d'un si ardent éclat le nom des Canaris dans les luttes de la Grèce moderne.

Derrière *la Pomone*, s'étendaient sur deux lignes *le Montebello* au mât duquel le vice-amiral Bruat avait hissé son pavillon, *le Marengo, le Montezuma* et *l'Alger;* puis prenaient position pour débarquer leurs chargements, les nombreux transports armés ou frétés par l'État pour l'approvisionnement de l'armée.

L'administration avait fait disposer avec une merveilleuse rapidité tous les lieux de dépôt permanent ou provisoire que nécessitaient les arrivages journaliers. Magasins, entrepôts, arsenaux, poudrières, écuries spacieuses, vastes parcs pour bestiaux, tout s'était trouvé construit au niveau des besoins. C'étaient de longues files de tentes et de baraques, de nombreuses enceintes, où, sous une surveillance continuelle, s'accumulait tout ce que réclamaient les besoins de l'armée.

Quant à la ville, voici l'esquisse qu'en trace M. de la Bédollière. « De chaque côté de la principale rue, appelée rue du Commerce, s'élevait une ligne de baraques et de boutiques dans la construction desquelles se retrouvaient tous les modèles et tous les matériaux imaginables. Chacun avait fait de son mieux pour mettre sa marchandise à l'abri des intempéries de la saison, et en même temps pour séduire l'acheteur en plaçant artistement en montre ses plus beaux échantillons. Des mâts, des haubans, des cordages, des voiles, pris sur les navires du port, avaient été employés pour bâtir ces boutiques, qui la plupart servaient aussi d'habitations. Elles avaient toutes leur numéro ; sur des enseignes improvisées on lisait le nom du propriétaire, son pays, avec l'indication des principales denrées qu'il vendait. Des vêtements, des conserves alimentaires et les divers articles de l'épicerie, voilà ce qu'on y rencontrait le plus fréquemment.

« On y trouvait aussi du vin et des liqueurs de France, mais généralement de qualités inférieures. Quelques-unes des boutiques étaient occupées par des cantiniers français et de temps en temps se montrait quelque vivandière dans son costume coquet et militaire, servant gaiement la pratique ou stimulant le consommateur. Les marchands établis à Kamiesch étaient pour la plupart des Maltais ; il y avait aussi des Allemands, mais en petit nombre. De grands magasins, dont les murs étaient en pierre et d'autres plus considérables encore que l'on construisait en bois, sortaient de terre le long d'une large rue nouvelle qui coupait la première à angle droit.

« Une route macadamisée flanquée d'un fossé, et sous laquelle on avait ménagé des rigoles pour l'écoulement des eaux, communiquait au quartier du général Canrobert. Elle était parcourue par de longues files de mules portant de chaque côté de leur bât une charge bien égale de biscuits venant de Marseille ou de Toulon et d'autres vivres militaires destinés aux différents corps, ainsi que par de nombreux convois des équipages militaires, traînés aussi par des mules et chargés de planches, de caisses, de fourrages, d'approvisionnements de toute sorte à même destination. »

La baie de Kamiesch ainsi protégée et ses établissements rattachés au camp par une voie de communication facile et sûre, l'armée française n'avait pas plus d'inquiétude à concevoir de ce côté de sa position que du côté de la Tchernaïa. Elle pouvait donc attendre avec sécurité les beaux jours, en perfectionnant ses lignes obsidionales et en y accumulant les moyens de destruction qui devaient lui assurer la victoire.

Ce fut vers cette époque que l'état inquiétant de leur santé força le prince Napoléon et le duc de Cambridge à quitter la Crimée. Celui-ci fit voile immédiatement pour l'Angleterre. Le prince Napoléon s'arrêta à Constantinople. Bien qu'il ne se fût éloigné de l'armée qu'avec la certitude qu'elle ne pouvait rien entreprendre de longtemps, il voulut rester encore quelques mois à la disposition du général en chef, pour le cas où quelque événement imprévu viendrait modifier ses dispositions et arracher l'armée à la défensive où l'enchaînaient ses travaux de siége.

CHAPITRE X.

HIVERNAGE.

1855.

Nouveaux efforts de la diplomatie. — Politique germanique. — Conflit entre les cours de Vienne et de Berlin. — Tentative de l'Autriche pour faire mobiliser les contingents fédéraux. — Opposition de la Prusse. — Fluctuations des négociations. — Larges concessions de l'Autriche. — Nouvelles exigences prussiennes. — Influence que les événements militaires exercent sur ces débats. — Attitude résolue de l'Autriche. — Intimidation de la Prusse et de la Russie. — Accession de la Prusse à l'article additionnel au traité du 20 avril. — Acceptation par la Russie des quatre points de garantie posés par les puissances occidentales. — Traité d'alliance entre la France, l'Angleterre et l'Autriche. — Assemblées législatives. — Ouverture du parlement anglais. — Discours de la reine Victoria. — Remarquables débats. — Adresses aux armées. — Ouverture de la session parlementaire en France. — Discours de l'Empereur. — Interprétation donnée par les puissances occidentales aux quatre bases posées pour le traité de paix. — Contre-propositions de la Russie. — Rejet de ces contre-propositions par les plénipotentiaires. — Délai de quatorze jours. — Proclamation de l'empereur Nicolas. — Marche des événements militaires. — Développements des armées d'Orient. — Bivouacs d'hiver de nos soldats. — Rigueurs de l'hiver. — Force morale de notre armée. — Détails. — Correspondances curieuses. — Souffrances de l'armée anglaise. — Impossibilité où elle se trouve d'exécuter ses travaux. — Mission du général Niel. — Ses études. — Son opinion. — Tour Malakoff. — Système d'attaques nocturnes adopté par les Russes. — Francs-tireurs et éclaireurs volontaires. — Signaux. — Attaque du 8 janvier. — Le sous-lieutenant Kerdudo. — Attaque de la nuit du 11 au 12.

La diplomatie européenne ne pouvait voir approcher la suspension d'hostilités, que devaient nécessairement amener les rigueurs de l'hiver dans ces contrées et sur ces mers voisines des chaînes caucasiennes, sans sentir renaître ses espérances. On la vit en effet dès le mois de novembre s'efforcer de reconstituer le congrès de Vienne, et vouloir soumettre de nouveau aux mains habiles qui les avaient entamées, ces négociations dont les baïonnettes anglo-françaises avaient si brutalement déchiré la trame.

Quelques mots suffiront pour exposer ce qui s'était passé entre les diverses chancelleries des grandes puissances depuis que les quatre garanties posées par la France et l'Angleterre comme conditions préliminaires de la paix, et recommandées par l'Autriche et la Prusse à l'acceptation de la Russie, avaient été rejetées par le czar. Tout devait faire supposer que ce refus donnerait naissance à une alliance étroite entre les cabinets de Vienne et de Berlin et ceux de Paris et de Londres; il n'en résulta qu'un accord si fragile, qu'il se brisa devant une concession de la Russie tellement secondaire, que l'on put croire qu'il s'évanouissait devant un prétexte.

Ainsi, pendant que l'Autriche s'efforçait par la voix de son ambassadeur, président la Diète germanique, d'entraîner la confédération dans la politique occidentale par la mobilisation immédiate de ses contingents, le ministre des relations extérieures de Prusse, s'appuyant sur la déclaration faite par le czar relativement à la position défensive que ses armées avaient ordre de prendre et de conserver sur le territoire russe, adressait une note à ses envoyés auprès des diverses cours allemandes, où il combattait positivement la proposition de l'Autriche. Cette note, après avoir invoqué la déclaration de l'empereur Nicolas, continuait : « Il n'y a donc à craindre aucune attaque de la Russie, surtout contre l'Autriche. L'Europe n'a pas regardé l'occupation des principautés comme un *casus belli*. Maintenant qu'elle a cessé, peut-on y trouver ce cas de guerre? Le danger d'une réoccupation possible de ces principautés est-il de nature à compromettre les intérêts allemands d'une manière durable et à imposer à la Confédération des obligations militaires?

« Quant aux quatre points, répondent-ils tellement aux intérêts allemands, qu'il soit avantageux pour les parties contractantes de se les approprier comme base exclusive de futures négociations? Un protectorat commun sur les principautés et sur les raïas chrétiens sera-t-il favorable aux intérêts allemands? L'entrée des troupes autrichiennes dans les principautés nous donne la certitude que les intérêts allemands y seront énergiquement sauvegardés; mais ne sont-ils pas compromis par l'entrée simultanée de troupes turques et peut-être d'autres troupes étrangères, abstraction faite des complications militaires qui pourront en résulter?

« Les quatre bases ont été repoussées par la Russie, et les puissances occidentales ne les considèrent pas comme obligatoires pour elles; il est donc impossible d'y rattacher des négociations de paix immédiates, comme le gouvernement prussien l'aurait désiré. En conséquence, S. M. le roi ne saurait trouver compatible avec sa conviction de recommander à ses confédérés allemands l'acceptation des quatre points, d'une manière qui pourrait et devrait entraîner pour eux des charges et des engagements, lesquels ne paraissent point commandés par l'esprit et le but de l'alliance.

« Plus S. M. le roi est résolu à persister dans l'exécution ferme et conséquente de l'alliance comme une garantie du développement indépendant de la puissance allemande, plus aussi il croit devoir consciencieusement tenir éloignés de sa sphère des engagements qui ne découlent pas d'intérêts généraux allemands clairement reconnus.

« Sa Majesté espère être d'accord avec ses confédérés allemands dans cette manière d'envisager les choses, et elle a surtout la ferme confiance que S. M. l'empereur d'Autriche, non seulement l'appréciera de cœur et d'âme, mais la partagera aussi comme prince allemand. La sagesse, la modération et l'amour de la paix de Sa Majesté Impériale sont pour le roi, notre auguste maître, une nouvelle garantie de ce que l'Autriche, assurée par toutes les déclarations de la Russie contre toute attaque de sa part, s'abstiendra de son côté aussi de toute mesure agressive contre elle, et évitera par là des complications dont la nécessité ne pourrait être déduite de la protection des intérêts allemands, et auxquelles, par conséquent, l'art. 2 de l'alliance ne saurait s'appliquer.

« Notre envoyé à la Diète germanique sera invité à se prononcer, dans la commission comme dans la Diète elle-même, dans le sens de ces considérations, et à travailler à les faire valoir.

« En portant cela à la connaissance du gouvernement auprès duquel vous avez l'honneur d'être accrédité, tout en lui communiquant la présente dépêche, veuillez, monsieur, exprimer la grande importance que nous mettons à être informé aussitôt que possible que le représentant de ce gouvernement à la Diète a été muni d'instructions découlant des mêmes principes. »

Cette note portait la date du 3 septembre 1854 et la signature Manteuffel. L'effet qu'elle produisit dans le monde politique fut d'autant plus profond, qu'à l'époque de l'année et dans les circonstances critiques où elle apparaissait, notre armée d'Orient étant encore retenue sur un sol pestilentiel, elle semblait jeter sur la politique antérieure de la cour de Berlin un reflet machiavélique. M. Manteuffel le comprit si bien qu'il chargeait le même jour l'ambassadeur de Prusse à Londres, le comte de Bernstoff de déclarer au cabinet britannique que S. M. prussienne était toujours disposée à accorder son appui moral aux quatre propositions des puissances occidentales qu'il ne cessait de regarder comme les bases désirables d'un arrangement futur ; il ajoutait même qu'il s'était trouvé plusieurs fois dans le cas de dire que ce n'était pas le cabinet de Berlin qui s'opposait à ce que les quatre représentants à Vienne se réunissent de nouveau et qu'il le lui rappelait afin qu'il sût que, dans le cas où les autres puissances désireraient une réunion de la conférence, le roi de Prusse n'hésiterait pas à déposer dans un protocole l'expression de ses intentions. La sensation causée par la circulaire dans les petites cours allemandes prit un caractère si inquiétant pour la politique impériale, que le cabinet de Vienne crut devoir faire les plus larges concessions : la déclaration qu'il adressa à ses représentants auprès de ces cours présentait plusieurs points importants.

L'Autriche renonçait à la demande qu'elle voulait soumettre à la décision de la Diète de la mobilisation immédiate d'une partie de l'armée fédérale ; elle exigeait seulement que cette assemblée se déclarât obligée par la convention du 20 avril à la secourir dans le cas où le territoire autrichien serait menacé d'une attaque de la part de la Russie, à raison de l'occupation des provinces danubiennes.

Elle continuait à maintenir les quatre points de garantie comme bases indispensables de la paix future, et cependant elle persistait à ne pas se croire formellement obligée à forcer par la guerre la Russie à les accepter.

Tout en souhaitant que la Diète adoptât et appuyât aussi de son côté, par son influence, et s'il le fallait par des mesures énergiques, les quatre conditions, elle se contentait qu'elle n'en soutînt que deux : la liberté de la navigation sur le Danube et la cessation du protectorat russe sur les principautés. De plus elle posait en fait,

1° Que la Prusse lui devait le secours de ses armes dans le cas où elle serait attaquée par la Russie, sans avoir provoqué cette attaque en prenant elle-même l'offensive ;

2° Que la Prusse s'associerait à la demande qu'elle se proposait d'adresser à la Diète pour obtenir de cette assemblée la promesse de son secours contre une attaque par les armées russes;

3° Enfin que le cabinet de Berlin continuerait de prêter son appui moral aux quatre conditions sur lesquelles devait reposer la paix future.

Si les déclarations diplomatiques de la Prusse étaient sincères, elle ne pouvait plus hésiter devant cette adhésion, à peine dissimulée par la forme, aux points essentiels de sa circulaire. Mais cette politique de concessions avait toute la mobilité des circonstances; ses décisions émanant de la contrainte et non d'une libre manifestation de sentiments, étaient semblables à ces ressorts dont le mouvement suit l'effort qu'ils subissent, elles fléchissaient ou se redressaient suivant la pression des événements. Si l'Autriche, devant la tentative aventureuse qui emportait les armées occidentales vers les plages de Crimée, avait senti l'incertitude se glisser dans ses résolutions et un sentiment de défaillance envahir sa volonté, la Prusse avait éprouvé une impression contraire ; elle avait senti tressaillir ses sympathies russes en voyant les forces alliées se jeter ainsi, à la fin d'une campagne stérile, dans toutes les complications du hasard et de l'inconnu ; aussi ses notes devinrent-elles plus exigeantes et demandèrent-elles au cabinet de Vienne des déclarations catégoriques. L'engagement que la chancellerie prussienne voulut lui arracher ne tendait à rien moins qu'à lui faire prendre l'obligation de fermer le territoire moldo-valaque aux troupes et jusqu'aux influences occidentales : les intérêts de l'Allemagne sur le bas Danube, lui disait-elle, ne seront protégés par l'entrée des troupes impériales dans les principautés qu'avec la certitude que des *éléments étrangers* ne s'y établiront pas. Et pour qu'il ne pût tergiverser, elle lui posait des questions précises : Dans quelle mesure les principautés sont-elles fermées par l'occupation autrichienne à des opérations maritimes ? Dans l'avenir les principautés pourront-elles être employées comme point de départ d'une attaque contre le territoire russe ? Et pour ne laisser flotter aucun doute sur ses intentions, elle ajoutait que, dans le cas d'affirmative sur cette dernière question, on devait admettre que, malgré l'attitude défensive prise par la Russie, les armées de cette puissance, forcées de repousser une attaque, pourraient bien se trouver en contact avec les armées de l'Autriche.

Il ne fut plus douteux pour l'empereur que l'intention du roi de Prusse ne fût de l'amener à une rupture complète avec la Turquie et ses alliés. Mais les événements avaient pris un caractère qui permit à l'Autriche de montrer une attitude plus ferme et de tenir un langage plus digne. Les drapeaux alliés, déployés sur les grèves du golfe de Calamita, virent bientôt fuir devant eux les aigles russes. On sent comme un retentissement du bruit de ces victoires dans la réponse de M. Buol aux explications si formellement demandées par M. de Manteuffel. L'Autriche déclare qu'elle ne s'estime pas autorisée à empêcher dans les principautés les opérations des puissances belligérantes et qu'elle ne peut, en aucun cas, renoncer à son droit de passer de sa position actuelle d'expectative armée à celle de participation à la guerre. Elle ajoute même qu'il est évident que si elle ne peut espérer la paix, qui est pour elle une nécessité, au moyen des efforts et des combats d'autrui, elle ne peut davantage s'engager à supporter, pour un laps de temps illimité, les sacrifices difficiles qu'une pareille attitude passive impose à ses finances.

L'Autriche, qui avait tout à redouter de la France pour ses intérêts italiens, voulut, par cette déclaration, faire comprendre à ses anciens alliés que si leurs exigences la forçaient à rompre, ce ne serait pas avec l'Europe occidentale, mais avec eux. Sa voix, appuyée par tous les bruits militaires qui s'élevaient de l'Orient, exerça sur plusieurs États allemands une influence telle, que ce fut à la Prusse à s'inquiéter à son tour.

La Russie, prévenue, s'efforça de nouer de nouvelles négociations en attendant que les nombreux bataillons qu'elle poussait sur la Crimée pussent lui rendre, par un coup d'éclat, l'influence et le prestige qu'elle perdait chaque jour sur les États secondaires. Une dépêche de M. de Nesselrode à M. le baron de Bulberg, ambassadeur de Russie à la cour de Berlin, l'autorisait à annoncer au cabinet prussien que le czar était disposé à prendre part à une conférence qui aurait pour but le rétablissement de la paix. Ses délibérations devraient avoir pour point de départ quatre propositions formulées en ces termes :

1° Garantie commune par les cinq puissances des droits religieux et civils des populations chrétiennes de l'empire ottoman sans distinction aucune ;

2° Protectorat des principautés exercé en commun par les cinq puissances aux mêmes conditions que celles déjà stipulées en faveur de ces provinces ou résultant des traités entre la Porte-Ottomane et la Russie ;

3° Révision du traité de 1841, à l'abolition duquel la Russie déclare ne pas s'opposer si le Sultan, principale partie intéressée, y consent ;

4° Enfin liberté de navigation du Danube, qui existe de droit, et que la Russie n'a jamais eu l'intention d'entraver ;

L'effet que cette démarche pacifique eût pu produire dans les petites cours allemandes, en vue desquelles elle avait été accomplie, fut totalement détruit par la sensation profonde que causa la nouvelle de la bataille d'Inkermann ; cette sensation fut d'autant plus vive dans toute l'étendue de la confédération germanique, que ce formidable choc d'armée y avait été annoncé d'avance confidentiellement, comme la destruction certaine des forces occidentales. C'était au contraire l'armée russe qui était venue s'y abîmer dans un massacre. La victoire de l'Alma avait relevé l'énergie autrichienne ; la résolution prussienne fut tellement abattue par celle d'Inkermann, que M. de Buol et l'ambassadeur de Prusse auprès de la cour de Vienne, M. d'Arnim, signaient le 26 novembre à Vienne l'article additionnel au traité du 20 avril, c'est-à-dire que la Prusse acceptait les quatre garanties, posées par les puissances occidentales comme bases préliminaires de toute négociation avec la Russie. Elle allait plus loin; elle s'engageait à défendre l'Autriche contre toute attaque des troupes russes, soit sur son propre territoire, soit dans les principautés du Danube. La Diète de Francfort donna elle-même son adhésion à ce traité. Ce brusque changement dans une politique qui, toute l'année, avait agité, inquiété et passionné l'Allemagne, excita un étonnement universel, bientôt augmenté par la lettre suivante que le prince Gortschakoff vint lui-même le 28 novembre remettre à M. de Buol.

« Le soussigné, envoyé en mission extraordinaire de S. M. l'empereur de toutes les Russies, est autorisé à déclarer à M. le comte de Buol Schauenstein, ministre de S. M. l'empereur d'Autriche, etc., que son auguste maître accepte les quatre propositions du cabinet de Vienne pour servir de point de départ aux négociations de paix. « Prince Gortschakoff. »

Le chef du cabinet autrichien lui répondit le 30 : « Le soussigné, ministre des affaires étrangères, s'est acquitté du devoir de placer sous les yeux de l'empereur la note que S. E. M. le prince Gortschakoff, envoyé en mission extraordinaire de S. M. I. de toutes les Russies, lui a fait l'honneur de lui adresser en date du 28 courant : Sa Majesté impériale a remarqué avec une vive satisfaction que S. M. I. de toutes les Russies accepte les quatre propositions préliminaires que M. le comte Esterhazy avait été chargé de présenter dans le courant du mois d'août passé au cabinet impérial de Russie, comme bases d'une entente générale.

« Appréciant dans toute leur valeur les intentions qui ont inspiré cette importante résolution, l'empereur François Joseph ne croit pouvoir mieux y répondre, de son côté, qu'en s'empressant d'en faire l'objet d'une communication aux cabinets de Paris et de Londres avec lesquels il se trouve engagé pour l'obtention d'une solution franche et équitable de ces quatre points, jugés comme les préliminaires indispensables au rétablissement de la paix générale, etc. « Buol. »

Cette réponse, qui n'était qu'un simple et froid accusé de réception, avait un caractère tout aussi surprenant que ce concours extraordinaire de démarches et de traités imprévus. C'est que tous ces actes avaient une cause mystérieuse. C'est que l'Autriche était engagée dans des négociations qui allaient l'attacher plus étroitement à l'alliance occidentale, et auxquelles on tentait par tous les moyens de l'arracher. C'est que la cour de Vienne s'était tellement avancée avec ses alliés, qu'un retour en arrière n'était plus possible.

Le traité signé le 2 décembre entre les plénipotentiaires de la France, de l'Angleterre et de l'Autriche est l'explication de la singularité que présente au premier abord ce concours de négociations. L'énonciation des principales clauses de ce traité fera comprendre toute l'importance que la Russie devait attacher à ne point laisser l'Autriche accomplir ce pas décisif dans la politique occidentale. Après avoir exprimé le désir de voir se résoudre par une paix générale, la perturbation survenue dans l'équilibre des États européens et d'empêcher, par un juste et sage système de garantie, le retour de semblables complications et, après avoir rappelé les déclarations contenues dans les notes et les protocoles précédemment échangés et signés, les hautes parties contractantes arrêtaient : L'obligation mutuelle et réciproque de n'entrer dans aucun arrangement avec la cour impériale de Saint-Pétersbourg avant d'en avoir délibéré en commun, et l'engagement de la part de S. M. l'empereur d'Autriche de défendre contre tout retour des troupes russes la frontière des provinces de Moldavie et de Valachie qu'il avait fait occuper par ses troupes, en vertu d'un traité conclu avec la Sublime-Porte. En conséquence les troupes autrichiennes devaient prendre des positions convenables pour garantir les principautés contre toute attaque. Il était expressément stipulé que S. M. l'empereur des Français et S. M. la reine du royaume uni de la Grande-Bretagne et d'Irlande ayant antérieurement signé avec la Sublime-Porte un traité qui les autorisait à diriger leurs forces sur tous les points de l'empire ottoman, l'occupation autrichienne ne pouvait porter préjudice au libre mouvement des troupes anglo-françaises ou ottomanes sur ce territoire contre les forces militaires ou les frontières de la Russie. Une commission devait être formée à Vienne entre les plénipotentiaires de la France, de l'Angleterre et de l'Autriche, à laquelle la Turquie serait invitée à se faire représenter. L'objet de cette commission serait d'examiner et de régler toutes les questions se rapportant soit à l'état exceptionnel et provisoire où se trouvaient les provinces moldo-valaques, soit au passage des diverses armées sur leur territoire.

A ces points accessoires s'en joignaient trois plus graves. La France, l'Angleterre et l'Autriche formaient, dans le cas où la guerre viendrait à éclater entre cette dernière puissance et la Russie, une alliance offensive et défensive et s'obligeaient à employer, selon les nécessités, des forces de terre et de mer dont le nombre, la qualité et la destination seraient, s'il y avait lieu, déterminés par des arrangements subséquents. Dans ce cas, les parties contractantes se promettaient réciproquement de n'accueillir de la part de la cour impériale de Russie, avant de s'en être entendues préalablement entre elles, aucune ouverture, ni aucune proposition tendant à la cessation des hostilités. Enfin, prévoyant l'hypothèse où le rétablissement de la paix sur les bases précédemment convenues ne serait pas assuré dans le cours de l'année, les plénipotentiaires convenaient que leurs majestés l'empereur des Français, la reine de la Grande-Bretagne et l'empereur d'Autriche délibéreraient sans retard sur les moyens à employer pour obtenir le but de leur alliance.

On le voit, les victoires de notre armée d'Orient n'avaient pas seulement triomphé des armées méridionales de la Russie, elles avaient fait sentir notre puissance jusque dans les délibérations de la diplomatie ; c'étaient elles en effet, c'était leur glorieux entraînement qui emportait l'Autriche incertaine et flottante dans l'orbite de la politique de l'Occident.

Ce fut sous l'empire de ces événements que s'ouvrirent les assemblées parlementaires de la France et de la Grande-Bretagne. Ce fut à la reine d'Angleterre qu'il fut donné de prononcer la première un de ces discours d'inauguration dont les circonstances font un événement politique. Après avoir exprimé la confiance que le parlement s'associerait avec empressement à ses efforts pour mettre l'armée britannique engagée en Crimée en état de faire face à toutes éventualités, cette souveraine déclarait que les victoires des armées alliées, égales aux actions les plus brillantes inscrites dans les pages de l'histoire, l'avaient remplie d'admiration et de reconnaissance. Rendant hommage à la valeur des troupes françaises, elle exprimait l'espoir que la gloire acquise en commun ne ferait que cimenter davantage l'union qui existait heureusement entre les deux nations. Le traité conclu avec l'Autriche et dont elle espérait d'importants avantages, était également l'objet de ses félicitations. Elle terminait enfin cette harangue par une déclaration de confiance semblable à celle par laquelle elle l'avait ouverte, ajoutant que, par son unanimité, le peuple anglais obtiendrait le respect des autres nations et pourrait espérer, avec la bénédiction de Dieu, mener la guerre à une conclusion heureuse.

Ce discours donna lieu à des débats pleins de grandeur. Sur les propositions du duc de Newcastle et de lord John Russell, les deux chambres, répondant à l'initiative royale, adressèrent des félicitations aux forces militaires et navales françaises, engagées conjointement avec l'armée britannique en Crimée et dans la Mer-Noire. Ces adresses, rédigées en termes identiques, portaient que le parlement anglais votait des remerciments au général Canrobert et à l'armée française pour leur vaillante et efficace coopération avec l'armée de terre de la reine à l'attaque des positions ennemies sur l'Alma, pour leur assistance énergique et opportune à Inkermann, en repoussant l'armée russe, et enfin pour leurs glorieux efforts combinés avec ceux des troupes britanniques au siége de Sébastopol.

Le feld-maréchal lord Raglan devait être invité à transmettre cette résolution au général Canrobert et à l'armée française. L'adresse à la marine était conçue en expressions analogues.

Le discours prononcé par l'empereur des Français dans la séance d'ouverture de la session législative qui eut lieu aux Tuileries le 26 décembre, eut un caractère si important, que c'est un devoir pour l'historien de le recueillir. Nous allons en retrancher seulement ce qui n'a pas rapport à la guerre.

« Messieurs les sénateurs, messieurs les députés,

« Depuis votre dernière réunion, de grands faits se sont accomplis. L'appel que j'ai adressé au pays pour couvrir les frais de la guerre a été si bien entendu, que le résultat a même dépassé mes espérances. Nos armes ont été victorieuses dans la Baltique comme dans la mer Noire; deux grandes batailles ont illustré notre drapeau. Un éclatant témoignage est venu prouver l'intimité de nos rapports avec l'Angleterre : le parlement a voté des félicitations à nos généraux et à nos soldats. Un grand empire, rajeuni par les sentiments chevaleresques de son souverain, s'est détaché de la puissance qui depuis quarante ans menaçait l'indépendance de l'Europe ; l'empereur d'Autriche a conclu un traité défensif aujourd'hui, offensif bientôt peut-être, qui unit sa cause à celle de la France et de l'Angleterre.

« Ainsi, Messieurs, plus la guerre se prolonge, plus le nombre de nos alliés augmente et plus se resserrent les liens déjà formés. Quels liens plus solides, en effet, que des noms de victoires appartenant aux deux armées et rappelant une gloire commune, que les mêmes inquiétudes et le même espoir agitant les deux pays, que les mêmes vues et les mêmes intentions animant les deux gouvernements sur tous les points du globe? Aussi, l'alliance avec l'Angleterre n'est-elle pas l'effet d'un intérêt passager et d'une politique de circonstance ; c'est l'union de deux puissantes nations associées pour le triomphe d'une cause dans laquelle depuis plus d'un siècle se trouvent engagés leur grandeur et les intérêts de la civilisation, en même temps que la liberté de l'Europe. Joignez-vous donc à moi, en cette occasion solennelle, pour remercier ici, au nom de la France, le parlement de sa démonstration cordiale et chaleureuse, l'armée anglaise et son digne chef de leur vaillante coopération.

« L'année prochaine, si la paix n'est pas encore rétablie, j'espère avoir les mêmes remercîments à adresser à l'Autriche et à cette Allemagne dont nous désirons l'union et la prospérité.

« Je suis heureux de payer un juste tribut d'éloges à l'armée et à la flotte, qui, par leur dévouement et leur discipline, ont, en France comme en Algérie, au nord comme au midi, dignement répondu à mon attente.

« L'armée d'Orient a, jusqu'à ce jour, tout souffert et tout surmonté : l'épidémie, l'incendie, la tempête, les privations, une place sans cesse ravitaillée, défendue par une artillerie formidable de terre et de mer, deux armées supérieures en nombre ; rien n'a pu affaiblir son courage ni arrêter son élan. Chacun a noblement fait son devoir, depuis le maréchal qui a semblé forcer la mort à attendre qu'il eût vaincu, jusqu'au soldat et au matelot, dont le dernier cri en expirant était un vœu pour la France, une acclamation pour l'élu du pays. Déclarons-le donc ensemble, l'armée et la flotte ont bien mérité de la patrie.

« La guerre, il est vrai, entraîne de cruels sacrifices ; cependant, tout me commande de la pousser avec vigueur, et, dans ce but, je compte sur votre concours.

« L'armée de terre se compose aujourd'hui de cinq cent quatre-vingt-un mille soldats et de cent treize mille chevaux ; la marine a soixante-deux mille matelots embarqués. Maintenir cet effectif est indispensable. Or, pour remplir les vides occasionnés par les libérations annuelles et par la guerre, je vous demanderai, comme l'année dernière, une levée de cent quarante mille hommes. Il vous sera présenté une loi qui a pour but d'améliorer, sans augmenter les charges du trésor, la position des soldats qui se rengagent. Elle procurera l'immense avantage d'accroître dans l'armée le nombre des anciens soldats et de permettre de diminuer plus tard le poids de la conscription. Cette loi, je l'espère, aura bientôt votre approbation.

« La lutte qui se poursuit, circonscrite par la modération et la justice, tout en faisant palpiter les cœurs, effraie si peu les intérêts, que bientôt, des diverses parties du globe, se réuniront ici tous les produits de la paix. Les étrangers ne pourront manquer d'être frappés du saisissant spectacle d'un pays qui, comptant sur la Providence divine, soutient avec énergie une guerre à six cents lieues de ses frontières, et qui développe avec la même ardeur ses richesses intérieures; un pays où la guerre n'empêche pas l'agriculture et l'industrie de prospérer, les arts de fleurir, et où le génie de la nation se révèle dans tout ce qui peut faire la gloire de la France. »

Ce discours était loin de répondre aux illusions qu'avait fait naître dans beaucoup d'esprits l'acceptation par le czar des quatre garanties; on sentait à sa lecture que c'était, non sur les tapis verts de la diplomatie, mais bien sur des champs de bataille que devaient se résoudre les questions en litige. Les plénipotentiaires l'avaient bien compris eux-mêmes, et, pour ne pas laisser à la Russie l'espoir de longues et stériles discussions, ils avaient développé et précisé dans un protocole le sens que les puissances occidentales attachaient aux quatre garanties d'une manière si exacte, si rigoureuse, que le prince Gortschakoff, après en avoir entendu la lecture de la bouche de M. de Buol, déclara ne pouvoir y adhérer.

— Le cabinet autrichien accepte-t-il cette interprétation? demanda-t-il.
— Complétement, répondit le comte de Buol.
— Alors permettez-moi d'en prendre copie. N'ayant pas de pouvoir pour l'accepter, il est indispensable que je l'envoie à Saint-Pétersbourg. Je pense cependant, ajouta-t-il, que S. M. l'empereur Nicolas refusera de traiter sur des bases pareilles. Quand même elle accepterait les trois premières conditions, elle rejeterait, selon toute probabilité, l'article dont le but est de limiter la puissance russe dans la mer Noire.

La chancellerie de Saint-Pétersbourg répondit, le 30 décembre, comme elle l'avait déjà fait lors du premier exposé des garanties, en présentant elle-même des contre-propositions. La réponse des plénipotentiaires les écarta pour ne laisser à la Russie que l'alternative d'une acceptation ou d'un refus pur et simple du texte qui lui avait été soumis. Sur la demande d'un délai faite par l'ambassadeur russe, la conférence lui en impartit un de quatorze jours

Ces tentatives de négociations n'avaient suspendu nulle part les préparatifs militaires. Des renforts partaient incessamment des ports de France et d'Angleterre pour grossir les armées expéditionnaires, en même temps qu'un travail sans trêve préparait dans les arsenaux, dans les cales et dans les bassins, le formidable matériel de la campagne prochaine.

La Russie ne déployait pas elle-même moins de résolution et d'activité. Si l'on voulait une preuve de son peu d'espoir dans les négociations qu'elle tentait d'ouvrir, on la trouverait évidente dans le manifeste suivant lancé par le czar au moment où, malgré les difficultés de la saison, il dirigeait de nouvelles masses vers la Crimée.

« Par la grâce de Dieu, nous, Nicolas Ier, empereur et autocrate de toutes les Russies, etc., etc., etc., savoir faisons :

« Les causes de la guerre, qui dure encore, sont pleinement connues de notre bien-aimée Russie. Elle sait que ni vues ambitieuses, ni désir d'obtenir de nouveaux avantages, auxquels nous n'avions pas droit, ne nous ont servi de mobile dans les actes et circonstances qui ont eu pour résultat inattendu la lutte actuelle. Nous avons uniquement eu en vue de sauvegarder les immunités solennellement reconnues de l'Eglise orthodoxe et de nos coreligionnaires d'Orient; mais quelques gouvernements nous attribuant des intentions intéressées et secrètes, qui étaient loin de notre pensée, ont entravé la solution de cette question et ont fini par former une alliance hostile à la Russie. Après avoir proclamé qu'ils avaient pour but le salut de l'empire ottoman, ils agissent contre nous à main armée, non en Turquie, mais dans les limites de nos propres Etats, dirigeant leurs coups sur les points qui leur sont plus ou moins accessibles : dans la Baltique, dans la mer Blanche, dans la mer-Noire, en Tauride, et jusque sur les côtes les plus lointaines de l'océan Pacifique. Grâce au Très-Haut, ils rencontrent partout, et dans nos troupes et dans les habitants de toutes les classes, des adversaires intrépides, animés par leur amour pour nous et pour la patrie ; et, à notre consolation, dans ces circonstances orageuses, au milieu des calamités inséparables de la guerre, nous voyons se produire sans cesse des exemples éclatants et des preuves de ce sentiment aussi bien que du courage qu'il inspire : telles sont les défaites plus d'une fois infligées, malgré une grande disparité de forces, aux troupes ennemies au-delà du Caucase; telle est la lutte inégale soutenue avec succès par les défenseurs des côtes de la Finlande, du couvent de Solovetzky et du port de Petropaulowski, au Kamtchatka; telle est surtout l'héroïque défense de Sébastopol, signalée par tant d'exploits d'un courage invincible, d'une infatigable activité, que nos ennemis eux-mêmes admirent, et auxquels ils rendent justice. Envisageant avec une humble gratitude envers Dieu les travaux, l'intrépidité, l'abnégation de nos troupes de terre et de mer, ainsi que l'élan général du dévouement qui anime toutes les classes de l'empire, nous osons y reconnaître le gage et l'augure d'un avenir plus heureux. Pénétré de notre devoir de chrétien, nous ne pouvons désirer une plus longue effusion de sang, et certes nous ne repousserons pas des offres et des conditions de paix si elles sont compatibles avec la dignité de notre empire et les intérêts de nos sujets bien-aimés. Mais un autre devoir non moins sacré nous commande dans cette lutte opiniâtre de nous tenir prêt à des efforts et à des sacrifices proportionnés aux moyens d'actions dirigés contre nous. Russes, nos fidèles enfants, vous êtes accoutumés, quand la Providence vous appelle à une œuvre grande et sainte, à ne rien épargner, ni votre fortune acquise par de longues années de travail, ni votre vie, ni votre sang, ni celui de vos enfants. La noble ardeur qui a enflammé vos cœurs dès l'origine de la guerre ne saurait s'éteindre dans aucune situation, et vos sentiments sont aussi ceux de votre souverain. Nous tous, monarque et sujets, nous saurons, s'il le faut, répétant les paroles de l'empereur Alexandre dans une année d'épreuves semblables à celles d'aujourd'hui, *le fer à la main, la croix dans le cœur*, faire face aux rangs de nos ennemis pour défendre les biens les plus précieux au monde : la sécurité et l'honneur de la patrie.

« Donné à Gatchina le 14e (28e) jour du mois de décembre de l'an de grâce 1854 et de notre règne le 30e.

« николас. »

Les combinaisons mystérieuses de la diplomatie et les débats des parlements n'étaient pas les seules préoccupations qui passionnassent les esprits, l'opinion publique n'était pas moins attentive aux généreux efforts de ces armées d'Orient, dont les obstacles et les souffrances d'un hiver extraordinaire par sa rigueur dans cette presqu'île de Crimée, célèbre par la rigueur de ses hivers habituels, n'avaient pu suspendre les opérations guerrières. Cette sollicitude était profondément partagée par les gouvernements. Si elle éclatait dans les chambres législatives anglaises en discussions devant lesquelles tombait le cabinet de lord Aberdeen, elle se manifestait en France par les nombreuses mesures dont le développement et l'organisation de nos forces expéditionnaires étaient l'incessant objet. Non seulement l'effectif de notre armée d'Orient était porté à huit divisions, mais un nouveau contingent de soixante-quinze hommes était prélevé en France sur chaque régiment d'infanterie pour combler les vides que la mort avait faits dans les corps partis les premiers. La garde impériale fournissait elle-même des détachements placés sous le commandement du général Ulrich. « Allez, leur disait l'Empereur, après les avoir passés en revue, le 9 janvier 1855, dans la cour d'honneur du palais des Tuileries, allez prendre votre part de ce qui reste encore de dangers à surmonter et de gloire à recueillir. Bientôt vous aurez reçu le noble baptême que vous ambitionnez, et vous aurez concouru à planter nos aigles sur les remparts de Sébastopol. »

L'armée d'Orient recevait par suite de cet accroissement une nouvelle organisation. Un décret du 10 décembre, en la maintenant sous les ordres du général Canrobert, commandant en chef, la divisait en deux corps : le général Pélissier, gouverneur par intérim de nos possessions d'Alger, était appelé au commandement du premier, le second était placé sous les ordres du général Bosquet, commandant la deuxième division d'infanterie de l'armée d'Orient.

Le commandement de cette division était confié au général Meyran, dont le général Beuret prenait la place, à la tête de l'une des brigades de la sixième division d'infanterie de la même armée.

Le général Vergé succédait dans le commandement d'une brigade de la deuxième division d'infanterie au général Bourbaki, forcé de rentrer en France par l'état de sa santé. Le général de Lourmel, tué en repoussant l'attaque opérée contre nos lignes pendant la bataille d'Inkermann, était rem-

Lieutenant-Général
commandant une division de la Garde Impériale.
1856.

placé, dans le commandement d'une des brigades de la deuxième division, par le général Niol. Celui de la troisième division, que la santé du prince Napoléon ne lui permettait pas de conserver, était confié au général Camou, commandant la division d'Alger.

De nombreuses nominations avaient également lieu dans la composition de l'état-major. M. Rivet, chef d'état-major général de l'armée d'Afrique, était appelé aux fonctions de chef d'état-major du premier corps de l'armée d'Orient, commandé par le général Pélissier; le général de brigade Trochu, qui se trouvait à la disposition du général Canrobert, commandant en chef les troupes expéditionnaires, prenait les fonctions de chef d'état-major du deuxième corps de cette armée, commandé par le général de division Bosquet; M. Lebrun, colonel, chef d'état-major de la division de Constantine, était nommé chef d'état-major de la troisième division d'infanterie de l'armée d'Orient, etc.

Le gouvernement s'efforçait même d'élever le chiffre de nos soldats par des recrutements faits à l'étranger; deux décrets du 17 janvier confiaient à M. Ochsenben, ancien chef du département militaire helvétique, le grade de général de brigade au titre étranger, et le chargeaient d'organiser une seconde légion étrangère d'après les prescriptions suivantes :

« Art. 1er. — Il sera formé une seconde légion étrangère.

« Art. 2. — Cette légion se composera de deux régiments d'infanterie. Le nombre des bataillons, provisoirement fixé à deux par régiment, pourra être augmenté suivant les besoins.

« Art. 3. — La composition des cadres, dans les deux régiments, sera conforme au tableau annexé au présent décret.

« Art. 4. — Pour la solde, les masses, l'administration, les services, etc., la 2e légion étrangère sera, comme la 1re, assimilée aux troupes de ligne françaises.

« Art. 5. — Les emplois d'officiers seront confiés en totalité à des officiers étrangers.

« Art. 6. — Le recrutement en hommes de troupe s'opérera suivant les conditions déterminées pour la 1re légion étrangère par les art. 4, 5, 6, 7 et 8 de l'ordonnance susvisée du 10 mars 1831.

« Art. 7. — La première formation une fois effectuée, l'avancement aura lieu conformément aux règlements sur la matière.

« Art. 8. — Des concessions de terre, soit en Algérie, soit dans les autres colonies françaises, pourront être accordées aux militaires des 1re et 2e légions étrangères qui se seront distingués au service de la France par leur bravoure et leur bonne conduite. »

L'Empereur, voulant en outre avoir une connaissance particulière des obstacles que rencontrait notre armée dans le siége tout exceptionnel qu'elle avait entrepris et des combinaisons stratégiques déployées dans cette attaque, avait envoyé son aide-de-camp, le général du génie Niel, dont la prise de Bomarsund avait signalé la haute capacité, avec mission d'étudier la nature des lieux et des fortifications, d'examiner, sans préjugés d'aucune espèce, les travaux exécutés par l'armée expéditionnaire et de joindre au besoin ses inspirations à celles qui auraient présidé jusqu'alors à l'exécution des lignes obsidionales.

Ces diverses mesures étaient d'une utilité urgente. Aux pluies et aux tourmentes avaient succédé la neige, les brises glaciales et des froids qui étaient descendus jusqu'à dix degrés ; quels que fussent le courage et l'énergie de nos soldats, les dures épreuves que cette température cruelle vint ajouter à celles d'un siége aussi laborieux que meurtrier firent parmi eux de nombreuses victimes. Les jeunes conscrits surtout, jetés tout d'un coup dans ce milieu de dangers de toute nature, payaient un rude tribut à cette vie de souffrances. Les cabanes étaient loin d'être en nombre suffisant, et les capotes à capuchon, les sacs de peau de mouton, et les bottes fourrées étaient de faibles préservatifs, lorsqu'au retour des veilles passées dans les tranchées, sous une brise glaciale, les pieds dans la neige ou dans la boue, on n'avait pour abri qu'une faible toile et souvent pas de bois pour réchauffer ses membres transis. Aussi, indépendamment des autres maladies, les cas de congélation étaient-ils nombreux. Toutes les correspondances étaient d'accord pour peindre à la fois, sous des traits saisissants, et le caractère tout exceptionnel de cette âpre température, et le courage avec lequel nos soldats en supportaient les rigueurs. Nous leur emprunterons quelques extraits qui, par la nature plus expansive des communications épistolaires, reproduiront ces pénibles détails d'une manière plus vive et plus émouvante que ne le ferait un récit historique.

On lit dans une de ces lettres, sous la date du 8 janvier : « Nous sommes depuis trois jours ensevelis sous la neige avec deux degrés et demi de froid ; cette température agit principalement sur les jeunes soldats récemment arrivés. Les dragons et les hussards, comme toute la cavalerie de France, souffrent beaucoup ici. Cette nuit, les dragons seuls ont perdu vingt-huit chevaux ; les chasseurs d'Afrique, au contraire, en ont à peine perdu autant depuis qu'ils sont en Crimée. »

« Le train des équipages n'a pas cessé de rendre d'énormes services ; grâce à lui, les troupes ont toujours été dans l'abondance, ainsi que les chevaux. On peut dire avec vérité que les distributions ont été faites aux hommes et aux chevaux avec autant de régularité qu'à l'École militaire à Paris ; mais les chevaux et les mulets de trait sont sur les dents. Ceux des cacolets se maintiennent en bon état, parce qu'ils sont moins surchargés de travail ; il nous faudra néanmoins de grands renforts de France en chevaux, mulets et voitures, surtout si les armées combinées entreprennent quelque chose de sérieux en rase campagne. »

« C'est en vain, mande un autre Français au *Courrier de Marseille*, le 13 janvier, que j'ai essayé de vous écrire pendant ces deux derniers jours. Le temps était si froid, que je n'osais faire un seul mouvement dans mon manteau de peau de mouton, ni remuer mes jambes dans leurs épais fourreaux. Je tâche aujourd'hui de vous tracer quelques lignes que vous lirez sans doute au coin d'un bon feu et dans un appartement bien clos. Vous ne sauriez imaginer l'étendue de nos souffrances. Figurez-vous une tempête de neige durant quarante-huit heures et amoncelant sur nos tentes et nos huttes une couche glacée de plusieurs pieds. Puis, sans transition, arrive tout à coup une pluie battante qui entraîne et fond la neige, laissant dans nos précaires abris une boue liquide dont nous n'avons aucun moyen de nous garantir.

« Malgré tout, le moral de nos soldats est encore au-dessus de ces misères, et à tout prendre l'état sanitaire n'est pas mauvais en proportion des intempéries qu'ils endurent. L'armée est pleine d'ardeur et de courage ; elle aura tout oublié à l'heure de l'assaut, et l'espoir de trouver de meilleurs cantonnements dans Sébastopol n'entre pas pour peu de chose dans son impatience. »

Une autre lettre de la même date, écrite par un officier du corps d'observation, et adressée à son frère, porte :

« Je t'écris, mon bon Alfred, environné de tous côtés par la neige. Ce matin, pour me rendre au rapport du général Bosquet, j'entrais dans la neige jusqu'aux genoux. Pour compléter ce petit agrément, un vent du nord soufflait violemment, de sorte que l'on était gelé ; du reste le thermomètre était descendu à neuf degrés au-dessous de zéro. Juge d'après cela, mon cher ami, la position dans laquelle on doit se trouver lorsque votre maison ne se compose que d'une toile. Heureusement, malgré toutes ces misères, je vais bien actuellement, je puis même dire très-bien, car je cours toute la journée, je mange, bois et dors bien. Que peut-on donc désirer de plus ? Il n'en est malheureusement pas de même pour les pauvres jeunes soldats qui ont été envoyés, il y a quelques mois, dans les régiments en Crimée, ils ne savent pas se retourner ; ils restent par ce froid, cette neige, dans l'inaction et sans mouvement, et au bout de quelques jours ils ont les pieds gelés. Ainsi, dans une journée, c'était le 8 de ce mois, j'avais été appelé à l'ambulance pour construire une baraque provisoire, parce qu'ils n'avaient plus de place pour leurs malades ; à peine une travée était-elle ouverte qu'immédiatement on la remplissait de malades. J'en ai vu arriver ainsi soixante-trois ; sur ce nombre, trente-cinq avaient les pieds gelés, nécessitant une amputation soit d'un ou plusieurs doigts, soit du pied entier : c'était navrant à voir. »

Devant cette température calamiteuse, chacun faisait son devoir. Les approvisionnements arrivaient avec abondance, les distributions se faisaient avec régularité. Les soldats recevaient chaque jour une ration de riz, de sucre, de café et de vin ou d'eau-de-vie ; lorsque le pain manquait, l'intendance y suppléait par du biscuit ; la viande salée était remplacée tous les cinq jours par une ration de viande fraîche. Chacun pouvait en outre se procurer à Kamiesch des suppléments d'aliments, de boisson ou de vêtements. Les prix se tinrent, il est vrai, d'abord très-élevés, mais ils fléchirent graduellement et finirent par tomber presqu'au niveau des prix de France. Nos soldats déployaient d'ailleurs la plus ingénieuse et la plus active industrie pour se procurer ce qui leur manquait. L'un des objets les plus enviés, les plus nécessaires et les plus rares était le bois. Toute végétation offrant quelque consistance avait été rapidement consumée ; les arbres abattus, les broussailles coupées, on demandait à la terre ce qu'elle gardait de leurs débris ; après les troncs on fouilla le sol, on chercha les racines, et le bois manquant, l'âtre des cantines et le foyer des tentes se trouvèrent encore approvisionnés.

Aussi le moral et la vigueur de l'armée se maintinrent-ils constamment au niveau de leur tâche, soit qu'il fallût tenir tête à l'ennemi, soit qu'il fallût étendre les tranchées ou construire de nouvelles batteries et en opérer l'armement. Malgré les pluies, les neiges et le froid, dès le milieu de janvier tous les travaux qui incombaient à l'armée française étaient exécutés. Ses lignes hérissées de cent cinquante bouches à feu pourvues de munitions, étaient prêtes à démasquer leurs embrasures et à ouvrir, dans le bastion du Mât, une brèche où pussent s'élancer nos colonnes d'assaut.

Il n'en était malheureusement pas de même des attaques anglaises. Les troupes britanniques étaient loin d'avoir supporté avec autant de succès que les nôtres l'inclémence de cet hiver caucasien. La rigueur du froid, l'absence de vêtements convenables, et souvent le manque de vivres avaient causé d'affreux ravages dans leurs camps, et lorsque les journaux britanniques traçaient le tableau de la situation de leur armée, en faisant voir que ses souffrances étaient sans précédents dans les sombres annales de la guerre, on était tenté de croire à l'exagération de leur douleur indignée ; il fallut qu'un ancien ministre, lord John Russell, vînt déclarer à la tribune du parlement que les relations que l'on recevait de Crimée n'étaient pas seulement pénibles, mais horribles, mais navrantes à fendre le cœur, pour que l'opinion crût à toute la profondeur du mal. L'armée britannique, forte de vingt-sept mille hommes en arrivant devant Sébastopol, en conservait alors à peine treize mille en état de faire le service des tranchées. « Je vous déclare, disait l'ancien ministre, que dans cette guerre il y a des choses dont j'ai eu officiellement connaissance et dont je ne puis me rendre compte. L'état de l'armée est inexplicable pour moi. Si l'on avait objecté l'an dernier à l'expédition de Crimée qu'à sept lieues de la mer et d'un bon port, nos troupes manqueraient de nourriture, d'habits et d'abris au point de perdre quatre-vingt-dix ou cent hommes par jour, j'aurais considéré cette prédiction comme bien improbable, cependant nous connaissons tous la triste réalité des faits. »

Ainsi les déclarations du *Times* étaient exactes. L'armée anglaise comptait parmi ses troupes mille malades par semaine, et près de cent morts par jour. Les hommes tombaient malades et mouraient dans des proportions si inquiétantes, dit un historien de cette expédition, que l'on devait se demander si cette armée anglaise, si vaillante et si belle lorsqu'elle vint, en nombre supérieur à la nôtre, prendre à notre droite sa part des attaques de Sébastopol, n'aurait pas bientôt cessé d'exister à l'état d'armée.

Cependant la lenteur dont cet affaiblissement graduel de l'effectif de nos alliés frappait leurs travaux, avait l'effet le plus déplorable, et pouvait produire les conséquences les plus désastreuses pour nos positions avancées. Nos batteries, complétement armées, restaient muettes, à l'exception de celles de mortiers qui avaient ouvert leur feu contre les fortifications et contre la ville. Ce silence, et le danger stérile qu'il entraînait pour les troupes chargées de la garde de ces positions si rapprochées des défenses de la place, était sans doute très-regrettable, mais le général en chef en redoutait des suites plus terribles ; il était en effet à craindre que l'ennemi, instruit de la position de ces batteries par le rapport de ses espions, ne concentrât son feu sur elles, et ne les écrasât, avec leurs garnisons, sous la grêle de ses projectiles. Un ouragan semblable à celui du mois de novembre eût pu d'ailleurs compléter l'œuvre de l'artillerie des Russes, et détruire ces ouvrages si laborieusement et si périlleusement construits, avant même qu'ils eussent ouvert leur feu contre la place.

Dans cette circonstance critique, le général Canrobert ne cessait d'adresser au feld-maréchal anglais les considérations les plus pressantes pour lui faire hâter l'achèvement des travaux ; il lui représentait les inconvénients et les dangers auxquels nous exposaient ces retards funestes, et les obstacles qu'ils nous suscitaient, non seulement en laissant se développer les forces des Russes que grossissaient incessamment de nouveaux renforts, mais aussi en permettant à leur infatigable activité, dirigée par un homme de génie, de construire, en avant de leur enceinte de muraille, de nouvelles et savantes lignes de terrassement, qui se chargeaient chaque jour d'un armement formidable.

La correspondance du général Canrobert exhale dans les termes modérés que lui imposent les égards et les sympathies dus à la triste situation de nos alliés, l'inquiétude et la douleur que lui cause cette impuissance de l'armée anglaise. Il revient sans cesse sur les souffrances et les privations qu'il n'est pas en son pouvoir d'éviter à ces troupes, sur la diminution si rapide de leur effectif réel, et particulièrement de leurs moyens de transport tellement réduits, qu'elles ont beaucoup de peine à faire arriver, dans leurs camps, même leurs approvisionnements de bouche ; cette armée ne pouvait donc, ajoutait-il, même avec le concours que nous sommes si heureux de lui prêter, armer et munir ses batteries, comme elles devraient l'être pour agir efficacement de concert avec nos troupes.

Et pourtant son concours était indispensable pour réaliser le plan d'opérations tel qu'il avait été combiné, lorsque, frappé de l'impossibilité de tenter une attaque à distance sur la brèche que l'on avait cru pouvoir ouvrir avec les cinq batteries primitives, on avait résolu de diriger tous les efforts sur le bastion du Mât. L'assaut donné par les Français sur la partie de la ville située en face d'eux, comme le représentent encore les rapports, ne pouvait être couronné de succès qu'à la condition d'avoir au préalable éteint le feu des énormes batteries dites de l'Arsenal et du Redan, situées en face des Anglais, à l'est du port du sud ; cette partie du port étant disposée de telle sorte, qu'en admettant la réussite de nos colonnes d'assaut et la prise de la ville proprement dite, nous n'eussions pu la conserver qu'à la condition de l'enlèvement de cette partie est.

Les représentations officieuses et officielles du général en chef français n'obtenaient de lord Raglan que des déclarations d'impossibilité, sans même d'assignation d'époque où l'on pût compter sur le concours de ses forces. Le général Canrobert crut devoir lui faire parvenir un état des travaux exécutés par l'armée française, en réclamant de lui une déclaration du degré d'avancement où étaient parvenus les ouvrages, et des moyens d'action dont son armée pouvait offrir la coopération à l'œuvre commune. La réponse de lord Raglan fut un état de situation des attaques, dressé par le lieutenant-général commandant le génie anglais; l'impuissance pour les forces britanniques, dans l'état d'épuisement où elles se trouvaient, de construire la totalité des travaux dont elles s'étaient chargées était si manifeste, qu'il en résultait la nécessité pour notre armée d'ouvrir et d'armer une partie des lignes dont l'armée britannique avait, dans le principe, assumé l'exécution. C'était là une conséquence tellement nécessaire de la diminution des forces anglaises, que la proposition en fut agréée sans discussion par le conseil de guerre auquel la soumit lord Raglan; en conséquence de sa décision, l'extrême droite de leurs attaques, c'est-à-dire la partie qui couronnait le plateau d'Inkermann, fut remise à une des divisions du corps d'observation commandé par le général Bosquet.

Le colonel de Cissey et le commandant Vico, détachés par le général en chef auprès de lord Raglan, furent chargés de régler avec les officiers de l'état-major anglais le relèvement par les Français des postes que devaient nous céder les troupes britanniques. Par suite de cet abandon, l'armée anglaise conserva seulement la position centrale des attaques dont les divisions françaises occupaient les deux ailes. Cette position d'Inkermann, dont la bataille du 5 novembre avait démontré l'importance, allait en recevoir une capitale de la nouvelle direction qui allait être imprimée au mouvement agressif du siége.

L'aide-de-camp de l'Empereur, le général du génie Niel, arrivé devant Sébastopol dans le courant de janvier, s'était occupé aussitôt de l'exécution de sa mission; après avoir pris connaissance de l'ensemble du terrain, des fortifications de la ville et du système des attaques, il étudia avec un soin minutieux chaque partie de ces lignes immenses, entre lesquelles s'était engagé et allait grandir avec de formidables développements le plus foudroyant duel d'artillerie qui eût jamais éclaté entre deux armées.

Son opinion fut dès le principe contraire au système d'attaque adopté; se rendît-on maître du bastion du Mât et du bastion Central, entreprise pleine de difficultés et de dangers, que l'on n'eût encore fait, selon lui, qu'une conquête aussi stérile que sanglante. L'entrée de la ville présentait une nouvelle succession d'obstacles et de périls; il faudrait encore enlever ses rues barricadées et défendues par les nombreuses batteries dressées sur le mamelon Central; s'emparât-on de la place, il y voyait l'armée écrasée par les boulets et les obus du fort du Nord, ainsi que des citadelles inférieures, et par les fortifications couronnant l'est du port.

Le général en chef ne s'attachait pas à défendre le plan qu'on avait adopté, et se montrait disposé à admettre tout autre système d'attaque qui lui serait démontré plus rationnel ; le point principal pour lui était de continuer le siége. « Mon plan général, disait-il, est la prise de Sébastopol, ce n'est point un plan de combinaison, c'est un plan de nécessité. Quand on a accumulé devant une place un matériel immense, qu'on manque de moyens de transport et que l'état du sol se refuse d'ailleurs complétement à tout mouvement de quelque durée ; que la vie d'une armée est étroitement liée à la présence de ses vaisseaux par les questions de subsistance ; quand cette armée opère en plein hiver ; quand ses alliés enfin, dont elle ne peut, dont elle ne doit pas se séparer, sont hors d'état de rien entreprendre ; la force des choses la cloue à l'objectif devant lequel elle est suivie par cet ensemble de difficultés ; cet objectif, c'est pour nous la place de Sébastopol ; il faut l'emporter, puisque les circonstances actuelles mettent nos forces dans l'impossibilité d'attaquer l'armée de secours sans abandonner nos vaisseaux, nos ports, nos moyens d'existence. »

C'était complétement la pensée du général Niel ; seulement plus son travail d'inspection et d'étude avançait, plus fermement il s'immobilisait dans son opinion première. Ses conclusions furent nettes et précises : ce qu'on avait entrepris, il le condamnait. Le système qui eût dû être adopté eût été celui d'attendre des renforts qui permissent d'investir complétement Sébastopol. C'était déjà une entreprise d'une difficulté inouïe que celle du siège d'une place qui ressemblait moins à une ville qu'à un vaste camp retranché, surtout quand d'inépuisables approvisionnements d'artillerie et de munitions, accumulés depuis plus de soixante ans, se trouvaient réunis à 15,000 canonniers provenant du désarmement d'une escadre, sans que ces redoutables conditions fussent encore aggravées par le renouvellement continuel de la garnison défendant la place, et par la possibilité de rencontrer, le jour de l'assaut, l'élite de l'armée de secours derrière ses murailles. Mais le système d'un investissement partiel ayant prévalu, quel était le mode d'attaque qui devait être adopté ? Ce point n'était pas pour lui l'objet d'un doute. C'était contre la tour Malakoff que devait être dirigé le suprême effort ; la tour Malakoff était la clef de Sébastopol. Maître de cette position, on l'était de la ville. C'était donc vers la tour Malakoff qu'il fallait sans retard porter les travaux.

Sans nul doute il importait de ne pas négliger les autres attaques qui contraignaient l'ennemi à diviser ses forces, et auxquelles d'ailleurs un vigoureux effort dirigé contre ce principal objectif du siége, en absorbant ses ressources défensives, communiquait une puissance dont elles étaient dépourvues auparavant ; mais c'était dans cette tour, qui dominait le port et la ville, que Sébastopol devait être frappée au cœur.

Cette opinion plaçait le siége dans une phase toute nouvelle. Quelque sérieux que fussent les motifs dont son auteur l'appuyait, elle entraînait des suites trop graves pour que le général Canrobert en assumât la responsabilité sans s'être préalablement éclairé des avis et des débats d'un conseil de guerre. Ce conseil fut convoqué pour le 1er février. Avant d'entreprendre le récit de la nouvelle période de travaux et de combats que sa décision va ouvrir pour les armées alliées, il est important de retracer les épisodes guerriers dont les nuits de janvier enveloppèrent les faits glorieux dans leur ombre glaciale.

En 1854 comme en 1812, les Russes avaient vu l'hiver s'avancer comme un allié. L'hiver de Crimée devait être, selon eux, pour nos divisions d'Orient ce qu'avait été pour la grande armée l'hiver de Moscovie. Cette presqu'île inhospitalière, entourée d'un demi-cercle de montagnes couvertes de neiges éternelles et ouverte aux vents glacés du nord, devait ensevelir nos troupes sous un linceul de frimas. Leurs prêtres le leur annonçaient comme le blanc archange protecteur de la sainte Russie, comme l'envoyé de Dieu. « Levez-vous, vaillants défenseurs de la foi orthodoxe, leur disaient-ils, marchez, entourés de l'obscurité protectrice des longues nuits glaciales ; précipitez-vous sur ces mécréants, le ciel vous les livre tremblants au fond de leurs tranchées, les corps exténués par la faim, les mains enchaînées par le froid. »

Ces excitations étaient inspirées par le système d'attaques incessantes contre nos lignes, adopté par le général commandant Sébastopol dans l'espoir de trouver, par ces temps rigoureux, notre surveillance en défaut, et d'en profiter pour détruire nos travaux et enclouer nos pièces.

Ces attaques avaient été prévues, et le service des tranchées avait été organisé avec une habile prévoyance, contre laquelle devaient se briser tous les efforts de l'ennemi. Ce service était composé de deux catégories : les travailleurs et les combattants. Les travailleurs, dont le nombre variait selon l'urgence des besoins, de trois à quatre mille, étaient employés à réparer les dommages causés aux parapets par le feu des batteries de la place, à ouvrir des boyaux de communication sur les points où l'on en avait reconnu la nécessité ou même la commodité, enfin à créer l'emplacement et le coffre de batteries nouvelles. Les combattants chargés de la garde des lignes et de la protection des travailleurs se composaient de huit bataillons, dont un de chasseurs à pied et d'un détachement de francs-tireurs, fort de cent cinquante carabines.

Le bataillon de chasseurs était jeté en tirailleurs sur tout le développement de la parrallèle la plus voisine de la place, et devait entretenir un feu de mousqueterie. Le détachement d'élite était généralement réparti sur les points les plus favorables au tir de précision. Le plus souvent ses hommes étaient abandonnés à l'inspiration de leur adresse et de leur courage ; on les voyait alors, poussant leurs carabines devant eux, se glisser, le ventre à terre, dans les plus faibles plis d'un terrain écorché par les boulets, et gagner la protection d'un tertre, d'une roche, un abri quelconque, derrière lequel ils se plaçaient à l'affût ; malheur alors à l'officier ou à l'artilleur qui présentait sa tête dans une embrasure ou un créneau voisins, l'imprudent échappait rarement aux balles cylindriques qui sifflaient aussitôt dans le créneau ou dans l'embrasure.

La nuit ce détachement était remplacé par deux compagnies de volontaires, qui, ainsi que nous l'avons dit en rapportant leur organisation, accomplissaient un audacieux service d'éclaireurs en avant des lignes, sur lesquelles ils se repliaient vivement dès qu'ils avaient découvert la marche d'une colonne ennemie. Des signaux avaient été convenus pour faire connaître à la ligne entière l'importance et le lieu de l'attaque : ces signaux consistaient en sonneries et en fusées : des étoiles indiquaient la gauche, des marrons le centre, des serpenteaux la droite. En cas d'alerte seulement, les cornets sonnaient le *garde-à-vous !* et on lançait deux fusées ; une attaque réelle était indiquée par la fanfare du rappel et par le feu de trois fusées. Quand l'irruption de l'ennemi présentait de l'importance et du danger, elle était signalée par l'*assemblée* et par le tir de quatre artifices.

Ces forces pouvaient être appuyées au besoin par un bataillon de piquet au lieu dit le Clocheton, à cause du petit ornement architectoral qui surmontait une habitation où s'était établi le major de tranchée, et par un second bataillon placé en réserve à la gauche de ce point, en arrière des premières et seconde batteries. Un clairon de garde était chargé de répéter immédiatement les sonneries de signal qui retentissaient sur la ligne et d'indiquer par la nature des feux le point sur lequel existait le danger. Le bataillon de piquet s'élançait aussitôt au pas de course sur la partie des lignes assaillie, tandis que d'autres forces s'organisaient pour intervenir dans le cas où l'attaque viendrait à présenter un caractère grave.

Tel était l'ensemble des mesures générales qui avaient été adoptées pour résister aux sorties nocturnes de la garnison, dont on avait prévu que durant les nuits longues, obscures et rigoureuses de l'hiver nos lignes obsidionales auraient à subir les fréquentes irruptions.

La première de ces attaques eut lieu dans la nuit du 7 janvier ; elle fut opérée par une colonne forte de quatre cents hommes d'élite, dont cent cinquante, restèrent en réserve, pendant qu'un pareil nombre s'élançait avec impétuosité contre les parallèles en avant de la batterie n° 19. Trois compagnies du premier bataillon du 46e, sous les ordres du commandant Julien, étaient de garde sur ce point. L'ennemi, reçu par une vive fusillade, s'arrête sur les parapets, hésitant à pénétrer dans nos lignes, où s'élancent seuls ses plus intrépides soldats ! Un combat corps à corps s'engage dans la tranchée ; tous ceux qui en ont franchi le gabionnage sont tués ou blessés.

Une compagnie de voltigeurs du même bataillon, placée en réserve, accourt au bruit du combat. Un jeune officier breton, le sous-lieutenant Kerdudo, âgé de vingt-un ans, la conduit ; il s'élance par-dessus le parapet, et, entraînant ses hommes par son ardent appel et son audacieux exemple, fond l'épée à la main sur le flanc de la colonne assaillante, qui aussitôt se replie sur la réserve. Au signal de la retraite, plusieurs batteries russes ouvrent un feu de mitraille sur le terrain qu'elles pensent envahi par nos troupes ; mais celles-ci se retirent sur nos ouvrages et rentrent dans la tranchée avec leur jeune officier, qu'y accueillent les félicitations de ses camarades et les acclamations de leurs soldats.

Le rapport du général en chef mentionne quelques détails auxquels il est important de donner l'authenticité de sa parole :

« Dans la nuit du 7 au 8 janvier, dit-il, nos tranchées ont été assaillies par une forte colonne ennemie.

« Reçue avec la plus grande vigueur par quatre compagnies du 46e de ligne, de garde dans la tranchée, cette sortie s'est vu charger à la baïonnette jusqu'aux retranchements qui avaient été son point de départ, laissant des morts sur le terrain et des blessés entre nos mains.

« Il résulte de leurs déclarations que, depuis deux jours, leur fanatisme était surexcité par la voix de leurs prêtres, qui leur avaient annoncé que rien ne résisterait à leur élan, et que les mains des soldats français, glacées par le froid, ne leur permettraient pas de se servir de leurs armes. Le 46e régiment a donné un éclatant démenti à ces prédications fanatiques, et je l'en remercie.

« Au nom de l'Empereur, je confère la décoration de la Légion-d'Honneur au sous-lieutenant Kerdudo (Pierre-Alexandre), qui, tout jeune encore, a montré dans cette circonstance l'aplomb et l'énergie d'un vieux soldat, en entraînant ses voltigeurs.

« Je confère la médaille militaire au sergent-major Jamin (Jean-François-Joseph), au sergent-major Vrignaud (Léon-Louis), au sergent Diderot (François-Joseph), au caporal Farges (Pierre), au voltigeur Vignaud (Philippe), au fusilier Calandraud (Arnaud), au fusilier Gau (Jean), qui se sont particulièrement fait remarquer.

« Au grand quartier général.   *Le général en chef,* CANROBERT. »

Trois jours après, dans la nuit du 11 au 12, une autre colonne de 200 à 250 hommes tente de surprendre le poste établi dans la portion de parallèle couvrant les batteries 16, 17 et 18. La nuit était froide et sombre, le vent soufflait avec violence, et vers deux heures du matin il avait pris une acuité glaciale. Ce fut à ce moment même que cette colonne s'avança avec précaution sur nos lignes ; une petite escouade de nos éclaireurs l'ayant aperçue, se replie vivement et prévient le lieutenant Espanet, de garde sur ce point avec la 4e compagnie du 80e (5e léger). Cet officier recommande le plus grand sang-froid à ses hommes. Ils attendent l'ennemi à bout portant, le reçoivent par une décharge meurtrière, puis fondent sur lui à la voix de leur chef, le chargent à la baïonnette, et après une mêlée qui eut quelque temps le caractère le plus acharné, l'obligent à la retraite. La cinquième compagnie du même régiment n'arriva sur le champ de bataille que pour relever sept tués et deux blessés, que dans leur fuite précipitée n'avaient pu enlever les Russes. Le lieutenant Espanet avait reçu deux coups de baïonnette, en combattant à l'épée au milieu des ennemis.

Ce fut contre le point par lequel nos ouvrages se rattachaient aux travaux anglais que se portèrent la nuit suivante les efforts des assiégés ; le but de leur sortie était l'enlèvement du poste qui gardait le ravin. Un corps, formé d'hommes résolus, avait été chargé de cette expédition ; le sous-lieutenant

La Jallet, à la tête de quarante hommes du deuxième bataillon du 95ᵉ, reçoit sans s'ébranler le choc de cette colonne qui tente de l'effrayer par ses cris frénétiques; c'est bientôt une de ces mêlées où le courage prend le caractère de la fureur. On se perce à coups de baïonnette, on s'assomme à coups de crosse, on se frappe avec rage, c'est un pugilat, c'est une lutte dans laquelle plusieurs des combattants tombent et roulent pêle-mêle jusqu'au fond du ravin où ils se relèvent meurtris pour continuer le combat. L'arrivée de secours force l'ennemi, dont l'énorme supériorité numérique n'a pu triompher de cette vigoureuse résistance, à se retirer précipitamment dans les fortifications d'où il est sorti.

Au moment où la droite de nos attaques se signalait par cet exploit, nos éclaireurs, par un coup de main audacieux, détruisaient les embuscades que l'ennemi avait établies sur la gauche de notre parallèle la plus avancée.

« J'ai encore, dit le général en chef dans son ordre du jour, à porter à la connaissance de l'armée de nouveaux traits de valeur. Je loue et remercie tous les braves qui viennent de prouver que l'énergie et le dévouement des troupes du corps de siège grandissent avec les difficultés que leur oppose la situation. » La croix de la Légion-d'Honneur fut la récompense de la valeureuse intrépidité déployée dans ces deux engagements par le lieutenant Espanet et le sous-lieutenant La Jallet.

Le combat sanglant de la nuit du 14 au 15 janvier, qui signala de nouveau le 74ᵉ à l'admiration de l'armée, emprunte au nombre des troupes qui y furent engagées et à la vigueur qu'y déploya l'ennemi un caractère plus important. La nuit tombait en tourbillons épais sous un ciel sombre où soufflait avec force une brise glaciale. Le sourd mugissement de l'artillerie se mêlait seul au sifflement des rafales; c'était une de ces nuits telles que les choisissaient les Russes pour opérer leurs tentatives les plus audacieuses; aussi vers une heure du matin trois corps de volontaires quittaient-ils simultanément trois points différents des fortifications de Sébastopol. Deux s'enfonçant avec précaution dans les ravins sur lesquels s'appuyaient à droite et à gauche les extrémités de la deuxième parallèle, se glissaient lentement vers nos lignes, pendant que le troisième marchant à pas silencieux, ses hommes courbés sur le sol, s'avançait de front en colonne serrée, prêt à s'élancer au secours de celle des deux troupes qui pourrait avoir besoin de son concours.

L'ennemi est encore cette fois aperçu; nos éclaireurs, rampant sur les approches de nos ouvrages, se rejettent aussitôt en arrière et gagnent nos tranchées en poussant le cri d'alerte : « Aux armes! aux armes! » Mais les Russes se voyant découverts, se précipitent sur les traces de ces sentinelles perdues, et arrivent presque aussi vite qu'elles sur nos parapets. C'est la colonne de droite qui exécute cette attaque impétueuse pendant que celle de gauche se contente d'inquiéter la garde du point qu'elle menace, et que le corps central se tient en réserve en avant du bastion du Mât.

La première compagnie du 74ᵉ de ligne défendait le point attaqué : elle veillait les fusils armés et le doigt sur la détente ; la colonne assaillante s'est divisée en deux troupes; pendant que l'une franchit les parapets de la tranchée, l'autre tente d'y pénétrer par un étroit boyau; elles sont reçues sur ces deux points par une décharge tirée presqu'à bout portant. Le capitaine Boulon, qui couvre la tête du boyau de communication avec un détachement de sa compagnie, reçoit le choc impétueux de l'ennemi sans fléchir; un combat acharné s'engage aussitôt ; il tombe frappé mortellement par deux balles; ses hommes n'en combattent pas avec moins de résolution sous le feu et les baïonnettes dont ils pressent le flot d'assaillants qui s'est rué sur eux. La mort en vain les moissonne, ce qui survit combat avec la même fermeté ; le caporal Guillemain n'a plus que trois grenadiers sous ses ordres, que la pointe de leurs baïonnettes arrête encore l'irruption prête à les déborder.

L'autre détachement n'a pas rencontré une moins vive résistance dans la tranchée qu'il a envahie. Si le capitaine Castelnau succombe criblé de coups de baïonnette, il est noblement remplacé par le capitaine Regaud, qui, de la voix et de l'exemple, demande à ces braves soldats de venger leur digne chef. Là, comme sur le premier point, on oppose à la supériorité du nombre le généreux dévouement du soldat qui veut mourir à son poste.

Mais les secours arrivent. Le sous-lieutenant Brachet accourt à la tête d'une section de la deuxième compagnie, qu'il devance de vingt pas. Il se trouve tout à coup en face d'un officier russe : tous deux sont armés de leur sabre; les fers se croisent, le sous-lieutenant français, atteint d'un coup de pointe au bras droit, n'en continue le combat qu'avec plus d'ardeur; avant que ses hommes ne l'aient rejoint, son adversaire tombe à ses pieds frappé d'un coup droit en pleine poitrine. Il reprend sa course et vient se jeter avec ses hommes au milieu des combattants.

Le commandant Romijean se présente presque au même instant avec son bataillon et s'élance également au sein de la mêlée, stimulant le courage de ses soldats par l'exemple de sa valeur, lorsqu'il est percé d'un coup de baïonnette dans la région du cœur. De nouveaux renforts arrivent; l'ennemi, sentant l'impossibilité de continuer la lutte, opère sa retraite, protégé par le feu de sa réserve. Il laissait dans nos tranchées cinq morts, dont un capitaine, et dix cadavres sur le talus extérieur. Le capitaine était porteur d'un marteau et de clous pour mettre nos canons hors de service. Si cette colonne n'était point parvenue à enclouer les pièces de nos batteries, elle n'avait pas été sans nous faire éprouver des pertes douloureuses : nous eûmes, en effet, soixante deux hommes mis hors de combat, dix-neuf tués, et de ce nombre deux capitaines; trente-sept blessés, dont trois officiers; enfin onze hommes disparus.

Cette attaque présenta un autre caractère que l'impétuosité qu'y déployèrent les assaillants, ce fut la tentative qu'ils firent d'introduire parmi les armes guerrières adoptées par toutes les nations militaires européennes des instruments restés jusqu'alors aux mains des peuples demi-sauvages, et qui semblaient beaucoup plus l'arme de la ruse et de la lâcheté que celle de la loyauté et de la valeur. Ces instruments étaient des nœuds coulants, des lassos brésiliens, longue corde armée d'une boule de plomb, et, selon même un des historiens de l'expédition de Crimée, des crocs et des gaffes.

Un peloton de soldats exercés dans les guerres du Caucase à se servir de ces engins accompagnait les deux détachements qui firent irruption sur notre droite. Ces hommes, se glissant le long des parapets, saisissaient le moment où ils pouvaient jeter leurs lignes à balles, à crocs ou à nœuds sur un des combattants, sur un officier de préférence, et à peine l'avaient-ils saisi avec ce moyen imprévu, que, fuyant vers Sébastopol, ils l'enlevaient et l'entraînaient étourdi par sa chute et presque étouffé par cette espèce de *garrot*. Si l'on s'élançait à leur poursuite, on rencontrait une autre sorte de piége : deux hommes tenaient une corde fortement tendue à un pied du sol ; le soldat courant sans défiance heurtait contre ce lacet, trébuchait, roulait par terre et était fait prisonnier avant d'avoir pu se relever pour se mettre en défense. Nous croyons devoir insérer une lettre qui donne quelques détails curieux sur ce détachement, auquel on peut à juste titre donner le nom de compagnie de chasseurs. « Nous étions de tranchée, écrit un des officiers qui prirent part à ce combat. Les travaux s'avancent sur ce point si près de ceux de l'ennemi, la distance est si courte, que les Russes arrivèrent en même temps que l'avis et tombèrent sur nous avec un aplomb et un élan admirables.

« Les officiers étaient en tête. Nous les avons reçus de pied ferme, avec la même politesse, c'est-à-dire à la baïonnette. En un instant les rangs furent confondus, et une mêlée furieuse s'engagea. Mais à pareille lutte les Russes ne peuvent rivaliser avec nos hommes : ils furent culbutés malgré leurs efforts pour se maintenir sur notre ligne et pour pénétrer dans nos batteries. La mêlée se continua pendant cette retraite, qui fait honneur à leurs officiers, dont trois ont été tués au premier rang.

« Vous remarquerez peut-être que ce récit ressemble bien peu à ce que je vous disais antérieurement des sorties des Russes ; c'est qu'ils ont bien changé depuis que nous les resserrons davantage. Je n'ai rien exagéré dans ce court récit, et tenez pour certain que nous avons eu affaire à des adversaires dignes de nous.

« Du reste, nos pertes attestent la gravité de cette affaire. Comme blessés, nous avons quinze hommes, dont le commandant Romijean et deux officiers. Le commandant vit encore, et c'est miracle, car il a toute la partie supérieure du poumon traversée d'un coup de baïonnette. Les Russes ont laissé une trentaine d'hommes dans nos tranchées.

« Les forces des assaillants étaient importantes : une assez forte colonne soutenue par un corps de réserve, dont j'ai à vous entretenir d'une façon toute particulière.

« Ce corps, composé d'hommes spéciaux, très-agiles, très-adroits, n'était armé que de cordelettes assez fines, mais très-solides, garnies d'un nœud coulant. Arrivés à portée des batteries, et pendant l'affaire, ils lançaient d'une grande distance sur nos soldats ce lacet qu'ils savent manœuvrer avec beaucoup de dextérité. Les blessés eux-mêmes n'étaient pas à l'abri de cette attaque d'un nouveau genre.

« On nous a dit que ce procédé de combat était employé dans le Caucase. Fort bien ; mais comme nous ne sommes pas les populations semi-sauvages de la Caucasie, nous n'avons pu nous empêcher de flétrir ce mode barbare, indigne d'une armée européenne.

« Tout dans cette sortie a été singulier. Evidemment elle a été organisée par un homme habile et d'une grande audace. Ces lacets ; les armes particulières que portaient les officiers, des épées longues, droites, à garde de poignard ; les clous et marteaux pour l'enclouage des pièces trouvées dans leurs poches ; tout révèle une attaque préparée et conduite par des hommes qui font bon marché de la vie.

« Un de ces officiers, désespéré de ne pouvoir atteindre la crête de l'épaulement, frappait de grands coups d'épée à travers le gabionnage et tâchait de blesser nos soldats. L'un de ces derniers brisa l'épée d'un coup de bêche ; puis, sautant par-dessus le parapet, se précipita sur l'officier, qui se défendit vainement avec le tronçon de son épée, et le tua.

« Nous n'avons plus eu de doute sur la valeur ou le rang du brave officier qui commandait ce coup de main, quand nous avons vu le lendemain matin un parlementaire se présenter avec une lettre du général Osten-Sacken pour le général Forey. La lettre du général russe exprimait de vifs regrets sur la mort de cet officier *très-distingué*, et priait le commandant du corps de siège de lui remettre le corps de ce malheureux.

« Le général Forey s'est empressé de se rendre à ce désir, et a profité de l'occasion pour remettre aux Russes vingt-six autres corps qui n'étaient pas encore enterrés. Cette étrange livraison s'est faite dans les bâtiments de la Quarantaine entre les mains d'un officier assez original qui parlait bien le français et qui répétait sans cesse : « Quel chien de métier on nous fait faire « là ! Est-ce que vous ne finirez pas bientôt de nous prendre ? Ça ne doit pas « vous amuser plus que nous, hein ?.... » Quel était le sens de ces questions ? Je l'ignore ; mais je vous les rapporte textuellement. »

« Les Russes, porte une autre correspondance, ne savent plus de quel bois faire flèche pour arrêter la marche de nos attaques qui les serrent plus étroitement chaque jour : ce n'est plus assez des obus de toute espèce, les voilà qui nous harponnent, qui nous enlacent, qui nous pêchent à la ligne comme des saumons ou nous prennent au collet comme des lièvres. Tous ces moyens de braconniers ont peu de succès devant nos baïonnettes. »

Ce mode de combat provoqua autre chose que des plaisanteries parmi nos postes et dans nos camps. On se demanda si cette espèce de strangulation à distance, ce braconnage militaire n'était pas une violation des lois morales que la civilisation impose, même dans la guerre, aux nations policées. Le général Canrobert se fit l'interprète de ce sentiment de noble susceptibilité dans une lettre qu'il eut occasion d'écrire au général Osten-Sacken.

« Permettez-moi, monsieur le gouverneur, lui disait-il, de vous signaler un fait dont sans nul doute vous n'êtes pas informé ; il m'est démontré que dans les combats qui ont eu lieu en avant de nos tranchées, des officiers et des soldats ont été entraînés à l'aide de cordes ou de bâtons à crochets. Nos combattants n'ont d'autres armes que le fusil, la baïonnette et l'épée, et sans vouloir affirmer que ces moyens soient contraires aux règles de la guerre, il m'est peut-être permis de dire, en me servant d'une vieille expression française, que ce ne sont point là des armes courtoises.

« Il vous appartient d'apprécier. »

Le général Osten-Sacken recula devant la justification directe de ces nouveaux instruments de guerre dont il avait approuvé et organisé l'emploi ; il préféra prendre la question sous le côté spécieux où elle présentait un aspect de modération.

« Il est recommandé à nos soldats, écrivait-il dans la réponse qu'il adressa au général en chef des troupes françaises, de préférer l'action de faire prisonnier à celle de tuer inutilement. » Puis il ajoutait : « Quant aux instruments dont vous faites mention, il est très-possible que les travailleurs qui, d'ordinaire accompagnent les sorties, aient usé de leurs outils pour se défendre.

« Du reste les lettres que j'ai fait parvenir à l'état-major de l'armée française, de la part de vos officiers faits prisonniers, doivent vous éclairer suffisamment sur la manière dont ils sont traités dans leur captivité. Il vous appartient donc aussi d'apprécier. »

Il ne fut plus fait usage de nœuds coulants, de gaffes ni de *lassos*.

Le général gouverneur, comme la plupart des officiers russes, montraient dans tous leurs rapports avec nos troupes, dès qu'ils n'étaient point placés devant elles les armes à la main, cette politesse de relations que l'on devait attendre d'hommes d'une éducation et d'un caractère élevés. Ainsi voyait-on fréquemment les officiers, dans les communications parlementaires, porter les échanges de politesse jusqu'à s'offrir réciproquement des cigares. Un incident curieux donna une preuve nouvelle de ces bons rapports. Un jour une troupe d'outardes passait entre nos tranchées et les fortifications de la ville. Plusieurs coups de feu partent à la fois de nos lignes et de celles de la place ; quatre outardes tombent entre nos ouvrages et les défenses de Sébastopol. Personne ne semble disposé à jouer sa vie contre ces pièces de gibier, lorsqu'un capitaine russe tire de sa poche son mouchoir, l'agite comme un pavillon parlementaire, s'avance vers les outardes, en prend deux qu'il vient offrir aux Français, puis retourne ramasser les deux autres et les emporte dans la place aux applaudissements des deux armées.

Cependant les attaques nocturnes continuaient toujours. Pendant la nuit du 19 au 20 nos tranchées furent l'objet de deux de ces sorties. La première se porta contre la partie de nos lignes de circonvallation qui descend vers la baie de la Quarantaine. Elle était opérée par une colonne d'environ trois cents combattants. Là veillaient quatre compagnies du 2ᵉ bataillon du 2ᵉ régiment de la légion étrangère sous le commandement du chef de bataillon l'Hériller. Cet officier averti par nos éclaireurs de l'approche de l'ennemi, place ses hommes sur les banquettes des parapets et attend l'attaque. L'impétuosité des Russes vient expirer sous le feu et sur les baïonnettes de nos soldats. Le commandant s'élançant même hors des lignes avec la première et la cinquième compagnie, s'efforce d'envelopper les Russes, mais ceux-ci, emportant leurs blessés et la plupart de leurs morts, se replient aussitôt sur de fortes réserves qui les attendent dans la direction du bastion de la Quarantaine ; sept cadavres restèrent cependant sur le terrain. La seconde attaque dirigée contre notre droite, sur le point de nos travaux auquel sa forme a fait donner le nom du T, fut reçue et repoussée avec la même vigueur. Le capitaine Thomas, qui commande à ce poste le 2ᵉ bataillon du 46ᵉ, franchit le gabionnage, aborde l'ennemi à la baïonnette, et le rejette jusque dans ses embuscades. Les Russes laissèrent encore là huit cadavres près de nos lignes. Ceux qui succombèrent plus loin furent enlevés avant le jour. Ces deux engagements nous coûtèrent sept hommes tués et trente-deux blessés ; nous perdîmes également onze hommes faits prisonniers. Le sous-lieutenant Des Ecots, s'étant laissé emporter par trop d'ardeur à la poursuite de l'ennemi, fut enveloppé par un retour offensif et fait prisonnier avec dix grenadiers qui s'étaient élancés sur ses traces. Le combat de la nuit du 31 janvier eut un caractère encore plus meurtrier. Le génie poursuivait ses travaux, quoique la terre fût détrempée par la fonte des neiges et par une boue profonde qui ne cessaient d'inonder nos tranchées. Ce fut contre un cheminement nouvellement ouvert à l'extrémité de notre troisième parallèle que les assiégés dirigèrent leurs efforts. Un corps de quinze cents hommes sortit des fortifications de la place vers minuit sous les ordres du lieutenant de vaisseau Biruleff qui avait déjà commandé plusieurs sorties. Mille hommes se placèrent en réserve et le reste de la troupe se porta en avant. Une vive fusillade se fit tout à coup entendre au front de nos lignes. La colonne russe venait de se heurter contre un détachement de nos éclaireurs logé dans une embuscade abandonnée quelques jours auparavant par les tirailleurs ennemis.

Les Russes se voyant découverts, poussent des hourras auxquels se mêlent ceux de leurs réserves et s'élancent impétueusement sur nos lignes où ils arrivent mêlés à nos éclaireurs. Les compagnies de garde ont déjà pris position, pendant que le capitaine du génie Fourcade rallie les travailleurs et les conduit lui-même au combat. Les Russes, tous soldats d'élite, ont assailli nos tranchées avec tant d'élan que beaucoup en ont franchi les parapets et engagent un combat corps à corps avec nos soldats ; ceux qui sont restés sur les épaulements se font une arme de leurs fusils déchargés pour assommer à coups de crosse tout ennemi qui se présente à portée de ces redoutables massues. Mais les artifices, jetant dans l'air leurs gerbes d'étincelles, annoncent que nos postes avancés ont à repousser un mouvement sérieux ; les éclaireurs sonnent l'assemblée, et le commandant du génie Sarlat, chef d'attaque de la nuit, a formé en colonne tout ce qu'il a pu réunir de forces et s'est porté en avant. Il est presque aussitôt suivi par plusieurs compagnies du 1ᵉʳ bataillon du 42ᵉ ; d'autres secours arrivent. L'ennemi, arrêté de front et vigoureusement at-

Dragon.
Tenue de Guerre.
1856.

taqué sur ses flancs, perd l'espoir de détruire notre nouvel ouvrage et opère sa retraite sous la mitraille que lui lancent deux pièces de l'une de nos batteries.

Au moment où nos troupes rentrent dans nos tranchées, le commandant Sarlat, que le grade de chef de bataillon venait de récompenser de ses glorieux services devant Sébastopol, tombe, frappé mortellement à la tête par une balle. Cette action coûta à l'armée quatre autres officiers tués sur le champ de bataille ou morts des suites de leurs blessures. Au nombre de ces derniers fut le capitaine du génie Fourcade, sorti de l'école polytechnique en 1839 et appelé par son talent et son courage à la carrière la plus brillante. Les termes dans lesquels l'ordre du jour du général Canrobert porta ce combat à la connaissance de l'armée peuvent faire apprécier la vigueur et l'élan que nos troupes déployèrent dans cet engagement sanglant. Voici cet ordre du jour :

« J'ai encore des félicitations à adresser au corps de siège, dont plusieurs détachements ont montré la plus remarquable énergie en repoussant et rejetant dans la place une colonne russe considérable, qui est venue attaquer, dans la nuit du 31 janvier au 1er février, la droite de nos travaux.

« Le principal effort de l'ennemi a été soutenu par la compagnie d'éclaireurs volontaires d'élite du 7e de ligne (voltigeurs du 1er bataillon), les 2e et 3e compagnies du 1er bataillon du 42e, les détachements de travailleurs des 21e, 39e, 74e de ligne, 9e bataillon de chasseurs à pied, et par un détachement du génie (4e compagnie, 2e bataillon, 3e régiment).

« Deux charges à la baïonnette ont été faites successivement par le 42e, que je félicite tout particulièrement de la vigueur qu'il a déployée dans l'action, et que se plaisent à signaler le colonel Sencier, commandant les attaques de droite, et le général de Failly, de tranchée. Au milieu d'eux se faisaient distinguer le chef de bataillon du génie Sarlat, intrépide soldat autant qu'ingénieur distingué, dont nous avons à déplorer la perte, et auquel je donnerai de légitimes regrets ; le capitaine du génie Fourcade, grièvement blessé ; le capitaine du 42e, Rémy, mort de ses blessures ; le lieutenant Wagner, du même régiment ; le capitaine Rousseau, de la 2e compagnie d'éclaireurs volontaires d'élite ; le lieutenant Wuillemot, de la même compagnie. »

La journée du 31 avait été marquée par un épisode qui annonçait le nouveau genre de combats que le rapprochement des lignes d'attaque et de défense allait susciter entre les assiégeants et les assiégés. Le génie, faisant creuser un puits destiné à absorber les eaux des tranchées, avait découvert entre deux gisements de roche une couche argileuse. Il s'en était aussitôt servi pour pousser nos cheminements vers la place avec moins de danger. Son intention était de pratiquer une galerie dans ce lit de terre glaiseuse jusqu'au point où il voulait placer une batterie de brèche et d'y établir une mine pour faire sauter le terrain supérieur, dont il ne resterait plus qu'à régulariser l'excavation. Mais l'ennemi ayant deviné notre projet, avait pratiqué de son côté une contre-mine. Arrivé dans le voisinage de nos travailleurs, il créa et chargea un fourneau auquel il mit le feu ; ce camouflet réussit. Des mineurs employés de notre côté à ce travail souterrain, un seul put être sauvé; les autres périrent asphyxiés par la fumée ou écrasés par l'éboulement.

Tels étaient les engagements et les combats qui venaient compléter la vie de dangers et de souffrance qu'avaient déchaînée sur les armées occidentales la rigueur de l'hiver et les fatigues du siége. Nos militaires les supportaient avec cette humeur joviale, cette gaieté qui est le trait le plus distinctif de l'esprit français, comme aussi avec cette énergie qui est le fond du caractère du soldat. La lettre suivante, écrite par un officier du corps du général Bosquet, traduit cette disposition morale d'une manière saisissante :

« Au moment de notre arrivée en Crimée, la partie que nous occupons actuellement était comme un charmant Eden ; des paysages accidentés où jouaient la verdure et la lumière; peu de champs cultivés, mais à chaque pas de gracieuses maisons enfouies comme des nids d'oiseau dans d'épais fourrés où tout était ombre et mystère; des eaux vives qui gazouillaient gaiement entre leurs vertes rives, et, pour réunir tous ces détails entre eux, d'immenses vignes avec leurs gros raisins et semées d'arbres chargés de fruits! Hélas! la guerre a bien changé ce paradis! Aujourd'hui les maisons sont rasées, les arbres abattus, les vignes arrachées; la verdure est partie avec les beaux jours; les ruisseaux, piétinés par les chevaux, coulent sans transparence entre des bords dévastés, et les collines verdoyantes sont devenues de laids rochers pelés. Bref, nous sommes dans un désert recouvert seulement de deux ou trois pieds de macadam! *Sic transit...* Et ne croyez pas que j'aie rien exagéré pour le plaisir d'un contraste ; tout était aussi gracieux que je vous le peins, et tout est devenu aussi laid. La dure nécessité présidait à cette destruction.

« Nous vivons dans un immense triangle ayant pour base une route que nous avons faite et qui ira de Kamiesch à Balaclava en passant par les deux grands quartiers généraux; il a pour sommet Sébastopol et Inkermann. L'armée de siége est campée sur plusieurs lignes parallèles à la route, l'armée d'occupation s'étend sur le côté qui va de Balaclava à Inkermann. Le troisième côté, c'est la mer.

« A deux kilomètres environ avant d'arriver à Sébastopol, les camps cessent. Le plus avancé est celui des volontaires ; il se trouve entre le clocheton du quartier général de la tranchée et l'ambulance de la tranchée, au penchant d'un petit ravin qui termine une plaine assez étendue sur laquelle commencent nos attaques.

« Pour visiter nos travaux, il y a des périls. Le feu de la place est dirigé constamment sur nos batteries, et, quand on y passe, il faut avoir l'œil vif. Mais avec de l'adresse on s'en tire ; le danger le plus sérieux est de s'égarer. Les boyaux, les tranchées, les places d'armes, tout cela s'enchevêtre singulièrement. Jetez un écheveau de fil très-embrouillé sur une feuille de papier, et vous en aurez une idée très-exacte.

« Le matin, au petit jour, qu'il vente ou qu'il neige, la diane éveille les soldats aux sons de la musique militaire. Les artistes transis massacrent les tentements les plus joyeux airs d'opéra, et, en attendant l'appel du matin, tous vont prendre le café réglementaire, café que connaissait sans doute madame de Sévigné quand elle annonçait sa décadence prochaine. Au reste, même pour celui-là, elle s'est trompée, car les hommes le tiennent en fort grande estime. Après cet appel commencent les corvées du matin aussi nombreuses que variées, et les bataillons de garde de tranchée mangent la soupe et partent pour leurs postes. Vers dix heures, tout le monde est de nouveau réuni au camp : c'est l'heure de la soupe, une pâtée de riz graissée avec un morceau de lard. Parfois on y ajoute d'autres légumes ou des oignons. Puis vient le second appel en armes, où les officiers passent un semblant de revue à des effets qui ont subi un semblant de nettoyage. Sauf les armes, qui sont soignées religieusement et avec amour, la tenue, vous le concevez, n'est pas brillante. Ensuite recommencent les corvées comme le matin. A quatre heures nouvel appel et nouvelle soupe identique à la première. Enfin, après cette soupe, les hommes sont libres s'ils ne sont ni de garde ni de travail, c'est-à-dire à peu près un jour sur deux. Ils prennent alors un second café et se couchent en attendant l'appel de sept heures du soir, après lequel ils s'endorment de ce sommeil du laboureur vanté par les poètes.

« La vie des officiers, tout en côtoyant de très-près celle des soldats sous leurs ordres, se rapproche pourtant assez de la vie commune; la toilette seulement est inverse de celle de France ; comme on se couche à peu près habillé, au réveil on se déshabille. Presque personne ne se rase, et les barbes en pleine floraison changent singulièrement les physionomies. Dois-je vous dire que je conserve les antiques usages? Trois fois par semaine je me fais raser avec tous les soins et les raffinements que je mettais au beau temps des brillantes soirées d'Orléans. On me raille bien un peu, on me demande pour qui ces frais, hélas !... mais je laisse dire, je trouve que c'est une heure de civilisation de plus.

« Notre table n'est pas très-recherchée, le fond en est aussi le riz et le lard ; on y ajoute un peu de variété par des légumes, et à la moindre occasion par des conserves anglaises aussi bonnes que chères ; elles sont très-bonnes. Le luxe n'est pas dans le service, le fer battu brille sur toutes les tables. Le général en chef y substitue la vaisselle plate et dans la première division quelques débris de la porcelaine Woronzoff trouvés à Belbeck. Le seul luxe est dans les vins très-variés, et possédant les deux qualités des conserves : *Bon et cher*.

« Dans l'après-midi, quand on est libre, on se visite dans le camp ou d'un camp à l'autre, surtout au siége, où les régiments sont très-rapprochés. On colporte les nouvelles du jour, les aventures de la nuit, les anecdotes plaisantes ou sérieuses, tous les petits cancans qui naissent ici comme partout, ou bien on monte quelques heures à cheval, ou encore, comme je fais en ce moment, on écrit. (Il fait cependant bien beau par hasard.) L'heure du dîner arrive tout doucement, et la journée s'achève en petites réunions, où la partie de whist alterne avec les discussions les plus transcendantes sur la guerre ou la conduite de l'Allemagne. Dieu me pardonne, c'est une vie charmante, et je ne me croyais pas si heureux!

« Faut-il vous donner le revers de la médaille, vous décrire le départ pour la tranchée par une nuit noire comme de l'encre, le voyage dans les boyaux, où l'on s'enfonce jusqu'aux genoux dans une boue pétrie par un million de pieds par jour, l'arrivée aux embuscades, et l'installation à découvert, au hasard des coups de fusil russes qui piquent la nuit d'étoiles, ou du ronflement des éclats de bombes lancées par série, une seule étant d'un effet nul, et pour brocher sur le tout, la pluie et la neige alternant comme les vers des idylles? Bah! ce sombre tableau a été essayé assez souvent, je préfère m'en tenir au premier. »

CHAPITRE XI.

DEUXIÈME BOMBARDEMENT DE SÉBASTOPOL.

1855.

Nouvelle phase du siège. — Nouvelle composition de l'armée. — Premier corps, général Pélissier. — Deuxième corps, général Bosquet. — Armée britannique. — Forces russes en Crimée. — Tour Malakoff. — Attaques de droite des Français. — Mouvements de l'armée russe. — Corps de la Tchernaïa. — Projet du général Canrobert. — Tentative du général Bosquet. — Marche de nuit. — Ouragan de neige. — Retour au camp. — La redoute Selengheust. — Combat de la nuit du 23 février. — Spectacle saisissant. — Retraite de nos troupes. — Héroïsme des zouaves. — Hommages rendus par l'ennemi à leur valeur. — Armistice. — Travaux des Russes sur notre droite. — Lenteurs des travaux anglais. — Plaintes du général Canrobert. — Attaques et prises d'embuscades. — Vigoureuse sortie du 22 mars. — Colonnes lancées par le général Kroulelf contre la tête de nos approches orientales. — Glorieux combat du 2ᵉ bataillon du 5ᵉ zouaves. — Envahissement des lignes anglaises. — Charge brillante du 4ᵉ bataillon de chasseurs à pied. — Retraite des Russes. — Suspension d'armes. — Les deux groupes d'officiers parlementaires. — Rapports courtois. — Le capitaine Letors de Crécy. — Sa mort. — Sa croix d'honneur. — Développement du 2ᵉ corps. — Deuxième bombardement de Sébastopol. — Journée du 9 avril. — Orage de la terre et orage du ciel. — Supériorité de notre feu sur celui de l'ennemi. — Les embuscades russes. — Combats de nuit. — Double attaque de la nuit du 15 avril. — Mort du général du génie Bizot. — Hommages rendus par le général Canrobert à sa mémoire. — Quatrième parallèle. — Tranchée française en avant du bastion du Mât. — Fourneaux de mine. — Explosions. — Travaux du génie. — Attaque de l'ennemi après une immobilité de trois jours. — Continuation du bombardement. — Activité des Russes. — Opposition du général Canrobert aux vœux de l'armée demandant l'assaut. — Ses Motifs. — Son espoir en ouvrant le feu contre Sébastopol. — Reconnaissance faite par Omer-Pacha dans la vallée de la Tchernaïa. — Suspension du bombardement. — Approches. — Dangers. — Conseil de guerre. — Le général Canrobert se rallie au projet de donner l'assaut. — Nouvel ajournement. — Redoute russe enlevée dans la nuit du 1ᵉʳ mai. — Démission du général Canrobert. — Le général Pélissier nommé au commandement en chef de l'armée d'Orient. — Diplomatie.

Le mois de février vit le siège de Sébastopol entrer dans une phase nouvelle. La tour Malakoff devint le but principal de nos attaques. Les Russes devinèrent aussitôt nos intentions et comprirent toute la gravité du péril qui les menaçait ; aussi déployèrent-ils immédiatement l'activité la plus grande sur ce point ; si ce fut contre les ouvrages qui entouraient déjà cette tour maximilienne que se portèrent les efforts d'un des corps de l'armée obsidionale, ce fut dans leur enceinte et sur tous les points environnants que l'ennemi s'occupa d'accumuler toutes les fortifications et toutes les forces que lui offraient ses immenses ressources guerrières. C'était là que l'attaque et la défense allaient se trouver face à face plus actives et plus menaçantes, c'était là qu'allaient s'opérer leurs chocs les plus acharnés, qu'allaient se porter leurs coups les plus terribles.

Avant d'entrer dans le récit des premières passes d'armes de ce duel formidable dont les partners étaient des armées, examinons la situation respective des forces qui allaient y figurer. L'armée française, incessamment grossie par l'arrivée de forces nouvelles, présentait un effectif de 83,000 hommes, formant deux corps composés chacun de quatre divisions d'infanterie, plus, les armes spéciales.

Le premier, placé sous les ordres du général Pélissier (1), comprenait les quatre divisions chargées des attaques de droite et commandées par les généraux Forey, Levaillant, Pâté et de Salles. Son artillerie était dirigée par le général de brigade Lebœuf; le général de brigade Tripier commandait les troupes du génie. Le second corps, qui, sous le commandement du général Bosquet, devait à la fois défendre la vallée de la Tchernaïa et attaquer la tour Malakoff, c'est-à-dire la ligne de fortifications s'étendant du ravin des Docks à la baie du Carénage, comptait les divisions placées sous les ordres des généraux Bouat, Camou, Mayran et Dulac. Son artillerie était commandée par le général de brigade Beuret, son génie par le général de brigade Frossard.

Le commandement supérieur du génie des deux corps restait confié au général Bizot, et celui de l'artillerie au général Thiry. Un corps de réserve, formé de la garde impériale et de la neuvième division, aux ordres du général Brunet, était établi près du grand quartier-général, position centrale d'où il pouvait être dirigé sur tous les points menacés. L'armée britannique recevait elle-même des renforts qui commençaient à combler les vides profonds que les maladies et le fer ennemi avaient ouverts dans ses rangs. Les forces russes en Crimée s'élevaient à la même époque à 90,000 combattants, dont 30,000 formaient la garnison de Sébastopol et 60,000 les divers corps de l'armée de secours; elle pouvait être rejointe en quelques jours par un corps de 30,000 hommes campé près de l'isthme de Pérécop. Tel était l'état des forces belligérantes, au moment où le conseil de guerre réuni par le général en chef de l'armée française arrêtait l'exécution des travaux d'approche devant la tour Malakoff. Le génie reçut immédiatement l'ordre d'étudier le tracé de ces ouvrages. Dès le 7 au soir 1,200 hommes furent attachés à ces travaux. Ils consistaient d'abord dans la construction de deux batteries : l'une de huit pièces devait être établie au point de jonction de nos lignes avec celles des Anglais; l'autre, forte de quinze pièces au moins, devait occuper le versant oriental du ravin formant le prolongement de la baie du Carénage. Les feux croisés de ces deux batteries devaient couvrir les cheminements de cette nouvelle attaque. Aucun de ces préparatifs n'avait échappé à la vigilance des Russes. Leurs travailleurs

---

(1) Le général Pélissier débarqua à Kamiesch vers le milieu de février.

furent immédiatement à l'œuvre pour ajouter de nouvelles défenses aux fortifications qui sur ce point couvraient la partie la plus dangereusement vulnérable de l'enceinte de Sébastopol.

L'armée de secours commença vers la même époque à sortir de l'immobilité dans laquelle l'avaient enchaînée les premiers froids de l'hiver. Des pluies torrentielles avaient succédé dans les premiers jours de février aux neiges que le mois de janvier avait accumulées dans nos camps et sur nos travaux ; mais vers le milieu du mois, le voile humide qui enveloppait le ciel s'éclaircit, puis, se dissipant, laissa apparaître le soleil dans un ciel serein. Le général Menschikoff en profita pour opérer plusieurs mouvements. Pendant que le général Krouleff marchait contre Eupatoria à la tête d'un corps composé de trente-six bataillons d'infanterie, six régiments de cavalerie, quatre cents Cosaques et quatre-vingts pièces de canon, un gros d'ennemis formé d'une partie importante de la 17e division d'infanterie russe, s'était rapproché de la rive droite de la Tchernaïa et avait pris position près du village de Tchorgoun. Les rapports des espions, d'accord avec les déclarations des déserteurs, portaient les forces de cette colonne à cinq mille baïonnettes, deux cents sabres et six pièces de campagne. Le général Canrobert songea à la faire enlever, ou au moins à la rejeter vigoureusement dans les étroits ravins et parmi les collines boisées d'où elle était descendue dans la plaine. Il chargea le général Bosquet d'opérer cet important coup de main. Cet ardent officier forma son corps d'opération de la première division des troupes qu'il avait sous ses ordres, d'une brigade de la deuxième, de la brigade des chasseurs d'Afrique et de trois batteries d'artillerie.

Ces forces se mirent en marche dans la nuit du 19 au 20 ; peu d'instants après minuit, elles gagnèrent la plaine de Balaclava et se dirigèrent vers le pont de Traktir, afin de déboucher sur la rive droite de la Tchernaïa aux premières lueurs du jour.

La nuit était obscure, le vent du nord soufflait glacial ; au moment où la colonne descendait les pentes des plateaux de la Chersonèse, une pluie fine commença à tomber du ciel chargé d'épais nuages ; à cette pluie succédèrent bientôt de nombreux et épais flocons de neige ; le vent prenant alors plus de force, la fit tourbillonner avec la violence d'un ouragan. Le général Bosquet dut renoncer à poursuivre sa marche dans cette plaine que les neiges amoncelées dérobaient déjà sous leur couche épaisse. L'ordre de revenir fut aussitôt envoyé aux diverses troupes formant le corps expéditionnaire.

Cet ordre, qui ne leur parvint qu'avec difficulté, ne put s'exécuter sans que plusieurs bataillons, perdant leur direction dans les doubles ténèbres dont les enveloppaient la nuit et la tourmente, ne s'égarassent dans cette obscurité profonde. Cependant, aux fanfares des fréquentes sonneries que le général donna l'ordre de faire retentir comme signaux de ralliement, les corps se complétèrent. La crainte des congélations que devait inspirer le rapide abaissement de la température fit tenir ces troupes en mouvement jusqu'au lever du jour ; elles reprirent alors la route de leurs bivouacs où elles arrivèrent à six heures un quart sans avoir perdu un seul homme; mais tel était la transformation que ces neiges avaient fait subir aux camps, que chacun avait peine à reconnaître sa tente, presque ensevelie sous cette espèce d'avalanche.

Ce redoublement de l'hiver ne suspendit ni les travaux nouvellement ouverts, ni ceux que les Russes leur opposaient. Dans la nuit du 22 au 23 février, le général Menschikoff jeta, par un mouvement audacieux, sur le versant du mont Sapoune, entre la tour Malakoff et les travaux de cheminement que nous avions ouverts en face, un corps de troupes formé des régiments d'infanterie de Selengheust et de celui de Wollhynie et du 8e bataillon des Cosaques à pied de la Mer-Noire, sous les ordres du général Kronstcheff. A peine dans cette position, ce corps s'y était fortifié par des rudiments d'ouvrages dont le relief était, au jour, déjà suffisant pour protéger les troupes établies derrière; elles étaient en outre couvertes par un système de nombreuses embuscades pratiquées en avant.

Le général Canrobert, prévenu de ce brusque et grave incident, se rendit aussitôt sur les lieux. Après avoir étudié avec soin la nature et la force de ces retranchements si rapidement improvisés et que les Russes nommaient déjà redoute Selengheust, du nom du régiment qui l'avait élevée, il résolut de les faire attaquer la nuit même. « L'opération est difficile, dit-il dans sa correspondance, car de nombreux défenseurs sont abrités derrière le retranchement, et il est d'autant plus impossible de les surprendre qu'ils ont jeté à sept cents mètres environ d'eux une véritable ceinture de petits postes fortifiés. En outre les huit à neuf cents mètres que nos soldats ont à parcourir avant d'aborder l'ennemi sont littéralement labourés par les projectiles de plus de quatre-vingts bouches à feu tant des vaisseaux que des batteries de terre qui convergent sur ce lieu de tous les points d'une demi-circonférence. »

Le général Bosquet désigna pour effectuer cette attaque aussi périlleuse que difficile deux bataillons du 2e de zouaves, forts chacun de cinq cents combattants, un bataillon du 4e de marine, un bataillon du 6e de ligne et un du 10e. Le général de brigade Monet reçut le commandement direct de ces troupes placées sous les ordres supérieurs du général Mayrand, commandant la troisième division du deuxième corps.

Ces forces étaient convoquées pour onze heures du soir; à minuit elles viennent prendre dans la tranchée leurs postes de combat, les deux bataillons de zouaves à droite et à gauche de la deuxième parallèle; celui de droite commandé par le colonel Cler, et sous ses ordres par le chef de bataillon Lacretelle; celui de gauche par le chef de bataillon Darbois. Le centre est occupé par le bataillon de marine, à la tête duquel est placé le commandant Mermier, sous la direction du général Monet. Les deux bataillons du 6e et du 10e de ligne forment la réserve sous le commandement du lieutenant-colonel Dubos.

Dans ces positions, ces troupes attendent que la lune, qui s'abaisse vers l'horizon occidental, ait dérobé sa lumière pour commencer leur mouvement;

le général Bosquet vient, vers une heure du matin, s'assurer que toutes les dispositions qu'il a prescrites ont été exactement prises, et qu'aucun incident imprévu ne nécessite la modification du plan arrêté. Tout est calme, rien n'est changé dans l'aspect de la redoute ennemie. La lune, en disparaissant à l'ouest, la plonge bientôt, ainsi que les autres fortifications et le plateau, dans une nuit profonde.

L'ordre d'attaquer est donné à une heure et demie par le général Mayran. Les trois bataillons s'élancent aussitôt hors de la parallèle, se forment en colonne serrée par section, jettent en éclaireurs chacun deux compagnies et s'avancent silencieusement sur leurs traces, suivis par des détachements de soldats du génie, armés de fusils et munis de pioches. Les deux bataillons de troupes de ligne sortent eux-mêmes de la tranchée et viennent prendre une position abritée par un renflement du terrain d'où elles peuvent protéger le retour des colonnes d'attaque contre la poursuite de l'ennemi.

Cependant les trois colonnes ont disparu dans l'obscurité, et tout reste silencieux. L'espoir de surprendre les Russes par un triple choc imprévu anime tous les cœurs; la colonne de gauche, attardée par un terrain coupé de ravins et de murs en pierres sèches, est encore éloignée, mais celle de droite atteint déjà les lignes ennemies que le bataillon de marine va aborder de front, sans qu'un seul coup de fusil se soit fait encore entendre. Tout semble donc favoriser cette irruption. La vive fusillade qui éclate subitement vient dissiper l'illusion; le nombre des troupes qui garnissent les avant-postes, les dispositions défensives adoptées par l'ennemi ne peuvent permettre de douter qu'il n'ait connu d'avance notre attaque; la colonne de droite voit converger sur elle une fusillade qui l'enveloppe dans un demi-cercle de feux; la mousqueterie des embuscades que le bataillon de marine heurte de front éclate avec une intensité qui lui cause des pertes nombreuses; le général Monet est atteint d'une balle qui effleure l'index et lui brise le pouce de la main droite; un instant après, une seconde balle le blesse au bras, une troisième lui mutile la main gauche; il n'en conserve pas moins le commandement du bataillon naval, dont une partie s'est élancée, à la baïonnette, à la poursuite de l'ennemi; craignant cependant que son courage ne soit trahi par ses forces, le vaillant général envoie un de ses officiers d'ordonnance prévenir le colonel Cler qu'il lui remet le commandement général de l'attaque.

Tout alors à son ardeur de soldat : « C'est là, mes enfants, qu'il faut arriver, crie-t-il aux marins qui l'accompagnent en leur montrant la redoute de ses deux mains brisées; suivez-moi! suivez-moi! » Et il se précipite avec son intrépide bataillon sur les carrés ennemis postés en avant de la redoute, avec lesquels les compagnies d'avant-garde sont déjà aux prises.

Chacun se dispute l'honneur d'arriver le premier; le commandant Mermier des troupes de marine, le capitaine du génie Valesque, le lieutenant d'artillerie de La Fosse combattent aux premiers rangs, donnant à leurs hommes l'exemple de l'intrépidité. Les postes avancés sont enlevés au pas de course, et les trois colonnes arrivent presque simultanément sur le bord du fossé qui couvre le retranchement. Personne n'hésite, tous se jettent dans le fossé, on gravit l'escarpe, on franchit le parapet; mais là sont les bataillons russes, qui, établis en masses serrées devant la gorge de la redoute, présentent à nos colonnes une haie de baïonnettes, au-dessus de laquelle s'allume la fusillade la plus meurtrière; l'élan de nos troupes vient se briser contre cette barrière de fer et de feu.

A cet instant un signal est donné par la tour Malakoff; aussitôt l'artillerie de toutes les batteries voisines éclate contre les positions occupées par nos troupes. Les bâtiments le Wladimir, la Chersonèse et le Gromonossets y joignent leurs volées. Des pots à feu, des fusées font explosion dans le ciel qu'ils remplissent d'une lumière éclatante; les clartés qui inondent d'un jour coloré la ville et les plateaux, permettent aux forts et aux vaisseaux russes de diriger avec précision leurs coups contre nos soldats. Sébastopol semble s'associer à cette lutte par ses voix les plus retentissantes : ses cloches, ses clairons, ses tambours. Toutes ses hauteurs se sont couvertes de spectateurs, suivant avec frémissement la péripétie de ce rude combat.

C'était en effet un étrange et saisissant spectacle que cette scène nocturne apparaissant toute distincte aux sinistres clartés de ces feux de bengale et des artifices. Au milieu de toutes ces hauteurs, ces plateaux, ces crêtes, que la neige a couverts de son morne suaire, la croupe du mont Sapoune s'enveloppe de flammes et de fumée comme un volcan, et autour de ce cratère s'agite une mêlée où les grenadiers russes, les Cosaques luttent corps à corps avec nos zouaves et nos marins, tandis que les soldats du génie s'efforcent de bouleverser les ouvrages envahis.

Le général Monet, qui est lui-même entré dans la redoute, sait l'impossibilité de s'y maintenir plus longtemps sans y faire anéantir ses troupes. Il donne le signal de la retraite; les zouaves, dont les cadavres jonchent ce sol si chèrement acheté, ne le quittent que lentement et avec regret, quoique ce ne soit que sur un second signal que le colonel Cler ait donné l'ordre de l'évacuer. Ce retard peut avoir des suites terribles; il n'y a plus un seul instant à perdre, des forces nombreuses enveloppent la redoute où nos soldats pourraient bien n'avoir conquis qu'un glorieux tombeau. Les débris de nos bataillons se groupent autour de leur digne colonel et se précipitent, la baïonnette en avant, sur les masses profondes de l'ennemi, les trouent, les culbutent, et après s'être ouvert dans leurs rangs un sanglant passage, opèrent leur retraite en bon ordre et rentrent dans les tranchées où les Russes n'osent les poursuivre.

Ce combat nous causa des pertes cruelles. Le 2ᵉ de zouaves, seul, eut 19 officiers et 199 soldats mis hors de combat. « Le but que nous nous étions proposé, dit le général Canrobert dans son rapport, était atteint; nous ne pouvions songer à nous établir sur un point exposé de toutes parts à l'artillerie des Russes, mais nous leur avons montré une fois de plus notre supériorité dans l'action.

« La rentrée dans nos lignes s'est opérée sans que l'ennemi, frappé d'étonnement et d'inquiétude malgré sa grande supériorité numérique.

Nos troupes ont été admirables comme toujours, et je ne saurais leur adresser de trop grands éloges. » Ces éloges ne sauraient être suspects, car le courage de nos troupes dans cette nuit glorieuse ne les obtint pas seulement de la bouche de leurs chefs, il les reçut également de celle de leurs ennemis. « Je m'empresse de vous prévenir, disait dans une lettre adressée au général Canrobert le général Osten-Sacken, qui, par une courtoisie toute chevaleresque, n'hésitait dans aucune circonstance à rendre une entière justice aux qualités de ses ennemis, que vos braves soldats morts qui sont restés entre nos mains dans la nuit du 23 ont été inhumés avec tous les honneurs dus à leur intrépidité exemplaire. » Cet officier avait fait plus, il avait voulu que leurs camarades faits prisonniers concourussent à leur rendre ce dernier hommage. Le général Osten-Sacken ne manqua pas dans son rapport de se prévaloir de cet engagement comme d'une victoire. Il est de fait que l'avantage matériel resta aux Russes. Le général en chef français ne pouvait, en effet, n'avoir eu en vue que le résultat dont il se déclare satisfait dans son rapport ; il est trop manifeste qu'il se proposait un objet qui fût plus en rapport avec le sang précieux qui devait en être le prix. Ce que nous pouvons revendiquer de cette action, c'est la gloire ; car on l'a vu, la valeur de nos soldats y brilla avec tant d'éclat qu'elle obtint l'admiration de leurs ennemis eux-mêmes. La vue seule des cadavres qui, durant l'armistice du 27, furent relevés sur les points où la lutte avait été la plus sanglante, révélait l'indomptable courage déployé par nos soldats ; leurs corps étaient presque tous méconnaissables ; celui de l'un des officiers des zouaves avait reçu vingt-trois coups de baïonnette et deux coups de feu.

Les attaques de l'extrême droite prenaient chaque jour une importance plus capitale. « De l'observatoire du grand quartier général, dit un des écrivains qui ont tracé l'histoire de cette expédition, les officiers d'état-major de service voyaient les Russes déployer une activité incessante et porter sur la tour Malakoff tous leurs efforts réunis. Les mamelons, la veille inoffensifs, sont tout à coup gardés et armés ; les bras des travailleurs remuent partout la terre. Des travaux importants de contre-approche s'exécutent dans le bas du plateau d'Inkermann, contre le port et la baie du Carénage, car la configuration du terrain, très-propice à l'ennemi, lui permet de semer sur tous les versants de nombreuses et habiles défenses. »

Le ministre de la guerre apprécie si justement toute la gravité des changements apportés dans la direction du siége par les conseils du général Niel, qu'il donne ordre à cet officier supérieur, de retour à Constantinople après un séjour de trois semaines devant Sébastopol, de retourner en Crimée et de mettre son habileté à la disposition du général en chef. Les lignes françaises devant la tour Malakoff et les ouvrages qui l'environnent ont bientôt reçu leur développement et leur armement complet ; mais, cette fois encore, ce sont les lenteurs que subit l'exécution des tranchées anglaises qui viennent arrêter la marche de nos opérations.

La correspondance du général Canrobert est pleine de plaintes à ce sujet.

Dans une lettre du 17 mars, après avoir annoncé que nos batteries présentent, depuis le 14, le chiffre énorme d'environ cinq cents pièces prêtes à faire feu, il déclare que cet immense déploiement d'artillerie n'attend plus que les Anglais pour entrer en action, et signale les dangers de ces retards, qui permettent à l'ennemi de retrancher fortement, sous la protection d'un cercle de feu d'artillerie, le mamelon Vert, dont la prise de vive force est la grosse affaire du moment.

Celles du 20 et du 23 ne sont pas moins vives. Ses instances auprès de lord Raglan ne peuvent même obtenir l'indication de l'époque où les forces anglaises seront en état d'agir. Ce retard, mande-t-il, est d'autant plus funeste, que l'ennemi en profite pour augmenter la force de ses ouvrages et en ajouter de nouveaux avec une promptitude très-remarquable. Il signale d'autres inconvénients, d'autres dangers : ce sont des alertes de chaque nuit, des embuscades nouvelles qui tout à coup surgissent sur le versant des ravins ou sur les terrains mamelonnés, et derrière lesquelles d'habiles tireurs harcellent continuellement nos lignes les plus avancées.

Ces entreprises de l'ennemi entraînent des engagements nocturnes acharnés et sanglants. Nous ne pouvons laisser nos parallèles exposées à ce feu des tirailleurs dirigé avec l'habileté la plus meurtrière. Dès que cette fusillade inquiète sérieusement nos gardes ou nos travailleurs, on enlève, occupe ou détruit les postes couverts où elle abrite ses feux.

Le 14 mars, c'est le capitaine Champonhet qui, sous la direction du général Bisson, de service à la tranchée, enlève vigoureusement, avec sa compagnie de grenadiers, trois postes avancés de l'ennemi. Les Russes s'efforcent inutilement de les reconquérir. Une charge, exécutée par un corps de quatre cents baïonnettes, est arrêtée par cette compagnie jusqu'au moment où les tirailleurs algériens arrivent à son secours, sous les ordres du commandant Gibon. Les assaillants, abordés alors à la baïonnette, sont rejetés vigoureusement dans un ravin d'où ils étaient sortis, et le colonel du génie Frossard, qui avait déjà attaché ses travailleurs à cet ouvrage, le met en état d'être solidement occupé par nos éclaireurs.

Le 15, ce sont cinq détachements du 3ᵉ zouaves qui, conduits par le colonel de Brancion, s'emparent de cinq embuscades et les rasent presque toutes, malgré les retours offensifs opérés par l'ennemi avec la résolution la plus énergique. Le lendemain, le lieutenant-colonel du 82ᵉ, M. Vaissier, officier de la plus brillante valeur, tombe frappé mortellement d'une balle à la tête, en voulant aller avant la tombée de la nuit relever un poste de tirailleurs établi dans une des embuscades prises la nuit précédente et qui n'avait pu être détruite.

C'était nous, et nous seuls, on le voit, qui appliquions depuis quelque temps contre les Russes ce système d'attaques, et de surprises nocturnes qu'ils avaient d'abord presque exclusivement employé contre nous. Cette interruption n'était de la part des Russes qu'apparente et passagère; en ce moment même elle était destinée à préparer le succès d'une sortie à laquelle le général Osten-Sacken voulait donner une importance que n'avaient jamais eue toutes celles dirigées contre nos tranchées. Il voulait inaugurer par un succès frappant l'arrivée à Sébastopol du général Gortschakoff, appelé, dans les premiers jours de mars, à remplacer à la tête des forces militaires de Crimée le prince Menschikoff, que son état valétudinaire forçait à se démettre du commandement général.

Cette sortie fut fixée à la nuit du 22 au 23. Le général Krouleff fut chargé de la commander; il vint se joindre avec les régiments de Dniéper et d'Ouglitch, formant un effectif de 8 bataillons de 1,000 hommes chacun, à 11 bataillons de marine et à un détachement du 35e équipage qui devaient y concourir. Elle était dirigée contre un cheminement que le génie exécutait avec ardeur sur la gauche de notre attaque orientale, afin de relier à nos parallèles la ligne d'embuscade dont nous nous étions emparés et dont il voulait faire une place d'armes. Le but du général ennemi était de reconquérir ces postes avancés et de détruire les travaux d'attache destinés à en faire un point saillant de nos lignes.

Vers sept heures du soir, on aperçut deux détachements nombreux d'infanterie sortant des retranchements qui couronnaient le mamelon Vert et se dirigeant vers ce poste avancé, contre lequel ils ouvrirent un feu assez vif vers huit heures; cette attaque, commencée avant que l'obscurité pût nous dérober le petit nombre de ceux qui y prenaient part et conduite avec mollesse, était une démonstration destinée à cacher des mouvements plus sérieux. L'ennemi cherchait à nous inspirer la pensée qu'il voulait uniquement inquiéter et ralentir la tranchée que nos travailleurs poussaient avec tant de rapidité, que les difficultés du terrain ne pouvaient en arrêter le développement. Cette fusillade n'empêcha pas nos troupes de garde et quelques escouades d'éclaireurs des masses noires de descendre et de se déployer derrière un épais rideau de tirailleurs.

Vers onze heures la démonstration comminatoire se changea tout d'un coup en une offensive vigoureuse contre la tête de nos approches. Nos troupes étaient préparées à la recevoir. Le front de nos lignes était défendu par le 6e et le 82e de ligne, postés à droite; par 350 hommes du 4e bataillon de chasseurs à pied, occupant le centre, et par le 2e bataillon du 3e zouaves, gardant la gauche. Le 86e était placé en réserve dans le ravin de Karabelnaïa. Ce furent les zouaves qui reçurent le premier choc. Le chef de bataillon Banon était à leur tête. Il leur avait prescrit d'attendre son commandement pour faire feu, et ce commandement, il ne devait le donner que lorsque l'ennemi, qui s'avançait en masses compactes, serait arrivé sur les parapets. Cet ordre fut exécuté avec autant de précision que de vigueur. A sa voix, le bataillon s'était levé comme un seul homme; sa décharge avait éclaté comme un coup de tonnerre; la colonne ennemie s'était arrêtée, embarrassée par les cadavres, car ses premiers rangs étaient tombés comme une javelle de froment abattue par un coup de faux; entraînée par la voix de ses chefs, la colonne reprend son élan, mais une seconde décharge la foudroie et l'arrête encore; poussant presque aussitôt des hurlements furieux, elle se précipite sur nos lignes, et un combat acharné commence entre nos compagnies et les bataillons russes.

La colonne russe n'était pas la seule qui dût opérer dans cette attaque, deux autres étaient sorties des fortifications et s'étaient portées sur la droite et sur la gauche de notre cheminement avancé. Les zouaves, ainsi enveloppés, font face de tous côtés à l'ennemi avec une telle vigueur, que les Russes n'osent les aborder. Les morts et les blessés dont s'encombre la tranchée apprennent à ces intrépides soldats que leur position n'est pas tenable; il importe de se dégager du milieu de ce feu croisé qui les écrase. Deux fois les clairons sonnent la charge, deux fois ces braves plongent dans les régiments russes et les ouvrent et les brisent comme la masse d'acier brise des blocs de minerai; deux fois les Russes reculent devant cette lave de baïonnettes. Mais les zouaves sont à peine de retour dans leurs lignes, que les masses ennemies, refluant à la voix de leurs officiers, les enveloppent de nouveau de leur fusillade meurtrière; les clairons retentissent une troisième fois, une troisième fois le bataillon héroïque fait irruption dans cette multitude armée qu'électrise l'exemple de tant de courage. Cette fois elle ne recule pas; les zouaves s'y ouvrent une brèche sanglante, mais cette brèche se referme sur eux et les serre dans ses milliers de baïonnettes. C'est alors un combat corps à corps, où chacun lutte de vigueur, d'adresse et d'acharnement. Le commandant Banon est tombé, la poitrine percée d'une balle, en conduisant cette charge héroïque. Au bruit du combat, le capitaine Mouton accourt avec ses deux compagnies d'élite; le colonel Janin du 1er de zouaves, chef de tranchée, l'appuie avec des détachements du 6e et du 82e. Un choc impétueux de ces troupes nouvelles dégage les zouaves, qui rentrent de nouveau dans nos cheminements, où la résistance s'organise alors en reliant nos diverses troupes entre elles. Les Russes, ne conservant plus l'espoir d'enlever une position si énergiquement défendue, se développent sur notre gauche, où ils espèrent trouver un point plus vulnérable pour pénétrer dans nos tranchées; mais partout ils viennent se heurter sur une ligne de feux et de baïonnettes que nulle part ils ne peuvent franchir. Le colonel Janin, blessé de deux coups de feu à la tête, reste, malgré le sang qui l'aveugle, à diriger cette énergique défense; le général se porte avec des renforts sur tous les points les plus vigoureusement attaqués et y assure, par sa résolution et son sang-froid, le triomphe de nos soldats.

L'attaque semble un instant faiblir, l'ennemi, qui nous presse encore, semble moins nombreux; on peut croire un instant que c'est son dernier effort, dont l'objet est de masquer sa retraite; la grêle de balles qui vient prendre nos attaques à revers nous prouve bientôt l'erreur d'une telle supposition; une des colonnes ennemies a franchi le ravin de Karabelnaïa, et s'est jetée sur la droite de la parallèle anglaise. Ces ouvrages, occupés par des forces insuffisantes, ont été enlevés; les Russes les ont franchis, et débordant alors nos lignes, ils ont eu nos forces à découvert et ont commencé contre elles une fusillade meurtrière. Nous éprouvons dans ce moment des pertes nombreuses et cruelles. Nos troupes ne peuvent cependant abandonner leurs positions, attaquées par un ennemi qui tente à chaque instant de les envahir.

Le seul moyen est d'éteindre ce feu, dont on est séparé par un vallon étroit et difficile. Le 4ᵉ chasseurs reçoit l'ordre d'aller l'étouffer; il se précipite à travers le ravin, en gravit le versant et aborde l'ennemi avec tant d'impétuosité que, du choc, il le rejette au-delà des tranchées anglaises; aux fanfares des clairons qui sonnent sur le côté opposé du ravin cette charge victorieuse, nos autres troupes elles-mêmes reprennent de nouveau l'offensive; elles tombent à la baïonnette sur l'ennemi, qui, épuisé par cette longue attaque où nos balles n'ont sans cesse rencontré que des rangs serrés, se replie et tout en continuant son feu opère sa retraite.

Les tranchées anglaises avaient été également attaquées sur deux autres points par des détachements assez nombreux. Si l'ennemi y avait trouvé d'abord des forces inférieures et les avait envahies, il y avait bientôt rencontré une résistance opiniâtre devant laquelle il avait dû se résigner à une évacuation rapide.

Cette sortie, à laquelle le nombre des troupes engagées, la vigueur de l'action et la longueur de la lutte donnent le caractère d'un combat, devait rester un des glorieux épisodes de ce siège sans égal. Voici en quels termes le général en chef l'apprécie en terminant son rapport : « Cette opération de l'assiégé différait complètement de toutes celles qu'il avait tentées jusqu'à ce jour contre nos travaux. Pour la réaliser, et malgré le chiffre déjà grand de la garnison, il avait fait venir du dehors deux régiments de troupes reposées. C'était une sorte d'assaut général contre nos cheminements, et la combinaison paraissait la mieux conçue pour obtenir un résultat considérable. Aussi l'importance de cet insuccès de l'assiégé doit être mesurée sur la grandeur du but qu'il avait en vue.

« Les prisonniers que nous avons faits disent que ses pertes ont été énormes, et nous pensons en effet que ce combat désordonné, comme tous les combats de nuit, et où le feu a duré plusieurs heures, a dû lui coûter, eu égard aux masses qu'il montrait, 1,000 à 1,200 hommes au moins mis hors de combat. Le terrain en avant de nos parallèles est semé de morts, et le général Osten-Sacken vient de nous demander une suspension d'armes, qui a été accordée et fixée à demain, pour que les derniers devoirs puissent leur être rendus.

« Nos pertes à nous-mêmes, sur lesquelles le général Bosquet n'a pu me donner encore que des évaluations approximatives, sont fort considérables et ne doivent pas être au-dessous de 300 à 320 hommes tués ou blessés. » Ces chiffres étaient au-dessous de la réalité, comme le prouva l'armistice du 24. Les Russes, qui avaient passé la nuit précédente à enlever les corps de leurs soldats tombés dans le voisinage de leurs défenses, relevèrent 400 cadavres sous les yeux de nos troupes en avant de nos tranchées; aussi le général Canrobert, revenant sur ses évaluations précédentes et fixant, d'après les faits connus et par des calculs encore au-dessous de la vérité, le chiffre des pertes essuyées par les Russes, les portait-il, dans une dépêche en date du 27, de 600 à 700 tués et de 1,200 à 1,500 blessés. Le nombre de nos hommes mis hors de combat dépassait également ses appréciations ; il s'élevait à 611 : tués ou morts de leurs blessures, 13 officiers et 169 sous-officiers et soldats; blessés, 12 officiers et 361 militaires de grade inférieur ; disparus, 2 officiers et 54 hommes.

Un des officiers tombés dans cette nuit, dont l'obscurité ensevelit dans son ombre tant d'exploits et de glorieux dévouements, était le commandant du génie Dumas, frappé mortellement au moment où, le sabre en main, debout sur ses gabions, il dirigeait l'intrépide défense de ses hommes; c'était un brillant avenir qui s'anéantissait sous une balle. Le corps du commandant Banon fut reconnu dans un monceau de cadavres.

Ce funèbre déblaiement du champ de bataille dura trois heures. Deux groupes d'officiers, l'un français et en uniforme, l'autre revêtu de la capote militaire, présidaient à cette lugubre et douloureuse opération. Tandis que les civières et les brancards gagnaient les lignes opposées avec leurs sanglants fardeaux, ces deux groupes se rapprochèrent, et pendant quelques instants ceux qui les composaient échangèrent des témoignages d'estime et des paroles bienveillantes. Un ordre du général Brunet vint rompre cette conversation et fit reprendre à chaque groupe sa position isolée.

Parmi les officiers disparus et dont les corps ne furent pas retrouvés, était le capitaine Letors de Crécy; on apprit son sort de la bouche d'un officier russe.

— L'officier dont vous me parlez, répondit-il est très-grièvement blessé ; il a été déposé à l'hôpital de Sébastopol, où il a une chambre à part et où il est très-bien soigné par les sœurs religieuses russes. Il a pu faire écrire à sa mère et à sa femme. Il a dû être amputé ; c'est un brave, longtemps nous avons lutté contre lui corps à corps, et nous n'avons pu l'enlever que lorsque, blessé plusieurs fois, il est tombé épuisé, les forces manquant à son courage. Il a en moi un ami, et je me fais un devoir de veiller à tout ce qui le concerne.

Quelques jours après, un parlementaire vint remettre aux avant-postes de notre attaque de gauche un petit paquet adressé au général en chef; ce paquet reçu par le colonel Raoult, major de tranchée, fut aussitôt envoyé au quartier-général. Il contenait la croix d'honneur du capitaine de Crécy et différents objets lui ayant appartenu. Ce brave officier avait succombé après une agonie de six jours.

Le combat de la nuit du 22 au 23 mars révélait au général en chef d'une façon trop évidente l'importance que l'ennemi attachait à repousser nos attaques de droite et à en détruire les ouvrages, pour qu'il ne sentît pas la nécessité d'en augmenter les forces; aussi ne se contenta-t-il pas de renforcer le 2ᵉ corps de la division de réserve et envoya-t-il chaque soir deux bataillons de la garde prendre position en arrière de ces tranchées, prêts à se porter sur les points où les tentatives de l'ennemi rendraient utile leur énergique concours. Au reste l'attention et les efforts de la place assiégée allaient être trop vigoureusement appelés sur tout le développement de ses fortifications, particulièrement par le formidable armement de nos attaques de gauche, pour qu'elle pût continuer d'accumuler ses moyens d'action contre nos travaux d'Inkermann. « J'ai l'espoir, mandait le général en chef, dans une lettre en date du 31 mars, que les Anglais seront prêts à ouvrir le feu dans les premiers jours de la semaine prochaine (vers mardi) ; ce feu pourra être soutenu très-vif, sans discontinuer, pendant dix ou douze jours ; il facilitera les cheminements des alliés vers la place ; il diminuera les difficultés que nous offre l'enlèvement de vive force de certaines de ses approches, et son effet permettra à une ou deux colonnes d'assaut de se loger sur quelque point de Sébastopol et d'y planter notre drapeau. »

L'ouverture du feu fut fixée au 9 avril, il devait éclater à la fois sur toute la ligne des ouvrages. Comme on pouvait craindre que l'armée de secours ne tentât d'entraver par une attaque quelques-unes des opérations du nouveau bombardement, le général en chef avait songé à augmenter notre corps d'observation. Omer-Pacha, arrivé le 8 sous Sébastopol, où Ismaël-Pacha l'avait précédé avec une division de l'armée ottomane, fut immédiatement prendre position sur les versants de la vallée de Balaclava.

La nuit du 8 au 9 fut très-défavorable, le vent du sud-ouest soufflait avec violence et la pluie tombait par averses battantes ; les préparatifs ne s'en firent pas avec moins d'ardeur pour l'exécution des ordres qui avaient été donnés la veille ; ces ordres étaient de commencer le feu à la pointe du jour. Aucun autre signal ne devait être donné que les premières lueurs du ciel oriental.

Une teinte blanchâtre flottait à peine à l'horizon quand les premiers coups de canon, partant du centre des approches, fouettèrent de leurs boulets les parapets du bastion du Mât. Le feu gronda aussitôt sur toute la ligne ; Sébastopol se réveilla en sursaut à l'ébranlement que cette formidable explosion imprima au sol. Les batteries de notre attaque de gauche étaient armées de 303 pièces, celles des Anglais en comptaient près de 100 ; nos nouvelles lignes de Malakoff en avaient déjà dressé 50 ; ce furent ainsi les voix tonnantes de près de 500 bouches à feu qui se réunirent dans ce rugissement terrible. Il continua de gronder toute la journée ; nos lignes et celles de la ville restèrent tout ce temps enveloppées de nuages de fumée qu'embrasaient de continuels éclairs ; la pluie, tombant à torrents, semblait chercher en vain à l'éteindre ; l'orage de la terre semblait plus fort que l'orage du ciel ; la nuit seule vint le ralentir un peu, mais le lendemain matin il éclata avec une vigueur nouvelle et rendit dès lors plus sensible la supériorité que dès la veille notre feu avait obtenu sur celui de la place, partout les fortifications offraient déjà des traces profondes de l'efficacité de notre tir, les parapets étaient écrêtés, les embrasures élargies, une brèche était même pratiquée dans le mur crénelé.

Le génie songea à profiter de ce premier avantage pour ouvrir en avant les cheminements annoncés par la lettre du général en chef, et sur lesquels devait s'établir la quatrième parallèle. Mais l'ennemi, qui a prévu les points sur lesquels devraient se poursuivre nos travaux, les a occupés par de fortes embuscades qui lui offrent d'ailleurs le moyen de frapper nos lignes d'un tir de précision à courte distance dont nous ressentons plus cruellement chaque jour les effets meurtriers. Il était donc nécessaire de le débusquer de ces positions et de les occuper nous-mêmes. Un des points qu'il était le plus urgent d'envelopper dans nos ouvrages était la crête du cimetière dominant le ravin de la Quarantaine. Les pluies seules avaient empêché de l'attaquer dès le premier soir ; il le fut les deux soirs suivants, mais la défense de l'ennemi fut si énergique qu'il ne put être pris, malgré deux combats acharnés, où le 46e se signala surtout par son audace et sa vigueur.

Cependant il était indispensable de nous rendre maîtres de ce terrain, non seulement nécessaire à nos travaux, mais qui permettait aux assiégés de développer leurs défenses de manière à dominer et à enfiler nos tranchées. Le général en chef crut devoir se rendre sur les lignes avec le commandant du premier corps de siège, et les généraux, chefs de service, pour étudier la configuration du terrain et aviser aux moyens de triompher des difficultés qui nous avaient déjà coûté des pertes sérieuses. Le nombre des hommes mis hors de combat dans la dernière attaque n'avait pas été inférieur à 250.

Ces officiers généraux, réunis en conseil, après une exploration attentive des localités et des obstacles, jugèrent nécessaire de diviser en deux opérations distinctes l'attaque des embuscades dont la continuation des travaux de siége exigeait l'occupation ; l'une devait être dirigée exclusivement contre le cimetière, l'autre avait pour but d'enlever les positions et les réduits se trouvant en face de la partie de nos approches nommées le T. Un général fut placé à la tête de chacune de ces opérations ; l'attaque de l'ouest fut confiée au général Breton, de service à la tranchée ; le général Rivet, chef d'état-major du premier corps, fut chargé de celle de l'est. Ces deux habiles généraux s'occupèrent aussitôt des moyens d'exécuter avec succès ces entreprises tentées vainement les nuits précédentes.

Le général Breton ayant reconnu que les embuscades du cimetière étaient au nombre de six, résolut de les faire enlever par six compagnies du 98e (23e léger), qui reçurent l'ordre de les aborder en même temps. Le 9e bataillon de chasseurs devait les soutenir en cas de besoin. A neuf heures du soir ces troupes sont à leurs postes de combat. Les capitaines, qui ont étudié avec soin les terrains sur lesquels ils ont à opérer et la nature des abris qu'ils ont à enlever, sont à la tête de leurs compagnies attendant le signal. A peine est-il donné, que ces compagnies franchissent les parapets, et sans tirer un coup de fusil s'élancent intrépidement sur les embuscades, les baïonnettes en avant. Les capitaines Marrust et Bourresch paient de leur vie le généreux exemple qu'ils donnent à leurs soldats ; mais partout l'ennemi est culbuté par ce mouvement impétueux. En vain les réserves russes battent-elles d'un feu violent les positions emportées, vainement les tambours et les clairons font-ils retentir la charge dans le ravin, tous les retours offensifs viennent mourir sous le feu et les baïonnettes de nos compagnies qu'est venu appuyer un détachement du 9· bataillon de chasseurs. Pendant ce temps nos travailleurs détruisent celles des embuscades qui nous sont inutiles, et le génie enveloppe les autres dans les travaux qu'il exécute sur ce point.

L'attaque du général Rivet n'obtint pas un succès moins complet, mais ce fut après une lutte qui, pendant quelques instants, parut flotter incertaine. Les embuscades, au nombre de quatre, furent, comme celles du cimetière, attaquées par un semblable nombre de compagnies du 46e sous les ordres du commandant Julien ; comme à l'attaque de gauche, ces forces étaient protégées par un détachement de chasseurs commandé par le lieutenant Copri. Les embuscades furent enlevées de haute lutte, et leurs défenseurs vigoureusement rejetés sur leurs réserves. Mais les forces avec lesquelles ils revinrent à la charge étaient si numériquement supérieures, qu'après une lutte furieuse, nos compagnies durent faire retraite sous le tourbillon de balles dont la multitude de leurs ennemis les enveloppait. Des renforts leur permirent de reprendre bientôt l'offensive ; le choc fut sanglant ; mais l'ennemi, malgré son nombre et son ardeur, fut repoussé une seconde fois sur la place. La ligne de baïonnettes que nos compagnies grossies par de nombreux détachements du 42e et de la légion étrangère établirent aussitôt au-delà des embuscades, forma une digue contre laquelle vinrent se briser tous les retours des Russes. Les soldats du génie, protégés par ce rempart vivant, purent exécuter des ouvrages capables de mettre provisoirement à couvert le détachement auquel fut confiée la garde de ce poste.

Ainsi furent définitivement conquises ces positions, où d'importants travaux étaient déjà exécutés et que l'ennemi s'occupait de convertir en front bastionné. Le nombre de troupes qu'il engagea dans leur défense et l'acharnement qu'elles déployèrent, témoignent de l'importance qu'il attachait à leur conservation ; importance que prouvèrent également les ouvrages analogues établis sur plusieurs autres points.

Ce bombardement, ces fusillades, ces combats de tranchées, ces affaires de nuit coûtaient à l'armée des pertes nombreuses, des pertes journalières dont quelques-unes furent très-douloureusement senties. Une de celles qui causa dans tous les camps la sensation la plus profonde, fut celle du général du génie Bizot, qui, dans ce siége si laborieux, avait donné tant de preuves d'intrépidité et de dévouement. Il était tombé blessé d'une balle à la tête, au moment où il parcourait avec le général Niel les attaques anglaises. On conserva quelque temps l'espoir de le sauver, mais la fièvre que développa l'ébranlement imprimé au cerveau par la balle, ne put être vaincue par les ressources de la science. Il succomba le 15.

Voici en quels termes le général Canrobert annonçait sa mort dans une lettre du 16 : « Cette mort est un véritable malheur public. Elle est un deuil pour l'armée entière. Le général Bizot avait au milieu d'elle la popularité la plus dignement acquise. Il poussait l'amour du devoir jusqu'au fanatisme.

Pendant six mois nous l'avons vu le jour et la nuit à l'œuvre, montrant au milieu des difficultés les plus ardues le calme, la fermeté d'esprit, la ténacité, la sécurité les plus extraordinaires. Nos soldats le connaissaient tous; ils admiraient son ardeur, sa bravoure de sous-lieutenant, et l'on s'étonnait chaque jour de le voir revenir de la tranchée après des périls affrontés avec une insouciance et une gaîté qui donnaient à son courage un caractère charmant. »

Les paroles qu'il prononça sur sa tombe sont encore plus profondément senties : « C'est parce que Bizot était un noble caractère donnant à tous, chaque jour, le modèle du courage, du devoir accompli sans relâche, du dévouement, de l'abnégation; c'est parce que Bizot avait toutes les vertus et toutes les mâles qualités que Dieu, dans sa justice infinie, lui a accordé le suprême honneur de tomber en soldat sur la brèche, en face de l'ennemi. »

Le génie, couvert par ces positions avancées, put, dès lors, pousser sans interruption ses cheminements, et préparer sur ces terrains conquis les attaches de la quatrième parallèle dont les batteries devaient briser les défenses de la place. Il ne pouvait point procéder avec autant de sécurité sur tout le développement de nos attaques. L'impossibilité en était manifeste devant le bastion du Mât. L'artillerie ennemie tonnant à très-courte distance, y rendait tous cheminements à ciel ouvert d'un danger tel, qu'ils étaient devenus inexécutables ; il avait fallu songer à s'y porter en avant par des galeries souterraines et à former une tranchée au milieu de l'espace qui séparait notre troisième parallèle du saillant du bastion. Les mineurs avaient été attachés à ce travail. Seize fourneaux, chargés de 25,000 kilog. de poudre, avaient été établis de manière à ouvrir par leur explosion le fossé rudimentaire que nos soldats du génie devaient régulariser et convertir en tranchée obsidionale.

Cette explosion eut lieu le 15 avril à huit heures du soir; elle causa peu de retentissement, mais son effet fut immense. Le sol, profondement déchiré sur tout le développement du travail, avait lancé dans les airs des blocs de pierre d'une dimension énorme; tous les terrains voisins étaient soulevés. Les postes les plus éloignés, vers lesquels le général de tranchée avait fait refluer les troupes de garde dans le voisinage des parties minées, sentirent le sol onduler sous leurs pieds comme la mer sous une barque. Les Russes, ne pouvant s'expliquer cet ébranlement, crurent à une attaque générale, et toutes leurs fortifications ouvrirent aussitôt un feu terrible destiné à foudroyer nos colonnes d'attaque, qu'ils supposaient marchant contre leurs remparts à travers les ténèbres. Bombes, obus, grenades éclatent en l'air ou sur le sol que labourent les boulets et que balayaient les biscaïens, la mitraille et les balles ; mais c'est surtout sur les terrains soulevés par les mines que le bastion du Mât et les autres fortifications qui les dominent font pleuvoir une grêle de projectiles de toute nature.

Deux compagnies d'élite du 39ᵉ, les sapeurs du génie et une nombreuse corvée de travailleurs sont venus, à travers les balles et la mitraille, prendre possession des entonnoirs qu'ils s'occupent aussitôt de mettre en état de défense et de rattacher à nos lignes. Plusieurs des fourneaux de mines n'ont

Garde impériale.
Lancier.
1856.

pas pris feu, mais ceux qui ont joué ont produit des résultats complétement satisfaisants : ils ont déterminé sur la ligne des entonnoirs deux fossés profonds de quatre à cinq mètres, dont l'un à gauche, de quatre-vingts à cent mètres de longueur, l'autre à droite, d'un développement à peu près égal et séparés par une berne de trente à quarante mètres. « Les mines ont formé deux fossés profonds et d'une largeur suffisante, écrit au crayon au général Pélissier le major de tranchée, le colonel Raoult, qui s'est immédiatement transporté sur les lieux. On travaille à relier la droite de la troisième parallèle avec le fossé le plus rapproché, mais le terrain est rocheux et rebelle. »

Une autre difficulté dont cet officier supérieur ne parle pas, c'est celle produite par les batteries voisines, qui, tonnant à une distance de soixante-dix mètres, vomissent des torrents d'obus, de boulets et de mitraille. Le travail se poursuit dans une boue sanglante. L'ennemi n'ose venir nous disputer la possession de ces terrains bouleversés par la poudre. Ses troupes se contentent de border leurs fortifications de leurs rangs serrés et profonds et de joindre le feu de leur mousqueterie à celui des canons. Nos artilleurs, à qui l'on avait fait prudemment évacuer leurs batteries, y sont revenus en hâte et ont ouvert sur ces masses militaires un feu de mortiers et d'obusiers qui fait beaucoup de ravages dans leurs rangs.

Aux premières clartés matinales, le travail est loin d'être terminé ; la communication entre cette ébauche de parallèle et nos tranchées n'existe pas encore ; ce ne sera que dans la nuit du 17 au 18 qu'une sape demi-pleine, de trente-sept gabions, créera cette communication, et il faudra encore la nuit suivante pour qu'elle serve complétement d'abri contre le tir direct des remparts. Une compagnie garda seule le premier jour ce point avancé ; elle s'était audacieusement établie dans un des entonnoirs au-dessus desquels les projectiles ennemis raient sans cesse le ciel ; cent hommes d'élite du 74ᵉ l'occupèrent le jour suivant.

L'ennemi jusque-là n'avait tenté aucune attaque sur ces commencements d'ouvrage, où l'état des lieux lui offrait tant d'avantages ; ce ne fut que dans la nuit du 18 au 19 qu'il essaya d'en profiter. Deux fois des colonnes d'attaques s'élancèrent impétueusement de ses fortifications sur nos entonnoirs ; deux fois, reçues avec une inébranlable fermeté, elles furent forcées de se retirer précipitamment vers la place, en laissant le terrain semé de leurs morts. Deux nouveaux fourneaux furent tirés dans la soirée du 21 au 22 ; ils complétèrent cette ligne avancée en faisant sauter la masse de rochers qui existait entre ses deux segments.

Pendant que ces travaux s'accomplissaient, le reste de nos attaques continuait avec Sébastopol ce formidable duel d'artillerie où des deux cotés le feu se maintenait avec la vigueur la plus constante. Les assiégés déployaient une activité en rapport avec les immenses approvisionnements d'artillerie et de munitions que leur offraient leurs escadres et leurs arsenaux. Chaque matin l'on était surpris de voir les embrasures et les épaulements de leurs batteries complétement réparés, et les pièces égueulées ou démontées la veille, remplacées par des bouches à feu nouvelles. Ces travaux ne s'opéraient pas sans que la garnison ne les arrosât largement de son sang; la justesse du tir de nos chasseurs et surtout ces masses de fer dont nos batteries écrasaient la ville et ses fortifications causaient également de larges vides dans les rangs de sa garnison. « D'après les déclarations des déserteurs, dit le général Canrobert dans un de ses rapports, les assiégés ont fait des pertes considérables; et les canonniers de marine qui forment la partie la plus vitale de la garnison et celle qui montre le plus de moral ont particulièrement souffert. Le bastion Central et celui du Mât sont gravement endommagés; leur armement a été souvent mis hors de service; mais les ressources presque inépuisables de la place en artillerie ne lui font pas encore défaut, et chaque nuit des milliers de travailleurs procèdent aux réparations les plus pressées. »

Le bombardement continuait et les préparatifs d'assaut ne commençaient pas encore. L'armée impatiente se demandait avec étonnement quel résultat le général en chef se proposait de cette canonnade prolongée; le feu de tant de batteries n'avait été pour elle que le moyen d'entamer sur quelques points ces redoutables fortifications, et d'y ouvrir des brèches où ses colonnes eussent précipité leurs irrésistibles torrents de baïonnettes. Ce n'était pas l'avis du général en chef. « Les soldats demandent l'assaut, disait-il dans une de ses lettres, mais les généraux en chef ne le donneront qu'avec des chances suffisantes de réussite qui ne leur ont pas encore apparu. L'assaut à fond pourrait tout compromettre; notre sagesse et notre devoir ne l'accepteraient qu'avec la presque certitude du succès. » Cette hésitation, cette répugnance que rencontrait dans le général en chef la pensée d'un assaut étonnait tous ceux qui connaissaient son ardente valeur, mais s'expliquait pour ceux qui le voyaient plus intimement, par les ordres supérieurs qu'il recevait de France, depuis que l'Empereur avait résolu de se rendre en Crimée pour y prendre le commandement général des forces occidentales, et plus particulièrement celui d'un corps d'opération destiné à agir contre l'armée de secours. Cette grave détermination avait tout changé; le ministre de la guerre ne cessait d'envoyer des instructions au général en chef. Ce qu'il lui recommandait tout particulièrement, c'était de ne rien hasarder. Un assaut contre Sébastopol ne devait être tenté qu'avec la certitude, non d'une réussite partielle, non de l'occupation d'un point de l'enceinte; mais d'un succès général, qui livrât à nos troupes victorieuses la ville entière. En dehors de cette certitude, il devait se tenir sur la défensive.

L'armée dont l'Empereur se proposait de prendre le commandement immédiat se réunissait alors à Massak, près de Constantinople, où se trouvaient la garde impériale, moins seulement les dépôts, sous les ordres du général Régnault Saint-Jean-d'Angely, deux divisions d'infanterie, l'une commandée par le général Herbillon, l'autre par le général d'Aurelles-de-Paladines, enfin une division de cavalerie à la tête de laquelle avait été appelé le général d'Allouville; mais ces forces, présentant un effectif de 22,000 hommes, ne formaient point un corps suffisant pour entrer en campagne. L'armée de Crimée devait se tenir prête à lui donner sa garde impériale, toute sa cavalerie, deux divisions d'infanterie, plus quatre batteries montées et quatre à cheval. Un assaut général contre la place pouvait entraîner des pertes assez considérables pour déjouer tous les projets qui conduisaient l'Empereur en Orient. C'était en présence de telles éventualités que le général Canrobert sentait toute son énergie guerrière s'affaisser sous le poids de sa responsabilité de commandant.

En maintenant le feu de ses attaques, cet officier général nourrissait une autre espérance. Il pensait, depuis l'arrivée d'Omer-Pacha et de ses divisions d'élite, comme le porte encore la correspondance, que ce qui pouvait arriver de mieux aux armées alliées, c'était d'être attaquées dans les excellentes positions qu'elles occupaient; il supposait que l'intention du général russe était de se porter sur nos lignes à l'ouverture du feu contre la place. C'était dans cette prévision, et comme il le déclare encore, pour tâter l'ennemi dans la ville et provoquer son agression extérieure, qu'il avait jugé utile de faire ouvrir le feu avec la totalité des batteries françaises et anglaises. « Les généraux en chef, ajoutait-il, sont convenus de mener ce feu sans précipitation, mais aussi sans hésitation, et de profiter des chances favorables qu'il pourrait amener, soit contre la place, soit contre l'armée de secours. »

L'espoir qu'avait conçu le généralissime français ne se réalisait pas; tout était tranquille dans les camps russes. Aucun mouvement de troupes, soit du côté d'Inkermann, soit du côté de Balaclava, ne pouvait faire présumer que le général Gortschakoff eût l'intention de nous attaquer. Le général Canrobert voulut s'en assurer d'une manière plus positive; Omer-Pacha, par ses conseils, effectua une reconnaissance dans la vallée de la Tchernaïa jusqu'au village de Tchorgoun. Le 18 au matin, il quitta ses positions avec 12 bataillons turcs, 1,500 chevaux français, anglais et ottomans, et une batterie d'artillerie, et s'avança jusqu'au village de Tchorgoun sans rencontrer d'autres forces ennemies qu'un piquet de Cosaques qui se retira sur une petite éminence, d'où il suffit de quelques coups de fusils pour le faire déguerpir. Dès lors il ne fut plus douteux que le général en chef des forces russes n'eût rallié ses troupes dans le voisinage de Sébastopol, et que s'il songeait à les opposer aux armées occidentales, c'était derrière les murs de la métropole navale de la Crimée, lorsque celles-ci y lanceraient leurs colonnes d'assaut.

Après avoir prolongé le bombardement jusqu'au 20, sans résultats importants, les alliés durent provisoirement le suspendre et se remettre à leurs travaux de cheminements et d'approches qui arrivèrent à un point où leur occupation était si dangereuse, que l'assaut devint une nécessité. C'était la déclaration de tous les officiers du génie. Le général Canrobert ainsi débordé convoqua un conseil de guerre auquel il fit part de ses instructions. Lord Raglan, énergiquement opposé à toute expédition contre l'armée de secours, se prononça nettement pour l'attaque immédiate de la place. Ce fut aussi la décision de la grande majorité du conseil. Le général Canrobert s'y associa lui-même. « Les travaux des alliés les ont tellement engagés avec l'ennemi, écrivait-il à cette époque, que l'assaut sera donné dans quatre ou cinq jours, à moins de circonstances imprévues qui sont inhérentes à l'état de guerre. Nous eussions désiré retarder cet événement jusqu'à l'arrivée en Crimée de l'armée de réserve ; mais nous sommes si rapprochés des Russes, qu'il y aurait danger à attendre, d'autant plus que l'armée ennemie reçoit des renforts journellement.

« Les officiers généraux des armes spéciales des deux armées, les chefs de nos deux corps d'armée ont été unanimes pour céder, dans cette circonstance, aux cris des soldats français et anglais demandant l'assaut. Lord Raglan partage fermement leur avis. J'ai pensé que mon devoir était de m'y joindre. » L'assaut était encore une fois résolu, toute l'enceinte de Sébastopol devait être attaquée à la fois. Le corps du général Bosquet devait enlever le Mamelon-Vert et les ouvrages blancs et faciliter, par leur occupation, l'attaque du Grand-Redan par les Anglais. Pendant ce temps, le premier corps devait jeter trois colonnes d'assaut contre la ville proprement dite : l'une contre le bastion du Mât, l'autre contre le bastion Central, la troisième enfin contre la Quarantaine. Les généraux Pélissier et Bosquet avaient déjà pris toutes leurs dispositions, lorsqu'ils furent convoqués à un dernier conseil de guerre où les chefs alliés étaient appelés à s'entendre sur le concours de leurs diverses attaques.

Ce conseil vit de nouveau crouler tous ces projets ; les membres réunis discutaient les dernières mesures générales de cette importante résolution, lorsque le général Canrobert reçut communication par le vice-amiral Bruat d'une dépêche du ministre de la marine, lui annonçant officiellement l'arrivée totale à Constantinople de l'armée de réserve pour les premiers jours de mai, et lui renouvelant l'assurance du prochain voyage de l'Empereur en Crimée. Armé de cette pièce, le général en chef français représenta en termes si positifs et si pressants la nécessité d'ajourner jusqu'après l'arrivée si prochaine des puissants renforts annoncés, cet assaut extraordinaire où toutes les troupes de l'armée d'Orient allaient être engagées, que ses représentations prévalurent.

Lord Raglan, n'ayant adhéré à cette remise qu'avec un profond et manifeste regret, songea à utiliser le retard qu'elle entraînait par une expédition proposée par MM. les vice-amiraux Bruat et Lyons ; elle consistait dans l'attaque et l'occupation de la place de Kertch, qui livrait aux forces navales des alliés l'entrée de la mer d'Azoff. La possession de ce port avait une importance trop manifeste pour être méconnue. Elle coupait toutes les relations des armées russes avec l'Asie, d'où elles tiraient des forces et des moyens de ravitaillement, et mettait toutes les places maritimes de la mer d'Azoff sous le canon de nos steamers. Cette entreprise répugnait au général Canrobert, qui regardait les forces alliées comme déjà beaucoup trop faibles pour les grands projets qu'elles avaient à exécuter, et qui d'ailleurs désirait garder sous sa main tous ses bâtiments dont on pouvait chaque jour avoir besoin pour le transport à Kamiesch des troupes réunies à Maslak. Malgré ces considérations, craignant de blesser lord Raglan, dont il avait pu apprécier la condescendance dans la grande question de l'assaut général, il consentit à cette expédition.

Cependant, l'activité du génie russe ne se ralentissait pas; le désir de remplacer par de nouveaux ouvrages les postes avancés que nous avions conquis lui avait inspiré la résolution de créer en avant de ses défenses de vastes places d'armes. On ne tarda pas à voir les terrassements d'une enceinte de cette nature s'élever à peu de distance du bastion Central. Elle se composait de deux lignes brisées offrant des développements considérables et séparées par un intervalle de quatre mètres. L'assiette de cet ouvrage avait été choisie avec une extrême habileté; appuyé à des obstacles naturels, il se rattachait par une tranchée profonde à la lunette du bastion Central, et dominait nos attaques du bastion du Mât que son artillerie eût battues d'enfilade. Son armement provisoire de petits mortiers à bras incommodait déjà beaucoup nos travaux. Les chefs de service des armes spéciales s'alarmèrent de la force que prenait chaque nuit cet ouvrage et des pertes de plus en plus nombreuses qu'il faisait essuyer aux troupes de garde dans nos lignes. Ils en prévinrent le général Pélissier. On conçoit toute l'importance que le commandant du premier corps de siége attachait à ne pas laisser les Russes s'établir solidement dans une position qui nous eût créé tant de dangers et des difficultés très-sérieuses. Sa résolution immédiate fut de l'enlever sans retard.

Le général en chef résista d'abord vivement à ce projet d'attaque. Le plan de campagne conçu par l'Empereur, et qu'il venait exécuter en personne, nécessitait la suspension du siége à fond ; on devait se borner à conserver les travaux et à faire surveiller la ville par un nombreux corps d'observation. Le général Canrobert reculait donc devant l'attaque de points si rapprochés de l'ennemi, et dont l'occupation exigerait des forces considérables et nous causerait des pertes continuelles. Sa pensée et son désir étaient que l'on se maintînt strictement dans les lignes tenues par nos troupes et qu'on attendît, pour étendre nos travaux et pousser nos postes en avant, la communication des projets qui s'élaboraient alors à Paris. Ces observations ne purent triompher de l'énergie avec laquelle le général Pélissier réclamait l'enlèvement des travaux qu'un jour de retard pouvait rendre inattaquables. Pressé par ces considérations d'urgence, le général Canrobert lui donna l'autorisation d'agir. Le commandant du premier corps prit aussitôt ses mesures pour faire enlever cette position le soir même, c'était le 1er mai. Le général de division Salles fut chargé de diriger cette importante opération dont l'exécution fut confiée à trois colonnes conduites par les généraux de brigade.

La colonne de gauche, commandée par le général Bazaine, se composait de six compagnies du 1er régiment de la 1re légion étrangère, à la tête desquelles s'était mis son colonel, M. Vienot, de huit compagnies du 43e, sous les ordres du chef de bataillon Becquet de Sounay, et de dix compagnies du 79e, sous ceux du colonel Grenier. Cette colonne était chargée de tourner l'ouvrage par sa droite et de l'attaquer par la gorge. La colonne du centre était formée de deux bataillons du 46e, commandés par leur colonel, M. Cault, et du 98e, colonel de Bregeot. Elle était sous les ordres du général de Lamotterouge. Celle de droite enfin, qui ne comptait que trois compagnies : une du 9e bataillon de chasseurs à pied, conduite par le capitaine Villermain, dont l'armée entière connaissait la brillante valeur, et deux du 42e, à la tête desquelles était le capitaine Ragon, était commandée par le général Rivet. Les trois généraux, qui ont passé l'après-midi à étudier le terrain sur lequel ils doivent opérer et qui ont arrêté sur les lieux leurs dispositions respectives, ont convoqué leurs troupes pour cinq heures près de la maison du Clocheton. Le génie y avait également appelé ses soldats et ses travailleurs. A huit heures du soir, ces forces défilaient successivement et silencieusement dans nos cheminements avec toutes les précautions qui pouvaient dérober leurs mouvements à l'ennemi. A neuf heures et demie, elles étaient rangées dans nos tranchées aux postes qui leur avaient été assignés, n'attendant plus que le signal. Elles y furent visitées à dix heures par le général Salles et le général Duvivier, qui vinrent s'assurer que l'attaque allait s'opérer dans les meilleures conditions de succès. Si la nuit sereine et claire ne laissait pas l'espérance de cacher leur marche à la vigilance de l'ennemi, elle permettait aux assaillants de procéder avec ordre et précision. Le signal fut donné à dix heures et demie par une hirondelle de feu, comme les Turcs nommaient nos fusées. Les trois colonnes s'élancent à la fois hors de nos lignes : pendant que les compagnies de la légion étrangère, ardemment enlevées par leur colonel, qui les précède le sabre à la main, et suivies de près par celles du 43e et du 79e, débordent la redoute ennemie et l'assaillent en revers, celle du centre, dont le 1er bataillon du 46e forme la tête, se porte sur l'ouvrage sans brûler une capsule, l'aborde, franchit ses épaulements et tombe à la baïonnette sur l'ennemi, qui l'accueille par la fusillade la plus vive ; les deux autres points attaqués le sont avec la même énergie. Ils sont aussi défendus avec la même ardeur. L'intrépide colonel Vienot tombe frappé mortellement par une balle sur le parapet même qu'il vient d'atteindre le premier.

Une lutte furieuse s'engage sur tous les points ; le commandant Julien et le capitaine Dubosquet y trouvent une mort glorieuse. Les bataillons russes, auxquels la garde de cette place d'armes avait été confiée, pressés de tous côtés par nos baïonnettes, sont enfoncés, culbutés et poussés avec tant de vigueur, qu'ils ne peuvent, malgré les efforts de leurs officiers, se rallier derrière la seconde enceinte ; poursuivis le fer dans les reins, ils fuient en désordre vers la place, semant de cadavres le terrain qu'ils parcourent ; beaucoup, après avoir tenté de prolonger la résistance, sont forcés de jeter leurs armes qui les embarrassent dans leur course ; un assez grand nombre enveloppés sont faits prisonniers ou succombent.

Le premier succès était remporté, le premier danger était surmonté ; il restait un nouveau danger à braver, un nouveau succès à conquérir. La redoute était enlevée, il fallait la conserver ; on avait étouffé le feu de ses défenseurs, il fallait se mettre à couvert de celui de la place. A peine l'ennemi se fut-il replié sur la ville, que toutes les batteries des fortifications qui avaient des vues sur cet ouvrage avancé le couvrirent d'une grêle de projectiles de toute espèce. Mais nos travailleurs étaient déjà à l'œuvre, les troupes du génie et les compagnies de corvées retournent les parapets de cette redoute vers la place, et opposent au feu des Russes les moyens mêmes employés par ceux-ci pour abriter leurs tirailleurs contre notre mitraille et nos balles. Le lieutenant-colonel Guérin et les officiers du génie sous ses ordres tracent et dirigent ce travail avec une valeur et un sang-froid qui excitent l'admiration de tous les militaires, si bons juges en fait de courage. Les boulets et la mitraille qui battent le sol, et enlèvent des files de soldats du génie, les obus qui ricochent et éclairent de leurs lueurs sinistres les travaux qu'ils jonchent de cadavres et cimentent de flots de sang, ne peuvent intimider ces hommes intrépides. Les gabions se rangent et s'emplissent, les parapets se forment sous la protection de l'artillerie de nos lignes qui contrebat avec vigueur les forts ennemis, et affaiblit, si elle ne les arrête, les tourbillons de fer dont ils écrasent nos travailleurs et nos troupes.

La redoute est bientôt en état de défense ; au jour elle est reliée à nos approches, et le commandant du premier corps de siège peut écrire au général en chef : « J'ai la confiance que cet ouvrage, d'une importance immense, nous appartient définitivement. » On trouva dans cette redoute, outre une grande quantité de fusils et d'autres armes, neuf mortiers portatifs. Nos lignes se trouvaient rapprochées, d'un seul bond, de cent cinquante mètres du bastion Central.

Le jour ne suspendit pas l'exécution des cheminements entre ce point avancé et nos lignes; les Russes mêmes reconnaissant l'inefficacité de leur feu, l'affaiblirent considérablement; mais, vers trois heures de l'après-midi, supposant cette redoute faiblement occupée par suite de l'habitude qu'ils avaient adoptée de ne faire que des sorties de nuit, ils lancèrent subitement contre elle une masse de trois mille assaillants. Deux compagnies d'élite de la légion étrangère, une compagnie d'élite du 43e et deux bataillons, l'un du 46e, l'autre du 98e, très-sensiblement affaiblis par les pertes de la nuit précédente, en formaient seuls la garnison, sous les ordres du lieutenant-colonel Martineau-Deschenetz ; ils reçurent l'ennemi avec tant de résolution et de solidité, que tous ceux qui franchirent les parapets, furent tués ou faits prisonniers. La masse de cette nombreuse colonne s'arrêta et fit un feu roulant de mousqueterie sur nos troupes.

Le combat prit bientôt un caractère plus saisissant. Deux compagnies du 1er régiment de voltigeurs de la garde, qui se trouvaient de réserve dans la seconde parallèle, s'empressèrent de saisir cette occasion de faire leur début sous le feu. Sur l'ordre de leur chef, le capitaine Petit, elles s'élancèrent hors des lignes et se portèrent audacieusement sur le flanc droit de l'ennemi. Une compagnie du 10e bataillon de chasseurs à pied et deux compagnies du 80e vaillamment conduites par le capitaine de Courion, secondent énergiquement cette spontanéité généreuse. Tous les efforts des Russes sont comprimés et brisés : leurs remparts ouvrent un feu de mitraille très-vif pour couvrir leurs troupes ; nos batteries y répondent aussitôt et prennent rapidement une supériorité qui le domine et l'éteint. Une colonne de secours s'élance du bastion du Mât pour appuyer la sortie ; un bataillon du 43e, commandé par son chef, M. Jeanningros, marche résolûment contre cette colonne et l'arrête. Les Russes, après plusieurs impuissantes tentatives d'assaut, sont forcés de rentrer dans leurs fortifications, laissant le terrain couvert de leurs morts.

Ces deux affaires nous coûtèrent 791 hommes mis hors de combat, 169 tués dont 11 officiers et 622 blessés. Le général Osten-Sacken fit arborer le lendemain un pavillon blanc sur la lunette du bastion Central. Le parlementaire qui se présenta demanda une suspension d'armes pour rendre les honneurs funèbres à ceux qui avaient succombé la veille. Cette demande fut accueillie ; les Russes enlevèrent 150 cadavres, nous en relevâmes nous-mêmes 121. A deux heures l'opération était terminée et le feu recommençait des deux côtés.

« Cette brillante affaire, porte le rapport adressé le 4 mai par le général en chef au ministre de la guerre, a consacré notre établissement dans l'ouvrage conquis. » Et revenant sur les détails de l'attaque, il ajoute. « Le double combat dont je viens de vous rendre compte caractérise de la manière la plus heureuse, et la plus honorable en même temps, les qualités d'élan et d'ardeur qui sont particulières à nos troupes. Jamais elles ne firent preuve sur un théâtre restreint, il est vrai, mais où le drame de la guerre se manifestait sous les formes les plus saisissantes, de plus de vaillance et d'impétuosité. Je dois des éloges tout particuliers aux officiers généraux et supérieurs, chargés de leur direction, et notamment au général Salles, qui, sous les ordres du général Pélissier, a préparé pendant le jour avec beaucoup d'habileté et de précision l'opération qu'il a fait exécuter pendant la nuit. »

Cependant de grands événements s'accomplissaient en Europe. Les Etats sardes inauguraient la nouvelle vie nationale dont les animait leur régénération politique, en s'unissant aux deux grandes puissances occidentales dans la guerre qu'elles avaient entreprise pour défendre l'équilibre européen contre les projets ambitieux de la Russie. Le protocole d'adhésion à l'alliance formée par la France et l'Angleterre fut signé le 10 janvier. Le roi de Sardaigne, S. M. Victor-Emmanuel II, s'obligea à fournir et à entretenir en Crimée un corps d'armée de quinze mille hommes ; ses alliés se chargèrent de l'embarquement et du transport de ces troupes. D'un autre côté, par une décision aussi imprévue qu'elle était grave, la cour de Saint-Pétersbourg devançant les délais qui lui avaient été impartis pour déclarer si elle acceptait l'interprétation donnée par les trois grandes puissances aux quatre garanties préliminaires de la paix, adhérait par la voix du prince de Gortschakoff à cette interprétation ; mais on voyait presque aussitôt l'importance de cet incident s'effacer et s'amoindrir par l'attitude suspecte que prenait, dans les débats internationaux de la politique occidentale, la Prusse, qui n'avait cessé, depuis l'ouverture de la guerre, d'obéir dans les négociations comme dans ses actes à l'influence des intérêts russes. Cette puissance, en effet, s'armant des preuves de modération que, suivant elle, donnait le czar en adoptant franchement l'interprétation dictée par ses ennemis mêmes aux points qui devaient servir de bases aux négociations, déclarait que les préparatifs de la guerre étaient moins que jamais commandés par les circonstances, et qu'il était tout à fait inutile de tirer l'épée lorsque les diplomates allaient s'asseoir autour de la table verte des négociations ; elle s'opposait donc, au sein de la diète à la mobilisation des troupes fédérales et réclamait, à titre de grande puissance, l'admission d'un plénipotentiaire prussien dans les négociations prêtes à s'ouvrir, où devaient être modifiés des traités auxquels elle avait été partie contractante. Les puissances occidentales ne voulaient la laisser participer à ces délibérations qu'autant qu'elle aurait accédé au traité du 2 décembre.

A cette décision, le cabinet de Berlin opposait une protestation de nullité contre tout ce qui pourrait être arrêté sans sa participation dans la conférence de Vienne. La France ne crut pas devoir garder le silence. Une note de M. Drouyn de l'Huys adressée, sous forme de dépêche, à l'ambassadeur de France à Berlin, déclarait à la Prusse que le cabinet de Paris, sans songer aucunement à lui disputer le rang où elle s'était placée, croyait devoir lui rappeler, ainsi qu'il l'avait déjà fait plusieurs fois depuis deux années, les obligations que lui imposait ce rang élevé dont elle avait si juste raison de se montrer fière ; qu'il lui faisait donc observer derechef que la qualité de grande puissance était permanente ; que l'on ne pouvait s'en dépouiller quand elle imposait des charges, pour la revêtir dès qu'elle n'offrait plus que des avantages.

« Des droits et des devoirs de cette importance, disait le ministre français dans cette dépêche, sont absolument corrélatifs ; les uns ne sauraient se séparer des autres. Il n'est pas à croire que l'Angleterre et l'Autriche voient ces choses autrement que la France ; mais ce qui est certain, c'est que la France n'admettra pas qu'une puissance demeurée par sa propre volonté en dehors des grands événements qui s'accomplissent dans le monde, maintienne sa prétention d'en régler ensuite les conséquences. Les profits de la guerre ne sont que pour les belligérants. Or, le profit de la guerre actuelle, profit essentiellement moral, ce sera le droit de participer, dans l'intérêt européen, aux règlements de la paix. La Prusse n'a encore rien fait pour cela. Elle a refusé de proclamer sa neutralité. Cette résolution lui fait honneur. Mais, réellement, de quel côté est-elle ? Si les hostilités se prolongent, sera-t-elle avec ou contre les puissances alliées ? C'est ce que l'on ne sait pas encore. »

Puis, après avoir comparé la conduite de l'Autriche et celle de la Prusse et fait ressortir la différence de position qui en résultait pour les cabinets de Vienne et de Berlin dans leur situation réelle vis-à-vis des puissances occidentales, M. Drouyn de l'Huys continuait : « Le gouvernement français n'a pas l'intention, on peut en être assuré, de blesser la Prusse ; il s'exprime ainsi dans un loyal et sincère épanchement ; et s'il désire que ses paroles soient rapportées à Berlin, c'est dans l'espoir de faire enfin sortir la Prusse d'une situation, où, s'il avait été assez heureux pour voir ses efforts réussir, elle ne serait pas aujourd'hui. » La Prusse n'en persista pas moins dans ses réclamations et dans les démarches qui pouvaient les faire triompher ; elle ne réussit pas.

Pendant ce temps la diète germanique fit un pas considérable vers l'Occident ; si elle repoussa la mobilisation de l'armée fédérale réclamée par l'Autriche, elle ordonna par le vote du 8 février sa mise immédiate sur le pied de guerre. Un long frémissement agita toutes les populations germaniques ; on compléta les cadres, on organisa les corps spéciaux, on augmenta les approvisionnements, on activa la fabrication des munitions. C'est la guerre qui partout se prépare. Mais contre qui doit-elle éclater ? Voilà ce que l'on se demande, plus anxieusement encore devant l'adresse suivante que l'autocrate du nord adresse à ses peuples.

« Par la grâce de Dieu, nous, Nicolas Ier, empereur et autocrate de toutes les Russies, etc., etc., savoir faisons :

« Nos fidèles et bien-aimés sujets savent combien nous désirons parvenir sans l'emploi de la force des armes, sans plus longue effusion de sang, au but que nous nous sommes constamment proposé, celui de défendre les droits de nos coréligionnaires et en général toute la chrétienté en Orient. Ce vœu est également connu de tous ceux qui ont suivi avec attention et impartialité la marche des événements, ainsi que la tendance invariable de nos actes. Nous avons été et demeurons toujours étranger à tout autre mobile, à toute autre vue en matière de foi et de conscience.

« Aujourd'hui encore, fidèle à ces principes adoptés par nous, nous avons annoncé notre assentiment à l'ouverture de négociations avec les puissances occidentales, qui ont formé avec la Porte ottomane une alliance hostile contre nous. Nous croyons, dans notre équité, devoir nous attendre de leur part à la même sincérité, au même désintéressement dans les intentions, et nous ne perdons pas l'espoir d'arriver au rétablissement d'une paix si désirée, si précieuse pour la chrétienté. Néanmoins, en présence des forces qu'elles réunissent et des autres préparatifs qu'elles font pour lutter contre nous, préparatifs qui, en dépit des négociations entamées, ne discontinuent point et acquièrent même sans relâche, presque chaque jour, de plus vastes développements, nous sommes contraint, de notre côté, de songer immédiatement à l'augmentation des moyens que Dieu nous a donnés pour défendre la patrie, pour opposer une ferme et puissante barrière à toutes les tentatives hostiles à la Russie, à tous les projets qui menaceraient sa sécurité et sa grandeur. Ce premier de nos devoirs, nous le remplissons ; et invoquant l'appui du Très-Haut, avec une foi entière en sa grâce, avec une pleine confiance dans l'amour de nos sujets, animés comme nous du même sentiment de dévouement pour notre croyance, pour l'Église orthodoxe et pour notre chère patrie, nous adressons ce nouvel appel à toutes les classes de nos sujets ordonnant :

« Qu'il soit procédé à la formation d'une milice générale de l'empire.

« Les dispositions relatives à la formation et à l'organisation de cette milice ont été examinées et confirmées par nous, et se trouvent exposées en détail dans un règlement spécial. Elles seront partout mises à exécution avec ponctualité et avec zèle.

« Plus d'une fois déjà de pénibles et même de cruelles épreuves ont menacé et atteint la Russie; mais elle a toujours trouvé son salut dans son humble foi en la Providence, dans le lien étroit et indissoluble qui unit le monarque aux sujets, ses enfants dévoués. Qu'il en soit de même aujourd'hui! Que le Dieu qui lit dans les cœurs, qui bénit les intentions pures, nous accorde son assistance!

Donné à Saint-Pétersbourg, etc. « NICOLAS. »

Cette proclamation était la dernière que Nicolas Ier dût adresser à la nation russe. Cette voix passionnée, qui avait déchaîné tant de malheurs sur ses États, s'était subitement éteinte dans la mort. Le monde apprit brusquement avec un étonnement profond que le czar avait succombé dans la matinée du 2 mars à une affection pulmonaire qui avait d'abord paru sans danger. L'Europe respira : elle crut voir la paix surgir de cette fosse si inopinément ouverte. Les deux manifestes publiés par son successeur à son avénement au trône semblèrent dissiper cette illusion, en annonçant qu'il n'y avait de changé qu'un nom; que l'esprit de Nicolas, qui était l'esprit de Catherine, l'esprit de Pierre-le-Grand, animait Alexandre II. Voici ces pièces :

« Par la grace de Dieu, nous, Alexandre II, etc.

« Dans ses voies impénétrables, il a plu à Dieu de nous frapper tous d'un coup aussi terrible qu'inattendu. A la suite d'une courte, mais grave maladie, qui dans les derniers jours s'était développée avec une rapidité inouïe, notre bien-aimé père l'empereur Nicolas Paulowitsch est décédé aujourd'hui 18 février. Nulle parole ne saurait exprimer notre douleur, qui sera aussi la douleur de tous nos fidèles sujets.

« Nous soumettant avec résignation aux vues impénétrables de la Providence divine, nous ne cherchons de consolations qu'en elle et n'attendons que d'elle seule les forces nécessaires pour soutenir le fardeau qu'il lui a plu de nous imposer. De même que le père bien-aimé que nous pleurons consacra tous ses efforts, tous les instants de sa vie aux travaux et aux soins réclamés par le bien de ses sujets, nous aussi, à cette heure douloureuse, mais si grave et si solennelle, en montant sur notre trône héréditaire de l'empire de Russie, ainsi que du royaume de Pologne et du grand-duché de Finlande, qui en sont inséparables, nous prenons à la face du Dieu invisible, toujours présent à nos côtés, l'engagement sacré de n'avoir jamais d'autre but que la prospérité de notre patrie. Fasse la Providence, qui nous a appelé à cette haute mission, que, guidé et protégé par elle, nous puissions affermir la Russie dans le plus haut degré de puissance et de gloire, que par nous s'accomplissent les vues et les désirs de nos illustres prédécesseurs Pierre, Catherine, Alexandre le Bien-Aimé et notre auguste père d'impérissable mémoire!

« Par leur zèle éprouvé, par leurs prières unies avec ardeur aux nôtres devant les autels du Très-Haut, nos chers sujets nous viendront en aide. Nous les invitons à le faire, leur ordonnant en même temps de nous prêter serment de fidélité, ainsi qu'à notre héritier, Son Altesse Impériale le césaréwitsch grand-duc Nicolas Alexandrewitsch.

« Donné à Saint-Pétersbourg, le dix-huitième jour du mois de février (2 mars) de l'an de grâce 1855, et de notre règne le premier.

« ALEXANDRE. »

L'ordre du jour adressé à l'armée était animé du même esprit.

« Vaillants soldats, dit le nouvel autocrate, fidèles défenseurs de l'Eglise, du trône et de la patrie, il a plu au Dieu tout-puissant de nous visiter par la plus terrible et la plus triste des calamités. Nous avons perdu un maître et un bienfaiteur.

« Au milieu de ses soins infatigables pour le bien-être de la Russie, mon père bien-aimé, l'empereur Nicolas Paulowitsch, a été appelé à une vie éternelle.

« Ses derniers mots ont été : « J'offre mes remercîments à la brave et « fidèle garde qui a sauvé la Russie en 1825, comme aussi à la vaillante et « fidèle armée ainsi qu'à la flotte. Je prie Dieu de perpétuer parmi mes « soldats leur bravoure et leur bon esprit pour assurer la sécurité intérieure « et la force extérieure de l'empire.

« Alors malheur aux ennemis qui attaqueraient la Russie !

« Si l'état de tous mes sujets n'a pas été amélioré autant que je le voulais, « c'est que je n'ai pu faire davantage. »

« Puissent ces mots ineffaçables, preuve de son amour sincère pour vous, amour que je partage au plus haut degré, être conservés dans vos cœurs comme un gage de votre dévotion pour moi et la Russie !

« Vaillants soldats, braves compagnons d'armes d'un chef qui repose à présent en Dieu, vous avez gravé dans vos cœurs les dernières expressions de son amour tendre et paternel. Comme signe de cet amour, troupe des gardes, corps des élèves de l'école militaire et régiment des grenadiers du généralissime prince Suwaroff, je vous donne l'uniforme que portait l'empereur votre bienfaiteur ; ce gage, gardez-le au milieu de vous comme une chose sacrée et un souvenir ineffaçable pour les générations à venir.

« En outre, j'ordonne :

« 1° Que, dans les compagnies et escadrons qui ont porté le nom de Sa Majesté, tous les grades porteront sur leurs épaulettes et sur les pattes de leurs uniformes le nom de l'empereur Nicolas Ier, tant qu'il en restera un des cadres du 18 février (2 mars) 1855.

« Conserveront aussi le nom de Sa Majesté ceux qui auront été attachés à l'empereur en qualité de général ou adjudant.

« Que le souvenir sacré de Nicolas Ier reste à jamais dans nos rangs et qu'il soit la *terreur de nos ennemis* et la gloire de notre patrie !

« Saint-Pétersbourg, 19 février (3 mars) 1855

« ALEXANDRE. »

L'effet produit par ces manifestes fut cependant gravement modifié par les paroles que le nouveau czar adressa au corps diplomatique, admis à lui présenter ses condoléances sur la catastrophe qui l'avait si subitement élevé au trône. On put croire que ces proclamations n'avaient été qu'un hommage funèbre à la mémoire de son père en présence du peuple et de l'armée, et que les secrètes aspirations du nouveau souverain appelaient la cessation d'une guerre qui avait déjà coûté tant de prestige à la Russie et tant de sang à l'humanité. S'il chercha à justifier les intentions de l'empereur Nicolas, ce ne fut que pour en venir à la déclaration qu'il était prêt à tendre la main à une entente sur les conditions que son père avait acceptées. « Comme lui, ajoutait-il, je veux la paix et veux voir se terminer les maux de la guerre, mais si les conférences qui vont s'ouvrir à Vienne n'aboutissent pas à un résultat honorable pour nous, alors, Messieurs, à la tête de ma fidèle Russie, je combattrai avec la nation tout entière et je périrai plutôt que de céder. »

Ce caractère pacifique était encore plus profondément empreint dans la dépêche adressée par M. de Nesselrode aux plénipotentiaires de la Russie qui devaient prendre part aux conférences de Vienne. Après leur avoir exprimé la pensée que si l'empereur Alexandre recueillait, dans la succession impériale, l'obligation de ne pas laisser déchoir la puissance que Dieu a mise dans la main des czars pour la défense de l'intégrité et de l'honneur de la Russie, il y recueillait avec non moins de dévouement le devoir également sacré de consacrer avec persévérance ses soins à l'achèvement de l'œuvre de paix dont S. M. Nicolas Ier avait déjà sanctionné les bases; qu'il en donnait une preuve en renouvelant les pouvoirs et en confirmant les instructions dont avaient été munis les plénipotentiaires russes pour que les intentions qui les avaient dictées fussent remplies. Leur but était de rendre à l'Europe le bienfait de la paix; de consolider la liberté du culte et le bien-être des populations chrétiennes en Orient, sans distinction des rites qu'elles professent; de placer les immunités des principautés sous une garantie collective; d'assurer la libre navigation du Danube au profit du commerce de toutes les nations; de mettre fin aux rivalités des grandes puissances dans l'Orient, afin de prévenir le retour de nouvelles complications; enfin, de s'entendre avec elles sur la révision du traité par lequel elles avaient reconnu le principe de la fermeture des détroits des Dardanelles et du Bosphore et d'arriver par là à une transaction honorable pour toutes les parties. Il ajoutait qu'une pacification fondée sur ces bases appellerait, en mettant fin aux calamités de la guerre, les bénédictions de toutes les nations sur le nouveau gouvernement.

Ce fut sous ces auspices que les conférences s'ouvrirent à Vienne, le 15 mars. Les diplomates qui y prirent place furent MM. le baron de Bourqueney et Drouyn de l'Huys, pour la France; pour l'Angleterre, lord John Russel et lord Wetsmoreland; le prince Gortschakoff et M. de Tiloff pour la Russie; pour la Turquie, Arif-Effendi et Rizza-Bey; pour l'Autriche, enfin, M. le comte Buol et M. le baron Prokesch-Osten. Les grandes puissances, on le voit, avaient persisté dans la résolution de ne pas y admettre les représentants de la Prusse. On sait quel fut le résultat de ces conférences, qui, après avoir multiplié les discussions, ne virent sortir de leur accumulation de procès-verbaux qu'une constatation d'impuissance; les séances furent suspendues et indéfiniment ajournées le 22 avril. « Les délibérations de la conférence de Vienne, dit M. de Nesselrode dans une circulaire du 10 mai 1855 aux agents diplomatiques de la Russie, sans être définitivement rompues, restent en suspens, MM. les plénipotentiaires de la France et de la Grande-Bretagne ayant déclaré leurs instructions épuisées. »

Mais, comme nous l'avons vu, les conflits de la diplomatie n'avaient point suspendu, même pendant le déchaînement de l'hiver tauride, les travaux et les combats des armées; ils n'avaient même pas ralenti les préparatifs militaires que faisait l'Europe occidentale pour donner une vigueur décisive à la campagne de 1855. Les renforts n'avaient cessé de prendre pied sur le sol de Crimée; au moment où les négociations de Vienne s'évanouissaient dans le vide, le général Alphonse de la Marmora débarquait à Kamiesch avec quatre mille baïonnettes, premier convoi du corps des quinze mille Piémontais qui venaient prendre leur part de périls et de gloire dans la grande lutte à laquelle s'était associée la nation sarde.

De graves événements s'accomplissaient alors en Crimée. Omer-Pacha, à la nouvelle que des forces russes imposantes se dirigeaient sur Eupatoria, s'était rendu dans cette ville avec cinq mille hommes des troupes d'élite qu'il avait transportées devant Sébastopol.

L'expédition envoyée contre Kertch était rentrée dans Kamiesch sans avoir ouvert ses opérations. Ce mouvement de forces sans gravité apparente devait exercer la plus haute influence sur les événements qui allaient s'accomplir; il est donc utile pour leur intelligence que le lecteur en connaisse les détails. Il sait que ce n'était que par condescendance pour le vœu énergiquement exprimé par lord Raglan que le général Canrobert avait donné son assentiment à cette expédition proposée et vivement désirée par les amiraux Bruat et Lyons, dont elle associait les escadres oisives aux opérations guerrières de l'armée.

L'escadrille anglo-française, composée presque exclusivement de navires à vapeur et portant sur ses bâtiments la division Brown, la division Dautemarre, la première du premier corps français, et un détachement turc, avait pris la mer dans la soirée du 30 avril. Elle s'était avancée au nord-ouest, et, après s'être enfoncée à l'horizon, du côté d'Odessa, que Sébastopol crut menacée d'une surprise, elle tourna vers le sud et se porta, sans que son changement de direction pût être aperçu de terre, vers l'entrée de la mer d'Azoff.

Pendant qu'elle exécutait cette marche dérobée, le général en chef de l'armée française recevait une dépêche télégraphique émanant du cabinet de l'Empereur, et conçue dans des termes si précis, qu'il crut devoir y obtempérer sans retard. « Au reçu de cette dépêche, portait-elle, réunissez tous vos moyens pour vous préparer à attaquer l'ennemi extérieurement; concentrez immédiatement toutes vos forces, même celles de Maslak. » Le général Canrobert se rendit auprès de lord Raglan pour lui donner communication de cette dépêche et lui dire que devant un ordre si positif envoyé par l'Empereur lui-même, il ne pouvait laisser une de ses divisions et une importante partie de ses transports s'engager dans une entreprise dont l'issue pouvait subir des retards. Les vives représentations, l'insistance de lord Raglan ne purent le faire revenir de sa résolution. L'ordre de l'Empereur était formel; il tint à l'exécuter dans toute sa rigueur. Le lieutenant de vaisseau Martin, l'un des officiers d'ordonnance du général en chef, s'embarqua aussitôt sur *le Dauphin*, porteur d'ordres qui rappelaient immédiatement le général Dautemarre et le vice-amiral Bruat. Ce ne fut qu'alors que le feld-maréchal anglais se détermina à envoyer lui-même un semblable contre-ordre au vice-amiral Lyons.

Les deux avisos atteignirent la flottille alliée dans les parages mêmes du détroit de Kertch; elle dut renoncer, non sans de vifs regrets, à cette entreprise dont la réalisation glorieuse ne suscitait aucun doute dans les esprits. Lord Raglan ne fut pas moins profondément blessé de cette mesure que les deux amiraux, dont elle arrachait les escadres à leur monotone immobilité. Elle jeta une froideur manifeste dans les relations des deux généraux en chef, jusque-là empreintes du caractère le plus cordial.

Un nouvel incident vint bientôt démontrer qu'il n'y avait plus entre ces deux chefs d'entente possible, d'entente au moins de nature à maintenir l'action des deux armées dans le concert intime, indispensable au succès de leurs opérations communes. La dépêche impériale impliquait un changement profond dans les projets que devait accomplir l'armée d'Orient. L'Empereur avait, il est vrai, renoncé à se rendre en Orient, mais il n'en tenait pas moins vivement à l'accomplissement du plan d'opérations qu'il avait conçu, et que l'un de ses officiers, le commandant Fave, apportait au général en chef de l'armée de Crimée. L'envoyé de l'Empereur arriva au camp dans la première quinzaine du mois de mai.

L'important document qu'il remit au général Canrobert changeait complétement les opérations dont l'armée poursuivait avec une si inflexible résolution le couronnement glorieux. Elle était arrachée à ses tranchées sanglantes pour être jetée à travers les chaînes tauriques, sur les derrières et sur les flancs de l'armée de secours. « Le feu qui a commencé contre la place, disait l'Empereur, en date du 28 avril 1855, aura, à l'heure qu'il est, réussi ou échoué. Dans l'un ou l'autre cas, il faut absolument sortir de la position défensive dans laquelle se trouve l'armée depuis six mois. » Traçant alors l'ensemble des opérations qu'il s'était proposé d'ouvrir, il prescrivait la formation de l'armée en trois corps.

Le premier, formant l'armée de siége, forte de 60,000 hommes : 30,000 Français et 30,000 Turcs, non compris 10,000 hommes non disponibles, était destiné à garder Kamiesch et à bloquer Sébastopol.

La seconde armée formant le premier corps d'opération, réunissait sous les ordres de lord Raglan, 25,000 Anglais, 15,000 Piémontais, 10,000 Turcs et 5,000 Français, et devait se porter sur la Tchernaïa, occuper les quatre chemins qui franchissent cette rivière et menacer ainsi, par ces quatre têtes de pont, la gauche des Russes, campés sur les hauteurs de Mackensie.

La troisième armée, second corps d'opération, composée provisoirement de 40,000 hommes, devait prendre position dans la vallée de Baïdar en arrière des lignes anglaises; prête, avec sa cavalerie et tous les moyens de transport qu'elle aurait pu réunir, à se porter en avant, elle devait attendre que ses vigies placées sur les falaises du côté de la mer lui eussent signalé l'arrivée en vue du cap Phoros, de l'escadre portant les 25,000 hommes du corps de réserve réuni près de Constantinople; et se dirigeant alors sur la route d'Ayen à Symphéropol, aller s'y combiner avec ces troupes qui devaient opérer leur débarquement sur la plage d'Alouchta. Ces forces réunies tourneraient alors l'armée ennemie sur les derrières, pendant que les divisions de lord Raglan déboucheraient elles-mêmes sur son flanc gauche.

Ce plan fut soumis à un conseil formé uniquement des généraux en chef. Omer-Pacha, de retour d'Eupatoria, y fut présent. Il se réunit à la préférence que lord Raglan exprimait pour un plan de campagne, dont les opérations eussent eu Eupatoria pour base; mais le plan impérial avait prévu cette combinaison et en avait fait ressortir si visiblement les inconvénients et les dangers, qu'ils durent l'un et l'autre renoncer à la faire valoir. Le feld-maréchal anglais critiqua alors la marche de l'armée d'Alouchta à Symphéropol; la route de Baïdar à Bachi-Séraï lui paraissait bien plus avantageuse. Le général Canrobert s'attachait avec la plus grande énergie à faire adopter, dans leur ensemble, les combinaisons stratégiques de l'Empereur. Il en vint jusqu'à offrir au général en chef des forces britanniques de se charger du commandement supérieur des opérations. Lord Raglan, étonné d'une pareille proposition, effrayé peut-être même de la lourde responsabilité qui allait retomber sur lui, refusa d'abord, puis hésita, et finit enfin par accepter.

Le général Canrobert sentit alors tout ce qu'au point de vue national sa conduite avait d'étrange, et songea à susciter quelque obstacle à cette concession impossible. Il en trouva un dans le premier acte d'exécution qu'elle exigeait. Lord Raglan ayant demandé au général en chef français de faire occuper les tranchées britanniques par l'armée de siège, ainsi que l'impliquait le plan impérial, le général Canrobert repoussa cette demande comme irréalisable : l'énorme développement des parallèles dont l'armée française avait la garde, exigeait, selon lui, des troupes trop nombreuses pour qu'il pût aggraver le service que la défense de ses ouvrages, continuellement ensanglantés par les sorties de l'ennemi, faisait peser sur son armée. C'était aux divisions britanniques qui avaient ouvert leurs cheminements et leurs tranchées, à conserver la responsabilité de leur œuvre.

Il fut dès lors évident pour le feld-maréchal anglais que le commandement qui lui avait été offert s'anéantissait, dès qu'on lui enlevait le seul moyen de l'exercer. Il ne pouvait laisser la majeure partie de l'armée

Garde impériale.
Dragon.
1856.

britannique devant Sébastopol et aller prendre le commandement d'une armée d'opération étrangère. Toute discussion fut rompue par la déclaration catégorique du général anglais qu'il n'y avait pour lui qu'une seule opération exécutable, la poursuite de celle que l'on avait commencée, la continuation du siége; qu'il n'entendait se prêter à aucune autre sans un ordre précis de son gouvernement.

C'était une rupture qui rendait tous rapports bien difficiles, sinon impossibles, entre les deux généraux en chef, surtout pour le général Canrobert, dont le commandement supérieur allait rencontrer à chaque pas des difficultés et des obstacles. Il fallait que l'un des deux généraux fût sacrifié au bien public; le général Canrobert se dévoua lui-même ; c'était là une de ces résolutions qui demandent un cœur puissant et une volonté énergique : il en trouva la force et la résolution dans la pensée des périls qu'il épargnait à l'armée, et des chances fatales dont il dégageait l'avenir. La dépêche télégraphique suivante portait, le 16 mai, sa démission au ministre de la guerre.

« Monsieur le Maréchal, ma santé fatiguée ne me permettant plus de conserver le commandement en chef de l'armée d'Orient, mon devoir envers mon souverain et mon pays me force à vous demander de remettre ce commandement au général Pélissier, chef habile et d'une grande expérience. L'armée que je lui laisserai est intacte, aguerrie, ardente et confiante ; je supplie l'Empereur de m'y laisser une place de combattant à la tête d'une simple division. »

Cette dépêche était celle qui était destinée à la publicité et dans laquelle il s'était efforcé de laisser au commandement des armées expéditionnaires tout son prestige. Il se réservait de porter postérieurement toute la vérité à la connaissance de l'Empereur. Si la lettre qu'il lui adressa le 19 ne la lui découvrait pas complètement, elle la lui laissait du moins entrevoir. On y lisait : « Le peu d'effet relatif produit contre Sébastopol, par les nombreuses et excellentes batteries des alliés, la non attaque de nos lignes extérieures par l'ennemi, attaque qui paraissait très-probable à la réouverture du feu et sur laquelle j'avais fondé des espérances d'un succès plus décisif que celui d'Inkermann ; les ardues difficultés que je viens d'éprouver pour préparer l'exécution du plan de campagne de Votre Majesté, devenu presque impossible par la non coopération du chef de l'armée anglaise ; la position très-fausse que m'a créée ici, vis-à-vis des Anglais, le rappel subit de l'expédition de Kertch à laquelle, je l'ai su depuis, ils attachaient une importance capitale ; les exceptionnelles fatigues morales et physiques auxquelles, depuis neuf mois, je n'ai pas cessé un seul instant d'être soumis ; toutes ces raisons, Sire, ont produit dans mon âme une conviction, celle que je ne devais plus désormais diriger en chef une immense armée dont j'avais su conquérir l'estime, l'affection, la confiance.

« Dès lors mon devoir envers Votre Majesté, envers la patrie, était de m'effacer et de demander mon remplacement par le général pour lequel, dans sa sage prévoyance, l'Empereur m'avait confié une lettre de commandant en chef, et qui réunit les conditions de capacité, d'autorité morale, d'habitude de conduire les grandes affaires, et d'énergie nécessaire pour amener à un heureux et sérieux résultat la vaste entreprise dont la mort de mon prédécesseur et la volonté de l'Empereur m'avaient chargé. Le soldat et l'officier connaissent les qualités guerrières du général Pélissier; ils vont l'entourer de toute leur confiance; le concours de nous tous lui est complétement acquis, et je sais que le nouveau général en chef a en son succès la foi la plus vive.

« Votre Majesté permettra-t-elle de lui dire que mon nom est trop connu des troupes dont la confiante affection n'a cessé et ne cesse de m'honorer, pour que, dans les circonstances présentes, je ne reste pas au milieu d'elles, afin de leur donner, en face des fatigues et des périls, l'exemple du dévouement au service et à la gloire de l'Empereur et de la France?

« J'ose donc supplier Votre Majesté de me permettre de commander une simple division dans cette belle et héroïque armée, dont la conduite a honoré et honorera toujours la France. »

Aussitôt après avoir expédié la dépêche portant sa démission, le général Canrobert avait fait appeler dans sa tente le général Pélissier, et après lui avoir annoncé la résolution qu'il venait d'accomplir, il lui en exposa les motifs. « J'ai demandé à Sa Majesté, lui dit-il en terminant cette confidence, de vous donner le commandement en chef, en m'autorisant à me remettre à la tête d'une division.

— Général, lui répondit le général Pélissier d'une voix sensiblement émue, ne faites pas cela, je vous en supplie; plus tard vous le regretterez amèrement.

— On ne regrette jamais d'avoir fait son devoir. » La dépêche suivante consacra ce changement dans le commandement de l'armée expéditionnaire:

« Paris, 16 mai, onze heures du soir.

« L'Empereur accepte votre démission. Il regrette que votre santé soit altérée; il vous félicite du sentiment qui vous fait demander de rester à l'armée; vous y commanderez, non pas une division, mais le corps du général Pélissier. Remettez le commandement en chef à ce général. »

Le général Canrobert s'acquitta de cette mission le jour même où il en reçut l'ordre. Voici en quels termes il l'annonça à l'armée:

« Soldats! le général Pélissier, commandant le premier corps, prend, à dater de ce jour, le commandement en chef de l'armée d'Orient.

« L'Empereur, en mettant à votre tête un général habitué aux grands commandements, vieilli dans la guerre et dans les camps, a voulu vous donner une nouvelle preuve de sa sollicitude, et préparer encore davantage les succès qui attendent sous peu, croyez-le bien, votre énergique persévérance.

« En descendant de la position élevée où les circonstances et la volonté du souverain m'avaient placé, et où vous m'avez soutenu au milieu des plus rudes épreuves par vos vertus guerrières et ce dévouement confiant dont vous n'avez cessé de m'honorer, je ne me sépare pas de vous. Le bonheur de partager de plus près vos glorieuses fatigues, vos nobles travaux, m'a été accordé; et c'est encore ensemble que, sous l'habile et ferme direction du nouveau général en chef, nous continuerons à combattre pour la France et pour l'Empereur.

« Au grand quartier général, devant Sébastopol, le 19 mai 1855.

« Le général en chef, Canrobert. »

Nobles paroles auxquelles le général Pélissier répondit le même jour par cette proclamation qui éveille des échos sympathiques dans tous les cœurs :

« Soldats, notre ancien général en chef vous a fait connaître la volonté de l'Empereur, qui, sur sa demande, m'a placé à la tête de l'armée d'Orient. En recevant de l'Empereur le commandement de cette armée, exercé si longtemps par de si nobles mains, je suis certain d'être l'interprète de tous en proclamant que le général Canrobert emporte tous nos regrets et toute notre reconnaissance.

« Aux brillants souvenirs de l'Alma et d'Inkermann, il a ajouté le mérite, plus grand encore peut-être, d'avoir conservé à notre souverain et à notre pays, dans une formidable campagne d'hiver, une des plus belles armées qu'ait eues la France. C'est à lui que vous devez d'être en mesure d'engager à fond la lutte et de triompher. Si, comme j'en suis certain, le succès couronne nos efforts, vous saurez mêler son nom à vos airs de victoire. Il a voulu rester dans nos rangs, et, bien qu'il pût prendre un commandement plus élevé, il n'a voulu qu'une chose, se mettre à la tête de sa vieille division. J'ai déféré aux instances, aux inflexibles désirs de celui qui était naguère notre chef et sera toujours mon ami.

« Soldats, ma confiance en vous est entière. Après tant d'épreuves, tant d'efforts généreux, rien ne saurait étonner votre courage. Vous savez tous ce qu'attendent de vous l'Empereur et la patrie; soyez ce que vous avez été jusqu'ici, et, grâce à votre énergie, au concours de nos intrépides alliés, des braves marins de nos escadres, et avec l'aide de Dieu, nous vaincrons.

« Au grand quartier général, devant Sébastopol, le 19 mai 1855.

« Pélissier. »

Le général Canrobert, persistant dans la réclamation qu'il avait adressée à l'empereur, reprit le commandement de la 1re division qu'il exerçait avant d'avoir reçu des mains mourantes du général Saint-Arnaud, celui dont il se dépouillait avec tant d'abnégation.

CHAPITRE XII.

ATTAQUE DES CONTRE-APPROCHES.

1855.

Le général Pélissier et lord Raglan. — Concessions. — Travaux des Russes. — Vaste place d'armes. — Extrait du journal du prince Gortschakoff. — Le général Salles. — Double attaque de nuit. — Coïncidence fatale. — Attaque de gauche. — Succès. — Attaque de droite. — Lutte acharnée. — Les combattants séparés par le jour. — Nouvelle attaque. — Victoire. — Armistice. — Le champ de bataille. — Développements des armées occidentales. — Arrivée de la garde impériale. — Forces piémontaises et ottomanes. — Mouvement en avant. — Reconnaissance. — Attaque des contre-approches orientales de Sébastopol. — Le Mamelon-Vert. — Le mont Sapoune. — La redoute des carrières. — Divergence d'opinions. — Conseil de guerre. — Débats. — Dispositions prises par le général Bosquet. — Les colonnes d'attaque. — Fusées de signal. — Brigade Wimpffen. — Le colonel Rose. — Le colonel Brancion. — Le colonel Polhès. — Enlèvement du Mamelon-Vert. — Attaque victorieuse des redoutes du Carénage. — Ardeur imprudente. — Retour offensif de l'ennemi. — Le Mamelon-Vert repris par les Russes. — Charge intrépide de la brigade Vergé. — Défaite définitive des Russes. — Attaque et prise de l'ouvrage des Carrières par les Anglais. — Importance de ces avantages. — Gravité des pertes. — Morts glorieuses. — Suspension d'armes. — Nouvelle phase du siége. — Expédition de Kertch. — Occupation du Bosphore ciménérien. — Croisières dans la mer d'Azoff. — Attaque et bombardement de Toganrog. — Dévastation. — Evacuation d'Anapa. — Escadres de la Baltique. — Cronstadt. — Machines Jacobi. — Affaire d'Hango. — Helsingfors et Sweaborg. — Attaque de cette dernière place. — L'îlot Abraham. — Ligne d'embossage. — Bombardement. — Incendies et destructions. — Croisière dans la mer Blanche. — Mesures généreuses. — Blocus sévère. — Ses effets. — Océan pacifique. — Concentration des forces russes. — Etablissement de l'Amour. — Evacuation de Pétropaulowski. — Croisière anglo-française.

Le nouveau général en chef avait senti que le succès des opérations si graves qu'il était appelé à diriger n'était possible que par l'unité dans la direction des forces qui devaient les accomplir; son premier soin fut, en conséquence, de rappeler entre le quartier général français et celui de l'armée britannique, les rapports de confiance et de cordialité qui, depuis quelque temps, avaient malheureusement cessé d'exister; aussi à peine était-il informé par le général Canrobert de la dépêche télégraphique qui consacrait la proposition dont ce dernier avait accompagné sa démission, et qui l'appelait lui-même à prendre le commandement en chef des troupes françaises en Orient, qu'il se rendit auprès de lord Raglan pour avoir une conférence avec lui; cette conférence dura plus de deux heures et jeta les bases des relations sympathiques qui devaient renaître entre les deux commandements supérieurs. Les dépêches ministérielles qui répondirent aux observations qu'il crut devoir soumettre à l'Empereur et au maréchal ministre de la guerre, lui donnèrent la plus grande latitude dans l'établissement de ces nouveaux rapports; ce qu'elles lui recommandaient spécialement était précisément ce qu'il sollicitait, la faculté de faire aux opinions de lord Raglan les concessions nécessaires à établir entre eux la meilleure harmonie, autant que ces concessions n'auraient rien de contraire au succès définitif que les armes occidentales poursuivaient en Crimée. Ces dépêches se résumaient en ces mots qui terminaient l'une d'elles : « Agissez de concert. »

Le général Pélissier commença par consentir à deux points pour l'exécution desquels lord Raglan avait inutilement sollicité le concours du général Canrobert : la reprise de l'expédition de Kertch, et l'attaque de la redoute de Kamchatka désignée par les alliés sous le nom du Mamelon-Vert. Le feldmaréchal britannique avait reconnu que les batteries de cette redoute incommodaient gravement les lignes anglaises et y causaient des pertes journalières considérables, et il avait réclamé vivement l'occupation de cette position par les troupes aux ordres du général Bosquet. L'expédition de Kertch reçut une exécution immédiate; l'attaque du Mamelon-Vert, résolue en principe, dût subir quelques délais commandés par les circonstances.

Les Russes n'avaient point passé dans l'oisiveté le temps rempli dans les camps des armées occidentales par les événements dont nous venons de tracer le récit. L'ardeur et l'habileté qu'ils avaient déployées dans ces lignes de terrassements accumulées autour des défenses primitives de la place s'étaient manifestées par de nouveaux ouvrages. L'occupation de la place d'armes *du 2 mai*, qui avait reçu son nom de la date même de sa conquête, et l'adjonction de ce point avancé à notre quatrième parallèle étaient pour les Russes une menace à laquelle ils avaient cherché des compensations; leurs projets s'étaient portés vers l'extrême droite de leur enceinte où des terrains assez vastes s'étendaient sous le feu croisé de leurs batteries.

Le journal des opérations militaires dressé par les ordres du prince Gortschakoff révèle l'importance que présentait cette position. « L'aide-de-camp général, commandant en chef les troupes impériales dans le midi de la Russie, y est-il porté, ayant remarqué que l'ennemi étendait ses tranchées sur la gauche de ses approches, et menaçait ainsi nos logements près du cimetière, ordonna de construire une ligne de contre-approches, en avant de ces logements, sur le versant du mamelon du côté de l'ennemi, avec cheminement sur le bastion n° 5. Cette nouvelle tranchée pouvait être défendue par les feux croisés de nos batteries les plus rapprochées, et le but proposé était d'établir à son extrémité une batterie pour prendre en flanc les travaux de l'assiégeant. »

Cet ouvrage, dont les lignes devaient relier entre elles les deux fronts d'embuscade solidement établis, l'un sur le grand côté du cimetière, l'autre près de la baie de la Quarantaine, fût devenu une sorte de camp retranché où eussent pu s'organiser de formidables irruptions contre nos lignes. Le développement subit et le relief considérable qu'il avait pris dans la nuit du 20 au 21 attira vivement l'attention du général Salles, qui s'empressa de les signaler au général Pélissier, auquel il avait succédé dans le commandement du premier corps.

Les projets de l'ennemi étaient manifestes. Le danger en était trop imminent pour qu'on laissât grandir les obstacles que l'extrême activité de l'ennemi et le nombre des bras dont il disposait pouvaient y accumuler en quelques nuits. Le général Pélissier prescrivit au général Salles d'enlever cet ouvrage dès le soir même, et, par une conversion de parapets, qui déjà plusieurs fois avait fait collaborer les Russes à la construction de nos attaques, de rattacher encore cette position avancée à nos lignes.

Cette opération avait, on le voit, une analogie frappante avec les petites conquêtes nocturnes que nous avions faites sur tout le développement de nos approches de gauche et notamment avec celle qu'avait déjà été appelé à diriger le général Salles lui-même. La seule différence était dans la disposition des lieux qui permettaient à l'ennemi de battre d'un feu croisé les approches de ces positions, de déployer un plus grand nombre de combattants et, enfin, de masser des réserves nombreuses dans les ravins de la Quarantaine. Tout annonçait donc que ces terrains seraient le théâtre d'une lutte acharnée et que leur conservation coûterait au vainqueur un prix sanglant.

Le général Salles chargea le général de division Paté du commandement supérieur de cette importante opération que la nature des ouvrages séparait en deux attaques. La première, ayant pour objet la ligne du cimetière; la seconde, les embuscades de la Quarantaine; celle-ci conduite par le général de brigade Beuret, celle-là par le général de brigade Lamotterouge. Ces trois officiers, après avoir parcouru ensemble les tranchées et s'y être livrés à une étude commune des localités, eurent une conférence avec les généraux en chef du génie et de l'artillerie, MM. Dalesme et Lebœuf; les dispositions d'ensemble et de détail furent définitivement arrêtées dans cette réunion.

Les troupes chargées de cette double attaque étaient réunies dès cinq heures du soir au dépôt général de la tranchée, d'où elles s'écoulèrent successivement, conduites par les aides-majors, vers les points où elles devaient se former en colonnes d'attaque; à huit heures, elles étaient à leurs postes n'attendant plus que le signal pour se jeter en avant. La colonne de gauche était formée de trois compagnies du 10e bataillon de chasseurs à pied, de trois bataillons du 2e régiment de la légion étrangère et d'un bataillon du 98e; celle de droite se composait des compagnies d'élite du 1er régiment de la légion étrangère, soutenues par deux bataillons du 28e et pouvant être, au besoin, protégées par un bataillon du 18e et deux bataillons de voltigeurs de la garde placés en réserve.

Par une coïncidence funeste, l'ennemi voulant pousser avec une grande vigueur ses travaux durant la nuit, avait résolu de concentrer sur les points que devaient assaillir nos deux attaques des masses considérables de combattants destinées à couvrir les travailleurs. Ainsi, au moment où nos troupes allaient s'élancer sur les ouvrages qu'elles devaient enlever, les régiments de chasseurs du maréchal prince de Varsovie et deux bataillons de celui de Jetomir, prenaient position en avant du bastion central et les bataillons du régiment d'infanterie de Minsk et les chasseurs d'Ouglitch se plaçaient en réserve prêts à les appuyer.

Les deux attaques devaient être simultanées ; le général Paté en donna le signal à neuf heures. Nos soldats s'élancèrent des tranchées avec leur impétuosité habituelle; nos compagnies du 10e chasseurs, que les bataillons du 2e régiment de la légion étrangère suivent avec une généreuse rivalité, arrivent au pas gymnastique sur les embuscades de la Quarantaine; l'ennemi, abordé avec vigueur, est culbuté après une mêlée courte mais vive; sa retraite n'est qu'un mouvement stratégique ; il s'est replié sur ses nombreuses réserves, comme le flot à la mer montante qui ne se retire que pour revenir plus violent avec la lame qui le suit; mais nos troupes, couchées à terre en avant des travailleurs du génie occupés à convertir la gabionnade russe en un parapet protecteur pour la position dont nous sommes maîtres, se relèvent soudain, foudroient l'ennemi d'une décharge qui, comme un coup de faux javelle ses premiers rangs, et reçoit le reste de la colonne sur ses baïonnettes.

Ce fut pendant deux heures une lutte d'un acharnement inouï. A peine repoussés, les bataillons vaincus, grossis par des troupes fraîches, refluaient à l'assaut avec une fureur nouvelle. Ces défaites continuelles qui n'avaient d'autres résultats que de joncher le sol de cadavres dont les Russes formaient le plus grand nombre, les convainquirent de leur impuissance. A onze heure et demie une fusillade éloignée et le feu des remparts étaient les seuls dangers qu'eussent à essuyer nos soldats du génie et les troupes qui protégeaient leurs courageux travaux; nous étions définitivement en possession de ce point extrême des contre-approches des Russes.

L'attaque de droite, dirigée par le général Lamotterouge, n'avait pas été opérée avec moins d'intrépidité et d'audace. Les vieux soldats de la légion étrangère, suivant le mur méridional de l'enceinte du cimetière, débouchèrent par l'angle sud-est de cette enceinte et fondirent sur les embuscades russes avec cet élan dont leur avait donné l'habitude leurs charges intrépides sur les crêtes du Jurjura ou dans les gorges de l'Atlas; comme sur la gauche, l'ennemi avait été culbuté et rejeté sur la place ; comme sur la gauche, les embuscades sébastopolitaines étaient restées en notre pouvoir; nos troupes victorieuses, soutenues par le 28e de ligne, s'étaient aussitôt établies en avant des ouvrages enlevés, car, ainsi que le leur avaient annoncé leurs généraux, chaque attaque avait deux phases bien distinctes, et la plus difficile, la plus laborieuse et à la fois la plus périlleuse n'était pas de s'emparer des logements de l'ennemi, c'était de les conserver. Il fallait exécuter à découvert sous les boulets et la mitraille de la place, et malgré les retours et les chocs continuels de l'ennemi, les travaux qui devaient plus tard servir d'abri à leurs défenseurs. L'ennemi, dont la nature du terrain coupé de ravins profonds, favorisait singulièrement les irruptions par masses profondes, déploya sur ce point une vigueur et un acharnement indescriptibles. Ce fut une longue succession de charges et de mêlées dans lesquelles les embuscades les plus éloignées furent prises et reprises jusqu'à cinq fois; telle fut un instant la confusion que ce combat corps à corps, cette lutte tumultueuse jeta dans nos troupes, qu'une partie dut rentrer dans nos tranchées pour y reformer ses rangs et se précipiter de nouveau sur l'ennemi. Cependant ce combat ne s'accomplissait pas dans cette épaisse obscurité, dans cette ombre pluvieuse dont l'hiver avait si longtemps enveloppé ces engagements nocturnes; c'était aux lueurs sereines des étoiles, aux pâles clartés de la lune dont les baïonnettes renvoyaient au loin les reflets d'argent que s'agitaient ces mêlées. Mais leurs fluctuations étaient si convulsives et si violentes, que tous les rangs étaient brisés, tous les bataillons confondus, Français et Russes, et que longtemps chaque homme se trouva exclusivement abandonné aux nécessités de sa défense et aux entraînements de son courage; malgré les renforts que jetèrent dans cette lutte ardente deux bataillons du 28ᵉ, un du 18ᵉ, les voltigeurs de la garde, le 9ᵉ bataillon de chasseurs à pied, le 80ᵉ régiment de ligne, les soldats du génie furent obligés de prendre presque constamment part à la lutte, soit avec leurs mousquets, soit avec leurs outils. On ne put donc songer à organiser les travaux, qui, en retournant les épaulements de cet ouvrage vers la place, eussent permis à nos troupes de s'y maintenir. Tous les efforts du génie durent tendre à mettre ces embuscades hors d'état d'être occupées pendant le jour; le second acte de ce drame sanglant était remis à la nuit suivante; les premières lueurs de l'aube séparèrent seules les combattants; les Russes se retirèrent sous leurs fortifications et nos troupes rentrèrent dans nos lignes.

Quand le soleil s'éleva radieux et serein au-dessus des crêtes boisées qui fermaient l'horizon, ses rayons ne rencontrèrent pas un seul homme sur ces lieux où se heurtaient un instant auparavant avec tant de fureur des multitudes nombreuses; ils n'éclairèrent que des cadavres jonchant des terres bouleversées.

Dans une conférence qui eut lieu le jour même, dans la tente du général Salles, il fut arrêté que l'attaque allait être reprise le soir à la même heure que la veille. Ce fut la division du général Levaillant qui reçut l'ordre de l'exécuter; dix bataillons appartenant aux 14ᵉ, 46ᵉ, 80ᵉ, 96ᵉ et aux voltigeurs de la garde, doivent y prendre part. Quatre sous les ordres du général Courton couvriront les positions de gauche restées en notre pouvoir depuis la nuit précédente; les six autres, conduites par le général Duval, sont chargées de se porter sur la gabionnade parallèle au grand mur du cimetière, d'en chasser l'ennemi et de permettre au génie d'y accomplir les travaux capables de nous en assurer la possession définitive.

Le signal fut donné à neuf heures ; nos bataillons fondent sur les embuscades russes avec un élan irrésistible ; elles sont heurtées et enlevées d'un seul choc. L'ennemi est loin d'opposer une résolution et une opiniâtreté semblables à celles de la veille ; après une courte résistance, il lâche pied en ouvrant contre la position qu'il abandonne une fusillade très-nourrie d'abord, mais qui diminue, faiblit et s'éteint. C'est l'artillerie des remparts qui remplace le feu de la mousqueterie par celui de ses canons. Malgré les projectiles de toute espèce qu'elle lance sur l'ouvrage évacué, les soldats du génie, dirigés avec un sang-froid héroïque par l'habile colonel Guérin, commencent leur œuvre, sous la protection des bataillons postés en avant.

Ces travaux complètent la victoire de nos soldats. Les ouvrages sur lesquels l'ennemi avait compté pour ravager nos approches et en balayer les parallèles de ses balles et de ses boulets sont en notre pouvoir ; ces parapets qui menaçaient nos lignes, battent ses fortifications de leurs lingots coniques.

« Notre succès, dit le général Pélissier dans son premier rapport comme commandant en chef, a été complet. L'ouvrage considérable sur lequel l'ennemi comptait pour arrêter nos attaques est entre nos mains, ses gabions nous couvrent, ses embuscades sont tournées contre lui. Celles qui n'ont pu entrer dans notre système ont été rasées.

« Ces actions de vigueur n'ont pas été accomplies sans pertes sensibles, et nous avons payé notre victoire d'un sang généreux.

« Hier à la demande itérative du général Osten-Sacken, le drapeau parlementaire a été arboré et un armistice a été conclu pour enterrer les morts. Nous avons remis plus de 1,200 cadavres entre les mains de l'ennemi. Ce champ de carnage rappelait à notre souvenir nos vieilles luttes contre les Russes, et, comme à ces époques mémorables, l'honneur des armes, dans ces combats à la baïonnette, est resté tout entier à notre infanterie.

« D'après le nombre de morts remis à l'ennemi et les résultats connus des affaires dernières, nous sommes assurés que les pertes des Russes sont au moins le quadruple des nôtres ; elles donnent à ces engagements les proportions d'une bataille.

« Notre artillerie, sous la direction du général Lebœuf, a fait preuve d'une vigueur et d'une habileté rares ; elle a balayé constamment par ses feux le ravin où l'ennemi rassemblait ses réserves. Nos projectiles n'ont cessé de tracer de sanglants sillons dans les masses russes chaque fois qu'elles s'organisaient pour un nouvel assaut. Je ne saurais trop louer le coup d'œil et le sang-froid du général Lebœuf.

« Le service des ambulances a été admirablement fait, et de grands éloges sont dus à tous ceux qui ont concouru à cette rude affaire. J'aurai ultérieurement l'honneur de vous faire connaître les noms des braves qui se sont signalés entre les braves ; le pays peut à bon droit s'enorgueillir de posséder de telles troupes. »

Parmi les pertes les plus sensibles que l'armée française éprouva dans ces combats, il faut compter le jeune colonel Boulatigny, officier dont l'intelligence égalait la valeur, et les intrépides commandants d'Authes et Cargouet.

Cependant les armées occidentales recevaient tous les jours de nouveaux renforts; l'armée anglaise était plus belle et plus nombreuse qu'elle n'eût jamais été, celle de la France rappelait par son nombre imposant et par son attitude martiale les plus belles qu'eût possédées le premier empire. L'arrivée de la garde en avait porté l'effectif à plus de cent mille hommes. Ces forces, auxquelles étaient venues se joindre les armées ottomanes et piémontaises, ne pouvaient plus tenir sur les plateaux de la Chersonèse. Elles étouffaient sur ces hauteurs arides où tout leur manquait; l'espace, le bois et l'eau, tandis que les vallées de la Tchernaïa, de Camara et de Baïdar déployaient devant elles leurs collines ombreuses, leurs eaux courantes et leurs riches pâturages dont la brise faisait ondoyer les foins en fleurs. Cette concentration sur un sol qui avait reçu tant de cadavres offrait d'ailleurs de graves dangers à cette époque où commençaient à se développer les chaleurs de l'été.

Ces considérations déterminèrent le général Pélissier à étendre ses camps dans les vallées, et à porter ses avant-postes jusque sur les bords de la Tchernaïa. Il profita de ce mouvement pour lancer quelques reconnaissances dans le pays, afin de n'être pas réduit, s'il fallait agir contre l'armée de secours, à le faire sans plan précis sur un théâtre ignoré.

Le corps chargé de ces opérations fut placé sous le commandement du général Canrobert; il se composait de deux divisions d'infanterie : celle de ce général et la division Brunet, de deux divisions de cavalerie aux ordres des généraux Morris et d'Allouville, et de cinq batteries d'artillerie. Il devait être suivi par la division sarde, que le général de La Marmora était convenu de porter sur le village de Tchorgoun. Après avoir poussé son mouvement devant lequel les avant-postes, et même les batteries russes se retirèrent précipitamment jusque sur les hauteurs voisines de cette bourgade tartare, la colonne française gagna les monts Fedinkines et la rive gauche de la Tchernaïa; les Sardes vinrent occuper à sa droite les hauteurs situées entre Inkermann et Tchorgoun, en avant des Turcs qui se trouvèrent placés en seconde ligne sur les ondulations de terrain, théâtre du combat du 25 octobre. La vallée de la Tchernaïa forma dès lors l'immense fossé qui sépara les campements des forces occidentales des bivouacs de l'armée russe établis sur les collines de Mackensie et d'Aïtodor.

Le général Morris, qui, par droit d'ancienneté, reçut du général Canrobert le commandement supérieur de ce corps mobile, poussa le 2 juin dans le pays une pointe d'exploration plus profonde; il n'emmena avec lui que la première division d'infanterie et la division de cavalerie du général d'Allouville. Après avoir débouché par la gorge pittoresque et sauvage où plonge la belle route de Woronzoff pour pénétrer dans les riches vallées de Varnoulka et de Baïdar, la colonne d'infanterie se porta jusqu'aux portes de Phoros qui donnent accès dans la Crimée méridionale. Le général d'Allouville s'avançant pendant ce temps dans le nord, atteignait la Tchernaïa à l'endroit où elle mit en mouvement le moulin de Téilion. L'on ne rencontra l'ennemi que sur ce dernier point; encore n'était-ce qu'un poste de Cosaques qui disparut dans les halliers, après avoir tiré quelques coups de fusil à une distance telle, que les balles ne purent arriver jusqu'à nos escadrons. Ces troupes, le soir, étaient toutes rentrées dans leurs campements respectifs. Le général Pélissier, après avoir pourvu aux plus urgentes nécessités hygiéniques et militaires de la situation, songea à exécuter l'attaque sollicitée par lord Raglan contre les batteries du Mamelon-Vert; cette opération avait, en effet, un caractère d'opportunité et d'urgence qu'il était impossible de méconnaître; son feu meurtrier contre les lignes anglaises rendait très-dangereux, sinon impossibles, leurs cheminements vers le Grand-Redan; leurs travaux d'approche se trouvaient donc presque complétement arrêtés.

Le nouveau général en chef se transporta sur les lieux avec le commandant du 2ᵉ corps, M. le général Bosquet, et les officiers supérieurs des armes spéciales. La force des positions ennemies fut étudiée avec soin. Le Mamelon-Vert faisait partie d'une ligne de contre-approches, consistant en trois groupes d'ouvrages, se prêtant un mutuel appui en croisant leurs feux, mais séparés les uns des autres par des ravins escarpés : c'était à droite du Mamelon-Vert désigné par les Russes sous le nom de redoute Kamchatka, les batteries des carrières établies en face des lignes britanniques, et à gauche, sur le contre-fort du Carénage, les redoutes de Volhynie et de Selighenski, que nous nommions les *ouvrages blancs*. A la suite de cet examen attentif, où il avait fait ses observations et recueilli les avis des généraux qui l'accompagnaient, le général Pélissier dressa le plan des opérations.

L'attaque isolée du Mamelon-Vert ne lui paraissait pas stratégiquement exécutable; les troupes qui l'auraient opérée eussent été écrasées par les feux convergents du Mamelon-Vert, des ouvrages blancs et de la redoute des Carrières, en traversant les quatre cents mètres séparant le premier de ces ouvrages de la parallèle française qui en était le plus rapprochée. L'enlèvement simultané des trois positions lui parut, au contraire, non seulement très-possible, mais fécond en conséquences les plus heureuses; son succès faisait faire au siége direct un pas énorme; les attaques étaient portées subitement de plus de trois cents mètres en avant; la ville se trouvait sous le feu de nos obusiers et de nos mortiers, et ses remparts sous les volées foudroyantes de nos batteries de brèche. Ce plan soumis à lord Raglan fut définitivement arrêté par le général en chef de l'armée française : un grand conseil de guerre fut convoqué pour en concerter les dispositions les plus favorables.

Cependant les longs retards qu'avait subis l'attaque de la place avaient provoqué des divisions dans la plupart des esprits; l'opinion du général Niel sur la nécessité de l'investissement avait conquis de nombreux partisans qui s'y ralliaient par des raisons toutes différentes des motifs spéciaux qui l'avaient inspirée. On se demandait quelle serait la position morale de l'armée française devant l'Europe et devant l'histoire, quelle perspective de nouvelles fatigues et de dangers ne s'ouvrirait pas devant elle, si la garnison russe, après nous avoir fait passer un hiver si dur, si périlleux et si meurtrier, dans la fange, la neige et la glace des tranchées, après nous avoir fait cheminer six mois entiers sous sa mitraille, ses boulets, ses obus et ses bombes, lorsque nos projectiles ne pouvaient battre que ses épaulements de terre ou ses remparts, allait disparaître au bruit de ses bastions sautant en l'air et aux clartés de Sébastopol et de ses derniers vaisseaux livrés aux flammes ; si, après cette déception, cette garnison, se joignant à l'armée de secours prête à la recevoir, allait recommencer devant les troupes occidentales la guerre de retraite que les forces russes avaient adoptée en 1812 devant la marche de la grande armée.

La conclusion de ces réflexions était que si l'on ne bloquait pas complétement la place, on devait du moins culbuter et rejeter au loin l'armée de secours. Beaucoup de partisans du siége direct partageaient cet avis dans la crainte de voir cette armée se précipiter sur nos lignes extérieures, au moment où l'assaut général serait tenté contre la place. Ces opinions s'étaient même produites en un acte que ne pouvaient admettre les vives susceptibilités de la discipline ; un conseil des généraux appartenant aux armes spéciales s'était réuni dans la tente de sir Harry-Jones, et une note exprimant le désir que l'attaque des redoutes orientales de Sébastopol fût précédée par une offensive vigoureuse contre les positions de Mackenzie y avait été rédigée et avait ensuite été adressée aux généraux en chef.

Ce fut au milieu de cette divergence d'opinions que s'ouvrit le grand conseil de guerre. Il était composé, du côté des Français, des généraux Bosquet, Niel, Thiry, Lebœuf, Beuret, Dalesme, Frossard, Martimprey et Trochu ; du côté des Anglais, des généraux H. Jones, Dacres, Airey, et du colonel Adye. Le général Pélissier ne laissa aucun doute sur son inflexibilité à l'égard de tout ce qui touchait à la dignité du commandement. Il prévint toute discussion, en déclarant nettement que le conseil était assemblé non pour discuter le plan de l'opération résolue, mais uniquement pour en rechercher le moment opportun et en combiner les moyens d'exécution les plus favorables. Les débats ainsi restreints ne pouvaient s'égarer en longues discussions ; quelques réflexions suffirent pour faire fixer l'attaque au 7 juin ; l'heure où elle devait être opérée souleva seule un conflit assez long. Beaucoup opinaient pour le point du jour, qui permettait de pouvoir disposer les troupes et former les colonnes dans l'obscurité ; d'autres signalaient les avantages du soir. On avait les dernières heures du jour pour combattre et la nuit pour s'établir solidement dans les ouvrages conquis.

Ce fut pour cette dernière opinion que se prononça le général en chef français. Il insista énergiquement sur les limites dans lesquelles devait se renfermer cette attaque. C'étaient les ouvrages avancés seuls qu'il s'agissait d'enlever ; c'était à la gorge de ces ouvrages que devait s'arrêter l'élan du soldat. Une des vives préoccupations des chefs devait donc être d'empêcher leurs forces de se laisser emporter par le succès. Bien que l'attaque ne fût dans la réalité qu'une surprise, elle devait être préparée par un feu violent. On ne pouvait espérer éteindre celui des batteries ennemies, mais on pouvait puissamment l'affaiblir. Ce feu aurait toujours l'avantage de ruiner les défenses et d'en faciliter l'envahissement par nos soldats. Le général Bosquet fut chargé de régler tous les détails d'exécution.

Cette décision répondait trop bien au désir de l'armée pour qu'elle n'y rayonnât pas, quel que fût le voile de discrétion dont les officiers présents au conseil s'efforcèrent de l'envelopper. Ce qui excita une joie universelle parmi nos troupes, ce fut la pensée qu'elles échappaient enfin à ces luttes aveugles, à ces combats dans l'obscurité où l'héroïsme perdu dans l'ombre n'avait presque toujours aucune autre récompense que la joie intérieure du devoir accompli ; où l'élan du soldat était même trop souvent glacé par la crainte de frapper un ami. C'était enfin à la lumière du soleil qu'on allait aborder les Russes, c'était sous les regards de ses camarades, à la vue de ses chefs, dans l'ardente excitation d'une rivalité glorieuse qu'on allait franchir leurs parapets et plonger, la baïonnette en avant, dans leurs masses profondes.

Le feu s'ouvrit le 6 à trois heures de l'après-midi et gronda jusqu'au soir avec une extrême vigueur contre toutes les positions qu'embrassait l'attaque ; lorsque l'approche de la nuit vint calmer sa vivacité, les redoutes ennemies étaient très-visiblement entamées ; il reprit le lendemain au lever du soleil l'énergie avec laquelle il avait éclaté la veille ; vers trois heures du soir, ce ne furent plus seulement les batteries anglaises et nos attaques de droite qui battirent Sébastopol de leurs projectiles, ce fut tout le développement des lignes alliées qui étreignit la ville dans une ceinture de feux ; la place se trouva ainsi menacée de tous côtés.

Pendant ce temps le général Bosquet prend toutes les dispositions qui doivent assurer le succès de la double attaque confiée au deuxième corps ; quatre de ses divisions sont désignées pour y prendre part ; ce sont les 2ᵉ, 3ᵉ, 4ᵉ et 5ᵉ. Elles se réunissent dans leurs camps respectifs à trois heures. Le général Bosquet les visite tour à tour, fait masser autour de lui leurs vaillants bataillons et leur annonce en quelques mots brûlants ce que la France attend de leur courage. De profondes acclamations lui disent quels échos sympathiques ses paroles éveillent dans tous les cœurs.

A quatre heures et demie, les colonnes d'assaut s'écoulent silencieusement le long des ravins qui les dérobent à la vue de l'ennemi ; ce sont des rivières de baïonnettes qui vont s'étendre en nappes d'acier dans les bassins des places d'armes. La première brigade, la brigade Wimpffen de la 2ᵉ division, occupe celle du mont Sapoune, où doit se rendre la seconde brigade, aux ordres du général Verge, aussitôt que la première se sera élancée sur les ouvrages ennemis. La division Brunet, massée dans le ravin de Karabelnaïa et grossie de deux régiments de la garde, l'un des grenadiers, l'autre des gendarmes, forme sa seconde réserve. Les places d'armes du Carénage sont couvertes par la division Mayran, que doit y remplacer, au commencement de l'attaque, la division Dulac. La division turque Osman-Pacha avait pris position sur les hauteurs d'Inkermann, prête à se porter où le danger appellerait son concours. A cinq heures, elles attendent impatientes le signal de l'action. Les bataillons qui doivent sortir les premiers des lignes sont montés sur des banquettes et prêts à en franchir les parapets. Des compagnies du génie, commandées par leurs capitaines, sont toutes disposées à s'élancer sur leurs traces, pour retourner immédiatement contre l'ennemi ses ouvrages et compléter la protection qu'ils doivent offrir à nos soldats. Les chefs sortant d'une dernière conférence viennent se mettre à la tête des troupes.

Le général Bosquet, à son poste dans la batterie de Lancastre, reçoit les derniers rapports et transmet les derniers ordres. Le général Pélissier, accompagné des généraux Niel, Thiry, Martemprey, Trochu, Frossard, Beuret et de tous les officiers de son état-major, arrive vers six heures en avant de la redoute Victoria.

Les forces anglaises sont de leur côté prêtes à agir ; tous les yeux sont dirigés vers la redoute Victoria d'où doit partir le signal, et cependant les batteries alliées tonnent toujours contre les objectifs de ce triple assaut. L'heure si impatiemment attendue est arrivée.

— Lancez vos fusées, dit le général Bosquet à l'officier d'artillerie chargé du signal.

Un instant après, les fusées partent, et, traçant avec un sifflement aigu leur parabole ardente, tombent en pluie de feu sur les ouvrages ennemis. Les batteries françaises suspendent un instant leur tir qu'elles vont reporter vivement sur la ville. Des acclamations s'élèvent des trois attaques d'où jaillissent simultanément les colonnes d'assaut.

C'est le général Wimpffen, qui, le sabre en main, les dirige contre le Mamelon-Vert : trois colonnes à la fois en gravissent les pentes que les batteries du Grand-Redan et les forts à gauche de la tour Malakoff balayent de leur mitraille. Ce sont à droite les tirailleurs algériens commandés par le colonel Rose, au centre le 50ᵉ de ligne conduit par le colonel Brancion ; à gauche, le 3ᵉ zouaves, enlevé par le colonel de Polhès. Rien ne peut arrêter leur élan, les coupures creusées par les Russes sont franchies, les lignes d'embuscades emportées, et les trois colonnes viennent impétueusement heurter la redoute russe. Le colonel Rose enlève du choc la batterie de quatre pièces qu'il aborde. Le colonel de Polhès et ses zouaves se jettent ardemment dans les fossés, envahissent les embrasures, gravissent les parapets et engagent une lutte acharnée avec les canonniers russes qu'ils tuent sur leurs pièces. Le colonel Brancion rencontre une résistance encore plus formidable. Un feu terrible renverse ses premiers rangs ; l'intrépide officier, saisissant lui-même le drapeau, s'élance sur la redoute, gravit l'escarpe, franchit l'épaulement, et, agitant la noble enseigne, la plante victorieuse sur le parapet, où il tombe glorieusement frappé de la même mitraille qui la déchire ; mais le régiment entier a bondi sur les traces de son colonel, la redoute est envahie, et tout ce qui résiste tombe sous ses armes.

D'autres colonnes ont quitté les parallèles françaises au signal des fusées lancées de la redoute Victoria. Les brigades de la 3e division, de la division Mayran, n'ont pas montré moins d'impétuosité que les colonnes d'attaque du Mamelon-Vert. La brigade Lavarande s'était précipitée sur l'ouvrage du 27 février qu'elle avait assailli avec l'ardeur dont son jeune général lui avait donné l'exemple. Les chasseurs du 19e, sous les ordres du chef de bataillon Caubert, les zouaves du 2e commandés par le colonel Saurin, et les soldats du 4e régiment de marine, conduits par leur lieutenant-colonel, M. de Cendrecourt, se disputent l'honneur d'entrer les premiers dans la redoute, qui tente de les écraser sous sa mitraille et sous ses balles. Les morts dont ils jonchent les deux cents mètres de terrain qu'ils ont à parcourir ne font qu'exalter leur courage par le désir de les venger ; la redoute est abordée, et aussitôt abordée, envahie; nos soldats y font irruption par les brèches et par toutes les embrasures à la fois; c'est alors une lutte corps à corps, une mêlée furieuse, où tous ceux qu'une prompte retraite ne dérobe pas à nos coups tombent sous nos baïonnettes.

L'élan avec lequel la 2e brigade, la brigade de Failly, s'est portée sur l'ouvrage du 22 février n'est pas moins admirable; le 95e de ligne, son colonel, M. Danner, en tête, le 1er bataillon du 97e et un detachement du 19e chasseurs qui le composent se montrent les glorieux émules de la première à qui ils ne reconnaissent d'autre priorité sur eux que celle de son numero d'ordre, ni la double distance qui sépare la redoute du 22 février de nos parallèles, ni la grêle de projectiles qui la frappe ne peuvent amortir leur impétuosité ; ils arrivent en masse compacte sur la batterie, se jettent dans ses fossés, escaladent ses parapets sous un feu roulant, et, selon l'énergique expression du général en chef, brisent, jusque dans l'intérieur de l'ouvrage, la résistance désespérée de l'ennemi ; ainsi, là encore les Russes n'ont pu résister à la vigueur de nos attaques. Poursuivis par les baïonnettes de nos troupes, ils se rejettent précipitamment sur la batterie du 2 mai, d'où ils sont délogés aussitôt.

Un incident heureux vient couronner ce succès. Un bataillon du 61e et le 2e du 97e, placés sous les ordres du lieutenant-colonel de ce dernier régiment, M. Larrouy d'Orion, massés en réserve dans le ravin du Carénage, s'enfoncent dans ce ravin au moment où l'offensive se dessine sur la crête du contrefort; arrivés à la hauteur du pont-aqueduc, ils gravissent les escarpements du versant de rochers formant la rive droite, et apparaissant à l'improviste au sommet de cette falaise, débouchent sur les derrières de l'ennemi, et lui coupent la retraite. Quatre cents prisonniers, dont douze officiers, sont le prix de ce mouvement tournant, exécuté avec autant de vigueur que d'habileté.

Pendant ce temps l'attaque du Mamelon-Vert avait ses émouvantes péripéties. Emportés par l'exaltation du combat, nos soldats, au lieu de s'arrêter à la gorge de la redoute, se sont élancés avec une ardeur aveugle à la poursuite de l'ennemi. Une circonstance funeste avait favorisé cette infraction aux ordres des chefs.

Au moment où nous venions de nous emparer de l'ouvrage, le feu avait fait sauter soit une fougasse, soit un magasin de poudre qui avait couvert une grande partie de la redoute de planches, de poutres et d'autres débris enflammés; le commandant Tixier, du 3ᵉ chasseurs, et un certain nombre d'hommes avaient essuyé des blessures graves; on devait redouter de nouvelles explosions; l'intérieur de la redoute ne pouvait donc être immédiatement occupé sans imprudence; et notre ligne avait dépassé le sommet de l'éminence et formé au-delà un demi-cercle. C'est au milieu du désordre causé par cette catastrophe que nos troupes, se jetant à la poursuite de l'ennemi, le poussent à la baïonnette jusqu'aux fossés de la tour Malakoff, où elles tentent d'entrer avec lui. Les imposantes réserves réunies dans son enceinte garnissent en cet instant ses remparts et joignent aussitôt la plus vive fusillade au feu de mitraille dont ses batteries foudroient nos bataillons forcés de se retirer précipitamment sous les tourbillons de projectiles qui les écrasent. De profondes colonnes russes s'élancent sur leurs traces et marchent droit sur la redoute du Kamtchatka qui ne peut encore offrir aucune protection à nos soldats. Elle retombe au pouvoir des Russes. Mais les ordres sont déjà donnés pour conjurer le danger où la brigade Wimpffen peut être anéantie. Le général Bosquet, en voyant nos troupes dans leur imprudent entraînement se ruer contre des ouvrages où elles ne peuvent que se briser, a prévu ce sanglant retour des Russes; ses officiers d'ordonnance sont partis aussitôt porter au général Camou et au général Brunet les ordres les plus urgents; toutes les réserves de l'attaque du centre s'ébranlent à la fois dans l'ordre le plus imposant. La brigade Vergé, qui s'est formée en colonnes sous le feu de l'ennemi, gravit hardiment la pente du mont Sapoune au pas de charge de ses clairons et de ses tambours; se grossissant dans sa marche des débris de la brigade Wimpffen, elle roule comme un flot sombre vers la redoute perdue, la heurte, l'enveloppe, la submerge et la balaye une seconde fois de ses défenseurs. En même temps, la 1ʳᵉ brigade de la 5ᵉ division est venue occuper les parallèles les plus voisines du mamelon et la 2ᵉ s'est portée à gauche, sous la protection d'un pli de terrain, prête à s'élancer en avant. Mais leur concours devient inutile; la redoute est reconquise, nos troupes l'occupent triomphalement et forcent, par la vivacité de leur feu, l'ennemi à se rejeter vivement à l'abri de ses fortifications. Il est sept heures du soir; le soleil disparaît dans les flots en faisant resplendir les aigles d'or de nos régiments, arborées sur les redoutes conquises.

L'attaque des troupes britanniques contre la redoute des Carrières, exécutée avec la même intrépidité, avait été couronnée du même succès; comme nos bataillons du Mamelon-Vert, elles avaient dépassé le but proposé à leur courage. Voyant les Russes en fuite devant elles, elles avaient espéré pénétrer avec eux dans le Grand-Redan et se loger ainsi dans les fortifications formant l'enceinte même de la place; elles avaient payé chèrement cette imprudente ardeur; mais si elles avaient été obligées de se replier en laissant derrière elles de nombreux cadavres, elles avaient

Cent - Gardes.
Tenue d'escorte.
1856.

conservé la redoute dont elles s'étaient emparées avec tant d'intrépidité.

Les Russes ne désespérèrent pas de recouvrer les ouvrages qu'ils venaient de perdre; chaque parti sentait que le point important était de conserver ces positions; aussi, pendant que le génie des deux armées occidentales déployait la plus ardente activité pour retourner les défenses contre la place, toutes les fortifications de la ville s'efforçaient de l'empêcher, en couvrant le terrain de bombes, d'obus et de boulets. La nuit enveloppe bientôt ce travail que n'éclairent plus que les explosions des projectiles creux; des compagnies d'éclaireurs sont jetées en avant, et des forces imposantes se tiennent prêtes à les soutenir, et à couvrir cette importante opération. On ne doute pas que les Russes ne tentent tous les efforts possibles pour reprendre la ligne dont ils ont été chassés.

En effet, dès dix heures du soir, leurs bataillons se forment en colonnes soutenues par de fortes réserves; à onze heures ils débouchent à la fois de la tour Malakoff et du ravin de Karabelnaïa : le feu de nos éclaireurs leur apprend qu'on veille, ils n'en avancent pas moins résolûment; mais une ligne de feux et de baïonnettes couronne nos épaulements ébauchés et leur oppose une barrière infranchissable. Ils ne se laissent pas abattre par un premier échec; trois fois ils s'élancent sur nos troupes avec l'aveugle résolution du désespoir; trois fois leurs rangs éclaircis par notre fusillade viennent se briser contre des parapets naissants qu'ils ne peuvent franchir. Le jour nous trouva encore maîtres de tous les points de cette importante ligne de contre-approches devenus dans la nuit de menaçantes têtes d'attaque, désormais à l'abri du feu et des retours offensifs de l'ennemi. Les batteries destinées à faire brèche dans l'enceinte de la place y étaient déjà en pleine exécution.

La prise de ces ouvrages fut une des grandes époques du siége de Sébastopol. Les pertes journalières, les dangers de tous les instants qui avaient jusqu'alors frappé sur nos lignes menaçaient désormais plus spécialement ses fortifications et ses quartiers. Les projectiles incendiaires et meurtriers dont nos batteries ainsi rapprochées n'allaient plus cesser de les écraser, devaient désormais faire de chaque jour de ce siége une date sanglante pour la Russie. Ce succès, d'ailleurs, ne pouvait plus laisser de doute sur le dénoûment prochain de ce grand duel d'artillerie. Les conséquences de cette soirée du 7 juin étaient donc immenses, indépendamment des avantages immédiats que nous avions obtenus : 73 bouches à feu et 502 prisonniers restés entre nos mains. « Je n'ai pas besoin, Monsieur le maréchal, disait le général Pélissier dans un premier rapport, de faire ressortir à vos yeux toute l'importance de ces résultats; ils sont considérables tant au point de vue de l'effet matériel que sous le rapport de l'effet moral et de la sécurité de nos opérations à venir. Le siége de droite, précédemment si retardé, est maintenant aussi avancé que le siége de gauche. L'ennemi est partout resserré dans la place, et lorsque nos redoutes conquises seront armées et mises en bon état de défense, il lui sera interdit de tenter de ces grandes sorties qui pouvaient, dans des cas déterminés, compromettre nos travaux de siége et même nos ports de Kamiesch et de Balaclava,

« Des succès de cette valeur, réalisés par de pareils efforts, ne s'obtiennent pas sans des pertes sensibles. Je ne suis encore fixé ni sur le chiffre de nos pertes ni sur celui des hommes mis hors de combat par blessures. Je vous adresserai prochainement à ce sujet des détails officiels et précis.

« J'ai dès à présent à vous signaler de glorieuses morts qui ont excité parmi nous une vive admiration et de profonds regrets. Le colonel de Brancion a été frappé au moment où il plantait sur la redoute du Kamtchatka l'aigle du 50e; le colonel Hardi a été tué à la tête du 86e. »

A ces morts glorieuses s'unissaient dans la douleur sympathique de l'armée celle du lieutenant-colonel Leblanc tombé également en conduisant ses troupes à l'assaut du Mamelon-Vert, celle du jeune capitaine d'artillerie Jules Tribouillard, à qui la science et l'intrépidité assuraient un brillant avenir.

Une suspension d'armes eut lieu le 9 à midi, pour que chaque armée pût enlever ses morts ; moment triste et solennel où les regards qu'a cessé d'éblouir le prestige de la victoire ne voient plus la guerre que sous son côté impie et sauvage. Le feu avait cessé sur les trois contre-forts ensanglantés par la lutte. Deux lignes furent tracées, l'une, au moyen d'une rangée de soldats anglais et français, sans armes, placés en avant des redoutes ; l'autre, par de petits fanons jaunes que des sous-officiers russes vinrent établir sur le front de leurs défenses. L'espace intermédiaire, où les officiers des armées ennemies réunis en groupes échangèrent des témoignages de politesse et d'estime, servait au dépôt des cadavres étrangers que chaque nation relevait sur le sol qu'elle occupait et qui étaient ensuite enlevés par leurs compatriotes. Cette opération douloureuse fut interrompue par un incident qui, après l'avoir troublée, égaya quelques instants tous ceux qui y étaient employés. Pendant qu'on déblayait péniblement ces terrains couverts de cadavres défigurés, de membres épars, de débris d'armes, le drapeau parlementaire qui flottait sur la tour Malakoff disparut à l'improviste. On crut la trêve écoulée ; et comme, d'habitude, le feu recommençait dès qu'elle avait cessé, un moment de confusion éclata de part et d'autre et chacun regagna en courant ses fortifications ou ses lignes de défense. La chute du drapeau était un accident qui fut réparé aussitôt, et chacun revint en riant à son poste. L'armistice se prolongea jusqu'à six heures.

Les jours suivants furent marqués par deux pertes douloureuses. Le général Lavarande, qui s'était emparé avec un courage si chevaleresque de l'ouvrage du 27 février, fut tué par un boulet, dans la matinée du 8 juin, au moment où, malgré la grêle de projectiles qui déchirait le sol, il étudiait en dehors des lignes un pli de terrain battu par les feux croisés de la place. Le 13 juin, c'était un des officiers supérieurs du génie, M. le colonel Guérin, dont la renommée avait si rapidement grandi au milieu des difficultés et des dangers qu'il avait domptés en conduisant avec autant d'audace que d'habileté nos attaques de gauche, qu'une balle frappait à la tête dans nos tranchées.

La prise et l'occupation des redoutes, attaquées le 7 juin, avaient porté nos lignes de droite à la hauteur où étaient déjà nos cheminements de gauche. On tenait désormais Sébastopol corps à corps; aucun ouvrage intermédiaire de quelque importance n'existait plus entre elle et les coups qu'allaient lui porter notre artillerie et nos masses assaillantes. Toute attaque devait donc avoir une suprême gravité, sinon une importance décisive. Mais, avant d'entrer dans les péripéties des faits émouvants qui vont former le dernier acte de ce grand drame militaire, il est nécessaire que nous donnions le récit des expéditions qui s'exécutaient dans diverses parties du monde, pendant l'accomplissement des événements que nous venons de rapporter.

La première qui s'offre à notre plume est celle de Kertch. Cette expédition, nous l'avons dit, était une concession faite par le général Pélissier au feld-maréchal britannique, qui attachait une grande importance aux résultats qu'elle devait produire ; elle n'était pas moins vivement désirée par les vice-amiraux Bruat et Lyons. Kertch est un petit port assis à l'extrémité orientale de la Crimée. Situé sur le détroit qui unit la mer Noire à la mer d'Azoff, c'est à cette position sur le Bosphore cimmérien que cette ville doit son importance et sa célébrité actuelle; son intérêt et sa célébrité historique remontent au temps de Mithridate, où, sous le nom de Paulicapée, elle était la capitale du royaume de Bosphore et de Pont; elle est séparée de Iénikalé, bâtie sur le même détroit, par un steppe d'un aspect gai et pittoresque de douze kilomètres environ. C'était contre ces deux villes qu'était dirigée l'expédition, dont le commandement militaire avait été confié au général d'Autemarre.

L'embarquement des troupes avait commencé le 21 mai au soir ; la flottille anglo-française avait pris la mer dans la soirée du 23, au moment où la clarté sereine de la lune lui montrait nos troupes, dont les baïonnettes renvoyaient ses clartés, se précipitant sur les embuscades de la Quarantaine. Elle avait débarqué le 24 à Kamish-Bournou, à un myriamètre environ au sud de Kertch. Les Russes, surpris et ne se croyant pas en force pour résister, se hâtèrent de détruire tout ce qui pouvait tomber au pouvoir de nos soldats ou leur offrir quelques commodités dans les deux villes; les magasins de vivres et de fourrages furent livrés aux flammes ainsi que les bâtiments qui se trouvaient dans le port ou dans les petits havres voisins, l'artillerie fut enclouée, les établissements militaires détruits. L'explosion des poudrières annonça à l'armée française les résolutions dévastatrices prises et exécutées par l'ennemi. Ces destructions accomplies, les forces russes se retirèrent sur la route de Kertch à Arabat, emmenant avec elles une partie des populations.

Le général prit possession de Kertch et la fit occuper par un commandant avec une garnison suffisante pour y maintenir l'ordre. Les deux amiraux, après avoir effectué le désarmement des forts du détroit où ils trouvèrent quatre-vingts bouches à feu enclouées, lancèrent dans la mer d'Azoff une escadrille de quatorze vapeurs, dont dix appartenaient à l'Angleterre et quatre à l'escadre française. Ces vaisseaux avaient pour mission de s'attacher à la poursuite des navires marchands qui s'étaient réfugiés dans ces eaux, de les capturer et de les détruire.

La petite armée expéditionnaire établit son camp dans une position dont les obstacles naturels pouvaient être facilement garnis d'ouvrages de campagne et mis en état de résister à des forces imposantes.

« La presqu'île d'Iénikalé, dit le général d'Autemarre dans son rapport, offre des ressources considérables en fourrage et en bestiaux; bien que je n'aie pas de cavalerie, j'ai pu prendre deux cent cinquante bœufs et autant de moutons qui serviront à nourrir la division pendant mon séjour ici. J'ai fait distribuer des bœufs à l'escadre française ainsi qu'à l'escadre anglaise. M. le général Brown, qui vient de recevoir cinquante hussards, se propose d'enlever les troupeaux aux environs de la place.

« La ville de Kertch est très-riche; on trouverait, je crois, à y passer des marchés avantageux pour l'armée. La population, qui est industrielle et commerçante, est presque tout entière restée dans la ville; celle d'Iénikalé, au contraire, avait suivi la garnison; hier quarante familles sont rentrées.

« On peut évaluer à 6,000 hommes le nombre des troupes chargées de défendre la presqu'île. Le général Wrangel, qui les commandait, avait, à plusieurs reprises, demandé des secours. Une lettre du prince Gortschakoff, tombée entre nos mains, informe ce général que non seulement les renforts qu'il désire ne lui seront pas envoyés, mais qu'il devra diriger toute sa cavalerie sur Sébastopol. »

Les steamers détachés dans la mer d'Azoff rallièrent les pavillons de leurs amiraux respectifs après avoir détruit une centaine de navires de différentes grandeurs.

Ce n'était pas à cette courte et rapide croisière que devaient s'arrêter les exécutions maritimes que les forces expéditionnaires devaient opérer dans cette mer intérieure où avait lieu, depuis le commencement de la guerre, un mouvement naval si actif et un commerce d'approvisionnements si considérable. Le golfe d'Azoff, qui règne à l'extrémité nord-est de la mer de ce nom, et qui s'enfonce dans le cours du Don en élargissant son embouchure, devait surtout offrir des entreprises d'autant plus avantageuses que le pays qu'il baigne est plus riche, et que le peu de profondeur de ses eaux semblait mettre ses havres à l'abri de nos coups de main.

Les amiraux alliés songèrent à tromper cette espérance en organisant en flottille les grandes embarcations de leurs bâtiments armées en guerre. Cette division volante, formée des chaloupes et canots français placés sous le commandement particulier de M. le capitaine de frégate Lejeune, sous-chef de l'état-major de l'amiral Bruat, entra le 1ᵉʳ juin dans la mer d'Azoff, remorquée par les six bateaux à vapeur suivants : *le Lucifer*, commandant Béral de Sédaiges, sous les ordres supérieurs duquel était toute l'expédition; *la Mégère*, commandant Devoulx ; *le Brandon*, commandant Cloué; *le Fulton*, commandant Le Bris; *le Dauphin*, commandant Robillard, et *la Mouette*, commandant Lallemant. Ces forces rallièrent, dans la soirée du 2, la division anglaise qui s'était portée dans le golfe même, à 12 milles environ en avant de Taganrog.

Cette ville, fondée par Pierre-le-Grand, en 1706, est le centre commercial de cette mer ; située à 20 milles de l'embouchure du Don, elle est l'entrepôt du cabotage de ce vaste fleuve, une des grandes artères mercantiles de l'empire. Détruite en 1711, en vertu du traité du Pruth, mais reconstruite en 1760, elle a pris de si rapides développements, qu'aujourd'hui elle ne compte pas moins de 25,000 âmes. C'était contre elle que les flottilles alliées, qui la veille s'étaient réunies dans ses eaux, devaient ouvrir leurs opérations de guerre.

Les bateaux à vapeur ayant le plus faible tirant d'eau s'avancèrent le 3 au matin vers la ville et vinrent s'embosser devant ses quais. Cinq seulement se trouvèrent opérer un assez faible déplacement d'eau pour atteindre cette position ; deux portaient le pavillon français : *le Dauphin* et *la Mouette;* trois avaient à leur corne le yack britannique : la canonnière *le Recruit*, *le Danube* et *la Mina*. La population entière semble s'être portée sur les hauteurs qui couronnent la ville, d'où elle suit avec attention ce qui se passe, et attend avec inquiétude ce qui va s'accomplir.

A huit heures, *le Dauphin*, sur lequel s'est rendu le commandant supépérieur français, M. Béral de Sédaiges, et *le Recruit*, que monte le capitaine de vaisseau Lyons, arborent le pavillon parlementaire ; deux embarcations légères se détachent de ces navires et vont toucher à l'extrémité du superbe môle de Taganrog. Quelques Cosaques viennent reconnaître les messagers, et un instant après, arrive en équipage, un aide-de-camp du gouverneur. Les officiers parlementaires lui font connaître à quelles conditions cette place peut échapper à la ruine qui va la frapper : retraite de la garnison à deux lieues de la ville et entrée dans la place des détachements alliés nécessaires pour y détruire tout ce qui est munition ou denrée de guerre. Un délai d'une heure était laissé pour répondre par *oui* ou *non*.

La réponse fut négative : « Il y a des troupes dans la ville, elles ne peuvent se retirer sans combattre. » La longue file des embarcations, armées en guerre, s'ébranla aussitôt, et rangea, à portée de pistolet, la magnifique ligne de quais se développant entre le môle et l'arsenal. Dès que la chaloupe formant la tête de la colonne eut atteint ce dernier point, à son signal, toute la ligne vint à gauche, se présenta de front vers la ville et ouvrit aussitôt son feu. Une grêle d'obus et de fusées à la congrève s'abattit sur les riches magasins de l'entrepôt qui, dans cette partie, formaient une rue splendide ; les nombreuses colonnes de fumée qui s'élèvent à la fois annoncent le développement d'autant d'incendies; la fumée rougit, et tous ces bâtiments n'offrent bientôt plus qu'une ligne de flammes. Quelques détachements jetés à terre vont compléter cette mesure de destruction, et la flottille s'éloigne de ces bords, où elle ne laisse que des monceaux de cendre et de débris.

Le 4 juin, la ville de Marcoupol, dont la population s'élève de 8 à 10,000 âmes, évita un traitement aussi rigoureux par la retraite d'un corps de 600 Cosaques qui formait sa garnison. Les autorités civiles consentirent à la destruction, par nos troupes, des édifices et des magasins appartenant au gouvernement russe. Une matinée suffit pour cette exécution. La flottille, dont une division prolongea ses ravages contre Chrisk et Temriouk, sur la côte sud-est, se réunit ensuite dans les eaux de Kertch.

L'expédition contre ce point important du littoral russe avait obtenu un succès complet. Le général d'Autemarre et les deux amiraux arrêtèrent de laisser une garnison turque à Iénikalé, plus, deux régiments occidentaux, l'un français et l'autre anglais. Ces troupes étaient chargées d'exécuter les ouvrages qu'on avait jugé nécessaire de construire sur le cap Saint-Paul. Soutenues par la station de bateaux à vapeur qui ne devait pas s'éloigner du détroit, elles étaient en état de repousser tout retour offensif des forces russes. L'escadre anglo-française était prête à se diriger vers Anapa, le seul point de la côte de Circassie qu'occupaient encore les Russes, lorsqu'elle apprit l'évacuation de cette place importante. Les deux amiraux envoyèrent immédiatement les contre-amiraux Charner et Hewart; le premier, avec *le Napoléon* et *le Primauguet*; le second, avec *l'Hannibal*, *le Highflyer* et *le Spitfire*, et convinrent de s'y porter eux-mêmes avec le reste de leurs forces. L'amiral Bruat y jeta l'ancre quelques jours après.

L'inspection attentive de la ville et de ses ressources révéla les motifs de la résolution prise par la garnison. La ville d'Anapa n'était pas en état de résister à l'attaque dont elle était menacée par notre escadre. Ce n'était point que ses fortifications ne lui permissent d'opposer une résistance énergique. Son enceinte, armée de 94 pièces de canon et de 14 mortiers, et couverte par un fossé profond, présentait une escarpe élevée, des parapets maintenus par un excellent clayonnage; mais la ville n'avait que des puits d'eau saumâtre, en sorte qu'un investissement de la place, pour peu qu'il se fût prolongé quelques jours, l'eût mise dans la nécessité de demander une capitulation.

Les Russes, du reste, fidèles à leurs habitudes de destruction, n'avaient laissé là, comme partout ailleurs, que des ruines et des débris. « Bien que leur évacuation ait été accomplie à la hâte, lit-on dans un rapport du vice-amiral Bruat, ils ont brisé la plupart de leurs affûts, cassé les tourillons de 79 bouches à feu, fait sauter la majeure partie de leurs magasins à poudre, incendié leurs casernes et pratiqué dans la muraille, à l'aide de la mine, cinq brèches considérables.

Le général en chef des forces ottomanes en Asie avait, de son côté, envoyé Sefer-Pacha avec un petit corps de soldats turcs et de cavaliers tunisiens, prendre possession de cette place. Cet officier, Circassien d'origine, et connu par la résistance énergique qu'il avait opposée aux Russes, avait vu son autorité immédiatement reconnue par les chefs du pays. L'amiral Lyons, retenu quelques jours à Kertch par l'état valétudinaire du général Brown, n'arriva devant Anapa qu'au moment où la division française appareillait pour regagner Kamiesch.

Ce n'était pas dans la mer Noire, c'était dans la Baltique, que devaient avoir lieu les principales opérations militaires des escadres occidentales. Comme l'année précédente, la flotte britannique avait pris les devants. A peine libre des glaces qui, pendant tout l'hiver, interdisent sa surface au sillage des vaisseaux, cette mer avait vu l'amiral Dundas apparaître dans le golfe de Finlande, et venir établir son quartier-général à l'île de Nargen. Toutes ses croisières avaient dès lors été dirigées de manière à reconnaître les places principales de ces côtes. Les approches de Revel et d'Helsingfors avaient été l'objet d'explorations spéciales.

Sur tous les points, les Russes avaient fait des préparatifs de défense. Le détroit de Riga avait été obstrué par d'énormes blocs de pierre. Plusieurs vaisseaux de ligne, qui se trouvaient dans le port de Sweaborg, s'étaient hâtés de quitter ce refuge où les bombes des vaisseaux alliés eussent pu les visiter et de gagner les jetées protectrices du port militaire de Cronstadt.

Ce fut devant cette place, le formidable boulevart de Saint-Pétersbourg, que les vaisseaux français rallièrent, le 1er juin, les forces britanniques. L'escadre de l'amiral Dundas, forte de 13 vaisseaux de ligne, tous à vapeur, de 4 corvettes et de 6 canonnières, formait, à 12 milles dans l'ouest de cette place, une ligne de bataille du caractère le plus sombre et le plus imposant; le fond de la baie de Finlande disparaissait derrière ce formidable rideau. L'escadre française, *le Tourville* en tête, portant le pavillon de l'amiral Penaud, vint, par une manœuvre exécutée avec une précision admirable, prendre son mouillage sur une ligne parallèle à celle formée par les vaisseaux britanniques, à une très-faible distance en dehors d'eux. Le 3, les deux escadres mirent sous voiles et poussèrent une reconnaissance profonde dans les parages de Cronstadt. Cette reconnaissance ne fut pas sans danger. Des machines incendiaires, de l'invention du docteur Jacobi, avaient été semées dans ces eaux. *Le Mélin*, que montaient en cet instant les deux amiraux, ayant passé sur une de ces machines, en provoqua l'explosion. La secousse que cette détonation imprima au navire fut si violente, qu'on put craindre d'abord que la carène n'eût été brisée et qu'il ne sombrât; elle n'avait heureusement causé aucune avarie sérieuse, et ce steamer put poursuivre son erre sans danger.

Deux jours après, les hostilités s'ouvrirent par une méprise des plus regrettables. Un croiseur anglais, *le Cossack*, avait pris et détruit plusieurs bateaux de cabotage en vue de Hango, et par suite, quelques marins finlandais avaient été faits prisonniers. L'amiral anglais ne voulant pas exercer de rigueurs inutiles contre la navigation commerciale, tant que les communications entre le golfe de Finlande et Saint-Pétersboug seraient interceptées, donna ordre au *Cossack* de retourner à Hango et d'y mettre à terre ses prisonniers. Cet ordre fut exécuté le 5 juin au matin. Cette corvette vint jeter l'ancre à une petite distance de la place; un canot fut mis à la mer; le lieutenant Genest en reçut le commandement. Cette barque portant, outre sept prisonniers russes, l'équipage habituel d'une pareille embarcation, se dirigea vers le môle du port. Une demi-heure au moins avant d'y aborder, le canot déploya un pavillon parlementaire pour signaler le caractère pacifique de sa mission.

Un seul homme, dans ce moment, était sur le môle ; à l'approche du canot parlementaire, il prit la fuite. L'officier anglais venait de déposer les prisonniers sur le quai désert, lorsque accourt une colonne de 4 à 500 soldats russes. Une vive fusillade est dirigée contre le groupe, placé vainement sous la protection du drapeau parlementaire ; les Anglais, se voyant ainsi assaillis au mépris des principes les plus sacrés du droit international, songent à se défendre ; résolution impuissante, ils succombent sous la supériorité brutale du nombre ; ceux qui ne sont pas tués sont faits prisonniers.

Tel fut le fait qui fit retentir le Parlement et les journaux anglais des protestations les plus énergiques, et qui amena un échange de notes assez vives entre les amiraux alliés et le prince Basile Dolgorouki, ministre de la guerre en Russie ; le résultat de ces discussions fut une déclaration faite par le cabinet de Saint-Pétersbourg que les parlementaires ne seraient plus reçus à l'avenir que sur trois points : à Cronstadt, à Sweaborg et à Revel.

La fin de ce mois et le mois suivant se passèrent sans que les escadres de la Baltique eussent tenté l'exécution de quelque projet sérieux. L'été s'écoulait, la campagne était déjà avancée, et le formidable armement naval envoyé dans cette mer intérieure ne s'était encore signalé par aucune entreprise qui pût compenser les dépenses faites par les deux pays pour sa création et son équipement. Les amiraux, après avoir longtemps étudié Cronstadt, regardèrent toute entreprise contre ses fortifications comme une tentative d'un succès impossible. La prise d'Helsingfors n'était pas immédiatement exécutable ; il fallait d'abord attaquer Sweaborg.

Sweaborg est en quelque sorte l'avant-port de cette place, port russe de premier ordre et la nouvelle capitale de la Finlande dont Abo avait le titre sous la domination suédoise. Il n'était possible de l'atteindre qu'à travers ses forteresses brisées et muettes. Sweaborg n'est, du reste, à proprement parler, qu'un groupe d'îlots escarpés dont plusieurs ont été reliés entre eux par des jetées de granit en forme de remparts ; ces îlots, couverts d'édifices et de forts, constituent à la fois la ville et la citadelle. Au centre, est le port, lieu habituel de station de la flottille de la Baltique. Telle est cette place, qui a été assez improprement nommée le Gibraltar de la Baltique.

Une reconnaissance, faite avec soin dans les derniers jours de juillet, avait fait comprendre aux amiraux la crainte que les Russes éprouvaient d'être attaqués dans ces parages. Tous les points susceptibles de recevoir des fortifications en avaient été couverts ; sept nouvelles batteries avaient été construites ou étaient en construction sur les îles Bak-Holmen, Rungs-Holmen et Sandham. Les mesures les plus énergiques avaient été prises afin d'empêcher la flotte anglo-française de contourner cette place pour pénétrer dans la rade d'Helsingfors, dont le sud avait été armé de nouvelles forteresses. Deux grands navires, chargés de blocs de pierre, avaient été coulés dans la partie occidentale, entre les îlots Langorn et West-Swarto. Un vaisseau à deux ponts y était embossé pour la défendre, et, au besoin, s'y abîmer. Un autre vaisseau à trois ponts occupait la passe orientale avec les mêmes ordres. Les amiraux résolurent de diriger leurs efforts contre Sweaborg. Frapper Sweaborg, c'était menacer et faire trembler Helsingfors, car c'était lui prouver qu'on pouvait l'atteindre.

Les deux escadres étaient réunies le 7 août au mouillage de Sweaborg. Vers neuf heures et demie du soir, l'amiral Penaud se rendit avec les capitaines d'artillerie de la marine Sapia et Mourette et le lieutenant de vaisseau de Verneuil, vers l'îlot Abraham, situé à 2,200 mètres des forts russes. Ce dernier officier, commandant le steamer *l'Aigle*, chargé quelques jours auparavant de l'exploration hydrographique des environs de Sweaborg, avait signalé cet îlot comme très-propre à recevoir une batterie de mortiers.

L'amiral et les deux capitaines d'artillerie partagèrent son opinion. L'emplacement où elle devait être élevée fut choisi, et les ordres immédiatement donnés pour l'exécution de cet ouvrage. A onze heures et demie, les corvées étaient à l'œuvre. Des sacs de terre pris à Nargen, et dont avaient été chargés les canots de la division, fournirent les éléments de l'épaulement destiné à couvrir la batterie. Le clair d'étoiles d'une nuit sereine favorisa puissamment ce travail, qu'on dut suspendre à deux heures et demie du matin; les clartés de l'aube ayant dès cette heure envahi le ciel, nos marins n'eussent pu poursuivre le travail sans appeler sur ses lignes encore rudimentaires l'attention et la défiance de l'ennemi. Ces terrassements semblèrent tout le jour avoir échappé à ses regards ; pas un projectile ne vint prouver que l'îlot offrît à sa surveillance quelque chose de suspect.

Toute la journée du 8 fut employée par les alliés en préparatifs. Nos bombarbes, remorquées par nos canonnières, allèrent se placer en ligne avec les bombardes anglaises. « La nature embarrassée de la localité, dit le rapport de l'amiral Dundas, formée de rochers, de chenals et de récifs submergés, rendait difficile le choix des points où l'on pouvait placer les bombardes armées de mortiers ayant une portée suffisante. Le talent du capitaine Sulivan, commandant du *Merlin*, m'a été, dans cette circonstance, d'un puissant secours. Les mesures auxquelles nous nous étions définitivement arrêtés formaient une ligne courbe des deux côtés de la petite île d'Oterhall; l'espace du centre était réservé pour les bombardes de l'escadre française, ainsi que nous en étions convenus avec le contre-amiral Penaud. »

Ce fut cette position que ces bâtiments, au nombre de cinq : *le Tocsin, la Fournaise, la Trompe, la Torche* et *la Trombe*, armés chacun de deux mortiers de 32 centimètres, et commandés par les lieutenants de vaisseau Léotard de Ricard, Cuisinier Delisle, Souzy, Cottin et Buret, vinrent occuper, à 400 mètres du centre de la forteresse de Sweaborg, où devaient converger tous les feux; 8 bombardes anglaises, portant chacune un mortier de 13 pouces, occupaient la gauche, 8 autres la droite. Des amarres furent disposées de manière que chaque canonnière pût, en les filant un peu avant l'action, se rapprocher de 600 mètres des batteries ennemies ; et, en cas d'avarie, reprendre sans remorque sa position première. Les canonnières *l'Aigrette*, *l'Avalanche*, *la Tourmente*, *la Tempête*, *la Dragonne* et *la Fulminante*, sous les ordres des lieutenants de vaisseau Mer, Tresse, Jonnart, Maudet, Narry et Harel, se formèrent en ligne parallèle au large de nos bombardes.

La frégate *l'Isis*, commandant Cleret-Longavant, et la corvette *la Galathée*, commandant Mancel, chargées de fournir des munitions à la flottille de combat, se rapprochèrent de sa ligne d'embossage ; elles jetèrent l'ancre dans l'est des îles Skogskar. L'abbé Piel, aumônier de *l'Austerlitz*, s'était rendu à bord de *l'Isis*, où avait été organisée une ambulance.

Indépendamment de ces dispositions générales, quelques mesures de prudence avaient été prises. On avait prévu le cas d'un incendie ou d'une avarie majeure sur les bâtiments engagés. Et non seulement l'aviso à vapeur *l'Aigle* et quelques frégates anglaises, mouillés à peu de distance, devaient porter secours aux navires en péril, mais les embarcations de nos vaisseaux avaient, dans le même but, reçu l'ordre de se réunir le lendemain matin dans les eaux de *l'Aigle*. MM. Laurencin, capitaine de *l'Austerlitz*, Taffart de Saint-Germain, capitaine du *Duquesne*, et Gallic de Kérizouet, capitaine du *Tourville*, devaient diriger alternativement ce service et, en cas d'accident, remplacer l'amiral Penaud dans le commandement général.

Dès que la nuit eut étendu son obscurité sur la baie, les travaux de la batterie, suspendus pendant le jour, furent repris avec une activité nouvelle; les embarcations chargées de sacs de terre et de matériel d'artillerie ou portant de nombreuses corvées de travailleurs, débordèrent des vaisseaux et se dirigèrent vers l'îlot Abraham, où la carcasse de la batterie présenta bientôt, sur un développement de dix mètres, un épaulement haut de deux mètres et large de deux mètres cinquante centimètres à sa base.

Les transports continuèrent toute la nuit, pendant que le travail d'appropriation et d'armement se poursuivait avec une incessante ardeur, sous la direction du capitaine Sapia, commandant de la batterie. Quand l'amiral Penaud vint, avant trois heures du matin, visiter cet ouvrage, construit à une distance de la place où les bombardes n'eussent pu s'avancer sans le plus manifeste danger, le travail était achevé; trois mortiers de 27 centimètres, abrités par un puissant parapet, tendaient vers la place ennemie leurs gueules prêtes à vomir en mugissant leurs projectiles incendiaires; on avait converti en poudrière une large déchirure du granit, qu'un solide blindage avait mis à l'abri de la bombe.

Les préparatifs de l'attaque étaient complets, sans que les Russes en eussent inquiété l'exécution par un seul boulet. Après une courte conférence, les deux amiraux s'assurèrent du parfait concert de leurs intentions. Le contre-amiral Penaud avait porté son pavillon de commandant sur le steamer *le Pélican*, monté par le jeune et audacieux lieutenant de vaisseau baron Duperré, afin de surveiller plus efficacement les opérations et de se porter avec plus de célérité sur les points où la direction de l'attaque pourrait nécessiter sa présence.

A sept heures tout était prêt pour l'action ; sur l'îlot comme sur les bombardes, sur les bâtiments français comme sur les navires britanniques, partout on appelle avec impatience le signal, partout les artilleurs, rangés près des mortiers, dont les angles sont arrêtés, n'attendent qu'un mot de leurs officiers pour ouvrir le feu.

Le signal fut donné à sept heures vingt minutes. Vingt-neuf mortiers tonnèrent à la fois sur toute la ligne. Vingt-neuf bombes, s'élançant dans le ciel, semblèrent planer un instant au-dessus de Sweaborg comme l'oiseau qui fascine sa proie ; puis, s'abattant avec rapidité, tombèrent dans le groupe de fortifications et d'édifices formant la couronne murale de ces rocs escarpés.

Les batteries de cette place, jusqu'alors silencieuses, commencèrent immédiatement leur feu, et le combat fut engagé. Vers neuf heures, nos canonnières, se portant dans les vides que laissaient entre elles nos bombardes, vinrent joindre leurs boulets pleins et leurs obus aux bombes qui ne cessaient de pleuvoir sur la ville. On ne tarda point à avoir la révélation des ravages que le bombardement exerçait dans ses murs. Ce furent d'abord des colonnes d'épaisse fumée qui de plusieurs points se déroulèrent dans le ciel ; à cette fumée, dont la flamme rougit bientôt les tourbillons, vinrent se joindre des explosions terribles : c'était, vers dix heures, un magasin à poudre qui sautait en l'air ; une seconde détonation, beaucoup plus forte encore, éclatait à onze heures et demie dans l'île Vargon, d'où l'on voyait aussitôt s'élever les flammes de plusieurs incendies.

« Le feu, dit l'amiral français dans son rapport, faisait de rapides progrès dans un endroit formant une espèce de ravin, et notre attention était vivement excitée de ce côté, lorsqu'à midi et demi une troisième explosion enveloppa la forteresse tout entière dans un tourbillon de fumée. Pendant quelques instants, nous entendîmes des détonations successives semblables au roulement du tonnerre. Cette dernière explosion aura surtout causé à l'ennemi des pertes énormes en matériel et en personnel. C'est la plus terrible de toutes celles dont nous ayons été témoins. Elle dut jeter un grand désordre dans Sweaborg, car, à partir de ce moment, l'ennemi répondit moins vivement à notre feu. Plusieurs batteries même cessèrent complétement de tirer. Les forts de Langorn et de Bak-Holmen continuèrent seuls à inquiéter nos bâtiments. Les incendies se multiplièrent sur différents points dans les magasins situés à droite de l'église, aux deux versants du ravin.

« Le tir des bombardes fut très-nourri pendant la plus grande partie de la journée. *La Trompe*, capitaine Souzy, est arrivée à une moyenne de vingt-quatre coups par heure. Dans la soirée le feu se ralentit un peu ; les flammes opérant leur œuvre de destruction, il nous suffisait d'entretenir le désordre et l'épouvante qui régnaient dans la place. »

Ce fut toute la nuit un étrange et saisissant spectacle que cette ville guerrière, dont la crête, dentelée d'édifices et de forteresses surmontant des falaises sauvages, se dessinait sur le fond ardent des incendies qui la dévoraient et dont, par intervalles, les grandes explosions de flammes et de clartés venaient éclairer l'ensemble fantastique.

Le feu de nos bombardes fut interrompu quelques instants; l'activité de leur tir avait épuisé leurs munitions. Nos canonnières, qui avaient suspendu le leur vers six heures, les prirent à la remorque et les conduisirent près de *l'Isis*, qui renouvela leurs approvisionnements. La plupart avaient repris leurs postes à onze heures du soir. Elles envoyèrent de temps en temps des bombes dans la ville en feu, et des embarcations anglaises, s'avançant à petite distance, y jetèrent des fusées incendiaires. La seconde journée ne fut pas moins féconde que la première en résultats brillants. Nos marins y déployèrent une audace qui nécessita plusieurs fois l'intervention de nos bâtiments remorqueurs pour les retirer du milieu des boulets dont les forts ennemis s'efforçaient de les écraser. Ainsi la bombarde *le Tocsin* était allée prendre position si près des batteries de Bak-Holmen, que leurs boulets passaient à travers sa mâture et fouettaient la mer autour d'elle. « La position de ce bâtiment, dit encore l'amiral Penaud dans le récit officiel du bombardement, était devenue très-dangereuse; je donnai l'ordre à la canonnière *la Tempête* d'aller le prendre à la remorque et de l'éloigner de l'ennemi. Cette opération s'est faite promptement et m'a donné occasion de juger du sang-froid et de l'énergie des deux capitaines Léotard et Maudet. »

Il ajoute :

« *La Fournaise*, capitaine Delisle, mouillée à peu près dans la même direction, se trouvait aussi fortement engagée sous la volée de la batterie Bak-Holmen, qui ne l'épargnait pas. M. le capitaine de frégate baron Roussin, mon chef d'état-major, officier très-distingué et qui a toute ma confiance, voyant le danger que courait cette bombarde, s'élança dans un canot et fut la remorquer plus loin des forts. D'un autre côté, *la Torche*, capitaine Cottin, qui avait été conduite à l'extrémité ouest de la ligne pour bombarder Langorn et le vaisseau embossé entre cette île et West-Swarto, fut aussi exposée quelque temps à un feu très-nourri de la part de l'ennemi; elle fut retirée de cette position très-avancée par *la Tempête*, qui venait de rendre le même service au *Tocsin*. »

L'îlot Abraham, beaucoup plus rapproché, ne se distingua pas moins par l'ardeur des artilleurs qui servaient ses mortiers, et auxquels l'amiral avait jugé nécessaire d'adjoindre des canonniers et des chefs de pièces pour les seconder dans ce rude et périlleux travail; Sweaborg le soir n'était plus qu'un vaste brasier. Il continua de brûler toute la nuit au milieu de ses fortifications muettes. «Le 11, à quatre heures du matin, dit encore l'amiral Penaud, M. le contre-amiral Dundas m'envoya un officier pour me dire que, trouvant que nous avions atteint le but de notre attaque, il me proposait de mettre fin au bombardement. Partageant cet avis, je fis le signal de cesser le feu. Toutefois je donnai l'ordre à chaque bâtiment de conserver le poste qu'il occupait et de recommencer à tirer s'il partait un seul coup de canon des batteries russes. »

Le bombardement de Sweaborg, qui dura quarante-cinq heures et pendant lequel les navires alliés lancèrent sur cette place forte 4,150 projectiles, dont 2,828 bombes, devait rester le fait culminant de cette seconde campagne des flottes occidentales dans les mers du Nord. La canonnade des forts avancés de la capitale de la Livonie et l'expédition de la corvette mixte *le d'Assas* et des steamers anglais *le Tartar* et *le Horrier* dans le golfe de Bothnie, dont la destruction de dix-neuf navires marchands capturés devant Biornborg et dans les ports voisins furent les résultats, comme les autres incidents qui les suivirent, s'effacent devant les ruines amoncelées par cette grande exécution de guerre.

La petite division navale qui, cette année comme la précédente, avait été envoyée dans la mer Blanche, était sous les ordres du capitaine de vaisseau Guilbert, dont le guidon flottait sur la frégate *la Cléopâtre*. En apparaissant sur ces côtes désolées qu'enveloppent pendant une si longue période de l'année la nuit, les glaces et les tempêtes, l'intention du commandant français était de n'atteindre le pays que dans son grand commerce, et de frapper cette richesse ayant un caractère public et à quelques égards national, puisqu'elle forme une des sources les plus abondantes de l'impôt. Quant aux rapports maritimes que ces malheureuses populations avaient entre elles, il était résolu à les couvrir de la protection généreuse de la France.

Les instructions de nos croiseurs furent dictées dans ce noble esprit. Ils devaient arrêter les navires marchands et laisser circuler les petits bateaux affectés à la pêche et aux relations côtières. Les populations en semblèrent d'autant plus reconnaissantes qu'elles s'y attendaient moins, les autorités russes leur ayant représenté nos soldats et nos marins sous les couleurs les plus odieuses. Plusieurs des bourgades riveraines établirent des communications avec nos navires et leur fournirent des bestiaux et des vivres frais. Les rigueurs de la guerre, resserrées dans les limites d'une lutte internationale, pouvaient donc ne pas peser sur la masse de ces peuplades déshéritées et n'atteindre que l'Etat et le haut commerce.

L'intervention du gouvernement russe vint troubler ces bonnes dispositions et cet état de choses relativement pacifique. Il commença par abuser de la navigation tolérée par notre blocus pour faire passer des munitions de guerre sur divers points de ses côtes septentrionales. Le commandant Guilbert fut informé que 2,000 fusils avaient été transportés ainsi d'Archangel à Kerrat et en d'autres lieux; il se vit donc dans la nécessité d'appliquer strictement le droit de la guerre et de frapper tout ce littoral d'un blocus rigoureux.

Le gouvernement russe, de son côté, défendit toute relation avec nos croiseurs, sous les peines les plus sévères. On employa même tous les moyens d'exaltation pour fanatiser ces peuples ignorants, les irriter contre nous et les porter à se servir dans des embuscades des armes qui leur avaient été distribuées. Quelques coups de main sur Onéga, Kema ou Soumet, qui avaient de petites garnisons russes, eussent pu démontrer à ces populations leur impuissance et notre modération ; mais c'eût été verser le sang par fausse gloire, et le commandant français jugea plus digne de la grande nation que représentaient ses couleurs de ne pas sortir de la sage retenue qu'il s'était imposée.

Ce blocus était d'ailleurs la guerre la plus dangereuse qui pût être faite à la Russie, dans ces hautes latitudes. « Pendant notre séjour dans la *mer Blanche*, rapporte dans une de ses dépêches, M. Guibert, capitaine de vaisseau, commandant *la Cléopâtre*, nous avons eu quelques relations avec la ville de Vard'huis, en Norvége. Nous y avons appris, par des lettres particulières, reçues d'Archangel, combien étaient considérables les pertes causées au commerce russe par notre blocus ; et l'on y annonçait comme infaillible la ruine complète des premières maisons de commerce du pays. Si l'on considère en effet que, chaque année, il entrait dans la mer Blanche au moins six cents navires neutres, jaugeant en moyenne deux cents tonneaux, on aura d'abord un chiffre d'exportation de cent-vingt mille tonneaux, auquel on peut ajouter le mouvement d'un pareil nombre de caboteurs russes et norvégiens, faisant régulièrement deux voyages par an et transportant quinze mille tonneaux, on arrivera ainsi à un total de cent trente-cinq mille tonneaux d'exportation annuelle ; et en supposant que l'importation par bâtiments neutres ne s'élève qu'au dixième de l'exportation, on obtiendra un chiffre général de cent quarante-huit mille tonneaux, dont le mouvement commercial aura été anéanti par notre croisière.

« J'ai la profonde conviction, monsieur le ministre, qu'un blocus un peu prolongé et conduit comme celui de cette année, est le plus rude coup que l'on puisse porter à la Russie dans ses provinces septentrionales, qui n'ont pour leurs produits aucune autre voie d'exportation que celle de la mer Blanche, et dont le commerce avait atteint depuis quelques années des proportions énormes et presque ignorées en France. »

La guerre s'était encore étendue en 1855, jusque dans les parages septentrionaux de l'Océan-Pacifique ; mais dans ces régions lointaines, la Russie avait prévu les graves échecs qui pouvaient atteindre sa puissance et les avait conjurés en faisant évacuer à ses forces coloniales les places où elles se trouvaient disséminées et en les concentrant sur un point dont elle avait résolu de faire le Sébastopol de l'Asie orientale.

Le point choisi était le grand et puissant établissement que la Russie a créé sur les terres dont la Chine lui a consenti la cession à l'embouchure de l'Amour. L'entrée de ce fleuve, protégée par des forts qui comptaient une garnison de huit à dix mille hommes, offrait aux bâtiments russes un refuge assuré contre les croisières alliées ; et la place, un asile couvert par un système de fortifications qui défiait toute attaque. Les ordres envoyés par les quartiers-généraux de Sibérie prescrivaient à toutes les garnisons et à toutes les croisières russes d'Amérique de se retirer provisoirement vers cette ville.

Ces ordres furent ponctuellement exécutés ; la garnison de Petropaulowski, ce centre du commerce et de l'administration russes dans l'Océan-Pacifique, s'y rendit avec d'autant plus d'empressement, que la présence de deux steamers anglais, *l'Encounter*, de quatorze canons, et *le Baracounter*, de six, venus depuis la fin de février, surveiller l'entrée de la rade, présageaient une attaque des escadres anglo-françaises contre cette place pour le printemps.

Deux frégates russes, *l'Aurora* et *la Dwina*, se trouvaient dans le port; l'administration affréta trois baleiniers américains, et le 17 avril, profitant d'un brouillard et de l'éloignement momentané des croisières anglaises, les cinq navires mirent à la voile et transportèrent dans l'Amour les archives, le trésor et les munitions de la colonie, ainsi que la garnison et une partie de la population russe formant un effectif de quinze cents personnes. Le reste de la population se retira au village d'Avalscha, à quelque distance de la côte.

L'escadre alliée, commandée par les contre-amiraux Bruce et Fourrichon, étant arrivée le 15 mai au mouillage de Petropaulowski, fit occuper par des détachements de marins cette ville abandonnée. Il ne s'y trouvait que trois Américains, dont un d'origine française. Par suite d'une décision profondément regrettable, les ordres des amiraux prescrivirent la destruction de tous les édifices appartenant au gouvernement russe. Cette mesure rigoureuse, qui eût dû frapper seulement sur les édifices de guerre, n'épargna que l'église, l'hôpital et les habitations les plus pauvres.

L'escadre anglo-française, forte de huit bâtiments, tant à vapeur qu'à voiles, se dirigea ensuite vers les possessions russes de la côte asiatique. Elle n'y tenta aucune entreprise sérieuse. Cependant deux frégates françaises s'étant portées au commencement de septembre sur les côtes du Kamtchatka, y prirent possession de l'île Ouroup, à laquelle ils donnèrent le nom de *l'Alliance*. Le seul avantage qu'elles tirèrent de l'occupation de cet entrepôt du commerce russe dans l'archipel des Kourils fut la capture d'un cutter, ayant à son bord une riche cargaison de fourrures précieuses.

Tels sont les faits que produisait sur toutes les plages du monde cette grande lutte dont nous allons voir les imposantes et terribles péripéties se dénouer sur les ruines de Sébastopol.

CHAPITRE XIII.

LA TOUR MALAKOFF.

Urgence des événements. — Nouvelles batteries du Mamelon-Vert. — Parallèle avancée. — Changement imprévu. — Le général Saint-Jean-d'Angely appelé au commandement des attaques de droite. — Le général Bosquet au commandement du corps d'armée de la Tchernaïa. — Projet d'attaque contre la tour Malakoff et contre les redans. — Noble conduite du général Bosquet. — Dispositions prises pour l'assaut. — Les trois colonnes françaises. — Bombardement du 17. — Nuit du 18. — Surprise. — Attaque précipitée de la division Mayran. — Dangers. — Le général Pélissier fait avancer le signal de l'assaut. — La division Brunet n'occupe pas encore ses positions. — Mouvements isolés. — Attaques désastreuses. — Mort glorieuse du général Brunet. — Efforts héroïques de la division Mayran. — Carnage. — Le général Mayran est mortellement atteint. — Brillant succès de la division d'Autemarre. — Intrépidité du commandant Garnier. — La batterie Gervais enlevée. — Nos soldats dans le faubourg de Karabelnaïa. — Ils sont forcés d'évacuer la ville et la batterie conquise. — Retours offensifs. — Retraite. — Le général Bosquet replacé à la tête du 2ᵉ corps. — Mort du feld-maréchal lord Raglan. — Rappel du général Canrobert par l'Empereur. — Etat formidable de nos attaques. — Imminence du dénoûment. — Lignes extérieures des alliés. — Bataille du 16 août. — Les Russes descendent les hauteurs de Mackensie. — Attaque de notre gauche et des avant-postes piémontais sur notre droite. — Insuccès. — Les forces russes se portent sur notre centre. — Enlèvement du pont de Traktir. — Combat acharné. — L'ennemi est repoussé, et, malgré ses efforts, contraint à la retraite. — Armistice. — Redoublement du feu de nos attaques. — Pertes journalières des Russes. — Travaux de leurs mineurs. — Attaque générale contre Sébastopol. — Préparatifs. — Trois colonnes. — Réserves. — Canonnade irrégulière du 5 et du 6. — L'assaut. — Ordre du jour.

Le siége de Sébastopol avait franchi la période des engagements partiels; sorties soudaines, irruptions locales, attaques isolées, luttes d'instantanéité et de surprise avaient perdu toute importance spéciale devant ces chocs décisifs où toute collision allait prendre les proportions d'un combat, où tout assaut allait s'élever à l'importance d'une bataille. Trois armées se trouvaient en présence prêtes à se ruer les unes sur les autres : celle qui était assiégée dans l'immense camp retranché que le génie d'un homme, du général Tottleben, qui s'était élevé, d'un bond, au niveau des plus grands hommes de guerre, et l'activité d'un peuple avaient substitué à l'enceinte fortifiée de Sébastopol, sorte de mur d'octroi, comme nous l'avons dit, qui, au début de la campagne, ceignait le midi de cette place ; l'armée alliée formée des effectifs réunis par quatre nations dans l'unité d'une cause commune ; enfin l'armée de secours dont les feux étoilaient chaque soir les hauteurs d'Aï-Todor et de Mackensie, et dont les bivouacs retranchés semblaient bloquer les troupes de l'occident dans leurs positions obsidionales.

Si les forces alliées étaient séparées de la première par une ligne de terrassement et de remparts flanquée d'un large fossé, elles l'étaient de la dernière par une ligne de falaises fortifiées couverte par une vallée profonde. Prêtes à donner l'assaut, elles étaient aussi prêtes à le recevoir.

C'était le moment de la péripétie suprême, le moment où tout devait se précipiter sur le dénoûment, *semper ad eventum festinat*. L'opinion publique, spécialement représentée par la presse anglaise, se demandait même pourquoi, après les ordres restrictifs qui avaient si déplorablement arrêté l'élan des troupes lors de l'enlèvement des contre-approches de droite, on tardait si longtemps à jeter les colonnes d'assaut sur Malakoff et sur les deux Redans ; pourquoi on laisserait les Russes accumuler leurs moyens de défense et leurs forces sur ces points qui étaient manifestement le nœud de la situation, le boulevard de Sébastopol, les objectifs nécessaires de toute attaque sérieuse.

L'impatience de nos soldats n'était pas moins fiévreuse. Le 7 avait été précédé d'une belle nuit ; ils voulaient en faire un jour glorieux. Ils ne pouvaient douter que ce ne fût également l'ardent désir du général en chef ; lui, dont l'énergique volonté avait imposé à tant de dissidences la vigoureuse résolution que l'élan des troupes avait si glorieusement réalisée, ne devait pas être moins impatient de tirer de cet important succès ses conséquences victorieuses ; mais un siége ne comporte pas la soudaineté et l'entraînement du champ de bataille ; de la redoute Kamtchatka aux ouvrages de Malakoff il y avait quatre cents mètres de terrain découvert à traverser, et il fallait les traverser sous une telle concentration de feux, que les troupes eussent été couvertes d'une nappe de mitraille.

Dans un conseil, où les généraux en chef appelèrent les commandants supérieurs des armes spéciales, il fut arrêté que de nouvelles batteries seraient élevées sur le Mamelon-Vert, qu'un fossé russe, ouvert cent mètres en avant, serait converti en parallèle avancée et relié à nos approches qui seraient rattachées à nos autres attaques par le prolongement des tranchées vers les ravins du Carénage et de Karabelnaïa. Ces dispositions achevées, et elles pouvaient l'être en peu de temps, la tour Malakoff serait attaquée avec beaucoup plus de confiance. On profiterait aussi du délai qu'elles entraîneraient pour exécuter divers travaux et cheminements aux ouvrages blancs auxquels le général Lavarande avait laissé son nom en les baptisant de son sang. Dès le 14, les généraux en chef pouvaient déterminer le jour de cette attaque ; elle fut fixée au 18. Les Anglais devaient marcher contre les batteries du Grand-Redan pendant que nos divisions assailliraient celles de Malakoff et les fortifications du Carénage.

Tel était l'état des choses, lorsque ce siége étrange, dont la marche avait toujours été un bizarre enchaînement de faits imprévus, éprouva encore un de ces brusques changements dont le grave inconvénient était de jeter un étonnement inquiet dans les esprits, de froisser les sympathies et d'exciter d'autres préoccupations que celles de la patrie et de l'honneur militaire dans ces moments solennels où le cœur ne doit éprouver que les nobles et généreuses inspirations du devoir. S'il était un officier supérieur que ses antécédents, son caractère, et la confiance de l'armée appelassent au commandement de cette importante attaque, c'était à coup sûr le général Bosquet; en lui semblait s'être personnifiée la victoire de nos armes sur cette vieille terre de Crimée qui n'avait jamais vu resplendir tant de gloire que ne lui en avaient déjà jeté nos drapeaux. C'était lui dont l'heureuse hardiesse du mouvement déferlant sur la gauche des Russes par-dessus les falaises de l'Alma avait décidé le succès de notre première bataille; c'était lui que lord Raglan avait proclamé le sauveur de l'armée anglaise sur le plateau sanglant d'Inkermann.

La nuit glorieuse du 7 juin venait de donner à ces faits une consécration nouvelle. S'il était donc un général qui, par une désignation exceptionnelle, eût dû être nommé pour diriger cet assaut décisif, c'était certainement lui. Il se trouvait placé, par la force même des circonstances, à la tête de cette attaque; il avait le commandement du corps qui devait l'opérer. A défaut de motifs qui eussent pu le faire appeler à cette position, il y en avait au moins de manifestes pour la lui conserver; c'était lui qui commandait l'attaque de droite depuis le jour de son ouverture; il en connaissait toutes les forces comme toutes les faiblesses, tous les avantages et tous les dangers; le sol sur lequel on devait opérer n'offrait pas une éminence, une dépression, un pli qu'il n'eût étudié. Eh bien! le 15 au soir, la lettre qui lui annonçait la décision prise entre les trois généraux en chef, qu'un assaut serait donné le 17 à la tour Malakoff, lui enjoignait de remettre le lendemain 16 le commandement des attaques au général Regnaud de Saint-Jean-d'Angely, à la disposition duquel il devait laisser son sous-chef d'état-major, le commandant Henry. Il était placé à la tête d'un corps d'armée de vingt-cinq à trente mille hommes qui devait se tenir sur la Tchernaïa, prêt à repousser une attaque de l'ennemi ou à exécuter les ordres qui seraient envoyés.

Ce ne fut pas sans un douloureux froissement de cœur que le général Bosquet s'éloigna de ce champ de bataille dont il avait observé si patiemment tous les reliefs; cette impression ne fut pas moins profondément ressentie par l'armée, qui éprouvait un mélange d'orgueil et de confiance en marchant sous un tel chef; mais le loyal soldat comprit qu'un motif politique pouvait donner au général commandant la garde impériale la direction d'un événement propre à signaler l'apparition de ses divisions sur le théâtre de la lutte; et, étouffant toute impression personnelle, il se mit complétement à la disposition de son successeur pour lui fournir tous les renseignements pouvant éclairer la conduite des opérations à exécuter.

Les instructions remises par le général en chef au général Regnaud de Saint-Jean-d'Angely portaient:

« Dimanche 17 juin, à la pointe du jour, ouverture générale du feu contre la place...,

« Le lundi 18, de bonne heure dans la matinée, assaut sur la tour Malakoff, avec attaque du Redan par les Anglais. Après succès, et alors qu'il y aura lieu, assaut sur le bastion du Mât et sur le bastion Central. » Trois corps d'armée, dont deux français, devaient donc opérer sur la place pendant que celui du général Bosquet couvrirait les lignes extérieures de nos positions.

Les troupes placées sous les ordres du général Regnaud de Saint-Jean-d'Angely consistaient en trois divisions du premier corps : la 1re commandée par le général d'Autemarre, la 3e, par le général Mayran, et la 5e conduite par le général Brunet, enfin la division Mellinet de la garde impériale. Les forces que le général Salles devait lancer contre les défenses de gauche se composaient des 2e, 4e et 6e divisions du premier corps et de la 2e division du corps de réserve. Les instructions du nouveau commandant des attaques de droite se terminaient en ces mots dictés par une confiance qui honorait le général Bosquet : « Je vous invite à vous mettre immédiatement en mesure de connaître le terrain sur lequel vous aurez à agir pour me soumettre le 17 au matin le projet d'action. C'est une question que le général Bosquet a été en position de préparer et dont il vous remettra les données ; vous irez recevoir de ce général le commandement demain à deux heures de l'après-midi, et vous vous installerez au quartier général actuel du deuxième corps dont l'emplacement est connu. »

Ces ordres furent ponctuellement exécutés. Le général Bosquet, après avoir communiqué au général qui le remplaçait les précieux résultats de sa longue étude de nos approches et des défenses ennemies, ainsi que ceux de ses méditations sur la stratégie qui résultait de la nature de ces terrains et des fortifications, s'éloigna de ces positions, descendit dans la vallée et porta son quartier général sur les monts Fedinkine, où les divisions Canrobert et Camou avaient établi leurs bivouacs.

Pendant ce temps, les troupes désignées pour concourir à l'attaque générale opéraient leurs mouvements; la division d'Autemarre, qui, à son retour de Kertch, avait repris son ancien campement en arrière des attaques de gauche, quittait ce bivouac et allait dresser ses tentes devant la tour Malakoff. Le général Saint-Jean-d'Angely ne perdait aucun des précieux instants qui précédaient l'heure de l'assaut. Après avoir visité avec les généraux du génie et de l'artillerie Frossard et Beuret les batteries et les tranchées, il les parcourut de nouveau, accompagné des trois généraux qui devaient exercer des commandements, et étudia avec eux les abords des fortifications ennemies. Ce ne fut qu'après cette exploration qu'ils se rendirent au quartier général du deuxième corps pour concerter le plan de l'attaque.

Il fut décidé que trois corps assaillants seraient chargés d'y concourir. Celui de droite fut formé de la division Mayran ; sa première brigade massée dans le ravin du Carénage, devait en sortir vivement au signal de l'action, suivre la berge gauche du ravin, et, débordant l'extrême droite des fortifications ennemies, tourner la batterie de la pointe et l'attaquer par la gorge; la 2e brigade, conduite par le général de Failly, devait se jeter sur le Petit-Redan et l'enlever. Le premier régiment de voltigeurs de la garde avait, sur la demande du général, été adjoint à sa division si considérablement affaiblie par ses dernières luttes. La colonne centrale était dirigée par le général Brunet. Les points qu'elle devait aborder étaient la droite de la tour Malakoff et la gauche du Petit-Redan. La division d'Autemarre formait la colonne de gauche; elle devait lancer sa tête assaillante sur la batterie Gervais formant la droite de la tour Malakoff, pénétrer dans l'intérieur, envahir la courtine et menacer à la fois la tour Malakoff et le faubourg de Karabelnaïa. Deux batteries devaient se tenir attelées à l'abri de la redoute Brancion, prêtes à partir au premier ordre. Ces batteries pouvant se manœuvrer à la bricole se porteraient sur les positions de l'ennemi et s'y installeraient dès que nos troupes s'en seraient emparées. La réserve générale formée de la division Regnaud de Saint-Jean-d'Angely devait prendre position et rester massée derrière la redoute Victoria. Tel fut le plan que le général Saint-Jean-d'Angely arrêta avec ses généraux divisionnaires pour le soumettre au commandant en chef.

Le 17, au matin, toutes les attaques ouvrirent un feu écrasant sur les fortifications de la place en réunissant toutefois leurs efforts les plus destructifs sur les points contre lesquels nos divisions devaient marcher. Les batteries de la tour Malakoff ralentirent graduellement leur feu sous la concentration des projectiles qui s'abattaient sur elles et finirent par garder un complet silence. Nous dûmes croire les avoir éteintes; cette rapide supériorité qu'avait prise notre feu ne fit que confirmer notre projet d'attaque et les espérances qu'il inspirait à l'armée entière.

Ce succès de l'artillerie anglo-française était une illusion; l'extinction du feu des Russes était un stratagème. Nos boulets battirent avec moins de fureur ces ouvrages muets et que nous supposions ruinés. Malakoff et le Grand-Redan prouvèrent le lendemain qu'ils n'avaient fait que réserver leurs feux et que leur armement était en état de soutenir la lutte avec sa pleine vigueur.

Un dernier conseil militaire se tint dans la tente du général en chef de l'armée française, à sept heures du soir. Le général sir Harry Jones, commandant le génie anglais, était présent à cette assemblée, où se trouvaient aussi le général Niel, chef supérieur du génie des deux attaques françaises; les généraux des armes spéciales, Thiry, Beuret, Dalesme, Frossard et les généraux de division Mayran, Brunet, Regnaud de Saint-Jean-d'Angely et d'Autemarre. Le plan d'attaque reçut une modification importante; les deux heures de feu dont nos batteries devaient faire précéder l'assaut, pour détruire les réparations que les Russes auraient pu faire durant la nuit furent supprimées. L'attaque, qui ne devait avoir lieu qu'à six heures, fut fixée à trois heures du matin, afin que l'ennemi ne pût avoir connaissance du mouvement de nos troupes dans les tranchées. Il fut convenu que le général en chef transporterait son quartier général dans la batterie Lancastre, d'où partirait le signal de l'attaque qu'il s'était réservé le droit de donner; ce signal devait se composer d'un bouquet de fusées à étoiles. Les généraux se quittèrent pour aller faire leurs dernières dispositions.

Vivandière des Zouaves.
1856.

Dès onze heures du soir toutes les troupes qui devaient concourir à l'action prenaient les armes, à minuit la plupart se dirigeaient silencieusement vers les points d'où elles devaient s'élancer contre l'ennemi. La nuit était calme et sereine ; c'était, selon les expressions d'un écrivain présent sur les lieux, une de ces belles nuits d'été pendant lesquelles l'obscurité semble porter en soi les reflets lumineux des dernières clartés du jour. Les bombes que nos batteries de mortiers lançaient continuellement sur les fortifications et sur la ville semblaient encore augmenter le nombre des astres qui resplendissaient dans ces ténèbres transparentes. Cette sérénité du ciel imposait une prudence encore plus rigoureuse à la marche de nos troupes.

La première division arrivée à son poste fut celle du général Mayran. Cet officier, comprenant tout ce que présentait de difficile dans l'exécution le grand développement des ouvrages qu'embrassait son attaque, n'avait voulu s'en rapporter qu'à lui seul pour la disposition de ses troupes. Après avoir fait masser sa division dans le ravin du Carénage, il conduisit successivement à leurs postes spéciaux le bataillon de zouaves qui devait tourner la batterie de la pointe par la droite, l'infanterie de marine chargée de l'aborder par la gauche en jetant une partie de ses compagnies sur la courtine du Petit-Redan ; enfin le 95e et le 97e de ligne, conduits le premier par le lieutenant colonel Paulze d'Ivoy, le second par le colonel Malher, qui devaient attaquer cet ouvrage par la droite. Toutes ces dispositions étaient faites dès deux heures ; les troupes, assises sur le gazon ou couchées à terre, attendaient dans l'attitude la plus propice d'après la nature des lieux à dérober leur présence à l'ennemi. Le général ayant pris une position très-avancée dans le ravin sans découvrir aucun indice que l'ennemi soupçonnât le danger prêt à fondre sur lui, détacha un de ses officiers d'ordonnance, le capitaine de Launay, vers l'extrémité de la baie du Carénage pour s'assurer d'une manière positive si rien d'inquiétant ne se manifestait dans la ville ou du moins dans le faubourg Karabelnaïa ; cet officier remplit sa mission avec tant d'habileté qu'il arriva jusque sur une petite élévation qui domine le port sans avoir été aperçu par les postes russes ; ce ne fut qu'à son retour que quelques coups de fusils partis d'une ligne avancée d'embuscades lui apprirent qu'il était découvert. Son rapport ne permit pas de douter que l'ennemi ne fût sur ses gardes, et qu'il ne se tînt prêt à repousser l'attaque. Le capitaine de Launay avait entendu très-distinctement ses clairons sonner le *garde-à-vous!*

Il était trois heures moins dix minutes ; en cet instant plusieurs bombes à traces fusantes s'élevèrent presque simultanément de la redoute Brancion.

— Voilà donc le signal, s'écria avec joie le général que ce rapport avait inquiété. Ils peuvent sonner leur garde-à-vous maintenant.

— Mais général, ce ne peut être le signal, lui dit un de ses aides-de-camp : il n'est pas l'heure.

— Le général en chef s'est réservé la faculté de l'avancer ou de le retarder ; il l'aura avancé.

— Je crains que nous ne nous trompions, général ; ce ne sont pas les fusées de signal, plusieurs bombes ont déjà laissé des traces semblables.

— Il n'est pas possible que l'on ait à cette heure lancé plusieurs bombes de cette nature à la fois. C'est le signal. D'ailleurs, ajouta-t-il aussitôt, quand on marche à l'ennemi, il vaut mieux être en avance qu'en retard.

Et, envoyant un de ses aides-de-camp dire au général de Failly, dont les troupes se tenaient massées sur les pentes du ravin, de faire avancer sa brigade, il donna l'ordre aux colonnes d'attaque de marcher et se porta lui-même avec ses zouaves vers la ligne d'embuscades, établie par l'ennemi entre le Petit-Redan et la batterie de la Pointe. Nos soldats quittèrent leurs postes avec cette ardeur qui leur est habituelle, mais ils n'eurent pas plutôt atteint un sol découvert, qu'une grêle de balles et de mitraille partant de tous côtés vint tourbillonner sur eux.

Cependant la division Brunet, dont une des brigades devait tenir la droite de la tranchée, pratiquée en avant de la redoute Brancion, pendant que l'autre s'établirait dans la parallèle la plus voisine, n'occupait pas encore ces positions dont la division d'Autemarre venait de prendre la gauche; la brigade Niol placée en avant, la brigade Breton postée en arrière de la redoute.

Le général Saint-Jean-d'Angely se trouvait encore seul à la batterie Lancastre, où le général en chef devait se rendre pour faire donner le signal de l'assaut. Surpris par le bruit inattendu de cette ardente fusillade qu'entrecoupent des coups de mitraille précipités, il ne peut penser que le général Mayran ait fait avancer sa division, puisque l'heure de l'attaque n'est pas encore arrivée et que le signal n'en a pas été donné; et, supposant que nous avons une irruption de Russes à repousser, il envoie un de ses officiers s'assurer en toute hâte de la cause de ce conflit imprévu. Cet officier opérant précipitamment son retour vint lui apprendre que le général Mayran, trompé par un faux signal, a lancé ses têtes de colonnes, que sa première brigade est engagée, et que la seconde se porte en avant pour l'appuyer.

Le général Saint Jean-d'Angely sent tout ce que cette méprise a d'alarmant et peut entraîner de désastreux; la division jetée seule sous tous les feux de l'ennemi peut y être écrasée, tandis que le concours des autres divisions rétablirait l'ensemble des mouvements dont la simultanéité est un des grands éléments de succès. Mais, l'heure n'étant pas encore arrivée, ses colonnes sont-elles prêtes, et d'ailleurs peut-il précipiter le signal que le général en chef s'est réservé expressément le droit de donner?

Cependant chaque instant augmente les angoisses de la situation; la canonnade et la mousqueterie grondent avec plus de fureur; les steamers russes, accourant à toute vapeur, viennent joindre leurs bordées à ce feu dont les projectiles de toute nature battent, d'une grêle de plomb et de fer, les terrains que doivent franchir nos troupes. Quel parti prendre? Le général Pélissier, qui, au moment où ce feu avait éclaté, se trouvait encore à plus de mille mètres de la batterie d'où il devait donner le signal de l'assaut, arrive au galop avec son état-major pour s'enquérir des causes de cet engagement imprévu. A la nouvelle de ce qui se passe, il sent que sa décision est forcée; il fait immédiatement donner le signal.

A la vue de la gerbe de fusées qui jette dans l'air son explosion d'étoiles, le général d'Autemarre lance ses colonnes. C'est le 5ᵉ bataillon de chasseurs à pied et le premier bataillon du 19ᵉ de ligne qui ouvrent le mouvement. Ces vaillantes troupes partent avec un élan merveilleux.

Mais la précipitation de la division Mayran entraîne une autre conséquence fatale. Le général Brunet, qui a compté sur l'heure fixée, n'a pas encore terminé ses dispositions quand le signal éclate dans les airs; il n'hésite pas cependant. « En avant! » crie-t-il au général Lafont de Villers. Au même instant il franchit les parapets; les têtes de colonnes, qui ne sont pas encore formées, flottent un instant incertaines, elles sortent des tranchées avec indécision et sans ensemble, le général Brunet est là qui les reçoit et les dispose. Ces braves marchent avec la fermeté la plus intrépide. Le feu à cet instant redouble, les obus éclatent, les boulets grondent, les balles sifflent, les volées de mitraille passent en rafales foudroyantes dans cette pluie de métal; le sol se jonche de cadavres; les officiers les plus illustres tombent pêle-mêle avec les soldats; le général Brunet est une de ces nobles victimes : il est frappé d'une balle en pleine poitrine au moment même où il enlève ses troupes, en se jetant en avant; un officier d'artillerie que, durant toute la campagne, son habileté spéciale et son courage chevaleresque avaient signalé à l'admiration de l'armée, le lieutenant-colonel de la Boussinière, succombait au même instant, la tête brisée par un biscaïen.

Le général Lafont confie le commandement des troupes engagées au colonel Lorencez et prend celui de la division. Nos troupes avancent avec une résolution héroïque sous les boulets et la mitraille qui les abattent par rangs entiers; mais les obstacles que rencontre leur marche impétueuse se multiplient partout; les Russes leur opposent des feux écrasants; les bataillons, forcés de resserrer leurs rangs pour effacer les vides, ne présentent bientôt plus que des débris qui tentent toutefois de se maintenir sur les points où ils se sont avancés, en s'établissant dans les dépressions de terrain qui peuvent leur offrir des abris.

Le combat offre à droite un caractère tout aussi désastreux. Les colonnes, nous l'avons dit, se sont précipitées à l'assaut avec la résolution la plus ardente; troupes de lignes, soldats de marine, zouaves, tous se sont jetés en avant avec la même audace, avec le même élan; mais, embarrassés dans les hautes herbes qui couvrent le sol, ces intrépides bataillons sont enveloppés dans un feu si meurtrier que tout ce qui s'avance sur les terrains découverts est moissonné comme d'un coup de faux. Le général Mayran, atteint par un biscaïen, craint d'abord de ne pouvoir conserver la direction du mouvement; puis, arrêtant un de ses officiers d'ordonnance qui s'élance chercher le général de Failly, — Non,... lui crie-t-il avec l'accent le plus énergique, je garde mon commandement. Portez l'ordre aux réserves d'avancer.

Bientôt le 1ᵉʳ voltigeurs de la garde accourt, son colonel, M. Boudeville en tête; le 20e, entraîné par son jeune lieutenant-colonel M. Paulze d'Ivoy, arrive précipitamment sur ses pas. Le général reforme ses colonnes avec ses renforts, fait sonner la charge, et ces troupes admirables, précédées par leurs chefs le sabre en main, se jettent, tête baissée, sous l'ouragan de fer qui gronde sur elles.

Le feu de l'ennemi redouble de fureur, et les frappe comme les fléaux les gerbes; tout ce qui avance est abattu; le colonel Boudeville tombe frappé d'un éclat d'obus, après avoir reçu deux autres blessures; le colonel Paulze d'Ivoy est renversé le visage percé d'une balle; le général Mayran est atteint au-dessus du cœur par un biscaïen de grappe marine; les cadavres s'amoncellent sur le sol imprégné de sang. Tout effort est inutile, ces vaillantes troupes sont forcées de se retirer dans les terrains abrités des feux les plus meurtriers, où elles se maintiennent, échangeant la fusillade la plus vive avec les fortifications qu'elles ne peuvent aborder.

A cette nouvelle, le général en chef ordonne au général Saint-Jean-d'Angely de faire appuyer l'attaque par quatre bataillons de la garde, empruntés à la réserve générale, et de tenter avec eux un suprême effort sur ce point. Les généraux Mellinet et Uhrich prennent le commandement de ces troupes d'élite et les conduisent eux-mêmes au combat; elles s'avancent d'un pas précipité par le ravin du Carénage, et ralliant toutes les forces qu'elles rencontrent sur leurs pas, s'élancent vers le Petit-Redan avec un courage qui eût triomphé de tout autre obstacle que ces flots de projectiles qui, se croisant en avant des fortifications ennemies, battent sans interruption le sol d'un flux et d'un reflux continuels.

L'attaque d'Autemarre avait été plus heureuse. Sa tête de colonne, formée de deux bataillons, a suivi la crête du ravin de Karabelnaïa avec autant d'audace que de célérité. L'ennemi tente en vain de l'arrêter par le feu de mitraille qu'il ouvre contre elle; elle traverse intrépidement l'espace qu'elle a à parcourir sans songer aux morts qu'elle laisse derrière elle.

— Pas de rivalité, mes enfants! crie à ses chasseurs le commandant Garnier; ni premier, ni dernier: c'est en masse qu'il faut arriver sur l'ennemi.

Et, docile à sa voix, son bataillon s'arrête de temps en temps quelques secondes dans les dépressions que présente le sol rocheux et accidenté qu'il parcourt, et, rallié par les retardataires, il reprend aussitôt sa course avec une nouvelle ardeur. C'est en masse, comme le lui avait recommandé son chef intrépide, que le bataillon arrive devant la batterie Gervais, qu'il doit emporter; c'est en masse qu'il se jette dans son fossé au moment où cette batterie lâche sa seconde décharge. La fumée ne s'est pas dissipée que nos braves chasseurs, gravissant l'escarpe, s'aidant, se poussant, se cramponnant les uns aux autres, franchissent les parapets, envahissent les embrasures, et déchargeant leurs carabines sur la garnison, se précipitent à la baïonnette sur tout ce que n'ont pas renversé leurs balles.

L'aigle du bataillon brille sur la batterie conquise; celle du 19e régiment y apparaît à son tour. Le colonel Manèque conduit le détachement qui y a pénétré.

Tous les officiers de ces intrépides bataillons sont morts ou blessés ; le commandant Garnier a reçu un coup de baïonnette dans le bras et une balle dans le corps ; le colonel Manèque a eu le côté gravement contusionné par un biscaïen, l'un et l'autre n'en restent pas moins à la tête de leurs troupes avec lesquelles ils pénètrent audacieusement dans la ville dont ils occupent plusieurs maisons, après en avoir délogé les Russes.

Une vive mousqueterie s'allume aussitôt entre ces maisons aux toitures effondrées et aux murailles à moitié détruites ; de tous côtés les troupes russes ralliées par leurs officiers ou accourues des postes voisins, se réunissent contre ces bataillons affaiblis qu'elles enveloppent dans un demi-cercle de feux.

Le commandant Garnier, qui, depuis la prise de la batterie, a détaché trois de ses officiers porter au général d'Autemarre la nouvelle qu'il a pénétré dans la place et qu'il s'y porte en avant, s'étonne de ne pas voir arriver de renforts. Il lui envoie un nouveau message pour lui faire connaître sa position et lui déclarer qu'il va être écrasé s'il ne reçoit de prompts et vigoureux secours. Mais les forces ennemies deviennent à chaque instant plus nombreuses ; le général Krouloff a pris leur commandement et combine leurs efforts ; les troupes du Grand-Redan, qui ont repoussé l'attaque des Anglais, arrivent ; le commandant Garnier sent que s'il n'opère sa retraite, il va être enveloppé, il rallie ses chasseurs au détachement du colonel Manèque, et ces groupes de combattants, se replient en ripostant à la fusillade de forces vingt fois supérieures en nombre, et regagnent la batterie Gervais, où ils arrêtent encore quelque temps l'ennemi ; mais les renforts ne viennent pas.

Aucun des trois premiers officiers envoyés au général n'a pu arriver jusqu'à lui. Tous sont tombés sous la mitraille et les boulets dont les batteries du Grand-Redan balayent la crête et les versants du ravin de Karabelnaïa, depuis que les Anglais sont rentrés dans leurs leurs lignes. Le dernier messager, le sous-lieutenant Potier, est plus heureux : la mâchoire fracturée par une balle, il peut arriver du moins auprès du général et s'acquitter de sa mission.

Le général d'Autemarre fait partir immédiatement les régiments à sa disposition, ne conservant que le 74ᵉ en réserve, et envoie un de ses officiers d'état-major au général en chef lui annoncer que sa tête de colonne est dans la place, que le général Niol est en marche pour l'appuyer avec le reste de sa brigade, mais que le succès de ce mouvement exige deux choses, l'envoi de puissants renforts et une nouvelle attaque du Grand-Redan par les Anglais.

Le général Pélissier, qui vient d'apprendre coup sur coup la mort du général Brunet et celle du général Mayran, hésite un instant.

— C'est bien ! répond-il à l'officier d'ordonnance ; avant de recommencer l'attaque, il faut en calculer les chances.

Toutefois, pendant qu'un de ses aides-de-camp se rend auprès de lord Raglan pour requérir son concours dans une attaque nouvelle, il fait porter l'ordre aux zouaves de la garde d'aller se mettre sous le commandement du général d'Autemarre. Ce brillant bataillon, électrisé par l'ordre qui l'appelle au feu, part aussitôt; il s'avance au bruit de ses clairons, tous les fronts respirent l'audace et le mépris de la mort ; défilant par pelotons au pas gymnastique devant la batterie de Lancastre, il salue le général en chef de ses acclamations enthousiastes, et, plein d'ardeur, continue sa marche vers ces lieux sanglants que le canon bouleverse de ses volées foudroyantes.

Cependant le commandant Garnier, déjà frappé de quatre coups de feu, fait d'inutiles efforts pour se maintenir dans la batterie Gervais ; son bataillon, affaibli par un feu meurtrier, est obligé de plier sous le nombre ; il repasse le retranchement et se retrouve avec le colonel Manèque qui établit les débris de son régiment dans une dépression du sol, et ouvre un feu de tirailleurs contre l'ennemi, en attendant les renforts. Enfin ces secours arrivent ; le second bataillon du 19e rejoint ces héroïques soldats ; les masses de mitraille vomies par les batteries qui flanquent le Grand-Redan n'ont pu l'arrêter.

Le commandant Garnier, tout couvert de son sang, regardant alors d'un œil où renaît l'espoir le colonel Manèque, tout sanglant lui-même, lui crie avec une ardeur communicative.

— Eh bien, mon colonel, ne tenterons-nous pas un dernier effort?

Pour toute réponse, le colonel Manèque s'élance vers la tour en agitant son épée :

— A moi le 19e ! s'écrie-t-il.

— A moi les chasseurs ! s'écrie, en se jetant en avant, le commandant Garnier.

Et chasseurs et troupe de ligne se précipitent de nouveau sur l'ouvrage dont les Russes garnissent les parapets de leurs rangs pressés. Une cinquième balle atteint le commandant Garnier au côté. Il veut continuer à combattre, mais ses forces le trahissent, il chancelle.

— Hélas ! je ne puis plus.... mon colonel, dit-il avec l'expression d'un profond regret.

— Retournez vers le ravin, mon brave Garnier, lui répond celui-ci, je reste pour conduire l'attaque.

Suprêmes, mais impuissants efforts ; les grenadiers, conduits par le capitaine Grammont, arrivent bien jusque sur le bord du fossé, mais que faire devant des fortifications occupées par un ennemi formidablement supérieur en nombre qui les crible de son feu?... Ces bataillons, presque détruits, viennent de nouveau s'abriter et se reformer dans un pli de terrain où le général Niol les rejoint bientôt.

Le 26e y accourt au même instant? Que faire? que tenter? Un officier affirme que la tour Malakoff présente à sa gorge un point vulnérable. Cela suffit: on peut y ressaisir le succès dont l'espérance n'a pas encore fui ces cœurs dévoués. Le général Niol se met à la tête du 26e, le colonel Manèque réunit en colonne le 19e et les chasseurs. La charge sonne ; ces intrépides marchent droit à la tour Malakoff, aux regards stupéfaits des Russes, qui, dans leur surprise, suspendent un instant leur feu ; les deux faibles colonnes marchent toujours ; et, à travers une fusillade et un feu de mitraille qui éclatent plus terribles, elles arrivent sur le bord du fossé.

Les réserves russes garnissent tous les parapets qui se couronnent de feux ; le commandant Moreno roule dans le fossé, la poitrine percée d'une balle ; le colonel Manèque est atteint de nouveau par deux coups de feu ; le sol se couvre de blessés et de morts.

Nos troupes, arrêtées par des obstacles infranchissables, sont de nouveau forcées de regagner leur abri, où un bataillon du 39e vient les renforcer. Presque aussitôt elles reçoivent l'ordre de rentrer dans leurs lignes. Cet ordre a été transmis aux trois attaques, réduites depuis longtemps devant Malakoff et le Petit-Redan à une fusillade impuissante ; partout sonnait et battait la retraite.

Lord Raglan, sur la demande du concours des Anglais à la reprise de l'attaque, avait envoyé le général Rose répondre au général Pélissier qu'il ne pensait pas que les troupes anglaises pussent recommencer une attaque sur le Redan avec quelque chance de succès, qu'il ne pouvait donc les jeter sous le feu meurtrier de cet ouvrage. Cette détermination entraînait nécessairement le rappel de nos troupes. « Le mouvement, dit le général en chef dans son rapport, n'ayant plus l'ensemble désirable pour un coup de vigueur, avec une seule division, sans appui soit sur la droite, soit sur la gauche, et labourée par l'artillerie du Redan, contre lequel nos alliés suspendaient leur attaque, je ne tardai pas à reconnaître que toute chance favorable était épuisée. Un nouvel effort n'eût conduit qu'à une effusion de sang inutile. Il était huit heures et demie ; je donnai l'ordre partout de rentrer dans les tranchées. Cette opération s'effectua fièrement, avec beaucoup d'ordre et de sang-froid, et sans poursuite de l'ennemi sur aucun point. Une portion des tranchées russes est même restée occupée par quelques-uns de nos gens qui s'écoulèrent successivement et sans que l'ennemi osât profiter contre eux d'aucun de ses avantages.

« Nos pertes ont été grandes ; nous avons eu soin dès l'origine de l'action d'emporter la plupart des hommes atteints par l'ennemi, mais un certain nombre de ces morts glorieux restèrent couchés sur les glacis ou dans les fossés de la place. Les derniers devoirs leur ont été rendus le lendemain.

« Nous avons eu 37 officiers tués et 17 prisonniers, 1,544 sous-officiers et soldats tués ou disparus, 96 officiers et 1,644 hommes entrés aux ambulances le 18 au soir...

« Ces pertes n'ont ébranlé ni l'ardeur, ni la confiance de ces vaillantes divisions ; elles ne demandent qu'à faire payer cher à l'ennemi cette journée. L'espoir et la volonté de vaincre sont dans tous les cœurs, et tous comptent qu'à prochaine lutte la victoire ne fera pas défaut à la valeur. » Le général Pélissier ne négligea rien pour développer ces nobles sentiments qui régnaient dans toute l'armée; son expression et son attitude furent aussi calmes et aussi fermes que si nos drapeaux eussent flotté sur la tour Malakoff. Cependant il crut devoir donner une satisfaction à ces divisions si cruellemen éprouvées ; il connaissait la confiance illimitée des soldats et officiers du second corps dans le général Bosquet qui les commandait depuis l'ouverture du siége, l'affection profonde qu'ils lui portaient ; aussi avec cette noble franchise qui constitue peut-être le plus grand courage, car le courage le plus élevé est celui que l'on exerce sur soi-même, dès le lendemain de cette attaque malheureuse, premier insuccès notable qu'au milieu de tant d'éclatants succès eussent encore essuyé nos armes, il lui écrivit la lettre suivante :

« Général,

« En vue de faire donner aux troupes, après la fatigue et les pertes qu'elles ont éprouvées, les soins qui leur sont nécessaires, il est indispensable de les replacer autant que possible sous le commandement de leur chef direct. — J'ai décidé en conséquence que vous quitteriez aujourd'hui même votre position sur la Tchernaïa, pour revenir prendre la direction des opérations du siége aux attaques de droite. Le général Regnaud de Saint-Jean-d'Angely rentrera, de son côté, à son ancien camp près du grand quartier général, et vous fera la remise du commandement à cinq heures du soir.

« Le général Herbillon, en sa qualité de plus ancien, prendra le commandement des troupes de la ligne de la Tchernaïa ; à ce titre il entrera directement en relation avec moi pour tout ce qui aura trait aux opérations militaires. Veuillez lui donner des instructions à ce sujet. »

Le général Bosquet n'eut pas plutôt été replacé à la tête du 2e corps que toutes ses pensées n'eurent plus qu'un objet : effacer par un éclatant succès le revers qui, en son absence, pouvait avoir jeté aux yeux de l'Europe un léger nuage sur la gloire des armées occidentales. Il ne pouvait plus être douteux pour personne que le dénoûment du siége ne fût dans cette tour Malakoff, vers laquelle les Russes, qui comprenaient toute son importance, accumulaient leurs ouvrages et concentraient leurs efforts ; aussi ce fut vers ce point que le général Bosquet résolut de diriger tous les travaux ; la tour Malakoff devint pour lui l'objectif réel de l'attaque décisive. D'accord avec le général en chef et avec tous les officiers supérieurs des armes spéciales, il résolut de l'aborder de si près par ses cheminements, de l'enlacer si étroitement de ses tranchées qu'il lui enlevât une partie des avantages qu'elle avait trouvés jusqu'alors dans les feux croisés dont les batteries voisines couvraient ses approches. Le génie se mit à l'œuvre.

Deux faits assez graves se passèrent alors dans les camps alliés. Ce furent la mort du feld-maréchal lord Raglan, et l'éloignement du général Canrobert de cette armée dont il avait eu le commandement supérieur.

L'échec sanglant des troupes britanniques devant le Grand-Redan avait profondément affecté le général en chef anglais. La persistance qu'il avait mise à soutenir la nécessité de poursuivre le siége direct dont le succès lui semblait devenu très-problématique, lui causait des regrets d'autant plus vifs qu'il assumait sur lui, comme conséquence de son erreur, la responsabilité de ce revers où avait succombé une partie de ses meilleures troupes. Ce fut sous l'empire de ces préoccupations qu'il fut attaqué du choléra, dont l'invasion en lui fut foudroyante. Aucun de ceux qui l'approchaient ne doutèrent que ses soucis n'eussent réagi sur sa santé de la manière la plus funeste, et qu'ils n'eussent été une fatale prédisposition au fléau qui l'enleva dix jours après la sanglante journée du 18. La mort de lord Raglan priva l'Angleterre d'un de ces nobles caractères dont les principes austères rappellent à la pensée les grandes figures du monde antique. Le général James Simpson recueillit son commandement, que lui confirma une dépêche télégraphique du gouvernement anglais.

Quant à l'éloignement du général Canrobert, il était presque devenu une nécessité morale. La première division du deuxième corps, à la tête de laquelle il était placé, était une des plus belles de l'armée; elle présentait un effectif de six mille hommes de troupes magnifiques. Elle dut être appelée à remplacer dans l'armée de siége celle du général Mayran dont les bataillons affaiblis étaient passés sous le commandement du général Faucheux. Elle vint en conséquence prendre la garde de tranchée, le 7 juillet.

Le souvenir du général Canrobert, comme chef supérieur, ne s'était point effacé de la mémoire du soldat, pour le bien-être duquel il avait toujours eu une sollicitude paternelle; aussi presque chaque fois qu'il passait devant la troupe, était-il accueilli par des acclamations. Ces manifestations avaient de graves inconvénients, surtout au milieu des souvenirs et parfois même des critiques que suscitait dans les esprits la journée du 18 juin. Elles mettaient son successeur dans une situation difficile et qu'il importait, dans l'intérêt de l'ordre général, de faire cesser. Telle fut sans nul doute la considération qui se dissimulait dans les diverses dépêches télégraphiques formulant son rappel; la dernière était conçue en ces termes :

« Paris, 28 juillet 1855.

« L'Empereur ordonne au général Canrobert de venir prendre son service auprès de sa personne. « Maréchal VAILLANT. »

Le général Canrobert quitta la Crimée le 4 août, accompagné par tous ses frères d'armes et conduit à Kamiesch dans la voiture du général Pélissier. Il passa du vaisseau amiral, où il fut d'abord reçu, sur le steamer, courrier de Constantinople, au bruit des canons de la plage et de l'escadre, le saluant, comme ancien commandant de l'armée d'Orient, du nombre de coups prescrit pour les généraux en chef.

Cependant les travaux du siége avançaient; nos travailleurs, usant tour à tour du pic et de la mine, poussaient les approches plus près chaque jour des fortifications des Russes. Pendant que le réseau de nos parallèles serrait ainsi leurs positions, nos batteries se multipliaient. Leurs steamers avaient battu notre droite d'un feu trop meurtrier pour qu'on ne prévînt pas le retour d'une aussi dangereuse intervention; des pièces furent disposées pour repousser les navires qui tenteraient de diriger de nouveau leur feu contre nos troupes; de formidables batteries de mortiers s'apprêtèrent à écraser la ville et ses fortifications de leurs projectiles explosibles, pendant que se préparaient les emplacements des batteries de brèche. Tout révélait donc l'imminence d'un dénoûment; l'heure décisive approchait, l'heure de la haute lutte, l'heure des événements suprêmes. Tous les cœurs éprouvaient cette ardeur impatiente qui précède le moment des grandes explosions.

L'ennemi voyait, de son côté, l'approche de cette crise; il pressentait que ce long drame militaire touchait à son dénoûment, et ne pouvait douter que, sans une péripétie imprévue, ce dénoûment ne fût une catastrophe où Sébastopol allait s'abîmer. Cette péripétie, il crut pouvoir la faire surgir d'une bataille. Les renforts continuels qui arrivaient à l'armée du prince Gortschakoff, le confirmèrent dans cette résolution. Un concours de renseignements identiques, provenant de sources diverses, annonçait que l'ennemi se préparait à se jeter sur nos lignes extérieures, pour prendre à revers, en cas de succès, nos forces et nos travaux de siége, lorsque, le 15 au soir, le général Herbillon reçut du général d'Allonville, commandant une division mixte, postée à l'extrême droite des alliés dans la vallée de Baïdar, une dépêche télégraphique lui annonçant un mouvement considérable de forces russes. Cette dépêche était en accord trop complet avec les avis des déserteurs et des espions, et avec les autres rapports parvenus aux états-majors, pour qu'elle ne fût point l'indice de quelque projet sérieux. L'attaque annoncée par tant de voix devait, en effet, avoir lieu le lendemain à la pointe du jour.

Examinons donc les positions relatives occupées par les armées alliées et par les troupes russes, pour pouvoir exposer avec plus de clarté les divers incidents de la bataille dont nous allons tracer le récit; étudions d'abord le terrain qui va servir de théâtre à la lutte.

Les armées alliées, trop resserrées sur le plateau de la Chersonèse, avaient porté plusieurs de leurs divisions sur la ligne de hauteurs mamelonnées s'étendant du plateau d'Inkermann vers la vallée de Balaclava. Ces hauteurs, désignées sous le nom de monts Fedinkines, sont découpées par des ravins, dans l'un desquels se profile la route de Mackensie, et forment, à proprement parler, le côté gauche de la vallée de la Tchernaïa. Cette belle vallée, qui va en s'élargissant vers la rade de Sébastopol, est assez étroite sur ce point, où elle se termine, ou plutôt où elle se bifurque en deux autres vallées : celle de Baïdar, avec laquelle elle communique par les gorges de Tchergoun, d'où débouche la rivière à laquelle elle doit son nom, et celle de Schoulion, d'où découle un autre cours d'eau, et dont le versant gauche saillit dans la vallée de la Tchernaïa en crête élevée. Les eaux de ce ruisseau, ainsi qu'une partie de celles de la Tchernaïa, sont prises sur ce point par un aqueduc qui les transporte sur la gauche de cette rivière, où elles coulent dans un canal parallèle à son lit, et vont se jeter dans un petit lac formé entre cette chaîne de mamelons et le mont Sapoune, qu'elles tournent ensuite pour gagner le ravin de Karabelnaïa, qui les porte dans les bassins intérieurs du port militaire. C'était sur ces monts Fédinkines, couverts en avant par le cours de la rivière et par le lit du canal, comme par un double fossé, que s'étaient établies les divisions alliées.

Une des brigades de la division Camou, composée du bataillon de tirailleurs indigènes et des 6e et 82e régiments de ligne, occupait, avec la 1re batterie du 13e régiment d'artillerie, le mamelon le plus septentrional, formant l'extrême gauche de notre ligne; la première brigade de cette division, commandée par le général Wimpffen, et composée du 3e zouaves et du 50e régiment de ligne, était campée avec la 2e brigade de la division Faucheux, formée du 95e et du 97e, sous les ordres du général de Failly, sur le mamelon s'élevant à la droite. Ces troupes étaient appuyées par la 3e batterie du 2e régiment d'artillerie. Plus au sud encore se dessinait une troisième hauteur, où la 1re brigade de la division Faucheux, réunissant le 2e zouaves, le 19e bataillon de chasseurs à pied et la 6e batterie du 13e d'artillerie, avait établi son bivouac. Cette dernière position était dominée par la crête formant le saillant occidental de la vallée de Schoulion; mais cette crête était couronnée par les avant-postes sardes, dont les divisions, occupant les mornes méridionaux des monts Fédinkines, formaient l'extrême droite de l'armée occidentale.

En arrière de cette belle et forte ligne défensive, campait le général Cler avec la réserve, composée des 62e et 73e de ligne et de cinq batteries à cheval, dont deux de la garde; il avait à sa droite, à mi-côte du plateau d'Inkermann et à la hauteur de la redoute Canrobert, la 1re brigade de la division Herbillon, forte du 14e bataillon de chasseurs à pied et des 47e et 53e de ligne. La division de cavalerie sous les ordres du général Morris, qui comptait quatre régiments de chasseurs d'Afrique, bivouaquait dans la petite plaine de Balaclava entre la droite des monts Fédinkines occupée par le contingent sarde et le pâté montueux de Camara que blanchissaient les tentes des divisions turques. Enfin, plus à droite et jusque dans la vallée de Baïdar, se trouvait une division formée d'infanterie et de cavalerie qui, sous les ordres du général d'Allonville, avait dressé ses tentes dans ces abondants pâturages.

Telles étaient les positions qu'occupaient les forces alliées sur la ligne extérieure du siége. La vallée de la Tchernaïa les séparait seule des troupes russes retranchées sur la ligne de faîtes formée par les hauteurs de Mackensie. La route de Balaclava à Batchi-Séraï et à Simphéropol par Mackensie était la seule voie qui régnât entre les deux armées ennemies; cette route franchissait le canal de dérivation et la Tchernaïa sur un double pont de pierre, entre le second et le troisième mamelon, occupés par les divisions françaises. C'était dans cette partie de la vallée, dont le site est célèbre par la riante fraîcheur et la magnificence de ses perspectives, qu'allait avoir lieu ce nouveau choc des forces russes et des armées occidentales. Le prince Gortschakoff nous fournira lui-même dans son rapport officiel, inséré dans *l'Invalide russe* du 25 août, les détails stratégiques de son mouvement contre nos positions.

« Ayant appris, dit-il, que les alliés commençaient à recevoir des renforts, je fis descendre, dans la nuit du 15 au 16 août, les troupes qui occupaient la position de Mackensie, dans la plaine située entre ces montagnes et la Tchernaïa et dans la prairie Mokraïa-Longavina, en avant du village de Scholnu, laissant un nombre de troupes suffisant pour la défense de la ville de Sébastopol, ainsi que de ses fortifications du nord et de la position d'Inkermann.

« D'après la disposition donnée, le lieutenant-général Liprandi avait ordre, avec l'aile gauche, de culbuter l'avant-garde sarde, postée sur la rive droite de la Tchernaïa en avant de Tchorgoun, et de se préparer ensuite à attaquer la montagne Hasfort, et l'aide-de-camp général de Read, qui commandait l'aile droite, de ranger ses troupes en bataille hors de la portée du canon de l'ennemi, de porter en avant une nombreuse artillerie pour battre les montagnes Fédinkines et de se tenir prêt à les attaquer; mais il était prescrit à ces deux généraux de ne pas commencer l'attaque avant d'en avoir reçu de moi l'ordre exprès.

« Mon but était, après avoir culbuté l'avant-garde des Sardes et reconnu de plus près la position de ces derniers, ou de les faire attaquer par l'infanterie du général Liprandi, soutenue par celle du général de Read et par les réserves, ne laissant devant les montagnes Fédinkines que l'artillerie et une nombreuse cavalerie pour la soutenir; ou, si l'attaque de la montagne Hasfort paraissait trop hasardeuse, de faire attaquer les montagnes Fédinkines par les troupes du général Read, en les faisant soutenir par l'infanterie du général Liprandi et par la réserve générale d'infanterie; ou enfin de me borner à une reconnaissance renforcée, si l'une ou l'autre attaque offrait trop de difficultés. »

Cet exposé dessine exactement le mouvement des forces russes, tel qu'il résulte des rapports des généraux alliés. En effet, dans la nuit du 15 au 16 août, des masses de troupes russes descendaient les pentes de Mackensie ou débouchaient par Aï-Todor, et, couvertes par les ombres de la nuit, s'avançaient jusque sur la Tchernaïa. Ces forces étaient divisées en deux corps; celui de droite, commandé par l'aide-de-camp général de Read, était composé des 5e, 7e et 12e divisions; il s'avançait dans la plaine de trois à quatre kilomètres de largeur qui s'étend entre les contreforts d'Inkermann et le confluent de la Tchernaïa et du Schoulion. Celui de gauche, sous les ordres du général Liprandi, était formé de la 17e division, d'une partie de la 6e et de la 4e; il suivait les plateaux de Schoulion. Cent soixante pièces de canon et une cavalerie nombreuse appuyaient ces corps d'infanterie.

Les premières lueurs matinales commençaient à peine à dissiper les ténèbres, lorsque les avant-postes sardes furent assaillis par une violente canonnade, suivie bientôt après d'une charge effectuée par une partie de la 17e division. Les avant-postes piémontais essuyèrent cette attaque avec une remarquable fermeté; ce ne fut que lorsque les Russes franchirent l'épaulement qui les protégeait, qu'ils se replièrent en bon ordre, repassèrent la Tchernaïa et rallièrent leurs divisions.

Le général de Read avait également ouvert son attaque; ses divisions s'étaient déployées sous la protection de sa nombreuse artillerie qui, dressée

Amiral.
1857.

à mi-côte en avant des batteries Gringalet et Bilboquet, fit éclater un feu très-violent contre nos positions et contre les lignes d'embuscades que nous avions établies le long de la Tchernaïa.

Aux premiers coups de canon, toutes les troupes alliées de la ligne de la Tchernaïa furent sous les armes ; quelques instants après, chacune de leurs divisions occupait son poste de combat. Toutes les tentes ont disparu, toutes les hauteurs ne sont plus couronnées que de lignes de canons et de rangées de baïonnettes ; mais la vallée, enveloppée d'un épais brouillard que développe encore la fumée de l'artillerie russe, dérobe aux regards les forces et les mouvements de l'ennemi ; on n'en peut juger que par les grondements et les éclairs de l'artillerie ou par la vivacité avec laquelle la fusillade éclate sur quelques points.

Mais la 7e division russe s'est portée en avant ; elle franchit la rivière, puis le canal, et s'avance avec résolution contre notre extrême gauche. Le 50e de ligne et le 3e zouaves ne l'ont pas attendue ; ils tombent sur elle à la baïonnette avant qu'elle se soit complétement reformée ; le 82e s'est jeté sur son flanc gauche avec la même impétuosité. Cette division ne peut soutenir longtemps cette attaque énergique, elle se reporte vivement sur le canal, qu'elle met aussitôt entre elle et nos bataillons ; puis, se dérobant à notre artillerie, elle va se reformer hors de la portée de nos boulets.

Cette double attaque sur nos deux ailes n'était, ou du moins ne dut paraître qu'un mouvement diversif ; ce fut sur le centre de la ligne que se déploya en réalité toute la puissance de l'effort de l'ennemi. Le général Read, dirigeant la 12e division en personne, marche résolûment sur le pont de Traktir, suivi par la 5e, qui s'avance également en colonne profonde. La brume, qui enveloppe de son voile blanchâtre les évolutions de l'armée russe, dérobe ce mouvement au général de Failly à qui la garde du pont est confiée ; il veille cependant, et toutes ses mesures sont prises pour qu'une attaque de l'ennemi vienne se briser sous sa mitraille et sur ses baïonnettes. La tête du pont, couverte par un ouvrage en terre, est occupée par des compagnies d'élite. Deux batteries d'artillerie sont établies sur la rive occidentale ; l'une occupe une berge élevée sur la droite du pont, c'est la 6e du 13e d'artillerie, commandée par le capitaine Sailly ; l'autre, la batterie du capitaine Vautré, est placée à gauche.

A peine ses éclaireurs, se repliant précipitamment, lui ont-ils signalé l'approche d'une nombreuse colonne russe, que le général de Failly fait donner l'ordre aux deux batteries de commencer leur feu dans la direction où l'ennemi lui est signalé ; l'artillerie russe ne tarde pas à lui répondre. Un nombreux rideau de tirailleurs engage également un feu de mousqueterie avec notre tête de pont, et nos forces déployées sur la rive gauche. Pendant ce temps, les régiments russes, munis d'échelles, de madriers, de planches, profitent du brouillard qui les protége pour jeter sur la Tchernaïa et sur le canal de dérivation des ponts volants. Ces deux obstacles sont rapidement franchis en amont et en aval du pont défendu par nos troupes. Ainsi débordé à droite et à gauche, le général de Failly est forcé d'évacuer ce poste désormais sans importance et de se rejeter sur une position où il puisse soutenir avec plus d'avantage le choc de l'ennemi.

Il opère ce mouvement avec ordre et lenteur et se retire sur une ondulation de terrain assez vivement prononcée sur la gauche du point où la route de Balaclava débouche des mamelons Fédinkines. Il prend hardiment position sur cette côte vive, où le 73e, accourant au pas gymnastique, ne tarde pas à le rallier. Les Russes, encouragés par ce mouvement de retraite qu'ils regardent déjà comme un gage de la victoire, avancent et viennent l'y attaquer avec fureur; leurs masses se pressent, s'étendent, et pendant qu'un combat acharné s'engage entre leur première division et nos troupes, la seconde, qui ne peut prendre part à l'action, gravit audacieusement les pentes du mamelon placé à l'est, dont quelques compagnies du 19e bataillon de chasseurs et deux bataillons du 2e zouaves lui disputent pied à pied les versants.

Cependant l'ennemi fait des progrès; les bataillons du général de Failly essuient des pertes sérieuses; les commandants Alpy et Derbois tombent frappés de blessures mortelles sur le sol, où plus de quatre cents hommes sont étendus autour d'eux.

Mais pendant que le général Cler, chargé du commandement de la réserve du général Herbillon, apparaît avec deux bataillons du 62e et un du 73e, sur le mamelon à droite de la gorge de Traktir, et renforce ainsi la droite du général Faucheux, la brigade de Failly se grossit de ses forces complémentaires. Son intrépide général ne songe plus seulement à contenir l'ennemi, il reprend l'offensive avec vigueur. « A la baïonnette ! en avant ! » crie-t-il à ses bataillons, en se jetant lui-même sur l'ennemi. Electrisés par ce généreux exemple, les soldats s'élancent sur les Russes en poussant des cris d'enthousiasme ; ceux-ci, arrêtés par ce retour impétueux, s'efforcent en vain de résister ; leurs rangs troués, enfoncés par cette irruption de baïonnettes, se confondent; au premier mouvement d'hésitation, succède un mouvement rétrograde qui les reporte vers le pont au-delà duquel ils sont bientôt rejetés. La cinquième division, qui n'a pas aperçu les secours avec lesquels le général Cler est venu couronner le mamelon de droite, continue son mouvement et repousse devant elle les deux bataillons de zouaves qui se retirent, en la couvrant d'un feu de mousqueterie incessant. Elle arrive ainsi au sommet des pentes, où elle se trouve subitement en face des trois bataillons déployés qui l'accueillent d'une décharge générale, et, grossis par les zouaves qui reprennent l'offensive, tombent à la baïonnette sur ses lignes brisées, les culbutent sur ce versant rapide, et les rejettent au-delà de la rivière.

Le prince Gorstchakoff, averti de ce revers, donne l'ordre à la dix-septième division de soutenir les deux divisions repoussées, à la tête desquelles il vient remplacer le général Read, blessé mortellement dès le commencement de l'action. Cette nouvelle division roule en trois colonnes des hauteurs de

Schoulion, et, jetant en avant de longues bandes de tirailleurs, vient rallier les deux divisions et les entraîne dans une attaque nouvelle.

Le soleil a complètement dissipé les vapeurs qui, jusqu'alors, ont flotté sur la vallée ; on peut suivre tous les mouvements de l'ennemi qui, lui-même, peut distinguer les dispositions de nos forces. Le colonel Forgeot, ayant fait avancer l'artillerie de réserve, a disposé sur notre front sept batteries prêtes à tirer au premier ordre. Sous leur protection puissante, les divisions Herbillon et Faucheux, au complet, attendent avec confiance un nouveau choc. Six bataillons turcs, envoyés par Osman-Pacha, accourent, sous les ordres de Sefer-Pacha, se mettre à la disposition du général commandant.

Une imposante réserve, capable de dominer toutes les éventualités, arrive sous les ordres du général en chef : c'est la garde impériale, et, avec elle, la division Levaillant, du premier corps, et la division Dulac, du deuxième.

Enfin, dans la vallée de Balaclava, la belle division des chasseurs d'Afrique du général Morris, à laquelle sont venues s'adjoindre la cavalerie anglaise et la cavalerie sarde, sont prêtes à donner au premier signal.

L'attaque des Russes s'opéra avec une remarquable vigueur. Notre tête de pont fut emportée ; l'ennemi, malgré les projectiles qui foudroient ses masses profondes, débouche une seconde fois sur la rive gauche de la Tchernaïa ; le combat s'engage avec un redoublement de fureur ; le général de Failly se multiplie pour assurer la solidité de sa ligne sous ce retour impétueux ; le 2ᵉ zouaves et les bataillons du général Cler font des prodiges de valeur sur la droite. L'ennemi, abordé à la baïonnette, perd de nouveau le terrain où ses cadavres s'amoncèlent. La 5ᵉ et la 12ᵉ divisions russes sont rejetées une seconde fois au-delà de la Tchernaïa.

La 17ᵉ, qui a reflué sur notre extrême droite, où la rallie le régiment d'Odessa, tente une pointe nouvelle ; elle essaie de franchir un défilé s'ouvrant sur la plaine de Balaclava, pour tourner les positions sardes que les autres divisions eussent pu alors assaillir de front. Mais le général de la Marmora, qui a pénétré ce projet, lance sa seconde division, commandée par le général Trotti ; pleine d'ardeur, elle court sur les pentes du mont Hasfort que couronne son campement, et vient se déployer sur le canal jusqu'à l'extrême droite du mamelon occupé par les troupes françaises. Cette belle division attend ainsi avec impatience l'attaque de l'ennemi. Il poursuit son mouvement sous les volées de deux batteries sardes, et bientôt le combat est engagé sur toute la ligne. Jalouses de consacrer par un succès leur première intervention dans cette grande lutte, les troupes piémontaises déploient une vigueur et un élan qui prouvent que le sang italien n'a pas dégénéré dans leurs veines. Tous leurs officiers, le général Trotti lui-même, disputent aux soldats l'honneur de combattre aux premiers rangs ; le général Monterecchio est atteint mortellement en donnant l'exemple du courage.

La colonne russe flotte hésitante, lorsqu'une batterie de notre extrême droite, la prenant en flanc, opère un brusque changement dans son mouvement ; elle se divise en deux corps ; pendant que l'un continue mollement la lutte avec les troupes sardes, l'autre, poussant devant lui le régiment d'Odessa, gravit le contrefort où tonne notre batterie. « Le général Cler est là, rapporte M. de Bazancourt ; il voit s'avancer cette lourde colonne, il la laisse monter sans l'inquiéter, et place, en arrière des pièces, deux bataillons ; les hommes qu'abrite un pli de terrain ont reçu l'ordre de ne faire feu sur l'ennemi que lorsqu'ils entendront battre la charge ; alors ils se précipiteront à la baïonnette sur la tête de la colonne. Bientôt les Russes atteignent le plateau. Les pièces les reçoivent par une dernière salve ; le général fait battre la charge et lance ses deux bataillons sur les Russes, qui vainement cherchent à résister et sont rejetés sur le canal. Le régiment d'Odessa perdit son colonel et la plupart de ses officiers. »

L'ennemi est repoussé sur tous les points ; culbuté ainsi sous les volées de notre artillerie et de l'artillerie sarde, il sent la nécessité de se soustraire à la mitraille et aux obus qui sillonnent ses rangs, et, protégé par une cavalerie nombreuse, il opère définitivement sa retraite. Ses longues colonnes refluent sous les hauteurs que garnissent ses nombreuses batteries ; elles y prennent position et semblent y attendre une attaque de nos troupes victorieuses. « L'ennemi, dit M. le vice-amiral Bruat dans une dépêche qu'il écrivit au ministre de la marine après avoir été visiter le champ de bataille, s'est retiré sous la protection des ouvrages qui couronnent le plateau de Mackensie... Peut-être avait-il l'espoir de nous attirer sous le feu de ses batteries de position et de nous engager entre les hauteurs d'où son artillerie aurait pu nous foudroyer. Le général en chef ne s'est pas laissé entraîner dans cette poursuite imprudente. En faisant donner sa cavalerie, il eût pu faire ramasser quelques fuyards ; mais il eût fallu faire défiler nos escadrons par le pont de Traktir que les projectiles des ouvrages ennemis dépassaient ; il eût fallu les lancer dans la plaine sous un feu croisé d'artillerie et de mousqueterie, ayant à dos une rivière guéable, mais dont les berges sont très-escarpées.

« Grâce à la sagesse du général en chef, notre succès reste intact et complet ; l'ennemi est rentré dans ses lignes, et l'armée de secours demeure paralysée ; le siége peut se poursuivre en toute sécurité. »

Il était neuf heures du matin quand s'était dessiné le mouvement de retraite ; l'armée russe n'évacua que vers deux heures les positions où elle s'était retirée : à trois heures, elle avait complétement disparu. Le champ de bataille offrait un spectacle navrant. Les deux rives de la Tchernaïa et les pentes des collines étaient couvertes de cadavres ; dans les ravins où l'ennemi avait porté ses plus énergiques efforts pour franchir nos lignes, ces cadavres étaient amoncelés. Il ne fallut pas moins de deux jours pour les enlever et leur rendre les honneurs funèbres. « L'armistice demandé hier, porte une dépêche du général Pélissier, a dû être continué aujourd'hui. De cinq heures du matin à deux heures du soir, les Russes ont enlevé des morts. Le recensement a été fait aussi bien que possible et donne les résultats suivants : Russes enterrés par les Français, 2,129 ; Russes enterrés par les Russes eux-mêmes, 1,200. Total, 3,329. Le rapport de l'intendant-général de l'armée française portait 1,664 Russes blessés entrés à l'ambulance ; dans ce chiffre figuraient 38 officiers. »

Les pertes de l'armée française étaient loin d'avoir été aussi considérables. Nous avions eu 8 officiers supérieurs blessés ; 19 officiers subalternes tués et 53 blessés ; 172 sous-officiers et soldats tués, 146 disparus, 1,163 blessés. Le général en chef célébra cette importante victoire par l'ordre du jour suivant :

ORDRE GÉNÉRAL.

« Soldats !

« Dans la journée du 16 août vous avez vaillamment combattu, et vous avez puni l'armée russe de son aventureuse tentative contre nos positions de la Tchernaïa.

« Pour avoir été remportée le lendemain de la Saint-Napoléon, votre victoire n'en célèbre pas moins dignement la fête de votre Empereur. Rien ne pouvait être plus agréable à son grand cœur que le nouveau laurier dont vous avez décoré vos aigles.

« Cinq divisions d'infanterie russe, soutenues par une artillerie nombreuse et des masses considérables de cavalerie, et présentant un effectif d'environ 60,000 hommes, ont fait effort contre vos lignes. L'ennemi comptait vous en chasser et vous refouler sur le plateau de la Chersonèse. Vous avez confondu ses présomptueuses espérances ; il a échoué sur tout son front d'attaque, et les Sardes, à votre droite, se sont montrés vos dignes émules. Le pont de Traktir a été le théâtre d'une lutte héroïque qui couvre de gloire les braves régiments qui l'ont soutenue.

« Soldats !

« Cette affaire, où les Russes ont perdu plus de six mille hommes, plusieurs généraux, et laissé entre nos mains plus de deux mille deux cents blessés ou prisonniers, et leur matériel préparé de longue main pour le passage de la rivière, fait le plus grand honneur au général Herbillon, qui commandait les lignes de la Tchernaïa, et à sa division. Les divisions Camou et Faucheux ont été à la hauteur de leur réputation. Les généraux de brigade de Failly surtout, Cler et Wimpffen, les colonels Douay, Polhès, Danner et Castagny, ont droit à la reconnaissance de l'armée. Je ne puis nommer ici tous les émules de leur valeur, mais je dois signaler particulièrement l'habile direction que le colonel Forgeot a imprimée à nos énergiques canonniers, la brillante conduite de l'artillerie de la garde impériale et des divisions. Une batterie de position anglaise, du sommet qui domine Tchorgoun, nous a puissamment aidés à décider le mouvement de retraite de l'ennemi sans engager nos réserves. Les Turcs, débarrassés d'une fausse attaque, nous ont apporté l'appui de six bataillons et d'une batterie. La cavalerie anglaise était prête, avec les escadrons sardes, à seconder les braves chasseurs d'Afrique du général Moris, si la poursuite de l'ennemi eût pu ajouter utilement au succès; mais je n'ai pas perdu de vue notre grande entreprise, et j'ai voulu ménager votre sang, après avoir obtenu un résultat qui consacre une fois de plus votre supériorité sur cette infanterie russe si vantée, vous présage de nouvelles victoires, et augmente vos droits à la reconnaissance du pays.

« Au grand quartier général, devant Sébastopol, le 17 août 1855.

« *Le général en chef,* A. Pélissier. »

Le général Simpson voulut joindre ses félicitations à celles que le général français avait adressées aux troupes alliées. « Le commandant en chef des troupes britanniques, disait-il, félicite l'armée sur le brillant succès que les troupes françaises et sardes ont remporté hier sur l'ennemi.

« Les efforts des Russes pour franchir la Tchernaïa, quoique tentés par des forces très-supérieures, ont été victorieusement repoussés.

« Nos courageux alliés, par leur intrépidité et leur audace, ont ajouté un nouveau lustre à nos armes, et, dans cette occasion, la première où l'armée sarde a rencontré l'ennemi, elle s'est montrée digne de combattre à côté de la plus grande nation militaire de l'Europe. »

Ce succès eut un glorieux retentissement dans le monde entier. Les doutes que la désastreuse journée du 18 juin avait jetés dans beaucoup d'esprits, les douloureuses impressions dont elle avait attristé tous les cœurs en France et en Angleterre, en Turquie et en Piémont s'évanouirent devant cette victoire qui fut pour toute l'Europe le présage d'un succès plus décisif. Ce fut pour tous, comme c'était en réalité, le suprême effort de l'armée de secours pour empêcher un assaut devenu imminent et sous lequel allait enfin tomber cette métropole navale de la Russie, après un siége inouï dans les sanglantes annales de la guerre.

Cette impression fut également celle des armées occidentales. Aussi, dès le lendemain, le feu éclata-t-il avec un redoublement de vigueur contre la ville et ses fortifications. Nous avons cessé, depuis le premier assaut donné à la tour Malakoff, de retracer les sorties nocturnes qui avaient auparavant une place importante dans nos récits. Ce n'est pas, certes, que l'ennemi eût renoncé à inquiéter nos tranchées et à en troubler les travaux; jamais, au contraire, ses efforts dans ce double but n'avaient été sinon plus persistants, du moins plus énergiques; ainsi, dans la nuit du 14 au 15 juillet, la division de la Motterouge avait eu à repousser l'attaque de cinq ou six bataillons débouchant du ravin de la Karabelnaïa; dans la nuit du 16 au 17, c'avait été à la première division du 2ᵉ corps, sous les ordres du général Vinoy, à rejeter trois fois dans la place l'irruption de l'ennemi contre nos lignes; dans la nuit du 24 au 25, nos embuscades avaient encore eu à refouler la brusque sortie d'un détachement de cent cinquante combattants; ces offensives partielles devaient se multiplier jusqu'à la fin du siége, mais on sait combien s'effaçait l'importance de ces engagements devant la sombre grandeur qu'avait prise la lutte.

Au point où en sont arrivés les travaux, ce n'est plus qu'au prix des sacrifices les plus douloureux que peut s'accomplir chaque pas que l'on fait en

Le 1ᵉʳ zouaves et le 4ᵉ de chasseurs à pied enlèvent d'élan la batterie Gervais, tandis que le 7ᵉ de ligne se jette impétueusement sur la face gauche de l'ouvrage Malakoff. Le 20ᵉ et le 27ᵉ de ligne, appuyés par la brigade Wimpfen, en escaladent le saillant, et le 3ᵉ zouaves, le 50ᵉ de ligne et les tirailleurs algériens, excités par l'intrépide colonel Rose qui les commande, attaquent et franchissent la face gauche. La redoute est envahie par tous les côtés à la fois. En vain les sentinelles russes et quelques officiers, accourus au bruit de cette brusque attaque, veulent-ils résister à cette irruption, qui déborde de toutes parts, en vain ces chefs intrépides, appelant leurs soldats à grands cris, se précipitent-ils l'épée à la main sur nos troupes, la plupart tombent glorieusement sur ces remparts qu'ils ne peuvent défendre. Leurs soldats, sortis précipitamment de leurs abris, s'arment de tout ce qui leur tombe sous la main : pinces, écouvillons, haches. Une mêlée furieuse, lutte corps à corps, lutte acharnée, s'engage entre nos bataillons et ces hommes dévoués, qui se font tuer pendant que la défense s'organise derrière eux, que les rangs se forment, que les réserves accourent. Mais, pour mieux suivre dans ses héroïques détails cette péripétie meurtrière qui fut le dénoûment de ce long drame, il importe d'avoir embrassé d'un regard les lieux qui en furent le théâtre. Voici en quels termes les décrit un écrivain qui les visita un instant après l'action : « Le plateau Malakoff a trois cents mètres de long et cent vingt mètres de largeur moyenne. Sur cette vaste surface, les Russes ont en quelque sorte construit une ville entière avec un labyrinthe de rues tortueuses semblables aux chemins pratiqués à travers nos carrières, et bordées, au lieu de maisons, par une quantité énorme d'abris blindés, dont l'entrée a quelque rapport avec celle de nos caves. Ces abris sont recouverts de massifs en terre à l'épreuve du boulet et de la bombe, ayant trois, quatre et jusqu'à cinq mètres de hauteur. La principale rue de cette ville d'un nouveau genre est une large voie qu'on dirait découpée dans la terre et qui va d'une extrémité de l'espace à l'autre en décrivant de nombreux contours, depuis le saillant de l'ouvrage tourné vers nos attaques jusqu'à l'entrée de la route en pente qui forme sa sortie et conduit à Karabelnaïa. Cette rue, ou plutôt cette voie, est la clef du labyrinthe. Elle a trois cent cinquante-cinq mètres d'étendue. Il faut, pour la suivre sans se tromper, prêter une grande attention, à cause de la quantité de circuits qu'elle fait et des innombrables chemins qui la traversent et la coupent en tous sens dans la longueur entière de son parcours.

« L'ouvrage se compose de deux parties bien distinctes : l'enceinte de la tour proprement dite, et le réduit.

« La première, de forme circulaire, fait face à nos attaques. La tour est renfermée dans cet espace. Sur le devant du plateau et au saillant même de l'ouvrage, sont un fossé et un épaulement énormes. Autrefois elle avait deux étages. Pendant les premiers jours de notre occupation, on voyait de nos lignes et par les temps noirs, sa silhouette blanche se détacher sur le ciel. Les Russes ont rasé la tour au niveau du premier étage, et lorsqu'ils ont fait leurs grands travaux de défense de la droite, ils ont entouré la partie circulaire d'un énorme revêtement en terre et ont établi sur son sommet une plate-forme également en terre, très-épaisse et protégée par un épaulement solide dans lequel des embrasures ont été ménagées. La tour alors a disparu pour nous; mais on a continué à voir les lignes de sa masse sous l'enveloppe en terre qui dessinait son contour général. Son autre face a été conservée; elle regarde la ville et forme un angle rentrant peu prononcé.

« A la distance d'environ trente et un mètres s'étend dans la largeur de l'ouvrage un fossé qui sépare la première ligne de la seconde, et indique le commencement du réduit, protégé en outre par d'énormes traverses ou pièces de bois disposées de manière à barrer tous les chemins et toutes les avenues pouvant donner accès dans cette partie de la place.

« La conception du réduit est celle d'un fort étoilé. Il y avait, soit dans les épaulements, soit dans les autres parties disposées à cet effet, un grand nombre d'abris blindés établis pour protéger les défenseurs contre les coups du mamelon Vert et du Carénage; nous en avons compté dans ce seul espace plus de cinquante de différentes grandeurs et faits de la même manière, c'est-à-dire avec de très-gros corps d'arbres, des mâts de vaisseau, des bois de construction et des terres rapportées ou prises sur place, au moyen d'énormes trous carrés pratiqués dans l'intérieur du plateau même; leur ensemble pouvait contenir 2,000 à 2,500 hommes. Au milieu d'eux s'élève une véritable montagne de terre destinée à couvrir une poudrière. A son sommet, qui domine tout, on voit une petite éminence, ayant pour assise trois gros gabions reliés entre eux, sur laquelle flottait le drapeau russe.

« A l'arrière du réduit commence le chemin en pente qui conduit du plateau à Karabelnaïa et à Sébastopol; il est taillé dans le sol comme une tranchée à double caponnière; il formait la grande communication entre cette défense capitale, la ville et les tranchées destinées à la relier au grand Redan. »

Tel était le vaste et formidable ouvrage que la colonne du général Mac-Mahon avait à conquérir. Le combat s'engagea avec un acharnement inouï; ralliés par quelques-uns de leurs officiers, les premiers groupes de soldats qui s'étaient élancés à la défense de leurs remparts envahis, ne semblaient avoir d'autre ambition, ainsi que nous l'avons dit, que de se faire tuer pour donner à la défense le temps de s'organiser derrière leurs cadavres.

Ce fut donc une mêlée horrible, une lutte corps à corps où, son arme brisée, chacun s'en faisait une de ce qui lui tombait sous la main : pierres, écouvillons, morceaux de bois, vieille feraille; tout ce qui pouvait être pour la fureur un instrument de mort, devenait arme de guerre. Les ennemis succombèrent ou furent rejetés sur la seconde enceinte.

Là, le choc s'opère des deux côtés avec une égale vigueur; les bataillons russes se sont formés, et les réserves arrivent; ils ne se maintiennent pas seulement dans leurs traverses, ils veulent reconquérir le terrain qu'ils ont perdu; ils opèrent des retours agressifs avec l'élan du désespoir; mais si les secours leur viennent, ils arrivent également de notre côté, et ils arrivent

Matelots.

1857.

Pl. 177.

bien plus nombreux; les régiments s'élancent sur les pas des régiments, les brigades à la suite des brigades; l'ennemi, débordé, emporté par ces flots précipités d'assaillants, est rejeté dans ses traverses qui, malgré sa défense acharnée, sont enlevées avec l'impétuosité la plus fougueuse.

Le drapeau tricolore est arboré sur cette montagne de terre, d'où son aigle d'or apparaît à l'armée, à la flotte, à la ville, planant victorieuse au-dessus de la redoute conquise.

Déjà nos soldats du génie, protégés par la baïonnette et par le feu de nos zouaves, s'occupent d'en fermer la gorge.

Les attaques du petit Redan et de la Courtine n'avaient pas été moins énergiques. Le général La Motterouge s'était jeté avec sa division sur ce dernier ouvrage, et l'avait enlevé de haute lutte : la Courtine et une batterie de six pièces étaient tombées en son pouvoir. La division Dulac avait abordé le petit Redan avec la même résolution et le même succès; la résistance désespérée de l'ennemi avait été rapidement brisée, et la garnison, comme celle de la Courtine, s'était vue rejetée sur la seconde ligne de fortifications où, rejointe par des masses auxiliaires, elle ouvre sur nos troupes le feu de mitraille le plus meurtrier.

Quelle que soit la résistance qu'opposent encore les Russes, nos forces de droite sont victorieuses sur tous les points où elles devaient attaquer l'ennemi. C'est le moment de donner aux Anglais le signal de l'assaut, que vont bientôt tenter elles-mêmes les divisions de notre corps de gauche. Notre drapeau national est arboré sur le point convenu entre le général Pélissier et le général Simpson.

Les Anglais, frémissant d'impatience, appelaient ce signal de tous leurs vœux. Les colonnes d'assaut, formées de la deuxième division, avaient pour tête des régiments de troupes légères. Elles s'élancèrent sur la capitale du grand Redan avec une audace et une ardeur que ne put dompter le feu d'obus et de mitraille que l'ouvrage assailli vomit sur elles.

L'espace qu'elles avaient à franchir formait une zone de 200 mètres ; cet espace se jonche rapidement de morts, mais ce qui survit n'en marche pas avec moins de résolution vers le point qu'il doit emporter; la colonne atteint le bord du fossé; elle s'y jette sans s'inquiéter de sa profondeur, — près de 5 mètres ! — l'escarpe est gravie ; les Russes en défendent en vain le sommet avec acharnement et fureur, le saillant du Redan est enlevé.

Les Anglais en restent maîtres : les Russes se sont retirés simultanément dans des traverses formant une seconde ligne de défense établie deux cents pas en arrière. L'espace qu'ils ont laissé entre eux et les assaillants est aussitôt criblé de balles et de biscaïens. Tous ceux qui tentent de le franchir se trouvent moissonnés comme d'un coup de faux.

Les Anglais songent alors à s'établir sur le saillant conquis ; ils y sont écrasés par une grêle de projectiles qui permet à peine aux secours arrivant incessamment de combler les vides que la mort fait dans leurs rangs. Cette position n'est pas tenable ; ce n'est cependant qu'après s'être obstinés près de deux heures à s'y maintenir qu'ils se décident à l'évacuer. Ils opèrent leur retraite avec tant d'ordre, que l'ennemi n'ose s'élancer à leur poursuite.

Laissons le général en chef de l'armée anglaise raconter lui-même au ministre de la guerre, à Londres, cet épisode glorieux, et payer à ses troupes les éloges que méritait leur courage.

« Le drapeau tricolore planté sur le parapet fut pour nos troupes le signal de se porter en avant.

« Je confiai les dispositions de l'attaque au lieutenant-général sir William Codrington, qui en arrêta tous les détails de concert avec le lieutenant-général Markham.

« Je décidai que la seconde division et la division légère auraient l'honneur de monter à l'assaut, parce que depuis tant de mois elles défendaient nos batteries et nos approches contre le Redan, et parce qu'elles possédaient une connaissance parfaite du terrain.

« Aussitôt que le feu de notre artillerie eut ouvert dans le saillant du Redan la brèche la plus large possible, j'ordonnai que les colonnes d'assaut fussent lancées contre cette partie où elles devaient être moins exposées au violent feu de flanc qui protégeait cet ouvrage.

« Il était arrêté entre sir Codrington et le lieutenant-général Markham que les colonnes d'assaut de 1,000 hommes seraient formées à nombre égal dans chacune de ces deux divisions. La colonne de la division légère devait suivre. Au signal convenu, elles quittèrent ensemble les tranchées et se mirent en marche, précédées d'un détachement de 200 hommes chargés de les couvrir, et d'un autre de 320 portant des échelles. Lorsqu'elles arrivèrent sur la crête des fossés, et que les échelles furent placées, nos troupes donnèrent immédiatement l'assaut au parapet du Redan, et pénétrèrent dans l'angle saillant. Une lutte furieuse et sanglante s'engagea à cet endroit et dura plus d'une heure; mais, malgré l'extrême bravoure de nos soldats, il fut jugé impossible de se maintenir dans cette position.

« Votre Seigneurie verra par la longue et triste liste de nos pertes avec quelle valeur et quel dévouement nos officiers se sont mis noblement à la tête de leurs hommes pendant cette lutte acharnée.

« Je ne trouve point d'expressions pour rendre les sentiments que m'inspirent la conduite et la bravoure de nos troupes, bien que leur dévouement n'ait point été récompensé par le succès qu'elles avaient si bien mérité; mais personne n'a de droits plus légitimes à mes remerciments que le colonel Windam, qui, après avoir vaillamment conduit sa colonne d'attaque, réussit à entrer dans le saillant et à y rester avec ses troupes pendant toute la durée de la lutte.

« Après cette attaque, les tranchées se trouvèrent si encombrées de troupes que je ne pus organiser un second assaut que j'avais l'intention de livrer avec les highlanders, sous les ordres du lieutenant-général sir Colin Campbell, qui jusqu'alors avaient formé la réserve, et qui devaient être soutenus par la 3ᵉ division, sous le commandement du major général sir William Eyrn. Je fis, en conséquence, mander ces officiers, et je résolus avec eux de recommencer l'attaque le lendemain matin. »

Le premier corps de l'armée française avait lui-même ouvert son mouvement avec une impétuosité qui avait emporté les premiers obstacles. Cette attaque avait deux objectifs : le bastion Central et le bastion du Mât. Le premier choc devait porter sur le bastion Central ; il était confié à la division Levaillant, appuyée par la division d'Autemarre. Ces forces victorieuses devaient marcher sur le bastion du Mât que la brigade Cialdini, fournie par l'armée piémontaise, devait alors assaillir de front.

Les deux brigades de la division Levaillant occupaient la dernière parallèle ; au signal elles bondirent hors des tranchées, se jetant intrépidement, la brigade Trochu sur le saillant, la brigade Couston sur la lunette plus à droite. L'ennemi leur oppose toutes les ressources les plus meurtrières de la défense sans les arrêter un instant. Les boulets et les obus, les balles, la mitraille et les grenades à la main tourbillonnent sur elles sans qu'elles semblent s'apercevoir des vides qu'ils font dans leurs rangs ; les boulets bouleversent le sol sous leurs pieds sans arrêter un instant leur élan. Les fossés sont franchis, le saillant enlevé, la lunette prise, le bastion est conquis.

Premier et périlleux triomphe ! Là, comme partout, les Russes se sont créé une seconde et même une troisième ligne de défense ; de nombreuses batteries se démasquent de tous côtés ; elles font converger leurs projectiles sur les deux points occupés par nos troupes ; de nombreuses pièces de campagne viennent s'établir sur toutes les positions, d'où elles peuvent nous battre de leurs feux. De formidables masses d'infanterie occupent elles-mêmes tous les réduits que leur a ménagés le génie russe.

Nos troupes, écrasées sous cette tempête de plomb et de fer, tentent en vain de se porter en avant ; elles sont contraintes de se replier sous le demi-cercle foudroyant qui les décime ; le sang le plus généreux coule à flots, les deux généraux sont blessés à la tête de leurs brigades ; il est des bataillons qui ont perdu tous leurs officiers.

Les secours arrivent ; les généraux Revet, chef d'état-major du 2e corps, et Breton, dirigeant une des brigades de la division d'Autemarre, sont frappés mortellement à la tête des bataillons qu'entraîne leur généreux exemple ; nos troupes n'en reprennent l'offensive qu'avec plus d'ardeur ; mais les Russes font jouer plusieurs mines nouvelles, et, profitant du désordre que ces éruptions jettent dans nos rangs, se précipitent avec rage sur nos lignes confuses ; cependant nos soldats résistent, mais l'occupation du bastion ne peut valoir les flots de sang que coûterait sa conquête, conquête d'ailleurs sans résultat. L'ordre de rentrer dans les places d'armes est donné aux trois brigades. Elles se retirent dans un ordre parfait, en opposant la mousqueterie la plus vive au feu de l'ennemi. C'était à l'instant où les Anglais opéraient eux-mêmes leur retraite.

Le général Lebœuf favorise ce mouvement par la canonnade vigoureuse que les batteries de nos parallèles dirigent aussitôt sur les défenses ennemies.

Ces points n'étaient, du reste, pas les seuls où nos troupes victorieuses dans leur premier choc voyaient l'ennemi, retiré dans des retranchements inexpugnables, reprendre l'offensive avec des colonnes profondes et reconquérir ses positions perdues. La division La Motterouge, qui s'était si vaillamment emparée de la grande Courtine, et la division Dulac, que nous avons laissée maîtresse du petit Redan, ne s'étaient pas arrêtées dans ces fortifications ouvertes à la gorge d'où elles avaient expulsé l'ennemi ; elles s'étaient lancées à sa poursuite, celle-ci dans la direction des batteries de la Maison-en-Croix et des batteries dites *de la Pointe*, celle-là sur la seconde ligne de défense qui tombe elle-même en notre pouvoir.

Là s'arrêtent nos succès : des masses auxiliaires s'avancent appuyées par vingt pièces de campagne dont les volées ouvrent dans nos bataillons des brèches sanglantes ; les batteries du Cimetière, tous les forts de la rive septentrionale, les steamers, venus s'embosser au fond de la baie, protégent ce retour de tous leurs feux ; les forces supérieures que sur ce point nous oppose l'ennemi et le feu irrésistible dont il broie nos colonnes, nous contraignent d'opérer un mouvement rétrograde.

La seconde ligne est abandonnée, nos troupes se replient sur la première, où la division La Motterouge, secourue par la réserve de la garde, parvient à s'établir avec solidité. Alors se succèdent dix combats acharnés, dont la France paie la gloire de la vie de ses plus intrépides enfants ; ce sont les généraux Saint-Pol, Marolles et Pontivès, le colonel Dupuis, le lieutenant-colonel Magnan, le chef de bataillon Cornulier de Lucinière, qui scellent de leur sang le succès de cette journée illustre. Les débris de ces vaillantes divisions occupent les fossés de la grande Courtine, où ils bravent tous les feux dont l'ennemi peut les écraser.

Si les succès sont balancés sur ce point, il n'en est pas de même à la redoute Malakoff ; là le triomphe de nos armes est complet ; et, victorieuses sur ce point, elles le sont partout ; car, nous l'avons dit, c'est sur cette position que se jouent les destinées de Sébastopol ; tant que Malakoff reste au pouvoir des Russes, rien n'est fait. Si elle tombe en notre pouvoir, tout est fini, Sébastopol est à nous. Aussi est-ce sur ce point que se sont concentrés les principaux efforts de l'attaque.

Les Russes n'ignorent pas plus que nous l'importance capitale de cette position. C'est la clef de Sébastopol, ils le savent ; aussi est-ce sur ce plateau que convergent les forces les plus énergiques de la défense, que vont s'obstiner ses tentatives les plus désespérées.

Le général Krouleff, chargé du commandement général des réserves, sent toute l'urgence d'un effort décisif ; il s'élance lui-même à la tête des forces auxiliaires réunies sur ce point pour reconquérir la position enlevée ; gravement atteint à la tête des troupes qu'il électrise par son courage, il en remet le commandement au général-major Lissenko. Le mouvement continue sous la grêle de balles dont le couvre le feu de nos troupes ; le général Lissenko tombe lui-même au milieu des morts et des blessés dont se jonche le sol.

L'ennemi s'acharne en vain à reconquérir cette position ; en vain ses chefs, glorieusement prodigues de leur vie, combattent et tombent aux premiers rangs ; leurs assauts désespérés ne peuvent franchir le rempart de fer et de feu dont nos soldats ont doublé les parapets de la redoute ennemie.

C'est que, si la défense est acharnée, l'attaque a été héroïque. Chefs et soldats ont donné la mesure de ce que la France peut attendre de leur audace et de leur dévouement.

Le général Bosquet, placé sur le dernier degré de franchissement de la tranchée, suit d'un œil attentif les incidents de la lutte, précipitant les réserves vers la redoute dont le génie ouvre l'enceinte en renversant les épaulements dans les fossés. Les zouaves de la garde, la réserve du général de Wimpffen, un bataillon de voltigeurs de la garde commandé par le colonel Douay, un bataillon de grenadiers du même corps conduit par le lieutenant-colonel de Bretteville, s'élancent successivement sous les projectiles de toute nature, dont le grand Redan et les batteries de la Maison-en-Croix battent et déchirent le système Malakoff et toutes ses approches. Le général Mac-Mahon les engage sur tous les points où la fureur des retours offensifs exige des renforts.

C'est au milieu du tumulte de cette attaque victorieuse qu'un officier d'état-major vient lui faire part de déclarations de quelques prisonniers affirmant que tout le sol est miné ; que l'on combat sur un cratère.

« Conduisez-les au général commandant, répond l'intrépide officier, et qu'il se tienne prêt à faire couronner l'entonnoir. » Et lui, sans autre soin que d'assurer son occupation, se porte sur tous les points où il peut affermir la résistance par ses exhortations et par ses ordres.

Les prisonniers furent conduits en effet au général Bosquet sur la position périlleuse d'où son regard embrassait et dirigeait la lutte. Il vient de leur adresser une première question, lorsqu'une bombe s'abat dans la tranchée, éclate, les renverse aux pieds du général, et étouffe ainsi les renseignements sur leurs lèvres. Un instant après, une autre bombe tombe en sifflant à quelques mètres en avant du parapet ; un éclat effleure la figure du chef d'état-major du 2e corps, et, après avoir atteint la contre-épaulette du commandant Balland, premier aide-de-camp du général Bosquet, frappe le général lui-même un peu au-dessous de l'épaule droite. En vain, le général, étourdi et suffoqué par la violence du choc, s'obstine-t-il à rester à son poste, la connaissance peut lui échapper, il fait prévenir le général en chef et appeler le général Dulac, à qui le droit d'ancienneté confère le commandement. On le transporte alors dans la batterie Lancastre, où il reçoit les premiers secours.

Cependant la lutte continue avec un acharnement qui prend le caractère de la fureur ; l'ennemi, désespérant de pouvoir triompher de l'indomptable vigueur contre laquelle sont venus jusqu'à cet instant expirer ses attaques, ne veut cependant pas renoncer à recouvrer cette position dont la perte commande l'évacuation de Sébastopol. Il est quatre heures du soir, c'est l'instant suprême de la journée. Le général major Youferol réunit en colonnes tout ce qu'il peut rassembler de troupes pour tenter un coup décisif : c'est le va-tout de ce long siége qui se joue à la tête de ces masses profondes. Il se porte de nouveau contre la redoute ; trois fois ses nombreuses et épaisses colonnes se précipitent sur la première enceinte du bastion ; trois fois elles viennent se briser sur ses parapets, comme les flots sur un môle de granit. Leur chef est mortellement atteint à leur tête ; le général Martineau, qui lui succède, est lui-même grièvement blessé.

A ce moment pourtant le combat ne fait que cesser dans l'intérieur de la redoute Malakoff. Quelques officiers et soldats russes s'étaient retirés dès le commencement de l'action dans les casemates qui formaient le rez-de-chaussée de la tour Malakoff ; de ce réduit crénelé, ils dirigeaient sur nos troupes une fusillade des plus meurtrières. Les premières tentatives pour forcer ce refuge ayant coûté à nos troupes des pertes nombreuses, le général Mac-Mahon donna l'ordre à son chef de génie d'entourer ce *kourgane* de fascines enflammées ; mais, prévenu en cet instant que le terrain était miné et que des masses de poudre étaient entassées sous la tour, il fit immédiatement étouffer le feu. La démonstration avait d'ailleurs obtenu un succès complet en déterminant la petite garnison russe à se rendre.

Le commandant de Sébastopol, le général Osten-Saken, sent que la partie est perdue ; on ne peut défendre pied à pied, rue à rue, la place que va dominer désormais l'artillerie de l'ennemi qu'au prix des plus sanglants sacrifices et aux risques d'un désastre. Que faire ? il n'ose prendre sur lui la responsabilité de la grave décision que semble lui imposer la nécessité : une évacuation immédiate.

Il en réfère au général Gortschakoff ; le général en chef accourt dans la ville, reconnaît que la dernière heure de la défense est sonnée. Ce que l'on a fait pour le courage permet d'obéir à la prudence avec honneur. Les ordres sont donnés : les troupes se retirent, et aux assauts désespérés succède une canonnade foudroyante dirigée surtout contre la gorge de la redoute.

En cet instant une explosion formidable qui entoure quelque temps le plateau Malakoff d'un nuage épais de poussière et de fumée porta la consternation dans l'armée entière. Est-ce l'explosion de la mine, dont l'existence sous ce bastion est signalée depuis plusieurs jours, qu'annonce cette détonation terrible ? Ses conquérants sont-ils ensevelis sous ses ruines, ensevelis dans leur triomphe comme Machabée ?

Le vent, en dissipant fumée et poussière, fait reconnaître que si cette explosion a causé quelque désastre, ce désastre n'a pas une aussi redoutable étendue qu'on l'avait craint. Une longue acclamation, partie de toute l'armée, salua la réapparition du plateau.

La catastrophe avait cependant été terrible. C'était la batterie de six pièces, placée sur la gauche de la Courtine qui avait sauté. Cette éruption foudroyante avait causé des ravages cruels dans les rangs de la division de La Motterouge, dont une partie était établie sur cet emplacement ; le général fut retiré lui-même du milieu des décombres, gravement contusionné et les yeux profondément affectés.

L'épouvante régna un instant sur ce point; le général Dulac, apercevant des soldats qui accouraient vers les parallèles, craignit que l'ennemi ne profitât de ce moment de trouble pour opérer un retour vigoureux. S'élançant de la tranchée l'épée nue à la main, il réunit les bataillons qui se trouvaient dans les cheminements voisins et se prépara à faire tête au premier mouvement agressif.

Cette mesure de prudence était inutile; l'ennemi avait fait son sacrifice, et il en commençait l'accomplissement meurtrier. Un hasard providentiel vint en conjurer les résultats les plus redoutables. On le dut à l'ordre donné par le général Mac-Mahon d'éteindre les fascines allumées autour du réduit Malakoff.

Le chef du génie ayant commandé de jeter de la terre sur ces fascines, un des premiers coups de pioche avait fait découvrir un fil métallique plongeant dans les caveaux de la tour, formidable poudrière qui ne renfermait pas moins de quarante mille kilogrammes de poudre. Cette découverte était un avertissement; le commandant du génie le comprit; le danger était imminent. Des ordres furent donnés, et s'armant aussitôt de pioches, de pics, de pelles, les soldats ont creusé, en quelques instants, une tranchée autour du kourgane.

Ce travail fit découvrir deux nouveaux fils électriques destinés à porter l'étincelle au milieu des poudres entassées sous ces voûtes souterraines; l'on ne pouvait douter dès lors du système de destruction adopté par l'ennemi.

Tous les renseignements qui arrivaient de divers côtés au général en chef en étaient la confirmation formelle. Des avis qui lui parvenaient à la fois du capitaine de la frégate lancée en grand'garde jusqu'à l'entrée du port, et du général d'Aurelle, dont le corps occupait les hauteurs d'Inkermann, lui annonçaient qu'il s'opérait un mouvement de concentration des troupes russes sur le grand pont de bateaux jeté à travers la rade; le général en chef put s'assurer par lui-même du caractère de ce mouvement.

Ce n'était point le passage de quelques voitures, de quelques compagnies et de quelques groupes qui s'accomplissait sur le pont, c'étaient de longues files de troupes et de bagages gagnant à la hâte le côté septentrional de la baie. Les forces que continuait à opposer l'ennemi et les positions qu'elles occupaient semblaient accuser l'intention de nous appeler et de nous maintenir sur les points où les mines avaient été disposées d'avance.

Le général en chef donna l'ordre aux troupes de rester et de se fortifier dans les positions dont elles s'étaient rendues maîtresses. Les divisions Mac-Mahon et de La Motterouge s'occupèrent immédiatement de l'exécution de ces ordres. Pendant que les infirmiers recueillaient les blessés à qui leurs camarades donnaient les premiers secours, le génie et l'artillerie réparaient les dégâts opérés par le feu de l'ennemi sur le front que le bastion Korniloff déployait vers la ville.

Cependant le général Gortschakoff, pénétré de l'impossibilité de prolonger la défense de Sébastopol, les hauteurs de Malakoff étant en notre pouvoir, avait pris une résolution décisive. Cette éventualité était prévue depuis longtemps; les moyens d'exécution en avaient été préparés avec autant de prudence que d'habileté. Une plus abondante effusion de sang ne pouvait ajouter aucun lustre à l'éclat dont brillait pour la Russie la défense prolongée de cette métropole de ses armements méridionaux. Il n'avait donc qu'à assurer la retraite de la vaillante armée forcée de céder à la supériorité de nos armes. Cette retraite s'opérait avec autant d'ordre que le permettaient des circonstances aussi désastreuses.

Le général en chef l'avait compliquée d'ordres de destruction, déplorables traditions de la politique russe. En évacuant Sébastopol, il ne voulut laisser en notre possession que des ruines fumantes. Les points principaux de la ligne de défense avaient été minés, ainsi que les établissements publics les plus importants; tout fut préparé pour que l'incendie dévorât les quartiers de la ville que n'avaient pu ruiner nos projectiles, au fur et à mesure qu'ils seraient évacués par la garnison.

Ces mesures, d'une politique désespérée, d'une stratégie à outrance, vinrent surprendre l'armée au moment où elle allait oublier ses glorieuses fatigues dans le premier sommeil. Tout était calme; le canon ne grondait plus; le feu s'était éteint des deux côtés; la nature semblait s'être calmée elle-même : le vent, qui tout le jour avait soufflé par folles rafales, était tombé avec la nuit. Tout reposait, hors les troupes de garde, les infirmiers qui relevaient les blessés, et les chirurgiens qui les pansaient dans les ambulances.

On n'entendait donc que les appels des sentinelles et parfois les gémissements de quelques malheureux, lorsque de sombres clartés s'allumèrent et flottèrent au-dessus de Sébastopol, d'où bientôt s'élevèrent des tourbillons de flammes; au même instant, le sol fut ébranlé par de foudroyantes explosions. C'étaient la plupart des forts russes qui sautaient les uns après les autres, et la ville, où les torches de l'ennemi promenaient l'incendie, pendant qu'à ces lugubres clartés ses vaisseaux se sabordaient et disparaissaient sous les vagues; ces sinistres exécutions durèrent toute la nuit; au matin la ville brûlait encore.

Le jour vint éclairer ces monceaux de ruines enveloppés d'une noire fumée, d'où s'élançaient, par endroits, des jets de flammes sanglantes. L'armée russe avait opéré sa retraite; ses dernières colonnes gravissaient les pentes brusques des hauteurs du nord; le pont de bateaux était replié au pied de ces falaises, il ne restait plus dans la rade que quelques petits vapeurs occupés à recueillir les soldats laissés dans Sébastopol pour en développer, en multiplier, en alimenter les incendies. Ces bateaux à vapeurs se replièrent eux-mêmes sous le canon des batteries septentrionales. Sébastopol déserte gisait là brûlant et fumant sous la gueule des pièces de campagne dont, pendant la nuit notre artillerie avait armé les parapets de Malakoff. Le général Pélissier vint, dans la matinée, visiter cette puissante redoute dont l'occupation nous avait assuré la possession de la ville. Ce fut de là qu'il adressa l'ordre du jour suivant à son armée :

« Soldats !

« Sébastopol est tombé; la prise de Malakoff en a déterminé la chute. De sa propre main l'ennemi a fait sauter ses formidables défenses, a incendié sa ville, ses magasins, ses établissements militaires, et coulé le reste de ses vaisseaux dans le port. Le boulevard de la puissance russe dans la mer Noire n'existe plus.

« Ces résultats, vous les devez non seulement à votre bouillant courage, mais encore à votre indomptable énergie et à votre persévérance pendant un long siége de onze mois. Jamais l'artillerie de terre et de mer, jamais le génie, jamais l'infanterie n'avaient eu à triompher de pareils obstacles; jamais aussi ces trois armes n'ont déployé plus de valeur, plus de science, plus de résolution. La prise de Sébastopol sera votre éternel honneur.

« Ce succès immense grandit et dégage notre position en Crimée. Il va permettre de rendre à leurs foyers, à leurs familles, les libérables qui sont restés dans nos rangs. Je les remercie au nom de l'Empereur du dévouement dont ils n'ont cessé de donner des preuves, et je ferai en sorte que leur retour dans la patrie puisse bientôt s'effectuer.

« Soldats ! la journée du 8 septembre, dans laquelle ont flotté ensemble les drapeaux des armées anglaise, piémontaise et française, restera une journée à jamais mémorable. Vous y avez illustré vos aigles d'une gloire nouvelle et impérissable. Soldats, vous avez bien mérité de la France et de l'Empereur !

« Au grand quartier général, à la redoute Malakoff, le 9 septembre 1855.

« *Le général en chef,* A. Pélissier. »

Dans ce moment solennel, le général Mac-Mahon avait le droit de parler lui-même à sa division. Son fanion était là, troué par quarante-huit balles et déchiré par deux boulets, pour proclamer la glorieuse part qu'il avait prise aux dangers de cette journée, dont le succès est dû à ses intrépides bataillons. Deux phrases lui suffirent. Les voici :

« Soldats ! je ne puis rester plus longtemps sans vous remercier de tout cœur de votre conduite à l'assaut de Malakoff; votre valeur a fait l'admiration de tous, votre succès aura du retentissement dans le monde entier.

« Pour moi, je serai fier toute ma vie d'avoir commandé, dans cette journée d'hier, à de pareils soldats.

« Malakoff, le 9 septembre.   « Mac-Mahon. »

Les traditions militaires, dans l'armée anglaise, n'admettent pas ces communications directes des généraux avec leurs troupes; c'est par l'intermédiaire de l'un des officiers attachés à leur personne qu'ils leur transmettent leurs félicitations. Conformément à cet usage, le lieutenant-général chef d'état-major Barnard adressa, au nom du général Simpson, cet ordre du jour aux troupes britanniques :

« 9 septembre 1855.

« Le général en chef félicite l'armée des résultats de l'attaque d'hier.

« Le brillant assaut et l'occupation de Malakoff par nos héroïques alliés ont forcé l'ennemi à abandonner les ouvrages qu'il défendait depuis si longtemps avec bravoure et énergie.

« Le général en chef remercie les officiers et les soldats de la 2ᵉ division et de la division légère pour l'intrépidité avec laquelle ils se sont élancés sur les ouvrages du Redan. Il regrette profondément qu'en présence de la formidable nature des défenses de flanc, leurs sacrifices n'aient pas été couronnés au premier instant de tout le succès qu'ils méritaient.

« Il prend part aux souffrances des officiers, sous-officiers et soldats blessés.

« Il déplore amèrement la mort de tant de courageux officiers et soldats tombés dans les dernières luttes de ce long et mémorable siége.

« Leur perte sera douloureusement sentie, leurs noms vivront longtemps dans le souvenir de l'armée et du peuple anglais.

« Par ordre :
« *Le lieutenant-général, chef d'état-major*, BARNARD. »

Il n'y eut point jusqu'au prince Gortschakoff qui ne tînt à féliciter l'armée russe du Midi du courage et du dévouement qu'elle avait déployés dans cette grande lutte. Voici ce document où ce chef s'efforça naturellement de dissimuler la grandeur du désastre qui venait de frapper l'empire des czars.

« Quartier-général, hauteurs d'Inkermann et environs de Sébastopol, le 11 septembre 1855.

« VAILLANTS CAMARADES,

« Le 12 septembre de l'année dernière, une forte armée ennemie parut sous les murs de Sébastopol. Malgré sa supériorité numérique, malgré l'absence des obstacles que l'art militaire aurait pu lui opposer dans la ville, cette armée n'osa point l'attaquer ouvertement (*littéralement :* par une force ouverte), et entreprit un siége en règle.

« Depuis, nonobstant les moyens formidables dont disposaient nos ennemis, recevant constamment par leurs nombreux vaisseaux des renforts, de l'artillerie et des munitions, tous leurs efforts ont échoué pendant onze mois et demi devant votre bravoure et votre fermeté. C'est un fait sans exemple dans les annales militaires, qu'une ville fortifiée à la hâte, en vue de l'ennemi, puisse tenir pendant si longtemps devant une force dont les moyens d'attaque ont dépassé tout ce qui, jusqu'à ce jour, a pu être prévu dans les calculs de ce genre.

« Et avec de pareils et de si énormes moyens, après les ruineux effets d'une artillerie de dimensions colossales continués pendant neuf mois, l'ennemi, ayant eu fréquemment recours à des bombardements prolongés de la ville, en lui lançant chaque fois plusieurs centaines de mille coups, s'est convaincu de l'inefficacité de ses efforts et s'est décidé à prendre Sébastopol par un combat.

« Le 6 juin, il s'élança à l'assaut de plusieurs côtés, entra avec courage jusque dans la ville ; mais vous le reçûtes avec intrépidité, et il fut refoulé sur tous les points de la manière la plus brillante.

« Cet échec le força de revenir à la continuation de son premier plan de siége, en multipliant ses batteries et en augmentant l'activité de ses travaux de tranchées et de mines.

« Depuis le jour mémorable où vous avez repoussé son assaut, il s'est écoulé plus de deux mois et demi, pendant lesquels, animés par les sentiments du devoir et de l'amour pour le trône et la patrie, vous avez disputé héroïquement chaque archine de terre, en forçant l'assaillant à n'avancer que pas à pas et à payer par des flots de sang et par une perte incroyable de ses munitions chaque toise de terrain qu'il gagnait.

« Dans cette défense opiniâtre, votre courage n'a point failli ; au contraire, il s'est élevé jusqu'au plus haut degré de l'abnégation.

« Mais si votre intrépidité et votre patience n'ont pas de bornes, il en est dans la nature pour la possibilité de la défense. Au fur et à mesure qu'avançaient les approches de l'ennemi, ses batteries s'élevaient de plus près. Le cercle de feu qui entourait Sébastopol se rétrécissait de jour en jour et lançait sur ses courageux défenseurs, de plus en plus loin dans la ville, la mort et la destruction.

« Profitant de la supériorité de son feu à la plus courte distance, l'ennemi, après l'action renforcée de son artillerie pendant trente jours, qui coûtaient à notre garnison de 500 à 1,000 hommes par jour, commença ce bombardement d'enfer de ses engins en nombre infini et d'un calibre inconnu jusqu'à nos jours, qui détruisaient nos défenses, déjà réparées pendant les nuits à grand'peine et au prix de pertes considérables sous le feu incessant de l'ennemi. L'ouvrage principal, la redoute Korniloff, sur le monticule Malakoff, la clef de Sébastopol comme point dominant toute la ville, avait éprouvé des dommages considérables et irréparables.

« Continuer, dans ces circonstances, à défendre le côté méridional eût été exposer tous les jours nos troupes à un massacre inutile, et leur conservation est, aujourd'hui plus que jamais, nécessaire à l'empereur et à la Russie.

« Par ces raisons, ayant la douleur dans l'âme, mais en même temps avec une pleine conviction, j'ai résolu d'évacuer Sébastopol et de faire passer nos troupes au côté nord, tant par le pont construit à l'avance sur la baie qu'au moyen des embarcations.

« En attendant, l'ennemi voyant, le 8 septembre, à dix heures et demie, devant lui les ouvrages à demi ruinés et la tour Korniloff avec ses fossés comblés, entreprit un assaut désespéré, d'abord sur les bastions n° 2, Korniloff et n° 3, et, après environ trois heures, sur le bastion n° 5 et les redoutes Relkn et Schwartz.

« De ces six attaques, cinq ont été repoussées glorieusement. Quelques-uns des points attaqués, comme celui du bastion n° 3, sur lequel l'ennemi avait réussi à faire transporter par des ponts volants des canons, après avoir passé de mains en mains à plusieurs reprises, nous restèrent finalement. Mais la redoute Korniloff, plus ruinée que les autres par le bombardement, fut prise par les Français, qui dirigèrent sur elle plus de 30,000 hommes, et n'a pu être reprise après les grandes pertes que nous avions éprouvées au commencement du combat ; car il aurait fallu monter, au milieu des décombres et du désordre de toutes les bâtisses, une très-rude pente du monticule, et puis passer par une digue étroite par-dessus un fossé profond de l'arrière-face occupée par les Français. Une pareille entreprise aurait pu ne pas nous permettre d'atteindre le but proposé, et elle nous eût coûté sans le moindre doute des pertes incalculables.

« Cette tentative était d'autant plus inutile que, par les raisons susmentionnées, j'étais déterminé à quitter la ville. Ainsi, comme le succès de l'ennemi se bornait à la seule prise de la redoute Korniloff, j'ordonnai de n'entreprendre aucune attaque de cette redoute et de rester devant elle pour s'opposer à toute continuation de l'attaque de l'ennemi sur la ville même, ce qui fut exécuté, malgré tous les efforts des Français pour arriver au-delà de la gorge de la redoute.

« A l'approche de l'obscurité, les troupes reçurent l'ordre de se retirer, d'après les dispositions prises d'avance.

« Les exemples de bravoure que vous avez donnés dans cette journée, vaillants camarades, ont fait naître chez l'ennemi même une telle estime, que, malgré l'observation qu'il a dû faire de notre retraite par l'explosion de nos mines (*littéralement* : caveaux à poudre), effectuée par nos troupes au fur et à mesure qu'elles abandonnaient nos lignes de défense, il ne les a non seulement pas poursuivies en colonnes, mais il s'est abstenu même de faire agir son artillerie, ce qu'il aurait pu faire impunément.

« Vaillants camarades ! il est douloureux, il est dur de laisser à l'ennemi Sébastopol ; — mais souvenez-vous du sacrifice que nous fîmes sur l'autel de la patrie en 1812. Moscou valait bien Sébastopol : — nous l'abandonnâmes après l'immortelle bataille de Borodino. La défense de Sébastopol, pendant trois cent quarante-neuf jours, est supérieure à Borodino. Mais une fois dans Moscou, ce fut un amas de pierres et de cendres que les ennemis conquirent dans cette grande année de 1812. De même ce n'est pas Sébastopol que nous leur avons laissé, mais les ruines enflammées de la ville, que nous avons incendiée nous-mêmes, ayant gardé l'honneur de la défense, de telle sorte que nos arrière-petits-fils pourront en transmettre le souvenir avec orgueil à la postérité la plus reculée.

« Sébastopol nous tenait enchaînés à ses murs ; avec sa chute nous acquérons la mobilité, et une nouvelle guerre commence, la guerre de campagne, celle qui va à l'esprit du soldat russe. Montrons à l'empereur, montrons à la Russie que cet esprit est toujours le même qui inspira nos ancêtres dans notre lutte mémorable et patriotique. Quel que soit le lieu où l'ennemi se montre, nous lui présenterons nos poitrines et nous défendrons notre terre natale comme elle a été défendue en 1812.

« Vaillants guerriers des forces de terre et de mer, au nom de l'empereur, je vous remercie de votre courage sans exemple, de votre fermeté et de votre constance pendant ce siège de Sébastopol.

« Je crois de mon devoir d'exprimer tout particulièrement ma reconnaissance à vos chefs courageux :

« Au général aide-de-camp comte Osten-Sacken, qui a commandé pendant neuf mois la garnison ; aux lieutenants généraux Clépéleff, Chrouleff, Pacoloff, Semiaka; aux vice-amiraux Novosilsky et Pamphiloff; aux généraux majors Martinau, Pichelstein, Lyssenko Ier ; à l'aide-de-camp général Ouroussoff, Schultze, Khroustcheff, Gdavon, Sabachinsky, Scheideman ; au prince Wassilchikoff et à Tottleben, tous deux à la suite de l'empereur; aux colonels Kostaninoff II, Hennerich, Gardner ; aux capitaines Korine, Mikriouko, Péréléchine Ier, Péréléchine II; au lieutenant-colonel Zimmermann; aux capitaines lieutenants Mlinsky, Tchebicheff, et à tous les officiers qui ont participé au siège.

« Les limites de cet ordre du jour ne me permettent pas d'y insérer les noms de beaucoup d'autres généraux et officiers auxquels appartient plus ou moins l'honneur d'avoir participé au grand acte de la défense de Sébastopol ; mais chacun d'eux a acquis des droits à la reconnaissance du souverain et de la patrie.

« Je me bornerai à nommer les principaux collaborateurs parmi ceux qui n'appartiennent pas à la garnison : le chef des officiers de l'état-major des troupes qui me sont confiées : l'aide-de-camp général Kotzebue ; lieutenant général Serjoupowski-Buchmeyer ; Ouchakoff, Boutourlin; général-major Kryjanowski. Le lieutenant général du corps des ingénieurs a rendu un service essentiel par l'excellente construction du pont sur la baie, qui a assuré la retraite des troupes.

« En exprimant ainsi la reconnaissance qu'ont méritée vos dignes chefs restés parmi les vivants, honorons, camarades, la mémoire de ceux qui sont tombés avec honneur pour la foi et la patrie sur les remparts de Sébastopol.

« Rappelons les noms immortels de Nakhimoff, Korniloff et Istomine, et adressons nos prières au Tout-Puissant pour qu'il leur accorde la paix et éternise leur mémoire comme un exemple aux générations futures des Russes ! »

Dès le matin du 9, nos soldats pénétrèrent dans l'enceinte des fortifications et dans Sébastopol, isolément ou par groupes, en franchissant les brèches faites par notre artillerie. La plupart y étaient attirés beaucoup plus par la curiosité que par l'espoir du pillage.

L'aspect de cette ville, dont les ruines imposantes annonçaient la beauté, était des plus navrants. Les rues, pavées de boulets, de biscaïens, d'éclats d'obus et de bombes, étaient, de plus, embarrassées par les décombres des édifices détruits. Ce que n'avaient pas criblé, ravagé nos boulets, effondré nos bombes, avait été généralement plus ou moins complétement dévoré par les incendies.

L'invasion par nos soldats de cette ville abandonnée devenait d'instant en instant plus nombreuse; les victimes qu'y faisaient le feu de l'ennemi, ou les explosions des bombes déposées par les Russes dans les maisons livrées aux flammes n'arrêtaient personne; le général en chef sentit la nécessité de prévenir les désordres qui pouvaient en naître, en faisant occuper la ville par une garnison assez nombreuse pour prévenir tout excès. Le général Bazaine reçut le commandement de la place et des forces chargées d'en assurer la police. Le 42ᵉ et le 80ᵉ régiments de ligne, plus une compagnie du génie furent à cet effet placés sous ses ordres. Une commission fut aussitôt nommée pour opérer le recensement du matériel et des approvisionnements que l'ennemi nous avait abandonnés dans sa retraite.

Ils consistaient en 4,000 bouches à feu, 407,314 boulets, 101,755 projectiles creux, 24,080 boîtes de mitraille, 262,482 kilogrammes de poudre, 470,000 cartouches en bon état et 100,000 cartouches à balles avariées, pour fusils et carabines, des soufflets de forge, des enclumes, 80 voitures dites *arabas*, 350 lits d'hôpital, 6 yoles et plusieurs autres embarcations;

Des bois de gayac, bois de mâture, des mâts et vergues, des ancres et grappins, des chaînes d'ancre, des caisses à eau, des poulies, du brai, du goudron, des chaudières;

Une grande quantité de fer en barre et acier, de cuivre, de tôle et d'étain;

Des clous, du charbon de terre, des cloches, 5 machines à vapeur, dont 2 de 30 chevaux, des pompes, des grues;

480 barils pesant 60 tonneaux de viande salée, 50 quartiers de blé en grain, 11,000 sacs de pain du poids de 500 tonneaux, 6,145 sacs formant 369 tonneaux pesant de blé, farine, orge, avoine, millet et pois;

6 statues en marbre, 2 sphynx et 1 grand bas-relief.

La nouvelle de ce grand succès fut accueillie avec enthousiasme par toutes les nations occidentales dont les forces étaient engagées dans cette lutte. Nulle part elle ne le fut avec plus d'expansion qu'en France, où l'orgueil national fut si flatté de la part glorieuse que nos soldats nous attribuaient dans ce triomphe. L'Empereur fut le premier à faire parvenir ses éloges à l'armée.

« Honneur à vous! criait-il, dès le 11 septembre, au général Pélissier, par la voix du télégraphe électrique, honneur à notre armée! Faites à tous mes sincères félicitations! »

Le même jour il l'élevait à la dignité de maréchal de France.

L'occupation de Sébastopol organisée, l'attention des généraux alliés se trouva de nouveau concentrée sur l'ennemi. Les Russes, comme le prouve l'adresse du général Gortschakoff, ne se regardaient pas comme vaincus. L'abandon de Sébastopol était pour eux un de ces sacrifices militaires devant lesquels n'avait jamais reculé leur tactique et qu'elle invoquait fréquemment comme des titres de gloire, témoin l'incendie de Moscou.

La garnison de Sébastopol, après avoir laissé dans les forts du nord des troupes assez nombreuses pour les défendre, était allée développer les camps qui couvraient les plateaux de la Tchernaïa, d'Inkermann à Mackensie. Les travaux dont le génie russe couronnait ces hauteurs annonçaient évidemment qu'il en voulait faire une digue où vînt se briser le choc de nos divisions.

L'armée alliée se trouvait de nouveau en présence de la nécessité d'ouvrir dans l'intérieur de la Crimée cette campagne dont l'Empereur avait envoyé le plan. Le général Pélissier était retenu par une considération : la prudence lui semblait condamner la division des forces alliées en deux corps indépendants, forcés d'opérer sans pouvoir concerter leurs mouvements et placés dans l'impossibilité de se porter secours. Il chercha une combinaison qui l'affranchît de cette désunion de ses forces, dont l'ennemi eût pu profiter pour se ruer avec toutes ses masses sur celui de ces corps isolés qu'il eût jugé pouvoir attaquer avec le plus de succès. Il crut l'avoir trouvée dans un mouvement débordant, tenté par les vallées de Baïdar et du Haut-Belbec.

L'armée conservait toute son homogénéité : les divisions d'infanterie d'Autemarre, Paté et Aurèle devant former cette pointe, de concert avec la division de cavalerie du général Morris, tout en restant en communication avec la droite de l'armée sarde, par l'intermédiaire de la quatrième division du premier corps, établie sur la crête des montagnes de la rive gauche de la Choumla. Il n'avait ainsi besoin de détacher des armées alliées que quelques renforts destinés à mettre le corps d'occupation d'Eupatoria en état de se porter en avant pour menacer les derrières de l'ennemi, et surtout la communication avec Pérécop.

Ce plan reçut l'adhésion des autres généraux en chef; son exécution fut arrêtée, et les troupes destinées à y concourir reçurent l'ordre de se porter en avant. Le plus complet succès sembla d'abord favoriser cette entreprise; les corps russes se retirèrent devant nos troupes, sans défendre aucune des positions où ils eussent pu chercher à les arrêter. Elles traversèrent la chaîne qui sépare la vallée de la Tchernaïa de celle du Belbec, sans autre difficulté que celle qui naissait de la nature de ces montagnes granitiques, sombres monuments des antiques convulsions du globe.

On ne tarda point à se convaincre que ces mouvements rétrogrades de l'ennemi n'avaient rien de commun avec la retraite incessante des troupes russes devant la Grande-Armée en 1812. On aperçut bientôt les lignes formidables sur lesquelles il se repliait. Ces lignes étaient formées de falaises escarpées et de gorges étroites, qu'il eût été insensé de tenter de franchir. Plusieurs reconnaissances furent faites pour s'assurer si cette chaîne de montagnes ne présentait pas quelque point plus abordable; partout nos colonnes volantes ne rencontrèrent que des positions inaccessibles, où des forces imposantes étaient concentrées derrière des fortifications qui ajoutaient encore à l'inexpugnabilité de ces hauteurs.

Nos troupes restèrent quelque temps dans les positions où elles avaient assis leurs bivouacs; mais les pluies étant venues, à la suite des brumes automnales, les terrains se liquéfiant et les chemins, où il en existait, se convertissant en fondrières, nos divisions durent se replier, à leur tour, sur leur base d'opération.

Le corps d'Eupatoria obtint plus de succès dans ses diverses entreprises contre l'ennemi. Il était formé presque exclusivement de régiments turcs et égyptiens, dont l'effectif était de trente-cinq mille sabres et baïonnettes. Il fut renforcé, après la prise de Sébastopol, d'une brigade de cavalerie française, formée des 6e et 7e régiments de dragons, du 4e de hussards et d'une batterie d'artillerie à cheval, à laquelle fut bientôt adjointe la division d'infanterie de Failly et une seconde brigade de cavalerie, détachée de l'armée anglaise et commandée par lord Paget.

Ce corps put dès lors prendre une offensive, dont un succès signala chaque effort. Le plus important fut celui du 3 novembre. Le général d'Allonville, prévenu par des Tartares que des troupeaux, destinés à l'approvisionnement de l'armée russe, paissaient dans la plaine d'El-Toch, conçut le projet d'en opérer la razzia. Ali-Pacha tenta ce coup de main, à la tête de ses escadrons égyptiens, appuyés par la division de Failly et par deux brigades de cavalerie anglo-française. 270 bœufs, 3,450 moutons, 50 chevaux, 10 chameaux et 20 voitures furent le prix de ce mouvement, exécuté avec autant de célérité que de vigueur.

Un fait militaire d'un plus grand intérêt termina la campagne de 1855: ce fut la prise et l'occupation de Kinburn. Sébastopol n'était pas le seul port militaire important de la Russie méridionale. S'il possédait les bassins où stationnaient les flottes, il en était un autre où se trouvaient les chantiers: cet autre était Nicolaïef, place considérable sur le Bug, dont les eaux, navigables pour les vaisseaux de guerre, se déchargeaient dans celles du Dnieper. La pensée d'étendre à cette place la destruction qui venait de frapper Sébastopol s'offrit à l'esprit des généraux alliés; on voulut diriger une attaque sur cette ville ou sur celle de Kherson, qui était l'entrepôt des armées russes en Crimée. Il était un point dont la possession était d'une nécessité préalable: c'était le fort de Kinburn, qui, bâti sur le promontoire occidental formé par la plage sud du léman du Dnieper, commande l'entrée de cette baie profonde. L'opportunité de s'emparer de cette place fut reconnue par les généraux alliés. Un corps d'opération, formé de neuf mille Français: les bataillons de tirailleurs algériens, le 14e de chasseurs à pied, trois divisions d'infanterie, dix bataillons de débarquement et plusieurs batteries de campagne; de deux mille Anglais appartenant aux 5e, 17e, 20e, 21e et 89e régiments de ligne et de mille marins, s'embarqua sur une escadre gallo-britannique. Cette escadre, composée de vaisseaux, frégates, corvettes, avisos, batteries flottantes, canonnières et bombardes, appareilla dans la soirée du 7 octobre. Contrariée par les vents, elle dut jeter l'ancre devant Odessa, où sa présence inspira la terreur. Ce ne fut que dans la matinée du 14 qu'elle atteignit les eaux de Kinburn. Huit canonnières, quatre françaises et quatre britanniques, forcèrent l'entrée du léman malgré le feu de la forteresse. Le lendemain au matin, le corps d'opération fut débarqué sur la plage méridionale où le promontoire de Kinburn est assis. Le brigadier général Spencer dirigeait les troupes anglaises. Les troupes françaises étaient sous les ordres du général Bazaine, commandant en chef ces forces obsidionales. Ce débarquement coupa les communications de la forteresse avec le reste de la Crimée. Au même instant, les frégates de l'escadre, sous les ordres des contre-amiraux sir Houston, Stewart et Pellion, forçant l'entrée du léman avec une division de canonnières anglo-françaises, venaient prendre Kinburn à revers. Le feu s'engagea aussitôt avec une vivacité foudroyante. L'armée de terre, qui avait rapidement ébauché avec des sacs de terre des masques de protection pour les pièces de campagne, joignit elle-même son feu à celui de l'escadre.

Les bombardes anglo-françaises essayèrent, dès le soir même, la portée de leurs mortiers contre la place; ce ne fut cependant que le 17 que commença en réalité le bombardement. Le vent du sud et la houle profonde qu'il avait soulevée le 16 étant tombés, et l'approche de la flottille put s'opérer sans danger. A midi, huit vaisseaux, quatre français, quatre britanniques, serrant la côte de manière à ne conserver que deux pieds d'eau sous leurs quilles, venaient, beaupré sur poupe, former leur ligne d'embossage par le travers du fort. Ces vaisseaux protégeaient une seconde ligne de feux, formée des batteries flottantes françaises et des canonnières *la Flamme, la Mitraille, la Grenade, l'Alarme, la Flèche* et *la Rafale;* derrière elles se déployait une troisième ligne, composée de canonnières, et en quatrième rangée étaient les cinq bombardes françaises *le Cassini, le Palinure, le Ténare, le Vautour* et *le Sésostris,* et six bombardes anglaises.

L'ennemi répondit d'abord à cette double attaque par toute la puissance de ses batteries et toute l'habileté de ses artilleurs. La garnison de Kinburn, forte de cent canonniers et du 29° régiment de ligne russe, se montra, dans les premières heures, digne des redoutables adversaires dont les pavillons flottaient devant elle. La vigueur de son tir était égal à sa justesse. La mer blanchissait autour de nos canonnières et de nos batteries flottantes, sous la verbération de ses projectiles. Les empreintes de vingt-cinq de ses boulets sur la carapace de fer de l'une des formidables machines de guerre qui broyaient ses forts, attestent le degré de précision obtenu par ses pointeurs. Vers onze heures, un incendie éclate dans la principale caserne; des explosions qui, de ce moment, se succèdent coup sur coup, ralentissent le feu de l'ennemi. Le nôtre redouble, au contraire, d'activité. Le gouverneur Kokonowith sent tout ce que sa position a de désespéré; il a déjà deux cents hommes tués et cinq cents blessés. Cependant ces pertes n'ébranlent pas sa résolution; sa volonté est de s'ensevelir sous les ruines de la forteresse confiée à son honneur. Mais un des boulets de notre flottille coupe la hampe du pavillon russe, il tombe; et aussitôt les officiers et les soldats de la garnison abandonnent leurs batteries dévastées et jonchées de cadavres. Les amiraux donnent eux-mêmes l'ordre de suspendre le feu, arborent le pavillon parlementaire, et comme aucune embarcation ne se détache de la citadelle ennemie, deux chaloupes débordent du *Montebello* et du *Royal-Albert*. Le lieutenant Lyons, investi de pleins pouvoirs par les deux amiraux, va proposer au commandant une capitulation. Elle est acceptée. La garnison se rendit prisonnière de guerre. Les amiraux adoucirent la rigueur des conditions arrêtées, en permettant aux officiers de conserver leurs épées, comme témoignage de la valeur avec laquelle ils avaient soutenu l'attaque formidable de notre escadre. On laissa également les soldats emporter leurs ceinturons, des vivres, l'argenterie de l'église, ses tableaux et ses reliques. Un officier de chasseurs a raconté en ces termes ce dernier épisode :

« L'amiral Bruat voyant tout ruiné, envoya un canot avec pavillon parlementaire pour sommer une seconde fois la place. Pendant les pourparlers et pendant que le commandant russe déclarait qu'il ne se rendrait pas, qu'il ferait sauter la poudrière, la garnison perdait contenance. Une centaine de soldats sortaient par une porte donnant sur la mer et se présentaient à trois cents mètres de nous. Nous sommes allés au-devant d'eux et les avons amenés au général; ils ont été suivis de bien d'autres. Enfin toute la garnison est sortie, laissant seul le commandant du fort. Le général russe a fini par venir lui-même, mais mécontent. C'est un solide vieillard qui aurait tenu jusqu'au dernier de ses hommes. Il paraissait peu satisfait de ses soldats. Lorsqu'on lui a proposé des soldats russes pour aller chercher ses bagages au fort, il a répondu avec colère : « Non, non, pas des Russes. » Puis, regardant à plusieurs reprises et avec curiosité nos chasseurs, il s'est écrié : « Fameux soldats ! » .....

« Au milieu de tout cela, ajoute le même narrateur, un spectacle touchant est venu nous émouvoir. Tout à coup nous avons vu déboucher du fort une trentaine de soldats avec presque tous les officiers de la garnison portant des tableaux d'église, des bannières religieuses, et des coffres où étaient sans doute renfermés des ornements et des reliques. Ces hommes marchaient gravement; les rangs de nos soldats se sont ouverts pour les laisser passer : le sentiment religieux dominait tout le monde. Sur le chemin suivi par cette procession, les Russes s'arrêtaient, baisant les tableaux du Christ aux plaies des mains et des pieds et faisant le signe de la croix. »

Tel fut le dernier exploit de cette guerre dont nos soldats et nos marins avaient étouffé dans Sébastopol la conflagration qui pouvait embraser l'Europe et s'étendre au monde entier. L'automne vit bien s'accomplir encore quelques expéditions légères : une exploration du Dniéper et du Bug jusqu'à la pointe Volojsk; quelques coups de main heureux sur les rives de la mer d'Azoff, enfin des escarmouches entre la cavalerie alliée et des sotnias de cosaques; mais c'étaient là les dernières étincelles d'un foyer déjà éteint et que la diplomatie allait empêcher de renaître de ses cendres.

Cependant, tout se préparait dans l'occident pour imprimer à la guerre une vigueur nouvelle. Froissée du rôle secondaire joué par ses forces dans le grand drame de Crimée, où, malgré l'héroïque fermeté déployée par ses troupes et les pertes sanglantes qu'elles avaient subies, sa coopération avait toujours pâli devant l'éclat de nos armes, l'Angleterre songeait à appeler dans la troisième campagne l'intérêt des événements et l'attention du monde sur les plages septentrionales de la Russie, et prenait les mesures les plus énergiques pour s'assurer une large part dans la lutte.

Une activité sans exemple régnait dans ses arsenaux et dans ses bassins ; son escadre de la Baltique devait compter vingt vaisseaux de ligne de 80 à 130 canons, dix-huit frégates armées de trente à soixante bouches à feu, dix-huit corvettes, vingt steamers de force inférieure, trois batteries flottantes, quatre bombardes et une flottille de cent soixante canonnières destinée à broyer les fortifications de granit de Cronstadt.

La France ne faisait pas de moins puissants efforts : tout se disposait pour que son armée de la mer Noire pût être portée et maintenue à l'effectif de cent vingt mille hommes ; des camps s'organisaient près de Brest et de Cherbourg, où la marine préparait de formidables armements. La Russie, de son côté, était loin de rester inactive ; un ukase impérial, en date du 11 décembre, ordonne un emprunt de cinquante millions de roubles d'argent ; les divisions de la garde et d'imposantes réserves se réunissent dans les forteresses de Pologne, où s'accumulent les approvisionnements, tandis que les forces mobiles se portent sur tous les points qu'ensanglante la guerre ou sur lesquels elle peut éclater : les provinces de la Baltique, la Finlande, l'Esthonie, la Livonie et la Courlande, doivent être prêtes à se lever en masse pour rejeter à la mer toute armée qui tenterait de débarquer sur leurs côtes. Le prince Menschikoff est investi du gouvernement général de Cronstadt ; enfin Alexandre II adresse au comte Perowsky Alexisenwitch le rescrit suivant :

« Comte Alexisenwitch,

« Notre père, de sainte mémoire, a, par un rescrit du 25 octobre 1854, appelé les paysans des domaines d'apanage de la couronne à prendre part à l'œuvre de défense de la patrie. Des volontaires se sont présentés, en plus grand nombre qu'il n'en avait été demandé, pour la formation des trois bataillons du régiment des chasseurs de la famille impériale, et plus de moitié de ceux qui s'étaient présentés pour en faire partie ont dû retourner dans leurs foyers.

« Maintenant, nous trouvons qu'il est nécessaire de former un quatrième bataillon pour le même régiment, et nous vous ordonnons, en conséquence, de faire un nouvel appel aux paysans des domaines d'apanage de la couronne, en se conformant aux principes exprimés dans le règlement du 25 octobre 1854.

« En vous chargeant de l'organisation de ce quatrième bataillon, nous sommes pleinement persuadé que, sur notre appel, les paysans des domaines d'apanage accourront pour la défense du sol natal avec le même empressement dont leurs frères, à l'appel de notre père, ont donné la preuve, en se mettant en marche à la rencontre des ennemis de la foi orthodoxe et de la sainte Russie.

« Nous sommes pour toujours votre affectionné

« ALEXANDRE.

« Donné à Tsarkvé-Selo, le 28 novembre 1855. »

L'allocution que l'Empereur des Français adressait dans les derniers jours de 1855 aux régiments nouvellement arrivés de Crimée, et entrant triomphalement dans Paris, était une digne réponse à cet appel hostile. Voici ce discours, qu'il prononça au pied de la colonne monumentale de la Bastille, au milieu des acclamations enthousiastes de tout Paris accouru saluer ces bataillons éprouvés par deux années de luttes glorieuses.

« Soldats !

« Je viens au-devant de vous comme autrefois le sénat romain allait aux portes de Rome au-devant de ses légions victorieuses. Je viens vous dire que vous avez bien mérité de la patrie !

« Mon émotion est grande, car au bonheur de vous revoir se mêlent de douloureux regrets pour ceux qui ne sont plus, et un profond chagrin de n'avoir pu moi-même vous conduire au combat.

« Soldats de la garde comme soldats de la ligne, soyez les bienvenus.

« Vous représentez tous cette armée d'Orient dont le courage et la persévérance ont de nouveau illustré nos aigles et reconquis à la France le rang qui lui est dû.

« La patrie, attentive à tout ce qui s'accomplit en Orient, vous accueille avec d'autant plus d'orgueil, qu'elle mesure vos efforts à la résistance opiniâtre de l'ennemi.

« Je vous ai rappelés quoique la guerre ne soit pas terminée, parce qu'il est juste de remplacer à leur tour les régiments qui ont le plus souffert. Chacun pourra ainsi aller prendre sa part de gloire, et le pays, qui entretient six cent mille soldats, a intérêt à ce qu'il y ait maintenant en France une armée nombreuse et aguerrie, prête à se porter où le besoin l'exige.

« Gardez donc soigneusement les habitudes de la guerre, fortifiez-vous dans l'expérience acquise ; tenez-vous prêts à répondre, s'il le faut, à mon appel ; mais, en ce jour, oubliez les épreuves de la vie du soldat, remerciez Dieu de vous avoir épargnés et marchez fièrement au milieu de vos frères d'armes et de vos concitoyens, dont les acclamations vous attendent. »

On le voit, si, dans ces négociations renouvelées, chacun apportait enfin des intentions et des vœux pacifiques, on préparait cette solution d'une guerre où l'avenir du monde entier pouvait se trouver engagé, sous la prudente préoccupation de ce précepte antique :

Si vis pacem, para bellum.

Ces préoccupations menaçantes contribuèrent puissamment sans nul doute à donner de l'efficacité à ces vœux jusqu'alors restés stériles. Sous l'imminence du redoublement d'ardeur qu'allait prendre cette terrible conflagration qui avait déjà fait tant de victimes et tant de ruines, la Russie, si profondément frappée, sentit les chances formidables que la prochaine campagne faisait planer sur elle. Elle se trouvait d'ailleurs dans des circonstances favorables pour traiter sans que son orgueil national fût trop visiblement compromis. Si elle avait été rudement éprouvée sur le Danube et sur les plages de Crimée, les deux campagnes dans la Baltique étaient loin d'avoir répondu aux espérances que la France et l'Angleterre avaient conçues des armements dispendieux envoyés dans cette mer; et la prise de Kars, après les échecs essuyés en Asie par les forces anglo-turques, pouvait être, jusqu'à un certain point, aux yeux de ses peuples, une compensation de ses défaites.

C'étaient là des considérations qui devaient peser d'un grand poids sur la décision à prendre dans ce moment solennel. L'intervention de l'Autriche obtint, grâce à ces circonstances, des résultats sérieux. La Russie accepta enfin, dans leur interprétation clairement et explicitement développée, les conditions posées par les puissances occidentales comme bases de la paix.

Un congrès devait succéder aux conférences de Vienne dont les discussions dilatoires n'avaient abouti qu'à entasser des protocoles. Quel serait le siège de cette assemblée nouvelle? Telle était la question qui s'offrait d'abord aux nations dont les plénipotentiaires allaient se réunir. L'importance militaire que la France avait conquise sur les champs de bataille, l'autorité que sa modération lui avait assurée dans les préliminaires de la paix, eussent indiqué Paris, si l'on n'eût pas tenu à ménager les susceptibilités de la Russie, en assignant pour lieu de réunion le territoire d'une puissance neutre. Le cabinet de Saint-Pétersbourg, heureux de donner au gouvernement des Tuileries un témoignage d'estime sympathique pour le caractère élevé de sa politique, prévint toute discussion en proposant lui-même pour siège du nouveau conseil diplomatique la capitale de la France. Cette ville fut désignée d'une voix unanime.

C'était là tout un événement; une révolution même. Le droit international européen avait été réglé par les traités de 1815. Au droit ancien allait succéder un droit nouveau; au droit conçu en haine, en défiance et en crainte de la France, allait succéder un droit préparé et inspiré par elle, et ce droit allait se nommer les traités de Paris, comme l'autre était appelé les traités de Vienne. C'était la revanche de 1815 que la France obtenait, en 1856, de l'assentiment même de ses anciens ennemis.

La réunion des plénipotentiaires eut lieu dans le courant du mois de février suivant. Six puissances seulement y furent d'abord représentées : ce furent la France, l'Autriche, la Grande-Bretagne, la Russie, la Sardaigne et la Turquie. Leurs mandataires étaient MM. le comte Walewski et le baron de Bourqueney, pour le gouvernement français; MM. le comte Buol Sawenstein et le baron Hübner, pour la cour de Vienne; MM. le comte de Clarendon et lord Cowley, pour le cabinet de Saint-James; MM. le comte Orloff et le baron de Brunnow, pour la chancellerie russe; MM. le comte de

Cavour et le marquis de Villamarma, pour l'administration sarde, et enfin Ali-Pacha et Mehemmed-Bey, pour la Porte-Ottomane.

La Prusse y fut admise plus tard. Elle y eut pour représentants MM. le baron de Menteuffel et le comte de Hatzfeldt.

La première séance du congrès de Paris eut lieu le 25 février, dans l'un des salons du ministère des affaires étrangères. Son premier acte fut un armistice dont la durée s'étendit à la fin du mois de mars. Le bruit du canon ne devait pas troubler les délibérations de ce conseil où allait s'élaborer la paix du monde. Sa voix s'éleva le 30 mars, mais ce fut pour annoncer à Paris, à la France attentive, à l'Europe impatiente, à l'univers ému, que les mains des grandes puissances venaient de se réunir dans une étreinte amie.

La paix signée par les plénipotentiaires n'attendait plus que la ratification de leurs souverains. Le mois suivant ne s'écoula pas sans que cette ratification eût complété cette grande œuvre.

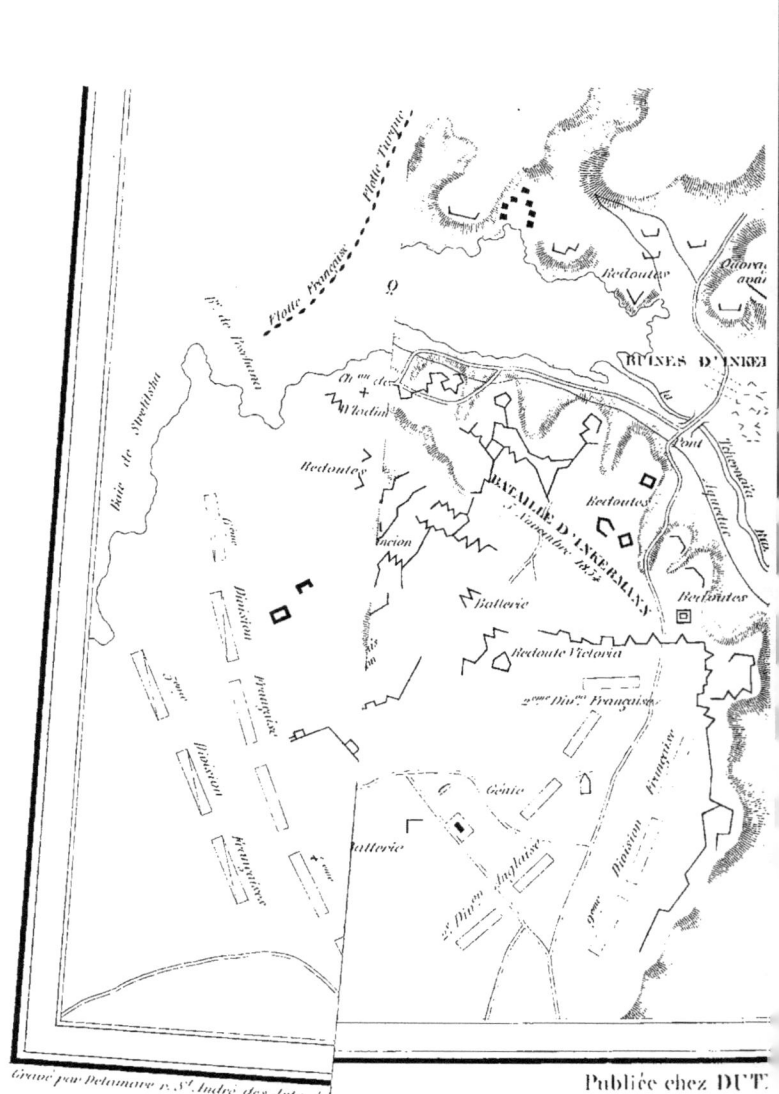

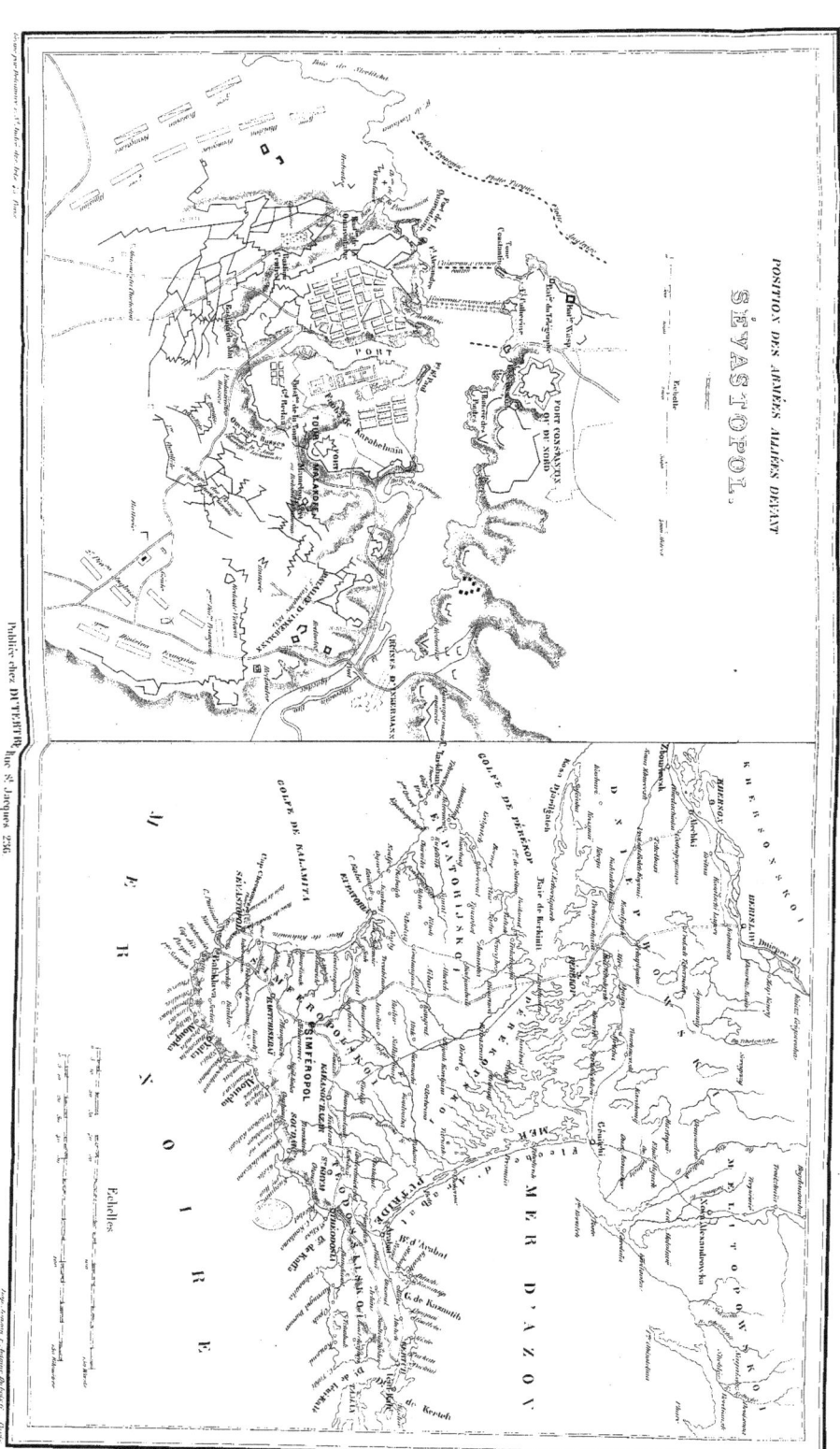

LISTE DES NOMS

DES MILITAIRES FRANÇAIS HONORABLEMENT CITÉS DANS CE VOLUME.

ARMÉE D'ORIENT.

Le maréchal Saint-Arnaud.—Le colonel Trochon.—Le lieutenant-colonel Vaubert de Genlis. — Le capitaine Boyer. — Le général de Martimpré, le lieutenant-colonel Jarras. — Le colonel Lebœuf.—Le colonel Tripier.— Le général Canrobert.—Le chef d'escadron Cornely.—Le capitaine Debar.—Le lieutenant-colonel Denis de Senneville.—Huguenet, chef d'escadron.—Sabatier, chef de bataillon.—Le général Espinasse.—Tristan Legros, chef de bataillon.—Bourbaki, colonel. — De Piqueult de Lavarande, colonel. — Le général Vrunoy. — Le chef de bataillon Nicolas. — Le colonel de Failly. — Le colonel Vergé. — Le général Bosquet. — Le chef d'escadron Lallemand. — Le colonel de Cissey. — Le chef d'escadron Le Français. — Le chef de bataillon Dumas. — Le général d'Autemaire. — Le colonel Wimpffen. — Le colonel Tabouriech. — Le colonel Trauërs. — Le général Bouat. — Le capitaine Clément. — Le chef de bataillon Duplessis. — Le colonel Janin. — Le colonel Garderens de Boisse. — Le général d'Allonville. — Le capitaine de Serrioune. — Le colonel de Ferrabouc. — Le colonel Coste de Camperon. — Le prince Napoléon. — Le colonel Desmarets. — Le capitaine Ferri Pisani. — Le capitaine Roux, le capitaine David. — Le colonel Cley. — Le colonel Sol. — Le commandant Roujoux. — Capitaine Soleille. — Capitaine Dusaërt, — Chef de bataillon Guérier. — Capitaine Martin. — Chef d'escadron Huguency. — Le capitaine Forey. — Chef d'escadron d'Auvergne. — Capitaine Schmitz. — Colonel de Loverdo. — Général de Lourmel. — Capitaine Villette. — Chef de bataillon Landry de Saint-Aubin. — Colonel Desmaret. — Colonel Niol. — Général d'Aurelle. — Colonel Beurat. — Colonel Breton. — Général Cassaignol. — Colonel de Plas. — Colonel Salle. — Capitaine Potié. — Chef d'escadron Tryon. — Capitaine Bergier. — Chef de bataillon de Saint Laurent. — Capitaine de Foucaud. — Le commandant Henry. — Le général Yusuf.

ESCADRE DU LEVANT.

Le capitaine d'Herbinghen. — Le capitaine Darrican. — L'amiral Bonet-Willaumetz. — L'amiral Hamelin. — L'amiral Bruat. — L'amiral Parseval-Deschênes. — Le capitaine Noulac.

ARMÉE DU NORD.

Le général Schramm. —Le général Renault.—Le général Liniers.— Le général Chapuis. — Le général Courtels.—Le général de Garandon. — Le général d'Exéa. — Le général de Grammont. — Le général d'Esterhazy. — Le général de Forton. — Le général Gues-Viller. — Le général Borelli. — Le général de Noue. — Le général Fririon. — Le général Ladmirault. — Le général d'Esterhazy-Ladislas. — Le général Leyritz. — Le général Reyan. — Le général de Planhol. — Le général Gaudain de Vilaine. — Le général Carrelet. — Le général Lafontaine. — Le général Duchaussoy. — Le général Lioux. — Le général Chasseloup-Laubat. — Le général Grobon. — Le général Bougourg de Lamarre. — Le général Grunt. — Le général A. de Noue. — Le général Ney de la Moskowa. — Le général Baraguay-d'Hilliers. — Le général Hugues. — Le général Grezy. — Le général Niel. — Le général Rochebourt. — Le général Rollin, le colonel Fleury.—Le sous-lieutenant Gogot.—Le sous-lieutenant Gibon. — Le lieutenant-colonel de Vassoigne. — Le capitaine Leanthéaume. — Le lieutenant-colonel Jourgon. — Le lieutenant Bourrassel. — Le capitaine de Lagrandire.

BATAILLE DE L'ALMA.

Le général Tiry. — Le général Bizot. — Commandant Renson. — Colonel Raoult. — Capitaine Marcy. — Commandant Bertrand. — Le colonel Duchateau. — Commandant Barral. — Capitaine Fiévet. — Capitaine Marc. — Commandant Huguenet. — Capitaine Bar. — Capitaine Fiévet. — Capitaine Toussaint. — Commandant La Boussinière. — Le sergent-major Fleuri. — Le lieutenant Poitevin. — Le docteur Chabrol. — L'abbé Parabère. — M. de Puységur. — Le commandant Laplace.

SIÉGE DE SÉBASTOPOL.

M. de Sommerville, officier d'ordonnance. — Le lieutenant Clairin. — Le lieutenant Libelin de Dioune. — Le lieutenant Vermot. — Le général Vaillant. — Le général Bazaine.— Le général Couston. — Le capitaine Lejaille. — Le capitaine Martin et le lieutenant Fescourt. — Le lieutenant Laffitte. — Le capitaine Colson.— L'intendant militaire Blanchot. —

Le sous-intendant militaire de Ségouville. — Le Creurer. — Boucher. — Pironneau. — De La Broye. — Juving. — Le médecin en chef Scrive. — Thomas, médecin. — M. Secourgeon, médecin.—M. Malapert, médecin.—M. Marny, médecin.—M. Meitres, médecin.—Le capitaine Jehenne. — Capitaine Fisquet. — Capitaine Paris. — Le lieutenant Martin. —Commandant Courson. — Général Mayron. — Général Dulac. — Général Salles.—Le général Morris. — Le général d'Allouville. — Capitaine Vico. — Le général Ulrich. — Le général Vergé. — Général Rivet. — Colonel Lebrun. — Le général Ochsenben. — Le colonel Cissey. — Le sous-lieutenant Kerdudo. — Sergent-major Jamin. — Sergent-major Vrignaud. — Sergent-major Diderot. — Capitaine Farges. — Voltigeur Vignaud. — Fusilier Calaudrand. — Fusilier Gau. — Le lieutenant Espanet. — Le sous-lieutenant Jallet. — Le capitaine Bouton. — Le capitaine Guillemain. — Le capitaine Castelnau. — Le capitaine Rigaud. — Le sous lieutenant Brochet. — Le commandant Romijean. — Le chef de bataillon L'Heriller. — Le capitaine Thomas. — Le sous-lieutenant Des Ecots. — Le capitaine Fourcade. — Le chef de bataillon Sarlat. — Le capitaine Remy. — Le lieutenant Wagner. — Le capitaine Rousseau. — Le lieutenant Willemot. — Le général Levaillant. — Le général Paté. — Le général Tripier. — Le général Monnet. — Le chef de bataillon Lacretelle. — Le chef de bataillon Darbois. — Le commandant Mermier. — Le lieutenant-colonel Cubos. — Capitaine Valesque. — Le lieutenant de Lafosse. — Le capitaine Champonhet. — Le général Besson. — Le commandant Gibon. — Le colonel Frossard. — Le colonel de Brancion. — Le lieutenant-colonel Vaissier.— Le chef de bataillon Banon. —Le capitaine Mouton. — Le colonel Janin. — Le capitaine Letors de Crécy. — Le général Breton. — Le capitaine Marrust. — Le capitaine Bourresch. — Le commandant Julien. — Le lieutenant Copri. — Le général Bizot. — Le colonel Raoul. — Le général Regnault Saint-Jean-d'Angely. — Le général d'Herbillon. — Le général d'Aurelles de Paladines. — Le général Bazaine. — Le colonel Viénot. — Le chef de bataillon Becquet de Sounay. — Le colonel Grenier. — Le colonel Cault. — Le colonel Bregeot. — Le général Lamotterouge.—Le capitaine Villermain.—Le capitaine Ragon. — Le général Duvivier. — Le commandant Julien. — Le capitaine Dubosquet. — Le lieutenant-colonel Martineau-Deschenetz. — Le capitaine Petit. — Le capitaine de Courion. — Le chef de bataillon Jauningros. — Le lieutenant de vaisseau Martin. — Le général Dalesme. — Le général Courton. — Le général Duval. — Le colonel Guérin. — Le colonel Boulatigny. — Le général Morris. — Le général Wimpffen. — Le général Dulac. — Le colonel Rose. — Le colonel de Polhès — Le général Lavarande. — Le chef de bataillon Caubert. — Le colonel Saurin.—Le lieutenant-colonel de Cendrecourt. — Le général de Failly. — Le colonel Dumer. — Le lieutenant-colonel Larrouy-d'Orion. — Le commandant Tixier. — Le colonel Hardi. — Le lieutenant-colonel Leblanc. — Le capitaine Jules Tribouillard.

ESCADRES.

Le capitaine de frégate Lejeune. — Le commandant Béral de Sedaiges. — Le commandant Devoulx. — Le capitaine Cloué. — Le capitaine Lebris. — Commandant Robillard. — Le lieutenant Lallemant. — L'amiral Penaud. — Le lieutenant Léotard de Ricard. — Le lieutenant Cuisinier-Delisle. — Le lieutenant Souzy. — Le lieutenant Cottin. — Le capitaine Buret. — Le lieutenant Mer. — Le lieutenant Tresse. — Le lieutenant Jouard. — Le lieutenant Maudit. — Le commandant Narry. — Le lieutenant Harel. — Le Capitaine Cleret-Longavent. — Commandant Moncel. — M. l'abbé Piel. — Le capitaine de vaisseau Laurencin. — Le capitaine Toffart de Saint-Germain. — Le capitaine Gallic de Kerezouet. — Le lieutenant de vaisseau baron Duperré. — Capitaine de vaisseau Guilbert.

SIÉGE DE SÉBASTOPOL.

Le lieutenant-colonel Paulze-d'Ivoy.—Le colonel Malher. — Le capitaine de Launay. — Le général Lafont de Villers. — Le colonel Lorencez.—Le colonel Boudeville. — Le général Melliuet.—Le commandant Garnier.— Le colonel Manèque. — Le général Faucheux.— Le capitaine Sailly. — Capitaine Vantré. — Le commandant Alpy. — Le chef de bataillon Derbois. — Le colonel Forgeot. — Le général Vinoy. — Le général Saint-Pol. — Commandant de Ferrussac.— Colonel Dupuis. — Colonel Javel. — Lieutenant-colonel de Lacouterie. — Le colonel de Taxis. — Le général Bisson. — Le général Marolle. — Colonel Guérin. — Colonel Malherbe. — Commandant Cornulier de Lucinière. — Général Mac-Mahon. — Colonel Decaen. — Colonel Colineau. — Colonel Oreane. — Colonel Adam. — Colonel Polher. — Lieutenant-colonel Nicolas. — Commandant Clinchant. — Colonel Berthier. — Colonel Mathieu. — Colonel Picard. — Colonel Kerguern. — Colonel Moutera. — Colonel Douay. — Général Pontevès. — Colonel Blanchard. — Colonel Dalton. — Le capitaine Hugon. — Le colonel Dupuis. — Le lieutenant-colonel Maynan. — Le commandant Ballaud. — L'amiral Pellion.

TABLE DES MATIÈRES.

CHAPITRE Ier.

Etat de l'Algérie en 1849. — Les oasis de la Kabylie. — Fermentation insurrectionnelle. — Expédition contre Zaatcha. — Première attaque. — Siége. — Agitation des tribus. — Premier assaut. — Demande de secours. — Suite du siége. — Attaque et défaite des nomades. — Deuxième assaut. — Succès. — Désespoir héroïque des assiégés. — Première expédition contre la petite Kabylie. — Mort du général de Barral. — Défaite des tribus. — Expédition du général Saint-Arnaud parmi les tribus de l'est et du sud. — Deuxième expédition contre la petite Kabylie. — Combats et succès. — Marche audacieuse dans les montagnes. — Soumission des tribus. . . . . 1 à 37

CHAPITRE II.

1851-1854. — Etat politique de la France à la fin de 1851. — Evénements du 2 décembre. — Décrets et proclamations. — L'empire et l'Europe. — Symptômes menaçants en Orient. — Question des Lieux-Saints. — Protectorat de la France en Orient. — Charlemagne. — Philippe-Auguste et Louis IX. — François Ier. — Temps modernes. — Ambassade du prince Menschikoff. — L'escadre française à Salamine. — Négociations orageuses. — L'ambassade russe quitte Constantinople avec la légation. — Escadres française et anglaise appelées à l'entrée des Dardanelles. — Passage du Pruth par les armées russes. — Négociations diplomatiques. — Bataille d'Oltenitza. — Conférences de Vienne. — Désastre de Sinope. — La flotte gallo-britannique dans la mer Noire. — Sommation faite au gouverneur de Sébastopol. — Les ambassadeurs russes quittent Londres et Paris. — Rappel des ambassadeurs français et anglais à Saint-Pétersbourg. — Déclaration de guerre. — Bombardement d'Odessa. — Armée d'Orient. — Gallipoli. — Armée turque de Bulgarie. — Passage du Danube par les Russes. — Siége de Silistrie. — Débarquement des armées alliées à Varna. — Retraite des Russes. 37 à 84

CHAPITRE III.

1854. — Composition des escadres française et anglaise. — Conférence de Vienne. — Les escadres occidentales dans la mer Noire. — *La Rétribution* à Sébastopol. — Retour des escadres dans le Bosphore. — Diplomatie. — Lettres impériales. — Rappel des ambassadeurs. — Formation de l'armée d'Orient. Traités d'alliances. — Bombardement d'Odessa. — Départ des forces expéditionnaires. — Gallipoli. — Constantinople. — Conseil de guerre à Schumla. — Concentration des forces occidentales à Varna. . . . . 84 à 134

TABLE DES MATIÈRES.

CHAPITRE IV. (Première campagne dans la Baltique.)

1854. — Empire des czars. — Nécessité de la guerre. — La flotte russe. — Armement d'une troisième escadre française. — Le vice-amiral Parseval-Deschênes. — Escadre britannique des mers du Nord. — Charles Napier. — Escadre anglaise dans la Baltique. — Exécution dévastatrice. — Arrivée de l'escadre française. — Les escadres alliées devant Cronstadt. — Expédition contre les îles Aland. — Camp de Boulogne. — Corps expéditionnaire. — Son embarquement pour la Baltique. — Arrivée des troupes françaises sur la rade de Ledsund. — Reconnaissance de Bomarsund. — Projet d'attaque. — Mouvements des forces alliées. — Débarquements. — Siége de Bomarsund. — Double attaque contre la tour du sud. — Sa reddition. — Reddition de la tour du nord. — La flotte appuie l'attaque contre la principale forteresse. — Capitulation. — Prisonniers russes. — Le général Bodisko. — Forces navales alliées dans la mer Blanche et dans l'Océan pacifique. — Attaque de Pétropolowsky . . . 154 à 176

CHAPITRE V. (Expédition de Crimée. — Embarquement et descente.)

1854. — Situation de l'armée française en Bulgarie. — Politique suspecte de l'Autriche. — Embarras du maréchal de Saint-Arnaud. — Conseils de guerre. — Vœux du cabinet anglais. — Expédition en Crimée résolue. — Commission d'exploration. — Projets. — Ardeur impatiente de l'armée. — Choléra. — Expédition de la Dobrutscha. — Epidémie. — Retour. — Incendie de Varna. — Expédition contre Sébastopol. — Embarquement. — Départ pour la Crimée. — Retard de la flotte britannique. — Ralliement. — Nouvelle exploration. — En Crimée. — Concentration de la flotte. — Reddition d'Eupatoria. — Appareillage et marche de nuit. — Débarquement. — Bivouacs. — Escadrille de diversion. — Bourrasque. — Suite du débarquement. — Coup de main. — Dépêches. . . . . 176 à 206

CHAPITRE VI. (Bataille de l'Alma.)

1854. — Caractère primitif de l'expédition de Crimée. — Retards apportés aux mouvements de l'armée par le débarquement du matériel anglais. — Escarmouche. — Conseil de guerre. — Plan de bataille. — bivouacs des deux armées. — Mouvement de l'aile droite. — Immobilité des Anglais. — Halte ordonnée à la division Bosquet. — Reconnaissance de la gauche des Russes. — Passage de l'Alma à son embouchure. — Mouvement du corps de bataille. — La 1re division. — La 3e. — L'Alma franchie. — L'ennemi chassé des pentes. — Les contre-forts couronnés. — Formidable attaque des Russes contre la division Canrobert. — Batterie Fiévet. — Concentration des Russes sur le plateau du télégraphe. — Attaque de ce plateau par le centre de l'armée alliée. — Bataille. — Les aigles et la tour. — Divisions anglaises. — L'armée russe en pleine retraite. — Le champ de bataille. — Proclamations. — Rapports officiels. — Marche de flanc sur Balaclava. — Vallée du Belbeck. — Les bois de la Tchernaïa. — Le choléra. — Le maréchal de Saint-Arnaud et le général Canrobert. — Proclamations. — Prise de Balaclava. — Mort du maréchal de Saint-Arnaud. . . . . 206 à 245

CHAPITRE VII. (Siége de Sébastopol.)

1854. — Le général Canrobert prend le commandement en chef de l'armée d'Orient. — Allocution. — Première reconnaissance de Sébastopol. — Nature de ses fortifications. — Le prince Menschikoff et l'amirauté russe. — Nouveaux ouvrages. — Conseil de guerre. — Changement opéré dans le caractère du général en chef français. — Le siége est résolu. — Nouvelle reconnaissance. — Armée obsidionale et corps d'observation. — Leurs positions. — Origine de Sébastopol. — Débarquement du matériel du siége. — Travaux

TABLE DES MATIÈRES.   493

des assiégés. — Escarmouches de l'armée de secours. — Ouverture de la tranchée. — Prudentes dispositions. — Succès. — Canonnade tardive. — Journal du siége. — Progrès rapides des attaques. — Conseil de guerre. — Ouverture du feu. — Accidents. — Concours des flottes. — Le vaisseau amiral français. — Le corps d'observation. — Prises d'armes et fatigues. — Projets du prince Menschikoff. — Renforts. — Positions avancées de Balaclava. — Le général Liprandi. — Attaque des redoutes défendues par les Turcs. — Occupation. — Armée alliée. — Divisions anglaises. — Charges de la cavalerie russe. — Les Russes désarment et évacuent les redoutes les plus voisines. — Ordre de lord Raglan. — Indécision du général en chef de la cavalerie. — Réponse irritante. — Ordre imprudent. — Charge désespérée. — Glorieux et désastreux résultats. — Les chasseurs d'Afrique. — Parlementaires et prisonniers. . . . . 245 à 278

CHAPITRE VIII. (Bataille d'Inkermann.)

1854. — Travaux du siége. — Feu meurtrier de la place. — Journal de l'armée. — Ouverture de la 3e parallèle. — Batteries nouvelles. — Lenteur des cheminements anglais. — Activité des travaux russes. — L'assaut est résolu. — Formation des colonnes. — Etude des lieux. — Espions russes. — Déserteurs anglais. — Concentration des forces russes. — Divisions voyageant en poste. — Corps d'armée du général Dannemberg. — Corps d'armée du général Liprandi. — Préoccupations de l'état-major britannique. — Dépêche de lord Raglan. — Dispositions prises par le prince Menschikoff. — Arrivée des grands ducs Michel et Nicolas à Sébastopol. — La nuit du 4 au 5 novembre. — Avant-postes anglais. — Le sergent et le major. — Le brigadier Codrington. — La redoute des *Cold Stream*. — L'artillerie russe. — Sanglant réveil des camps anglais. — Les divisions Pennefather et sir Georges Brown au feu. — La redoute enlevée. — Le duc de Cambridge et la brigade des gardes. — Les divisions Richard England et Georges Cathcart. — L'armée française. — Démonstrations du corps de Liprandi. — Position critique des divisions britanniques. — Le général Bourbaki et ses deux régiments. — Le général Bosquet. — Zouaves et tirailleurs algériens. — Le général d'Autemarre. — Mêlée horrible. — Charges brillantes du 7e léger et du 6e de ligne. — Le drapeau. — Mort glorieuse du colonel de Camas. — Intrépide élan des zouaves et des tirailleurs algériens. — Retour offensif de l'ennemi. — Bruits sinistres. — Inquiétudes de lord Raglan. — Les zouaves. — Les fils du feu. — L'ennemi rejeté des plateaux. — Dernières convulsions de la bataille. — La défaite. — Lord Raglan et le général Bosquet. — Le duc de Cambridge. — Sortie de la garnison russe. — La gauche de nos attaques envahie. — Perles éprouvées par les deux parties. — Le champ de bataille. — L'intendance française. — Blessés massacrés par les soldats russes. — Le major Annghello Paulo. — Correspondance des généraux en chef. — Effet produit en France et en Angleterre par l'annonce de la victoire d'Inkermann. . . . . 278 à 312

CHAPITRE IX. (Fin de la campagne en Crimée.)

1854. — Nouvelles positions de l'armée russe. — Situation des alliés. — Conseil de guerre. — Le prince Napoléon. — Opinion de l'armée. — Décision du conseil. — Développement des travaux de siége. — Tirailleurs russes. — Ouragan. — Ravages. — Le vice-amiral Bruat. — Naufrages. — Balaclava. — La Katcha. — Eupatoria. — *Le Pluton*. — *Le Henri IV*. — Courage et sang-froid de nos marins. — *La Perseveranza*. — Conduite indigne du capitaine. — Sa mort. — Hussards naufragés. — Drame. — Sauvetage. — Industrie et activité de nos soldats. — Les Turcs. — Les Anglais. — Le siége. — Exploit du capitaine Tyron. — Les pluies. — Rapport du général Canrobert. — Espérances des Russes. — Leur système. — Développement des forces de l'ennemi. — Renforts arrivés à l'armée française. — Concentration des forces russes. — Leurs quartiers d'hiver. — Retraite du corps d'armée du général Liprandi. — Reconnaissances. — Travaux du siége. — Lenteur des ouvrages anglais. — Insuffi-

494 TABLE DES MATIÈRES.

sance de leurs forces et de leurs moyens de transport. — Les espions russes. — Ordre du jour de lord Raglan. — Les parlementaires. — Lettre du général Osten-Saken. — Eclaireurs volontaires. — Escadres. — Réduction des stations navales. — Projets des amiraux russes. — *Le Wladimir* et *la Chersonèse*. — Exploration nocturne de la rade de Sébastopol par l'amiral Bruat. — Kamiesch à la fin de l'année 1854. . . . . 312 39

CHAPITRE X. (Hivernage.)

1855. — Nouveaux efforts de la diplomatie. — Politique germanique. — Conflit entre les cours de Vienne et de Berlin. — Tentative de l'Autriche pour faire mobiliser les contingents fédéraux. — Opposition de la Prusse. — Fluctuations des négociations. — Larges concessions de l'Autriche. — Nouvelles exigences prussiennes. — Influence que les événements militaires exercent sur ces débats. — Attitude résolue de l'Autriche. — Intimidation de la Prusse et de la Russie. — Accession de la Prusse à l'article additionnel au traité du 20 avril. — Acceptation par la Russie des quatre points de garantie posés par les puissances occidentales. — Traité d'alliance entre la France, l'Angleterre et l'Autriche. — Assemblées législatives. — Ouverture du parlement anglais. — Adresses aux armées. — Ouverture de la session parlementaire en France. — Interprétation donnée par les puissances occidentales aux quatre bases posées pour le traité de paix. — Contre-propositions de la Russie. — Rejet de ces contre-propositions par les plénipotentiaires. — Délai de quatorze jours. — Proclamation de l'empereur Nicolas. — Marche des événements militaires. — Développements des armées d'Orient. — Bivouacs d'hiver de nos soldats. — Rigueurs de l'hiver. — Force morale de notre armée. — Détails. — Correspondances curieuses. — Souffrances de l'armée anglaise. — Mission du général Niel. — Tour Malakoff. — Système d'attaques nocturnes adopté par les Russes. — Francs-tireurs et éclaireurs volontaires. — Signaux. — Attaque du 8 janvier. — Attaque de la nuit du 11 au 12. . . . . 339 à 371

CHAPITRE XI. (Deuxième bombardement de Sébastopol.)

1855. — Nouvelle phase du siége. — Nouvelle composition de l'armée. — Armée britannique. — Forces russes en Crimée. — Tour Malakoff. — Attaques de droite des Français. — Mouvements de l'armée russe. — Corps de la Tchernaïa. — Projet du général Canrobert. — Tentative du général Bosquet. — La redoute Selengheust. — Combat de la nuit du 23 février. — Spectacle saisissant. — Retraite de nos troupes. — Héroïsme des zouaves. — Armistice. — Travaux des Russes sur notre droite. — Attaques et prises d'embuscades. — Vigoureuse sortie du 22 mars. — Colonnes lancées par le général Krouleff contre la tête de nos approches orientales. — Glorieux combat des deux bataillons du 2ᵉ zouaves. — Envahissement des lignes anglaises. — Charge brillante du 4ᵉ bataillon de chasseurs à pied. — Retraite des Russes. — Suspension d'armes. — Rapports courtois. — Le capitaine Letors de Crecy. — Développement du 2ᵉ corps. — Deuxième bombardement de Sébastopol. — Journée du 9 avril. — Orage de la terre et orage du ciel. — Supériorité de notre feu sur celui de l'ennemi. — Les embuscades russes. — Combats de nuit. — Double attaque de la nuit du 15 avril. — Mort du général du génie Bizot. — Quatrième parallèle. — Tranchée française en avant du bastion du Mât. — Fourneaux de mine. — Explosions. — Travaux du génie. — Attaque de l'ennemi. — Continuation du bombardement. — Activité des Russes. — Opposition du général Canrobert aux vœux de l'armée demandant l'assaut. — Reconnaissance par Omer-Pacha dans la vallée de la Tchernaïa. — Suspension du bombardement. — Approches. — Dangers. — Conseil de guerre. — Le général Canrobert se rallie au projet de donner l'assaut. — Nouvel ajournement. — Redoute russe enlevée dans la nuit du 1ᵉʳ mai. — Démission du général Canrobert. — Le général Pélissier nommé au commandement en chef de l'armée d'Orient. — Diplomatie. 371 à 406

CHAPITRE XII. (Attaques des contre-approches.)

1855. — Le général Pélissier et lord Raglan. — Travaux des Russes. — Extrait du journal du prince Gortschakoff. — Le général Salles. — Double attaque de

TABLE DES MATIÈRES.

nuit. — Coïncidence fatale. — Attaque de gauche. — Succès. — Attaque de droite. — Lutte acharnée. — Les combattants séparés par le jour. — Nouvelle attaque. — Victoire. — Armistice. — Le champ de bataille. — Développement des armées occidentales. — Arrivée de la garde impériale. — Forces piémontaises et ottomanes. — Attaque des contre-approches orientales de Sébastopol. — Le mamelon Vert. — Le mont Sapoune. — La redoute des carrières. — Divergence d'opinions. — Conseil de guerre. — Dispositions prises par le général Bosquet. — Les colonnes d'attaque. — Fusées de signal. — Brigade Wimpffen. — Le colonel Rose. — Le colonel Brancion. — Le colonel Polhès. — Enlèvement du mamelon Vert. — Attaque victorieuse des redoutes du Carénage. — Ardeur imprudente. — Retour offensif de l'ennemi. — Le mamelon Vert repris par les Russes. — Charge intrépide de la brigade Vergé. — Défaite définitive des Russes. — Attaque et prise de l'ouvrage des carrières par les Anglais. — Importance de ces avantages. — Gravité des pertes. — Morts glorieuses. — Suspension d'armes. — Nouvelle phase du siége. — Expédition de Kertch. — Occupation du Bosphore Ciménérien. — Croisière dans la mer d'Azoff. — Attaque et bombardement de Taganrog. — Dévastation. — Évacuation d'Anapa. — Escadres de la Baltique. — Cronstadt. — Machines Jacobi. — Affaire d'Hango. — Helsingfors et Sweaborg — Attaque de cette dernière place. — L'îlot Abraham. — Ligne d'embossage. — Bombardement. — Croisière dans la mer Blanche. — Mesures généreuses. — Blocus sévère. — Océan pacifique. — Concentration des forces russes. — Etablissement de l'Amour. — Evacuation de Petropaulowski. — Croisière anglo-française. . 406 à 434

CHAPITRE XIII. (LA TOUR MALAKOFF.)

1855. — Urgence des événements. — Nouvelles batteries du mamelon Vert. — Parallèle avancée. — Changement imprévu. — Le général Saint-Jean-d'Angely appelé au commandement des attaques de droite. — Le général Bosquet au commandement du corps d'armée de la Tchernaïa. — Projet d'attaque contre la tour Malakoff et contre les redans. — Noble conduite du général Bosquet. — Dispositions prises pour l'assaut. — Bombardement du 17 juillet. — Nuit du 18. — Surprise. — Attaque précipitée de la division Mayran. — Le général Pélissier fait avancer le signal de l'assaut. — Mouvements isolés. — Mort glorieuse du général Brunet. — Efforts héroïques de la division Mayran. — Carnage. — Le général Mayran est mortellement atteint. — Brillant succès de la division d'Autemarre. — Intrépidité du commandant Garnier. — La batterie Gervais enlevée. — Nos soldats dans le faubourg de Karabelnaïa. — Retours offensifs. — Retraite. — Le général Bosquet replacé à la tête du 2ᵉ corps. — Mort du feld-maréchal lord Raglan. — Rappel du général Canrobert par l'Empereur. — Etat formidable de nos attaques. — Imminence du denoûment. — Lignes extérieures des alliés. — Bataille du 16 août. — Les Russes descendent des hauteurs de Mackensie. — Attaque de notre gauche et des avant-postes piémontais sur notre droite. — Insuccès. — Enlèvement du pont de Traktir. — Combat acharné. — L'ennemi est repoussé, et, malgré ses efforts, contraint à la retraite. — Armistice. — Redoublement du feu de nos attaques. — Pertes journalières des Russes. — Travaux de leurs mineurs. — Attaque générale contre Sébastopol. — Préparatifs. — Canonnade irrégulière du 5 et du 6. — L'assaut. — Ordre du jour. . . . . 434 à 488

Liste des noms des militaires français honorablement cités dans ce volume. . 489 et 490

CLASSEMENT DES GRAVURES.

Pages.

N⁰ˢ 1. Maréchal de France. 1855. . . . . En regard du titre.
2. Chasseur d'Afrique. 1854. 18
3. Chasseurs à cheval, porte-étendard. 1854. 30
4. Artilleur (ligne). 1854. 50
5. Génie. 1854. 64
6. Garde impériale. Grenadiers. 1854. 78
7.   —   Voltigeur. 1854. 94
8.   —   Cuirassiers. Sous-lieutenant. 1854. 114
9.   —   Chasseurs à pied. 1854. 130
10.   —   Gendarmerie. 1854. 146
11.   —   Zouaves. Caporal. 1854. 162
12. Général et officier de zouaves, tenue de guerre. 1854. . . . 178
13. Garde impériale. Artillerie à cheval. 1854. 194
14.   —   Artilleur à pied. 1854. 210
15. Infanterie, tenue de guerre. 1855. 222
16. Officier d'infanterie et clairon, tenue de guerre. 1855. . . 238
17. Garde impériale. Génie, grande tenue et tenue de tranchée. 1855. . . . 256
18.   —   Train des équipages. 1855. 270
19. Officier d'ordonnance. 1855. 286
20. Tirailleurs indigènes (armée d'Afrique). 1855. 302
21. Infirmier. 1855. 322
22. Légion étrangère. 1855. 334
23. Garde impériale. Lieutenant-général, commandant une division. 1856. . . 350
24. Dragon, tenue de guerre. 1856. 366
25. Garde impériale. Lancier. 1856. 386
26.   —   Dragon. 1856. 402
27. Cent-Gardes, tenue d'escorte. 1856. 418
28. Vivandière des zouaves. 1856. 438
29. Amiral. 1857. 450
30. Matelots. 1857. 466
31. Carte générale de la Crimée. . . . . à la fin.

Paris. — Impr. de Pommeret et Moreau, 42, rue Vavin.

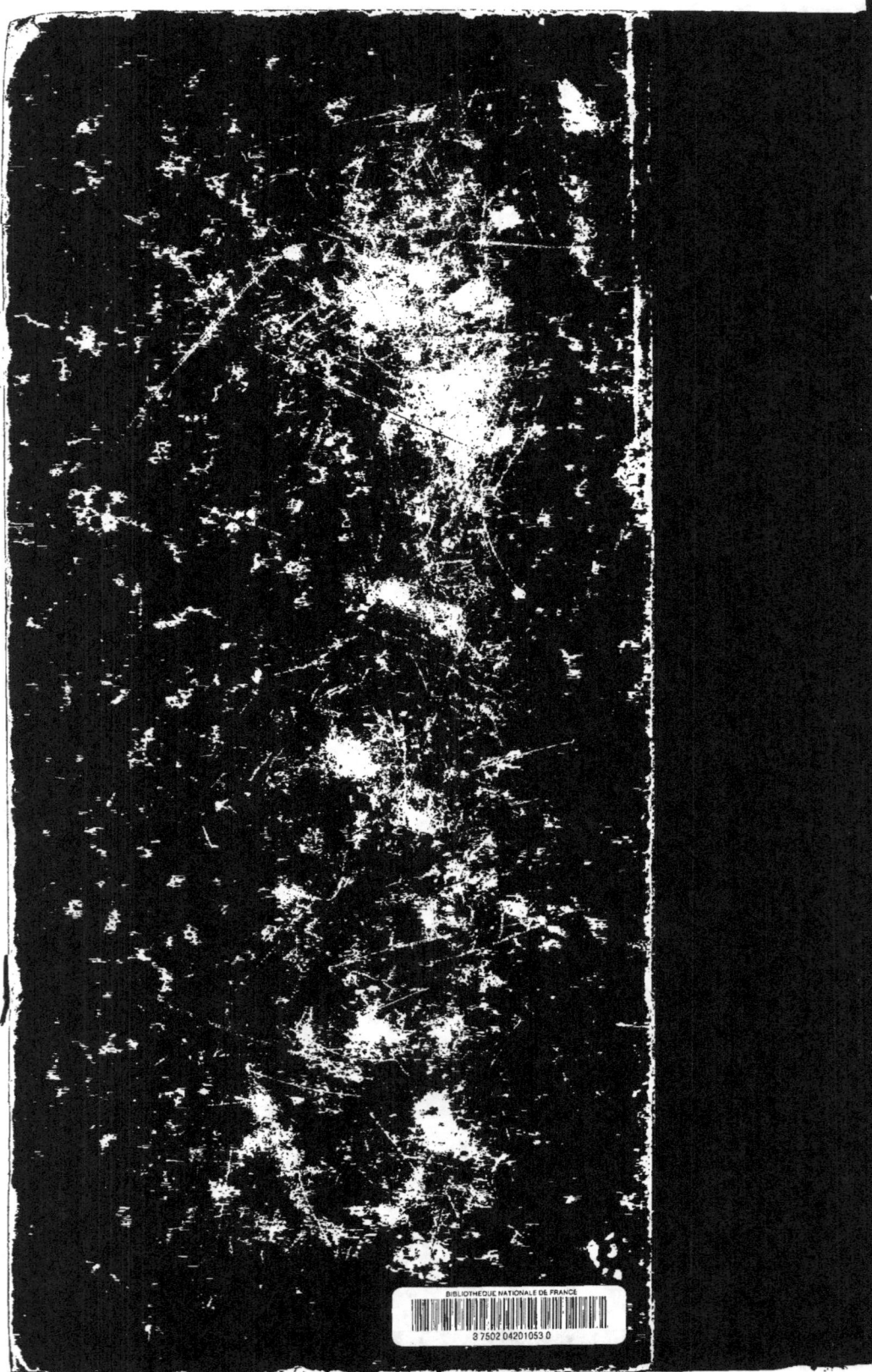